U0133360

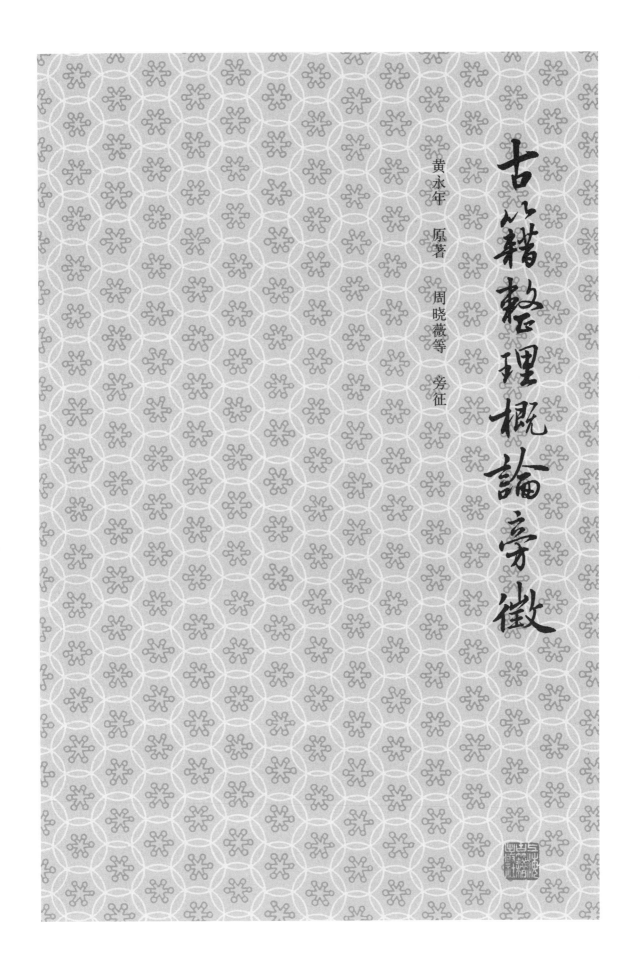

古籍整理概論旁徵

黃永年　原著

周曉薇等　旁征

本书由

陕西师范大学优秀学术著作出版基金

陕西师范大学历史文化学院优秀学术著作出版基金

资助出版

理基础理论研究的基础上，总结长期实践中形成的古籍整理理论和方法，为构建古籍整理理论研究体系而做的细致且实用的工作，也是"对赓续中华文脉、弘扬民族精神、增强国家文化软实力、建设社会主义文化强国"所进行的具体实践。

周晓薇

《〈古籍整理概论〉旁征》编写组

主编：周晓薇

成员：周沫如　陈　耕　董文强　李　皓

杜　镇　李彦颉

序

  黄永年先生的《古籍整理概论》(以下简称《概论》)不仅是一部非常实用的高校文献学专业教材,而且对于从事文献学和古籍整理与研究的工作者而言,又是一部学术含量很高、颇具指导意义的著作。

  黄永年先生学识渊博,虽然他不是整理古籍的专业工作者,但一生阅读古籍不辍,尤其对"前人整理古籍的成果以及若干年来出版的经过整理的古籍新本也多所涉猎,对如何整理古籍逐渐形成了自己的一套看法"。因而,他以独特的视角,用典雅流畅的文字,深入浅出地讲述着古籍整理的理论、方法,从而形成逻辑思维严谨、理论体系完整、极具指导意义的古籍整理专书,备受学术界从事文献整理与研究工作者的重爱。

  而《概论》所涉及的专用名词术语、古籍书目、古籍典藏、人物故实、古籍句读及校注、古籍版本及其流变、古籍整理相关理论创建及其渊源和发展等方面甚多。对于古籍整理研究工作者来说,需要更详尽的资料来扩展相关知识领域,于是我们编写了这部《〈古籍整理概论〉旁征》(以下简称《旁征》),通过细致解析和广征博引,使读者扎实掌握古籍整理理论知识。当然,这不仅仅是对原著的简单注释,而是将其学术内涵和知识点进行更深入的挖掘,力图渗入学界新观点和新方法,使读者更深刻领会原著精髓。总之,通过广征博引与分析解说,发扬黄永年先生古籍整理的重要理论,使之成为古籍整理方面的专著,以更具广泛的学术意义。

  本书完全依照《概论》原书篇目进行旁征,主要内容涉及底本、影印、标点、注释、索引等方面。旁征的条目及书影、图片列在原著各自然段下,《旁征》所有文字及书影、图片资料都严格遵循学术规范,注释来源出处的态度扩展和解读原著中所涉及的问题。

  2022 年 4 月,中共中央和国务院办公室印发了《关于推进新时代古籍工作的意见》,古籍事业迎来新的发展机遇。两办《意见》特别提出"要深入研究,总结在长期实践中形成的古籍整理理论和方法,完善我国古籍整理规范式,构建古籍整理出版理论研究体系",而我们拟出版的这

目　　录

影印 111

一 源流 113

二 方法 134

校勘 149

一 正名 151

理基础理论研究的基础上，总结长期实践中形成的古籍整理理论和方法，为构建古籍整理理论研究体系而做的细致且实用的工作，也是"对赓续中华文脉、弘扬民族精神、增强国家文化软实力、建设社会主义文化强国"所进行的具体实践。

周晓薇

序

黄永年先生的《古籍整理概论》(以下简称《概论》)不仅是一部非常实用的高校文献学专业教材,而且对于从事文献学和古籍整理与研究的工作者而言,又是一部学术含量很高、颇具指导意义的著作。

黄永年先生学识渊博,虽然他不是整理古籍的专业工作者,但一生阅读古籍不辍,尤其对"前人整理古籍的成果以及若干年来出版的经过整理的古籍新本也多所涉猎,对如何整理古籍逐渐形成了自己的一套看法"。因而,他以独特的视角,用典雅流畅的文字,深入浅出地讲述着古籍整理的理论、方法,从而形成逻辑思维严谨、理论体系完整、极具指导意义的古籍整理专书,备受学术界从事文献整理与研究工作者的重爱。

而《概论》所涉及的专用名词术语、古籍书目、古籍典藏、人物故实、古籍句读及校注、古籍版本及其流变、古籍整理相关理论创建及其渊源和发展等方面甚多。对于古籍整理研究工作者来说,需要更详尽的资料来扩展相关知识领域,于是我们编写了这部《〈古籍整理概论〉旁征》(以下简称《旁征》),通过细致解析和广征博引,使读者扎实掌握古籍整理理论知识。当然,这不仅仅是对原著的简单注释,而是将其学术内涵和知识点进行更深入的挖掘,力图渗入学界新观点和新方法,使读者更深刻领会原著的精髓。总之,通过广征博引与分析解说,发扬黄永年先生古籍整理的重要理论,并使之成为古籍整理方面的专著,以更具广泛的学术意义。

本书完全依照《概论》原书篇目进行旁征,主要内容涉及底本、影印、校勘、辑佚、标点、注释、索引等方面。旁征的条目及书影、图片列在原著各自然段下,以便阅读。《旁征》所有文字及书影、图片资料都严格遵循学术规范,注释来源出处,以审慎严谨的态度扩展和解读原著中所涉及的问题。

2022年4月,中共中央和国务院办公室印发了《关于推进新时代古籍工作的意见》,古籍事业迎来新的发展机遇。两办《意见》特别提出"要深化古籍整理基础理论研究,总结在长期实践中形成的古籍整理理论和方法,完善我国古籍整理研究和出版范式,构建古籍整理出版理论研究体系",而我们拟出版的这部书,正是在深化古籍整

《〈古籍整理概论〉旁征》编写组

主编：周晓薇

成员：周沫如　陈　耕　董文强　李　皓

　　　杜　镇　李彦颉

凡　例

1. 本书版本采用黄永年《古籍整理概论》（以下简称《概论》）上海书店 2017 年版，并对其中文字进行了校正。因本书旨在为《概论》正文部分做旁征，故未收《概论》"前言"及"后记"，而新添为本书撰写的"序"与"后记"。

2. 本书的体例依照黄永年《概论》原书章节，将旁征的条目及图版、书影等图片列在原文各自然段下，以便阅读。

3. 在《概论》原文中以上标方括号的方式加旁征的序号。在需要旁征的每段原文之下先标注【旁征】字样，再依次对应原文标注的序号排列旁征条目。

4. 图版、书影以每章为单位，按顺序标明书影 1、书影 2；或图 1、图 2……等。图版、书影标有序号、书名、卷数等信息，并注明朝代与刊刻时代（年号或年份加括号说明）、题跋批注信息、藏地等；如果图版、书影取自某书或某图录，则注明出版信息。

5. 旁征所有文字资料皆严格遵循学术规范，注释来源出处（见每段旁征条目正文之后加灰底部分）。

6. 旁征原则上是围绕原书内容出条目，但必要时亦附加新的资料以解读原著、扩展相关知识。

绪　　论

什么是古籍

任何学问都有一定的领域。要知道"古籍整理"这门学问的领域,先得弄清楚什么叫"古籍"。

先解释"古籍"的"籍"。"籍"在这里就是书,"古籍"是古书的雅称,这都不存在问题。问题是什么样的东西才算书,在某些人的头脑中并不十分清楚。如有人谈我国书的历史,说最早的书是刻在甲骨上的,以后是铸在青铜器上的,这就不对。殷商时龟腹甲、牛肩胛骨上的文字只是占卜后刻上去的卜辞,并未构成书。商周时青铜器上的铭文即所谓"金文"是王公贵族们对铸器缘起的记述,尽管有时为了夸耀自己的功勋,文字很长,但其性质仍和后世纪功颂德的碑刻近似,也不能算书。我国殷商时已开始在竹木简上写文字,《尚书》的《多士》篇里说:"惟殷先人,有册有典。""册"的古文字就像两根带子缚了一排竹木简,"典"则像以手持册或将册放在几案上面。但这种典册在当时仍不是书,而只是诏令之类的文字,保存起来犹如后世之所谓档案。到西周、春秋时,档案留下来的就更多了。西周、春秋时人做了不少四言诗,草拟了贵族间各种礼仪的节目单或细则;还有周人用蓍草占卦的卦辞、爻辞;春秋时诸侯国按年月日写下来的大事记即"春秋"或"史记"。这些,当时都归祝、史们掌管。其中除大事记是后来史书的雏形外,其余所有的仍都没有编成书,只能算档案,或称之为文献。到春秋末战国初,学术文化从祝、史手里解放出来,孔子以及战国时的学者才把过去积累的档案文献编成《诗》《书》《礼》《易》《春秋》等教材,作哲理化的讲解。这些教材叫做"经",讲解经的记录编写后叫做"传"或"说",经、传、说以外的记载叫做"记"。同时,战国各个学派即后人所谓先秦诸子也有不少论著,并出现了自然科学技术方面的专著。这些经、传、说、记和先秦诸子论著、科技专著才是我国最早的书,最早的古籍。《汉书·艺文志》所著录的最早的书也就是这一批古籍。以后收入列朝公私书目属于经、史、子、集的各种著作,在今天也当然被公认为古籍。

春秋末战国时编定撰写的经、传、说、记、诸子书等是古籍的上限。下限则一般划到清代末年。这和史的分期有点不同。我国历史现在一般从有史以来到 1840 年鸦片战争之前算作古代史。鸦片战争以后,我国封建社会在外国资本主义侵略下,逐渐变成半殖民地半封建社会,所以 1840 年以后的历史就划入近代史。但社会性质的变化,并不意味着学术文化马上统统起根本性的变化。从 1840 年到辛亥革命清朝统治结束的七十年间,新撰写的书籍中,绝大部分的内容或形式都和前此的古籍没有多少不同。因此,把清代末年作为古籍的下限要比 1840 年作为下限来得合适。当然,这个下限仍旧是粗线条的。即辛亥革命以后的著作如果在内容或形式上沿袭前此的古籍而并未完全另起炉灶,如对古籍所作的旧式校注或旧体诗文集之类,一般仍可划入古籍范围。采用新体裁对古籍所作的研究或注释,才不叫古籍,而算作对古籍的整理研究。

我国的古籍在数量上自以用汉文撰写的为最多。此外,还有用满、蒙、藏、彝等兄弟民族文字撰写的,当然也是我国的古籍。只是因为整理这些用兄弟民族文字撰写的古籍需要另一套专门学问,在方法上也和整理汉文的不尽相同,因此通常所谓整理古籍只限于汉文古籍。至于用兄弟民族文字撰写的古籍应如何整理,应由有关专家另写专文专书,本书恕不涉及。

古籍整理的含义和方法工序

弄清楚什么是"古籍"之后,就可以进而谈古籍整理。古籍整理者,是对原有的古籍作种种加工,而这些加工的目的是使古籍更便于今人以及后人阅读利用,这就是古籍整理的含义,或者可以说是古籍整理的领域。超越这个领域,如撰写讲述某种古籍的论文,以及撰写对于某种古籍的研究专著,尽管学术价值很高,也不算古籍整理而只能算古籍研究。

说具体点,古籍整理加工究竟包括哪些方法或所谓方式,以及哪些重要的工序?对此,现在还没有比较一致的说法,这里姑且谈谈我个人的理解:

(1)选择底本。这不是整理古籍的方法而只是整理的一个工序,但在所有工序中是最主要的、起决定作用的工序。古籍不论用哪种方法来整理,都必须尽可能选择好底本。而选择好底本,又需要具备多方面的学问。

(2)影印。这是整理古籍的一种方法。由于具体影印是印刷厂的事情,有了底本就可以送印刷厂影印成书,所以有些人把它看得很简单。其实,光选择底本这件事就需要不少学问,有些影印本还要加标点,附校记,做索引,就更不容易了。

(3)校勘。这是整理古籍的一种方法和工序,而且是一种重要的、最常用的方法和必备的工序。除非找到古籍的原稿写定本,可以不必再作校勘外,要整理古籍就少不了做校勘。有时影印本也要做校勘附校记。同时,校勘这个工作做起来比较繁难,需要用上各种学问,因此要做好也最不容易。

（4）辑佚。这是整理古籍的一种方法。是从类书、古注以及《永乐大典》中把已经佚失的古籍搜辑出来，虽不能恢复该古籍的全貌，至少能起豹窥一斑的作用。有些从《永乐大典》中搜辑的，还可以大体接近全貌。当然这不是整理古籍常用的方法，整理现存的古籍除发现有佚篇佚文外，就用不到辑佚。

（5）标点。这是整理古籍的一种方法和工序，而且和校勘一样也是常用的方法和必备的工序。不仅新整理出版的古籍都得施加标点，有些古籍影印时也得加上标点。标点这个工作，看起来比校勘简单一些，其实也需要学问，要做好并不容易。

（6）注释。这是整理古籍的一种方法，但并不是常用的方法。有的古籍并不需要注释，有的已有合用的旧注释就不需要再做新注释，还有的分量太大而不可能作注释。注释当然要有学问，做出高水平的注释比自己写书更不容易。

（7）今译。这是整理古籍的一种方法，在某种意义上可说是注释工作的延续。要作今译的古籍比要注释的为数更少，其难度则并不亚于作注释。

（8）索引。这是整理古籍的一种方法和工序，但不是常用的方法和必备的工序。有些索引附在古籍原书之后，有的则可脱离原书独立成册。有的索引做起来比较简单，有的则极为繁难，必须具有专门学问方能胜任。近年来又有使用计算机技术编制古籍索引和全文数据库的，已取得可喜的成绩。

（9）序跋。这不是整理古籍的方法而是整理的一个工序，但任何古籍在整理后都少不了这个撰写序跋的工序。当然，只有在做好其他工序的基础上才有可能写出好序跋，但真正要写出好序跋，还得有更多的学问。

（10）附录。这也不是整理古籍的方法而是整理的一个工序。有些古籍本来有附录，有些虽无附录，但有许多有用的材料可收集起来编成附录。如何收集、如何编都有讲究，不可等闲视之。

古籍整理的方法、工序一共有以上十项。古籍整理工作说具体点是要做这十项工作，或者可以说，这十项工作构成了古籍整理工作的全部内容。

因此，这本《古籍整理概论》就主要按照这十项来讲说。只是由于"今译"可讲的比较少一些，同时也由于它实际上是"注释"的延续，因此把它和"注释"并在一起而名之为"注译"。"序跋""附录"内容都比较少，加上"存旧"问题作为一章名之曰"其他"。

和古籍整理有关的学问

要把古籍整理好，还需要掌握哪些有关的学问？这些学问可以分为两类，一类是各种古籍通用的，再一种是某些古籍所专用的。

各种古籍通用的，有：

目录学。这不是图书馆工作所需要的讲如何分类编目的目录学,也不是讲我国分类编目历史的目录学,而是讲我国古籍源流的目录学,即是指在我国古代先后出现过哪些重要的古籍,现在还保存了哪些重要的古籍,作者是谁,内容是什么,在当时和今天各有什么价值,等等,因此,严格地讲可称之为古籍目录学。如果整理古籍的人连这种古籍目录学都没学过,就不可能知道哪些古籍要整理,也不知道应该怎样整理。

版本学。严格地讲是古籍版本学,包括两个内容:一是讲如何鉴别古籍的版本,包括各个时代的刻本和抄本、稿本、批校本;一是讲每种古籍有过哪些版本,哪个善,哪个不善,其间有什么渊源递嬗的关系。后者也可以称作版本目录学,即讲各种古籍的版本的目录学。整理古籍如果不懂这门学问,就根本无从选择底本,选择对校本,一切整理工作也就无从进行。

但目录学和版本学这两门学问都自有其体系,自成其为专门的、独立的学问。这两门学问不仅古籍整理用得上,对其他工作,如研究古代语文、古典文学、古代历史、古代哲学以及鉴别古籍善本、编制古籍书目等都用得上。因此,尽管这两门学问是古籍整理所适用的、必不可少的学问,但在这本《古籍整理概论》里却只能在必要时简单地谈一些,详细内容另作独立的课程来讲授。

此外,还有一门文献学,近来又多称之为"古典文献学"或"历史文献学"。历史文献学,是研究历史上的文献而非当前的文献之谓,和古典文献学、文献学其实只是一回事。但文献学究竟包括哪些内容,则说法颇多出入。有人说:"张之洞《书目答问》末附列清代学者姓名略,将学有专长的名家按类分列。但有时也显现出这一方法的局限,例如一个钱大昕,既列入经学家,又列入史学家,又列入小学家,又列入算学家,又列入校勘学家,又列入金石学家。这是由于他的治学范围很广博,造诣都极精湛,不可以单从某一方面去肯定他。如果把他归入文献学家,那就包括无遗。"这种说法是把我国过去所有的学问都算作文献学,连中式算学也算作文献学的一部分,把文献学变成了民国初年流行过的所谓"国学"一词的同义语,这在今天看来当然已很不科学。还有这样的主张:"文献工作者的主要目的和重大任务"是在"对文献进行了整理、编纂、注释工作的基础上,去粗取精,删繁就简,创立新的体例,运用新的观点,将之编述为有系统、有剪裁的总结性的较全面、完整的《中华通史》"。甚至说,"司马迁写《史记》,马克思写《资本论》","成为世界上整理历史文献最成功的人"。这是把文献学变成撰写历史书,并且把马克思所从事的理论工作也看成是整理文献。这种讲法当然也不会被大多数人所接受。比较平实一点,文献学即古典或历史文献学的含义是不是可以这样来解说:(1)文献者,不仅包括书籍即古籍,还包括古籍以外用文字写出来的如甲骨文、金文、碑刻、档案、户籍、契约、信札之类;没有文字的古器物、绘画之类则不算。(2) 文献学者,是讲文献的种类、形成、形式、内容、功用、整理、研究、保管,等等。其中单整理一项,就把整个古籍整理工作统统包括了进去,可见文献学的全部内容之庞大。因此,把文献学作为大学本科的一个专业或研究生的专业我认为是合适的,而作为一门课,则实在大得无法讲授,不如分成各门专业课程来得妥当。

至于整理某些古籍所专用的学问,这牵涉很广,因为每一类甚至每一种古籍都有其特殊性,整理古籍者应该力求掌握古籍作者撰写此古籍时所运用的知识和学问。这里,只能笼统地举例式地谈几种:

文字学、音韵学、训诂学,这些是整理先秦两汉古籍所必需学习的课程。因为多数古籍时代早,多古字、古音、古义,不在文字、音韵、训诂上下功夫,整理起来就有可能发生困难。至于整理文字、音韵、训诂的古籍,需要具备有关的专业知识自更无待言。

中国古典文学研究、古典诗词研究、韵文研究、散文研究、中国文学史、断代文学研究等,是整理文学方面的古籍所必需学习的课程。当然,由于其他古籍也都是用古典的散文甚至韵文写的,因此整理其他古籍的人,能有一点这方面的知识自更好。

中国通史、断代史、文化史、史料学等,是整理历史方面的古籍所必需学习的课程。同时,整理其他古籍的人对这些也应略有所知,因为一部古籍的撰写总多少和时代有关。至于具体地了解作者,就更离不开必要的历史知识。

中国哲学史、佛教史、道教史等,是整理哲学、宗教方面的古籍所必需学习的课程。如果要求高一些,还应学习魏晋玄学研究、宋明理学研究、佛教各宗派研究、道教各宗派研究等课程,才能胜任对某些哲学、宗教专书的整理。

考古学和所谓敦煌学,也是整理古籍者应该学习的课程。清末敦煌莫高窟发现的古写卷子本中有许多古籍残篇,解放后在武威发现了写在木简上的《仪礼》残篇,在山东临沂银雀山、湖南长沙马王堆等又发现了几种写在帛和木简上的古籍残篇,对这些古写本古籍的整理也属于古籍整理的范围。但这些古写本古籍较之一般古籍更有其特殊性,因此整理者除需要具备各种有关的学问外,还需要学习考古等学问。

以上这些专门课程,应该在大学本科就学习。如果没有学或学得不够,则在进入古籍整理讲习班或考上古籍整理研究生后再择要补课。至于《古籍整理概论》,是不应该也不可能把这么多专业课的内容包括进去的,除非必要时略略涉及一下。

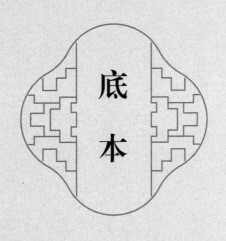

底本

一　优　劣

什么是"底本"

"底本"，是古籍整理工作者专用的术语。影印古籍时，选定某个本子来影印，这个本子就叫影印所用的底本。校勘古籍时要选用一个本子为主，再用种种方法对这个为主的本子作校勘，这个为主的本子也就叫校勘所用的底本。标点古籍时也要选用一个本子在上面施加标点，这个本子也可叫标点使用的底本。注释、今译以及做索引时，也都要分别选用一个本子来注，来译，来做索引，这个本子也可叫注释、今译或索引的底本。除影印外，其他各种整理方法所用的底本，通常也可叫做"工作本"。

一种古籍如果有几个不同的本子，其中总会有优劣之分。影印固然要用优舍劣，而在校勘、标点、注释、今译、做索引时也应避免用劣、尽量选优作为底本。

善本的两种含义

劣的本子通称为"劣本"或"恶本"，优良的好本子则不称"优本"而称"善本"。"善本"这个名词之见于文献似始于北宋。如江少虞《皇宋事实类苑》卷三一"藏书之府"第十八条载："嘉祐四年，仁宗谓辅臣曰：'《宋》《齐》《梁》《陈》《后魏》《后周》《北齐书》，世间罕有善本，未行之学官，可委编校官精加校勘。'"[1]叶梦得《石林燕语》卷八说："唐以前凡书籍皆写本，未有模印之法，人以藏书为贵，书不多有，而藏者精于雠对，故往往皆有善本。"[2]这时的所谓"善本"，显然只是指书籍之校勘精审者而言，别无其他含义。

【旁征】

[1] 江少虞《皇宋事实类苑》

江少虞，字虞仲，常山（今属浙江衢州）人。《万姓统谱》云其为北宋徽宗朝政和进士，调天台学官，后历建、饶、吉三州守，治状皆第一。所著《宋朝类要》诏藏史馆，有杂著、经说、奏议百余卷。详参王瑞来据《建炎以来系年要录》等材料对其生平的考证。

・（明）凌迪知撰：《万姓统谱》卷三《上平声・三江》，《文渊阁四库全书》第74册，上海：上海古籍出版社，1987年，第132页。

• 王瑞来：《〈宋朝事实类苑〉杂考》，《古籍整理研究学刊》1990 年第 5 期，第 21—25 页。

书影 1 - 1 - 1：《皇宋事实类苑》卷三一 "藏书之府"十八

日本元和七年(1621)敕版活字印本，日本东京大学 东洋文化研究所藏

《皇宋事实类苑》主要记载宋代前期的朝野事迹，即宋太祖至宋神宗百余年间的史事逸闻，全书分二十八门，各以四字标题，如"祖宗圣训""君臣知遇""名臣事迹""德量智识"等。全书杂撮成编、征采浩博，所引诸家记录五十有余，保留了诸多已亡佚的遗文逸事。《宋史·艺文志》史部和子部重出有"江少虞《皇朝事实类苑》二十六卷"。现存此书最早版本为日本元和七年(1621)活字印本，上海图书馆、日本东京大学东洋文化研究所有收藏（见书影 1 - 1 - 1），题为《新雕皇朝类苑》，七十八卷，翻印自绍兴二十三年(1153)麻沙坊刻本，宣统三年(1911)董康影刊此日本活字本并收入《诵芬室丛刊》；明蓝格抄本，六十三卷；《四库全书》本，六十三卷；1981 年上海古籍出版社整理本《宋朝事实类苑》，校勘底本即为董康刻本。

• （元）脱脱等撰：《宋史》卷二〇三《艺文志·史部》、卷二〇七《艺文志·子部》，北京：中华书局，1985 年，第 5108、5300 页。

对于宋仁宗时这几种南北朝史书"罕有善本"的原因，清人赵翼分析："盖卷帙繁多，唐时尚未有镂板之法，必须抄录，自非有大力者不能备之。惟《南》《北史》卷帙稍简，抄写易成，故天下多有其书。世人所见八朝事迹，惟恃此耳。"《史部要籍概述》进一步指出，商务印书馆《百衲本二十四史》影印这几种南北朝史书的宋刻本和元明递修本时，保留了宋人说明该卷是后补的校语，中华书局点校本更详细地注出该卷是据什么补的。如果是径据《南史》《北史》补的，引用时最好就引用《南史》《北史》，若补自他书，则引用时如有必要也得说明是后人所补。

- （清）赵翼撰，曹光甫校点：《廿二史札记》卷九"八朝史至宋始行"条，上海：上海古籍出版社，2011年，第178—179页。
- 黄永年：《史部要籍概述》第一章《纪传史》，南京：江苏教育出版社，2008年，第30页。

[2] 叶梦得《石林燕语》

叶梦得（1077—1148），字少蕴，长洲（今属江苏苏州）人。北宋哲宗绍圣四年（1097）登进士第。徽宗大观初，除起居郎，累迁翰林学士，后以龙图阁直学士知汝州，寻落职，又历知蔡州、应天、杭州等地。高宗时迁翰林学士兼侍读，除户部尚书，又迁尚书左丞。绍兴初，起为江东安抚大使兼知建康府，兼寿春等六州宣抚使。八年（1138），除江东安抚制置大使兼知建康府、行宫留守。后加观文殿学士，移知福州，兼福建安抚使。以崇信军节度使致仕，绍兴十八年（1148）辞世，赠检校少保。叶梦得为官起落间，曾数次隐居湖州下山石林谷并著此书与《避暑录话》等，因号石林山人。

- （元）脱脱等撰：《宋史》卷四四五《文苑七·叶梦得传》，第13132—13133页。
- 潘殊闲：《叶梦得研究》第一章，成都：巴蜀书社，2007年，第8—21页。

《石林燕语》主要记载北宋官制科目、朝章国典以及旧风掌故，"颇足以补史传之阙。与宋敏求《春明退朝录》、徐度《却扫编》可相表里"（《四库全书总目》）。书中有建炎、绍兴等年号，可知成书于南宋时。其中偶有疏失，有同时人宇文绍奕作《考异》、汪应辰作《石林燕语辨》以正之。现存早期版本有明正德元年（1506）杨武刻本（见书影1-1-2）、万历《稗海》本等。《四库全书》本共十卷、《考异》一卷，参验诸本并以《永乐大典》所载勘校订讹、加以按语。清人叶廷琯（字调生，所撰《吹网录》卷六考证了先祖叶梦得的著作与事迹）、胡珽（字心耘）汇校各家成《石林燕语集辨》，咸丰时活字刊印全书附《考异》，收入胡氏《琳琅秘室丛书》，较为完善。又有光绪年间叶德辉观古堂刻本。1984年中华书局点校本即以《琳琅秘室丛书》本为底本，并参

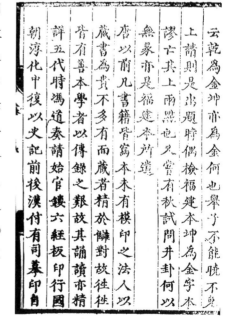

书影1-1-2：《石林燕语》卷八
明正德元年（1506）杨武刻本，国家图书馆藏

校各本与案语，附汪应辰《石林燕语辨》。《全宋笔记》第二编收入以叶德辉本为底本、参校各本附汪《辨》的整理本。夏东锋《叶梦得笔记考证》对《石林燕语》的文本校勘和辨正有综合研究。

> ・（清）永瑢等：《四库全书总目》卷一二一《子部・杂家类五》"《石林燕语》"条，北京：中华书局，1965 年，第 1040—1041 页。
> ・（清）莫友芝撰，傅增湘订补，傅熹年整理：《藏园订补郘亭知见传本书目》卷一〇上《杂家类上》，北京：中华书局，2009 年，第 713 页。
> ・（宋）叶梦得撰，宇文绍奕考异，侯忠义点校：《石林燕语》，北京：中华书局，1984 年。
> ・（宋）叶梦得撰，徐时仪整理：《石林燕语》，朱易安、傅璇琮等主编：《全宋笔记》第二编第十册，郑州：大象出版社，2006 年。
> ・夏东锋：《叶梦得笔记考证》，太原：山西人民出版社，2015 年。

按照这个含义，宋刻本并不都是善本，因为除官刻的国子监本、公使库本[3]以及某些家刻本在校勘上比较精审，堪称为善本外，坊刻本中如福建建阳的麻沙本[4]之类并没有作过认真校勘，不仅够不上善本，有些甚至是恶本。而且，宋刻本在宋人眼里等于今人眼里的新出版物，即使精善的国子监本也未见得受到重视。试看，北宋末大藏书家李清照在《金石录后序》[5]中记述她在避金兵南行时"长物不能尽载，乃先去书之重大印本者，又去画之多幅者，又去古器之无款识者，后又去书之监本者、画之平常者、器之重大者"，可见监本在当时并不珍贵。至于坊肆恶本，更只是小学生上学堂所背书包里的货色，正如今天对待学校课本一样，谁也不会把它珍藏起来当宝贝。

【旁征】

[3] 国子监本、公使库本

北宋官方刻书以国子监刻本（监本）为主，多经史子集常用书，精于校勘。当时国子监在东京开封府，但监本多数送到杭州刊刻，传世北宋浙本中较为可信的只有十行本《史记》《汉书》和十四行本《新唐书》，是北宋末年国子监送杭州重刻、因北方战乱而在南宋时继续补刻印行的（《古籍版本学》）。比如国家图书馆藏递修本《汉书》不避高宗赵构之"构"字（见书影 1-1-3 左第七行第三字），但刻工又集中在南宋初年，说明可能是北宋监本在北宋末、南宋初的覆刻（《中国版刻图录》目录；《中华再造善本总目提要》此书条）。

王国维《五代两宋监本考》《两浙古刊本考》系统性地论述了两宋监本问题，赵万里在《两宋诸史监本存佚考》、《中国版刻图录》诸书解题中亦有深入分析。近年针对北宋监本正史亦有整理研究,如尾崎康指出正史现存唯一北宋版本为杏雨书屋藏十四行本《史记》。又举出两方面证据来论证今见递修本《汉书》刻于北宋末、南宋初:一是原版刻工中的丁保、丘旬、周元、陈富并见于福州开元寺《毗卢藏》的宣和、靖康与绍兴年间补版;二是此本卷二七末有题名一行云"对勘官左通直郎知福州长乐县主管劝农公事刘希亮"(见书影1-1-3右),而通直郎分左右,仅施行在绍兴元年至淳熙元年之间(1131—1174)(详钱大昕《十驾斋养新录》卷一〇、《建炎以来朝野杂记》乙集卷一四、王国维《传书堂藏善本书志》等)。乔秀岩、叶纯芳则更进一步限定时段:"左通直郎刘希亮校勘的版本,不可能是北宋版,也不可能是南宋最早的几年,只能在绍兴年间。"这样来说此《汉书》当然不是完全的北宋本,十行"景祐本"《史记》的情况与之高度类似,而十四行"嘉祐本"《新唐书》也刊刻于南宋初年。

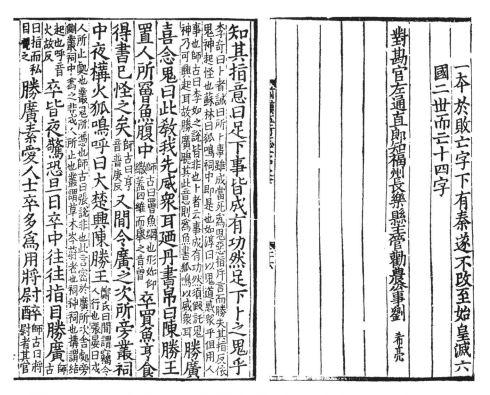

书影 1-1-3:左:《汉书》卷三一《陈胜项籍列传》;右:《汉书》卷二七《五行志七中之下》

宋刻本,国家图书馆藏(《中华再造善本·唐宋编》影印,北京:北京图书馆出版社,2003 年)

• 黄永年:《古籍版本学》,南京:江苏教育出版社,2009 年,第 63 页。

• 北京图书馆编:《中国版刻图录》(增订本)第一册目录"汉书注"条,北京:文物出版社,1961 年,第 8 页。

• 《中华再造善本总目提要·唐宋编》史部"汉书一百卷（北宋刻递修本）"条，陈红彦撰，北京：国家图书馆出版社，2013 年，第 157—160 页。

• [日] 尾崎康著，陈捷译：《以正史为中心的宋元版本研究》，北京：北京大学出版社，1993 年，第 15—23 页；[日] 尾崎康著，乔秀岩、王铿编译：《正史宋元版之研究》第二部综论编，北京：中华书局，2018 年，第 49—55 页。此书日文原版为《正史宋元版の研究》，东京：汲古书院，1989 年，两种汉译本中的后者为经过作者审定的重译增订版，整体结构和具体论述、配图都有较大增改，此后引用以新版为准。

• 乔秀岩、叶纯芳：《学〈中国版刻图录〉记》，《版本目录学研究》第七辑，北京：北京大学出版社，2016 年，第 58—61 页；载《文献学读书记》，北京：生活·读书·新知三联书店，2018 年，第 199—201 页。

其他地区官府也有不少官刻，如两浙东路茶盐司刻八行本诸经注疏合刻本，以及两淮江东转运司刻、后征入国子监的《后汉书》等，所谓"公使库"是指地方部门中负责接待来往官员提供花销、"以佐厨传"的营利机构，其刊刻书籍往往被称为公使库本，代表者如南宋淳熙四年（1177）抚州公使库刻本《礼记》与《礼记释文》，初印本今藏国家图书馆，清人顾广圻曾助张敦仁影刻此《礼记》并撰《抚本礼记郑注考异》。其中陆德明《礼记释文》末叶存"抚州公使库新刊注《礼记》二十卷并《释文》四卷"、刊书官员衔名与淳熙四年二月某日的时间记录（见书影 1-1-4），为公使库刻书的直接记载。

• 黄永年：《古籍版本学》，第 64—66 页。

• 张丽娟：《宋代经书注疏刊刻研究》，北京：北京大学出版社，2013 年，第 56—83 页。

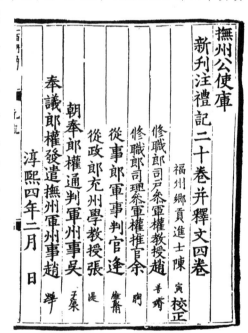

书影 1-1-4：《礼记释文》衔名

宋淳熙四年（1177）抚州公使库刻本，国家图书馆藏（《中华再造善本·唐宋编》影印，北京：北京图书馆出版社，2006 年）

[4] 建阳麻沙本

宋时，建宁府建阳县的书坊刻本十分流行，祝穆《方舆胜览》卷一一载建宁府土产是"书籍行四方",注云:"麻沙、崇化两坊产书,号为图书之府。"因此坊刻建本又有"麻沙本"之称。北宋末人朱彧《萍洲可谈》记载了一件因建本误字而出错考题的事例:

> 姚祐元符初为杭州学教授,堂试诸生,《易》题出'乾为金,坤亦为金,何也'。先是,福建书籍刊板舛错,'坤为釜'遗二点,故姚误读作'金',诸生疑之,因上请,姚复为臆说,而诸生或以诚告,姚取官本视之,果'釜'也,大惭曰:'祐买着福建本!'升堂自罚一直,其不护短如此。

建本中亦有校勘上差胜于其他坊刻者,如南宋余仁仲万卷堂刻本,现存有《礼记》《春秋公羊经传解诂》(见书影1-1-5,书序末余仁仲刻书题记可体现其有校正文字的意识)和《春秋榖梁传》等。再者,建阳书坊为招徕顾客,在形式和内容上常有所创新,如刊刻经书时合刻入注疏、增加纂图重言重意互注等新形式,也有托名夸大、抬高身价者,都是当时图书出版业的鲜活写照。

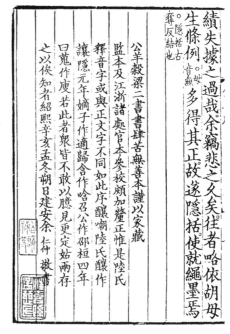

书影1-1-5:《春秋公羊经传解诂》何休序
宋绍熙二年(1191)余仁仲万卷堂刻本,国家图书馆藏(《中华再造善本·唐宋编》影印,2003年)

> ·黄永年:《古籍版本学》,第72—75页。
> ·(宋)朱彧撰,李伟国点校:《萍洲可谈》卷一,北京:中华书局,2007年,第123页。

[5] 李清照《金石录后序》

《金石录》是北宋时研究青铜器与历代碑刻的专书,体例仿照欧阳修《集古录》,全书三十卷,前十卷为目录,著录了作者所见上古三代至隋唐五代以来,钟鼎彝器铭文款识及墓志碑铭石刻拓片二千卷;后二十卷为跋尾,为五百余种金石撰写题跋文字,考释文字与史事,均按时代先后排列。此书同《集古录》齐名,因此前人往往称金石学为"欧赵之学"。作者赵明诚(1081—1129),字德父(亦作德甫),密州诸城(今属山东潍坊)人。《金石录》所著录和题跋的大部分器铭石刻,至今不仅原器或原石佚失,连拓本也极少能幸存流传,有赖此书而存留一二。

赵氏之妻为著名词人李清照,近代《金石录》亦因其《后序》而知名。此文写于绍兴二年(1132),生动地记载了赵、李夫妇收集整理金石书画、典籍善本的艰辛和乐趣,及金兵南下后赵明诚病逝、收藏零落的悲苦,反映了逃难时困于运输条件,赵、李二人优先舍弃笨重且可复得、价值稍低之藏品的过程。

《金石录》在南宋时有孝宗淳熙年间(1174—1189)龙舒郡斋刻本与宁宗开禧元年(1205)浚仪赵不谫刻本。前者有三十卷本,新中国成立初重新为世人所知,旧藏金陵甘氏津逮楼,今藏于国家图书馆,但此本无李清照《后序》(《古逸丛书三编》)。又,清初冯文昌(砚祥)藏有残宋本十卷,可能即前者之修版后印本,转经清代名家递相收藏,今藏于上海图书馆(书影与介绍可参看陈先行《打开金匮石室之门:古籍善本》之《宋安徽刻本〈金石录〉》)。此外有明范氏卧云山房残抄本(仅存末八卷,今藏国家图书馆),清顺治七年(1650)谢世箕刻本(世箕父启光印于顺治十年,书影收入《清代版本图录》),乾隆卢见曾雅雨堂刻本(见书影1-1-6,据影抄谢本及何焯校叶盛菉竹堂抄本等汇校刊行),道光时黄本骥编入《三长物斋丛书》、湘阴蒋瓘刻本,光绪十三年(1887)吴县朱记荣(槐庐)《行素草堂金石丛书》本(贾二强主编:《长安学研究文献汇刊·考古编·金石卷》第一辑影印),光绪三十一年(1905)仁和朱氏《结一庐朱氏剩余丛书》重刻汲古阁抄本(附缪荃孙撰札记一卷、今存碑目一卷。其版又编入民国刘承幹《嘉业堂丛书》)。又有清吕无党抄本,《四部丛刊续编》影印,附张元济校勘记。金文明《金石录校证》,以雅雨堂本作底本,校以三长物斋本及吕无党抄本影印本等,考释字词并选录诸家案语,整理较善且易得。

书影1-1-6:李清照《金石录后序》

清卢见曾雅雨堂刻本,国家图书馆藏

- 黄永年：《史部要籍概述》，第 166—167 页。
- （宋）赵明诚撰，金文明校证：《金石录校证》，北京：中华书局，2019 年。
- 《中华再造善本总目提要·唐宋编》史部"金石录三十卷（南宋淳熙龙舒郡斋刻本）"条，王菡撰，北京：国家图书馆出版社，2013 年，第 308—310 页。
- 黄永年、贾二强撰集：《清代版本图录》一，杭州：浙江人民出版社，1997 年，第 5—6 页。
- 陈红彦编：《善本古籍掌故 1》，上海：上海远东出版社，2017 年，第 211—212 页。

　　由于自然损耗，再加上天灾人祸，到明代中叶，宋本就少起来了。"物以希为贵"，宋本甚至元本逐渐成为收藏的对象。如明嘉靖时权相严嵩倒台后被抄没的财产清单中就开有宋版书若干部，和金银珠玉珍宝并列[6]。到了清代，乾嘉时大藏书家黄丕烈因为收藏了一百多部宋本，就以"百宋一廛"名其书斋，并且自号"佞宋主人"[7]。清后期四大藏书家中的杨以增得到了宋本《毛诗》、三礼和四史，也题其书斋为"四经四史之斋"[8]。另一个陆心源认为其收藏宋本之多超过了黄丕烈，更以"皕宋楼"自夸[9]。当然，对他们这种做法并没有必要加以非议，这么做至少对保存已成为文物的宋元旧本书有好处。但他们对这些已成为文物的旧本书并不另找一个名称，却承用了过去的"善本"之称，这就混淆了"善本"的含义。

【旁征】

[6] 严嵩之宋版书

　　明人曾将严家被抄后籍没家产的清单抄录成册，清初人周石林据残本重录成帙，并以"太阳一出冰山颓"句意题为《天水冰山录》，是研究明代名物典制、工艺美术的珍贵史料。其中"《实录》并经史子集等书"一节记录了手抄、宋板、元板、国初板、新板等书籍八十八部、二千六百一十三本（见书影 1-1-7），其中"宋板"八百余本。这种记录书籍版本的做法，可以说明当时普遍以宋、元等版刻时代来界定刻本价值，重视宋元旧本的倾

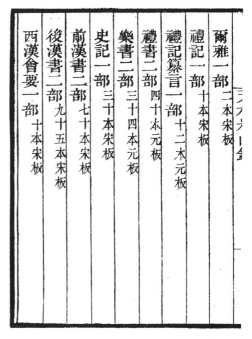

书影 1-1-7：《天水冰山录》"《实录》并经史子集等书"

清鲍廷博《知不足斋丛书》本，1921 年上海古书流通处石印

向已有体现。明人刊刻古籍时亦有伪冒宋元版之翻刻以牟利的例子,可作为此风尚之佐证,如嘉靖元年(1522)金台汪谅刊《文选》自云"古板校正新刊",书内刊记亦列出汪氏书铺刊售的翻刻"宋元板"、重刻"古板"各七种,却因混入了明人著作而露出马脚。

《天水冰山录》刻本有鲍廷博《知不足斋丛书》本,六卷并附录。又有《丛书集成初编》本,据《知不足斋丛书》本排印。今人出版整理有全书标校。

> • 连冕等著:《〈天水冰山录·钤山堂书画记〉标校》,西安:三秦出版社,2016年。
>
> • 陈正宏、梁颖编:《古籍印本鉴定概说》,上海:上海辞书出版社,2005年,第144—146页。

[7] 黄丕烈

黄丕烈(1763—1825),字绍圃,又曰荛夫、荛翁、老荛,更号复翁、复初氏、宋廛一翁、求古居士等,长洲(今属江苏苏州)人。乾隆五十三年(1788)举人,博学赡闻,寝食于古。好蓄书,尤好宋椠本书。尝构专室,藏所得宋本,名曰"百宋一廛",自称佞宋主人。叶昌炽《藏书纪事诗》云:"乾嘉以来,藏书家当以先生为一大宗。"《清史列传》卷七二有传,称其"尤精校勘之学,所校《周礼郑氏注》《夏小正》《国语》《国策》,皆有功来学。好刻古籍,每刻一书,行款点画,一仍旧本,即有伪舛,不敢擅改,别为札记,缀于卷末。钱大昕、段玉裁甚称之,谓之可以矫近世轻改古书之弊"。著有《百宋一廛赋注》《百宋一廛书录》《荛言》《士礼居藏书题跋记》等,刊刻有《士礼居丛书》。

> • (清) 江标撰,王大隆补:《黄丕烈年谱》,北京:中华书局,1988年。
>
> • (清) 佚名撰,王锺翰点校:《清史列传》卷七二《文苑传三·黄丕烈》,北京:中华书局,1987年,第5931—5932页。

[8] 清后期四大藏书家之杨以增"四经四史之斋"

清后期四大藏书家及其藏书楼,一般指山东聊城杨以增海源阁、江苏常熟瞿镛铁琴铜剑楼、浙江归安陆心源皕宋楼和浙江钱塘丁丙八千卷楼(缪荃孙《善本书室藏书志序》)。其中山东聊城杨氏为唯一的北方藏书家,与铁琴铜剑楼合称"南瞿北杨"。分别有藏书志、目录或题跋记传世。

杨以增(1787—1855),字益之,一字至堂,别号东樵,山东聊城人。道光二十八年(1848)任江南河道总督;咸丰三年(1853)奉旨督防江北,兼署漕运总督;四年,兼理淮北盐务;五年辞世,谥端勤。海源阁创于道光二十年(1840),因清末江南战乱,藏书多有散佚,杨以增大加收购并运至聊城,得黄丕烈、汪士钟等名家旧藏,子杨绍和、孙杨保彝又长期补充,收藏遂富于海内。生平见载于家传、碑志与《(宣统)聊城县志》卷八,收藏与流散情况亦可参丁延峰《海源阁藏书研究》。

　　"四经四史",在《毛诗》、三礼(《周礼》《仪礼》《礼记》)、四史(《史记》《汉书》《后汉书》《三国志》)之外还存在一种说法,见于清人陆以湉《冷庐杂识》卷一"艺林佳话"条:"聊城杨至堂河督以增得宋板《诗经》《尚书》《春秋》《仪礼》《史记》《两汉书》《三国志》,颜其室曰'四经四史之斋'。"《续修四库全书总目提要·史部》之《楹书隅录》条即采此说。分歧在于是三礼还是《尚书》《春秋》《仪礼》,丁延峰等研究者已注意到《楹书隅录》卷一"宋本《毛诗》三卷一册"条跋语曾云:"案,先公所藏'四经'乃《毛诗》、三礼,盖为其皆郑氏笺注也,《尚书》《春秋》虽有宋椠,固别储之。"(见书影1-1-8)可知《冷庐杂识》之说不确。旧藏海源阁、今藏国家图书馆的宋本《周礼郑注》《礼记郑注》均钤"四经四史之斋"白文方印(见印蜕图版),可为三礼说之旁证。

书影1-1-8:《楹书隅录》卷一

1912年董康补刻本(《续修四库全书》史部目录类第926册,上海:上海古籍出版社,2002年,第559页)

　　杨以增子绍和(1830—1875)编《楹书隅录初编》和《续编》,抄录所藏部分宋元明本的旧题跋;又撰《宋存书室宋元秘本书目》四卷,专记海源阁藏宋元本。《楹书隅录》初、续编有光绪二十年(1894)家刻本,后版片散落,董康购得后于1912年补刻印行。《续修四库全书》即据上海辞书出版社图书馆藏董康补刻本影印。

> ・(清)缪荃孙:《善本书室藏书志序》,《续修四库全书》史部目录类第927册影印光绪家刻本《善本书室藏书志》卷首,上海:上海古籍出版社,2002年,第157页;(清)缪荃孙:《艺风堂文续集》卷五《钱唐丁氏八千卷楼藏书志序》,张廷银、朱玉麒主编:《缪荃孙全集・诗文一》,南京:凤凰出版社,2014年,第355—356页。
> ・黄永年:《古文献学讲义》,上海:中西书局,2014年,第182页。
> ・丁延峰:《海源阁藏书研究》,北京:商务印书馆,2012年。
> ・(清)陆以湉撰,崔凡芝点校:《冷庐杂识》,北京:中华书局,1984年,第2—3页。
> ・林申清编:《中国藏书家印鉴》,上海:上海书店出版社,1997年,第174页。
> ・《续修四库全书总目提要・史部》"楹书隅录五卷续编四卷"条,李勤合撰,上海:上海古籍出版社,2014年,第553—554页。

[9] 陆心源"皕宋楼"

　　陆心源(1834—1894),字子稼,一字刚甫,号存斋,晚称潜园老人。归安(今属浙江湖州)人。咸丰九年(1859)中举,曾官至广东高廉兵备道、福建盐运使,晚年居家刻书著述。生平可参见俞樾所撰墓志、缪荃孙所撰神道碑与陆氏后人徐桢基《潜园遗事》一书。

　　陆氏藏书甚夥,有皕宋楼、十万卷楼、守先阁等多处储之,宋元旧本等著录入《皕宋楼藏书志》,亦有《十万卷楼书目》等多部藏书目录,皕宋楼藏书后归日本静嘉堂文库。所撰古籍、书画和金石题跋编成《仪顾堂题跋》《续跋》,亦曾撰《群书校补》《宋史翼》《唐文拾遗》《宋诗纪事补遗》《金石学录补》《穰梨馆过眼录》等。

　　《皕宋楼藏书志》一百二十卷、《续志》四卷,有光绪八年(1882)十万卷楼刻本,《续修四库全书》据此影印。

> ・(清)俞樾撰,(清)王同愈书,(清)李文田篆盖:《清故诰授资政大夫诰封荣禄大夫二品顶戴赏戴花翎广东分巡高廉兵备道陆公墓志铭》,光绪二十一年(1895)十一月二十五日葬,浙江湖州出土,国家图书馆藏拓编号墓志4162。

> ·缪荃孙：《二品顶戴记名简放道员前广东高廉兵备道陆公神道碑铭》，闵尔昌纂录《碑传集补》卷一八，《清碑传合集》第四册，上海：上海书店，1988年，第3300—3301页。
> ·徐桢基：《潜园遗事：藏书家陆心源生平及其他》，上海：上海三联书店，1996年。
> ·《续修四库全书总目提要·史部》"皕宋楼藏书志一百二十卷续志四卷"条，李勤合撰，上海：上海古籍出版社，2014年，第555—556页。

　　光绪初，张之洞提督四川学政时编写过一本《輶轩语》，在"论读书"条中说："善本之义有三：一，足本；无阙卷，未删削。二，精本；一精校，一精注。三，旧本。一旧刻，一旧钞。"[10]一、二仍是从校勘来讲的，三则把善本当成了文物。稍后，四大藏书家之一的丁丙在其《善本书室藏书志》[11]中，就将善本归纳为旧刻、精本、旧抄、旧校四类。其中旧刻指的是宋元本，精本指的是明洪武至嘉靖时刻本，包括少数"雕刻既工，世鲜传本"的万历以后刻本，加上旧抄、旧校，都是视为文物的善本。但在精本中又说洪武至嘉靖时本中"足本、孤本，所在皆是"，在旧校中也说"补脱文，正误字，有功后学不浅"，这样，又把校勘精审的含义混杂了进去。改革开放以来重视古籍善本，对"善本"的含义又颇多议论，并出现了所谓"三性""九条"之说[12]。"三性"者，历史文物性、学术资料性、艺术代表性之谓，而"九条"则是如何才算善本的具体规定。其实"三性"中的后两性很难成立。如清末民国初覆刻宋元本，其精工有转胜于明仿宋刻者，很具备艺术代表性，但由于时代太近，便不能视为"善本"。在清末民国初，还有一些高水平学术著作仍雕版印刷，很具备学术资料性，但也不能列入"善本"之中，原因仍是时代太近。可见，真起作用的只有一个，即历史文物性，是"一性"而不是什么"三性"。此外，"九条"中成问题的也不少，如以乾隆时作为善与不善的界限，说乾隆及乾隆以前流传较少的印本、抄本为善本，殊不知清刻本中真正难得、堪称文物的书，一部分在清初，多缘涉及怀念故明而遭禁毁；一部分在道光、咸丰时，则由于当时作为文化中心的江、浙等地所刻书板受太平天国战事的影响而被毁。乾隆刻板虽毁，但印书已多流传，道、咸刻板则印书无几，故板毁后遂成罕见之品。

【旁征】

[10] 张之洞《輶轩语》

　　张之洞（1837—1909），字香涛，直隶南皮（今属河北沧州）人。晚清名臣，有《张文襄公全集》传世。《輶轩语》为光绪初任四川学政的张之洞训教士子如何立身处世、治学读书所作,輶轩即代指天子使者,这最能体现在全书的前三篇"语行""语学"和"语文"中,引文即取自"语学第二·通论读书"之"读书宜求善本"条,未有进一步扩展深论。此书写成之后风靡一时,与《劝学篇》《书目答问》均为张之洞嘉惠学子的代表作。据今人统计,光绪年间《輶轩语》的不同刻本就不下十种,比如提督陕西学政赵惟熙增注本,在前序中对此书启迪后学之意十分推崇。有整理本收入《书目答问二种》,《语学》亦有单独整理附于《书目答问补正》后。

> • 赵尔巽等撰:《清史稿》卷四三七《张之洞传》,北京:中华书局,1977 年,第 12377—12380 页。
>
> • (清) 张之洞:《輶轩语》语学第二,光绪五年(1879)贵阳王秉恩《书目答问》合刻本,第 13 叶正。
>
> • 更多版本可参来新夏、韦力、李国庆汇补《书目答问汇补》附录一《书目答问》版本图释,北京:中华书局,2011 年,第 1119—1123 页。
>
> • (清) 张之洞:《輶轩语》,陈居渊、朱维铮校点:《书目答问二种》,北京:生活·读书·新知三联书店,1998 年,第 303 页。

[11] 丁丙《善本书室藏书志》

丁丙(1832—1899),字嘉鱼,别字松生,晚年自称松存,钱塘(今属浙江杭州)人。祖、父嗜好藏书,有八千卷楼,后毁于战火,丁申、丁丙兄弟重建之,又广搜典籍藏于后八千卷楼、小八千卷楼。丁丙热心慈善与文化事业,曾助修文澜阁、抄补阁书,并搜集整理地方文献,编有《武林掌故丛编》等书。生平见俞樾《丁君松生家传》。

小八千卷楼,又称"善本书室",专藏宋元明刊与精抄精校之善本,目录即此《善本书室藏书志》,凡四十卷、附录一卷,多署为丁丙编,实与孙峻合作。此目依《四库》分类,尤以稀见明刊、名人抄校著名,解题中往往注明递藏源流与抄校诸家名号。有光绪年间丁氏家刻本,《续修四库全书》据此影印。

> • (清) 缪荃孙编,王兴康等整理:《续碑传集》卷八一《文学六·丁丙》,上海:上海人民出版社,2019 年,第 3317—3323 页。
>
> •《续修四库全书总目提要·史部》"善本书室藏书志四十卷附录一卷"条,李勤合撰,上海:上海古籍出版社,2014 年,第 555 页。丁丙藏书事迹与目录编纂,可参石祥:《八千卷楼书事新考》,上海:中西书局,2021 年。

丁丙基于自身收藏经历与偏好明清刻本、抄校本的收藏特点,在光绪二十四年

(1898)自撰《藏书志记》中,将善本书室所藏典籍分作旧刻、精本、旧钞和旧校四类,并举例详述,较为明晰:

> 择其可珍者,约有四端,特筑善本书室储藏之:一曰旧刻。宋元遗刊,日远日鲜,幸传至今,固宜球图视之。二曰精本。朱氏一朝,自万历后,剞劂固属草草,然追溯嘉靖以前,刻书多翻宋椠,正统、成化,刻印尤精,足本、孤本,所在皆是。今搜集自洪武迄嘉靖,萃其遗帙,择其最佳者,甄别而取之。万历之后,间附数部,要皆雕刻既工、世鲜传本者,始行入录。三曰旧钞。前明姑苏丛书堂吴氏、四明天一阁范氏,二家之书,半系钞本。至国朝小山堂赵氏、知不足斋鲍氏、振绮堂汪氏,多影钞宋元精本,笔墨精妙,远过明钞。寒家储藏,将及万卷,择其尤异,始著于编。四曰旧校。校勘之学,至乾嘉而极精。出仁和卢抱经、吴县黄荛圃、阳湖孙渊如之手者,尤雠校精审,他如冯已苍、钱保赤(按,疑为钱求赤[名孙保]之误)、段茂堂、阮文达诸家手校之书,朱墨烂然,为艺林至宝,补脱文、正误字,有功后学不浅,荟萃珍藏如与诸君子面相质问也。

• (清)丁丙:《善本书室藏书志》卷末,《续修四库全书》史部目录类第 927 册影印光绪家刻本,上海:上海古籍出版社,2002 年,第 688 页。

[12]"三性""九条"

《中国古籍善本书目·经部》前言:"版本目录学上关于'善本'的含义,向来是指精加校雠、误字较少的版本或稀见旧刻、名家抄校及前贤手稿之类。《中国古籍善本书目》所著录的书,就上述范围,概括为凡具有历史文物性、学术资料性、艺术代表性而又流传较少的古籍,均予收录。"此前言撰于 1985 年,反映了自七十年代末筹备编纂《中国古籍善本书目》的长期实践中,逐步形成并完善的工作标准。冀淑英《中国古籍善本书目后记》撰于 1995 年,记云 1977 年底国家文物局在《古籍善本书目》收录范围文件初稿中,提出"从古籍的历史文物性、学术资料性、艺术代表性等方面考察,并订出九项具体条件",并在次年讨论实施。

"三性"概括为:因其年代久远而具有"历史文物性",书籍内容有重要参考价值的"学术资料性",雕板印制考究、插图等精美的"艺术代表性"。

"九条"大致为:(一)元代及元代以前刻印、抄写的图书(包括残本和零页)。(二)明代刻印、抄写的图书(包括具有特殊价值的残本和零页),但版面模糊、流传尚多者不收。(三)清代乾隆及乾隆以前流传较少的印本、抄本。(四)太平天国及历代农民革命政权所印行的图书。(五)辛亥革命前,在学术研究上有独到见解、或有学派特点、或集众说较有系统的稿本,以及流传很少的刻本、抄本。(六)辛亥革命前,反映某一时期、某一领域或某一事件资料方面的稿本以及流传很少的刻本、抄本。(七)辛亥革命前的名人学者批校、题跋或过录前人批校而有参考价值的印本、抄本。(八)在印刷上能反映我国古代印刷技术发展、代表一定时期技术水平的各种活字印本、套印本,或有较精版画的刻本。(九)明代印谱全收,清代的集古印谱、名家篆刻印谱的钤印本,有特色或有亲笔题记的收,一般的不收。

在 2006 年《古籍定级标准》(WH/T 20—2006)与 2014 年《汉文古籍特藏藏品定级——第 1 部分:古籍》(GB/T 31076.1—2014)中进一步强调了"三性"的定级原则角色,将古籍划分为一至四级,一、二、三级为善本,各分甲、乙、丙三个等次,"九条"则修改为各级各等的定级标准细则。

因战乱,道光、咸丰刻本稀见于世,其中珍品足以列入善本。实例可见本书"其他"篇旁征[1]所详载清道咸间连筠簃刻本桂馥《说文解字义证》一书,由上海古籍出版社影印,黄永年师撰有出版说明。

> • 中国古籍善本书目编辑委员会编:《中国古籍善本书目·经部》前言,上海:上海古籍出版社,1989 年,第 555 页。
>
> • 冀淑英:《中国古籍善本书目后记》,《中国古籍善本书目·丛部》后附,上海:上海古籍出版社,1990 年,第 761—776 页。
>
> • 顾廷龙:《十年苦干,抢编出善本书总目——忆周总理、陈毅等同志对图书馆事业的关怀(一九九五年)》,《顾廷龙全集·文集卷》,上海:上海辞书出版社,2015 年,第 464—470 页。
>
> • 全龙:《当代"善本"》,《上海师范大学学报》1995 年第 2 期,第 158 页。

为了避免今后再发生纠缠,我主张索性把所谓"善本"区分为两种含义:

(1)一种含义是凡成为文物的古籍都是善本。宋刻本,元刻本,明嘉靖以前刻本,明活字本,明抄本,清前期旧抄本和有价值的稿本、批校本,清人就视为善本,今天当然更是善本。明万历以后少见的和印制精美的刻本,清代少见的或印制特别精美的刻本、活字本,民国时特别少见的刻本,以及清中叶以后少见的抄本,有价值的稿本、批校本,在今天看来也可以定为善本。这里主要贯彻了"物以希为贵"的原则。至于将来,譬如过了若干年,清代、民国时的刻本又稀少起来,则我们的子孙后代很可能再把它提升为善本。可见这种具有文物含义的善本的标准不是一成不变的,是要随着时间的推移而有所变动的。

（2）再一种含义是校勘精审的才是善本。用这个标准来衡量，一个本子是善就永远是善，不善就永远是不善，而绝不会像文物含义的善本那样，标准会随时间推移而变动。这种含义的善本不受时间的制约，它可以是清末民国时的刻本，甚至可以是近年来新出版的影印本、铅字排印本，当然也可以是宋元本、明本、旧抄本、稿本、批校本等等成为文物的善本。

因此，有相当多的本子会既是校勘精审的善本，又是成为文物的善本；也有一些本子只是成为文物的善本，不是校勘精审的善本；还有一些本子则只是校勘精审的善本，不是成为文物的善本。右面的图，就表示这两种含义的善本的关系。

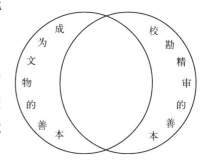

要用哪种含义的善本作为底本

整理古籍，首先要求消灭在传抄刊刻中产生的错误脱漏，使古籍尽可能回复其本来面貌，所以，整理古籍所用的底本，也理所当然地要用校勘精审、比较接近原书面貌的善本作为底本。

当然，如果同样是校勘精审的善本，其中一个本子同时又是成为文物的善本如宋本、元本之类，而另一个则只是清人覆刻的本子，不成其为文物，则最好用前者而不用后者。因为书一经覆刻总难免有点走样，总不如不走样的原刻本，用原刻本总比用覆刻本让人放心。如果不是覆刻而是影印本，则自然和原本一样，照理都可以用作底本。只是有些影印本已经过描润，有时个别字会描错，因此，如有可能最好把原本对过后再使用。

二　选　择

选择底本和接受版本目录的研究成果

要选择合适的善本作为底本,必须学好版本学,尤其是其中的版本目录学。

在"绪论"里已经讲过,版本学是一门独立的课程,而版本目录学在这门课程中又占了很大的比重。这里,只就选择底本的需要择其要点讲一些。

对版本目录,即一种古籍有哪些版本,哪个善,哪个不善,很早就有人注意到了。可以说,从西汉后期刘向、刘歆父子校勘整理官书开始,历代从事这项工作的人都对此非常重视(可参考本书"校勘"篇"正名"章),但明以前人所见到的版本今天大部分已不存在了。对至今仍存在的古籍版本,包括稀见的宋本、元本,明以来的大量刻本,以及活字本、抄本、稿本、批校本等作收集研究,是开始于明后期的藏书家们,特别是清代的藏书家,更给我们留下了不少研究成果。今天学习版本目录学,必须首先接受这些成果。

这些成果大体分四类。

(1) 标注版本的藏书简目。爱好宋元旧本的藏书家,往往在藏书简目即所藏书籍的账簿上标注"宋本""元本"等字样,如清初钱谦益的《绛云楼书目》、钱曾的《述古堂书目》、季振宜的《季沧苇书目》[13]之类均是。以后,这类标有版本的简目仍有人做,而且做得比清初人更精密,清中叶孙星衍的《孙氏祠堂书目》、民国时傅增湘的《双鉴楼善本书目》[14]就是其中最著名最有影响的两种。解放后编印的《北京图书馆善本书目》《上海图书馆善本书目》[15]仍旧沿用了这一老办法。① 这种老办法的长处是比较省事;缺点是讲得太简略,非内行熟悉版本者参考起来有困难。

【旁征】

[13] 钱谦益《绛云楼书目》、钱曾《述古堂书目》、季振宜《季沧苇书目》

钱谦益(1582—1664),字受之,号牧斋,又号蒙叟,常熟(今属江苏)人。明万历三十八年(1610)进士,崇祯初官礼部侍郎,后任南明弘光朝廷礼部尚书。入清后,顺治三年(1646)授礼部右侍郎,充修《明史》副总裁,旋去任回乡。擅长诗文,撰有《初学集》

---

① 用这种办法的还有 1999 年出版的《北京大学图书馆藏古籍善本书目》。此外台湾地区也有《"中央图书馆"善本书目》,1986 年出了增订二版。

《有学集》《列朝诗集》等。藏书于绛云楼，晚年时焚毁(事详曹溶《绛云楼书目题词》，载《绛云楼书目》卷首)。潘景郑辑校有《绛云楼题跋》。

《绛云楼书目》为钱谦益私家藏书目录，大致以经史子集的顺序分列七十三小类，多仅题书名，部分写出作者、册数，宋元刊本注明版本，另有补遗一卷，其中明人撰述较多。例如，集部书目录中"金石类"有九种书，"《水经碑录》、《隶释》、《隶续》、陶九成《古刻丛抄》、赵明诚《金石录》、《陕西金石文》、《金石古文》、都元敬《金薤琳琅》、赵崡《石墨镌华》"《补遗》增"《绛帖评》二十卷"(姜夔撰《绛帖平》)，均录书名、部分题前书作者、卷数。陈景云注时则补充了一些卷数、作者信息，但多不涉及古籍版本，如《金石录》下注云："三十卷。李易安《后序》，明诚之室、文叔之女也。其文淋漓曲折，笔力不减乃翁，'中郎有女堪传业'，文叔之谓耶！"(见书影1-2-1)文叔即李清照父李格非。

书影 1-2-1：《绛云楼书目》卷四

清陈景云注本，《粤雅堂丛书》第九集

黄永年师藏《绛云楼书目》黑格抄本两册，朱学勤、王绶珊旧藏，无曹溶题词、陈景云批注。小类总数多至九十，具体著录上也保留了很多后人传写编辑时遗漏掉的书名、册数和小注，很可能是顺治时"钱家童仆簿录完毕后的清钞本"，影印收入《中国著名藏书家书目汇刊·明清卷》(第12、13册，北京：商务印书馆，2005年)。亦有一部清初抄本

《牧斋书目》今藏哈佛大学燕京图书馆，叶德辉校并题记云此为《绛云楼书目》原本。后人抄本常见者如《续修四库全书》影印嘉庆二十五年(1820)刘喜海味经书屋抄本，以及《稿抄本明清藏书目三种》影印南开大学藏清抄本。陈景云注本曾刻入道光三十年(1850)《粤雅堂丛书》第九集，《丛书集成初编》据以排印。钱谦益撰《补遗》一卷，有光绪二十八年(1902)叶德辉《观古堂书目丛刊》刻本。

> ·（清）钱谦益撰，潘景郑辑校：《绛云楼题跋》，上海：上海古籍出版社，2005年。
>
> ·黄永年：《影印清顺治钞原本〈绛云楼书目〉缘起》，《古籍整理与研究》第七期，北京：中华书局，1992年，第239—242页。亦收入《文史存稿》，西安：三秦出版社，2004年，第466—471页；《黄永年古籍序跋述论集》，北京：中华书局，2007年，第19—24页；《黄永年文史论文集》第五册《文史杂论》，北京：中华书局，2015年，第47—52页。
>
> ·沈津：《书城挹翠录》，上海：上海社会科学院出版社，1996年，第52页。
>
> ·《续修四库全书总目提要·史部》"绛云楼书目四卷补遗一卷"条，李勤合撰，上海：上海古籍出版社，2014年，第537—538页。
>
> ·《稿抄本明清藏书目三种》，北京：北京图书馆出版社，2003年，第267—711页。
>
> ·（清）莫友芝撰，傅增湘订补，傅熹年整理：《藏园订补郘亭知见传本书目》卷六《史部十四·目录类》，北京：中华书局，2009年，第446页。

　　钱曾(1629—1701)，字遵王，自号也是翁、贯花道人、篯后人、述古主人，常熟(今属江苏)人。钱谦益族孙，获绛云楼烬余书，藏书亦富，楼名"也是园""述古堂""莪匪楼"，且于精钞影写负有盛名，撰有《也是园藏书目》《读书敏求记》。其藏书主张详于《述古堂书目》自序："生平所酷嗜者，宋刻为最。……今吾家所藏，不过一毛片羽，焉知他年不为有力者捆载而去，抑或散于面肆曲坊，论秤而尽，俱未可料。……今余之书，咸手自点勘疑讹，后有识者，细心翻阅，始知余之苦志。"

　　《述古堂书目》的编纂缘由与体例可参钱曾自作后序："斧季(毛扆)复诱予写书目。……予归，遂发兴聚书于堂，四部胪列，援毫次第，颇效焦氏(焦竑)体例，稍以己意参之，厘为十卷，浃辰始毕。然终不敢谓已成一家之书目也。"可见此目是一部图书账目，类似《国史经籍志》，大致按四部排列数十类目，每类数量多寡不均，书名前部分加以作者，书名后录卷数、本数，小注详记版本。如卷二经部典籍中有"金石"类十九种，如："欧阳公《集古录》。""赵明诚《金石录》三十卷三本。抄。""曹士冕《法帖谱系》一卷

一本。宋本影抄。""《绛帖评》四卷一本。抄。"(见书影1-2-2)

　　此目多以抄本流传，且多有改编，卷数亦有差异。较为易得的影印本为国家图书馆藏钱曾述古堂抄本十卷，有改动笔迹，傅增湘等认为是钱曾稿本，亦可能仅为早期修订本，《四库全书存目丛书》《续修四库全书》分别影印。刻本有道光三十年(1850)《粤雅堂丛书》第九集《述古堂藏书目》四卷，《丛书集成初编》据以排印，内容与述古堂抄本有所不同，如卷一"金石"类二十种，首为"欧阳公《集古目录》三卷宋板"。

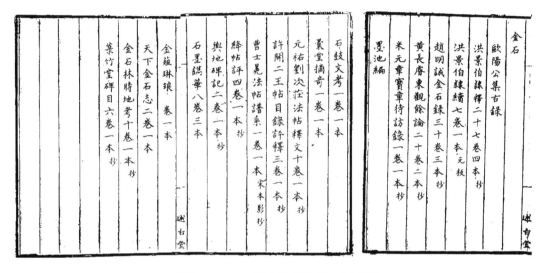

书影1-2-2：《述古堂书目》卷二"金石"

清述古堂抄本《钱遵王述古堂藏书目录》,国家图书馆藏(《续修四库全书》史部目录类第920册影印,上海:上海古籍出版社,2002年,第436—437页)

・生平可参钱大成《钱遵王年谱稿》等传记资料,(清)钱曾著,谢正光校笺:《钱遵王诗集校笺》附编二《传记资料辑录》,北京:中华书局,2018年,第367—395页。

・《续修四库全书总目提要・史部》"钱遵王述古堂藏书目录十卷"条,李勤合撰,第538页。

・(清)钱曾:《钱遵王述古堂藏书目录》序、后序、卷二,《续修四库全书》史部目录类第920册影印述古堂抄本,上海:上海古籍出版社,2002年,第425、426、436—437页。

・傅增湘:《藏园群书题记》卷五,上海:上海古籍出版社,1989年,第261—262页。

・赵嘉:《〈述古堂书目〉版本考》,《山东图书馆学刊》2019年第1期,第109—113页。

季振宜(1630—1674),字诜分,号沧苇,泰兴(今属江苏)人。顺治四年(1647)进士,授浙江兰溪知县,历刑部主事、户部员外郎、郎中,顺治十五年考选浙江道御史,曾巡视河东盐政等,后辞官归乡,《清史稿》有传。编汇有总集《唐诗》,成为康熙时编《全唐诗》之基础。

季氏继承了毛晋、钱曾等人藏书,编有多部目录,总名《季沧苇藏书目》,包括《延令宋板书目》《宋元杂板书》《崇祯历书总目》《经解目录》四种。《延令宋板书目》著录所藏宋本书名、卷数,小字注本数,次序不依经史子集,黄丕烈刊刻校理时曾于部分书名下加以案语,或校改文字,或说明此书递藏流向,如:"《王右丞文集》十卷。二本。○案,此书今归士礼居。"(见书影1-2-3)《宋元杂板书》则分经部、史部、古文选、韵书、子书、文集、类书、杂部、内典、儒书、医书、方舆等小类,著录书名、卷数,小字注本数,多在书名前写明"宋刻""宋板""元板""抄本"等字样标识版本,亦有标于小字注者,集部书多在书名前写明作者时代,黄丕烈整理时部分加有案语,如:"元陈基《白夷斋集》三十五卷。元抄五本。○案,白夷当作夷白。"偶有与《延令宋板书目》著录相近者,如文集有"《王右丞集》十四卷"。《崇祯历书总目》《经解目录》则为两种专门目录。

书影1-2-3:《季沧苇藏书目·
延令宋板书目》

《士礼居丛书》本(《续修四库全书》史部目录类第920册影印,上海:上海古籍出版社,第608页)

此书有清嘉庆十年(1805)黄氏《士礼居丛书》刻本,加以黄氏案语并后跋,《续修四库全书》曾影印。又有《粤雅堂丛书》本,《丛书集成初编》据以排印。

- 赵尔巽等撰:《清史稿》卷二四四《季开生附弟振宜传》,第9624—9625页。
- 《续修四库全书总目提要·史部》"季沧苇藏书目一卷"条,李勤合撰,第539—540页。
- (清)季振宜:《季沧苇藏书目》,《续修四库全书》史部目录类第920册影印《士礼居丛书》本,第608、620页。

[14]孙星衍《孙氏祠堂书目》、傅增湘《双鉴楼善本书目》

孙星衍(1753—1818),字渊如,号季逑、薇隐、芳茂山人,阳湖(今属江苏常州)人。

乾隆五十二年(1787)以一甲进士授翰林院编修,六十年授山东兖沂曹济道,治河有方。嘉庆四年(1799)丁母忧,主讲杭州诂经精舍,十年补山东督粮道,十二年权布政使,十六年引疾归。著有《尚书今古文注疏》《寰宇访碑录》等,编刻有《岱南阁丛书》《平津馆丛书》,藏书目录则有《平津馆鉴藏记书籍》(亦名《平津馆鉴藏书籍记》或《平津馆鉴藏书记》)及《补遗》《续编》,记载了孙星衍为官德州时鉴藏古籍中的精品,以宋版、元版、明版、旧影写本、影写本、外藩本分类,各类再大致依四部排列,著录卷数作者、序跋行款等。另有陈宗彝编《廉石居藏书记》三卷,为未收入《平津馆鉴藏记书籍》的善本所作目录,分内外编,各有经学、诸子、天文、地理、医律、史学、类书、词赋、书画、说部等小类,著录信息与前者相仿。

孙星衍藏书可谓宏富,其目录《孙氏祠堂书目》内编四卷、外编三卷,是包含了当时较常见版本,如同时或稍早清人校刊之书与著述的孙氏藏书目录。孙氏为纪念其从祖孙兴祖在金陵建有孙氏祠堂,并为"教课宗族子弟,俾循序诵习",储藏众多典籍,嘉庆五年(1800)编目成,分经学、小学、诸子、天文、地理、医律、史学、金石、类书、词赋、书画、小说十二小类,"以应岁周之数",并在自序中言明分类主旨,如:"金石第八。金石之学,始自宋代。其书日增,遂成一家之学。钟鼎碑刻,近代出土弥多,足考山川,有裨史事。古今兼列,无所删除。"可体现出孙星衍对目录分类的个人理解。每书著录书名、卷数、作者、时代,有多种版本者一一注明,如内编卷三金石云:"《集古录》十卷。宋欧阳修撰。一宋刊本。一谢启光刊本。"著录两种版本,其中谢启光刊本为顺治间刻本,应为当时常用通行本。

此目有嘉庆十五年(1810)孙氏金陵祠屋刊本。又有光绪十一年(1885)李盛铎《木犀轩丛书》刊本,所附陶濬宣跋指出了此目分类未当、前后不一、一书复见等失误之处,《丛书集成初编》据以排印。今标点整理本以嘉庆孙氏刊本为底本,附录《木犀轩丛书》本陶濬宣跋,并编有索引。

• 赵尔巽等撰:《清史稿》卷四八一《孙星衍传》,第 13224—13226 页。
• (清)孙星衍撰,焦桂美、沙莎标点:《平津馆鉴藏记书籍·廉石居藏书记·孙氏祠堂书目》标点说明、《孙氏祠堂书目》序,上海:上海古籍出版社,2008 年,第 1—8、235—238 页。

傅增湘(1872—1949),字润沅,号沅叔,曾署藏园居士、双鉴楼主人,四川江安人。光绪二十四年(1898)进士,1905 年起创办女学,后任北洋政府教育总长,1927 年任故宫博物院图书馆馆长,长期搜集整理古籍、校勘万余卷,刊刻影印所藏善本,藏书多次捐赠于北京图书馆。撰著经后人整理出版者有《藏园群书经眼录》《藏园群书题记》《藏园群书校勘跋识录》《双鉴楼善本书目》《〈文苑英华〉校记》《宋代蜀文辑存》等。关于"双鉴楼"之称的缘起，傅熹年曾云："1916 年收得百衲宋本《资治通鉴》，与祖遗元本《资治通鉴音注》相配，名藏书之所为'双鉴楼'。1928 年又收得南宋内府写本《洪范政鉴》，取代元本《通鉴音注》，仍称'双鉴'。"年近六十岁时，傅增湘将藏书中的善本编目为《双鉴楼善本书目》四卷、《双鉴楼藏书续记》二卷，共收入善本千余种，又有普通书籍目录《藏园外库书目》、六十岁以后收书目《藏园续收善本书目》，至晚年嘱其长子傅忠谟编撰《双鉴楼珍藏宋金元秘本书目》四卷、《藏园校书录》四卷。

> • 傅熹年：《记先祖藏园老人与北京图书馆的渊源》，《北京图书馆馆刊》1997 年第 3 期，第 49—52 页。

《双鉴楼善本书目》序云："令儿子忠谟简料库储，分别部居，凡宋、辽、金本为卷三千四百有奇，元本为卷二千三百有奇，益以明刊、钞校得三万卷，写定目录，分为四卷……昔金吾《书志》，序跋綦详；瞿氏广之，兼附校记。叙述翔富，后学于焉取资。方拟别采二家之例，详著解题。文字纷糅，属稿未竟。兹编所著，义主简要，取便披寻。"《续记》序云："因荟一年所收，写成《续目》二卷，举凡行格、版式、卷第、编次、序跋、题识、收藏印章，咸著于篇，用资稽考。至如版本源流、文字同异，披校所及，亦缀简末。"可知此目为版本简目，依四部顺序编次群书，记录书名卷数外，简要说明版本、行款、抄配、题跋、藏印等信息。此书有民国十八年(1929)傅氏自刻本。

[15]《北京图书馆善本书目》《上海图书馆善本书目》

《北京图书馆善本书目》，由赵万里、冀淑英主持编制，1959 年中华书局出版，一函八册。据《编例》可知，此目收书以建国十年新入藏者为主，1937 年至 1948 年陆续收入者随同编入；依四部分类，各类排列次第有别，纪传、编年等类史书按内容记事时代顺序，传记按所记人物先后顺序，谱牒、方志、地方艺文按地区顺序，其他类目除个别外，多按著者时代先后顺序；书名下方均著书号。总目云收书 11 348 种。以卷三史部金石类著录之《金石录》为例，共九部，首部为"《金石录》三十卷。宋赵明诚撰。宋淳熙龙舒郡斋刻本。张元济跋。五册。四九一九"，对版本、序跋、册数都有记载，第二部为明范氏卧云山房抄本，因有所残缺而记其"存八卷。二十三至三十"，第三部为明崇祯五年(1632)谢恒抄本，小注中在校跋、题款、册数信息后标明"周捐"，第五部《雅雨堂丛书》本标明"瞿捐"，则是分别指周叔弢、瞿济苍(瞿镛后人)两位私人藏书捐赠者(见书影 1 - 2 - 4)。

• 北京图书馆善本部编：《北京图书馆善本书目》第三册，北京：中华书局，1959 年，第 39 叶背至第 40 叶正。该馆更早期收藏可查阅赵万里撰集：《北平图书馆善本书目》（一九三三年），北京：人民文学出版社，2011 年。

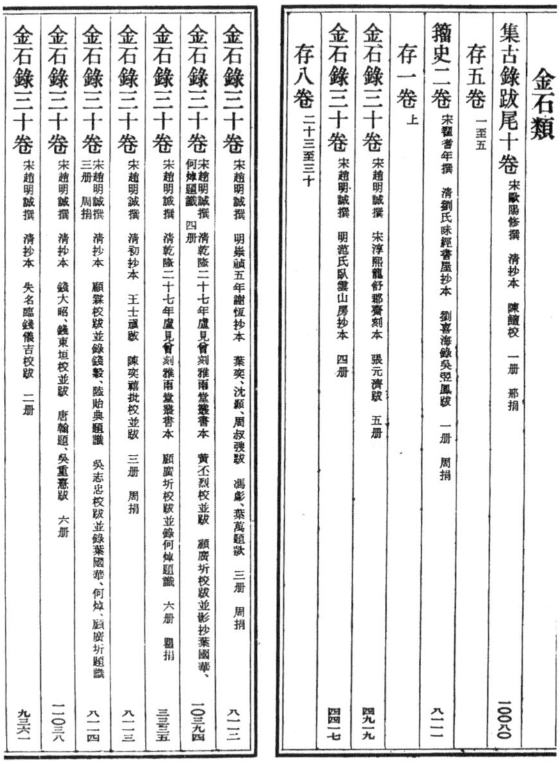

《北京图书馆古籍善本书目》（全五册）则是在 1959 年版目录基础上，收入自建馆以来（1910 年至 1986 年）入藏古籍善本，依四部分类、适当调整部分类目，并增录每一部书的版式信息，包括行款字数、边栏版口等情况，配以书名、作者索引。以史部金石类著录之《金石录》为例，共十三部，和 1959 年出版目录相比，首部依然为淳熙龙舒郡斋刻本，但在小注中增加了

（书影，竖排文字，自右至左）

金石類

集古錄跋尾十卷　宋歐陽修撰　清抄本　陳鱣校　一冊　邢捐　一〇〇八〇
存五卷　一至五
籀史二卷　宋翟耆年撰　清劉氏眒睨書屋抄本　刻青海蘇吳臤鳳跋　一冊　周捐　八二一
存一卷　上
金石錄三十卷　宋趙明誠撰　宋淳熙龍舒郡齋刻本　張元濟跋　五冊　四九一
金石錄三十卷　宋趙明誠藏　明范氏臥雲山房抄本　四冊　四九二七
存八卷　二十三至三十　四二一七

金石錄三十卷　宋趙明誠撰　明崇禎五年謝恒抄本　葉奕、沈顥、周叔弢跋　馮彪、葉萬題跋　八二二
金石錄三十卷　宋趙明誠撰　清乾隆二十一年何煒刻雅雨堂叢書　黃丕烈校並跋　顧廣圻校跋並錄何焯題識　六冊　翟捐　一〇二六四
金石錄三十卷　宋趙明誠撰　清乾隆二十七年盧見曾刻雅雨堂叢書　顧廣圻校並跋並修何焯題識　三冊　周捐　三六三五
金石錄三十卷　宋趙明誠撰　清劭抄本　王士禛跋　陳奕禧批校並跋　三冊　周捐　八二三
金石錄三十卷　宋趙明誠撰　清抄本　顧廣圻校並錄錢蘀、陸貽典題識　唐翰題、吳重憙跋　六冊　八二四
金石錄三十卷　宋趙明誠撰　清抄本　錢大昭、魏塏垣校並跋　一〇三六
金石錄三十卷　宋趙明誠撰　清抄本　失名應錢儀吉校跋　二冊　九八六

书影 1-2-4：《北京图书馆善本书目》卷三（局部）
1959 年中华书局本（第 39 叶背至第 40 叶正）

"十行二十一字白口左右双边"的版式信息；原分居第二、三部的明范氏卧云山房抄本和明崇祯五年（1632）谢恒抄本则互换位置，无精确时代者置于时代末显然更为合理；删去了"周捐""瞿捐"等信息。

• 北京图书馆编：《北京图书馆古籍善本书目》，北京：书目文献出版社，1987 年，第 1078—1079 页。

《上海图书馆善本书目》，收入该馆 1956 年 9 月以前入藏善本 2470 种，《凡例》云："明刻居多，宋元旧椠甚少，清刻精刻及钞本亦间列入，宁过而存之。"依四部分类，著录时代、作者、版本、校跋等内容，宋元本增记版式信息。如史部著录的《金石录》仅一部"清清江杨氏四知堂钞本"。其后上海图书馆在丰富馆藏的同时，亦不断出版各个领域的善本图录，如《上海图书馆藏宋本图录》《上海图书馆善本题跋真迹》《上海图书馆善本题跋辑录附版本考》等。

• 上海图书馆编：《上海图书馆善本书目》，1957 年。

　　(2) 为旧本书撰写的题跋。这些题跋常编成专集问世,最有名的是清初钱曾撰编的《读书敏求记》[16],清中叶以藏宋本著称的黄丕烈撰写、民国初缪荃孙等编集的《荛圃藏书题识》(在清光绪时潘祖荫编集的叫《士礼居藏书题跋记》,所收没有缪编本多)[17],民国时傅增湘撰编的《藏园群书题记》[18]。黄丕烈的题跋多记宋元旧本收藏流转的情况,傅增湘则更兼及所题跋的旧本和其他版本的关系,并比较其优劣,都很有参考价值。

【旁征】

[16] 钱曾《读书敏求记》

　　《读书敏求记》四卷,《四库全书总目》入史部目录类存目,并详记其四部划分与具体小类,认为"其分别门目,多不甚可解","其中解题,大略多论缮写刊刻之工拙,于考证不甚留意",至有误信伪书、误题撰人等,总结评价道:"然其述授受之源流,究缮刻之同异,见闻既博,辨别尤精。但以版本而论,亦可谓之赏鉴家矣。"题跋长短详略不一,内容亦无一致体例,大致以版本源流、藏本版式与递藏信息等为主。

　　此书抄刻流传中出现了众多批校本,章钰(1865—1937)以管庭芬校本为主,搜集汇总了众多刊本与抄校本,并增补了大量考证文字,撰成《读书敏求记校证》一书,傅增湘有批注本,并曾评价此《校证》:"视原书增大三倍,洋洋大观,考订极为精详,为必传之作。此书既出,清初以来诸本均可束置不观矣。"

　　如卷一有"《集古目录》三卷"一条,云:"欧阳《集古目》,随得随录,不复证次。宋刻原本如此,今人以时代次第之,失公初意矣。"仅简短评述了原书编纂体例中不依时代先后的特点,其余版本、递藏等信息并无涉及。章钰《校证》据管士芬等校改"证次"为"诠次",并引严可均说,认为此为欧阳修《跋尾》而非欧阳棐《集古目》,题中《集古目录》之"目"字为衍文,记中《集古目》之"目"字为"录"之误(章氏或未见述古堂抄本《述古堂藏书目》,此条即作"欧阳公《集古录》",足证此为传写之误;《粤雅堂丛书》本《述古堂藏书目》已误作《集古目录》,可参本章旁征[13]所引)。

　　再如《述古堂藏书目》中著录了钱曾所藏抄本《金石录》三十卷,《读书敏求记》中亦有此书解题一条,概述了原书后序、资料搜集与缺漏,又转而记载了一宋刻残本在清初的收藏及相关印章等藏书故事,云:"《金石录》,清照序之极详,其搜访可谓不遗余力。而予所藏宋搨《章仇府君碑》,为明诚所未见,信乎碑版之难穷矣。昔者吾友冯砚祥有不全宋椠本,刻一图记曰'金石录十卷人家',长笺短札、帖尾书头,每每用之,亦艺林中一美谈也。"(见书影1-2-5)章钰继而对版本和所涉人物等有所考补,如指出此《章仇府君碑》当即唐天宝七载(748)《章仇元素碑》,又补充了此宋刊十卷残本《金石录》的递藏记载与冯砚祥其人介绍。

槧本刻一圖記曰金石錄十卷入家長箋短札
帖尾書頭每每用之亦藝林中一美談也

鄭构衍極五卷

傳

莆田鄭构子經述劉有定能靜釋蒐討古今書
法源流成一家言龍溪令趙敬叔為之鋟梓以

二王帖目錄評釋三卷

取義獻之書散于各帖者彙而合之附諸家評
釋于逐條後卷尾有許開題辭然不收保母帖

景伯之自題若是嗟乎一書之付剞劂遠緩藏
月以漬于成奈何世罕其傳元泰定間刻本亦
止前七卷知此書之亡來久矣景伯又集字同
體異參差不可齊者倩聲而彙之曰隸韻予家
有其半洵宋榻中之奇寶也

金石錄三十卷

金石錄清照序之極詳其搜訪可謂不遺餘力
而予所藏宋榻章仇府君碑為明誠所未見信
乎碑版之難窮矣昔吾友馮硯祥有不全宋

书影1-2-5:《读书敏求记》卷一

清雍正四年(1726)吴兴赵孟升松雪斋刻本,哈佛燕京图书馆藏

　　《读书敏求记》版本众多,可参看《读书敏求记校证·读书敏求记据校各本略目》之介绍,代表者如雍正四年(1726)吴兴赵孟升松雪斋刻本(《四库全书存目丛书》影印重庆图书馆藏本,亦有文物出版社2020年影印本),又如雍正六年(1728)濮梁延古堂刻本,与雍正四年本相比有大量雷同版叶,应属前者修印本(《续修四库全书》曾影印),再如乾隆十年(1745)嘉兴沈氏双桂草堂修印、乾隆六十年檇李沈氏耆英堂重修本(1914年上海扫叶山房据以石印),以及道光五年(1825)仪征阮氏刻本(道光二十七年潘仕成《海山仙馆丛书》据阮本覆刻,《丛书集成初编》又据潘本排印)。此外章钰还记载了抄本、校本二十余种,涉及多位学者与藏书家。

　　章钰《读书敏求记校证》有1926年章氏自刊本,近有整理本附索引。《藏园批注读书敏求记校证》整理《校证》原文的同时,将《校证补遗》一并改入正文,且补充了傅增湘朱批文字,多涉及文字校正和版本信息,如"《金石录》三十卷"条后补有菉竹堂抄本和汲古阁抄本的简介。

·(清)莫友芝撰,傅增湘订补,傅熹年整理:《藏园订补郘亭知见传本书目》卷六《史部十四·目录类》,第447页。
·(清)永瑢等:《四库全书总目》卷八七《史部·目录类存目》"《读书敏求记》"

条,第 745 页。

• (清) 钱曾：《读书敏求记》卷一,第 33 叶背至第 34 叶正,《四库全书存目丛书》史部第 277 册影印,济南：齐鲁书社,1997 年,第 540—541 页。

• 《续修四库全书总目提要·史部》"读书敏求记四卷"条,李勤合撰,上海：上海古籍出版社,2014 年,第 545—546 页。

• (清) 钱曾著,管庭芬、章钰校证,佘彦焱标点：《读书敏求记校证》卷一之下,上海：上海古籍出版社,2007 年,第 71、73—74 页。

• (清) 钱曾著,管庭芬、章钰校证,傅增湘批注,冯惠民整理：《藏园批注读书敏求记校证》卷一之下,北京：中华书局,2012 年,第 112—113 页。

[17] 黄丕烈撰、潘祖荫编《士礼居藏书题跋记》,缪荃孙编《荛圃藏书题识》

黄丕烈藏书大多曾先后归汪士钟、杨以增收藏,潘祖荫据以抄辑黄氏题跋,缪荃孙等补辑并助其编成《士礼居藏书题跋记》六卷,辑录黄丕烈所作古籍题跋三百四十余篇,次以四部分类,并小字说明题跋位置,后附潘祖荫跋。这些"黄跋"多散见于宋元旧刻、名家抄校本,反映出黄氏收藏、校勘、鉴赏古籍的兴趣与成就,同时也记载了当时书籍流通的逸闻趣事。且在辑录黄跋时,缪荃孙等人将同书所存其他学者的题跋也一并录之,体现学术与收藏递嬗源流。此书有光绪八年(1882)潘氏滂喜斋刻本,后于光绪十年潘氏校改少数文字后重印(《续修四库全书》据后印本影印,又有周少川点校本,取《荛圃藏书题识》通校)。

该书印行后,缪荃孙等人继续辑补黄跋文字并整理出版,包括缪荃孙辑《士礼居藏书题跋记续》二卷(光绪间江标《灵鹣阁丛书》刻本,《丛书集成初编》据此排印)、缪荃孙辑《士礼居藏书题跋再续记》二卷(1912 年国粹学报社印《古学汇刊》本)、李文祷辑《士礼居藏书题跋补录》一卷(1929《冷雪庵丛书》本)等。其中成果最为显著者当属缪荃孙、吴昌绶、章钰辑《荛圃藏书题识》十卷、《补》一卷、附《荛圃刻书题识》一卷(1919 年金陵书局刻本),将《士礼居藏书题跋记》重新编排为十卷,仍以四部分类,著录典籍六百余种。又有王大隆(字欣夫)辑《荛圃藏书题识续录》四卷《荛圃杂著》一卷(1933 年《黄顾遗书》本,1940 年《再续录》三卷)。以上各书已收入中华书局 1993 年影印本《黄丕烈书目题跋》。整理本有屠友祥校注本,整理自缪荃孙、李文祷与王大隆辑本,附传记资料与索引,又有余鸣鸿、占旭东点校本。然黄跋仍时见遗漏待补者。

可举一例《士礼居藏书题跋记》无而《荛圃藏书题识》有者,以证后者收录更全。《荛圃藏书题识》卷三录有叶盛菉竹堂抄本《金石录》三十卷之跋语多篇,不见于《士礼居藏书题跋记》。先录何焯跋、顾广圻跋,之后在嘉庆四年(1799)跋语中,黄丕烈记载了此书的目验、校勘经过,称此书原归顾槎(字肇声),散出后归顾之逵(字抱冲,顾广圻[涧薲]兄,藏书楼名小读书堆),"既抱冲弟涧薲为余言《金石录》之妙无过此本者,有手校本示余,余病其行款尚未细传,复向小读书堆借得原本,自为对勘。中以他事作辍,涧薲为余补校,悉照原本传录。至叶本妙处,俟后之读者自领之"。之后又录顾广圻校跋。黄、顾二人之跋语均推崇此叶钞本《金石录》的校勘正字之功。之后又有嘉庆十八年(1813)黄丕烈跋,记其因财力不足,没能购得何焯跋陆贻典校抄本,于是"附载此一段凄楚之怀于临校叶本上,俾后之览者亦有感于斯",但随后又有同日跋云:"既书友元以四番易去,而贴余家刻抵直二枚,陆校本仍复归余。书不舍余,余其敢舍书哉?"是同书异本、书籍买卖的实时记录,亦可体会黄丕烈失而复得的欣喜。

> ·(清)莫友芝撰,傅增湘订补,傅熹年整理:《藏园订补郘亭知见传本书目》卷六《史部十四·目录类》,第451页。
> ·《续修四库全书总目提要·史部》"士礼居藏书题跋记六卷"条,李勤合撰,上海:上海古籍出版社,2014年,第548—549页。
> ·(清)黄丕烈著,潘祖荫辑,周少川点校:《士礼居藏书题跋记》,北京:书目文献出版社,1989年。(清)黄丕烈撰,余鸣鸿、占旭东点校:《黄丕烈藏书题跋集》,上海:上海古籍出版社,2015年。
> ·(清)黄丕烈著,屠友祥校注:《荛圃藏书题识》,上海:上海远东出版社,1999年,第215—216页。

[18] 傅增湘《藏园群书题记》

傅增湘题写于众多经手古籍的题跋、题记等曾部分发表于天津《国闻周报》,后编集成初集、续集、三集印行,晚年曾加修订,"对所跋各宋元刊本又都反覆考证它的序跋著录,排比刻工姓名,验证雕板的字体风气,辨别摹印的早晚。对所跋的明清各书也搜罗各种版本,比较异同"。今见其孙傅熹年整理本即是将此次删订的稿本编辑成书,统一以四部分类排序,总计580篇,编为二十卷。卷首附余嘉锡为1938年《续集》所作序言、傅增湘自作《初集》识语一篇,书末附索引、《双鉴楼藏书杂咏》等资料。

以1939年所作《述古堂书目稿本跋》为例,本章旁征[13]已提及傅增湘旧藏述古堂抄本《述古堂藏书目》十卷被傅氏等人认定为钱曾稿本,观点详细记录于此篇跋语中。此跋首先描述了此抄本的行款、栏线等版式特征,著录了汪喜孙等人收藏印。继而与此目常见版本《粤雅堂丛书》四卷本作对比,发现此抄本较之多出释、道、词曲、杂剧等小类;又与《玉简斋丛书》所收《也是园书目》十卷相比较,又多出各条所记"宋本""元本"等版本信息,可知并非同本;又比较序跋字句,往往有异,且"各类之中时有朱墨识语",故傅氏总结"其为手订初稿殆无疑义",并云"遵王承绛云之后,以藏书雄视虞山,《敏求记》一书尤有盛名于时,独其藏书之目一再刊行,颇多漏略"。尤其受到傅氏重视的,是此抄本卷一〇所记、别本缺载或不全的词曲、戏剧诸书,其门人孙楷第详细比对考证后认为此述古堂抄本"尤为珍秘,洵天壤之孤帙,曲林之瑰宝"。以此可略知傅增湘在撰写题跋时,往往从不同版本的比较优劣中揭示所跋版本的独特价值,这与其校勘群书的学术志趣有很大关系,也为后人了解研究某书的多个版本提供了详细可靠的学术意见。

> • 傅增湘:《藏园群书题记》整理说明、卷五,上海:上海古籍出版社,1989 年,第 9—11、261—263 页。

（3）题跋和书目合一的藏书志。这开始于清中叶张金吾的《爱日精庐藏书志》[19]。清后期四大藏书家中,除杨氏海源阁的《楹书隅录》是杨绍和杂抄其父杨以增所藏部分旧本书的前人题跋并略记得书经过、不像正规的藏书志外,瞿镛的《铁琴铜剑楼藏书目录》[20]、陆心源的《皕宋楼藏书志》、丁丙的《善本书室藏书志》都可算是标准的藏书志。这些藏书志不仅像通常的书目那样有书名、卷数、撰人、版本,还加有题跋性质的文字,或抄录刻书序跋、前人题跋,或详记流转经过,或比较版刻优劣,因此,它实际上是题跋和书目合二而一的产物。至于书的内容优劣,它一般不涉及,这和以评论内容优劣为主的《四库全书总目》有显著的区别。此外,清末缪荃孙的《艺风藏书记》[21]也是这种性质,不过有些书可说的话不多就记得简略些,甚至只记书名、卷数、撰人和版本,不敷衍成文。前些年出版的傅增湘的《藏园群书经眼录》[22]和王重民的《中国善本书提要》[23]的体例也与此相近,前者所记文物性善本最多,质量很高,后者著录稍滥,有些向来够不上文物性善本的如《津逮秘书》的零种也收进去,影响了水平。①

【旁征】

[19] 张金吾《爱日精庐藏书志》

张金吾(1787—1829),字慎旃,别字月霄,常熟(今属江苏)人。嘉庆十三年(1808)院试补博士弟子员不中,受季父张海鹏影响搜校、编著图书,有《金文最》《诒经堂续经解》《爱日精庐文稿》等。生平见自撰年谱《言旧录》及书前所附黄廷鉴撰《张月霄传》。

《爱日精庐藏书志》自序云:"然欲致力于学者,必先读书;欲读书者,必先藏书。藏书者,诵读之资而学问之本也。"《爱日精庐藏书志》三十六卷、《续志》四卷的成书过

---

① 1996 年至 1999 年台湾地区出版了《"国家图书馆"善本书志初稿》,备详版本、行款、尺寸、校跋、藏印以及撰人简历,颇具特色。

程,详载于《言旧录》相关条目与书前自序:嘉庆二十三年(1818)编成《爱日精庐书目》二十卷,"继又择宋元旧刊及有关实学而世鲜传本者,另为一编,略附解题以志流别",即《爱日精庐藏书志》四卷,并首次活字印行;道光三年(1823)又取所藏宋元旧刻及精钞精校本重新著录,"增入原书序跋之不甚经见者",编成《爱日精庐藏书志》三十六卷;道光六年补编《续志》四卷,于道光七年自刻成书(柳向春整理本底本)。刻成不久,张氏家道中落而藏书四散,事详顾广圻序。后有光绪十三年(1887)吴县灵芬阁徐氏活字印本(《续修四库全书》曾影印,冯惠民整理本底本),增加讹误的同时有少量校改。

　　根据书前《例言》,《爱日精庐藏书志》及《续志》均按四部分类排序,著录时代作者、卷数行款等信息,收书以旧刻旧钞为主,重视经、史、别集之书。据冯惠民统计,此藏书志著录的782种古籍中,有五百余种为影钞、旧钞、钞校本等。未见于《四库全书总目》者则撰写与之相仿的解题,元代之前的序跋不载于常见文集、《经义考》《小学考》《全唐文》等则备录全文。例如《藏书志》卷二〇史部目录类著录《金石录》三十卷两部:菉竹堂抄本和汲古阁抄本,前者详录叶盛、叶国华、何焯手跋,后者则记其行款格式全仿菉竹堂抄本,并指出其破损霉烂处是因何焯途经西江、藏书入水,故可知"此本尚系未经水厄时所钞,可补原本之阙",后录何氏手记一条(见书影1-2-6)。

书影 1-2-6:《爱日精庐藏书志》卷二〇

清光绪十三年(1887)吴县灵芬阁徐氏活字印本(《续修四库全书》史部目录类第925册影印,上海:上海古籍出版社,2002年,第402页)

• （清）张金吾：《言旧录》，《北京图书馆藏珍本年谱丛刊》影印 1913 年刘氏《嘉业堂丛书》本，北京：北京图书馆出版社，1999 年。

• 柳向春：《张金吾及其爱日精庐藏书志》，《收藏家》2014 年第 2 期，第 67—71 页。

• （清）张金吾撰，冯惠民整理：《爱日精庐藏书志》整理说明，北京：中华书局，2012 年，第 4 页。

• （清）张金吾撰，柳向春整理：《爱日精庐藏书志》，上海：上海古籍出版社，2014 年，第 317—319 页。

[20] 瞿镛《铁琴铜剑楼藏书目录》

瞿镛（1794—1846），字子雍，常熟（今属江苏）人。为岁贡生，曾署宝山县学训导。性好读书藏书，精于版本目录、金石文字。曾撰《铁琴铜剑楼词草》《续金石萃编》《集古印谱》等。

铁琴铜剑楼，初名恬裕斋，乾隆年间由瞿镛父瞿绍基（1772—1836，字厚培，号荫棠，曾署阳湖县学训导）创建，先后继承黄丕烈、陈揆、张金吾、汪士钟等家藏书，富甲一方。瞿氏父子收藏有铁琴一张、铜剑一柄，故另称其藏书楼为铁琴铜剑楼，在今常熟市古里镇。瞿镛及其父绍基，子秉渊、秉清，孙启甲（字良士、良甫），曾孙济苍、旭初、凤起（字千里）五代人，辛苦蓄积、传承藏书，后将铁琴与众多善本、碑拓、文物捐献于北京图书馆等收藏单位。可参看《铁琴铜剑楼研究文献集》收录的铁琴铜剑楼相关、瞿氏家族世系、藏书与献书等资料。

《铁琴铜剑楼藏书目录》二十四卷，增补自瞿镛编《恬裕斋藏书记》，依《四库全书总目》体例分部门类，多为宋元旧椠、稀见明刻与旧钞精校之本。收书时代以元代为限，著录版本，提要重视字体版式、钤印序跋等内容，尤以校勘异本并撰写校记、比较版本优劣为特色。比如卷一二史部目录类载《金石录》两部，其一为"《金石录》三十卷校宋本"，即黄丕烈旧藏叶盛箓竹堂抄本，解题则先记录了原书序跋情况，并评价"是书以箓竹堂钞宋本为最善。卢刻虽云依之，实未见叶氏真本，故有舛讹"（见书影 1-2-7）。又记钱毅钞本系自《金石录》十卷残宋本抄成，再录顾广圻跋，并加以案语，指出此本虽为精善，但仍有未校误字，举《唐醉吟先生传》并《墓碑》一条载白居易享年为例。

此目编成后，经部三卷初刊于咸丰七年（1857），旋即毁于兵乱；后有光绪二十三年（1897）董康诵芬室校刊本二十四卷，同年亦有江标辑刻《铁琴铜剑楼藏宋元本书目》四卷，系从二十四卷本中辑出宋元珍本另刊。光绪二十四年（1898）瞿氏自刻本二十四卷，增张瑛序与瞿启甲跋（《续修四库全书》曾影印）。此外，关于瞿氏藏书曾出版有《铁

石經籍
金石錄三十卷本校宋
宋趙明誠撰並序又劉跂李清照序趙不謂跂是書
以筠竹堂鈔宋本爲最善盧刻雖云依之實未見葉
氏真本故有舛誤又有錢罄室鈔本前十卷從文氏
所藏宋本錄者此本爲顧澗薲氏校定有跋云金
石錄葉文莊手鈔首尾兩頁本康熙己丑何義門收
得中後有跋者最善至錢罄室鈔本便稍有失真處
雅雨堂據何別本刊行雖何有真從葉書鈔錄脫誤
至少語實不能然此又其所稱錢本非何親見乃從

陸敕先傳得故茲多誤今悉用錢葉真本細勘一過
以葉本爲主而附錢本異同葉本所有何校亦頗與
此出入因並錄焉惟乾隆甲寅六月十日案是本校譬
精善勝盧本遺甚惟唐醉必先生傳並墓碑一條曰
薄唐史云居易卒年七十五五乃七字之誤新史云
年六十五六乃七字之誤此葉本兩本疏處何氏顧
氏俱未訂正
金石錄三十卷舊鈔
此陸敕先藏本有跋云假得黃子羽所藏錢罄室于
鈔本校過棻第十卷後罄室識云借文休承宋雕本

书影 1-2-7:《铁琴铜剑楼藏书目录》卷一二

清光绪二十四年(1898)瞿氏自刻本(《续修四库全书》史部目录类第 926 册影印,上海:上海古籍出版社,2002 年,第 222 页)

琴铜剑楼宋金元本书影》附识语(瞿启甲辑,丁祖荫撰识语,1922 年常熟瞿氏石印本,北京图书馆出版社 2003 年影印),以及瞿良士辑《铁琴铜剑楼藏书题跋集录》(上海古籍出版社 1985 年出版)。

• 仲伟行等编著:《铁琴铜剑楼研究文献集》,上海:上海古籍出版社,1997 年。

• (清)瞿镛编纂,瞿果行标点,瞿凤起覆校:《铁琴铜剑楼藏书目录》,上海:上海古籍出版社,2000 年,第 317 页。

• 《续修四库全书总目提要·史部》"铁琴铜剑楼藏书目录二十四卷"条,李勤合撰,上海:上海古籍出版社,2014 年,第 551—552 页。

亦可以此《金石录》解题与评论书籍内容优劣为主的《四库全书总目》作比。《四库提要》载"《金石录》三十卷。两淮马裕家藏本"一条,首先详细介绍了赵明诚其人,并总结道:"是书以所藏三代彝器及汉唐以来石刻,仿欧阳修《集古录》例,编排成帙。"继叙其编纂过程、结构体例,又对此书未完成之论加以驳斥:"其实当时有所考证,乃为题识。故李清照跋称二千卷中有题跋者五百二卷耳,原非卷卷有跋,未可以残阙疑也。"并对李清照后序存佚、传抄错乱等有所揭示。与别书提要多以内容评论为主不同,因《金石录》抄本较多、优劣不同,因此《四库提要》也对不同抄本有所比较,但版本优劣并非其主体:"长洲何焯、钱塘丁敬诸校本,差为完善。今扬州刻本,皆为采录。又于注中以《隶释》《隶续》诸书增附案语,较为详核。别有范氏天一阁、惠氏红豆山房诸校本,皆稍不及。故今从扬州所刊著于录焉。"可由侧重版本的各式目录加以补充。

> • (清) 永瑢等:《四库全书总目》卷八六《史部·目录类二》"《金石录》"条,第733—734页。

[21] 缪荃孙《艺风藏书记》

缪荃孙(1844—1919),初字小珊,号楚芗,后改字炎之,号筱珊,晚年又号艺风,江阴(今属江苏)人。光绪二年(1876)中进士第,入翰林院,散馆授编修,八年起编修国史。二十一年受张之洞邀,修《湖北通志》,次年起主讲南京钟山书院。二十八年起开办学堂、创办江南图书馆,主办京师图书馆。民国后主持编纂《清史稿》,撰写儒林、文苑等传。一生著作宏富,热心文化教育事业(《缪荃孙全集·目录一》前言)。

《艺风藏书记》是缪荃孙所藏古籍的提要类目录,曾多次续编。全书分作经学、小学、诸子、地理、史学、金石、类书、诗文、艺术、小说十类,每种书详细著录其卷数版式、序跋牌记、缺页抄补,以及递藏学人跋语、钤印,内容多寡不一。有详列校记、刻工者,较为全面地记录了古籍的各种信息,也有简短记录者,如卷五"《金石录》三十卷"条,著录一"明蓝格钞本,有朱笔校改",并录顾氏手跋一条。

《艺风藏书记》八卷,光绪二十六年至二十七年(1900—1901)艺风堂刻本。《艺风藏书续记》八卷,1913年艺风堂刻本,体例与前者相近。《艺风堂藏书再续记》不分卷(原题《艺风堂新考书目》),1940年燕京大学图书馆排印本,稿本今存北京大学图书馆,则以宋刻、元刻、明刻附清刻、旧钞、校本、影写本、传钞本分类。以上三种印本由中华书局1993年影印,为2007年、2013年各整理本底本。

> • (清) 缪荃孙:《艺风藏书记·续记·再续记》,北京:中华书局,1993年。
> • (清) 缪荃孙撰,黄明、杨同甫校点:《艺风藏书记·艺风藏书续记·艺风藏书再续记》,上海:上海古籍出版社,2007年初版,2019年再版。
> • (清) 缪荃孙:《艺风藏书记·艺风藏书续记·艺风藏书再续记》,张廷银、朱玉麒主编:《缪荃孙全集·目录一》,南京:凤凰出版社,2013年。

[22] 傅增湘《藏园群书经眼录》

此书是傅增湘多年访书时携带的笔记,详细记录所见善本,题为《藏园瞥录》或《藏园经眼录》,小有散佚后尚存 38 册。其中 29 册记录了傅氏所见国内公私藏家精品,各地书肆所见亦择优选入;另两册为 1929 年秋赴日观书记录,包括日本宫内省图书寮、内阁文库、静嘉堂等;别有七册记录自藏部分善本。《瞥录》基本涵盖了近代存世的所有善本古籍,对各书的版刻特点、流传经历、校勘优劣等有重点记录。

傅熹年以此 38 册为主,参考其他撰述、札记和题跋等,整理成此《藏园群书经眼录》,以四部分类编排,凡十九卷,总目一卷。总共收录善本约四千五百种。各书不同版本则先刊本、后写本,若同一版本先后多条记载,则关于明正德以前版本的一并收入,之后各本的则删减合并成一条。每条除书名卷数、作者时代之外,详记版式、序跋、牌记、钤印、后人题识,之后是傅增湘的鉴定意见或评论(前加"按"字),亦有对序跋、题识等的文字转录,最后附注收藏者和观书时地。

以傅氏 1925 年所记《金石录》吕无党钞本为例,首记"清吕无党手写本,十行二十字",后转录各卷后吕氏跋语,并记有无名氏朱笔抄补卷二三缺叶,再记各家藏书印、原书各序跋(不录原文)。最后记获观经过与评价:"此帙张孟嘉(张恂)自长安故家获之,以示余,云将斥以易米。假归案头细读一过,卷中朱墨批校处甚多,且有夹签,不知何人笔也。"此书即《四部丛刊续编》影印底本,《续编》书前牌记云借自海盐张氏涉园(即张元济私人藏书),附张氏景印跋语及校勘记,今藏上海图书馆。张元济于 1926 年题有藏书手跋,节录如下:"此为吕无党先生手抄校定之本,后六卷为他人所写……卷端有'古盐张氏''松下藏书'两印,是为吾家旧物……去秋又流入京师琉璃厂书肆。江安傅沅叔同年助余搜罗先代藏书,以书来告,急请谐价,以银币贰百圆得之……展玩再四,既幸先人手泽之得以复还,益感良朋介绍之雅。"此跋补充记载了傅增湘获观之后襄助张氏重金收得先人藏书一事,宜与《经眼录》题记并观。

• 傅增湘撰,傅熹年整理:《藏园群书经眼录》整理说明、卷六《史部四》"金石录三十卷"条,北京:中华书局,1983 年,第 1—4、489—491 页。

• 张元济藏书跋语书影可参上海图书馆编:《上海图书馆藏张元济文献及研究》,上海:上海古籍出版社,2017 年,第 113 页。跋语录文可参张元济:《张元济全集》第 10 卷《古籍研究著作》之《清吕无党抄本〈金石录〉题记》,北京:商务印书馆,2010 年,第 15 页。书影、释文亦载上海图书馆编,高洪兴、李卉卉整理:《上海图书馆藏张元济古籍题跋真迹》二七,北京:国家图书馆出版社,2018 年,第 57—58 页。

[23] 王重民《中国善本书提要》

王重民(1903—1975),字有三,河北高阳人。我国著名目录学家、文献学家、敦煌学家。1924年起北京求学期间,从袁同礼、陈垣、杨树达等授业,在各图书馆涉猎群书。1929年毕业后工作于北平图书馆,从事编目与目录学研究。1934年至1947年,赴法国国家图书馆调查整理、拍摄伯希和敦煌卷子,并访问欧美各地收藏机构,搜集来华天主教士译著、太平天国史料等,目验、撰写善本书提要。新中国成立后曾任北京图书馆副馆长、北京大学图书馆专科(后调整为图书馆学系)主任等职。生平与著述可参看其妻刘修业整理文章,代表作如《敦煌古籍叙录》《中国善本书提要》《校雠通义通解》等,论文集有《敦煌遗书论文集》《中国目录学史论丛》《冷庐文薮》。

《中国善本书提要》是作者于1939年至1949年间写成的宋、元、明刻本及校抄本等善本书的提要汇编,共约四千四百余种,其中六朝唐写本、宋刻本六十余种,金元刻本百余种,对古籍的版本、著者、校印、刻工、印记等都加以考订,纠正《四库全书总目》有所缺误者,版刻特征与文字增删等多有详细著录。由刘修业按四部分类编排,杨殿珣、傅振伦复审,刘树楷、李剑雄编制书名人名索引。

王重民曾广泛搜集流散海外的敦煌遗书并撰写专书,而在《中国善本书提要》子部宗教类中亦著录了多种美国国会图书馆藏敦煌、吐鲁番出土写经,成为不同于清人版本目录的重要特点。如《妙法莲华经》卷第二(敦煌出中唐写本)解题云"卷末之背,有藏文一行",《大般涅槃经》卷第二(敦煌出初唐写本)解题云"书法工整道雅,犹带隶意",《大般涅槃经》卷第三十七(六朝写本)解题转录卷末王树枏数条题记,《金光明经》残卷(六朝写本)解题云"疑为高昌所出",均成为后来学者调查研究的重要线索。

在《中国善本书提要》出版后,刘修业又发现并整理了一批《中国善本书提要》未收入的提要遗稿近八百篇,以史部书(尤其是方志类)为主,编成《中国善本书提要补编》。同样价值重大,如金石类著录残抄本《宝刻丛编》一部,虽仅有卷五、卷一五共二十一叶又两半叶,但可资校补者千五百字,王重民校勘后定为元抄本,并附详细校记。

• 王重民:《中国善本书提要》编辑说明、子部宗教类,上海:上海古籍出版社,1983年,第1—2、407页。

• 刘修业:《王重民教授生平及学术活动编年》《王重民教授著述目录》,王重民《冷庐文薮》附录,上海:上海古籍出版社,1992年,第878—953页。

• 王重民:《中国善本书提要补编》出版说明、傅振伦《补编》前言、史部八金石类,北京:北京图书馆出版社,1991年,第1、2、117—120页。

（4）综合的版本目录。这是希望熟悉版本目录者最需要的目录，即在每种古籍下详记传世的各种版本的目录。这种目录始见于清后期，因为其时前三种形式的研究成果已经积累得多了，有条件把这些成果综合起来写成专书，以便查阅。这种专书传世的有三种，都是把各种版本批到《四库简明目录》[24]上，因为这是当时最易得到的四部书大体具备的简目。三种中流传最早的是莫友芝的《郘亭知见传本书目》[25]，宣统元年由日本田中氏在北京铅字排印，以后又有各种排印本、影印本、石印本，在民国时最为通行。其次是邵懿辰的《四库简明目录标注》[26]，宣统三年由其孙邵章刊刻，其中已加进了孙诒让、黄绍箕等的批注，因此所注版本比莫目要多一些，新中国成立后，邵章之子邵友诚又将邵章所批作为续录补入，编成《增订四库简明目录标注》正式出版，从而取代了莫目。①

再有一种是朱学勤批的《四库简明目录》[27]，朱氏是清咸同时大藏书家，其结一庐藏书向负盛名于东南，所批虽略少于邵、莫二目，但仍有为二目所未及者，惜向未刊行，我藏有光绪时管礼耕传抄，王颂蔚、翁炯孙校改误字的本子。此外，张之洞的《书目答问》也在所开四部要籍下注明当时通行易得的版本，民国时范希曾的《书目答问补正》[28]更在版本上作了增补，特别是增补了《答问》成书以后到民国初年的新刻印本。吕贞白师另有《答问》的手批本，所记清代刻本较《补正》更为详备精审。至于专记清人、民国初年人著述版本的，有当年通学斋旧书店主孙殿起的《贩书偶记》和其后经孙氏外甥雷梦水整理出版的《贩书偶记续编》两书。孙氏还编有《清代禁毁书目》和《清代禁书知见录》[29]，新中国成立后合册出版，其中《知见录》注有版本，可供稽考清代禁书版本之用。

【旁征】

[24]《四库简明目录》

收入《四库全书》的三千余种图书简要解题的分类目录。与之相对的是《四库全书总目》二百卷，包括收入《四库全书》的三千四百余种、未收入但存目的六千七百余种图书的提要，初步改定于乾隆四十七年(1782)，乾隆六十年(1795)方完成刊印。在此之前《总目》接近完成时，因其卷帙较多，遂于《总目》中析出《钦定四库全书简明目录》二十卷，乾隆四十七年完竣。此《简目》不录存目书，而同一种书在《简目》中的提要较《总目》则简短不少。可以《金石录》为例(《总目》之提要可参本章旁征[20])，《简目》提要作："宋赵明诚撰。所录古碑凡二千卷，以时代先后编为目录十卷，各注年月、撰书人名。后二十卷，为跋尾五百二篇。盖有所辨证，乃有题识，犹《集古录》之例。或以

---

① 1993 年出版了傅增湘的《藏园订补郘亭知见传本书目》，更详于《增订四库简明目录标注》。

为不完之本,则误矣。"仅基本信息和观点评价,而无相关论据、版本等。

四库馆臣赵怀玉录出《简目》副本,并于乾隆四十九年(1784)由鲍廷博刻于杭州,遂行于世。也正因此《简目》与《总目》《四库全书》之间有所出入。如乾隆五十三年撤毁李清、周亮工、潘柽章、吴其贞收入《四库》的十一种书,但赵本《简目》早于此、仍有这些书的记载,而晚出的乾隆六十年谢启昆刻本、同治七年(1868)广东书局刻本《简目》则已删去潘柽章《国史考异》以外的十种书。亦有其后敕撰收入《四库全书》或替换增入的书籍不见于《简目》者。清末民初时曾大量刊刻《简目》,方便治学。1957年古典文学出版社曾用广东书局刻本点句重印,并补录这十种书、改正明显误字、附有索引,中华书局上海编辑所1964年据以重印,上海古籍出版社1985年又据1964年版订正若干错误并重新排印。

> • (清)永瑢等:《四库全书简明目录》出版说明、卷八史部目录类、补遗、附录圣谕,上海:上海古籍出版社,1985年,第1—3、323、907、911页。
> • 琚小飞:《〈四库全书简明目录〉版本考》,《史学史研究》2022年第3期,第100—110页。

《四库简明目录》未著录的四库存目书,有乾隆时胡虔编《四库全书附存目录》(乾隆五十八年[1793]原刻本,光绪十年[1884]学海堂刻本)收录其书名、卷数、时代、著者,亦有各藏书家收集与著录,但因不为所重而逐渐散佚。顾廷龙曾致力于收集存目书,并著录于《附存目录》下而未就。20世纪90年代编辑出版的《四库全书存目丛书》广泛搜求存目书四千余种并影印,数年后又影印出版《补编》,使众多稀见典籍与版本化身万千。杜泽逊在为《存目丛书》搜访古籍过程中,仿照《增订四库简明目录标注》等版本知见目录体例,将各书版本信息著录于《四库全书附存目录》上,并订正《采进书目》记载,详细标明传世版本及其版式、序跋、刻工、钤印、源流、藏地等信息。总计六千七百余种,出版为《四库存目标注》,并附索引。

> • 杜泽逊:《四库存目标注》序论,上海:上海古籍出版社,2007年,第1—100页。

[25] 莫友芝《郘亭知见传本书目》

莫友芝(1811—1871),字子偲,别号郘亭,晚号眲叟,贵州独山人,擅长目录版本、金石书法、音韵训诂等诸多领域,撰有《声韵考略》《唐写本说文木部笺异》《郘亭诗钞》

《宋元旧本书经眼录》等。生平可参《清史稿》本传、张裕钊《莫子偲墓志铭》、黎庶昌《莫徵君别传》等。

此书为莫友芝在家藏赵本《四库全书简明目录》上作大量批注而成，条记不同版本的序跋、版式特征等信息，亦补入四库存目与未收书、清后期重要著作等，其笺注稿本今存上海图书馆。然而莫氏笺注并非全为原创，顾廷龙《朱修伯手批〈四库简明目录〉跋》一文已指出：

> 仁和邵懿辰位西，首以《简明目录》创为标注之业，一书数本，详加罗列，以资考稽。踵起者，以独山莫友芝郘亭、朱学勤修伯为最著。三人者，各注见闻，相互交流，辗转传钞，多所增益，壹皆以邵氏为蓝本耳……余尝见其底稿，末有"丁卯（同治六年，1867）腊月三山客舍自记"云："此目录中标记，半用邵位西所见经籍笔记及汪铁樵朱笔于邵本勘注，并郘亭所知见杂之。""明年（同治七年，1868）二月，赴苏舟中，始毕校笺。"……莫书为其子绳孙写定，内子目与邵本颇有出入，自题曰《郘亭知见传本书目》……三家之著，聊自备忘，初皆未必有成书之意，故俱未能及身写定。邵本得章（懿辰孙邵章）汇录各家所订补，遂最详备。惟以雕版印数不多，售价既昂，且禁翻印流传，以致甚稀。莫本经绳孙辑成后，任人覆印，几为治目录者人手一编，书林相沿，知莫多于知邵。朱本仅有传钞，知者益尠矣。

今有研究者撰文支持顾廷龙对莫目的评价和"未必有成书之意"的推断，且经过比对整理后发现，莫友芝所记笺注大量因袭邵懿辰《四库简明目录标注》、张金吾《爱日精庐藏书志》、阮元《四库未收书提要》、于敏中等《天禄琳琅书目》及彭元瑞等《后编》、钱曾《读书敏求记》等版本著录，又经数次传抄，知见版本信息多有错漏。此笺注稿本有整理本收入中华书局本《莫友芝全集》。

莫友芝去世后，其子莫绳孙抄录整理成十六卷的稿抄本，后附潘承弼跋与题诗，为其余抄本和历次印本的最初源头，今藏国家图书馆，亦有整理本问世；印本则先后有宣统元年（1909）田中庆太郎活字排印本、1913年张钧衡适园本、1914年傅增湘藏园本等，扫叶山房曾据藏园本多次石印，更增讹误。

•（清）莫友芝撰，傅增湘订补，傅熹年整理：《藏园订补郘亭知见传本书目》卷首附录《〈郘亭知见传本书目〉原稿本及主要传本简介》，第20—23页。

•顾廷龙：《朱修伯手批〈四库简明目录〉跋》，《朱修伯批本四库简明目录》卷首影印，北京：北京图书馆出版社，2001年，第1—4页；录文载《顾廷龙全集·文集卷》，上海：上海辞书出版社，2015年，第146—148页。

　　• 张剑：《〈郘亭知见传本书目〉真相发覆》，《文献》2015 年第 1 期，第 34—41
页；亦载张剑、张燕婴整理：《莫友芝全集》第四册《郘亭知见传本书目》(卷一至卷
八)卷首附说二，北京：中华书局，2017 年，第 41—58 页。同书卷首附说一《〈郘亭
知见传本书目〉版本叙录》对此书各版本有较为详尽的介绍。

　　• (清) 莫友芝撰，梁光华、欧阳大霖点校：《郘亭知见传本书目》(莫绳孙稿抄
本)，贵阳：贵州大学出版社，2017 年。梁光华等点校《莫友芝全集》(上海：上海古
籍出版社，2019 年)第五、第六册亦以此本为底本整理。

　　傅增湘刊印《郘亭知见传本书目》之后根据多年访书所得，在书眉上行间加入大
量批注，成手批稿本《双鉴楼主人补记莫氏知见传本书目》四册，后不待整理已辞世。
其孙傅熹年则依其早年设想，增入《四库简明目录》未收书，并将批注和其他著录(包
括《双鉴楼善本书目》《藏园群书题记》《藏园瞥录》《藏园日记钞》等)综合成新条补入其中，从而
反映傅增湘平生所见、所藏、所校、所跋群书样貌，定名为《藏园订补郘亭知见传本
书目》，篇幅增至莫氏原书的三倍半。需留意的是，此书所录莫友芝《郘亭知见传本
书目》的文字已有不少疏失，若关注莫氏笺注则以近出整理本为佳。有中华书局
1993 年竖排本和中华书局 2009 年铅印横排本。

　　• (清) 莫友芝撰，傅增湘订补，傅熹年整理：《藏园订补郘亭知见传本书目》
卷首整理说明、凡例，第 1—9 页。

[26] 邵懿辰《四库简明目录标注》

　　邵懿辰(1810—1861)，字位西，又字蕙西，仁和(今属浙江杭州)人。道光十一年
(1831)举人，后任内阁中书、刑部员外郎等职，咸丰三年(1853)外放，视山东河工，次年
归家著述，十一年于杭州抵抗太平军而遇害，撰著多有散佚，有《忧行录》《礼经通论》
《半岩庐遗集》等存世。生平见《清史稿》卷四八○。

　　邵氏在道光、咸丰年间于《四库简明目录》上批注所见宋元旧刻、抄校珍本以及部
分通行版本，并补入少量未收书，在借阅传抄中流传于学界，然并无固定书名。直至
宣统三年(1911)，其孙邵章(字伯绚)以胡念修抄清本校印而成邵氏家塾刊本，定名为
《四库简明目录标注》，将抄本书眉中孙诒让、周星诒、黄绍箕、王颂蔚注语作为"附录"
记于注文之下，后又见王懿荣等批语遂另刻于各部末端，此外黄绍第、缪荃孙、吴敬
疆、沈曾桐等人亦对校注有所增添。1958 年，邵章子邵友诚重新整理，并将邵章增注
晚出版本、补订疏漏的批语分条附于标注附录后，成为"续录"，以成《增订四库简明目

录标注》，各版本的行款版式、源流关系、钤印递藏等记载较详，有中华书局上海编辑所 1959 年、上海古籍出版社 1979 年及 2000 年重印等版。

> • （清）邵懿辰撰，邵章续录：《增订四库简明目录标注》重版说明、编辑后记，上海：上海古籍出版社，2000 年，第 1—4、1036—1038 页。

[27] 朱学勤批，管礼耕抄，王颂蔚、翁炯孙校《四库简明目录》

朱学勤（1823—1875），字修伯，仁和（今属浙江杭州）人。咸丰三年（1853）进士，选翰林院庶吉士，历任户部主事、鸿胪寺少卿、大理寺卿等职。嗜好古籍版本，曾收得顾沅、劳格、徐松、韩泰华（小亭）、彭元瑞、怡亲王、刘喜海等诸家所藏，藏书处名"结一庐"，与其子朱澄（字子清）撰有《结一庐书目》等。次子朱澂曾委托缪荃孙刊刻《结一庐朱氏剩余丛书》四种。

此手抄朱批本《四库简明目录》，半叶九行，大字行约二十字，单鱼尾，黑口，朱丝栏，版心下刻"停云馆监制"。据书后各跋可知，此为管礼耕（字申季，晚清苏州藏书家）于光绪十一年（1885）所抄，转录底本为潘祖荫滂喜斋藏批注本，初以为出自邵懿辰。王颂蔚（字芘卿，号蒿隐，江苏长洲人）光绪十六年（1890）跋考订为朱学勤批注，与翁炯孙（号师汉，江苏常熟人）共校误字（见书影 1-2-8，书中朱笔点勘与眉批多注炯字，据翁跋可知出自翁手）。黄永年师购藏于 1950 年，1955 年顾廷龙作有长跋，对朱氏标注有较高评价。2001 年影印本后附索引。

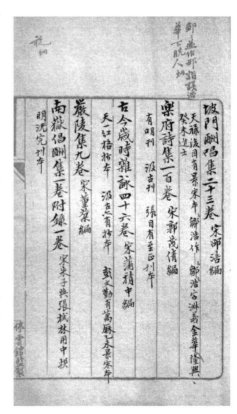

书影 1-2-8：《四库简明目录》卷一九

朱学勤批本，管礼耕抄，王颂蔚、翁炯孙校，黄永年藏（黄寿成编著《心太平盦古籍书影：黄永年先生收藏精粹》，上海：华东师范大学出版社，2022 年，第 244 页）

> • （清）朱学勤标注：《朱修伯批本四库简明目录》影印前言，黄永年撰，北京：北京图书馆出版社，2001 年，第 1—2 页；亦收入《黄永年古籍序跋述论集》，北京：中华书局，2007 年，第 18 页。
>
> • 顾廷龙：《朱修伯手批〈四库简明目录〉跋》，《朱修伯批本四库简明目录》卷首影印，第 1—4 页；录文载《顾廷龙全集·文集卷》，第 146—148 页。

皆以《金石录》的版本著录为例，可见这几种目录详记版本的特点。莫友芝《邵亭知见传本书目》著录有《淡生堂余苑》本、顺治庚寅谢世箕刊本、雅雨堂刊本、邵亭藏旧抄本（吴骞旧藏，用叶盛抄本校），并云"叶旧抄、汲古旧抄二本，见昭文张氏目（"昭文张氏目"即常熟张金吾《爱日精庐藏书志》）"。

傅增湘订补本则首附邵氏《书目偶钞》注一条："韩小亭有不全宋本，存十卷。"再增补对十卷残宋刻本版式特征、递藏源流的记录，并评价道："此为宋刊本中传世有重名之品，诸家跋历言其佳处，惜无人为之传播也。"又增补吕无党抄本（记录版式、序跋、钤印、影印等信息）、某旧钞本（临何焯校跋）、鲍廷博抄校本（卢文弨借校、叶志诜校，王鸿甫藏）。

《增订四库简明目录标注》亦记录了雅雨堂刊本、顺治庚寅谢世箕刊本、《淡生堂余苑》本，并云："张目有菉竹堂旧抄本。许氏有旧抄本。韩小亭有阮氏所藏宋刊本。"附录王颂蔚批语："韩所藏宋本，今归潘伯寅尚书。"续录则云"韩小亭有不全宋本，存十卷"即傅增湘订补所录，又附小山堂抄本、三长物斋本、行素草堂本、钱叔宝（钱穀）抄本、翁方纲批校本，亦据《邵亭知见传本书目》录莫友芝藏旧抄本。其中道光《三长物斋丛书》本、光绪《行素草堂金石丛书》本均为晚近易得版本，较便于学人利用。

朱学勤批《四库简明目录》则仅注："《淡生》。雅雨刊。张目有菉竹、汲古抄本。顺治中谢世箕刊。"用语最为简略，且无清代各家抄校本与晚近刻本记载。

> ・（清）莫友芝撰，张剑、张燕婴整理：《莫友芝全集》第四册《邵亭知见传本书目》卷六，北京：中华书局，2017年，第426页。
> ・（清）莫友芝撰，傅增湘订补，傅熹年整理：《藏园订补邵亭知见传本书目》卷六《史部十四・目录类》，第458—459页。
> ・（清）邵懿辰撰，邵章续录：《增订四库简明目录标注》卷八，第358页。
> ・（清）朱学勤标注：《朱修伯批本四库简明目录》卷八，第325—326页。

[28] 张之洞《书目答问》、范希曾《书目答问补正》

《书目答问》与《輶轩语》是光绪初年张之洞任四川学政时，为教育初学士子而作。《书目答问》旨在以著述目录来揭示学术源流门径，举要籍善本以指导治学。此书《略例》开篇即云："诸生好学者来问应读何书、书以何本为善，偏举既嫌绠漏，志趣学业亦各不同，因录此以告初学。"分成经史子集四部及丛书目、别录（附劝刻书说）和国朝著述诸家姓名略，具体细目则因当时学术变迁而与《四库总目》等多有不同，如卷三子部天文算法类，《四库总目》分作推步之属、算书之属，存目亦同，而《书目答问》则合并推步与算书，重新分作中法、西法、兼用中西法三小类，并云"极有益于经济之学"。每书著录书名卷数、时代作者、推荐版本,偶有按语。

关于此书著作权问题,缪荃孙说是他为张之洞代作,在其 1911 年自撰《艺风老人年谱》记光绪元年(1875)八月:"执贽张孝达先生门下受业,命撰《书目答问》四卷。"叶德辉《书目答问斠补》自序与 1931 年缪氏弟子柳诒徵《书目答问补正》序亦如此说。陈垣则认为缪氏参与编撰而非代笔(相关文章可参《书目答问校补》附录)。

此书版本甚多,较为著名者如光绪二年(1876)刻本(《续修四库全书》影印复旦大学藏本),以及光绪五年张之洞门生王秉恩在贵阳所刊的《輶轩语》《书目答问》合刻本,已作较多订正(《书目答问校补》与《书目答问汇补》整理底本,更多版本可参《书目答问汇补》附录一《书目答问》版本图释)。亦有江人度《书目答问笺补》、叶德辉《书目答问斠补》等订正著作,今人整理本则有吕幼樵、张新民《书目答问校补》(贵阳:贵州人民出版社,2004 年)、来新夏、韦力、李国庆《书目答问汇补》(北京:中华书局,2011 年)。影响较大的是范希曾《书目答问补正》。黄永年师亦曾发表过"《书目答问》新本"需重新分类、择收新著、补充精良整理本与影印本的意见。

范希曾(1899—1930),字耒研,号稺露,江苏淮阴人,1927 年任职于南京国学图书馆。生平可参王焕镳《范君墓志铭》。《补正》补充了原书缺记的卷数、作者、版本等图书信息,并加入光绪以后的晚近版本、学者新作稿本等记载,亦包括敦煌写卷、甲骨文字等新出书籍。此书于 1931 年国学图书馆初印,1935 年重印并有少量校改,1963 年中华书局影印,1980 年上海古籍出版社、2018 年中华书局出版校点本。亦有新增补本如孙文泱《增订书目答问补正》(北京:中华书局,2011 年)等,与《輶轩语》亦收入整理本《张之洞全集》第十二册(鲁毅点校,武汉:武汉出版社,2008 年)。

• 缪荃孙:《艺风老人自订年谱》,沈云龙主编:《近代中国史料丛刊》第五十一辑影印抄本,台北:文海出版社,1970 年,第 23 页。

• (清)张之洞编撰,范希曾补正,孙文泱增订:《增订书目答问补正》前言"关于作者的争论",北京:中华书局,2011 年,第 5—15 页。

• (清)张之洞著,吕幼樵校补,张新民审补:《书目答问校补》附录,贵阳:贵州人民出版社,2004 年,第 482—500 页。

• 黄永年:《编撰〈书目答问〉新本刍议》,原载周彦文主编:《文献学研究的回顾与展望——第二届中国文献学学术研讨会论文集》,台北:台湾学生书局,2002 年;后载《黄永年文史论文集》第四册《文史论考》,北京:中华书局,2015 年,第 427—428 页。

> · 范希曾编,瞿凤起校点:《书目答问补正》前言、王焕镳《范君墓志铭》,上海:上海古籍出版社,1983年,第1—13、363—364页。

试举例说明具体记载异同。如《书目答问》卷二史部《金石第十三》分作金石目录之属、金石图象之属、金石文字之属、金石义例之属四小类著录,每书在书名卷数之下小字注出时代、作者和常见较佳版本,有时亦有按语说明,如"《金石录》三十卷"条云:"宋赵明诚。雅雨堂本(即乾隆二十七年卢见曾雅雨堂本)。又三长物斋本,凡欧《录》所有者,旁加墨围,便于检核(即道光时黄本骥编《三长物斋丛书》湘阴蒋瓌刻本)。欧、赵二书其要在目录,故列目录之属。"此为《书目答问》初期面貌,只记校勘精审又易得的雅雨堂刻本,与更为易得与便利的三长物斋本。此条误字两处,光绪五年(1879)贵阳王秉恩刻本将"欧《录》所有"改为"《录》中有跋",而范希曾《补正》则将"墨围"改作"墨圈",两版各有得失。"旁加墨圈"一法并非与欧阳修《集古录》对照,而是因《金石录》此书目录十卷在前、跋二十卷在后,加圈以标识后有跋语者。此于三长物斋本《金石录》目录卷一首叶"第一古器物铭一"案语已明言:"《金石录》内有跋者,以圆圈为识。"(见书影1-2-9)可知与《集古录》无关。因范希曾作《书目答问补正》时以光绪初年刻本为底本、未吸纳贵阳本校改意见,故《补正》此条仅补记朱记荣重刻三长物斋本、结一庐重刻汲古阁本,并订改"围"字,而晚出校本亦未处理"欧《录》"之误。今新见以贵阳本为底本的整理成果,如《书目答问校补》与《书目答问汇补》,则已据底本并参考《补正》改正两处。

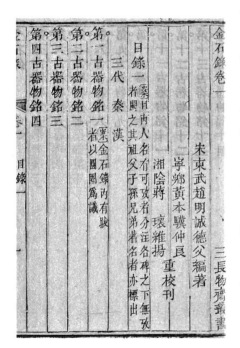

书影1-2-9:《金石录》卷一

清道光《三长物斋丛书》本,日本国立国会图书馆藏

> · (清)张之洞:《书目答问》卷二,第21叶背,《续修四库全书》史部目录类第921册影印,上海:上海古籍出版社,2002年,第632页。
> · (清)张之洞:《书目答问》卷二,光绪五年(1879)贵阳王秉恩《书目答问》合刻本,第53叶背。

> • 范希曾编，瞿凤起校点：《书目答问补正》卷二，上海：上海古籍出版社，1983 年，第 171—172 页。

[29]《贩书偶记》《贩书偶记续编》《清代禁书知见录》

《贩书偶记》作者孙殿起(1894—1958)，字耀卿，河北冀县人。《贩书偶记》是一部专记不见于《四库全书总目》的清代以来著作的书目，按四部分类编排，每条以书名、卷数起始，小字注作者籍贯与姓名、所见版本年代等信息，偶记散见旧刻善本和近代稿抄本。一般非单行本不录，可与其他丛书子目互补使用。记录作者籍贯，"以备忻慕乡哲者之甄择"。如卷八史部金石类《金石粹编》一百六十卷注"青浦王昶辑，嘉庆乙丑(十年，1805)经训堂刊"，但著录书名与实际书名《金石萃编》不符。《贩书偶记续编》亦秉持相同体例，包括孙殿起在 1936 年《贩书偶记》初印至 1958 年去世之间积累书目，由雷梦水整理。

《贩书偶记》有 1936 年借闲居铅印本，1948 年正中书局本(《民国丛书》第四编影印，上海：上海书店，1992 年)，中华书局上海编辑所 1959 年重新排印并附索引，上海古籍出版社 1982 年重印、并增加雷梦水校补。《贩书偶记续编》有上海古籍出版社 1980 年版，末附孙殿起手录书目残稿一篇，主要著录明末至清中期刻本。上海古籍出版社于1999 年出版《贩书偶记(附续编)》，2020 年出版重排标点本，有订误。

> • 孙殿起：《贩书偶记》出版说明及略例、卷八，上海：上海古籍出版社，1982年，第 1—3、208、210 页。
> • 孙殿起：《贩书偶记续编》出版说明及略例，上海：上海古籍出版社，1980年，第 1—3 页。

光绪初年，姚觐元将记录清廷纂修《四库全书》时查办销毁违碍书籍的《禁毁书目》四种(《全毁书目》《抽毁书目》《禁书总目》《违碍书目》)编成《清代禁毁书目》，刻入《咫进斋丛书》第三集，后邓实加以补遗，成国学保存会排印本，亦有商务印书馆等铅印本行世。杭州抱经堂、海宁陈乃乾先后编成禁书书名索引，便于查找。以上各本均仅载书名作者，不录卷数、时代、版本等信息。孙殿起则"每于收书时，遇有禁书，辄详记其卷数、著者、籍贯及刊镌年代，以补原书之缺。岁月既久，不觉积有成编"，整理编定成《清代禁书知见录》，以陈乃乾"索引的禁书总录"为底本，依书名笔画数排列，又将不见于各禁书书目、但在禁毁范围内的书籍编为外编附后。商务印书馆 1957 年曾排印《清代禁毁书目(补遗)·清代禁书知见录》，较为完备，施廷镛遗稿《清代禁毁书目题注》亦已影印出版。

> • 孙殿起：《清代禁书知见录》自序、略例，上海：商务印书馆，1957年，第1—3页。
> • 施廷镛：《清代禁毁书目题注》前言，北京：北京图书馆出版社，2004年，第1—4页。

接受以上这些成果，是学好版本目录的第一步。过去，旧书店的学徒，只念过几年私塾。进店后，老板兼师傅边教他们背《书目答问》，边带着他们做买卖，让他们接触书、熟悉书，一般几年后就可满师成材。今天，有志于整理古籍者文化水平要比过去的旧书店学徒高得多，只要肯下苦功，博览各家书目、题跋、藏书志，和实物两相对照，相信不出几年，就可大体掌握这门学问，而不致永远做门外汉。

前人研究版本目录的不足之处

当然要求高一点，还不能仅仅满足于接受现成的研究成果，因为这些成果仍有许多不足之处。

（1）这些成果无论简目、题跋、藏书志以至综合的版本目录都有错误，即使出于大藏书家之手者也难例外。如《绛云楼书目》把明宣德时建阳书坊叶氏广勤堂刊刻的《万宝诗山》误认为宋版，《读书敏求记》把从日本正平刻本影抄的《论语集解》误认为高丽旧抄，《荛圃藏书题识》中定为宋本的《注魏鹤先生渠阳诗》其实只是明人的翻刻本，定为元本的《丁鹤年集》其实只是明初本，《铁琴铜剑楼藏书目录》定为元本的《平江纪事》其实只是明正德嘉靖时刻本。这些都可说是鉴别上的错误。此外，还有故意弄虚作假的，如缪荃孙《艺风藏书记》中著录的宋元本就不一定都靠得住，其中有些就是准备日后售高价而伪题宋元的。我当年在上海修文堂旧书店见过一部缪氏晚年自己在上面批有售价的《艺风藏书记》，其中有的书批"真元本"，可见未批"真元本"的所谓元本就有问题。我还在修文堂见过一部缪氏旧藏的《风俗通义》，是明万历时胡维新刻《两京遗编》的零种，卷九、卷十还是抄配的，但《藏书志》却定为元本[30]，这岂不是明明在欺人？至于综合的版本目录，如莫、邵两家也都脱误累累，有的是原批之误，有的是传抄致误而付印时未能校改。《书目答问》及范氏《补正》虽然校印比较认真，但原书仍存在着某些错误，新印本未能校正。

【旁征】

[30] 缪氏旧藏"元本"《风俗通义》

缪氏实藏有两部《风俗通义》，一为早年所得元刻，一为1901年至1910年间所获明刻。《艺风藏书记》卷二《诸子第三》"《大德新刊校正风俗通义》十卷"条:"元刊本。每半叶十行,每行十七字。卷九、卷十影写极工。收藏有'马印玉堂'白文、'筿斋'朱文两方印。"(按,各本无异文。)又《艺风藏书续记》卷二《诸子第三》"《风俗通义》十卷"条:"明胡文焕刻本。汉应劭撰。"缪荃孙所藏明刊本,应是明人胡文焕万历时编刻《格致丛书》之《风俗通义》十卷,前有应劭序,无其他序跋,目录、卷首题均作"新刻风俗通义",半叶十行,行二十字。

黄永年师所提及的明人胡维新万历十年(1582)编刻的丛书《两京遗编》,亦收有《风俗通义》十卷,前有应劭序题为"大德新刊校正风俗通义序",目录题"风俗通义目录",卷一题作"风俗通义皇霸第一",卷一〇末刻丁黼跋,半叶九行,行十七字。(影印本见《元明善本丛书》十四、十五,再版作《元明善本丛书十种》,北京:国家图书馆出版社,2014 年。)误认成元刻亦属可能,但行款并不符合《艺风藏书记》记载。若黄永年师目验藏印与版式无误,则《艺风藏书记》记载行款有误,半叶九行错成十行。

缪荃孙所藏元刊十行本是否为"真元本",抑或《两京遗编》本,仍不确知。今见元本三部,行款相同,均为半叶九行,行十七字,细黑口,四周双边。国家图书馆藏元大德九年(1305)刊残本,仅卷八至卷十共三卷。上海图书馆藏元大德九年刊本,有明代补版,曾经顾宸、朱学勤递藏(《中华再造善本·金元编》曾影印)。另有铁琴铜剑楼藏元大德九年无锡州学刊明修本,前有李果序、谢居仁序,应劭序题为"大德新刊校正风俗通义序",目录题"大德新刊风俗通目录",卷一题作"风俗通义皇霸第一",卷一〇末刻南宋嘉定十三年(1220)丁黼跋,后附道光时黄廷鉴二跋(《铁琴铜剑楼书影》子部元本书影二十一即此书,有 1916 年徐乃昌《随盦丛书续编》影刻本、《四部丛刊初编》影印本)。再者,傅增湘曾指出此题"大德新刊校正风俗通义"本有明嘉靖刻本传世,半叶十行,行十六字,郭立暄认为是据上述元刊本重刻者,有文字异同,如元本《愆礼第三》"未尝不饱",明本"尝"作"甞"(见书影 1-2-10)。国家图书馆即藏有马官和、莫伯骥旧藏嘉靖本,莫氏藏书目即将此本定为元大德刊本,证明缪荃孙所藏"元刊十行本"也可能是与莫伯骥一样,对明嘉靖重刻十行本的误认,行十六字又错成行十七字。若如此,则修文堂之"缪氏旧藏"《风俗通义》可能仅是书商伪冒之作。

• (清) 缪荃孙撰,黄明、杨同甫校点:《艺风藏书记》卷二,上海:上海古籍出版社,2019 年,第 29 页;(清) 缪荃孙撰,黄明、杨同甫校点:《艺风藏书续记》卷二,上海:上海古籍出版社,2019 年,第 261 页。

• 傅增湘撰,傅熹年整理:《藏园群书经眼录》卷八《子部二》,第 664 页。

- 《中华再造善本总目提要·金元编》子部"风俗通义十卷"条,郭立暄撰,北京:国家图书馆出版社,2013年,第1105—1108页。
- 莫伯骥撰,曾贻芬整理:《五十万卷楼藏书目录初编》卷一一"大德新刊校正风俗通义十卷元刊本"条,北京:中华书局,2016年,第543—544页。

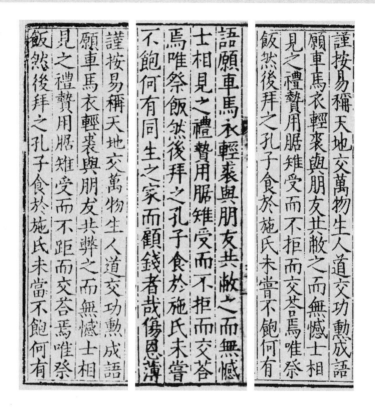

书影 1-2-10:《风俗通义·愆礼第三》(局部)

左:元大德刊本,上海图书馆藏(《中华再造善本·金元编》影印,北京:北京图书馆出版社,2005年);中:明嘉靖刊本,国家图书馆藏;右:明万历《两京遗编》本(《元明善本丛书十种》影印,北京:北京图书馆出版社,2014年)

(2)简目、题跋、藏书志以至综合版本目录的邵、莫、朱三家,都着眼于记述旧本、善本,除《书目答问》等少数几种外,都很少注意通行易得的本子。同时他们心目中的善本,又多是从藏书家角度讲的成为文物的善本,很少是从校勘角度讲的善本。而如前所说,有些成为文物的善本,在校勘上往往并不是真善。如南宋建阳书坊黄善夫本《后汉书》[31],刻得很精美,是藏书家公认的善本,但文字错误很多,有的还错得很荒唐,"如《庾乘传》'由是学中以下为贵','由'误作'曰',《符融传》'但即土埋藏而已',误合'即土'为'圣'字,《许劭传》'平舆人也',误作'千舆'"(傅增湘《藏园群书题记》,傅氏误记为刘元起刻本)，《郭太传》也和通行本一样把传末注文七十四字误作大字，而这些在明嘉靖汪文盛刻本即所谓闽本里反而不误。又如《四部丛刊》重印本所收《西崑酬唱集》[32]，是用傅增湘所藏明嘉靖时张缇玩珠堂刻本影印的，这个本子虽是《酬唱集》仅存的一个明刻本，却乱改原书款式，把原书所记撰人职衔移至卷首作为"西崑唱和诗人姓氏"。其中，"懊恼鸳鸯未白头"七律的撰人本题"元阙"二字，即传本原阙撰人之谓，这个本子却把"元阙"列入"唱和诗人姓氏"中，好像真有个姓元名阙的诗人参加唱和。可见这个本子在某些地方反不如清初的几个刻本能保存原书本来面目，但傅氏在《藏园群书题记》中却对它大事夸扬，得毋敝帚自珍之失。类似这样的事例为数尚多，切勿震于旧本或收藏者盛名，以耳代目。

【旁征】

[31] 南宋建阳书坊黄善夫本《后汉书》讹误示例

　　傅增湘《藏园群书题记》所录傅氏跋语中，先列此本文字长处数则，后列讹误如引文所示(惟《庾乘传》一条与黄善夫本原书有异，实作"日是学中以下坐为贵"，傅氏脱一"坐"字)，并云此本为李盛铎旧藏庆元建安刘元起刊本《后汉书》，评价道："若此本之写刻精良，要自可喜。然雠勘未审，与蔡纯父本(即嘉定蔡琪一经堂刊本)同为鲁卫之政，徒取悦流俗之目而已。"(《宋刊后汉书残本跋》)此本今藏北京大学图书馆，《中华再造善本·唐宋编》已影印。卷六八《郭太传》末李贤注引谢承《后汉书》之"初，太始至南州……太以是名闻天下"共74字混入正文的讹误(见书影1-2-11左)，钱大昕《廿二史考异》卷一二已指出，且云："今本皆儳入正文，惟闽本犹不失其旧。闽本系明嘉靖己酉岁按察使周采等校刊，其源出于宋刻，较之它本为善。"

　　傅增湘定名为建安刘元起刻本，根据是"目录后有木记二行，云'建安刘元起刊于家塾之敬室'"，但书影显示非"刘元起"而是"黄善夫"(见书影1-2-11右)。尾崎康曾细致梳理了收藏在中国和日本的多部庆元中黄善夫、刘元起刊本《史记》《汉书》《后汉书》，指出《汉书》与《后汉书》目录后木记内容均有两种，可能是版本先后刊印不同所致，北京大学藏本为黄善夫校刊初印本，后由刘元起主事，重刊目录、改刻木记内容。

　　黄永年师所云明嘉靖汪文盛刻本，与钱大昕所云明嘉靖己酉周采等校刊本，实为同一版本，叶德辉总结此本为嘉靖二十八年(1549)校刻于福建，署名不同，盖分别主持校书与刊刻。

　　·傅增湘：《藏园群书题记》卷二，第76—79页。

　　·(清)钱大昕撰，孙开萍等点校：《廿二史考异》卷一二《后汉书三》"郭太传"条，陈文和主编：《嘉定钱大昕全集》(增订本)第二册，南京：凤凰出版社，2016年，第261—262页。（清）钱大昕撰，孙显军、陈文和点校：《十驾斋养新录》卷六"后汉书注换入正文"条，陈文和主编：《嘉定钱大昕全集》（增订本）第七册，第175页。

· ［日］尾崎康著，乔秀岩、王铿编译：《正史宋元版之研究》第二部综论编、第三部解题编，第120—123、382—391页。

· 叶德辉著，李庆西标校：《书林清话》，上海：复旦大学出版社，2008年，第109—110页。

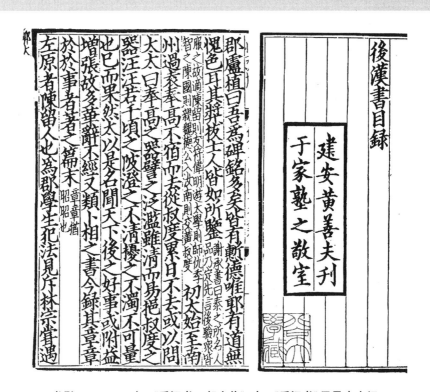

书影1-2-11：左：《后汉书·郭太传》；右：《后汉书》目录末木记

宋庆元四年（1198）建安黄善夫刻本，北京大学图书馆藏（《中华再造善本·唐宋编》影印，北京：北京图书馆出版社，2005年）

[32]《四部丛刊》介绍与其重印之明嘉靖本《西崑酬唱集》

《四部丛刊》为民国时上海商务印书馆张元济主持编行的大型综合类丛书。构思主旨在《印行〈四部丛刊〉启》中自叙为"七善"，可概括为收常用书、原本影印、选用善本、查考便利、小册大字、装帧统一、价廉易得。体例标准详《〈四部丛刊〉例言》，补充"七善"者有如选书概不泛收、专于要籍善本，排序依据四部分类，《全唐文》等不录，正史、目录、金石书等拟别编单行故不录，选用精善明本替代残破宋刻，标明选用底本与藏家姓氏等。底本除商务印书馆涵芬楼自身所藏外，商借到江南图书馆、北平图书馆、常熟瞿氏铁琴铜剑楼、江安傅氏双鉴楼、乌程刘氏嘉业堂、江阴缪氏艺风堂、长沙叶氏观古堂、乌程蒋氏密韵楼等众多收藏机构与藏家之善本,使秘籍珍本广行于世。1932年日军轰炸并焚毁东方图书馆与涵芬楼,仅寄存于银行的五百余部善本留存于世,张元济为其撰写解题、编成《涵芬楼烬余书录》,部分《四部丛刊》底本已不复存在。

《四部丛刊》初收书323部,1919年至1922年间初印,1926年至1930年分期重印时替换了21种古籍底本,"又辑补阙文序跋、增订校文札记共数百叶",因此有初印、重印之别。1934年至1936年编印的《续编》与《三编》亦沿用了《初编》宗旨与体例,增入数部目录金石类典籍,并在1936年出版《初编》的并叶缩本时再次更换了15种底本。

· 《四部丛刊》相关介绍文章、《初编》书录等可参商务印书馆编:《缩本〈四部丛刊初编〉书录》,上海:商务印书馆,1936年;张元济:《张元济全集》第9卷《古籍研究著作》,北京:商务印书馆,2010年。张元济主持编印《四部丛刊》前后多年经过与商务印书馆出版其他丛书的历史,可参王绍曾:《近代出版家张元济》(增订本),北京:商务印书馆,1995年;海盐县政协文史资料委员会、张元济图书馆编:《出版大家张元济——张元济研究论文集》,上海:学林出版社,2006年;张人凤、柳和城编著:《张元济年谱长编》,上海:上海交通大学出版社,2011年。

· 《四部丛刊初编》重印换版补足的情况,可参《惠购初印〈四部丛刊〉诸君鉴》,载《申报》1930年2月5日;具体替换书目版本可参《〈四部丛刊〉刊成记》与《重印〈四部丛刊〉刊成记》,以及《重印〈四部丛刊〉书录》解题与各书牌记;三编补配情况可参曹海花:《张元济所编〈四部丛刊〉各子目版本补配概览》,上海图书馆编:《上海图书馆藏张元济文献与研究》,上海:上海古籍出版社,2017年,第316—323页。

· 缩本《四部丛刊初编》的出版概况,据《缩本〈四部丛刊初编〉序例》可知一二。缩本并叶时删去了版心、叶号、书耳、栏外藏印等,底本亦有少量变化,如《灵枢经》《陆士龙文集》等有重要订正、《梅村家藏稿》《中州集》改用足本,校记亦随行款变化而更改。需要注意的是,王云五主编、台湾商务印书馆出版的《四部丛刊初编》《续编》《三编》与张元济所编、上海商务印书馆本有很大差异,其中台湾地区《初编》1965年据上海商务印书馆1936年缩本影印并很快再次重印,台湾地区《续编》《三编》影印底本则多选自上海《续编》《三编》《续古逸丛书》等丛书以及王云五自藏书,1979年又重印台湾地区三版并改名《四部丛刊正编》。可参王云五:《四部丛刊初编缩本序》《辑印四部丛刊续编序》《四部丛刊初编台三版序》《景印四部丛刊三编序》《四部丛刊续编缩本序》，载《王云五全集·序跋集编》，北京：九州出版社，2013年，第243—244、280—281、543—545、546—547、573—574页；卢佳妮：《〈四部丛刊〉初编散考》，复旦大学硕士论文，2009年，第5—6页；吴家驹：《两岸名同实异丛书辨析》，《高校图书馆工作》2009年第2期，第18—20页。

• 张元济撰，张人凤整理：《涵芬楼烬余书录》，上海：上海古籍出版社，2022年。

　　以《四部丛刊》为代表的古籍影印丛书是走进版本目录学的重要门径，黄永年师在《我怎样学会了鉴别古籍版本》讲座稿中回忆道，在阅读了四部要籍的基本介绍之后："进一步还得见见原书。我是从当年商务印书馆编印的《四部丛刊》下手的。这是一部专收四部要籍的大丛书，而且都是选用较好较旧的本子影印的……我起初还见不到全部的《丛刊》，好在旧书店里多少有些零种，还弄到一本注有版本的《四部丛刊书录》。当时我是十四五岁，记忆力好，加之是影印，可以见到原书的真面目，形象化的东西更加记得牢，这样我就把四部要籍加上重要的好版本包括若干宋元明本都大体掌握了。"同时也指出提高水平的方法："《四部丛刊》只好说帮我打基本功，继续修练提高，我大体是从（1）多看原书和书影，（2）多看讲版本的书，（3）看注出版本的四库书目这几方面着手。"值得初学者借鉴并实践。

• 黄永年：《我怎样学会了鉴别古籍版本》，载《学苑与书林》，上海：上海书店出版社，2006年，第233—242页；载《黄永年古籍序跋述论集》，第521—532页；载《黄永年文史论文集》第五册《文史杂论》，第431—443页。

书影1-2-12：《西崑酬唱集》序

清康熙刻周桢、王图炜合注本，黄永年藏（黄寿成编著：《心太平盦古籍书影：黄永年先生收藏精粹》，第572页）

　　《四部丛刊初编》影印《西崑酬唱集》一部，初印本所用底本为"旧钞本"，重印本则换成傅增湘双鉴楼藏明嘉靖十六年（1537）高邮张氏玩珠堂刻本，两本均把撰人署名、职衔移至卷首"西崑唱和诗人姓氏"题下，且列入"元阙"一人。傅增湘撰《明玩珠堂本西崑酬唱集跋》梳理了明清此书传抄过程，列出 14 处胜过祝氏《浦城遗书》本的文字，认为此嘉靖刻本源出宋版。清初徐乾学本亦刊刻不精、流传不广，康熙四十七年(1708)苏州朱俊升摹刊徐本，成为之后诸本的祖本。黄永年师藏清人周桢、王图炜合注《西崑酬唱集》，为康熙中后期精写刻本，与其他清刻源流不同，独擅之处有如诗人署衔体例保存旧式、更反映史实，无"唱和诗人姓氏"，而与铁琴铜剑楼旧藏冯班抄本同源自宋刻善本(见书影 1-2-12)。因此虽晚于明嘉靖刊本，但此合注本更适合作为影印底本。

> • 傅增湘：《藏园群书题记》卷一九，第 956—957 页。
>
> • (宋) 杨亿编，王仲荦注：《西崑酬唱集注》前言，北京：中华书局，1980 年，第 6 页。
>
> • (宋) 杨亿编，(清) 周桢、王图炜注：《西崑酬唱集》前言，黄永年撰，上海：上海古籍出版社，1985 年，第 1—4 页；另可参看《释〈西崑酬唱集〉作者人数及篇章数》一文。两篇同收入《文史存稿》，西安：三秦出版社，2004 年，第 418—424 页；亦收入《黄永年古籍序跋述论集》，第 86—91 页；亦收入《黄永年文史论文集》第五册《文史杂论》，第 40—43 页，第三册《文献钩沉》，北京：中华书局，2015 年，第 454—456 页。
>
> • 黄永年、贾二强撰集：《清代版本图录》一，杭州：浙江人民出版社，1997 年，第 139—140 页。

(3) 简目、题跋、藏书志各书一般只记一种版本，即使不止一种，旁及其他，也很难把该书的所有版本备列齐全。综合的邵、莫、朱三家以及《书目答问》等虽列出各种版本，但仍未能弄清楚大多数版本之间的渊源递嬗关系，更很少在这些综合目录里加以说明。因此，在整理古籍时，仍需将该书的各种版本收集起来仔细地比较研究。例如《说文解字》一书，《增订四库简明目录标注》说"黄丕烈有宋刊小字本"，又说有"孙氏平津馆仿宋小字本""藤花榭仿宋小字本"，但没有说明孙氏所据宋本、藤花榭额氏所据宋本和黄藏宋本的关系。其实，传世的几个宋本，包括孙氏所据、额氏所据本都出于同一版所印，其中，第十五上第三页均特别短小便是明证。各本文字间有歧异，当是补版有先后所致(各卷题衔有作"许慎"而"慎"字避宋讳缺末笔者，有避宋讳改作"许氏"者，也有不避讳径作"许慎"者，前二者当系南宋时两浙地区原刻及补板，后者则系元代补板而绝不会是北宋真宗前原板，因为如果是北宋原板，至南宋刷印时决无不事剜改之理)[33]。又《标注》在此书下说"汲古阁影刊北宋本"，又说"明赵灵均影宋大字本,即毛本所仿",二者自相矛盾。其实,汲古阁所据即上述宋本,"嫌其字小,以大字开雕",书尾毛扆跋语足证,仿宋大字本之说绝不可信[34]。《标注》还说此书有"朱筠刊本",《续录》还说有"清同治十三年浦氏翻刻孙本,同治十二年陈昌治校刊本,光绪七年淮南书局刊本"。其实乾隆时朱筠椒花吟舫刻本,即用仿汲古阁本之经毛扆五次剜改者刊刻,淮南书局本即用仿汲古阁本之四次剜改者刊刻,陈昌治本是据孙本改为一篆一行刊刻。所有这些,《标注》《续录》都没有讲对或讲清楚。当然,我们不能要求前人都给我们把事情做现成。前人疏略之处,正有待我们来补正。至少在整理到这部古籍时,必须首先把它的各种版本及其渊源递嬗关系弄清楚,不能马虎从事。

【旁征】

[33]《说文解字》宋刊小字本

《说文解字》十五卷,东汉许慎撰,宋徐铉等校定。许慎,字叔重,汝南召陵(今属河南漯河)人,《后汉书》有传。本书为字书代表,将小篆文字按五百四十部首排列,附古文、籀文,释义并依六书分析字形,久为治小学者所重视。此书有唐写本残卷传世,且在北宋初刊后反复刻印,早期刻本存世不止一部,之间亦有差别。今有影印宋版便于查考,如日本静嘉堂藏北宋刊本,即傅增湘所记王昶旧藏、阮元手跋者,曾影入《续古逸丛书》和《四部丛刊初编》;国家图书馆藏宋刻元修本,有毛晋、季振宜等众多藏家印记、丁晏跋,提要据刻工姓名认为是"南宋初期杭州地区刻元杭州地区修补本",收入《中华再造善本·唐宋编》和《国学基本典籍丛刊》;北京大学图书馆藏宋刻元修本,有赵宧光、钱曾、孙星衍、顾广圻、李盛铎等人印记。以宋本为底本翻刻的清人精刻本,有如嘉庆十二年(1807)额勒布藤花榭刻本(中国书店曾影印,1989 年以降多次印行),稍后有嘉庆孙星衍五松书屋《平津馆丛书》刻本(广西师范大学出版社 2021 年影印,题《孙氏覆宋本说文解字》),顾广圻主持刊刻,忠实原貌又校勘精审。孙本被多次翻刻,比如同治十二年(1872)番禺陈昌治本(改作一篆一行,中华书局 1963 年影印)。

黄永年师藏嘉庆十二年藤花榭刊本《说文解字》十五卷,有毛凤枝朱墨笔句读、批校,各卷卷首题下署名"汉太尉祭酒许慎记"即有避讳区别。如第一上"许慎"之"慎"字缺末笔,而第四下、第六上皆作"许氏"(见书影 1-2-13)。

• 傅增湘撰,傅熹年整理:《藏园群书经眼录》卷二《经部二》,第 128 页。

• 《中华再造善本总目提要·唐宋编》经部"说文解字十五卷(宋刻元修本)"条,李致忠撰,北京:国家图书馆出版社,2013 年,第 122—125 页。

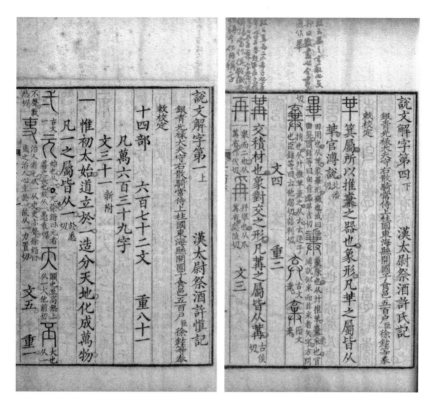

书影 1‑2‑13：《说文解字》第一上、第四下

清嘉庆十二年(1807)藤花榭刻本,黄永年藏(黄寿成编著：《心太平盦古籍书影：黄永年先生收藏精粹》,第 116、117 页)

[34]《说文解字》"宋大字本"、赵灵均抄本、汲古阁刻本

黄永年师此段未完整引用邵懿辰《四库简明目录标注》"说文解字三十卷"条之注语,补录于下并略加注释：

> 黄丕烈有宋刊小字本,十五卷,段氏曾取校订,竹汀(钱大昕)谓是元翻宋本,因末有某路儒学一行也。 汲古阁影刊北宋本。 朱筠刊本。 孙氏平津馆仿宋小字本,十五卷。 藤花榭仿宋小字本,十五卷。 朱修伯曰："汲古据小字本仿大字刊之,凡五次修板,前四次未甚改修,五次修时,为斧季(毛扆,继承其父汲古阁毛晋的校刊图书之业)以《系传》(徐锴《说文解字系传》[小徐本],与徐铉校定《说文解字》[大徐本]为不同文本系统)误改。"又曰："明叶石君(叶树廉,亦名叶万,字石君,号潜夫。朱批误作叶石林)影宋本,王清浦(王昶,青浦人。朱批作王述庵,称其号)、周锡瓒所藏宋本,三本,每叶二十行,行大十八字,小二十五六字(朱批作页廿行,行大十八,小字夹行,行约廿五六字),三本同出一椠,略有异同。明赵灵均影宋大字本(朱批"赵灵均"后多一"有"字),即毛本所仿,异处较多,稍逊小字本。"

由此可知邵懿辰自注版本凡五种,大体依时间先后排列,其中"汲古阁影刊北宋本"表明邵氏认为毛氏所用底本是某北宋本,其根据应即毛扆跋语中"先君购得《说文》真本,系北宋板,嫌其字小,以大字开雕,未竟而先君谢世"一句。邵氏引用朱学勤的两段论说均见于《朱修伯批本四库简明目录》,语义未变,黄永年师认为出现矛盾的另一句"明赵灵均影宋大字本,即毛本所仿"实为朱氏观点,邵氏或以其与己观点稍异,故附记于后。《邵亭知见传本书目》卷三"说文解字三十卷"条首列"汲古阁大字本",然据校记可知此为莫绳孙删改之后的表述,笺注稿本实作"汲古阁影北宋大字本",推测可能是对朱、邵两说的调和,或者是毛扆跋语的简单缩略。

> • (清)邵懿辰撰,邵章续录:《增订四库简明目录标注》,第163—164页。
> • (清)朱学勤标注:《朱修伯批本四库简明目录》"说文解字三十卷"条,第167—168页。
> • (清)莫友芝撰,张剑、张燕婴整理:《邵亭知见传本书目》卷三"说文解字三十卷"条及校记,《莫友芝全集》第四册,第227页。

然而矛盾虽释,赵灵均小宛堂抄本与汲古阁刻本关系究竟如何,黄永年师以毛扆跋语证"仿宋大字本之说绝不可信"是否成立,都需要再作考量。朱学勤认为的汲古阁本仿赵灵均影宋大字本一说,主要来自段玉裁。段氏将汲古阁初印、后印本与王昶藏宋本、叶石君抄本、赵氏抄本等校勘后,撰成《汲古阁说文订》并于嘉庆二年(1797)作序云:

> 《说文解字》一书,自南宋而后有二本,一为徐氏铉奉敕校订许氏"始一终亥"原本也,一为李氏焘所撰《五音韵谱》,许氏五百四十部之目以《广韵》《集韵》"始东终甲"之目次之……当明之末年,常熟毛晋子晋及其子毛扆斧季,得宋始一终亥小字本,以大字开雕……毛氏所刊版,入本朝归祁门马氏(乾隆十年[1745]归马曰琯、马曰璐)在扬州者,近年又归苏之书贾钱姓(乾隆末年归钱听默萃古斋)……既而元和周明经锡瓒尽出其珍藏……一日明赵灵均(赵宧光子,名均)所钞宋大字本,即汲古阁所仿刻之本也……赵氏所钞,异处较多,稍逊于小字本。若宋刊《五音韵谱》,则略同赵钞本,而尚远胜于明刊者。明经又出汲古阁初印本……考毛氏所得小字本,与今所见三小字本略同,又参用赵氏大字本。四次以前,微有校改,至五次则校改特多,往往取诸小徐《系传》,亦间用他书。夫小徐、大徐二本字句驳异,当并存以俟定论。

此序观点如下:一、汲古阁仿刻赵灵均抄宋大字本,并发现赵灵均抄本有符合宋刻

《五音韵谱》的异文；二、经过校勘发现，汲古阁本底本是和当时所见三种宋小字本差不多的一种小字本，再参考赵抄大字本；三、汲古阁本刊刻之后存在前后印次的文字差异，特别是第五次剜改本和朱筠等翻刻本中有来自小徐本等的异文，校改方法不妥。次年段玉裁为赵灵均抄本作跋，更进一步申明观点，似乎认为存在宋刻大字本《说文解字》，是赵氏影钞底本。赵灵均抄本残卷今藏日本大谷大学图书馆，上载跋云：

> 宋刻《说文》多小字，独此本大字。盖宋刻有此大字本，而赵氏影钞也。斧季云："先君购得《说文》北宋版，嫌其小字，以大字开雕。"今按毛版方幅字数，正与此本同，未知毛氏有此椠本，抑或当日赵钞在子晋家，故仿刻也。

可以发现序、跋观点合并之后大体可概括为貌似矛盾实则并立的"汲古阁影刊北宋本"和"汲古阁仿明赵灵均影宋大字本"的观点。朱学勤等人认同段说，并概括录入版本目录中。近日研究已进一步揭示出，在篆字、反切、异文等内容上宋小字本与赵抄大字本都与汲古阁本有很深的渊源，而版式上汲古阁本是依赵抄大字本半页七行来安排。所以"以大字开雕"和"即毛本所仿"的说法可能大部分在说版式特征，而黄永年师"仿宋大字本之说绝不可信"的观点依然成立，因为赵灵均抄本的底本并非某一宋刻大字本。很可能如王辉、董婧宸所言，并不存在某种"宋大字本"，赵灵均抄本的文本与行款来源大体是明刻白口左右双边本的李焘《五音韵谱》，同时还有着更为复杂的异文来源。

版本目录中《说文解字》各版本的源流关系缺乏明确叙述的原因，还可能是当时学者多没有足够的学力与目验机会来校勘比对每一种书的诸多版本。宋小字本相关版本已如前文归纳，结合近期董婧宸等人研究亦可概括汲古阁本与翻刻版本的关联：今存汲古阁本的最早印本是南京图书馆藏康熙四十三年（1704）试印本，据以可厘清汲古阁本与赵灵均抄本的关系；康熙四十三年至四十四年毛扆多次校书并修版，成初印本；康熙五十二年第五次校改，成剜改本并始附前引毛扆跋语，校样（有"第四次样本"题字、康熙五十二年毛扆校语）翻刻出光绪七年（1881）淮南书局本；乾隆初年时，汲古阁剜改版归祁门马氏，修印出扬州刊本，后又归苏州钱听默萃古斋；乾隆三十八年（1773）朱筠椒花吟舫本，翻刻自扬州刊本，《四部备要》予以影印；源自椒花吟舫本的翻刻本有同治十年（1871）合州坊刻、光绪二年（1876）姚觐元川东官舍重修本，以及同光之间据椒花吟舫本和其他翻刻本制作的成都志道堂本等。

　　• (清) 段玉裁:《汲古阁说文订》序,《续修四库全书》第 204 册影印嘉庆二年 (1797) 五砚楼刻本,上海: 上海古籍出版社,2002 年,第 329—330 页。

　　• 辛德勇曾认为黄永年师此段观点值得深究,并指出须比对赵灵均抄本与汲古阁初印本,可参辛德勇:《也谈宋刊〈说文解字〉之大小字本问题》,《书品》2014 年第 2 期;收入作者著《书者生也》,西安: 未来出版社,2016 年,第 46—76 页。《说文解字》赵灵均抄本、毛氏汲古阁本及其翻刻本的文字校勘与版本源流,可参看白石将人:《〈四库提要〉论〈五音韵谱〉反切之失》,《版本目录学研究》第七辑,北京: 北京大学出版社,2016 年,第 287—292 页;王辉:《明抄大字本〈说文解字〉底本考论——兼说宋刊〈说文〉是否有大小字之分》,《文史》2020 年第 2 辑,第 231—244 页;董婧宸:《毛氏汲古阁本〈说文解字〉版本源流考》,《文史》2020 年第 3 辑,第 187—216 页。

　　(4) 即使弄清了各个版本的先后和渊源递嬗关系,还不一定能立即判断其优劣。一般说来,刻或抄在先的似乎总要比后的优,重出之本似乎总要比原本差,但有时偏偏相反。例如,南宋程大昌的《雍录》,宋本久已失传,现存最早的是明嘉靖十年李经刻本,还有一种是稍晚的万历时吴琯刻《古今逸史》本。我手边只有万历本,要整理点校,用嘉靖本作对校,发现凡有异同之处几乎都是万历本正确,可见万历本所源出的本子一定比这嘉靖本更早更善,应该用万历本做底本。清人著作刻本中也有晚胜于早的情况。如顾炎武的《日知录》,康熙初刻符山堂本只有八卷,而康熙三十四年潘耒刻足本有三十二卷。又如王引之的《经义述闻》,嘉庆二年初刻不分卷,道光七年重刻本才扩大为三十二卷;而三十二卷本里收入的《春秋名字解诂》,原名《周秦名字解诂》,嘉庆原刻本二卷,经增删改名编入了道光本《经义述闻》。现在八卷本《日知录》、不分卷本《经义述闻》以及《周秦名字解诂》已可登诸善本书目,但如选择底本自应用通行的足本。再如诗人黄景仁的集子,较早的有嘉庆四年赵希璜刻的《两当轩诗钞》十四卷、《悔存词钞》二卷,但并不足。其孙志述广搜遗篇,在咸丰八年刊刻了足本《两当轩集》二十二卷和考异二卷、附录四卷,稍后的印本还把附录增添为六卷。所以,校勘整理黄集自应以这个咸丰足本为底本而不能用较早的嘉庆本[35]。至于重刻之本转胜于原本的事也不乏其例。如清季王鹏运校的《梦窗甲乙丙丁稿》,光绪二十五年初刻,三十年重刻,重刻时王氏又校改了多处,并改正了初刻的个别误字,因此后来居上。如果整理王校《梦窗甲乙丙丁稿》,就要用这个重刻本为底本而初刻本只能备参考[36]。

【旁征】

[35] 咸丰八年足本《两当轩集》

黄景仁（1749—1783），字仲则，武进（今属江苏常州）人，生平可参洪亮吉撰行状、王昶撰墓志铭等（见《两当轩集》附录），《清史稿》卷四八五有传。别集初有乾嘉时刊刻的《悔存诗钞》八卷，《两当轩诗钞》十四卷、《悔存词钞》二卷等不同版本。孙黄志述广泛搜罗、重加辑校，成《两当轩全集》二十卷，包括诗十六卷、词三卷、文一卷，后附志述撰考异二卷、志述辑附录六卷（第一序跋，第二传状志文，第三、第四唱酬题赠，第五年谱，第六诗话、先友爵里名字考，可得咸丰八年八月季锡畴跋[载光绪本附录末，整理本混入附录第一]佐证，"稍后的印本还把附录增添为六卷"一说应不实），咸丰八年（1858）黄氏家塾刊，《续修四库全书》影印上海图书馆藏本，有叶景葵手跋。

《清代版本图录》和《心太平盦古籍书影：黄永年先生收藏精粹》都著录有黄永年师藏咸丰八年黄氏家塾刊本二十二卷，考异二卷、附录六卷，有朱墨笔批校及汪玉龄咸丰十年题记（见书影1-2-14）。与上海图书馆藏本卷首目录一致，但多出卷二一、卷二二两卷补遗，卷二二末有黄志述识语，叙述了刻成之后又补遗成卷的经过："今年八月，梓工告竣，庄君竹安忽于其家旧簏中，捡得初稿百余纸，盖丙戌至壬辰作也……去其重出者，得如千首，因裁并前刻补遗（指附于卷一六、卷一九末的补遗诗词），都为二卷……咸丰八年冬十二月孙志述谨识。"上海图书馆藏本无补遗两卷、补遗诗词附于卷末，似可推测为咸丰八年八月初印本，而黄永年师所藏则为十二月补刻后印本，原附于卷末的补遗诗词已移至补遗卷中，洵为足本。不久版毁于太平天国时，故存世不多。邓骏捷已注意到咸丰本内部的差异，并指出初印本有同治十二年（1873）集珍斋活字印本，后印本亦藏北京师范大学图书馆，国家图书馆则藏有源自后印本的同治六年刘履芬抄本。

书影1-2-14：《两当轩集》卷一

清咸丰八年（1858）刻本，黄永年藏（黄寿成编著：《心太平盦古籍书影：黄永年先生收藏精粹》，第528页）

光绪二年（1876）重刻成《重刊两当轩全集》二十二卷（目录已增补遗两卷），附考异二卷、考异补一卷、附录四卷（无咸丰本附录第三第四"唱酬题赠"）。上海古籍出版社1983年出版标点整理本,以光绪本为底本,补齐漏刻诗八首以及新发现佚作三篇,增入咸丰本所附二卷唱酬题赠文字(改作附录第五第六,光绪本附录后有数首题词像赞,改题为附录第七)。

- 黄永年、贾二强撰集:《清代版本图录》四,杭州:浙江人民出版社,1997年,第133—134页。
- (清)黄景仁撰,李国章标点:《两当轩集》前言、卷二二补遗末识语,上海:上海古籍出版社,1983年,第1—10、534—535页。
- 《续修四库全书总目提要·集部》"两当轩全集二十卷附考异二卷附录六卷"条,马亚中、张静撰,上海:上海古籍出版社,2014年,第197—198页。
- 邓骏捷:《黄景仁词集的流传与版本考述》,《文学遗产》2016年第2期,第140—152页。

[36] 光绪三十年(1904)王鹏运重校刻《梦窗甲乙丙丁稿》

黄永年师藏四印斋初刻本(即己亥本)《梦窗甲乙丙丁稿》有其1970年所作跋语,叙述版本关系较为详尽,摘录与版本源流相关者于此并略加注释:

> 半塘(王鹏运)、彊村(朱祖谋)两翁合校《梦窗词四稿》(即《梦窗甲乙丙丁稿》)本凡三刻:光绪己亥(二十五年,1899),半塘四印斋初刻;越五载甲辰(三十年),四印斋用己亥本重校刻;越四载戊申(三十四年),彊村无著盦又用己亥本重校刻。然甲辰本椠毕,半塘遽谢世,止印样本两册,为况蕙风(况周颐)、缪艺风(缪荃孙)分得。彊村刊戊申本时,已不悉有甲辰重刻之事。而己亥、戊申两本向亦难得。……盖彊村假得明写一卷本刊入《丛书》(《彊村丛书》之《吴文英梦窗词集》一卷[明万历二十六年(1598)太原张廷璋藏旧抄本]《补遗》一卷[无著庵据汲古阁刊《梦窗甲乙丙丁稿》补]附《梦窗词集小笺》)后,戊申本遂见弃置。己亥本未收入《四印斋所刻词》(王鹏运编刊词总集,上海古籍出版社1989年影印光绪家刻本,后"新附"之《四印斋刻梦窗甲乙丙丁稿》四卷[此即黄永年师藏缪荃孙旧藏光绪甲辰重刻本,见书影1-2-15]等)中,传世止初印若干册而已。其后况蕙风用所得甲辰样本景印传布,琉璃厂书铺又获甲辰原版刷印,前数年京中尚有新印本。己亥、戊申两版迄未见重印,殆灰灭已久矣。寒斋十余年前于徐积余(徐乃昌)遗书中,收一甲辰样本有艺风手跋者,即艺风分得之本。入秦后又先后收得己亥、戊申两本。此己亥本也,纸墨明丽,原装雅整,当与甲辰样本珍为双璧。

可知王鹏运刻《梦窗词四稿》凡两次,光绪二十五年(1899)初刻、三十年重刻;朱祖谋则于光绪二十五年与王共校,三十四年独立校刻,未参考光绪三十年王鹏运重校刻

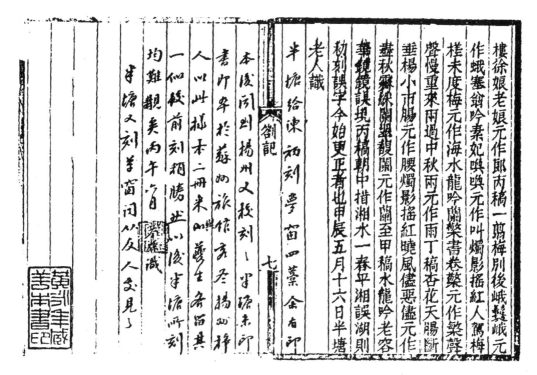

书影 1-2-15：《梦窗甲乙丙丁稿》王鹏运跋、缪荃孙手跋

清光绪三十年（1904）王鹏运重校刻本，黄永年藏（上海：上海古籍出版社影印本后"新附"，1989年，第954页）

本，1913年据明抄本校刻并收入《彊村丛书》。因此，如果要"整理王校《梦窗甲乙丙丁稿》"，则只能参考己亥与甲辰两本，而因甲辰本为王氏辞世前定稿而未完刻印者，故最能代表王校成果。今人整理吴文英词成果中，吴蓓笺校《梦窗词汇校笺释集评》参校版本众多，然据其前言，王校本选用的是郑文焯批校多年的初刻本（此郑校本有中研院文哲所1996年影印本，题《郑文焯手批梦窗词》）。

· 黄永年：《跋四印斋初刻本〈梦窗甲乙丙丁稿〉》，载《黄永年古籍序跋述论集》，第110—111页；亦收入《黄永年文史论文集》第五册《文史杂论》，第89—90页；亦收入《树新义室书话》，西安：未来出版社，2016年，第195—196页。

· （清）朱孝臧辑校编撰：《彊村丛书》（附《遗书》）五，上海：上海古籍出版社影印1922年第三次校补本，1989年，第4149—4397页。

· （宋）吴文英著，吴蓓笺注：《梦窗词汇校笺释集评》前言，杭州：浙江古籍出版社，2012年，第17—19页。

　　由此可见，在接受前人成果、学习版本目录的同时，还必须进一步核对原书，自己下功夫钻研,在整理古籍选择版本时尤应如此,而绝不能仅仅记诵一点前人的成果就自满自足。

学习鉴别版本

学好版本目录对整理古籍者来说是主要的,但同时也应学一点鉴别版本的本领,这是版本学的另一个组成部分。之所以有这样的要求,是考虑到:(1)大部分旧本书的刊印年代以至地点,虽然已由前人作了鉴定,有些旧抄本、稿本、批校本也作了鉴定,但还有相当数量的没有经过鉴定。而且,宋元旧本新发现的固已不会很多,明本尤其清本尚有相当数量在不断发现中。这就要求整理者自己能够具备一定的鉴别能力。(2)前人作过鉴定的虽然大部分可以信据,但还有一些是不足信据的,前面讲版本目录时已列举了若干例子。这些例子告诉我们,有时要凭自己的眼光,对前人已鉴定过的本子,重新审查,不能盲目信从。(3)简目、题跋、藏书志、综合版本目录对所著录的书都未附有照片。其中有些书收藏地点没有更动,如《北京图书馆善本书目》著录的书就在北京图书馆,到馆里去查阅时只需一对书目就知道是什么本子。但有很多已经著录、鉴定过的善本书,其收藏地点早已转移了,就无法对照。何况还有很多书和前人著录的只是同一副板子所印刷,并非一物,收藏印记之类都不同,如不懂得鉴别,又如何能知道这和已经著录的是同一个本子。因此,学点鉴别版本的本领,对整理古籍者并非浪费时力。

要学鉴别版本的本领,当然也得接受前人的成果,最好能结合看原书,如到收藏善本书多且已经过鉴定作了著录的地方去,边看原书边对照著录来学习、熟悉。直接对看原书有困难,则可以看照片。前人把每种旧本书选印一二页,最早用木板覆刻印刷,叫“留真谱”;后来用石印或珂珋版(即玻璃版)、铜版等印出来,通称之为“书影”或“图录”。较重要的有《铁琴铜剑楼书影》,影印瞿氏铁琴铜剑楼藏本;《盍山书影》,前南京国学图书馆影印原丁氏善本书室藏本;《静嘉堂善本书影》,日本静嘉堂文库影印原陆氏皕宋楼藏本;《嘉业堂善本书影》,影印刘氏嘉业堂藏本;《涉园所见宋板书影》,陶湘影印杨氏海源阁、李氏木犀轩、傅氏藏园等藏本[37]。以上都以宋元本为主,静嘉堂全用珂珋版印,最精美,涉园参用珂珋版、石印,和铁琴铜剑楼的石印都清晰可观,盍山、嘉业堂的石印就模糊不耐看。至于明本书影,只有潘承弼、顾廷龙合编的《明代版本图录初编》,用铜版缩小影印。新中国成立后,北京图书馆编印了八大册《中国版刻图录》[38],包括宋金元明清刻本、活字本、套印本、插图本,用珂珋版原大印,鉴定多出版本专家赵万里之手,自更后来居上。前几年,上海图书馆也影印了一册《善本书影》[39],除宋元明本外,还收了若干著名的抄本、稿本、批校本,虽然印工较差,但对鉴别抄本、稿本、批校本仍很有用处。① 不过,这类书影再好也有个缺点,即原本的纸张、墨色无从表达出来。因此过去有人专门收集残宋元本的零页,汇成专册,解放初苏州旧书店文学山房也用残明本的零页汇成《明代版刻集锦》[40]多部出售。但如今残明本也已成为希有之品,遑论宋元,这么做显然已不复可能。近几十年来影印了大量古籍,有些是用不易见到的旧本影印的,而且不像书影只影印一、二页而是影印全书,多翻翻对熟悉版本的面貌也很有好处。

【旁征】

[37]《留真谱》《铁琴铜剑楼书影》《盔山书影》《静嘉堂善本书影》《嘉业堂善本书影》《涉园所见宋板书影》

《留真谱》初编十二卷、二编八卷,为杨守敬在日人森立之类似书稿的基础上,将搜集到的宋元旧椠、日本古刻选取部分书叶依原样摹刻而成的书影,共四百余种,部分撰有考证按语。光绪二十七年(1901)杨氏观海堂刻成初编,1917 年刻成二编。之后缪荃孙编《宋元书景》也采用了类似的影刻方式。北京图书馆出版社 2004 年《珍稀古籍书影丛刊》影印。杨守敬(1839—1915),字鹏云,号惺吾,晚号邻苏老人,湖北宜都人。光绪时先后任使日大臣何如璋、黎庶昌的随员,搜集日本所见宋元旧本、佚书汇刊成为《古逸丛书》,著作有《水经注疏》《日本访书志》《学书迩言》《丛书举要》等。《邻苏老人年谱》为杨氏生前自订、末数年为熊会贞代续,记载生平较为详细,如其中光绪八年(1882)壬午四十四岁与次年癸未两条详细记叙了《古逸丛书》的成书经过。

> ·(清)杨守敬撰,郗志群整理:《邻苏老人年谱》,谢承仁主编:《杨守敬集》第 1 册,武汉:湖北人民出版社,1988 年,第 18 页。
> ·(清)杨守敬编:《留真谱》初编序,北京:北京图书馆出版社,2004 年,第 1—2 页。

《铁琴铜剑楼书影》,亦名《铁琴铜剑楼宋金元本书影》,瞿启甲编,丁祖荫撰识语,1922 年常熟瞿氏石印本,北京图书馆出版社 2003 年《珍稀古籍书影丛刊》影印。将部分铁琴铜剑楼所藏宋元珍本依四部分类,再按版本时代排序,包括宋本 160 种,全本 4 种,元本 106 种,影印卷首、卷末、序跋等书叶。书影之后是各书识语,介绍版本、序跋、钤印等信息。

---

① 1997 年出版我和贾二强君的《清代版本图录》,1998 年出版《北京大学图书馆藏善本书录》,又台湾地区在 1982 年出版《"中央图书馆"善本题跋真迹》,都是可供使用的书影。

· 瞿启甲编：《铁琴铜剑楼书影》序，孙毓修撰，北京：北京图书馆出版社，2003年，第1—3页。

《盋山书影》，南京国学图书馆编，为该馆所藏宋元善本书影汇编，因馆址惜阴书院陶风楼位于盋山脚下故名。1928年印行，分为宋本、元本两辑，各以四部分类，并附柳诒徵识语，介绍版式特征、版本递藏等信息。南京国学图书馆前身为江南图书馆，收藏有丁氏八千卷楼藏书，柳诒徵任馆长后推行公共图书馆服务，主持编印了此书影。北京图书馆出版社2003年《珍稀古籍书影丛刊》影印。

· 南京国学图书馆编：《盋山书影》序，柳诒徵撰，北京：北京图书馆出版社，2003年，第1—2页。

《嘉业堂善本书影》五卷，刘承幹编，依四部分类收录嘉业堂藏宋元版本书影，卷一经部宋元本，卷二史部宋元本，卷三"南雍三朝本"各选一至二页，卷四子部宋元及日本刊本，卷五集部宋元本，可见以宋元版本为主的同时，对明南京国子监修补刊印宋元旧版二十一史和日本刻本亦有措意。1929年印行，北京图书馆出版社2003年《珍稀古籍书影丛刊》影印。

· 刘承幹编：《嘉业堂善本书影》序，傅增湘撰，北京：北京图书馆出版社，2003年，第1—6页。
· ［日］尾崎康著，乔秀岩、王铿编译：《正史宋元版之研究》第二部综论编，第165—201页。

《涉园所见宋板书影》，陶湘（字兰泉，号涉园）编，共二辑，第一辑为李盛铎藏二十三种，第二辑出自众家，各依四部分类，均选取原书卷首末、序跋题记等叶影印，虽无识语介绍诸书，但在每一辑目录中以小字注明每部书版本、藏家、牌记、序跋等信息。1937年朱墨套印，北京图书馆出版社2003年《珍稀古籍书影丛刊》影印（书名作《涉园所见宋版书影》）。

《静嘉堂善本书影》，疑即诸桥辙次（1883—1982）编《静嘉堂宋本书影》，昭和八年（1933）发行，选取馆藏40种宋本古籍共影印60幅书影，包括皕宋楼旧藏，配以解说词以介绍版本、序跋、藏印等信息。类似的日本出版早期书影尚有长泽规矩也编《善本影谱》《十三经注疏影谱》、川濑一马编《旧刊影谱》《古版本图录》、大阪府立图书馆编

《近畿善本图录》《恭仁山庄善本书影》《真福寺善本书影》《富冈文库善本书影》《论语善本书影》《孝经善本集影》、日本书志学会编《图书寮宋本书影》、《大正一切经》刊行会编《法宝留影》等,均已收入南江涛选编《日藏珍稀中文古籍书影丛刊》(全七册,北京:国家图书馆出版社,2014 年)。

[38]《明代版本图录初编》《中国版刻图录》

　　《明代版本图录初编》,潘承弼、顾廷龙编,分为十二卷,依次为分代、监本(官刻附)、内版、藩府、书院、家刻、毛刻、书林、活字、套印、绘图、附录,后附索引。首卷"分代"以代表古籍书影来展示有明一代版刻风气流变,每种书影后有解题。卷二至卷八则介绍刻书机构与刊者中的代表,卷九至卷一一则是活字本、套印本、绣像本的代表介绍,卷一二附录则列举了一些明代仿宋元本。与其他书影汇集珍稀旧本不同,《明代版本图录初编》重视的是能体现版刻特点变化的代表性版本,很多并不少见。1941年开明书店影印出版。

　　专门著录明代版本的工具书亦有杜信孚纂辑《明代版刻综录》(全八册,南京:江苏广陵古籍刻印社,1983 年)和赵前编著《明代版刻图典》(北京:文物出版社,2008 年)。

　　综合介绍清代版刻特征与样例的书影图录,如黄永年、贾二强撰集《清代版本图录》(全五册,杭州:浙江人民出版社,1997 年),选取了三百余种清代古籍影印书影并配以简短案语介绍其版刻特色,卷一为顺治至雍正,卷二乾隆,卷三嘉庆,卷四道光咸丰,卷五同治至宣统,后附《清代版本述略》一文。序言对全书编排体例和选书要旨有所解释:"明代版本中南北国子监、司礼监、藩府等刻本均各具特色,所以《图录》可以分类。清代刻书事业更为兴盛,民间刻本与官刻武英殿本在字体版式上已无甚区别,官刻和家刻也殊难分别,所以一律按照刊刻年份先后来编排……《明代版本图录初编》和一般单注目于善本、孤本的书影、图录不同,它力求全面。我们这部《清代版本图录》继承了这个合理的做法,编录了不少珍本、秘籍,但更多的是常见的有代表性的版本,一共选印了清本三百五十种,较之《明代版本图录初编》的二百零三种,几多出近一百五十种。"比如在卷一顺治刻本中就收有顺治七年(1650)章丘谢世箕刻本《金石录》三十卷,并云:"此谢氏身后顺治十年(1653)其父启光印本,传世无多,乾隆中雅雨堂刊刻时即云'近代济南谢氏刻本亦但见其影钞者'矣。"即是综合谢启光后序与卢见曾重刊序内容所撰,并又收录有谢启光校刻《集古录》十卷,版式与《金石录》全同(杨成凯曾据此书影校诸家书目著录之失)。黄裳《清代版刻一隅》(齐鲁书社 1992 年初版,复旦大学出版社 2005 年增订本,山东人民出版社 2020 年《黄裳集》汇编本;江苏古籍出版社 2002 年《中国版本文化丛书》之《清刻本》在选书、解题上略有扩充)自述选书多为自藏、清初名椠、稀见僻书,可以补充不少版本,末附《清刻之美(代跋)》与《清代版刻风尚的变迁》两文。

- 黄永年、贾二强撰集：《清代版本图录》一，第5—8页。
- 林夕（杨成凯）：《〈清代版本图录〉读后》，载《闲闲书室读书记》卷二，桂林：广西师范大学出版社，2011年，第83—84页。
- 黄裳：《清代版刻一隅》增订本前言，济南：山东人民出版社，2020年，第1—2页。

《中国版刻图录》，北京图书馆编，文物出版社1960年初版、1961年增订版（两版选书和解题有些许差异，可参看王鸷嘉《〈中国版刻图录〉初版、修订版对照表》），1990年再据增订版印刷。第一册目录中著录有刻版460种（其中有50种清刻为修订版增加），自唐至元依刻版地区顺序、明清依刻版年代顺序排列，书名下小注时代作者、版本与地区、藏地，解题介绍版式、刻工、序跋等。如宋淳熙龙舒郡斋刻本《金石录》解题记录了板框尺寸、讳字、刻工等版本信息，并叙其递藏历史云："一九五一年赵世暹先生购自金陵甘氏，捐献政府，始显于世。以校雅雨堂本，可改正脱误多处。"之后著录活字版40种、版画50种，均依年代排序。第二、三册为宋刻书影，第四册为金元刻，第五册为明刻，第六册为清刻，第七册为活字本，第八册为版画。

- 北京图书馆编：《中国版刻图录》（增订本）第一册，北京：文物出版社，1961年，第29—30页。
- 王鸷嘉：《〈中国版刻图录〉初版、修订版对照表》，《版本目录学研究》第五辑，北京：北京大学出版社，2014年，第461—481页。

[39]《善本书影》

上海图书馆编，1978年上海古籍书店影印出版。据后记可知，是书编纂目的是给参加编辑"全国古籍善本书总目"的同志提供参证实例，故选取上海图书馆藏宋至清刻本和抄、校、稿本共30种，影印书影并加简说。全书前有手写目录，介绍所收古籍的版本情况，如在著录上海图书馆藏《金石录》残宋刊本时，根据其"字体结构松弛，间有断板漫漶"，认为是开禧元年（1205）赵不谲浚仪重刻本，书影中也收有顾广圻、江藩等人跋语。

- 上海图书馆编：《善本书影》后记、目录，上海：上海古籍书店，1978年，第34、2—3页。

类似如此以解题与书影的形式，综合介绍某一收藏单位珍稀善本的书影图录，早期代表如仓石武四郎编拍、记录 1929 年左右北平图书馆宋元善本的《旧京书影》，包含 716 张珍贵书影，已由人民文学出版社 2011 年影印出版。又如故宫博物院图书馆编《故宫善本书影初编》，以四部分类排序，目录附版本解题，并介绍各书原藏故宫何处，收入故宫藏宋元刊本和汲古阁等影宋抄本、影元抄本书影。1929 年故宫博物院图书馆影印，北京图书馆出版社 2003 年《珍稀古籍书影丛刊》影印。另一种为故宫博物院文献馆编《重整内阁大库残本书影》，则在宋、金、元本之外收入明刻、清刻、明内府写本、清写本书影，1933 年故宫博物院文献馆印行，1998 年江苏广陵古籍刻印社影印，北京图书馆出版社 2003 年《珍稀古籍书影丛刊》影印。

近期出版的以收藏单位为范围的相似图录印制更精美、收书更全面、解题更丰富，比如张玉范、沈乃文主编《北京大学图书馆藏善本书录》（中英文对照），分章节介绍了馆藏宋元刻本、明刻本、稿抄校本、古代日本朝鲜本和活字、套印、绘本等，如赵宧光、钱曾、孙星衍、李盛铎等人旧藏的宋小字本《说文解字》，解题著录各家印记并云："孙氏平津馆翻刻宋本即据此。"又如任继愈主编《中国国家图书馆古籍珍品图录》，共分古籍善本、甲骨金石、中外舆图、少数民族文献四部分，古籍善本中收入敦煌写卷、宋至清各代版本、西文珍本等，部分古籍拍摄有整叶与外观照片，反映其装帧与收藏情况，甚至有《论语》夹带衣等特殊文献形式。《上海图书馆藏宋本图录》（上海古籍出版社，2010 年初版、2022 年修订版）、《国家图书馆宋元善本图录》（浙江古籍出版社，2019 年）等书影都更为全面地反映了某一收藏机构的宋元善本收藏。为配合历次古籍普查、定级与保护工作，特别是每一批《国家珍贵古籍名录》与"全国古籍重点保护单位"的遴选成果，文化部和国家图书馆举办了多次"国家古籍珍贵特展"，并出版了相应的展览图录，亦综合各家书影出版多部《国家珍贵古籍名录图录》，各省市图书馆、高等院校等收藏机构也纷纷出版馆藏珍贵古籍的书影图录，碑刻拓片、少数民族语言古籍和西文古籍也一并收录。

• 张玉范、沈乃文主编：《北京大学图书馆藏善本书录》，北京：北京大学出版社，1998 年，第 20 页。但据董婧宸梳理，平津馆本《说文解字》底本实为藤花榭本所翻宋本，而非此本，详参《孙氏覆宋本说文解字》解题，桂林：广西师范大学出版社，2021 年，第 698—699 页。

• 任继愈主编：《中国国家图书馆古籍珍品图录》，北京：北京图书馆出版社，1999 年，第 222—223 页。

此外,各种专门书影图录也纷纷问世,比如以某一刻书机构为范围,介绍其刊印古籍的特色,阳海清、汤旭岩主编《湖北官书局版刻图录》(武汉:湖北教育出版社,2014年)重点收集了晚清至民国时崇文书局所刊印图书,并对书局历史有所梳理。又如以某一类古籍为范围,陈先行等编《中国古籍稿钞校本图录》(分成稿、抄、校本三册。上海:上海书店出版社,2000年初版,2014年再版)将上海图书馆藏众多名家稿抄校本影印书影,并解说著者、抄校者等信息,揭示其独一无二的学术价值,利于研究者了解稀见书与学者字迹,如《校本》一册中著录有康熙吕无党抄本《金石录》三十卷,即《四部丛刊续编》影印底本,前二十四卷为吕无党手抄,后六卷为吕氏家抄本,吕无党校改文字甚多,所选书影展示了藏家钤印的《金石录》叙首页与吕无党手校文字一页。再如以某一位捐赠者所捐古籍为范围,《自庄严堪善本书影》是详细收录周叔弢捐赠宋元明刊与抄校善本的书影图录,共七册,以1952年捐赠北京图书馆的至少715种珍本古籍为主体,按经史子集四部排序,拍摄书影并加解题,亦纳入历次捐赠的其他善本,以及40年代售于陈一甫、后归国家图书馆的百余种明本,可以反映周藏善本的整体面貌。再如以某一次古籍展览为范围,《灵兰集萃》是2011年5月于国家图书馆举办的"中华珍贵医药典籍展"的展览图录,收录有60余件展品和详细解题,力图反映中医药发展的历史概貌,如在"两宋时期"一节收有包括蒙古刻本《政和新修经史证类备用本草》在内的多种本草类典籍,并在解题中详细介绍了此类古籍成书、增补和流传的历史。

> • 陈先行等编:《中国古籍稿钞校本图录》校本,上海:上海书店出版社,2000年,第684—686页。
> • 周一良主编,周景良、程有庆副主编:《自庄严堪善本书影·附录》周一良后记,北京:国家图书馆出版社,2010年,第1746页。
> • 国家图书馆、国家古籍保护中心、中国中医科学院编:《灵兰集萃:中华珍贵医药典籍展图录》,北京:国家图书馆出版社,2011年,第63—67页。

[40]《明代版刻集锦》

将能反映各种古籍刻本零叶汇编成册,作为不同时代、地域刻本风格的实例的代表作,如20世纪50年代苏州文学山房《明刻集锦》(江静澜编,4册160种)、河南蠡城韩守安编《昼锦堂书影真迹》等,均已难得一见。1943年8月叶景葵七十寿辰,徐森玉所赠寿礼是出自内阁大库的宋元本散页一册,题《内阁大库宋元本集锦》,今藏上海图书馆。又有杨文善编于1981年至1983年间的《宋元明清精刻善本书影集锦》,今藏杭州市图书馆,分成上、下、续编三册,汇集各代精刻零叶74种并加解题,如《文选》即有明嘉靖金台汪谅刊李善注本、明嘉靖袁聚嘉趣堂仿宋蜀大字六臣注本等多部,全书首末有潘景郑、顾廷龙、瞿凤起等二十余位学者题跋、钤印,实属难得。此外,一些特殊的稿本也能起到类似的版本展示功能,如五桂楼旧藏、今存浙江图书馆的总集稿本《今文类体》,是将数十部禁毁书、稀见书甚至孤本的明人文集拆散原书再拼配而成,存138 册,很好地保留了明刻原貌。

> ·沈津:《书也可为寿礼》,载《书海扬舲录》,桂林:广西师范大学出版社,2016 年,第 123—127 页。
> ·仇家京:《〈宋元明清精刻善本书影集锦〉——顾廷龙、潘景郑等题跋述略》,《图书馆理论与实践》2013 年第 11 期,第 102—105 页。
> ·童正伦:《沧海有遗珠——〈明文类体〉考释》,《图书馆研究与工作》2013 年第 4 期,第 64—68 页。

多看原书以及影印本、书影为什么能够培养鉴别版本的能力呢? 这是因为任何事物都有其发展演变的规律,版本也不例外。各个时期雕版以及活字版书写刊刻的字体连带版式之类都有其独特的风格,印书所用的纸张在各个时期也有变化,甚至抄本书的字体也随各个时期书法的变化而变化。同时,我国领土广阔,文化中心、刻书中心不止一个,各个地区的写工、刻工也各有其不同的传统。再则有的书是官刻,有的书是家刻、坊刻,刻书的目的和花在刻书上的财力、物力各不相同,也易于形成各自的特色。看得多了,自觉不自觉地在心目中掌握了各个时期、各个地区以至官刻、家刻、坊刻的特点规律,随便见到一部书,不用翻检刻书序跋就能讲出是什么时代以至什么地区的刻本,是官刻、家刻抑坊刻了。过去藏书家有所谓"望气而定"者,实际上就是指这种自觉不自觉地掌握了特点规律的鉴别方法,并非唯心主义想当然,而是唯物主义符合科学道理的。

当然,这些特点规律都靠自己去摸索掌握,未免太费时日。最好由鉴别版本的内行专家把它总结出来,使后学者学习起来可以收事半功倍之效。可惜,这种总结规律的专书一向十分缺乏。孙毓修的《中国雕板源流考》只是抄撮有关版刻沿革的文献,叶德辉的《书林清话》除讲沿革外,只是记点藏书掌故,都没有涉及各个时期、地点以及公私刻本的特点规律。赵万里的《中国印本书籍发展简史》(发表在《文物参考资料》1952 年第 4 期,同时又稍加改动作为同年文化部文管局出版的《中国印本书籍展览目录》的说明) 和以北京图书馆名义写的《中国版刻图录》的序言[41],当然比前人科学得多了,但仍把注意力放在宋,元已差一点,明本、清本就讲得更少了。这可能和明清本存世者为数太多、不易理出头绪有关。而且清本的版心、款式也不像明本以至宋元本那么有规律可寻,讲清楚实在不容易(《中国版刻图录》所收的书影也以宋元本、活字本等最精、最完备,明本就差,清本更差,有的清本是以稀见入选,有的又照顾一点代表性,但代表得又不很全面,这种不成章法之处,当和对明清本特点规律之欠研究有关)。至于各类版本的特点规律,则不仅明清,即使宋本,赵氏也没有用文字写清楚。此外还有人写过一些讲版本的小册子,则更多抄袭《书林清话》等书,改换头面以塞责,其实自己对所说的东西都未必真懂得。看了这类小册子诚可谓徒乱人意,对学习鉴别版本全无裨益。[①]

【旁征】

[41] 孙毓修《中国雕板源流考》、叶德辉《书林清话》、赵万里《中国印本书籍发展简史》

《中国雕板源流考》,孙毓修(号留庵)撰,1918 年商务印书馆出版,抄集自唐五代以来的刻书资料,条目有雕板之始、官本、家塾本、坊刻本、活字印书法、巾箱本、朱墨本、刻印书籍工价等,旁及纸张、装订形制。《书林清话》,叶德辉撰,清宣统三年(1911)成书,民国时多次修正刊印,是第一部比较全面讲述古籍版本的专著,亦有遗稿《书林余话》二卷。李洣、长泽规矩也曾先后加以校补。孙、叶两书均有多次再版,上海古籍出版社 2008 年加以校勘整理并出版插图本。

赵万里《中国印本书籍发展简史》,分成纸的发明与写本时代、初步兴起的唐五代雕版、各地兴盛的宋金元雕版、活字印刷术、版画与套印、近代印刷技术等数个方面先后加以论述,对于早期雕版与特殊技术更为重视。

此外,各有侧重地论述中国印刷出版史的著作亦有美国学者卡特(Thomas F. Carter)著 *The Invention of Printing in China and Its Spread Westward*(New York: Columbia University Press, 1925;刘麟生译:《中国印刷源流史》,上海:商务印书馆,1938 年;吴泽炎译:《中国印刷术的发明和它的西传》,北京:商务印书馆,1957 年)、陈彬龢、查猛济撰《中国书史》(上海:商务印书馆,1931 年;上海:上海古籍出版社,2008 年),张秀民著《中国印刷术的发明及其影响》(北京:人民出版社,1958 年;上海:上海人民出版社,2009 年),卢前补《书林清话》之未备而作《书林别话》(1947 年自印,后收入中华书局《中国现代出版史料丁编》,与《书林清话》《书林余话》《中国雕板源流考》等亦影印入上海书店《民国丛书》第二编)。较新研究成果如辛德勇《中国印刷史研究》(北京:生活·读书·新知三联书店,2016 年)与艾俊川《中国印刷史新论》(北京:中华书局,2022 年)等均可参考。

---

① 近年就我个人心得,在讲稿的基础上写成一册《古籍版本学》,交付江苏教育出版社出版,也许可弥补此无书可用的缺憾。

• 黄永年：《古文献学讲义》，第 141—142 页。各书亦有专门研究可以参看，如郑凌峰：《孙毓修〈中国雕板源流考〉述略》，《印刷文化》（中英文），2021 年第 3 期，第 114—124 页。

• 赵万里：《中国印本书籍发展简史》，《文物参考资料》1952 年第 4 期，第 5—10 页；亦见冀淑英、张志清、刘波主编：《赵万里文集》第 1 卷，北京：国家图书馆出版社，2011 年，第 148—163 页。亦可参看同卷其他版刻相关论文。

选择底本失当举例

由于没有选择好底本，或者由于不讲究选择底本，甚至不懂得版本，不会选择底本，以致在整理古籍中出现失误的事情是屡见不鲜的。

以民国时商务印书馆辑印四部要籍的《四部丛刊》为例，这全部是选择善本作为底本影印的。由于主持者张元济、孙毓修都是版本目录的行家，工作又认真，底本绝大多数选得好，因此很受学术界重视，下一篇讲"影印"时还要谈到。但仍有少数底本选得不够好，有的在所选底本的鉴定上还出过差错[42]。除前面提过的《西崑酬唱集》外，如《盐铁论》，将叶德辉推荐的明刻本误认为是弘治时涂祯刻本采用，而没有用缪荃孙所藏真涂祯本（对此《藏园群书题记》里已指出）[43]。明黄省曾注《申鉴》采用了嘉靖乙酉刊本，其实这是黄注原刻的覆刻本，其刻板后来收入《两京遗编》中者，黄注原刻是正德时文始堂所刻，并非绝不可得[44]。《重修政和经史证类备用本草》用所谓金晦明轩刻本，其实是明成化时的覆刻本，并非真晦明轩刻本，而且晦明轩本的刊刻已在蒙古定宗四年，其时金已为蒙古所灭[45]。《慎子》用缪荃孙藕香簃传抄明万历时慎懋赏刻本，这个本子大部分出于慎懋赏伪造，即慎氏万历时原刻亦无足取，何况是个新传抄本，如一定要用旧本，本可以用明绵眇阁刻本或《子汇》本，如要足本，则不如用《守山阁丛书》本[46]。《欧阳文忠公集》用所谓元刻本，其实是明天顺时刻本，因为是初印，而且字体和元浙本一样用赵孟頫体，故书商用来冒充元本，影印时也误信误认。《高太史大全集》用的是所谓明景泰庚午刊本，其实景泰本是黑口，这是白口，显然不对，再从字体上可断定它不过是正德、嘉靖时的重刻本。《文心雕龙》用明刊本，说是嘉靖间刻，其实是万历时张之象刻本，因脱去刻书序而误认[47]。《花间集》用明万历时玄览斋刻巾箱本，其实这个本子已将原书分卷窜乱，并非善本，宋本在当时虽不易寻觅，但若采用仅比宋本次一等的明正德时陆元大刻本就比用玄览斋本好得多[48]。以上这类差错失误，如果鉴别得仔细些，本来是可以避免的。至于有些书，有宋本而用了明本,有旧刻本而用了抄本,则可能是寻觅商借有困难,但只要所用的明本、抄本还不坏,自不应过于苛求。

【旁征】

[42]《四部丛刊》部分底本选择失当

在《四部丛刊》印行之初,傅增湘、赵万里等人已屡次指出其部分底本误鉴的问题,其中赵万里大致于《四部丛刊初编》预约重印和《续编》预约发行的同时,公开发表文章,详细阐述其对《四部丛刊》选书倾向、影印技术与具体版本择取问题的意见。

《论商务印书馆出版之〈四部丛刊〉》一文举凡五大问题:选书未备、版本可议、校记应补、版本误鉴、描改过甚。比如在"版本误鉴"中指出李贺《歌诗编》非金刻而是蒙古刻、张九龄《曲江集》底本并非成化原刻而是嘉靖重刊。

《〈四部丛刊续编〉的评价》一文在修正意见中先举出《独断》《唐律疏议》《韵补》的底本选择问题;继而提出影印旧本经注的期望,"唐宋二代诸经正义,应当找个标准本子,替它出版一次",尤为强调的是越州八行合刻本;然后又批评《续编》的选目重视古本、僻书而忽视了很多学术材料性古籍的珍稀版本,如《太平广记》《文苑英华》《通典》《集韵》等。赵氏撰写文章时《续编》尚未确定书目,仅有《〈四部丛刊续集〉草目》于1934年初寄赠同好征求意见与借书,列入四部典籍两百余种,最终收入《续编》者56种、《三编》者26种。可能此《草目》即赵万里撰文评论的对象,但信息与文中所论并不完全吻合,若要参考版本鉴定意见还需核对原书。

> ・赵万里:《论商务印书馆出版之〈四部丛刊〉》,原载《大公报・文学副刊》第12期,1928年3月26日;今据冀淑英、张志清、刘波主编:《赵万里文集》第2卷,北京:国家图书馆出版社,2011年,第560—565页。
> ・赵万里:《〈四部丛刊续编〉的评价》,原载《大公报・图书副刊》第23、24期,1934年4月21、28日;今据冀淑英、张志清、刘波主编:《赵万里文集》第2卷,第566—580页。《〈四部丛刊续集〉草目》,上海图书馆藏商务印书馆排印线装本,载《张元济全集》第9卷《古籍研究著作》,北京:商务印书馆,2010年,第54—63页。

[43] 明弘治涂祯刻本《盐铁论》

据《四部丛刊书录》云,《四部丛刊初编》影印底本为长沙叶氏观古堂藏明刊本:"每叶十八行,行十八字,源出于宋,书中古字未改,迥出张之象本上(有玉函山房图记)。"之所以与"张之象本"作对比,是因为嘉靖三十三年(1554)刊云间张之象注本《盐铁论》较为流行,曾采入《四库全书》,但卷帙割裂成12卷,文字亦多讹脱。书前牌记则对底本版本介绍更为详细："上海涵芬楼借长沙叶氏观古堂藏明弘治涂氏江阴刊本景印。"

此叶德辉旧藏本今藏国家图书馆,有邢之襄、叶德辉钤印,卷首都穆序、卷六首题下均有"玉函山房藏书"朱文方印。卷末有叶德辉光绪二十九年(1903)长跋,云其根据《持静斋书目》和莫友芝《宋元旧本书经眼录》中记载某九行十八字宋本卷末有"淳熙改元锦溪张监税宅善本"二行楷书木记,从而认定《盐铁论》曾有一宋淳熙元年(1174)刊本,并云"明涂祯翻刻宋嘉泰壬戌(二年,1202)刻本,行格与此同,惟无末叶印记,嘉泰壬戌上距淳熙改元凡二十八年,盖又据张监税宅本重刻耳",因此判断此明本就是涂祯翻刻嘉泰刊本、源出淳熙刊本,进而认为半叶十行的清人张敦仁翻刻涂祯本(嘉庆十二年[1807]刊,顾广圻校,初单行,后收入《纷欣阁丛书》)的底本实为明人改易行款的重刻别本。之后叶德辉逐一评价了当时的常见几种版本,总结道:"大抵皆在此本之后,不如此之源出宋本,为可依据也。"

傅增湘则认为,叶德辉藏本实为明正德、嘉靖间另一刊本,而非涂祯翻刻宋本,从行款、字体、异文等多个角度加以论证,可参看《明涂祯刻本盐铁论跋》,今人研究亦有较好总结。最主要证据是傅氏目验持静斋旧藏"宋本"《盐铁论》后发现,卷末"淳熙改元锦豀张监税宅善本"牌记是后人别刻黏附,因此并无所谓"淳熙刊本",九行十八字的《盐铁论》实为出自涂祯本、改易行款的刻本。季振宜、缪荃孙、傅增湘等人递藏涂祯刊本《盐铁论》书影可见《历代珍稀版本经眼图录》(见书影1-2-16左),国家图书馆藏毛扆等校跋弘治十四年(1501)涂祯刊本(见书影1-2-16右)已影印入《中华再造善本·明清编》。

按,此淳熙元年牌记可能仿造自其他宋本,比如台北故宫博物院藏淳熙刊本《昌黎先生集》,影抄有"淳熙改元锦豀/张监税宅善本"的长方木记,内容格式雷同。涂祯,一作涂桢,实为形近而讹,涂祯刊本、《两京遗编》本等后附涂祯识语均可证。

• 商务印书馆编:《缩本〈四部丛刊初编〉书录》,上海:商务印书馆,1936年,第30页。

• 傅增湘:《藏园群书题记》卷六,第282—287页。

• 龙文玲:《〈盐铁论〉涂祯刻本辨证》,《文献》2012年第2期,第50—55页。

• 刘真伦:《台湾故宫博物院藏本〈昌黎先生集〉考述》,《文献》2002年第2期,第74—86页;刘真伦:《韩愈集宋元传本研究》,北京:中国社会科学出版社,2004年,第57—69页。

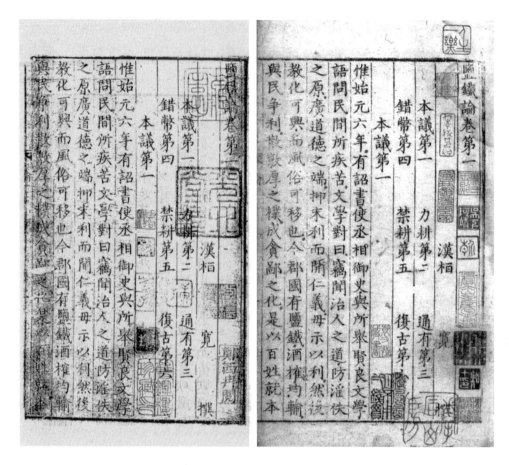

书影 1－2－16：《盐铁论》卷一

左：明弘治十四年(1501)涂祯刊本，季振宜、缪荃孙、傅增湘等递藏(吴希贤辑汇：《历代珍稀版本经验图录》，北京：中国书店，2003 年，第 151 页)；右：明弘治十四年涂祯刊本，毛扆等校跋，国家图书馆藏(任继愈主编：《中国国家图书馆古籍珍品图录》，第 154 页)

[44] 明黄省曾注《申鉴》五卷

据《四部丛刊书录》云，《四部丛刊初编》影印底本为江南图书馆藏明嘉靖乙酉(四年，1525)刊本《申鉴》五卷，"中缝下方题文始堂三字"。从书影可知，底本半叶九行，行十七字，白口，四周双边，且在"文始堂"三字之下、版心最下方，尚有刻工名号单字。

黄永年师指出《四部丛刊初编》底本实为嘉靖翻刻本的根据，应即自藏正德原刻本《申鉴》五卷。此本半叶九行，行十七字，白口，四周双边，卷一首叶版心下题"文始堂"三字及"周潮写、李清刊"小字(之后几叶或为"李泽刊"、或略为单字)。1962 年撰有题跋，其中叙其版本、字体云：

> 传世《申鉴》多嘉靖时覆刻，较此板刻粗滞，又益何孟春序文。盖以其板收入《两京

遗编》，尚不乏印本也。此本韩家读有用书斋旧藏，乃真正德原刻，字迹雅丽，审是宋季《草窗韵语》、廖板韩柳文云初，以视嘉靖所覆，不止中郎之于虎贲耳。

《四部丛刊初编》影印本和万历十年(1582)胡维新编原一魁刻《两京遗编》本前有正德十四年(1519)王鏊序、嘉靖四年(1525)何孟春序、正德十四年黄省曾自序，末附正德十六年(1521)乔宇跋语，较正德原刻本多一何孟春序，字体与版心刻工等均有一些变化(见书影1-2-17)(傅增湘藏正德十四年刻本版式特征与黄永年师藏本相同，亦有"周潮写"小字、何孟春序，又傅氏明言"此本已印入四部丛刊初编"，与今见《四部丛刊初编》影印本版心并不符合)。

书影 1-2-17：《申鉴》卷一

左：明正德十四年(1519)文始堂原刻本，黄永年藏(黄寿成编著：《心太平盦古籍书影：黄永年先生收藏精粹》，第312页)；中：《四部丛刊初编》影印本；右：明万历《两京遗编》本(北京：北京图书馆出版社《元明善本丛书十种》影印，2014年)

• 商务印书馆编：《缩本〈四部丛刊初编〉书录》，上海：商务印书馆，1936年，第32页。

•(清)莫友芝撰，傅增湘订补，傅熹年整理：《藏园订补郘亭知见传本书目》卷七《子部一·儒家类》，第498页。

• 黄寿成编著：《心太平盦古籍书影：黄永年先生收藏精粹》，第311—315页。

[45]《重修政和经史证类备用本草》实为蒙古刻本、《四部丛刊》底本为明成化覆刻本

《经史证类备用本草》三十一卷,乃北宋唐慎微将《嘉祐补注神农本草》与《本草图经》等内容合并增补而成,大观年间定稿刊行,政和六年(1116)重加校订而题《政和新修经史证类备用本草》,绍兴二十九年(1159)再作校订。蒙古定宗时,山西平阳张存惠将寇宗奭《本草衍义》分条散入《政和本草》,刻成《重修政和经史证类备用本草》。

此"金晦明轩本"的刊刻时间有书前碑形牌记标明(见书影1-2-18左),落款题"泰和甲子下己酉",多误以为乃金章宗泰和年间书坊所刻,但实指泰和四年(1204,甲子)开始的这一甲子六十年中的"己酉"即蒙古定宗薨后海迷失后元年(亦可称定宗四年,1249),此书钱谦益所作跋语、钱大昕《十驾斋养新录》卷一四"证类本草"条、《中国版刻图录》解题等均已指正,今存其他晦明轩刊本亦有类似纪年表述,《四库提要》《书林清话》以及《四部丛刊初编》将此本当作金刻本均不确。

此书明时有翻刻,保留了碑形牌记(见书影1-2-18右),但行款已有所变易,从半叶十一行、行二十一字改为半叶十二行、行二十三字,粗黑口。傅增湘已指出《四部丛刊初编》底本为此明代翻刻本,并云"似明成化弘治间刊本,或即莫氏所记之成化四年本"。

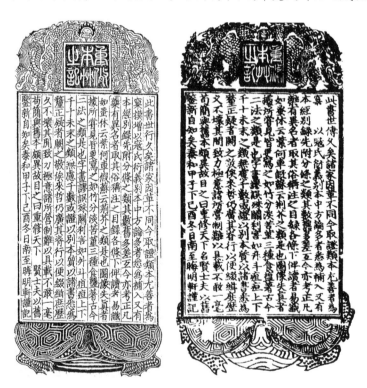

书影1-2-18:《重修政和经史证类备用本草》碑形牌记

左:蒙古定宗四年(1249)刊本,国家图书馆藏(北京:北京图书馆出版社《中华再造善本·金元编》影印,2004年);右:明翻刻本(《四部丛刊初编》影印)

- 本书与几种相关本草书的书影与源流关系，可参国家图书馆、国家古籍保护中心、中国中医科学院编：《灵兰集萃：中华珍贵医药典籍展图录》，第63—67页。
- 林振岳：《蒙古时期平阳张存惠晦明轩刻书考略》，《版本目录学研究》第五辑，北京：北京大学出版社，2014年，第531—546页。
- （清）莫友芝撰，傅增湘订补，傅熹年整理：《藏园订补郘亭知见传本书目》卷八《子部五·医家类》，第563—564页。

[46] 万历慎懋赏本《慎子》

此书有明万历四年至五年（1576—1577）南京国子监刊《子汇》本、万历七年慎懋赏刊本、万历三十年绵眇阁刊《先秦诸子合编》本以及万历年间且且庵本（《四库全书》底本）等，清代又有嘉庆间严可均校刊本、《墨海金壶》本及据以校补的道光二十四年（1844）钱熙祚辑《守山阁丛书》本（据《群书治要》校补《知忠》《君臣》二篇等文字，附《慎子逸文》一卷，较为精善，《续修四库全书》曾影印。民国时中国学会《慎子三种合帙》影印有慎懋赏本、《子汇》本和《守山阁丛书》本）等。《四部丛刊初编》影印底本为缪荃孙藕香簃抄本，抄自慎懋赏本，亦据《群书治要》补《知忠》《君臣》二篇，后附《慎子逸文》一卷、孙毓修《〈慎子〉内篇校文》一卷。国家图书馆藏一藕香簃抄本，录自慎懋赏本但并非《四部丛刊初编》底本，有校改，后附缪荃孙跋语一篇，称慎懋赏本较严可均辑本多出的文字"义理精确，文气淳朴，决非后人伪为"，并谓"其书为自来目录家未载，严铁桥（严可均）、张啸山（张文虎，助钱熙祚校刊《守山阁丛书》）均未得见，可谓惊人秘笈"（与《艺风堂文漫存》卷四所收《慎子跋》文字稍异）。

《慎子》一书清人多斥为伪书，如姚际恒《古今伪书考》云："《汉志》法家有《慎子》四十二篇，《唐志》十卷，《崇文总目》三十七篇。今止五篇，其伪可知。"又如《四库全书总目》云："《书录解题》则称麻沙刻本凡五篇，已非全书。此本虽亦分五篇，而文多删削，又非陈振孙之所见，盖明人捃拾残剩，重为编次。"而且与别本《慎子》相比，慎懋赏本辑录文字最多，杂抄群书而较为通顺、内外篇结构完整，其伪造手法可参罗根泽《慎懋赏本〈慎子〉辨伪》，各版本源流与辑佚来源分析可参方国瑜撰于1927年至1932年的《〈慎子〉考》《〈慎子〉疏证》等研究。

- （清）莫友芝撰，傅增湘订补，傅熹年整理：《藏园订补郘亭知见传本书目》卷一〇上《子部十上·杂家类上》，第662页。
- （清）缪荃孙：《艺风堂文漫存》乙丁稿卷四，张廷银、朱玉麒主编：《缪荃孙全集·诗文一》，南京：凤凰出版社，2014年，第680—681页。1916年五月至六月，缪荃孙以张钧衡藏慎懋赏本校《慎子》并撰跋语，详见《艺风老人日记（三）·丙辰日记》，张廷银、朱玉麒主编：《缪荃孙全集·日记三》，南京：凤凰出版社，2014年，第447—450页。

· （清）姚际恒著，童小铃汇集：《古今伪书考》，林庆彰主编：《姚际恒著作集》第五册，台北：中研院文哲所，2004年，第171页。

· （清）永瑢等：《四库全书总目》卷一一七《子部·杂家类一》"《慎子》"条，第1007页。

· 罗根泽：《慎懋赏本〈慎子〉辨伪》，《燕京学报》第六期，北平：燕京大学，1929年，第135—145页；后收入罗根泽编著《古史辨》第四册《诸子丛考》下编，北平：朴社，1933年，第625—637页。

· 方国瑜：《〈慎子〉考》《〈慎子〉疏证》，林超民编：《方国瑜文集》第五辑，昆明：云南教育出版社，2001年，第247—376页。《〈慎子〉考》中有专门批评《四部丛刊初编》本一节，见第287—292页。

[47] 所谓元刻《欧阳文忠公集》实是明天顺刻，所谓景泰刻《高太史大全集》实是正德、嘉靖间重刻，所谓嘉靖本《文心雕龙》实为万历张之象刻本

这三条可能都参考自傅增湘之论述。《四部丛刊初编》影印《欧阳文忠公集》底本自言为涵芬楼藏元刊本。实为天顺刻本的说法，详参傅增湘《明天顺程宗刊欧阳文忠公集跋》：

> 此天顺六年吉州知府程宗刊本，半叶十行，行二十字，黑口，四周双阑……又此本字体秀逸，雅有松雪斋(赵孟頫)风范，镌工尤为精丽。其初印之本、楮墨明湛，世人往往误为元刊。如《天禄琳琅书目》所载元本，正是此刻。近时涵芬楼印行《四部丛刊》，于厂市访购元本，为盛意园(盛昱)藏书，售价至逾千金，及细观之，实即此本之初印者耳。然则此本之精妙宁不与元刻同珍也哉！

· 傅增湘：《藏园群书题记》卷一三，第668—669页。

《四部丛刊初编》影印《高太史大全集》底本自言为"江南图书馆藏明景泰间徐庸刊本"，《书录》直言为景泰庚午(元年，1450)徐庸刊本，根据可能是书前有景泰元年刘昌序。景泰本为黑口、翻刻本为白口的特点，在傅增湘和吴慈培的记录中甚详。傅增湘先获一白口明刊本，后又得黑口景泰本，前者归吴慈培(字佩伯)，吴氏取两本校勘一过

并跋于景泰本末,傅氏又先后有所记载,详参《藏园群书经眼录》"高太史大全集十八卷"条吴慈培跋语:

> 傅丈先得白口本,无刻书序跋,审字体似出正、嘉间,继又得此本,因以前本归余。甲寅(1914)冬初借此本相勘,改正白口本误字二百有奇,补脱四十一字,补阙百九十三字,而此刻亦误五十余字,脱二字,赖白口本补正。又白口本多诗三首,俱书于夹签。十月望日勘毕,十八日还瓻并识。慈培。

又傅增湘《藏园群书题记》之《成化本高太史大全集跋》《题吴佩伯校高太史大全集》亦有详细论述,如《题吴佩伯校高太史大全集》云:

> 此青丘《大全集》为明嘉靖刻本,涵芬楼印入《四部丛刊》者,即属此刻,而乃题为景泰本,误也。景泰所刻为黑口,半叶十一行,行二十字,此则白口,十行,行二十字,行格迥异,然亦从景泰本出。

> ・商务印书馆编:《缩本〈四部丛刊初编〉书录》,上海:商务印书馆,1936年,第102—103页。
> ・傅增湘撰,傅熹年整理:《藏园群书经眼录》卷一六《集部五》,第1385—1386页。
> ・傅增湘:《藏园群书题记》卷一七,第830—832页。

《四部丛刊初编》影印《文心雕龙》底本自言为明嘉靖刊本,然则今日所见数种嘉靖刊本均为十行二十字,而此底本每行十九字。实为万历张之象刻本的说法,详参傅增湘1938年题《明万历张之象刊本文心雕龙跋》(国家图书馆藏有一万历张之象刊本,钤有多方傅增湘藏书印,但不见此跋),录其相关文字如下:

> 此万历刊本,十行十九字,白口,单阑,版心下方注刊工、字数。前有张之象序……此本为万历七年(1579)所刻……涵芬楼印《四部丛刊》亦用此本,以失前序,遂误题为嘉靖本。余取以对勘,行格、字体无不相同,即每卷末列校刊人姓名,如卷一题"山人陆瑞家校",卷二题"太学生程一枝校",亦皆悉合,知其为同一版刻,殆无疑义。顾有不可解者……以意推之,凡义门(何焯)所见,涵芬所影,皆初印之本,余所藏者乃后来改定,抽刻数版,故其差异如此。然则同为张刻,而余本乃为独善,是亦良足贵矣。

可知《四部丛刊初编》不仅误认万历本为嘉靖本,而且所选万历本也并非校正之后的后印本。

> • 傅增湘:《藏园群书题记》卷二〇,第991—992页。

[48]《花间集》万历玄览斋本不如宋刊、明正德陆元大刊本

此例并非版本误鉴,而是底本非善本者。《四部丛刊初编》影印《花间集》之底本,自言为"杭州叶氏藏明万历壬寅(三十年,1602)玄览斋刊巾箱本",半叶六行,行十五字,十二卷后附明人温博辑《集补》二卷。

此书今仍存两部宋本,均为十卷。一为宋绍兴十八年(1148)晁谦之建康郡斋刻本,半叶八行,行十七字,为朱氏结一庐、张佩纶、孙祖同旧藏,后归北京图书馆,1955年文学古籍刊行社影印;一为宋刻递修南宋鄂州公文纸印本,半叶十行,行十七字至十八字,纸为淳熙年间鄂州公牍用纸,海源阁、周叔弢旧藏,后捐北京图书馆,有光绪十九年(1893)王鹏运《四印斋所刻词》影刊本,有所改字(杨成凯曾据《中华再造善本》影印本校四印斋本并汇有校记)。两部宋本均影印入《中华再造善本・唐宋编》。

明正德十六年(1521)吴郡陆元大据建康郡斋刻本重刻,改为半叶十行、行十八字,删去了卷首目录,文字亦有校正,版刻精良。万历八年(1580)茅一桢凌霞山房本即出自陆本,半叶九行、行十八字,有所增补,增《音释》二卷、温博《花间集补》二卷。万历时亦有毛晋汲古阁《词苑英华》刻本,据跋出自毛藏宋本,有陆游跋。玄览斋巾箱本、吴勉学师古斋刻本、天启四年(1624)钟人杰刻本、雪艳亭活字本等则源出茅本,但多有改易文字、打乱卷次、重新编排的情况。陆元大本有光绪十四年(1888)徐幹《徐氏丛书》翻刻本,民国吴昌绶编刻《仁和吴氏双照楼景刊宋金元本词》时有影刻(后合编入吴昌绶、陶湘编《景刊宋金元明本词》)。因此选择影印底本时,不宜舍弃宋建康郡斋本、陆元大本甚至茅一桢本而选择玄览斋本(也可能是因翻刻前两者的徐幹本、四印斋本和吴昌绶本在当时均易得,或涉及版权纠纷,故另选别本,然仍以茅一桢本为更佳)。一些明刊改易卷次的实例有如玄览斋本《花间集》卷三起首为韦庄词《归国遥・春欲暮》,但在建康郡斋本和陆元大本(以吴昌绶影刻本为示)中此词在卷二,卷三起首为韦庄词《谒金门・春漏促》(见书影1-2-19)。

> • 版本介绍可参(后蜀)赵崇祚辑,李一氓校:《花间集校》校后记(关于《花间集》的板本源流)、补记,北京:人民文学出版社,1981年,第206—221页;(后蜀)赵崇祚辑,(明)温博辑,陈红彦校点:《花间集・花间集补》本书说明,沈阳:辽宁

教育出版社,1998 年,第 1—2 页;(后蜀)赵崇祚编,杨景龙校注:《花间集校注》前言,北京:中华书局,2014 年,第 65—74 页。

　　•《中华再造善本总目提要·唐宋编》集部"花间集十卷(宋刻递修公文纸印本)"条、"花间集十卷(宋绍兴十八年建康郡斋刻本)"条,杨成凯撰,北京:国家图书馆出版社,2013 年,第 793—797 页。

　　•林夕(杨成凯):《花间集》,载《闲闲书室读书记》卷三,桂林:广西师范大学出版社,2011 年,第 121—123 页。

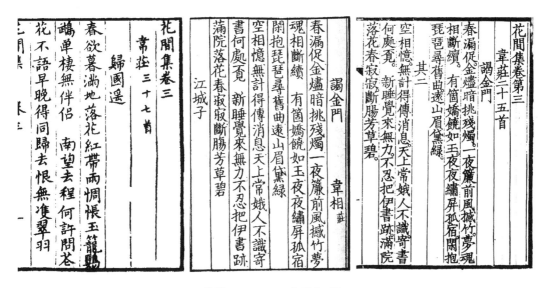

书影 1－2－19:《花间集》卷三

左:明万历玄览斋本(《四部丛刊初编》影印);中:宋建康郡斋本(北京:文学古籍刊行社影印,1955 年);右:民国吴昌绶《景明正德仿宋本花间集》影刻明正德陆元大本(北京:中国书店《景刊宋金元明本词》影印,2010 年,第 391 页)

　　《四部丛刊》是编印得好的,尚有些差错失误,中华书局的《四部备要》在选用底本上就更成问题了[49]。当时中华书局和商务印书馆一样都是民族资本企业,在旧社会自然要互相竞争,《四部备要》的编印就是为了对付《四部丛刊》的。只是当时中华书局的主持者对版本目录并不在行,也缺乏向藏书家们广泛征求商借宋元旧本的能力,只好不用旧本影印而用仿宋铅字根据通行的本子来排印。如果这些通行本经过认真挑选,能选用在校勘上比较精审的善本作为底本,这么做也未始不可。但《备要》的选编者连这点也不能做到,所选用的底本常常是当时通行本中的最价廉易得的官书局刻本和官书局出售的其他普通刻本,有些明明有清初或乾嘉时的原刻本也不用,尽管这些原刻本在当时并不难得。同时,用了这些局刻本有时还不肯实说,而自吹是用原刻甚至宋元旧刻。如《十三经古注》里的五经,说是用相台岳氏家塾本,其实相台岳氏原刻五经之藏于清宫者早在嘉庆时就失火被焚,《备要》所根据的不过是乾隆时武英殿仿刻本,而且还不见得是武英殿原刻,很可能是金陵书局或其他官书局的重刻本。五经以外的八经古注都用永怀堂本,这是明末金蟠、葛鼐等刊刻的,书板到清末民国时仍存留着,修补后归浙江书局印售,因方便易得就成了《备要》的底本,但本子实在不好,如《孝经》明明是唐玄宗注,却题为"汉郑氏注",《备要》照样排印,只在封面上改题个"孝经唐玄宗御注",和正文之题"汉郑氏注"互不照应,又不作说明。《清十三经注疏》中如《周易述》《春秋左传诂》等原刻本均不太难得,却不访求原刻,而用所谓《学海堂经解》《南菁书院续经解》的重刻本来充数。《玉篇》,康熙时张士俊泽存堂仿宋刻本并不难得,也不去访求,而用光绪时《小学汇函》的重刻本充数。《说文解字》是影印的,底本不用清人刻本中最好的孙星衍仿宋本,而用朱筠根据汲古阁五次剜改本仿刻的椒花吟舫本,又不把这点写清楚,而胡乱题作大兴朱氏仿宋重刻本[50]。《国语》《战国策》都有嘉庆时士礼居仿宋刻本而不用,却用同治时崇文书局覆刻士礼居本,又冒称是据士礼居黄氏本。殊不知士礼居本《国语》并未附汪远孙的《明道本考异》,崇文本才附上,今《备要》本也有汪氏《考异》,是其出于崇文本的铁证[51]。这种冒称据某本又自露马脚的事例在《备要》里还很多,如《日知录集释》说是据原刻本,其实是据同治时广州重刻本,但因把陈璞重刻跋语也排印在书后便露了马脚。《墨子》《老子》《庄子》《荀子》《管子》《韩非子》《吕氏春秋》《淮南子》等其实都用的是浙江书局刻《二十二子》本,却冒称是《二十二子》所源出的明刻本和乾嘉学人的校刻本,但《庄子》明嘉靖时顾氏世德堂刻《六子》本不题《庄子》而题《南华真经》,浙江书局据世德堂本重刻收入《二十二子》时才改题《庄子》,《备要》本冒称据世德堂本却都题《庄子》,这又露了马脚[52]。总之,就选用底本这点来说,《备要》实在太成问题,和《四部丛刊》之认真不苟间或出点差错不可同日而语。但有些人却喜欢《备要》排印得清楚而不习惯看影印宋元旧本的《丛刊》,甚至出现引用古籍要以《备要》本为准而反对用《丛刊》本的怪事,所以有必要在这里讲清楚。

【旁征】

[49] 中华书局《四部备要》及其底本问题

民国时由中华书局陆费逵主持、以活字排印(个别影印)四部常用古籍的大型丛书:"敝局自民国九年(1920)从事《四部备要》之辑印,迄今十四年矣,全书一万一千三百零五卷。"(《重印聚珍仿宋版五开大本〈四部备要〉缘起》)选书主旨与出版特点自概括云:"择吾人应读之书,求通行善本,汇而集之,颜曰'四部备要'。提纲挈领,取便研求,廉价发行,以广传布……适杭州丁氏创制聚珍仿宋版,归诸本局,方形欧体,古雅动人,以之刊行古书,当可与宋椠、元刊媲美。"(《校印〈四部备要〉缘起》)亦曾自比于《四库全书荟要》云:"仿《四库全书荟要》办法而有《四部备要》之辑印,十四年来成书三百五十一种,计一万一千余卷。分量与《荟要》略相等,所选之书亦三分之二相同。"不收清廷圣训谕旨等,增入乾嘉以来精校精注、服务于研治国学者(《聚珍仿宋版〈四部备要〉改洋装缘起》)。1920—1934 年间先后编印出版一至五集,收书三百余种、总万余卷,后加印大开本、缩印洋装本等,且洋装本中部分常用典籍"正文、注释,概加点句"。1989 年中华书局将 1936 年精装本一百册版影印出版,增加全书总目。

　　《四部备要》底本问题可分成两种,一是所题校刊底本择取不当、未选善本,从而有意含糊其词,二是所题版本尚可、但并非实际使用底本,或因误题误鉴,或因有意混淆视听。黄永年师弟子李向群曾调查全书并撰写《〈四部备要〉版本纠谬》一文,举例论述详尽有力,据其统计,"《四部备要》牌记所题版本并非所据以校刊之底本者约占《备要》收书总数的 47％,计 160 余种",暴露原因多为所题底本为某本但又出现了另一版本(通常是晚出通行本)具有的序跋、标题、卷次、校勘记等内容。如《申鉴》底本题明程荣《汉魏丛书》本,但卷末出现《增订汉魏丛书》本清人王谟识语;《资治通鉴》底本题嘉庆胡克家仿元刊本,但卷首出现同治八年(1869)丁日昌序叙其补刻始末;《尸子》《竹书纪年》等书底本均题平津馆本,但卷末出现光绪十年(1884)朱记荣翻刻平津馆本所增校刊题记;《风俗通义》底本题《汉魏丛书》本,但出现了道光时黄廷鉴两篇识语,可知即用《四部丛刊初编》影印铁琴铜剑楼藏元大德九年(1305)刊本而讳言之(此元刻详参本章旁征[30])。

　　• 中华书局编:《四部备要书目提要》卷四(集部)卷末附文,上海:中华书局,1936 年。亦可参李鼎霞:《〈四部丛刊〉和〈四部备要〉》,《文史知识》1982 年第 3 期,第 33—37 页。

　　• 李向群:《〈四部备要〉版本纠谬》,《陕西师范大学学报》1987 年第 3 期,第 120—129 页。《四部备要》中更多原题版本与实际用本不符的实例由李向群统计入表,可参李向群:《〈四部备要〉版本勘对表》,黄永年主编:《古代文献研究集林》第一集,西安:陕西师范大学出版社,1989 年,第 274—316 页。

[50]《四部备要》经部底本问题举例

　　一、唐玄宗注《孝经》题"汉郑氏注"。

　　《孝经》流传过程中曾有多家作注,早期流行者如郑玄注《孝经》与孔传《孝经》,唐玄宗综合诸家作御注,别家逐渐散佚。清代学者如陈鳣、洪颐煊、严可均、臧庸、黄奭、孙季咸等,撰有多部辑佚郑注著作。《四部备要》经部有三部《孝经》,《十三经古注》收有《孝经唐玄宗御注》,《十三经注疏》收有《孝经注疏》(据阮刻本校刊,唐玄宗御注,邢昺疏),《清十三经注疏》收有《孝经郑注疏》(据师伏堂自刻本校刊,皮锡瑞撰)。其中《孝经唐玄宗御注》据永怀堂本校刊,卷首署"汉郑氏注,明后学东吴金蟠(或葛鼐)订",与同收于《四部备要》另两部《孝经》比对内容可知注文实为唐玄宗注而非郑注,诸家著录、题跋和李向群文已专门指出,《四部备要》此误应是因袭自底本。天津图书馆藏同治八年(1869)浙江书局重校修永怀堂本《孝经》即误题作"汉郑氏注",但京都大学人文科学研究所藏本则署"唐元宗注"(玄字讳改作元)(见书影1-2-20),与前人所记并不一致,推测永怀堂本也许曾在稍晚刷印时得到校改,出现了初印本与后印本的差异。

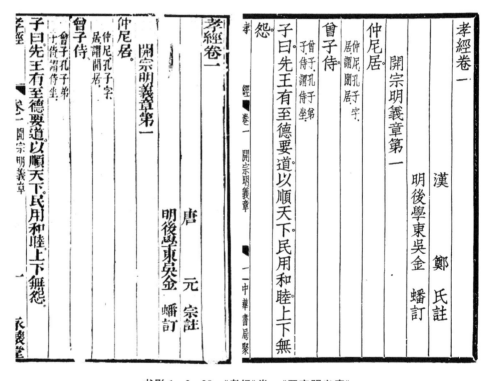

书影 1‐2‐20：《孝经》卷一《开宗明义章》

左：清同治八年(1869)浙江书局重校修永怀堂本,日本京都大学人文科学研究所藏；右：《四部备要》本

• 李向群：《〈四部备要〉版本纠谬》,《陕西师范大学学报》1987年第3期,第128页。

二、《清十三经注疏》多以重刻本为底本。

《四部备要》经部《清十三经注疏》中,收有《周易述》(附江、李二氏《周易述补》)《尚书今古文注疏》《毛诗传笺通释》《周礼正义》《仪礼正义》《礼记训纂》《春秋左传诂》《公羊义疏》《穀梁补注》《孝经郑注疏》《论语正义》《孟子正义》和《尔雅义疏》。

以惠栋《周易述》为例，此书有乾隆雅雨堂刊本（今见整理本数种，未有利用此本者），亦收入《四库全书》，而《四部备要》底本取自阮元编《学海堂经解》（亦名《皇清经解》，道光年间辑刻，后有补刻）；江藩《周易述补》有嘉庆二十五年（1820）刊本（《续修四库全书》曾影印）、光绪时江氏丛书本，《四部备要》取自《皇清经解》；李林松《周易述补》未见有单行，稿本今存湖北省图书馆，《四部备要》取自王先谦编《南菁书院续经解》（亦名《皇清经解续编》或《续清经解》，光绪时辑刻）。又以洪亮吉《春秋左传诂》为例，此书原在嘉庆十八年刻成、道光八年（1828）印行，亦有光绪四年（1878）授经堂刻本（《续修四库全书》曾影印），《四部备要》则取自《南菁书院续经解》。可见《四部备要》所选底本常为后出经解丛书本而非原刻。

> • （清）洪亮吉撰，李解民点校：《春秋左传诂》本书前言，北京：中华书局，1987年，第9—10页。

三、《玉篇》底本不选泽存堂本而选《小学汇函》本。

《玉篇》是南朝梁顾野王所撰字书，今仅存部分残卷，黎庶昌《古逸丛书》和罗振玉曾先后影刊日本藏旧钞卷子数种，昭和八年（1933）京都东方文化学院编《东方文化丛书》第六辑以珂珞版影印原卷，《续修四库全书》据以影印。

《玉篇》曾在唐时由孙强增字、宋真宗时由陈彭年等重修，题为《大广益会玉篇》并多次刊刻，逐渐成为流行版本。宋刊本中，十行本今藏日本宫内厅书陵部，为南宋宁宗时刻本。十一行本卷一今藏国家图书馆、卷六至卷三十的大部分今藏日本内阁文库，部内字条随说解内容多寡而调整顺序，字头排列基本横向成行，亦称"分段本"，卷末有《分毫字样》及神珙撰《四声五音九弄反纽图并序》，元明《玉篇》刊本均源于此。两种宋本之间互有异文优长。元刊本如延祐二年（1315）圆沙书院刻本，今藏国家图书馆等地，《四部丛刊初编》《中华再造善本·金元编》曾影印，卷首附《玉篇广韵指南》一卷。

清康熙四十三年（1704）张士俊《泽存堂五种》（清初仿宋刻本的代表，包括康熙时汇刻的五部小学典籍：《大广益会玉篇》三十卷、《大宋重修广韵》五卷、《佩觿》三卷、《字鉴》五卷、《群经音辨》七卷）刻本和曹寅扬州诗局刻本两大系统均属于十行本系统，前者改易底本文字较后者更多，但其他清刻多源出泽存堂本，因此若无宋元善本，选择泽存堂本作底本亦可（见书影1-2-21）。

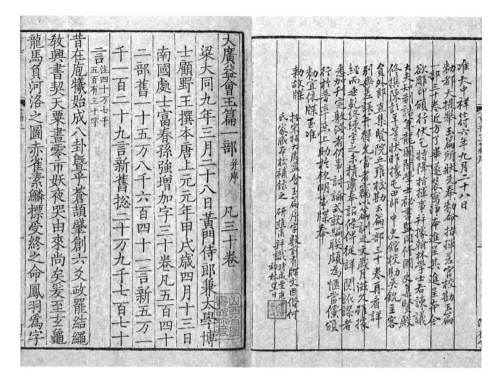

书影 1–2–21：《大广益会玉篇》卷一

清康熙《泽存堂五种》本，山西省图书馆藏（中国国家图书馆、中国国家古籍保护中心编：《第三批国家珍贵古籍名录图录》第 2 册，第 321 页）

《古经解汇函》附《小学汇函》，是清末钟谦钧（1803—1874，字云卿）所编解经著作丛书。钟氏先主持刊刻了《十三经注疏》和《通志堂经解》，继而又选取了唐以前经部书之未收入《四库全书》或《通志堂经解》者、或有清人注释但未收入《皇清经解》者，合编而成此帙，同治十二年至十三年（1873—1874）粤东书局刊行（广陵书社 2012 年影印），亦有光绪十四年（1888）上海蜚英馆石印本、光绪十五年湖南书局刻本。《小学汇函》本《大广益会玉篇》乃据泽存堂本翻刻，半叶十行，行二十一字，末题廖廷相、陶福祥、汤金铸校字，附陈璞校勘跋语。《四部备要》自云"据《小学汇函》本校刊"，但卷末并无校字题记和陈璞跋语，底本究竟为同治原刻《小学汇函》还是光绪翻刻、石印本，尚待对勘。

　　•《大广益会玉篇》成书以及几种宋元版本考证校勘工作，可参何瑞：《宋本〈玉篇〉研究》第一章，北京：中国社会科学出版社，2016 年，第 8—90 页；吕浩：《宋版十一行本〈玉篇〉考辨》，《山东师范大学学报》2018 年第 4 期，第 149—156 页。宋元版与清刻之间关系，可参吕浩：《〈大广益会玉篇〉考论》，《汉字汉语研究》2019 年第 4 期，第 98—106、127—128 页。

> ·（清）钟谦钧辑：《古经解汇函》附《小学汇函》卷首钟谦钧序、冯端本序，扬州：广陵书社影印同治刊本，2012年，第3—4页。

四、《说文解字》影印底本不选孙星衍仿宋刻本而选朱筠椒花吟舫本，并题作大兴朱氏仿宋重刻本。

《四部备要》影印本牌记云"据大兴朱氏依宋重刻本景印"，并非"仿宋"。《说文解字》版本源流详见本章旁征[34]，椒花吟舫本之底本汲古阁剜改本源出宋小字本《说文解字》以及《五音韵谱》等材料、并据他书校改文字，已非宋本面貌，并非影印底本的最佳选择。椒花吟舫本各卷首许慎、徐铉署名之后，有"大兴朱筠依宋本重付开雕，宛平徐瀚校字"一行，也许是《四部备要》所题版本名称之来由。

[51]《四部备要》史部底本问题举例

一、《国语》后附汪远孙《明道本考异》。

《四部备要》本《国语》书前牌记云据士礼居黄氏重雕本校刊。《士礼居丛书》本《国语》二十一卷，半叶十一行，每行约二十大字，白口，左右双边。书名页云"天圣明道本《国语》嘉庆庚申（五年，1800）读未见书斋重雕"。卷首依次为嘉庆五年钱大昕序、嘉庆五年段玉裁《重刊明道二年〈国语〉序》、韦昭《国语解》叙。卷一末有长方形木记云"嘉庆庚申岁吴门黄氏读/未见书斋用影宋本重雕"，卷二一末刻有底本刊印题记云"天圣七年(1029)七月二十日开印/江阴军乡贡进士葛惟肖再刊正/镇东军权节度掌书记魏庭坚再 详 /明道二年(1033)四月初五日得真本凡刊正增 减 /"。之后《校刊明道本韦氏解〈国语〉札记》记其底本为一影宋钞本，末叶有长方形木记云"嘉庆庚申吴门黄氏读未/见书斋开雕同邑李福书"。

同治八年(1869，己巳)崇文书局据士礼居本覆刻，字体、版式绝类士礼居本，书名页仿士礼居本作"天圣明道本《国语》同治己巳湖北崇文书局重雕"，卷一末亦原样覆刻了嘉庆五年士礼居木记（见书影1-2-22），卷二一末亦有底本刊印题记（但补足了士礼居本第三、四行末"详""减"二残字的笔画），亦附《校刊明道本韦氏解〈国语〉札记》与李福书木记。之后则是汪远孙《〈国语〉明道本考异》四卷，乃校明道本与公序本（宋庠字公序，曾校正并撰《补音》，士礼居本刊刻前最为流行）及他书引文之异同，与道光二十六年(1846)汪氏振绮堂《国语校注本三种》（包括汪远孙三种著作，《〈国语〉三君注辑存》四卷、《国语明道本考异》四卷和《〈国语〉发正》二十一卷）刻本字体、版式十分类似，亦属覆刻，仅无振绮堂刻本卷末栏外"武林富元熙刊"小字题记一行。

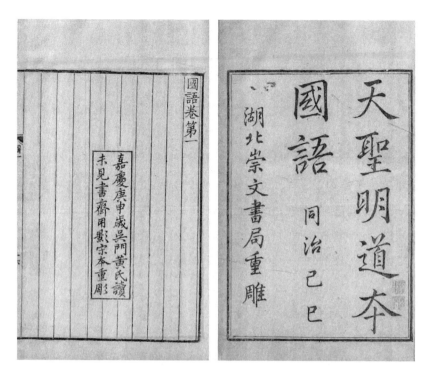

书影 1－2－22：左：《国语》卷一末士礼居木记；右：《国语》书名页署记

清同治八年(1869)崇文书局覆刻士礼居刻本(阳海清、汤旭岩主编：《湖北官书局版刻图录》
048，武汉：湖北教育出版社，2014年，第70页)

　　《四部备要》本《国语》与士礼居本或崇文书局本均不完全一致，比如《四部备要》
本改变了卷首钱大昕序和段玉裁序的先后，变为先段玉裁《重刊明道二年〈国语〉序》，
再钱大昕序，再韦昭《国语解》叙。卷末无黄氏木记、明道二年刊印题记等，附有《校刊
明道本韦氏解〈国语〉札记》与汪远孙《〈国语〉明道本考异》四卷。总体来看，《四部备
要》本《国语》与崇文书局覆刻士礼居本更为接近。

　　二、《战国策》底本并非士礼居本。

　　《四部备要》本《战国策》书前牌记云据士礼居黄氏覆剜川姚氏本校刊。《士礼居
丛书》本《战国策》三十三卷，半叶十一行，每行约二十大字，白口，左右双边。书名页
云"剜川姚氏本《战国策》读未见书斋重雕"。卷首依次为嘉庆八年(1803，癸亥)钱大昕
序、嘉庆八年顾广圻跋(多置于《札记》卷末)、《新雕重校战国策目录》。卷三三末叶有长方
形木记云"嘉庆癸亥秋吴门黄氏/读未见书斋影摹宋/本重雕"，后为绍兴十六年
(1146)姚宏题《重校〈战国策〉序录》。附《重刻剜川姚氏本〈战国策〉札记》三卷，各卷末
题"男玉堂校字"、卷下末有长方形木记云"嘉庆癸亥冬吴门黄氏/读未见书斋开雕"。
士礼居本有福建人民出版社《顾校丛刊》影印，黄氏所覆宋绍兴刻本今藏国家图书馆，

《中华再造善本·唐宋编》影印。与覆刻士礼居本《国语》类似,崇文书局覆刻本字体、版式和士礼居原本十分相似,似仅书名页改作"刿川姚氏本《战国策》同治己巳湖北崇文书局重雕"、无钱大昕序,其他照旧。此后光绪至民国时亦有多家翻刻、石印。

《四部备要》本《战国策》则无钱大昕序、无黄氏牌记,后有《重校〈战国策〉序录》和顾广圻跋,并附《重刻刿川姚氏本〈战国策〉札记》三卷(各卷末题"男玉堂校字")。从同样缺少钱大昕序来看,《四部备要》本可能是以同治时崇文书局覆刻本为底本并删去了各处牌记。

> • 李向群:《〈四部备要〉版本纠谬》,《陕西师范大学学报》1987 年第 3 期,第 123 页。

[52]《四部备要》子部底本问题举例

一、《日知录集释》底本实为陈璞重刻本。

黄汝成《日知录集释》三十二卷附《刊误》《续刊误》各二卷,有道光十四年至十八年(1834—1838)嘉定黄氏西谿草庐原刻本,半叶十一行,行二十四字,卷一末有"金陵刘汉洲镌"一行(卷一首叶书影参见《清代版本图录》。栾保群、吕宗力整理本即以上海古籍出版社1985 年影印道光十八年剜改本为底本,《续修四库全书》亦影印)。黄汝成叙录揭示出其《集释》汇集了众家校正考据文字,底本为康熙三十四年(1695)潘耒刻三十二卷本。

《日知录集释》后有同治七年(1868)汉阳童氏朝宗书室活字本、同治八年广州述古堂陈璞重刻本,又同治十一年、光绪元年(1875)崇文书局两次重刻,半叶十一行,行二十二字,卷一末亦有"金陵刘汉洲镌",1912 年湖北官书处重刊,行款同。此外,光绪至民国年间还出现了不少翻刻和石印本。

《四部备要》本牌记云据原刻本校刊,但在《续刊误》卷末排印有一篇陈璞跋语,云:"同治八年同人聚资谋刻有用之书。黎召民观察(黎兆棠,字召民,广东佛山人,同治八年起两任台湾道员、光绪元年调天津海关道员,"观察"为道员尊称)时在籍,举此书首宜重刊,乃出其所藏本付梓人,嘱余为董其事。刊成因志于后。番禺陈璞。"因此知其所据底本并非原刻。

> • 黄永年、贾二强撰集:《清代版本图录》四,杭州:浙江人民出版社,1997 年,第 54—55 页。
> • (清)顾炎武著,(清)黄汝成集释:《日知录集释(外七种)》出版说明,上海:上海古籍出版社,1985 年,第 1—3 页。

·（清）顾炎武著，（清）黄汝成集释，栾保群、吕宗力校点：《日知录集释（全校本）》陈祖武代前言、校点说明，上海：上海古籍出版社，2006年，第9—14、1—4页。亦可参（明）顾炎武著，（清）黄汝成集释，栾保群校注：《日知录集释（校注本）》前言，杭州：浙江古籍出版社，2013年，第1—9页。

二、《墨子》《老子》《庄子》《荀子》《管子》《韩非子》《吕氏春秋》《淮南子》等《四部备要》所据底本实为浙江书局《二十二子》本。

光绪元年至三年（1875—1877）间，俞樾主持浙江书局刻印《二十二子》，选择明刻善本与清代名家校勘整理本作为底本，延请多位学者总校，质量上乘。光绪二十七年（1901）重刻印行。浙江书局成为浙江省立图书馆印行所后继续印售此丛书，在《馆刊》分购启事（附各书解题）中自评道："局刻刻精校良，世所知名；兹二十二子书，尤为承学者所宝爱；盖以付印之先，料简底本，极其矜慎；入录之本，固非一时上选；如《墨子》毕本之为孙氏《间诂》（孙诒让《墨子间诂》）未出世以前之最佳本，兴汪辑《尹文子》（按，疑"兴"为"典"之误，指汪继培辑校《尸子尹文子合刻》，嘉庆十七年（1812）刻入《湖海楼丛书》，但《二十二子》仅收汪辑《尸子》、无《尹文子》一书）之迄今仍无能出其右者，是一例也。"上海古籍出版社1986年影印光绪初年刻本，称缩印浙江书局汇刻本，之后出版了加断句的《诸子百家丛书》单行本。

黄永年师举出了八种实出自《二十二子》的典籍但仅展开讨论了《庄子》一部，以下将这八种与其他出自《二十二子》的六种皆罗列于此，按《二十二子》顺序加以补充论证，简录其卷数、注者、底本及修改痕迹，并注明《四部备要》因袭自《二十二子》的版本特点：

《老子道德经》二卷，王弼注附《释文》，明万历华亭张之象刻本；《二十二子》卷首标题下增"华亭张氏原本"字样，后附总校王诒寿等"俱遵聚珍本据《永乐大典》校改"之校语（《四部备要》题据华亭张氏本校刊，李向群指出，卷首标题下同样有"华亭张氏原本"，卷末虽无《二十二子》校语但已依其校改文字）。

《庄子》十卷，郭象注附《释文》，明嘉靖顾春世德堂《六子》之《南华真经》本（世德堂《六子》多据宋元建阳书坊纂图互注本翻刻，校勘不善）；《二十二子》标题改为《庄子》（《四部备要》题据明世德堂本校刊，但其标题同《二十二子》）。

《管子》二十四卷，房玄龄注，明万历吴郡赵用贤刻本；《二十二子》删去王世贞序，并将杨忱序、张嵲《读管子》各摘一句附于《管子文评》后，卷首标题下增"明吴郡赵氏本"字样（《四部备要》题据明吴郡赵氏本校刊，但卷首标题下同样有"明吴郡赵氏本"，亦无王世贞序，杨忱序、张嵲《读管子》亦同样摘句，只是将《管子文评》从目录前移至卷末）。

《列子》八卷，张湛注，明嘉靖顾春世德堂《六子》之《冲虚至德真经》本；《二十二子》标题改为《列子》，卷首标题下增"世德堂本"字样（《四部备要》题据明世德堂本校刊，李向群指出其标题同《二十二子》，卷首标题下同样有"世德堂本"。见书影 1 - 2 - 23）。

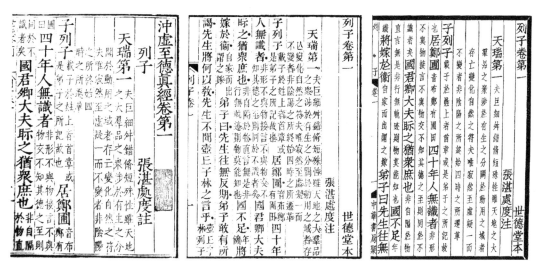

书影 1 - 2 - 23：《冲虚至德真经》（即《列子》）卷一

左：明嘉靖顾春世德堂本，安徽大学图书馆藏（中国国家图书馆、中国国家古籍保护中心编：《第三批国家珍贵古籍名录图录》第 4 册，北京：国家图书馆出版社，2012 年，第 201 页）；中：光绪二年（1876）浙江书局《二十二子》本，国家图书馆藏（书名作《列子》、标题下有"世德堂本"字样）；右：《四部备要》本（书名作《列子》、标题下有"世德堂本"字样）

《墨子》十六卷，毕沅注，清乾隆毕氏灵岩山馆《经训堂丛书》本，前有毕沅《墨子叙》、孙星衍《墨子后叙》《墨子篇目考》，每卷首题毕沅校注；《二十二子》则将孙星衍《后叙》移至卷末，每卷首标题下有"灵岩山馆原本"字样，并题毕沅撰（《四部备要》题据毕氏灵岩山馆校本校刊，但与《二十二子》相同的是将孙星衍《后叙》移至卷末，且题"灵岩山馆原本"、毕沅撰）。

《荀子》二十卷，杨倞注，清乾隆嘉善谢墉刻本，在唐元和十三年（818）序和目录前有"《荀子》雠校所据旧本并参订名氏"，记谢氏曾校影宋钞本、元纂图互注本、明虞氏王氏合校刻本、世德堂本、钟人杰本，集赵曦明、段玉裁、吴骞、朱奂、汪中、卢文弨诸家校语而成此书；《二十二子》移此篇于目录后，卷首标题下有"嘉善谢氏校本"字样（《四部备要》题据嘉善谢氏本校刊，但移"《荀子》雠校所据旧本并参订名氏"于卷二〇之后，卷首标题下同样有"嘉善谢氏校本"）。

《孙子十家注》十三卷，孙星衍、吴人骥同校，平津馆本。李向群指出，《平津馆丛书》本为三卷曹操注本，孙星衍所辑另一丛书《岱南阁丛书》之《孙子十家注》则与《二十二子》卷帙、内容相合，故《二十二子》虽自云据平津馆本重刊、底本实为岱南阁本，此本以道藏本校刊,附郑友贤《遗说》一卷、毕以珣《叙录》一卷(《四部备要》题据平津馆本校刊,明显继承了《二十二子》的误题,且将郑友贤《遗说》移至卷末)。

《晏子春秋》七卷,附孙星衍《音义》二卷,平津馆本,然疑底本实为乾隆《经训堂丛书》本;《二十二子》卷首标题下有"阳湖孙氏校本"字样,卷末增光绪二年(1876)黄以周跋语及校勘记二卷(《四部备要》题据平津馆本校刊,明显继承了《二十二子》的误题,卷首标题下同样有"阳湖孙氏校本",且李向群指出,卷末出现了《二十二子》黄以周等校勘记)。

《吕氏春秋》二十六卷,高诱注,清乾隆毕氏灵岩山馆《经训堂丛书》之毕沅辑校《吕氏春秋新校正》二十六卷《附考》一卷,前有乾隆毕沅序、高诱序、总目、"新校《吕氏春秋》所据旧本",卷一首叶题毕沅辑校,卷末《附考》一卷;《二十二子》总目在"新校《吕氏春秋》所据旧本"之后,卷首标题下有"镇洋毕氏校本"字样,不题毕沅辑校(《四部备要》题据毕氏灵岩山馆校本校刊,但和《二十二子》相同,总目亦在"新校《吕氏春秋》所据旧本"之后,卷首标题下同样有"镇洋毕氏校本"且不题毕沅辑校)。

《扬子法言》十三卷,李轨注,清嘉庆江都秦恩复石研斋刻本,前附《音义》,后附嘉庆二十四年(1819)秦恩复《重刻治平监本〈扬子法言〉并〈音义〉序》及校勘记;《二十二子》本则先为秦恩复序及校勘记,卷首标题下有"江都秦氏影宋本"字样,卷末附《音义》(《四部备要》题据江都秦氏本校刊,但先为秦恩复序及校勘记,卷首亦题"江都秦氏影宋本",卷末附《音义》,与《二十二子》本相同)。

《黄帝内经》二十四卷,王冰注,明嘉靖二十九年(1550)武陵顾从德《重广补注黄帝内经素问》本(《四部丛刊初编》曾影印,缺嘉靖二十九年顾从德跋),卷首标题均为"重广补注黄帝内经素问";《二十二子》本将卷首标题改为"补注黄帝内经素问"、无顾从德跋,后增《黄帝内经素问遗篇》,再附《黄帝内经灵枢》十二卷(未明言底本所据,可能来自万历吴勉学刻《古今医统正脉全书》本、并改万历本题"黄帝素问灵枢经"为"黄帝内经灵枢",与其他版本多有不同。《四部备要》之《内经素问》题据明顾氏影宋本校刊,然而李向群指出其标题同《二十二子》"补注黄帝内经素问"。此外,可发现《四部备要》本和《二十二子》本同样没有顾从德跋、后增《黄帝内经素问遗篇》。《四部备要》亦收入《灵枢经》一部十二卷,题据医统本校刊,即《古今医统正脉全书》,但与《二十二子》本标题都改成了"黄帝内经灵枢",可知并非来自万历原刻,而是采用了《二十二子》本或者光绪翻刻医统本)。

《商君书》五卷,清西吴严可均《商君书新校正》本,似未见此书有早于光绪《二十二子》本的刻本,国家图书馆藏严可均钞本(《续修四库全书》《中华再造善本·明清编》曾影印)卷首依次为乾隆五十八年(1793)严氏自序、总目、《附考》;《二十二子》本则移《附考》于卷末,卷首标题下加有"西吴严万里叔卿校本"字样(《四部备要》题据西吴严氏校本校刊,但亦移《附考》于卷末,卷首标题下亦有"西吴严万里叔卿校本",可知底本应即《二十二子》本)。

《韩非子》二十卷,清嘉庆吴鼐影宋乾道刻本,前有吴鼐序、旧序(末有"乾道改元中元日黄三八郎印"题记一行)和目录,题为"韩非子",卷末附顾广圻《韩非子识误》三卷(前后有顾广圻序、跋各一篇);《二十二子》本与吴鼐本类似,似仅将顾广圻《识误》序前移至旧序和目录之间(《四部备要》题据吴氏影宋乾道本校刊,各部顺序也与吴鼐本相同、与《二十二子》本不同,认为《四部备要》底本是《二十二子》本尚需更多证据)。

　　《淮南子》二十一卷,高诱注,清乾隆武进庄逵吉校刊本,卷首叙目与各卷标题下均有"武进庄逵吉校刊"字样;《二十二子》本除叙目下为"武进庄逵吉校刊"以外,其余各卷首标题下均改成"武进庄氏校本"(《四部备要》题据武进庄氏本校刊,但卷首叙目下为"武进庄逵吉校刊"、各卷首则为"武进庄氏校本",同《二十二子》本)。

　　综上可知,有十三种子书的《四部备要》底本很可能就是光绪浙江书局汇刻的《二十二子》本。除《韩非子》证据尚显不足以外,黄永年师所举的其余七种典籍均有典型因袭痕迹。《贾谊新书》和《春秋繁露》两部,《二十二子》与《四部备要》均据清乾隆卢文弨《抱经堂丛书·汉两大儒书》本,比对篇章次序、署衔方式与版刻特征后,未发现关键证据可以证明《四部备要》源出《二十二子》。李向群曾云:"《四部备要》中同样取自《二十二子》而有意掩盖事实的子书尚有数部,共有十六种之多。"可能就是指上述十六种。

> ・《二十二子》分购启事折页,《浙江省立图书馆馆刊》第三卷第一期,1934年2月28日。
> ・李向群:《〈四部备要〉版本纠谬》,《陕西师范大学学报》1987年第3期,第123—124、126—127页。

　　新中国成立以后,出版事业由国家经营,中华书局、商务印书馆等私营企业也都改组成为国家的出版社,像《备要》那样选用底本不负责任的事情是不多了,但还不能说完全绝迹。这里就见闻所及举几个实例。五十年代影印《大唐西域记》,本来这部书的宋刻释藏梵夹本保存至今并不止一种,却不知选用,而用了明嘉兴藏本即所谓支那本做底本,这个本子的卷一一"式修供养"以下五百十六字全系明人所增窜,是一个很不行的本子。所谓"评法批儒"时出版的《刘宾客集》,用题有"中山集"字样的明刻本影印,这个明刻本只有三十卷文集,没有外集,而董康影印日本藏宋本以及《四部丛刊》影印董本之外集十卷完足者,却没有被采用[53]。《旧唐书》现存较早的刻本是南宋绍兴时两浙东路茶盐司刻本,残存六十九卷,其次是明嘉靖时闻人诠据宋本重刻的本子,清乾隆时殿本则是根据闻人本又加以窜改后刊刻的,若干地方失去了原书的本来面目,道光时岑建功本则用殿本重刻,近年出版的新点校本却用岑本为底本,而不用较能保存原书面目的影印宋本配闻人本的百衲本。前几年出版了《贞观政要》的标点本,用《四部丛刊续编》影印的明成化经厂刻元戈直注本为底本,其实戈注本已将原本的篇章窜乱,并非吴兢原书的真面目,而未经窜乱的明洪武刻本,北京图书馆先后入藏了两部,标点者却不知利用[54]。当然,在选用底本上所以出现这些失误主要不会是出版社不负责任,也许是工作人员缺乏版本知识所致。

【旁征】

[53] 影印底本选择失当举例

一、《大唐西域记》影印底本有明人增窜文字。

《大唐西域记》,玄奘口述、辩机笔录,唐贞观二十年(646)成书,记录了贞观年间玄奘从长安经西域往返天竺、求法取经的经历,特别对途中各国的地理人口、风土人情、语言宗教和历史传说等都有详细记述。黄永年师所批评的影印本应指文学古籍刊行社 1955 年影印《大唐西域记》,出版说明简介了本书内容和影印底本《嘉兴藏》本,并已指出卷一一有明人加入文字的情况:

> 现在,我们用中国佛教协会藏明《嘉兴藏》本重印出版。书中卷十一第七叶后面第九行"僧伽罗国"起,至同卷第九叶前面第六行"作无量功德"止,这一段是明藏新加的,疑是注文插入,请读者注意。

卷一一"僧伽罗国"条多出的此段文字介绍了僧伽罗国(今斯里兰卡)及其王宫侧之佛牙精舍,以及国王阿烈苦奈儿怠慢佛法、郑和出海至僧伽罗国面劝之、国王出兵加害、郑和俘之并礼请佛牙至京师一事,发生在明永乐年间,应是刻经时所增注,显非《大唐西域记》原文,余嘉锡《四库提要辨证》等已指出。

《大唐西域记》的版本较多,今存最早的写本出于敦煌藏经洞,最早的刻本大藏经《开宝藏》刊于北宋初年,现存残卷中并无《大唐西域记》,但翻刻自《开宝藏》的《高丽藏》(初雕于十一世纪初,重雕于 1237—1251 年,相当于南宋理宗时)初雕本尚有残帙、重雕本则完整存世(线装书局 2004 年影印韩国海印寺藏本,卷末题记"甲辰岁(1244)高丽国分司大藏都监奉敕雕造"),也是整理本《大唐西域记校注》的底本。同样出自《开宝藏》的旧藏山西赵城县广胜寺、今藏国家图书馆的《金藏》本仍存卷一一、卷一二(向达辑《〈大唐西域记〉古本三种》、《中华大藏经》影印本卷一一均影自《金藏》)。其他宋代藏经版本如北宋元丰三年至政和二年间(1080—1112)福州东禅寺等觉禅院初刊成的经折装《崇宁万寿大藏》(亦称《崇宁藏》)本国内似仅见卷四(此藏与政和二年至绍兴二十一年间[1112—1151]刻成的福州开元寺《毗卢藏》十分相似,均在日本保存较多),王永从施刊于湖州圆觉禅院(后称安吉州思溪法宝资福寺)、绍兴二年(1132)刻成的《思溪藏》(南宋中叶有补刻,亦称《圆觉藏》《资福藏》)本则较为完整(缺卷一、卷六,《四部丛刊初编》影印傅增湘藏宋刊梵夹本即此,《中华再造善本·唐宋编》和《国学基本典籍丛刊》亦有影印),南宋至元刻于江苏的《碛砂藏》本(上海影印宋版藏经会1935年印行,线装书局2004年影印)及元版《普宁藏》本等也均保存完整。此后明清两代有数部官府刊刻的藏经,如明初《初刻南藏》(四川省图书馆藏,亦称《洪武南藏》《建文南藏》)《永乐南藏》《永乐北藏》和《清藏》(亦称《龙藏》)。明万历年间在浙江径山兴圣万寿寺等地刊刻、清康熙年间方大体完成的方册装《嘉兴藏》(亦称《径山藏》,或称支那本,因所收中国人著作的版心刻有"支那撰述"),其中《正藏》翻自《永乐北藏》,所收《大唐西域记》即是文学古籍刊行社影印底本,多增入郑和至僧伽罗国的一段文字,并且误标作序之"尚书左仆射燕国公"为张说,实为于志宁。除藏经系统外,《大唐西域记》也被收入史部地理类外纪之属,多有单刻行世,如明万历吴琯西爽堂本、清代的《墨海金壶》本和《守山阁丛书》本等,皆出自明代藏经。刻本之外亦有日本活字本和众多古写本存世。以下展示几种有代表性的《大唐西域记》卷一一此段文字所在位置(见书影1-2-24)。

- (唐)玄奘、辩机撰:《大唐西域记》出版说明,北京:文学古籍刊行社,1955年,第5页。此影印本卷末附有陈垣《〈大唐西域记〉撰人辩机》和贺昌群《〈大唐西域记〉之译与撰》两文,对成书经过等有详细考证。

- 《四库全书总目》中《大唐西域记》解题已发现卷一一此段增入文字,认为共有三百七十字,出自吴琯刻本之误,余嘉锡在《四库提要辨证》已一一辨明,参余嘉锡:《四库提要辨证》卷八,北京:中华书局,2007年,第456—458页。此段增入文字的史料来源与史事辨析,可参刘迎胜:《郑和船队锡兰山之战史料研究——中国海军的首次大规模远洋登陆作战》,刘迎胜主编:《元史及民族与边疆研究集刊》第23辑,上海:上海古籍出版社,2011年,第78—100页。

- 各大藏经基本情况可参李富华、何梅:《汉文佛教大藏经研究》,北京:宗教文化出版社,2003年。日本所藏福州《崇宁藏》与《毗卢藏》近日有所披露,反映其雕造历史的版刻信息与题记可参总本山醍醐寺编:《醍醐寺藏宋版一切经目录》,东京:汲古书院,2015年;包括《思溪藏》在内的两宋之际大藏经刻工相关论述可参[日]尾崎康著,乔秀岩、王铿编译:《正史宋元版之研究》第一部绪论编,第21—30页;《崇宁藏》较新研究可参池丽梅:《福州东禅寺版大藏经初雕史问题考述——以开板年代为中心》,《世界宗教研究》2021年第5期,第43—51页。

而鑄肉髻則貴寶飾焉其後有盜伺

為瑩飾中有金佛像此國先王等身而

佛牙精舍側有小精舍亦以眾寶此國先王等身

俯供養

夜遠望爛若明星王以佛牙日三灌

洗香水香末或濯或焚務極珍奇式

俯供養

佛牙精舍側有小精舍亦以眾寶

為瑩飾中有金佛像此國先王等身

而鑄肉髻則貴寶飾焉其後有盜伺

寶光赫弈聯暉照曜晝夜遠望爛若明星王

以佛牙日三灌洗香水香末或濯或焚務極

珍奇式修供養

佛牙精舍側有小精舍亦以眾寶而

中有金佛像此國先王等身而鑄肉髻則貴

寶飾焉其後有盜伺欲竊取而重門周檻衛

王宮側有佛牙精舍高數百尺瑩以珠珍飾之奇寶精舍上

建表柱置鉢曇摩羅伽大寶寶光赫弈聯暉照曜晝夜遠望

爛若明星王以佛牙日三灌洗香水香末或濯或焚務極珍

奇式修供養

僧伽羅國古之師子國又曰無憂國即南印度其地多奇寶

多奇寶又名曰寶渚昔釋迦牟尼佛化身名僧伽羅

僧伽羅國古之師子國又曰無憂國即南印度其地

香末或濯或焚務極珍奇式修供養

照曜晝夜遠望爛若明星王以佛牙日三灌

精舍上建表柱置鉢曇摩羅伽大寶寶光赫弈

王宮側有佛牙精舍高數百尺瑩以珠珍飾之奇寶

书影 1－2－24：《大唐西域记》卷一一

上左：《高丽藏》重雕本(《高丽大藏经》第 58 册,北京：线装书局,2004 年,第 400 页)；上中：《金藏》本(《中华大藏经》第 60 册,北京：中华书局,1993 年,第 731 页)；上右：《思溪藏》本(《国学基本典籍丛刊》之《宋思溪藏本大唐西域记》第三册,北京：国家图书馆出版社,2017 年,第 64 页)；下左：《嘉兴藏》本(北京：文学古籍刊行社,1955 年,第 474 页)；下右：《守山阁丛书》本

二、《刘宾客集》影印底本并非全本。

刘禹锡曾自言为中山王刘胜之后,《新唐书·刘禹锡传》云:"刘禹锡,字梦得,自言系出中山。"并引自撰《子刘子传》云:"汉景帝子胜,封中山,子孙为中山人。"《四库全书总目》"刘宾客文集"条云:"实则中山无极人。是编亦名《中山集》,盖以是也。"官至太子宾客。因之,刘禹锡诗文集多题"刘梦得""刘宾客"或径称《中山集》。

《四库提要》又据《直斋书录解题》记其版本流变:"陈振孙《书录解题》称原本四十卷,宋初佚其十卷,宋次道(宋敏求)裒其遗诗四百七篇、杂文二十二首为《外集》,然未必皆十卷所逸也……其杂文二十卷、诗十卷,明时曾有刊版。独《外集》世罕流传,藏书家珍为秘笈。"宋刊本存世三种均为散佚十卷之后的版本:一为铁琴铜剑楼旧藏残本,半叶十二行,行二十一字,题《刘梦得文集》,残存前四卷,今藏国家图书馆,通常认为与蜀刻《李长吉文集》四卷等均为南宋中期眉山地区刻《唐六十家集》本(《中华再造善本·唐宋编》《宋蜀刻本唐人集丛刊》曾影印);二为台北故宫博物院藏宋刊《刘宾客文集》三十卷、《外集》十卷,《内集》半叶十二行、行二十一字而《外集》半叶十三行、行二十二字,因卷末有宋敏求序和董棻绍兴八年(1138)刊书跋语而常当作严州刊本(1923年吴兴徐森玉曾影印。前引陈振孙《直斋书录解题》和《四库提要》之论皆源出董棻跋);三为旧藏日本平安福井氏崇兰馆、今藏天理图书馆的《刘梦得文集》三十卷、《外集》十卷,半叶十行,行十八字,多认作陆游重刊严州本或蜀中字本(1913年董康影印,《四部丛刊初编》又据董本影印)。傅增湘曾通校此三种宋本并比较异文优劣,认为绍兴严州刊本为传世最善之本(刘卫林经过详细考证和校勘后则认为,残宋本为北宋宣和六年[1124]刘麟刊、南宋光宗时印行的建刻本,台北故宫博物院藏本为南宋高宗绍兴末年杭州刻本,天理图书馆藏本为南宋孝宗至光宗绍熙二年[1163—1191]间浙刻本)。

四库馆臣所提及的明刻三十卷本,乃明万历二年(1574)黎民表刻本《刘宾客文集》三十卷,半叶十行,行二十字,白口,单鱼尾,四周双边,版心上题"中山集"。黄永年师批评的影印本应即陕西人民出版社1974年据国家图书馆藏明万历刻本(善本书号05076)影印者(见书影1-2-25)。此万历本共四册,缺黎民表序,每册卷首钤"淮南蔡翰臣图书印""石荷图书""张元辂印",全书卷首钤"伯绳秘笈"、卷三〇末钤"虚静斋"印,可知此书曾由张元辂、孙祖同等递藏。光绪间《结一庐剩余丛书》本《刘宾客文集》三十卷、《外集》十卷后附缪荃孙光绪丙午三十二年(1906)跋,亦提及万历刊《中山集》,包括杂文二十卷、书十卷,附黎民表序,并云:"近时《畿辅丛书》(光绪时王灏编,收《刘宾客文集》三十卷附《补遗》一卷)亦刊《正集》,所据之本为荃孙所藏《中山集》,似从明刻钞出,书首有钱竹汀印。王氏又据《全唐文》校改,殊失古意,不如此本远矣。"

始余尖臺郎為刺史又貶州司馬俟罪朗州三見閏
是歲臘月詔追明年自闕下重領連山郡印綬人咸
月人咸謂數之極理當遷為困作謫九年賦以自廣
日美惡周必復第行無恆歲抄其復乎居五年不得
調歲二月有事于社前一日致齋孤居愔靜念欸
起伊人理之不可以曉也將貿諸神乎謹貢誠馳精
敢問大鈞其夕有遇寤而次第其詞以為賦
圓方相函乎浩其無垠宵宾翁闢于走三辰以騰振
就主張是乎有工其神迎隨不見乎強名之曰大鈞
歃以臨下乎覬乎雄尊天為獨陽高不可閟工居其
中興人差近其執權泥耳落乎坎埤唯鈞所措忽
訊曰嘻蒙之未生其猶泯耳唯名斯可以
然為人為幸大美工賦其形七情與俱嗇智不授畀
之以愚坦坦之衝萬人所趨蒙一布武化為畏途人

劉賓客文集卷第
正議大夫檢校禮部尚書兼太子賓客贈兵部尚書劉禹錫撰

問大鈞賦
砥石賦
楚望賦
傷往賦
何卜賦
謫九年賦
望賦
山陽城賦
秋聲賦

中山集　卷一

問大鈞賦

书影 1-2-25：《刘宾客文集》卷一

明万历黎民表刊本，国家图书馆藏（《刘宾客文集》，西安：陕西人民出版社，1975 年，第 1—2 页）

　　然而黎民表序云："《刘中山文集》三十卷，别集十卷。……往嘉靖癸亥（四十二年，1563），予留滞京师，阅于藏书家，因就录之，间示同好，以为奇遘，而梓其《别集》以传，盖力仅能举之。"似亦曾刊《外集》十卷。傅增湘《藏园群书经眼录》著录一《刘宾客外集》十卷，半叶十行，行二十字，版心上题"刘文集"，并云"似是黎刊"，字体版式之近似可能是其依据。按，可能黎民表当时不仅刊刻了三十卷《刘宾客文集》，也一同刊刻了《外集》十卷（或曾单行），国家图书馆藏万历本缺《外集》和黎民表序，或致陕西人民出版社影印本亦非全本。

　　·（宋）欧阳修、宋祁撰：《新唐书》卷一六八《刘禹锡传》，北京：中华书局，1975 年，第 5128，5131 页。

　　·（清）永瑢等：《四库全书总目》卷一五〇《集部·别集类三》"《刘宾客文集》"条，第 1290 页。

　　·《中华再造善本总目提要·唐宋编》集部"刘梦得文集三十卷（宋刻本）"条，李致忠撰，北京：国家图书馆出版社，2013 年，第 550—551 页。

• 刘卫林：《宋刊刘禹锡文集版本研究》，台北：花木兰文化出版社，2008 年，第 3、13 页。

• 傅增湘撰，傅熹年整理：《藏园群书经眼录》卷一二《集部一》，第 1066—1067 页。

• （清）缪荃孙：《艺风堂文续集》卷七《刘宾客文集跋》，张廷银、朱玉麒主编：《缪荃孙全集·诗文一》，南京：凤凰出版社，2014 年，第 404—405 页。

［54］点校整理底本选择失当举例

一、《旧唐书》点校底本不应用道光岑建功本。

《旧唐书》成书于五代，北宋真宗时曾经校勘，《宋会要》云："（成平）三年（1000）十月，诏选官校勘《三国志》《晋书》《唐书》……五年，校毕，送国子监镂板……初，诏校《晋书》……帝然之，故命刊刻。惟《唐书》以浅谬疏略，且将命官别修，故不令刊板。"《旧唐书》似未得刊刻。欧阳修在数十年后的嘉祐五年（1060）上进《新唐书》，此后《旧唐书》流传更少。今存宋元版《旧唐书》仅国家图书馆藏宋刊残本六十九卷，南宋绍兴年间两浙东路茶盐司刻，《百衲本二十四史》取此本补配嘉靖本影印，亦收入《中华再造善本·唐宋编》。此本半叶十四行，行二十五字或二十六字，白口，单鱼尾，左右双边，曾经黄丕烈、汪士钟、瞿镛等递藏，卷四一等卷首叶钤有"绍兴府镇越堂官书"长方形宋印，卷末题校正、校勘等人衔名，多为两浙东路提举茶盐司和绍兴府官员。尾崎康认为此本原共六十册，并在考察了校勘官和刻工姓名后指出此是南宋绍兴年间覆刻北宋刊本而成，从而推测北宋时曾刻过《旧唐书》。

之后直至明嘉靖年间闻人诠方得宋本翻刻，成为现存最早的完整刻本，多经修印，也是乾隆武英殿刻本和道光二十三年（1843）岑建功惧盈斋刻本的祖本。闻人本前有嘉靖十八年（1539）闻人诠《刻〈旧唐书〉叙》、杨循吉序、文徵明序等，半叶行数同宋本，仅每行多一字，卷末衔名多删去（偶有保留者，可知源出今见绍兴本，见书影 1-2-26）。道光岑建功刻本、同治浙江书局本等均以殿本为底本重刻，稍有改字，《四部备要》本也排印自殿本。亦有湖南省图书馆藏叶石君校本等存世。《旧唐书》的版本校勘工作也有成果多部，如《铁琴铜剑楼藏书目录》的条目中有宋本与闻人本对勘校记，道光二十六年（1846）以后的岑刻后印本附有岑氏《逸文》十二卷和罗士琳、刘文淇等撰《旧唐书校勘记》六十六卷（殿本与闻人本等对校并以别书引文他校），张元济《旧唐书校勘记》更为全面细致，并已发现武英殿本据他书校补文字甚多，且常有臆改、脱漏。

书影 1－2－26：《旧唐书》卷七五末校勘苏之勤衔名
左：宋绍兴刻本，国家图书馆藏（《百衲本二十四史》影印）；右：明嘉靖闻人诠刻本，国家图书馆藏

　　1975 年中华书局出版的《旧唐书》点校本出版说明云："我们这次点校《旧唐书》，以清道光年间扬州岑氏惧盈斋刻本（简称惧盈斋本）为工作本，并参校了以下几种主要版本。"包括宋刻残本、闻人本、武英殿本、浙江书局本和同治年间广东新会陈氏菲古堂刻本。黄永年师在《唐史史料学》纪传类中，对《旧唐书》成书经过、史料来源、阅读方法和常见版本都有详细介绍，指出武英殿本改窜原文的缺点，并批评《旧唐书》点校本有底本选择不当、校例不曾严格统一、据他书随意改动文字、标点分段失当、文句偶有缺漏等问题。武秀成《〈旧唐书〉辨证》对《旧唐书》成书经过和版本源流等亦有详实考证。

　　•（清）徐松辑：《宋会要辑稿》之《崇儒》四之二，北京：中华书局，1957 年，第2231 页；苗书梅等点校，王云海审订：《宋会要辑稿•崇儒四》真宗咸平三年条，开封：河南大学出版社，2000 年，第 211 页。类似记载亦可参（宋）程俱撰，张富祥校证：《麟台故事校证•麟台故事残本》卷二中《校雠》，北京：中华书局，2000 年，第282—283 页。

- 《中华再造善本总目提要·唐宋编》史部"唐书二百卷(宋绍兴两浙东路茶盐司刻本)"条,陈红彦撰,北京:国家图书馆出版社,2013年,第195—197页。
- [日]尾崎康著,乔秀岩、王铿编译:《正史宋元版之研究》第一部绪论编、第三部解题编,第12—13、600—608页。
- 郭立暄曾比较所见三种闻人本,分别其刷印先后,印证了《藏园群书经眼录》卷三引李文田跋语之后印本文字更佳的观点,可参郭立暄:《中国古籍原刻翻刻与初印后印研究》实例编,上海:中西书局,2015年,第304—307页。
- (清)瞿镛编纂,瞿果行标点,瞿凤起覆校:《铁琴铜剑楼藏书目录》卷八,上海:上海古籍出版社,2000年,第208—216页。
- 张元济著,王绍曾、傅根清、赵统整理:《百衲本二十四史校勘记·旧唐书校勘记》,北京:商务印书馆,2004年。又,张元济撰《景印宋刻本补配明闻人诠刻本〈旧唐书〉跋》(原附《百衲本二十四史·旧唐书》卷末)对武英殿本的讹误有较多汇总,载《张元济全集》第9卷《古籍研究著作》,北京:商务印书馆,2010年,第669—672页。张元济《校史随笔》中亦有数条详细论述《旧唐书》版本和校勘问题,载《张元济全集》第9卷《古籍研究著作》,北京:商务印书馆,2010年,第771—776页。
- 黄永年:《唐史史料学》,北京:中华书局,2015年,第5—18页。
- 武秀成:《〈旧唐书〉辨证》,上海:上海古籍出版社,2003年,第1—20页。

二、《贞观政要》点校底本不应用明成化刊元戈直注本。

《贞观政要》十卷,唐吴兢撰,成书于武后至玄宗朝,具体时间尚有争议。如黄永年师认为,根据书前吴兢撰《上贞观政要表》的落款在景龙三年(709)正月,推测中宗时已撰成,开元年间有所修订、重撰序文进上。谢保成则认为开始编录于开元五年(717),开元十七年吴兢撰上书表、呈上全书。值得注意的是,这里的重要论据之一吴兢《上贞观政要表》不载于明成化刊戈直注本,而见于明洪武三年(1370)王氏勤有堂刻本卷首,可证成化本并非善本。

《贞观政要》在唐宪宗时由蒋义重加整理,后在传抄之中出现了一定程度的杂相转录、混淆错乱。元人戈直在自序中说:"窃尝会萃众本,参互考订。而其义之难明、音之难通,字为之释、句为之述。章之不当分者合之,不当合者分之。自唐以来诸儒之论,莫不采而辑之,间亦断以己意附于其后。然后此书之旨颇为明白。"可知戈直注本不仅整理文字,而且改动了篇章结构,不再是原本面貌。戈直汇总的先儒与自己对"贞观之治"的阐释和思考,多与《贞观政要》内容关联不大,戈直注本在各家目录中也多题作《贞观政要集论》,以与原本区分。

未经戈直窜乱文字的原本有明洪武三年（1370）王氏勤有堂刻本，半叶十三行，行二十四字，细黑口，四周双边，目录末有"洪武庚戌仲冬／王氏勤有堂刊"篆书牌记（傅增湘曾撰《洪武本贞观政要跋》，所见本今藏国家图书馆）。戈直注本则流传较多，除明成化年间内府刻本及《四部丛刊续编》影印本较为常见外，亦有国家图书馆藏元刻本和嘉庆时席世臣扫叶山房本等。《贞观政要》在日本流传甚广，有多部抄本和刻本存世，文本系统与篇章分合也较为复杂，可参原田种成《贞观政要定本》（东京：无穷会东洋文化研究所，1962年）和谢保成《贞观政要集校》（北京：中华书局，2021年）所作整理。

黄永年师指出的底本选择失当的点校本应即上海古籍出版社1978年出版的上海师范大学古籍整理组校点本，从出版说明看删去了戈直所引评论，也并未严格撰写校记。此整理本删去戈注本序跋的做法在本书"其他"篇"存旧"章及其旁征[18]中有详细评析。

> ·黄永年：《唐史史料学》，第137—138页。
> ·（唐）吴兢撰，谢保成集校：《贞观政要集校》叙录，北京：中华书局，2021年，第47—68页。
> ·傅增湘：《藏园群书题记》卷三，第147—148页。
> ·（唐）吴兢编著：《贞观政要》出版说明，上海：上海古籍出版社，1978年，第1—2页。

底本选用的确当与否对古籍整理是起着决定性作用的。在这个问题上出现了失误，则其他工序做得再努力也难于补救。因此，应该把这项工作重视起来，让每个古籍整理工作者都有机会学习版本学，在选用底本上接受严格的训练。

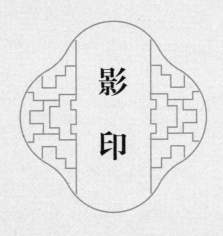

影印

一　源　流

影印的先驱　覆刻古籍

历史不能割断。要做好今天影印古籍的工作,有必要对过去已经做过的工作和取得的成绩作回顾。

要影印古籍,必须先把古籍摄影,然后制版印刷。因此,在摄影术没有发明并传入之前,我国出版古籍是不知道用影印这个方法的。但当时也有类似的方法,即把一部古籍照样翻刻。这在版本学上有个专用术语叫"覆刻",也可以叫"影刻",有时也叫做"仿刻"。但"仿刻"这个术语用得似不够稳妥,因为只叫"仿",自可不必力求逼真,不如用"覆刻""影刻"来得确切。

宋元时人刻书是否有用覆刻这种方法,因为流传下来的宋元本太少,无从比对,已难弄清楚了。明代则确有覆刻之事。有一部元虞集的《道园学古录》,是明景泰时刻本,但字体、版式完全同于元建阳刻本,前人定为据元刻本覆刻,并认为是用元刻印本直接贴到书板上覆刻[1]。这是很有可能的,因为在明代前期,元刻本还不像后来那么珍贵,为了刻书牺牲一部元刻本不见得会怎么心痛。但正由于当时还不甚珍贵元刻以至宋刻本,所以刻书时不一定要求保存宋元刻本的本来面目,往往宁愿脱离宋元本的字体、版式而重新写刻一通。以后,明嘉靖本多仿南宋浙本,但只是仿其版式,其字体则比较规范化,没有刻意追摹南宋浙本的欧体字,所以不算覆刻。清初的写刻中有一种字体方劲的,颇有点近似南宋浙本,如张士俊刻的《泽存堂五种》就是其中刻得最精美的,而且版式也规摹宋本,但仍不是覆刻,最多只能算仿宋刻[2]。

【旁征】

[1]《道园学古录》景泰刊本乃以元刊书叶上板覆刻

虞集(1272—1348),字伯生,号邵庵,又号道园,四川仁寿人,撰有《道园类稿》《道园学古录》《道园遗稿》《翰林珠玉》等。《道园学古录》五十卷,包括《在朝稿》《应制录》《归田稿》《方外稿》,著录虞集诗文。傅增湘记此书有景泰七年(1456)昆山郑达(按,著录多作郑迻,与书前《重刻〈道园学古录〉序》不合)、黄仕达刊本,半叶十三行,行二十三字,黑口,双顺鱼尾,四周双边,认为景泰本应是对元代至正年间建刊本的覆刻,并云目录后有附重增目录,所涉诗文已散入各卷之末、不混入各卷原文,应为郑达所增。又记有嘉靖四年(1525)陶谐、虞茂刊本,行款同(有研究者认为此"嘉靖本"实即元刻明印本,景泰本的覆刻底本,书前嘉靖四年万镗序为后人所附)。

《四部丛刊初编》影印本底本自云为明景泰翻元小字本,《书录》认为是郑逵昆山重雕本,并引同时人叶盛所作《菉竹堂稿》卷八《书〈道园学古录〉后》云:"此书郑令既得印本于淮云寺中,即以元纸黏版刻之,此传刻旧书第一义也。各卷后有附刻,是郑令所增,亦良是。""以元纸黏版刻之"盖指以元刻书叶直接上板覆刻,黄永年师举此本为例可能即源于叶盛此跋。

> ・今人整理本《虞集全集》为将各书所载诗文打乱重排之本,并编同时人所作相关诗文为"外集"附后,参(元)虞集撰,王颋点校:《虞集全集》,天津:天津古籍出版社,2007年。
>
> ・傅增湘撰,傅熹年整理:《藏园群书经眼录》卷一五《集部四》,第1324—1326页。傅增湘:《藏园群书题记》卷一六,第793—794页。
>
> ・商务印书馆编:《缩本〈四部丛刊初编〉书录》,上海:商务印书馆,1936年,第96页。郭立暄认为《四部丛刊》影印底本实为嘉靖本,并以景泰本补足,参郭立暄:《中国古籍原刻翻刻与初印后印研究》通论编,上海:中西书局,2015年,第61页。叶盛原跋参(明)叶盛撰:《菉竹堂稿》卷八《题跋》,《中华再造善本・明清编》影印上海图书馆藏明嘉靖八年(1529)叶梦淇刻本,北京:国家图书馆出版社,2013年,第28叶背;亦见《四库全书存目丛书》集部第35册影印清抄本,济南:齐鲁书社,1997年,第326页。
>
> ・通常认为《道园学古录》景泰本翻自元刻、嘉靖本翻自景泰本。近年有学者提出,所谓嘉靖本实为元刻明印本,如佚名撰《明刊〈道园学古录〉版本考辩》一文从嘉靖四年(1525)万镗序用词、缺叶、断版、刻工、所增诗文及目录等角度论证嘉靖本并非新雕翻刻,而是旧版重印;刘奉文、王春伟《〈道园学古录〉成书及元明刻本考》(《古籍整理研究学刊》2015年第4期,第54—59页)持论相同。若嘉靖本果真为元刻书版所印,则其与景泰本十分类似的版刻特点,亦可佐证景泰翻刻时可能是"用元刻印本直接贴到书板上覆刻"的观点。

[2] 明嘉靖本、清初写刻本等字体有仿南宋浙本欧体字者

在《古籍版本学》中,黄永年师总结了嘉靖本(包括正德本、隆庆本)字体的鉴别思路,特别强调了其与南宋浙本欧体字的区别:

> 一反前期的赵体字而仿南宋浙本用欧体字。但南宋浙本的欧体完全是书写体,这

时的欧体却比较方板整齐,趋向规范化,在艺术上似不如南宋浙本所用欧体之逼真,从出版印刷的要求来说却是一种进步。至于稍前正德本的字体一般比嘉靖本厚重些,稍后隆庆本的字体则比嘉靖本更方整,从而向万历本过渡。

清代版本字体较为多样,黄永年师将清前期(顺治至雍正)较有特色的写刻本字体也大致分成两种:一为点划方劲者,稍近乎南宋浙本和明嘉靖本,如《通志堂经解》《泽存堂五种》和周桢、王图炜合注《西崑酬唱集》等;二为点划软美者,有点类似法帖中晋唐小楷的风格,亦称"软体字",广泛流行于苏州及附近地区,如《全唐诗》《带经堂集》等,其中亦有书法好手如林佶写刻《渔洋山人精华录》等代表。

> • 黄永年:《古籍版本学》,南京:江苏教育出版社,2009 年,第 124、144—146 页。

　　乾隆、嘉庆、道光时仿宋刻书更为盛行。因为当时不仅宋本已极名贵,追求宋本即所谓"佞宋"已成为时髦的事情,就是清初毛氏汲古阁的影宋抄本,即所谓"毛抄"者,也已被视为仅亚于宋本一等而珍藏起来。照宋本式样来刻书,既可以一定程度上满足"佞宋"者的要求,又可以抬高刻本的身份,刻书的人对此又何乐而不为(有一部孙星衍仿宋刻《说文解字》的最初印本,书名页上打有"每部工价纹银五两"的楷书朱记,纹银五两几相当于当时一册南宋书棚本唐人小集的价钱[3])。不过这种仿宋刻本在刊刻时已请人重新写样,和原本的宋体不甚相近。如胡克家仿元刻《资治通鉴》,原本是建阳刻颜体字,胡本却刻成欧体字。胡氏用南宋池阳郡斋本仿刻的《文选》也是如此,原本略带颜体,胡本也刻成了欧体。因此这些刻本只能算仿刻,仍不是覆刻[4]。

【旁征】

[3] 孙氏仿宋本《说文解字》书价楷书朱记

　　今见孙氏仿宋本《说文解字》书影,均未发现有此印记。而黄永年师在《古籍版本学》中举例说,《平津馆丛书》所收《抱朴子内篇》初印本也盖有"每部工价纹银贰两"的红色木戳。与之类似实例则有嘉庆十七年(1812)冶城山馆刊本孙星衍编《续古文苑》二十卷八册,收入《平津馆丛书》庚集,天津图书馆藏,卷首书名页左上角印有"每部工价/纹银四两"长方形楷书阳文朱印。印文、格式和位置均与黄永年师所记相当,推测其说无误。

　　然而,今人袁逸在考证清代书价时列举实例云:"乾隆三十八年(1773),朱筠椒花吟舫刻本《说文解字》15 卷 8 册,扉页钤印'每部工价文银五两'。计每卷约 3 钱 3 分,每册 6 钱 2 分银。"两种《说文解字》却有相同印记,殊为难解,但找到藏于京都大学人文科学研究所的一部乾隆三十八年朱筠椒花吟舫本《说文解字》十五卷八册,发现卷首书名页右下角印有"每部纹银/贰两肆钱"长方形楷书阳文朱印。两部《说文解字》年月、底本均有别,价格与印记用语也应有所差异。可知袁逸所据史料把孙本误记成了朱本,每册价格亦不同,以此来分析乾隆时书价并不妥。

与孙星衍大致同时的黄丕烈热衷购书、刻书。《荛圃藏书题识》所收题跋中往往记录了他买书(特别是宋元珍本)的价格。黄氏亦主持刊刻书籍,并在滂喜园书籍铺售卖,其目录与售价题为《士礼居刊行书目》,亦由缪荃孙抄录在案。袁逸曾列表总结并加以分析。纹银五两大致相当于两部半新刊《周礼》九册,但换宋本只得小数十叶,嘉庆八年(1803)时番钱十圆(袁逸认为相当于银七两二钱)换书棚本《朱庆余诗集》一卷(末有条记"临安府睦亲坊陈宅经籍铺印",有季振宜、徐乾学、黄丕烈等藏印,《四部丛刊续编》《中华再造善本·唐宋编》曾影印)、番钱五圆(银三两六钱)换《唐女郎鱼玄机诗》一卷(末有条记"临安府棚北睦亲坊南陈宅书籍铺印",亦多有影印),可以佐证"几相当于当时一册南宋书棚本唐人小集的价钱"一说。

- 黄永年:《古籍版本学》,第 155 页。
- 朱本《说文解字》书价可参袁逸:《清代书籍价格考——中国历代书价考之三(上)》,《编辑之友》1993 年第 4 期,第 73 页;黄丕烈购书、刻书价格可参袁逸:《清代书籍价格考——中国历代书价考之三(下)》,《编辑之友》1993 年第 5 期,第 65—66 页;两文合并收入袁逸:《书色斑斓》,长沙:岳麓书社,2010 年,第 110—140 页。清代书籍刊刻与流传的较新论述可参徐雁平《清代的书籍流转与社会文化》(南京:南京大学出版社,2021 年)所收论文。
- (清)缪荃孙:《艺风堂文续集》卷六"士礼居藏书题跋记书后"条附《士礼居刊行书目》,张廷银、朱玉麒主编:《缪荃孙全集·诗文一》,南京:凤凰出版社,2013 年,第 390—391 页。
- (清)黄丕烈著,屠友祥校注:《荛圃藏书题识》卷七"唐女郎鱼玄机诗一卷"条,上海:上海远东出版社,1999 年,第 585 页。

---

[4] 胡克家仿元刻《资治通鉴》、仿刻南宋池阳郡斋本《文选》

清中期(乾隆至咸丰)较为流行的仿宋本(亦有仿元刻、明刻者,统称为仿宋本),多出自学者重视利用宋元旧椠、力图精校精刻古书的治学风尚,往往模仿了底本的版式行款和字形风格,但笔意却并不完全一致,胡克家仿刻的《资治通鉴》和《文选》即属此类。相似的字体风格也应用于当时人撰写刊刻的图书中,如嘉庆二十四年(1819)许椿校刻(署李氏闻妙香室)吴玉搢撰《金石存》等。

胡克家(1756—1817),江西鄱阳人,乾隆四十五年(1780)进士,曾任江苏布政使、安徽巡抚和江苏巡抚等职,在嘉庆年间先后主持校刊李善注《文选》与胡三省注《资治通鉴》,字体均与底本稍有不同。

南宋淳熙八年(1181)池阳郡斋刻本李善注《文选》亦称尤袤刻本(《中华再造善本·唐宋编》影印国家图书馆藏本),是南宋以来李善单注本的祖本,胡克家于嘉庆十四年(1809)据修补后印本翻刻,《重刻宋淳熙本〈文选〉序》云:"往岁顾千里、彭甘亭见语以吴下有得尤槧者,因即属两君遴手影摹,校刊行世。逾年工成,雕造精致,勘对严审。"延请顾广圻、彭兆荪校勘并撰《文选考异》十卷,与尤刻初印本有文字差异(同治八年[1869]浔阳万氏据胡刻重校刊,中华书局1977年缩小影印胡刻、加以断句和描修,并校出尤刻与胡刻的异文,上海古籍出版社1986年据以点校)。

胡三省音注《资治通鉴》元刊本长期修补刷印,传世多部,以上海图书馆藏元刻初印本最佳(《国学基本典籍丛刊》之《元本资治通鉴》影印)。嘉庆二十一年(1816),胡克家主持仿刻胡注《资治通鉴》元刊本,由顾广圻、彭兆荪、胡枢等校刊(同治八年[1869]江苏书局重修印行,世界书局1935年缩印并加断句,上海古籍出版社1986年影印缩印本)。郭立暄指出胡刻底本为今藏日本静嘉堂文库的元刻明前期修补印本(见书影2-1-1)。中华书局1956年点校本以胡刻作为底本,承袭了不少讹误和阙文,新点校本则改以上海图书馆藏元刻初印本作为底本重新整理。

书影 2-1-1:《资治通鉴》卷一

左:元刻本,静嘉堂文库藏;中:胡克家仿刻本,日本京都大学人文科学研究所藏;右:江苏书局重修本(李致忠编撰:《中国古代版印图录》五,北京:国家图书馆出版社,2016年,第102页)

> ·黄永年：《古籍版本学》，第152—155页。
> ·《中华再造善本总目提要·唐宋编》集部"文选六十卷（宋淳熙八年池阳郡斋刻本）"条，许逸民撰，北京：国家图书馆出版社，2013年，第723—725页。
> ·（南朝梁）萧统编，（唐）李善注：《文选》，北京：中华书局影印清胡刻本，1977年，第1页。
> ·传世胡注《资治通鉴》版本介绍、胡克家仿刻底本推断及其错讹分析，可参（宋）司马光撰，（元）胡三省音注：《元本资治通鉴》郭立暄序言，《国学基本典籍丛刊》影印上海图书馆藏元刻初印本，北京：国家图书馆出版社，2020年，第1—16页。元刻胡注本的版本鉴定、胡克家仿刻始末与细节考证，可参辛德勇：《兴文署本胡注〈通鉴〉的真相及其他》，《中国文化》第51期，2020年，第1—29页。

　　真正的覆刻本到清季才流行。最早是光绪初年黎庶昌出任驻日公使时在日本编刻的《古逸丛书》。本来，日本人覆刻宋元旧本的技术是很高明的，有一部日本庆长时（相当于明万历时）覆刻的元至正丙午南山书院本《大广益会玉篇》，除纸张、装潢外，和元刻本简直难以区别。黎庶昌编刻的《古逸丛书》就是在版本专家杨守敬的协助下，选择流传在日本的宋元本、古写本请日本的木村嘉平等高手影写覆刻的，除笔道稍呈光洁外，较原本可谓十分逼真[5]。此后，国内覆刻宋元旧本渐成风尚，清末民国初年的许多藏书家，如缪荃孙的艺风堂，徐乃昌的积学斋，蒋汝藻的密韵楼，张钧衡的适园，刘世珩的玉海堂，刘承幹的嘉业堂，以及陶湘、董康等都覆刻了不少，或单行，或汇成丛书。其中在上海的均由擅长此道的刻工湖北黄冈人陶子麟奏刀，在北京则由琉璃厂文楷斋承办，覆刻的精美程度仅略逊于《古逸丛书》[6]。

　　影印旧本古籍这项事业，就是在这种覆刻古籍的空气中成长起来的。

【旁征】

[5]《古逸丛书》之影写覆刻

　　《古逸丛书》为黎庶昌与杨守敬搜集、摹刻旧本的成果，首刊于日本，以美浓纸刷印近两百部，又运至国内继续印行，因刊印方法不同而质量略有差异，民国时曾以初印本摄像补版。共收书26种，以古抄、宋元旧刻、日本旧刻为底本摹刻，因其底本稀有而广受好评，然亦偶有疏失。

　　杨守敬自订《邻苏老人年谱》"光绪八年（1882）壬午四十四岁"条记叙《古逸丛书》成书经过："及黎公（黎庶昌）有刻书之议，则日日物色之。又得森立之《经籍访古志》抄本。其时立之尚存，乃按目索之，其能购者，不惜重值，遂已十得八九，且有为立之所不载者数百种……于是由黎公择取付梓人,嘱守敬一人任之。守敬日与刻工磋磨善恶,又应接日本文学士,夜则校书,刻无宁晷。"是年条又云:"日本刻书手争自琢磨,不肯草率。尤以木村嘉平为最精,每一字有修改补刻至数次者,《穀梁传》一部尤无一笔异形。……而日本人亦服我鉴别之精。每刻一书,先择其艺之绝高者为准绳,余人规模笔法既成而后使动工,故虽艺之次者,亦有虎贲、中郎之似。"今见《古逸丛书》多部古籍边栏外保存有"日本东京木邨嘉平刻"之木记。

> ·杨守敬日本访书、抄刻与《古逸丛书》刷印始末的详细考证,以及《古逸丛书》各书得失的评述,可参贾二强:《〈古逸丛书〉考》,黄永年主编:《古代文献研究集林》第一集,西安:陕西师范大学出版社,1989 年,第 224—273 页。马月华:《〈古逸丛书〉研究》,北京:北京大学出版社,2015 年。王文进著,柳向春标点:《文禄堂访书记》卷三"荀子二十卷"条所录《古逸丛书》覆宋台州本莫棠手跋,上海:上海古籍出版社,2007 年,第 154 页。
>
> ·(清) 杨守敬撰,郗志群整理:《邻苏老人年谱》,谢承仁主编:《杨守敬集》第 1 册,武汉:湖北人民出版社,1988 年,第 18 页。

[6] 清末民国的覆刻本、刻工陶子麟

黄永年师在《古籍版本学》中曾举例说明此时流行的覆刻风尚,如光绪二十二年(1896)武英殿覆宋合刻本真德秀《心经》与《政经》,光绪时缪荃孙刻《对雨楼丛书》五种和 1920 年《烟画东堂小品》二十五种,徐乃昌光绪三十四年(1908)《随盦徐氏丛书》和 1915 年《续编》各十种,刘世珩《玉海堂景宋元本丛书》二十二种和《宜春堂景宋元巾箱本丛书》十种,董康《诵芬室丛刊》所收覆元本《中吴纪闻》、覆日本活字本《皇朝类苑》、覆元平水本《中州集》等,吴昌绶覆刻、陶湘续刻《景刊宋金元明本词》四十种,张钧衡《择是居丛书》十九种(包括缪荃孙《对雨楼丛书》五种),蒋汝藻《密韵楼丛书》七种,刘承幹1915 年覆刻"四史"《史记集解》《汉书》《后汉书》和《三国志》,陶湘覆刻南宋咸淳本《百川学海》(以明弘治本配补)和明成化戴珊刊本《南村辍耕录》等。南方刻书家多委托饶星舫写样、陶子麟等刊刻,刘承幹嘉业堂覆刻"四史"即其代表;北方则延请民国时北京琉璃厂的刘春生文楷斋写刻,董康《中州集》即其代表。按,蒋凤藻《铁华馆丛书》、傅云龙《纂喜庐丛书》、罗振玉《宸翰楼丛书》等亦收有覆刻本,而各家覆刻的精细还原程度也多有差异。

陶子麟(1857—1928),亦署陶子霖、陶子麐,湖北黄冈人,清末民初著名刻工,在湖北武昌主持书坊刊刻售卖图书,以覆刻古籍精美著称。合力刻书者有陶舫溪、陶尧

钦、饶星舫等人，合作的藏书家有缪荃孙、徐乃昌、刘世珩、董康、张钧衡、刘承幹等。王海刚曾总结其刻书历史，并指出陶氏多刻孤本珍本、附刻题记字数、善摹原书版式字体等特点。然而，郭立暄在比较底本与陶氏翻刻本后发现，陶子麟并未严格覆刻底本面貌，比如傅增湘在得到宋庆元六年（1200）寻阳郡斋刻本《方言》（今藏国家图书馆，《四部丛刊初编》《中华再造善本·唐宋编》曾影印）后，曾请缪荃孙督陶子麟精摹付刊，但陶子麟覆刻并不符合原书笔意（见《艺风堂友朋书札》傅增湘第四札、第九札），书影亦可为证，宋本的四周双边仿刻成了左右双边（见书影2-1-2），因此陶刻只能算是仿刻而非覆刻，与《古逸丛书》尚有差距。

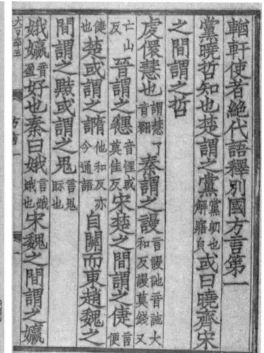

书影 2-1-2：《方言》卷一

左：宋庆元六年（1200）刻本，国家图书馆藏（中国国家图书馆、中国国家古籍保护中心编：《第一批国家珍贵古籍名录图录》第 2 册，北京：国家图书馆出版社，2008 年，第 88 页）；右：陶子麟翻刻朱印本（郭立暄：《中国古籍原刻翻刻与初印后印研究》图版编（通论），第 22 页）

- 黄永年：《古籍版本学》，第 161—165 页。
- （清）杨守敬原编，李之鼎补编：《增订丛书举要》卷五七，北京：国家图书馆出版社，2010 年，第四册，第 457—468、472—473 页。

• 张振铎编著：《古籍刻工名录》清刻本，上海：上海书店出版社，1996 年，第263—273 页。王海刚：《近代黄冈陶氏刻书考略》，《出版科学》2007 年第 6 期，第80—83 页。郭立暄：《陶子麟刻〈方言〉及其相关问题》，《文献》2011 年第 1 期，第69—75 页；郭立暄：《中国古籍原刻翻刻与初印后印研究》通论编，第 28、38—39页。钱伯城、郭群一整理，顾廷龙校阅：《艺风堂友朋书札》傅增湘第四札、第九札，上海：上海人民出版社，2018 年，第 717、720—721 页。

清季风行的石印古籍

早在影印旧本古籍之前，石印技术已经传入我国并用来印书了。用得最早的是上海徐家汇天主教堂附设的土山湾印书馆，在同治十三年就用石印机印书。稍后，光绪五年英商美查在上海开设专门石印书籍的点石斋。光绪八年，广东商人徐润及其堂兄弟等又在上海开设了后来居上的同文书局。徐润的《徐愚斋自叙年谱》在记述这个同文书局的创办始末时说："查石印书籍，始于英商点石斋，用机器将原书摄影（上石）〔石上〕，字迹清晰，与原书无毫发爽，缩小放大，悉随人意。心窃慕之，乃集股创办同文书局，建厂购机，搜罗书籍，以为样本，旋于京师宝文斋觅得殿板白纸《二十四史》全部，《图书集成》全部，陆续印出《资治通鉴》《通鉴纲目》《通鉴辑览》《佩文韵府》《佩文斋书画谱》《渊鉴类函》《骈字类编》《全唐（诗）〔文〕》《康熙字典》等不下十数万本，各种法帖、大小题《文府》等十数万部，莫不惟妙惟肖，精美绝伦，咸推为石印之冠。迨光绪十七年辛卯，内廷传办石印《图书集成》一百部，即由同文书局承印，壬辰（光绪十八年）开办，甲午年（二十年）全集告竣进呈，从此声誉益隆。唯十余年后，印书既多，压本愈重，知难而退，遂于光绪二十四年戊戌停办。"此外，在上海出现的石印书局还有蜚英馆、鸿宝斋、竹简斋、史学斋、娱实斋、五洲同文书局、积山书局、鸿文书局、会文堂、文瑞楼、扫叶山房等，在清末民国初年居然极一时之盛[7]。

【旁征】

[7] 石印技术的传入与流行

在《古籍版本学》中，黄永年师详细介绍了石印传入我国的早期历史："最早是英国教会印工麦都思（W. H. Medhurst）在广州、澳门设立印书机构石印宗教宣传品，其时尚在鸦片战争之前，现存便有道光十八年（1838）九月、十月此人所编辑石印的中文本《各国消息》。"此后便有土山湾印书馆、美查（E. Major）与邱子昂的点石斋印书局，以及同文书局等。

　　当时人记载石印术等新兴印刷术的资料较多，典型记载如同治九年（1870）刊刻的毛祥麟《对山书屋墨余录》卷一六"吃墨石"条，概述了石印术中手绘转写纸制版："泰西有吃墨石，以水墨书字于纸，贴石上，少顷，墨字即透入石中，复以水墨刷之，则有字处沾墨，无字处不沾，印之与刊板无异也。又西人能为极细字，在分寸间，可写千百言，以显微镜窥之，笔笔精到，宛如大字。其法初亦用显微镜，扩小为大，写成底本；又用照画法，缩大为小，影而下之，故能穷尽豪发。兹因吃墨石而类记及此，亦一奇云。"

　　石印作品的类别从早期的宗教出版物，到清末民初时迅速囊括了四部各类以及新学读物等，从存世的书目广告可窥一斑。如《扫叶山房发行石印精本书籍目录》亦名《扫叶山房书目》（属于书局为售书而编目印行的传单或小册子，周振鹤统名为营业书目），多附于各种扫叶山房石印本后或单独印行；又如《上海同文书局石印书画图帖》，记载本书局曾发行《宋本说文解字》《钦定殿本二十四史》《中西算学大成》《增像全图三国演义》以及《孙批胡刻文选》《殿本全唐诗》《大题三万选》等四部典籍，并附书画楹联，共百余种。时事画报（《点石斋画报》《图画日报》等）、月份牌、广告画、乐谱等商业领域也广泛应用了石印技术。民国时各书局又开始使用铅字排印或更便利的金属版以替代石版（多为锌版或铅版，仍是以水油分离为原理的平版印刷，故亦可算作广义上的石印术，《四部丛刊》即为照相锌版影印古籍的代表），具有更精细存真、快速价廉的优点。

　　·黄永年：《古籍版本学》，第216页。石印术传入我国，可早至麦都思于道光十二年（1832）左右在广州、澳门的活动，黄永年师应是据张秀民相关论文等补充此说；亦有苏精等研究者指出，石印术在中国使用的起始时间可能要稍早于麦都思，如马礼逊（R. Morrison）等人已在1826年底的澳门尝试石印，并从1831年起印制宗教性印刷品，1829年英国东印度公司在澳门、1831年美国海外传教会在广州，亦均尝试石印刊物并竞争传教。可参张秀民：《石印术道光时即已传入我国说》，《文献》1983年第4期，第237—238、245页；张秀民著，韩琦增订：《中国印刷史》（插图珍藏增订版），杭州：浙江古籍出版社，2006年，第441—444页；苏精：《马礼逊与中文印刷出版》，台北：台湾学生书局，2000年，第171—181页；杨丽莹：《清末民初的石印术与石印本研究：以上海地区为中心》，上海：上海古籍出版社，2018年，第23—27页。

　　·（清）毛祥麟：《对山书屋墨余录》卷一六"志泰西机器三十一则"，天津图书馆藏同治九年（1870）湖州醉六堂吴氏刊本，第12叶正、背；（清）毛祥麟撰，毕万忱点校：《墨余录》卷一六，上海：上海古籍出版社，1985年，第254页。杨丽莹：《清末民初的石印术与石印本研究：以上海地区为中心》，第 27—28 页。石印原理的简要解释可参李续祖：《石印原理》，《化学》1950 年第 6 期，第 112—113 页；更为详尽的论述可参许静波：《石头记：上海近代石印书业研究（1843—1956）》，苏州：苏州大学出版社，2014 年，第 81—136 页。

•周振鹤编：《晚清营业书目》，上海：上海书店出版社，2005 年，第 401—409 页。更多书目增补信息可参《中国近代古籍出版发行史料丛刊》及其《续编》《补编》等，以及杨丽莹：《清末民初的石印术与石印本研究：以上海地区为中心》附录三"清末民初主要石印书局书目"，第 202—236 页。石印产业的代表书局与代表印品概述，可参吴家驹：《清末民初上海石印业概述》，《图书馆杂志》1988 年第 6 期，第 57—60 页。

当时石印古籍大体有这样几种办法：（1）把原书摄影后按原大石印。这样做纸张耗费多，成本高，因此只有同文书局承印的武英殿铜活字本《古今图书集成》这么办，而且开本装潢都完全仿照殿本原式，因为政府出得起钱，印得讲究点没有关系[8]。（2）把原书摄影缩小后石印。同文书局以及后来五洲同文书局影印的武英殿本《二十四史》就都这么做。同文书局印得较精美，可惜其中《旧五代史》用的并不是真殿本，而是据别的本子仿照殿本的字体款式重新写过付印的，真殿本《旧五代史》版心上方题"乾隆四十九年校刊"，同文书局据别本重写时不知道，和其他各史一样都写成了"乾隆四年校刊"。五洲同文书局石印《二十四史》才一律用真殿本，但印书的油墨不好，有浸润到笔划之外的毛病[9]。（3）按行剪开原书，重新粘贴，把原书一页半，或两页、三页甚至更多页合并成一大页，摄影缩小后石印。这样可把原来几十本、成百本的大书缩印成几本、几十本，不仅售价低廉，而且翻检使用以至庋藏携带都大为方便。同文书局多数的石印书，如徐润《年谱》中提到的《资治通鉴》《通鉴纲目》等一大批，就都采用了这种并页缩印的办法。其中《康熙字典》把武英殿本四十册缩印成六册，《全唐诗》把殿本一百二十册缩印成三十二册，都极受读者欢迎。当然，字缩得比较小，必须技术高明，才能清晰可读。同文书局在这点上还做得比较好。竹简斋石印的大本《二十四史》等也用此办法，由于技术差，印本就欠清晰，加之剪贴并页时又不认真细心，有错行、脱漏等弊病，故不能取信于人。（4）不剪开原书，而把原书四页分上下栏并成一大页，或原书九页分三栏并成一大页，再摄影缩小后石印。积山书局石印《康熙字典》，史学斋石印《二十四史》等就用这种办法。这比剪贴并页的办法要少些差错，阅读起来也不像剪贴的那种长行直下费眼力。（5）雇人将原书重新用楷书抄写后摄影石印。当时石印的章回体旧小说以及供科举考试夹带用的《四书备旨》《大题文府》《小题文府》之类就多用这种办法。夹带进考场里用的要开本小而内容多,因此往往在抄写后摄影缩成蝇头小字再付印。后起的石印书局扫叶山房最喜欢用这种办法。手边有一册民国七年戊午正月重订的《扫叶山房发行石印精本书籍目录》,共列书四百十九种,据原本影印的不到四分之一,四分之三以上都是重写后印,所幸字尚未缩得太小,只是俗陋得叫人阅读起来感到不舒服[10]。

【旁征】

[8] 同文书局石印本《古今图书集成》

《古今图书集成》一万卷、目录四十卷,清康熙时陈梦雷编纂,原名《古今图书汇编》,分为六编三十二典,雍正时武英殿以铜活字排印了六十余部,印制精良。光绪十年(1884)上海图书集成铅版印书局曾铅字排印全书(图绘部分石印),美查主持,字体较扁,讹误甚多但流传较广。

据光绪朝朱批奏折,光绪十六年(1890)十月十六日清廷谕旨"著照殿版式样石印《图书集成》",立限三年,并"先行购买殿版原书一部,以为描润照印底本",由上海同文书局据铜活字本描润照相石印,光绪十七年又为全书校勘讹字请旨,光绪二十年完成印制,成品散布国内外。此同文书局石印本每部五千余册,文字装帧均优于扁字本,且卷末有《考证》二十四卷,对原书引文等有大量勘误。1934年中华书局缩小影印康有为旧藏铜活字本《古今图书集成》共八百册(抄配部分借印文澜阁藏本),末册有陆费逵《影印缘起》一文总叙各版本与影印始末,后亦附影印同文书局本《考证》。

> • 陆费逵:《影印缘起》,《古今图书集成》影印本第 800 册,上海:中华书局,1934 年。子冶标点注释:《清廷石印〈古今图书集成〉旧档》,《出版史料》2003 年第 1 期,第 61—63 页。赵长海:《〈古今图书集成〉版本考》,《古籍整理研究学刊》2004 年第 3 期,第 43—47 页。张伟:《晚清上海石印业的发端与拓展》,上海图书馆历史文献研究所编:《历史文献》第十八辑,上海:上海古籍出版社,2014 年,第 590—594 页。何玲:《光绪朝石印〈古今图书集成〉的流传与分布》,《中国典籍与文化》2015 年第 4 期,第 75—84 页。冯立昇:《清末〈古今图书集成〉的影印出版及其流传与影响》,《印刷文化(中英文)》2020 年第 1 期,第 71—89 页。

[9] 殿本《旧五代史》与同文书局影印"殿本"《旧五代史》

北宋开宝六年至七年(973—974),薛居正等人奉旨以五代各朝实录等为基础编纂《五代史》,事载《玉海》卷四六《艺文》引《中兴书目》语。在欧阳修《五代史记》流行后多改称《旧五代史》,大约于明清之际散佚。今本为清乾隆时四库馆臣邵晋涵等据《永乐大典》等书引文辑佚重编而成,乾隆四十年(1775)缮写进呈,此本在1921年由熊罗宿影印出版(简称影库本)。初时正文下有小字标明辑佚来源以及考证订补。乾隆四十九年(1784)武英殿刊刻前,去掉了出处注文并删改违碍字句,同治年间崇文书局翻刻殿本亦无出处注文。存世亦有邵晋涵旧藏抄本、孔继涵旧藏抄本、彭元瑞校抄本、卢氏抱经楼藏旧抄本,以及据殿本校补卢藏抄本后刊刻于1925年的刘承幹嘉业堂本(小字注有辑佚出处等,《百衲本二十四史》影印,见书影2-1-3左)等。中华书局点校本与点校修订本均以熊罗宿影印本为底本,参校别本与他书引文。陈尚君《旧五代史新辑会证》是今人重新辑校并考辨的优秀成果。

　　武英殿本《旧五代史》为了和其他几种已刊刻殿本正史保持一致,除字体、行款相同外,版心上方也有刊刻时间记录。乾隆三年(1738)国子监奏请校刻《十三经注疏》《二十一史》与《旧唐书》,乾隆十一年十二月刊竣进呈。所以殿本《二十四史》中,除《旧五代史》和《明史》外均题"乾隆四年校刊"字样。其中《辽》《金》《元》三史又自乾隆十二年起因修改译名而须订正,缮写后重刊,同时亦对文字错讹有所校改,道光四年(1824)始刻,至七年完工,故重刊本版心题"道光四年校刊"字样。《旧五代史》辑佚完成并上呈于乾隆四十年,四十九年改订完成并付刊,故版心题"乾隆四十九年校刊"(见书影2-1-3中),同文书局本似据重抄本影印,尚存不少笔意,版心则误作"乾隆四年校刊"(见书影2-1-3右)。《明史》则刊刻于乾隆元年至四年(1736—1739),早于《二十一史》与《旧唐书》,故版心未能统一。道光年间,除《旧五代史》与《辽》《金》《元》三史之外的二十种殿本正史修版重刊,版心改作"道光十六年重修"。

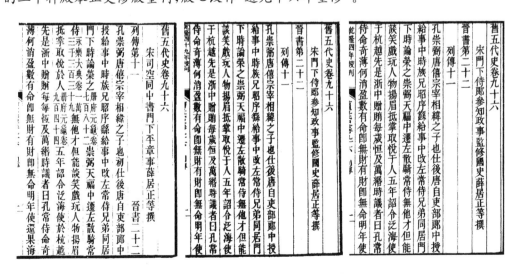

书影2-1-3:《旧五代史》卷九六《孔崇弼传》

左:民国刘承幹嘉业堂刻本(《百衲本二十四史》影印);中:清武英殿刻本(光绪二十九年[1903]五洲同文书局影印);右:"殿本"(光绪十年[1884]同文书局影印)

- 黄永年：《唐史史料学》，第33—35页。
- 张学谦：《武英殿本〈二十四史〉校刊始末考》，《文史》2014年第1辑，第91—122页。

[10] 石印古籍之类型

黄永年师以是否原大影印及缩版方法将常见的石印本古籍分成五类，并评价其技术特点与优劣，其中第三种与第四种类型需再作申说。

第三种为剪贴并页，与影印底本相比，最大的变化是增加了每行字数（即所谓长行直下）、改变了古籍行款信息。例如《康熙字典》殿本版式为半叶8行，每行12大字、24双行小字，单鱼尾，道光时校订重刊本同（上海古籍出版社1996年影印，汉语大词典出版社2005年标点整理本以此为底本）。现存的清末石印本《康熙字典》多采用剪贴并页缩印，多为六册，但行款各有不同，如光绪九年（1883）、十年和十一年同文书局本和光绪十五年点石斋本均为半叶16行、每行24大字48小字，光绪十三年积山书局本为半叶21行、每行30大字60小字，光绪十六年同文书局本改为半叶18行、每行24大字48小字（板框上方有篆字，中华书局曾于1958年影印，1962年重印时增加王引之《考证》，2010年再版时增加检索索引）。较为特殊的是，张元济曾删汰其中"奇诡生僻、无裨实用"的三万余字，并由商务印书馆在1949年出版《节本康熙字典》（商务印书馆2001年重印），收字约八千六百个，并用殿本剪贴影印、加以校改，每页三栏，每栏23行，每行12大字、24小字，虽然和殿本每行字数相同，但也应属于此类。

第四种为直接取原书整叶并排缩印，在并页较多时会修去版心和部分板框，使整体更加紧凑美观。采用此种办法影印的《康熙字典》有如光绪九年（1883）点石斋石印本，每页有上、中、下三栏，每栏共24行，每行12大字、24小字，字数与底本一致，但因重做每栏版心而鱼尾数增至每页六处，与底本有所不同。

- （清）张玉书等编纂，张元济节选：《节本康熙字典》小引，北京：商务印书馆，2001年，第1—2页。

以上这几类石印本除重写付印者外，实际上都可称为影印本，因为都是用刻本古籍摄影后付印的。只是这些石印本所用的底本不怎么讲究，多采用当时通行易得的武英殿本之类摄影后付印，而不去寻求宋元旧本、善本。因为当时书商石印这些古籍仅着眼于内容，只要内容适合购买者需要就印来赚钱，而不是为了保存旧本、善本的真面目才摄影石印，这和后来影印善本古籍走的是两个路子。后来商务印书馆、中华书局等大书局大量印售古籍,精善的旧本用影印,满足好古者和专家、学者的要求;普通的用铅字排印,售价更低于石印本。旧式的石印书局逐渐被淘汰,只有扫叶山房拖延到 50 年代初才歇业,但歇业前也久已奄奄一息,门可罗雀了。

古籍影印事业的兴起

过去正规的影印古籍,是要影印善本古籍。这种善本古籍,既要求校勘精审,又要求其本身是稀罕难得而成为文物的善本。实际上,就是用摄影制版的方法来继续前人覆刻旧本书的事业。

这项新事业据我所知,是发轫于董康。此人是法学专家,但又喜欢藏书,喜欢刻书,除了用传统的方法覆刻善本古籍外,还试用摄影制版的方法来影印。第一部影印的是日本崇兰馆收藏的南宋刻本《刘梦得文集》,是摄影后制成珂珞版印刷的,附有民国二年董氏的印书跋语,说日本技师"小林忠治业珂珞制版,艺精为全国冠,曩为罗君叔言(振玉)影印宋拓碑志,浓澹丰纤,犹形鉴影,乃介内藤炳卿(虎)博士假〔此书〕归,属小林氏用佳纸精制百部"。印的部数所以这么少,一是由于珂珞版印不多,珂珞版的长处是印出的东西完全和照片一样,不像石印只是一种黑色不分浓淡,但版子不耐磨,印了二三百份就起毛,不宜再用;再是由于成本高,售价贵,一部《刘梦得文集》要银洋三十元(见《艺风堂友朋书札》吴昌绶第一二四札),超过当时一部明初黑口本或嘉靖本的价钱,一般穷知识分子无力购买,印多了怕销售不掉。可是,有些爱玩旧书的人还嫌它不如覆刻本古雅,如董康另印了一部明如隐堂本《洛阳伽蓝记》,他的朋友吴昌绶在给缪荃孙的信中就说:"珂珞版徒费钱,无谓之至,绶已乞其底本,另刊一册,吾师必以为然。"并说:"景写恐不真,即以所印珂珞版本上木。"(《艺风堂友朋书札》吴昌绶第八六札)说明当时真有一些藏书家宁愿把旧本书上木覆刻而不愿用珂珞版影印[11]。因此,珂珞版印书事业在我国长期以来得不到发展,除董康、罗振玉以及瞿氏铁琴铜剑楼等以私人之力影印过一些宋本和敦煌流出的古写卷子本外,很少有人干这种成本高而获利未必能厚的雅事。倒是日本的几个文化单位在第二次世界大战前印得多些,而且,由于当时日本制作珂珞版的技术高,印书的纸又多选用日本特产的色泽古雅的皮纸,其成品反比我国自印的精美。如前田氏尊经阁影印所藏宋刊孤本《重广会史》,连书衣也用珂珞版印制,看上去真像历时有年的文物。无怪当年傅增湘以万元购得南宋监本《周易正义》后,要请日本人用珂珞版代为影印了[12]。

【旁征】
[11] 珂珞版影印与董康

珂珞版印刷术,亦名珂珞版、玻璃版等,和石印术同属平版印刷技术,大致步骤为先在磨砂玻璃版上涂布感光膜，用待复制的古籍照相底片使其感光，再清洗显影、上墨印刷。相较使用石版或金属版的石印术，珂珞版印品可以有浓淡层次的墨色变化，更为逼真。而与同样具有墨色层次的网目铜版印法相比，珂珞版印品图像放大后并无网点分布，更为精细。然而因玻璃版不耐磨而印数少，成本高，故多用于复制珍稀古画、碑帖、写卷等，影印整部古籍则质优而价昂。

董康（1867—1947），字授经，号诵芬室主人，江苏武进人。爱好藏书、刻书，曾多次赴日访书，经历详载其著《书舶庸谭》等。除覆刻珍本（如覆日本活字本《新雕皇朝类苑》、覆元至正本《中吴纪闻》等）、刊刻秘笈之外，董康还在日本友人小林忠治郎帮助下，以珂珞版影印多部古籍，惜无完整影印书目存世。贾二强曾据各家书目记载加以考证，得十九种，佐藤进、杨月英等亦有所补正。所据书目如《诵芬室刊印书目》，为附在诵芬室刊本之后的一叶书目，与当时书坊经营书目有些类似，记载已刊、将出的典籍与书价。今见天津图书馆藏诵芬室刊本《梅村家藏稿》卷末所附《诵芬室刊印书目》中（见书影2-1-4），列有玻璃版影印古籍七种，以及《盛明杂剧》三十种"附玻璃版制图三十页"。

日本崇兰馆藏本《刘梦得文集》，本书"底本"篇旁征[53]已有提及。《四部丛刊初编》据董康影印本影印，卷末有董康跋，又有内藤虎跋云：

> 宋椠《刘梦得集》卅卷、《外集》十卷，盖为东山建仁寺旧藏，相传千光国师入宋时所赍归……清国董授经京卿雅善鉴藏，又喜刻书，顷避地东渡，侨寓平安。既尽阅崇兰之藏，深爱此书，借览不足，竟谋景刻。乃用玻璃版法，精印百部，以贻于世。虽纸幅稍蹙原本，而精采焕然，不爽豪发。自兹东瀛秘笈复广流传，中山精华顿还旧观。是则授经之有功此集，不在次道下矣。

可知此书是大正二年（1913）董康在日本影印出版，价格高昂。据吴昌绶致缪荃孙信札可知最初印出样本时，一部售价三十元。黄永年师《古籍版本学》与贾二强《董康影印古书述略》均记录所见《诵芬室刊印书目》（宣统三年[1911]诵芬室刊民国间印《梅村家藏稿》《梅村先生乐府三种》后附）中，此书价格已上涨为现银四十四元。而今见天津图书馆藏《梅村家藏稿》有丙辰（1916）刊附的《梅村先生乐府三种》，卷末《诵芬室刊印书目》中有"宋本《刘梦得集》三十卷、《外集》十卷（十二册）"，价格却作现银一百元（见书影2-1-4）。按，推测可能是因此书印数过少、存货不多，几年间迅速提价，从而在《梅村家藏稿》后印本附目中实时更新。

明如隐堂本《洛阳伽蓝记》，1915年董康影印。《中国版刻图录》云："版心下镌'如隐堂'三字。嘉靖间吴人陆采《天池山人壬辰稿》自署'如隐草堂'。观此书字体版式，

诵芬室刊印书目

宋本李贺歌诗编四卷外集一卷　二册　现银二十二元
宋本青山集三十卷外集七卷　现银一百元
宋本刘梦得集三十卷外集十卷　十二册　现银二十元
宋本草窗韵语六卷　三册　现银一元
明如隐堂本唐才子传十卷　二册　现银十二元
明绍陶室本洛阳伽蓝记五卷　二册　现银十四元
五山本元和活字本皇朝类苑七十八卷　十二册　现银四元
明日本元至正本中兴纪闻六卷　附朋以上玻璃版　现银十六元
影宋残本五代平话八卷　二册　现银五元
影元本杨仲宏集八卷　六册　现银五十元
影元本中州集十卷乐府一卷　二册　现银三十元
影元本金台集二卷　一册　现银十二元
影明本铁崖古乐府十卷复古诗集六卷　二册　现银十四元

《刊印书目》

东维子诗集三十卷　前出
铁崖咏史注八卷
梅村家藏稿五十八卷补一卷年谱三卷　天壤阁刊　现银
校礼堂本青琐高议前集十卷后集十卷别集七卷　三册　现银十四元
读曲丛刊八种　五册
足本翦绡新话四卷余话五卷　三册
醉醒石十五卷　四册
盛明杂剧三十种　二十一册
盛明杂剧二集二十一种
影明洪武礼仪四十二卷
华严忏仪本元音十卷
古文旧书考四卷　现银三元
铁琴铜剑楼书目三十卷　现银三十六元
古乐传奇四种
江东白苧附萧爽乐府二册　现银八元每种八元

书影 2‑1‑4：《诵芬室刊印书目》

清宣统三年(1911)诵芬室刊本《梅村家藏稿》附 1916 年刊本《梅村先生乐府三种》末附，天津图书馆藏

纯系明中叶吴中风格，因知此本当出陆采校刻。宋、元旧本久佚，此为传世最早之本。"贾二强赞同此说。吴昌绶致缪荃孙信札中，讲了董康委托他补配此本缺叶三纸一事，吴昌绶又求其师缪荃孙帮忙。信里吴昌绶对珂罗版并不看好，意欲自行影刊："景写恐不真，即以所印珂罗版本上木，即以其人之道还治其人之身。授经必大诃，而绶以为大乐。惟珂罗本尚未来，须赶速补与三叶，令其完成一书，然后再我用我法。"

• 珂罗版技术方面的研究比较丰富，论述其技术特点并与网目铜版对比的研究，可参瞿艳丹：《影印存真：中国近代的珂罗版印刷技术考》，《近代史研究》2022年第 2 期，第 152—159 页。

• 贾二强：《董康影印古书述略》，李浩、贾三强主编：《古代文献的考证与诠释：海峡两岸古典文献学国际学术会议论文集》，上海：上海古籍出版社，2006 年，第 184—197 页。[日]佐藤进：《珂罗版之路的开拓者小林忠治郎——以与罗振玉、董康、傅增湘的交流为中心》，王勇主编：《书籍之路与文化交流》，上海：上海

辞书出版社,2009 年,第 33—36 页。杨月英:《董康与日本珂罗版技术专家小林忠治郎的交游——兼补董康珂罗版印本书目》,《中国典籍与文化论丛》第二十六辑,南京:凤凰出版社,2023 年,第 349—363 页。杨月英注意到,随董访日的杨无恙著有《日本腐谈》一书,其中记载了董康与小林忠治郎的交游。

• 钱伯城、郭群一整理,顾廷龙校阅:《艺风堂友朋书札》吴昌绶第一二四札、第八六札,上海:上海人民出版社,2018 年,第 1135、1110—1111 页。

• 北京图书馆编:《中国版刻图录》(增订本)第一册目录"洛阳伽蓝记"条,北京:文物出版社,1961 年,第 73 页。

[12] 珂罗版影印与罗振玉、傅增湘等

罗振玉在日本京都期间,由小林忠治郎等协助,花费巨资以珂罗版影印出版了众多出土文献汇编,如《殷墟书契前编》《鸣沙石室佚书》《齐鲁封泥集存》《四朝钞币图录》《蒿里遗珍》《古明器图录》《古镜图录》《隋唐以来官印集存》等,涉及甲骨、敦煌遗书、封泥、古钱、买地券、明器、铜镜、古印等众多类别。罗振玉在回国后继续出版《殷墟书契续编》与《三代吉金文存》时,亦专门将原拓送往京都制版影印。

《重广会史》一百卷,佚名所撰类书,汇集史书、诸子等的治道文字,传本久佚。日本前田氏尊经阁藏有宋刊本,1928 年日本育德财团据以影印,中华书局 1986 年缩版影印,后附日文影印解题。今有周延良《重广会史笺证》。

傅增湘藏南宋监本《周易正义》十四卷,1935 年购自徐坊后人,旋即委托小林忠治郎以珂罗版影印 200 部,并撰写长跋于卷末,记叙其对此单疏本的喜爱与珍视。跋中将此书与小林以珂罗版影印的图书寮藏宋刊单疏本《尚书正义》相提并论,云:"余词知怦然心动,遂锐意举债收之,虽古人之割一庄以易《汉书》,无此豪举也。双鉴楼中藏书三万卷,宋刊秘籍且逾百帙,一旦异宝来归,遂岿然为群经之弁冕,私衷荣幸,如膺九锡……爰邮致东瀛,选集良工,精摹影印,板式若一,点画无讹,纸幅标题,咸存旧式,俾与近岁覆印《书疏》联为双璧,从此数百年孤行之宝籍,化为百本,流播无穷。"附记校勘、定年与递藏之论述。此本今藏国家图书馆,《中华再造善本·唐宋编》曾影印。此珂罗版则有北京大学出版社 2017 年影印本(题《影印南宋官版周易正义》,与日本足利学校藏南宋越刊八行本《周易注疏》合印)和浙江古籍出版社 2017 年《师顾堂丛书》影印本(题《景宋单疏本周易正义》)。

• [日]佐藤进:《珂罗版之路的开拓者小林忠治郎——以与罗振玉、董康、傅增湘的交流为中心》,王勇主编:《书籍之路与文化交流》,上海:上海辞书出版社,

2009 年，第 27—32 页。

• 佚名编：《重广会史》影印说明，北京：中华书局，1986 年，第 1—3 页。

• 傅增湘跋据《影印南宋官版周易正义》影印珂珞版《周易正义》卷末跋语录文，与《藏园群书题记》卷一《宋监本周易正义跋》有少许文字差异，可参傅增湘：《藏园群书题记》卷一，上海：上海古籍出版社，1989 年，第 2—6 页。相关史事可参苏枕书：《傅增湘影印南宋监本〈周易正义〉之始末》，载《岁华一枝：京都读书散记》，北京：中华书局，2019 年，第 148—162 页。

　　我国当时最大的出版企业商务印书馆也有制作珂珞版的设备，但主要用于影印旧拓碑帖，影印善本古籍则用石印，这样不仅部数可以印得多，售价也可以比珂珞版影印的低廉。最先是辑印《续古逸丛书》，即续黎庶昌在日本辑刻的《古逸丛书》，不过黎书用覆刻，刻的是流传在日本的宋元本、古写本；续书则主要挑选国内公私藏书中稀见的宋本和其他旧本，陆续用石印原大影印。到抗日战争时已影印了四十六种，新中国成立后又影印了最后的第四十七种即南宋刻配毛抄本《杜工部集》[13]。当这个《续古逸丛书》初步取得声誉后，在民国九年又开始辑印《四部丛刊》，共选择四部要籍三百二十三种（《二十四史》在外），用宋金元明刻本、影宋元抄本、旧抄本、明活字本、校本、日本、朝鲜旧刻本以及少数清刻本、民国精刻本摄影缩小后石印。由于选的书好，版本好，售价也比较低廉（平均每册书不过三角到五角钱，在当时和同样厚薄的铅印平装书售价差不多），因此国内外图书馆和专家学者竞相购买，风行一时。以后，又将其中少数不够理想的底本更换重印，出了《四部丛刊》的重印本。又把《四部丛刊》的四页缩并成一页，改线装为平装、精装，用白报纸印了更廉价的《四部丛刊初编缩本》。又选择稀见的善本影印了《四部丛刊续编》《三编》，选择宋、元、明本和其他善本影印了《百衲本二十四史》。此外，还影印了明正统本万历本《道藏》，根据文渊阁本选印了《四库全书珍本初集》，根据阮元进呈原本选印了《宛委别藏》等，都是属于影印大部头善本古籍的性质。非宋元善本而较有用的古籍，商务也影印了不少，如明程荣刻《汉魏丛书》，清蒋光煦刻《别下斋丛书》，日本活字印《佚存丛书》，汲古阁本《唐四名家集》《五唐人诗集》《元人十种诗》等，都用《四部丛刊》的规格。为了与商务竞争，中华书局除排印《四部备要》外，也影印了《古今图书集成》。至于开明书店将殿本《二十四史》加上《新元史》缩印为《二十五史》九大册，世界书局将阮元刻本《十三经注疏》、胡克家刻本《资治通鉴》各缩印为两大册，则着重在普及，可以说是清季同文书局等石印古籍的继续。

【旁征】

［13］商务印书馆影印《续古逸丛书》等

　　张元济主编《续古逸丛书》，自1919年至1957年间陆续出版47种，底本除一种蒙古刊本、一种《永乐大典》本外均为宋本，原大影印、宣纸线装，保存旧本原貌的同时兼具古籍特有的艺术性。张人凤在《张元济与〈续古逸丛书〉——代跋》中将此丛书的编印过程分为四个阶段：第一阶段影印了22种古籍，第一种《宋椠大字本孟子》于1919年影印，次年出版《宋刊南华真经》，1922年至1923年出版《北宋本尔雅疏》《北宋本说文解字》等20种，张元济曾云：

　　　　念此版本之罕见与纸墨之精审，惟《古逸丛书》堪相比拟。因取丛刊之体，以续黎氏之书……兹二十种者，皆四部之要书，不传之秘册。历经宋元明清名家弆藏、题识，具有渊源，动瞩骇心，可宝孰甚。摄影传神，无异真迹，与旧时仿宋写样上版、辗转失真者，不可以道里计。

张元济主张以影印技术存真、精印古籍，这也贯彻于他的出版事业始终；第二阶段为1928年《宋本礼部韵略》等12种，底本大多来自铁琴铜剑楼；第三阶段为30年代涵芬楼炸毁之后出版的《宋椠袁本昭德先生郡斋读书志》等12种；第四阶段，原定于1936年左右出版《历代地理指掌图》等，因战乱中止。直至1957年，商务印书馆为纪念建馆60周年而出版了最后一种《宋本杜工部集》，总计47种。江苏广陵古籍刻印社1993年缩小影印，江苏古籍出版社2001年重印。

　　此外，商务印书馆在民国时期以影印方式出版的较大体量的古籍与丛书选本亦有明本《道藏》《续道藏》《别下斋丛书》《佚存丛书》《汉魏丛书》《顾氏文房小说》《四库全书珍本初集》《宛委别藏》《景印元明善本丛书十种》以及汲古阁本《唐四名家集》《五唐人诗集》《元人十种诗》《唐六名家集》《唐人八家诗》等。

　　•张人凤：《张元济与〈续古逸丛书〉——代跋》，张元济辑：《续古逸丛书》集部，南京：江苏古籍出版社，2001年，第4—5页。张元济：《影印〈续古逸丛书〉二十种缘起》，载《张元济全集》第10卷《古籍研究著作》，北京：商务印书馆，2010年，第241—247页。
　　•张元济：《张元济全集》第10卷《古籍研究著作》附录三，第603—605页。

　　新中国成立后，在古籍影印上也作出了成绩。印得比较精美的有珂珞版原大影印南宋本《楚辞集注》，原大影印南宋本《艺文类聚》，原大影印元本《东坡乐府》《稼轩长短句》，原大影印天一阁旧藏明抄本《录鬼簿》。用《四部丛刊》规格缩小影印的有南宋本《白氏长庆集》、南宋本《乐府诗集》，以及大部头的《古本戏曲丛刊》、残存的《永乐大典》等孤本秘笈。缩小并页影印成精装大厚本的，有南宋本配明隆庆本《文苑英华》，明崇祯本《册府元龟》，以及普及性的《四库全书总目》之类。此外，在台湾地区也影印了大量的古籍，日本也影印了我国的一些善本古籍。台湾地区影印的文渊阁本《四库全书》，用元本影印的《玉海》；日本用宋本影印的《通典》，都是精装缩印，既使用方便，又有学术价值。

改革开放后，上海影印了《清人别集丛刊》和《宋蜀刻本唐人集丛刊》，都已列入国务院古籍整理出版规划小组编制的《古籍整理出版规划》(1982—1990)里。《规划》还准备影印《四库珍本丛书》《古逸丛书三编》《古籍善本丛书第一集》，以及《珍本丛刊》《稿本丛刊》。《古逸丛书三编》已陆续影印出版，大部头的《全唐文》也已缩小并页影印出精装本，其他零星影印古籍之已出版和计划出版者为数更多。今后，影印本在整理出版的古籍中会占相当比重。

二　方　法

影印的几种方法及其作用

在什么情况之下需要把古籍影印？影印有哪些方法，各自起什么作用？这是今天讲影印古籍时首先要弄清楚的问题。

吸取已往的经验，我认为根据不同的需要，可用下列几种方法来影印古籍。

（1）著名的宋元刻本，尤其是今天仅存的孤本，包括明刻本、明活字本中特殊重要的孤本，特别有名的批校本，都应该按原大影印。列入《古逸丛书三编》中的，如南宋淳熙时龙舒郡斋刻本《金石录》，有明唐寅题记，清中叶藏南京甘氏津逮楼，解放初赵世暹以廉值获得后捐献国家。过去，冯文昌、江立、阮元、韩泰华、潘祖荫等递藏的宋本只有题跋十卷，已视若瑰宝，还刻了"金石录十卷人家"以自夸，这三十卷的完本从未见于著录。又如金刻本《壬辰重改证吕太尉经进庄子全解》，过去认为吕注《庄子》久已失传，有人还做过辑佚工作，今全书完好，为治庄学以及研究吕惠卿学术思想者久所向往[14]。列入《古籍善本丛书第一集》中的，如明嘉靖芝城铜活字蓝印本复经黄丕烈校过的《墨子》，是《墨子》旧本中最难见的孤本，旧藏海源阁，后为潘祖荫借校未还，当年专治墨学的栾调甫久思借看而未得[15]。又如明洪武时王氏勤有堂刻本《贞观政要》，是未经元人戈直作注窜改过的原本。本书"底本"篇里曾谈及前几年重印《贞观政要》误用戈本之失，现在能把洪武刻原本影印出来就可弥此憾。总之，这两种《丛书》绝大多数选得适当，应该赶快照原大印出。此外，印书的纸也应选用古雅一些的，原书的收藏印记应用红色套出。过去日本人影印宋元本书，有时连装订也仿照原书作蝴蝶装。我国50年代后期影印《顾云美卜居集手迹》，就试用过蝴蝶装，效果很好，至今历时已近三十年，粘连处毫无脱坏迹象。现在影印《古逸丛书三编》等，如遇到原书是蝴蝶装的，何妨照样一试。我所以主张影印这类特殊珍贵的孤本秘笈要讲究一些，主要是考虑到影印这类书的目的不仅在于使其广为流通，而且还要给这些孤本秘笈做出一些精美的复制品，使人们见到复制品，就可以大体窥见原书原貌，收虎贲中郎之效。至于售价，高一点也无妨，可供图书馆、研究机构购买。另外再印些缩小的平装本、精装本以资流通。

【旁征】

[14]《古逸丛书三编》、金刻本《壬辰重改证吕太尉经进庄子全解》

《古逸丛书三编》是20世纪80年代由赵守俨、傅熹年等版本专家主持,中华书局承印的古籍影印丛书,包括宋元珍本43种(多为孤本),宣纸线装,装帧考究。1982年起,古籍整理出版规划小组逐步拟定了《古逸丛书三编》的影印书目,并开始出版,如《三编》第二种即为龙舒郡斋刊本《金石录》三十卷。然而由于各种原因,目录所收古籍并未全部印行,吕惠卿《庄子全解》即属此类(大略比对1984年修订所选书目56种与《三编》实收43种,有出入者为北京图书馆和南京图书馆藏宋刊元修《国语》、南宋淳熙内府写本《洪范政鉴》等宋本七种,《庄子全解》《磻溪集》等金本两种,《鹖冠子解》《开元天宝遗事》等明活字本两种,以及上海图书馆藏《颜氏家训》《文心雕龙》等元本两种,其中绝大部分宋元本都在之后各编古籍影印丛书中得以出版)。

吕惠卿(1032—1111),字吉甫,号恩祖,晋江(今属福建泉州)人。《宋史》卷四七一有传。据本书卷首《进〈庄子义〉表》,元丰七年(1084)吕惠卿向宋神宗进呈"《庄子·内篇》七卷《义》"。然久已散佚,后人多自褚伯秀《南华真经义海纂微》等引文中窥得一二。民国时陈任中汇集各书引文与《吕观文进庄子义》残本(黑水城出土、现存俄国)校辑而成十卷本《宋吕氏庄子义》(亦名《宋吕观文进庄子义》),1934年印行。而此全本旧藏海源阁,半叶十二行,行大字二十三字至二十七字不等,白口,单鱼尾,左右双边(见书影2-2-1)。《楹书隅录》著录为宋刻,跋云:"尤是南宋原椠,为吕注之初本。"后由周叔弢捐至国家图书馆,《中国版刻图录》断为金大定十二年(1172)平水重翻北宋刻本。此珍本已有多种影印本面世,可弥补未印入《古逸丛书三编》之憾。国家图书馆出版社2011年影印,亦收入《子藏·道家部》,2017年又影入《国学基本典籍丛刊》,2019年出版整理本。

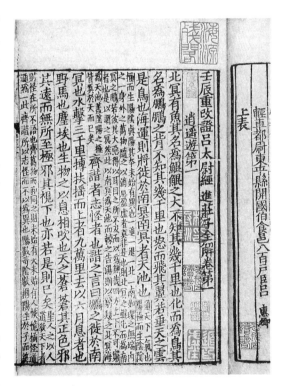

书影2-2-1:《壬辰重改证吕太尉经进庄子全解》卷一

金大定十二年(1172)刻本,国家图书馆藏(国家图书馆、国家古籍保护中心:《册府撷英:国家珍贵古籍特展图录(二〇〇九)》,北京:国家图书馆出版社,2009年,第68页)

• 1982 年的《古籍整理出版规划》(1982—1990)有《古逸丛书三编》初拟书目 51 种，后修订为《〈古逸丛书三编〉书目》，国务院古籍整理出版规划小组编：《古籍整理出版情况简报》第 120 期，北京：中华书局，1984 年 3 月 20 日，第 26—28 页。

• (宋)吕惠卿撰：《金刻本庄子全解》序言，方勇撰，北京：国家图书馆出版社，2017 年，第 1—4 页。(清)杨绍和撰：《楹书隅录续编》卷三，《续修四库全书》影印 1912 年董康补刻本，上海：上海古籍出版社，2002 年，第 658 页。北京图书馆编：《中国版刻图录》(增订本)第一册目录"壬辰重改证吕太尉经进庄子全解"条，北京：文物出版社，1961 年，第 48—49 页。

[15]《古籍善本丛书第一集》、明嘉靖芝城铜活字蓝印本《墨子》

《古籍整理出版规划》(1982—1990)的《古籍善本丛书》出版计划介绍道："选择一批卷帙较多、比较常用的善本古籍(兼顾板本和内容的参考价值)影印出版，以广流传。现拟出第一集选目，共 69 种。82—85 年内拟影印二十种。"其中包含《三朝北盟会编》《石匮书》《玉海》《古诗纪》《明文海》等多部百卷以上古籍，可知此丛书与《古逸丛书三编》各有侧重，后者旨在"拟按照正编、续编的方式，选择善本中较精的或孤本，卷帙不很多的，继续编印三编。影印线装，保持原本面貌"。《古籍善本丛书》项目虽未能完成，但大多数所收古籍已在后续得以影印或整理出版。黄永年师所列活字本《墨子》与洪武本《贞观政要》两例，当是根据拟定书目所作。

此活字本《墨子》有黄丕烈校跋、张一麐跋，海源阁杨氏旧藏，半叶十一行，行二十二字，白口，双鱼尾，四周单边。卷八末有题记云"嘉靖三十一年(1552)岁次壬子季夏之吉芝城铜板活字"，卷一五末题记又云"嘉靖壬子岁夷则月中元乙未之吉芝城铜板活字"(见书影 2-2-2)，今藏国家图书馆，《中华再造善本·明清编》《国学基本典籍丛刊》曾影印。《中国版刻图录》解题认为是铜活字印本，并指出："别有《通书类聚克择大全》，亦芝城铜板活字印。芝城，地名。印书人为姚奎，字近轩。"嘉靖三十年(1551)《通书类聚克择大全》一册亦藏国家图书馆，首题"芝城近轩姚奎纂辑。建邑蒲涧王以宁校刊"、卷一六末题记有"芝城铜板活字印行"字样，黄永年师认为芝城应即福建建宁府别称。

• 国务院古籍整理出版规划小组编制：《古籍整理出版规划》(1982—1990)，1982 年，第 108—109、127—128、129 页。

• 北京图书馆编：《中国版刻图录》(增订本)第一册目录"墨子"条，北京：文物出版社，1961 年，第 101 页。黄永年：《古籍版本学》，第 175 页。

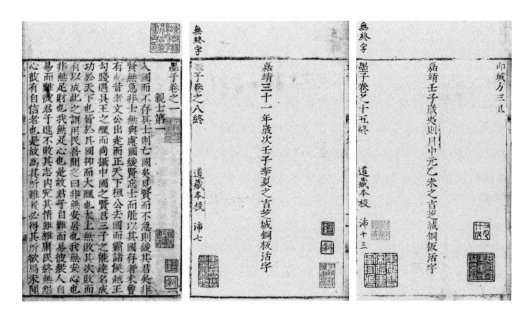

书影 2–2–2：左：《墨子》卷一；中：卷八末题记；右：卷一五末题记

明嘉靖三十一年(1552)活字本，国家图书馆藏(北京：国家图书馆出版社影印佚名撰《明活字本墨子》第一册，2017年，第7、172页；第二册，第170页)

  此书"旧藏海源阁，后为潘祖荫借校未还，当年专治墨学的栾调甫久思借看而未得"一语，可以《楹书隅录续编》卷三"校明蓝印铜活字本《墨子》十五卷二册"条末杨保彝附记为佐证："此本于光绪癸未(九年，1883)公车北上，为潘文勤师(潘祖荫)借校未还。文勤没，遂不可复见。"民国时栾调甫撰写了多篇精研《墨子》逻辑学、光学等内容的文章，与梁启超等学者商榷，后汇为《墨子研究论文集》《栾调甫子学研究未刊稿》等。其《墨子要略》一文发表于1932年，"传本源流"一节详考各代《墨子》传本特征，著录了黄丕烈校明嘉靖三十一年(1552)活字蓝印本和嘉靖三十二年唐尧臣刻本，并云前者"传行甚稀……黄本后归聊城杨氏，为潘祖荫借校未还，其书至今尚在潘氏。然据潘博山(名承厚，潘承弼[景郑]兄)校本，其文字讹误倒置，视癸丑本(即嘉靖三十二年唐刻本)更过之。世以蓝印活字为贵，从而为之轩轾，非也"。推知栾调甫当时似未得校活字本原书，而唐尧臣刻本有《四部丛刊初编》影印涵芬楼藏本，当时易得，故栾文多以唐本校异文。

  •（清）杨绍和撰：《楹书隅录续编》卷三，《续修四库全书》影印1912年董康补刻本，第76页；（清）杨绍和撰，傅增湘批注，朱振华整理：《藏园批注楹书隅录》续编卷三，北京：中华书局，2017年，第292页。

  •栾调甫：《墨子要略》，载《墨子研究论文集》，北京：人民出版社，1957年，第101—102页。

除《楹书隅录续编》《墨子》条题作"铜活字本"外，《楹书隅录》卷五亦著录了一部明铜活字本《栾城集》，案语云："明刊各书，以铜活字本为最善。昔得黄氏百宋一廛蓝印《墨子》，复翁校用黄笔。"看来杨绍和等认定此蓝印本《墨子》为铜活字印制。然而此书所用活字是否确为铜活字，尚有争议。杜泽逊指出，活字本可称"同版""仝板""铜板"等，指承载活字的铜板而非活字材质，此蓝印本《墨子》的两处"铜板活字"题记，只能说明其为活字本，不能肯定为铜活字。潘天祯、辛德勇、艾俊川等学者先后撰文论证无锡华氏会通馆等明代"铜版活字"实非铜活字，而汪桂海等则认为明代华氏的金属活字可能为含铜合金，"铜活字"一名不可轻易否定。

> • (清)杨绍和撰：《楹书隅录》卷五，《续修四库全书》影印 1912 年董康补刻本，上海：上海古籍出版社，2002 年，第 16 页；(清)杨绍和撰，傅增湘批注，朱振华整理：《藏园批注楹书隅录》卷五，第 227—228 页。
>
> • 杜泽逊撰：《四库存目标注》序论，上海：上海古籍出版社，2007 年，第 64—66 页。辛德勇：《重论明代的铜活字印书与金属活字印本问题》，《燕京学报》新 23 期，北京：北京大学出版社，2007 年，第 99—154 页；后增补为《论所谓明铜活字印书于史初无征验——附论明代的金属活字印本》，载《中国印刷史研究》下篇，北京：生活·读书·新知三联书店，2016 年，第 325—395 页。艾俊川：《谈铜版》，国家图书馆古籍馆编：《文津学志》第五辑，北京：国家图书馆出版社，2012 年，第 1—22 页；亦载《文中象外》，杭州：浙江大学出版社，2012 年，第 77—118 页。汪桂海：《谈明代铜活字印书》，《中国典籍与文化》2010 第 4 期，第 109—113 页。李洪波：《明代铜活字问题献疑》，《图书馆建设》2017 年第 10 期，第 95—100 页。

(2) 缩小影印。一种是上述特殊珍贵的孤本秘笈，可缩小影印以资流通。再一种是一般的善本书，即从校勘或文物角度来看都无疑是善本，但又算不上特殊珍贵的孤本秘笈的，这种善本为数较多，也宜缩小影印。近年来，选择难得的原刻本、稿本、旧抄本影印的《清人别集丛刊》，收集明活字本影印的《唐五十家诗集》，用谢国桢收集的难得的刻本、抄本影印的《瓜蒂庵藏明清掌故丛刊》，以及用乾隆时保蕴楼黑格抄本影印的程穆衡原笺、杨学沆补注的《吴梅村先生诗集》[16]，都是这种缩小影印本中印得较好的。这种书一般都要出白报纸平装本，同时也不妨另印一些毛边纸线装本，如《清人别集丛刊》就是如此。因为白报纸过了几十年有可能变黄发脆，不像毛边纸可经历较长的时间不变质。

【旁征】

[16] 乾隆保蕴楼黑格抄本程穆衡原笺、杨学沆补注《吴梅村先生诗集》

吴伟业（1609—1672），字骏公，号梅村，江苏太仓人，明末清初著名诗人。生前诗文已付刊刻，程穆衡、靳荣藩、吴翌凤等人分别加以笺注，其中程笺杨补本长期以抄本流传于世。显者如嘉庆黄丕烈士礼居抄本，今藏国家图书馆，民国时俞庆恩曾予校刊，编入《太昆先哲遗书》。然亦有黄永年师藏黑格抄本，半叶十一行，行二十一字，单鱼尾，白口，左右双边，版心下题"保蕴楼"（见书影2-2-3），有龙榆生、潘景郑与自题跋，潘跋认定为乾隆间精写本，较黄丕烈本、俞庆恩本更佳。上海古籍出版社1983年影印黄永年师藏本，亦是近出整理本之点校底本。黄永年师所撰影印本《前言》首先介绍了梅村诗文的流传历史，点明各家笺注诗词典故、本事之异同，以及程笺杨补本之各本差异，认可了潘跋将此保蕴楼抄本定在乾隆时的意见，并云："虽不必遽定

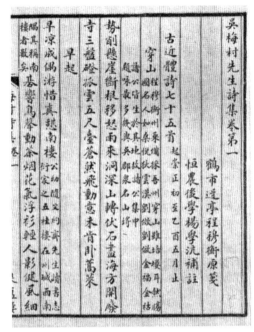

书影2-2-3：程穆衡原笺、杨学沆补注《吴梅村先生诗集》卷一

清乾隆保蕴楼黑格抄本，黄永年藏（黄寿成编著：《心太平盦古籍书影：黄永年先生收藏精粹》，第490页）

为杨氏补注成书时所写清本，其较接近杨补原本而胜于嘉庆时辗转传钞之黄丕烈本及用黄本改窜排印之《遗书》本则殆无疑义。"且举出诸多胜于黄、俞以及董康刊《梅村家藏稿》之异文，可以参看。

> • （清）吴伟业著，（清）程穆衡原笺，（清）杨学沆补注：《吴梅村先生诗集笺注》前言，黄永年撰，上海：上海古籍出版社，1983年，第1—6页。亦收入《黄永年古籍序跋述论集》，第55—58页；《黄永年文史论文集》第五册《文史杂论》，第53—56页。

（3）有些大部头书资料价值很高，很有用，是研究我国古代文史的必备书，亟待重印。但如点校后再用铅字排印，一则工程太大，旷日持久地弄上若干年也未必能竣工，再则也无此必要。因为这类书不是普及读物，使用这类书的只是一些专家学者，

最多是年轻的研究生和高等院校本科高年级生,他们都具备一定的阅读能力,不必急忙给他们加标点。如果认真地做些校勘,倒是很需要的,但日后再做也不迟。目前,应该在这类书中选择较好的善本,从速影印,以应急需。书的部头大,可吸取过去石印书局缩印古籍的经验,尤其是开明书店缩印《二十五史》、世界书局缩印《十三经注疏》《资治通鉴》等的经验,用缩小并页的办法,将原来几十、几百本的大书缩印成精装几大本,以便翻检使用。前面所说新中国成立后印成的《册府元龟》《文苑英华》等都采用了这种缩印精装的方法,大受读者欢迎。

（4）有些普通古籍,部头也不大,但属于文字、音韵、训诂方面,书中不常用的字多,古体字多,有时还出现金文、小篆以至隶书之类的古文字。这类书用铅字排印很困难,也应该影印。影印所用的底本不一定都用成为文物的善本,只要在校勘上够得上善本就可以。如最近几年来影印的泽存堂本《广韵》《玉篇》,原刊本《广雅疏证》《尔雅义疏》《经籍纂诂》,以及原刊本《隶篇》《汉隶分韵》之类,都是比较合用的。此外,还有不属于排印上有困难,而只是目前迫切需要,来不及整理点校的,也可以先找个本子影印以应急需。当然所找的底本要讲究些,至少在校勘上要够得上善本。

这几年在影印古籍中出现了一些问题,尽管问题不大也不多,仍需要在这里提出来说一说。一是所选的书不适当,把旧社会私商为牟利而刊刻的、极不严肃的《千家诗》、白话译注《诗经》之类也影印了。再一个是书虽可以印,但所选用的底本太坏,如《阅微草堂笔记》,不用嘉庆时盛氏原刊本,而用过去文明书局的重写石印断句本影印,不仅字写得俗陋可憎,断句也多错误[17]。让读者花了钱买这样的坏本子,实在不妥。

【旁征】

［17］嘉庆本与文明书局石印本《阅微草堂笔记》

《阅微草堂笔记》二十四卷,是纪昀在乾隆五十四年(1789)至嘉庆三年(1798)间,陆续写成的五种笔记小说《滦阳消夏录》《如是我闻》《槐西杂志》《姑妄听之》和《滦阳续录》的合刊。各本单行时多有传抄翻刻,讹误甚多。嘉庆五年门人盛时彦合编并校刻,半叶十行,行二十一字,版心题"嘉庆五年校刊""北平盛氏藏板"。后因板毁,嘉庆二十一年盛氏重刊,又新增讹误,但流传较广,成为道光十五年(1835)郑开禧序重刊本的底本。道光二十七年小蓬莱山馆据以上两种重刊本校刻,光绪以后则有更多刻本、石印本面世。《阅微草堂笔记》曾有多种评点与节抄,著名者如道光时徐珫摘录、评点并新刻的《纪氏嘉言》,以及道咸时翁心存评本(《续修四库全书》影印国家图书馆藏翁心存评嘉庆五年盛氏刻本,但与嘉庆五年本相比,版心无"嘉庆五年校刊"等字、卷首多出观弈道人自题诗二首,胡光明对勘后推测实为嘉庆十七年盛氏仿嘉庆五年本之重刻本)、同治时徐时栋评本、光绪时王伯恭（王仪郑）评本（后两种底本均为嘉庆二十一年重刊本）等，亦多未利用嘉庆五年原刻。可知嘉庆原刻本应是影印的最佳选择。

民国上海文明书局本系重写石印者，半叶十四行，行三十五字，对原书内容加以删削，显非善本。1980 年天津古籍书店影印本应即黄永年师所批评的版本。近时整理本中，孙致忠等校点《纪晓岚文集》本（石家庄：河北教育出版社，1991 年）和吴波等辑校《阅微草堂笔记会校会注会评》，皆以嘉庆五年刻本为底本，其余多以道光十五年重刊本为底本，如汪贤度校点本（上海：上海古籍出版社，1980 年）。

> • 李永忠、赵立新：《〈阅微草堂笔记〉版本考略》，《文献》1999 年第 3 期，第 276—279 页。胡光明：《〈阅微草堂笔记〉版本与评点研究》，北京大学硕士论文，2011 年，第 21—29、133—154 页。（清）纪晓岚著，吴波等辑校：《阅微草堂笔记会校会注会评》前言、凡例，南京：凤凰出版社，2012 年，第 1—44 页。天津古籍书店影印文明书局石印本断句错误严重，已有短文指出，钱行：《两种〈阅微草堂笔记〉》，《读书》1982 年第 9 期，第 51 页。

影印古籍的描润工作

古籍如何摄影，如何制版，如何印刷，都是印刷部门的工作，用不到古籍整理者去具体操作，需要具体操作的，只有"描润"这一道手续。

影印一部古籍，如果选用的底本很清楚，字划无模糊断缺之处，自然不需要描润。描润者，只是针对某些模糊断缺的底本所要做的加工手续。有些传世的宋元旧本并非初印，书板经多次刷印已有损伤，印出来的字划多模糊断缺，但又找不到印得清楚的初印本来代替，非用这个模糊断缺的后印本不可，那就必须在影印过程中插进一道描润工序。即根据别的版本把模糊之处描清楚、断缺之处补起来，使最后印出来的书基本上清晰可读。

清季石印《二十四史》《古今图书集成》等书时，都已作过描润。商务印书馆影印《四部丛刊》《百衲本二十四史》时，对描润工作更为重视。当年张元济曾写过一篇《记影印描润始末》的专文，讲《百衲本二十四史》尤其是底本最模糊的宋刻南北七史的描润工作，其具体办法是："原书摄影成，先印底样，畀校者校版心卷第叶号，有原书，以原书，不可得，则以别本，对校毕，有阙或颠倒，咸正之。卷叶既定，畀初修者以粉笔洁其版，不许侵及文字。既洁，覆校，粉笔侵及文字者，记之，畀精修者纠正。底样文字，有双影，有黑眼，有搭痕，有溢墨，梳剔之，梳剔以粉笔。有断笔，有缺笔，有花淡笔，弥补之,弥补以朱笔。仍不许动易文字,有疑,阙之,各疏于左右阑外。精修毕,校者覆校之,有过或不及,复畀精修者损益之。再覆校,取武英殿本及南、北监本、汲古阁本与精修之叶对读,凡原阙或近磨灭之字,精修时未下笔者,或彼此形似疑误者,列为举疑,注某本作某,兼述所见,畀总校。总校以最初未修之叶及各本与既修之叶互校,复取昔人校本史之书更勘之。既定为某字,其形似之误实为印墨渐染所致或仅属点画之讹者,是正之,否则仍其旧。其原阙或近磨灭之字,原版有痕迹可推证者,补之,否则宁阙。阙字较多,审系原版断烂,则据他本写配,于阑外记某行若干字据某某本补。复畀精修者摹写,校者以原书校之。一一如式,总校覆校之。于是描润之事毕,更取以摄影。摄既,修片。修既,制版。制版清样成,再精校。有误,仍记所疑,畀总校。总校覆勘之,如上例。精校少则二遍,多乃至五六遍。定为完善可印,总校于每叶署名,记年月日,送工厂付印。"这种认真的工作态度,以及细致、精密的工作方法,很值得借鉴学习[18]。

【旁征】

[18] 张元济主持下的古籍影印描润工作

在《记影印描润始末》所述描润各步骤之外,张元济等人也针对各色实际问题,制定了一些描润细则,可谓严格周密,这里略作补充。整体要求大体可概括为"庶修成之后与原书初印本一样",但保留了断版、部分印章等,也改变了一些原字的具体点画。一为《修润古书程序》十四则,强调"遇有断笔、缺笔、花笔、欠周到之笔,均须朱笔描修",总体要求是描润笔画要和原书原字笔画相仿特别强调若有缺笔避讳之字、保留印章所覆盖之字、边栏行线、断版文字等则不描补,但字内竖笔横裂者、"宀""口""臣"等起讫开口者、点画臃肿或过细者、笔画不应连而连者,则应加以梳别或修润。二为《修润要则》七则,强调尽量不露痕迹、与周围未修之字或笔画保持"匀称"的要求,以达到"庶修成之后与原书初印本一样"之目的。三为《填粉程序》十二则,因初修、精修可能需多次以粉笔将版面污渍墨迹、描朱笔迹等覆盖,故要求较多,"当处处为描朱地步着想"。针对个别古籍亦有特殊考量,如《宋书石印制版须知》要求按照不同补版字体分别描润、《周书制版须知》规定断版如何拼接、《隋书制版规则》确定中缝补字等。傅增湘评价道:"偶以数卷见投,观之朱墨烂然,盈阑溢幅,密若点蝇,萦如赤练,点画纤细,钩勒不遗。"

此外,在描润之前的环节中,亦有一步名为"去底灰"。徐蜀探讨了商务印书馆在影印古籍时广泛采用的"去底灰"工艺,即在描润之前,为获得白纸黑字的底样,使用高反差胶片拍摄书叶。此环节看似简单却关涉底本选择、胶片摄制与描润修版间的多方协作,纵然谨慎但仍然可能伤及文字,破坏了古籍的部分原貌。

- 张元济：《张元济诗文》，北京：商务印书馆，1986 年，第 248—250 页；张元济：《张元济全集》第 10 卷《古籍研究著作》，北京：商务印书馆，2010 年，第 268—270 页。《宋书石印制版须知》《晋书纪传制版须知》《周书制版须知》《隋书制版规则》《新唐书修行线要则》以及描修《北齐书》框线的要则等可参张元济致丁英桂第一〇一、一七七、一八四、二五八、三一三、四三二札，载《张元济全集》第 1 卷《书信》，北京：商务印书馆，2007 年，第 24—25、38、40—41、53、64、84 页。汪家熔曾介绍描润中影摹、套字、多次拍照的细节，参汪家熔：《张元济》，上海：上海辞书出版社，2012 年，第 274—276 页。
- 张元济：《校史随笔》傅增湘序，上海：商务印书馆，1938 年，第 4 叶正。
- 徐蜀：《简评〈四部丛刊〉制作工艺及影响》，全国古籍整理出版规划领导小组办公室编：《古籍整理出版情况简报》2017 年第 11 期（总 561 期），第 3—10 页。

尽管如此，据用原本对勘过的人说，无论《百衲本二十四史》还是《四部丛刊》等书里经过描润的地方，仍难免有极少数差错（《百衲本二十四史》中还有发现原据宋本有错字，径行改正而不说明的情况）[19]。可见这项工作做起来实在不容易。今天影印古籍，有时也免不了要描润，有些描润得还可以，有些则不够认真。如新出版的《世说新语》，用光绪时思贤讲舍刊本作底本影印，这个本子本来不是旧刻，印得很清楚，需要描润的地方应该不多，即使要描润，也有其他善本如《四部丛刊》影印的明嘉靖时袁氏嘉趣堂本和解放后用日本前田氏尊经阁影印所藏南宋绍兴本重新缩印的本子可对比，但仍有个别地方描错，卷上之上第八页小注"齐衰三年"的"年"字就错描成"平"字[20]。可见，这项工作还当认真讲究。

【旁征】

[19] 商务印书馆影印本中的描润得失

描润能将模糊难读的影印本变得清晰可观，但修补之后的文字有时和底本并不一致。若为无意出错，当尽量避免；若为有意校补，哪怕是因底本文字确有缺讹，也应慎重描修并加校记。

先以《史记》《五代史记》与《金史》为例来看《百衲本二十四史》影印描润的得失。杜泽逊曾撰文探讨百衲本《史记》及其底本南宋建安黄善夫本之间的复杂关系。黄善夫本为今存最早的三家注合刻本，直接或间接地影响了元明以降的各家合刻本。黄本三注俱全、刻印精美，而且传世稀少，洵为善本，清人已难见到此本原刊，日本则有一部半存世。清末时日本求古楼所藏半部辗转入藏涵芬楼,配以零卷仅得 69 卷(今藏国家图书馆,《中华再造善本·唐宋编》影印),原计划再以明王延喆本配补,直至 1931 年方获上杉氏藏整部照片(此本后藏日本国立历史民俗博物馆,日本汲古书院 1996—1998 年影印),百衲本《史记》终得以黄善夫本全帙影印。但黄本校勘草率,讹脱衍误并不少见,张元济《史记校勘记》以黄本与武英殿本等校勘,所得异文近五千条,在影印时据以修版校改者多达两千处。修版流程较为谨慎,杜泽逊在《校勘记》手稿中发现两页考核表:"表上列有工友姓名、工作时间、毛样应修字数、初样校出漏修擅修新增字数、覆样校出漏修擅修新增字数、评语等项。"描润要求与记录十分细致,校改文字时要模仿宋本字体,大段删补也很难看出痕迹,还清理了上杉氏藏本栏外行间的大量批点字迹,但仍出现了少量误修之字。值得注意的是,由于黄善夫本原刊很难得见,不少研究者误把百衲本《史记》当作黄善夫本原件加以利用,忽视了影印时描润校补的约两千处讹误。杜泽逊在文末明确指出,经过描润的百衲本《史记》"丧失了黄本原貌,造成版本系统的某些混乱,这种本子还能不能叫'影印'本,已成问题,依我看,倒满像明清时期的影刻本,因为那些所谓影刻本,大都是要改字的"。

汪家熔曾举《五代史记》为例,批评百衲本底本并非善本,又不附改字记录,有过分回护宋版的倾向。此书影印底本为借自傅增湘的宋庆元刻本(傅增湘云此宋刊《五代史记》除卷一数叶外均为元刊,尾崎康据百衲本鉴定为元覆宋庆元建刊本),张元济先后致傅增湘的多封信札均有提及,在校勘中已发现此宋刻不如殿本之处甚多:"讹误及脱漏之字,仅以殿本比对,亦有四百余。最重者为卷卅二及五、七,各约脱去一行。"但仍决定影印此本,将部分讹误加以描修,但并非全部:"凡为诸本所不误而此本独误者,拟将其字改正。脱字亦不加。此为保宋刊之声誉,免外人之指摘起见。"

陈晓伟撰文指出百衲本《金史》与其影印底本之间的文字差异。百衲本《金史》的影印底本为元至正初刻本配补以明洪武覆刻本,有待描润之处并不多。但其中八叶为后世补版,文字与初刻、覆刻本有所差异,虽有在百衲本发行后方撰成的《校勘记》予以指出,但未及进一步校改。而经覆核底本,又可发现四例描润致误之处。可知利用百衲本《金史》时仍需核对《校勘记》与影印底本,厘清异文来源。

关于《四部丛刊》的描润工作,卢佳妮以《四部丛刊》影印明万历玄览斋刊巾箱本《花间集》(《四部丛刊》底本选择问题与《花间集》版本介绍,可参本书"底本"篇旁征[48])等为例,总结为清朗版面、弥补缺痕、断笔或存疑处保持原样、更换漫漶底本等优点。进一步通过比对底本,卢氏指出并分析了《四部丛刊》影印本的描润缺陷,如《花间集》初印本中出现"玉"错修成"王"、"正"错修成"二"等遗漏笔画的例子,亦见改动字形、描润加粗等情况,大多是因底本质量欠佳所致。同时卢氏也发现商务印书馆在 1929 年重印《四部丛刊》时,曾修正了许多初印本中的描润错误,如前举《花间集》中错修的"玉""正"字均添笔改正,但未加以说明。

　　•杜泽逊:《论南宋黄善夫本〈史记〉及其涵芬楼影印本》,《中国典籍与文化论丛》第 3 辑,1995 年,第 301—315 页。黄本的校勘价值可参苏芃:《南宋黄善夫本〈史记〉校勘研究》,南京师范大学博士论文,2010 年。

　　•汪家熔:《二十四史 250 年版本史》,载《商务印书馆史及其他:汪家熔出版史研究文集》,北京:中国书籍出版社,1998 年,第 255—261 页。汪家熔:《张元济》,第 282—287 页。傅增湘撰,傅熹年整理:《藏园群书经眼录》卷三《史部一》,第 183—184 页。[日]尾崎康著,乔秀岩、王铿编译:《正史宋元版之研究》第三部解题编,第 666—667 页。张元济致傅增湘第一〇一、二〇一札,载《张元济全集》第 3 卷《书信》,北京:商务印书馆,2007 年,第 321、377 页。

　　•陈晓伟:《百衲本〈金史〉影印洪武覆刻本补版叶及修润问题》,《中国典籍与文化》2022 年第 3 期,第 96—101 页。

　　•卢佳妮:《〈四部丛刊〉初编散考》第二章"描润考",复旦大学硕士论文,2009 年,第 32—51 页。

---

[20]　光绪思贤讲舍刊本《世说新语》影印本

　　刘义庆撰、刘孝标注《世说新语》的常见影印底本有三种,一是日本前田氏尊经阁藏宋绍兴八年(1138)刻本(有昭和四年[1929]东京育德财团珂瑯版影印本,文学古籍刊行社 1956 年、中华书局 1962 年据以影印),二是明嘉靖十四年(1535)吴郡袁褧嘉趣堂翻宋刊本(《四部丛刊初编》影印),三是光绪十七年(1891)长沙思贤讲舍刊本(书名页题"《世说新语》六卷",半叶十一行,行二十四字,黑口,左右双边,后附叶德辉辑《世说新语注引用书目》《世说新语佚文》、王先谦撰《校勘小识》等,乃据嘉趣堂本与道光八年[1828]浦江周氏纷欣阁本对勘,上海古籍出版社 1982 年影印)。

　　黄永年师所举"齐衰三年"一例出自《世说新语·德行第一》"邓攸"条,简述了邓攸(字伯道)在避难中弃子存侄、渡江后误纳甥女为妾之事,刘孝标注引《晋中兴书》云邓攸死后其侄服丧:"遂渡江,至尚书左仆射,卒。弟子绥,服攸齐衰三年。"可知"年"字为确,宋本、明嘉趣堂本等并无异文,然而国家图书馆藏思贤讲舍刊本作"平",影印本作"平"且有描润痕迹(见书影 2-2-4)。按"平"字描润的原因,可能是为尊重底本原貌,选择照搬此明显误字。故推测此"平"字并非影印描润致误,而是出自底本误刻。

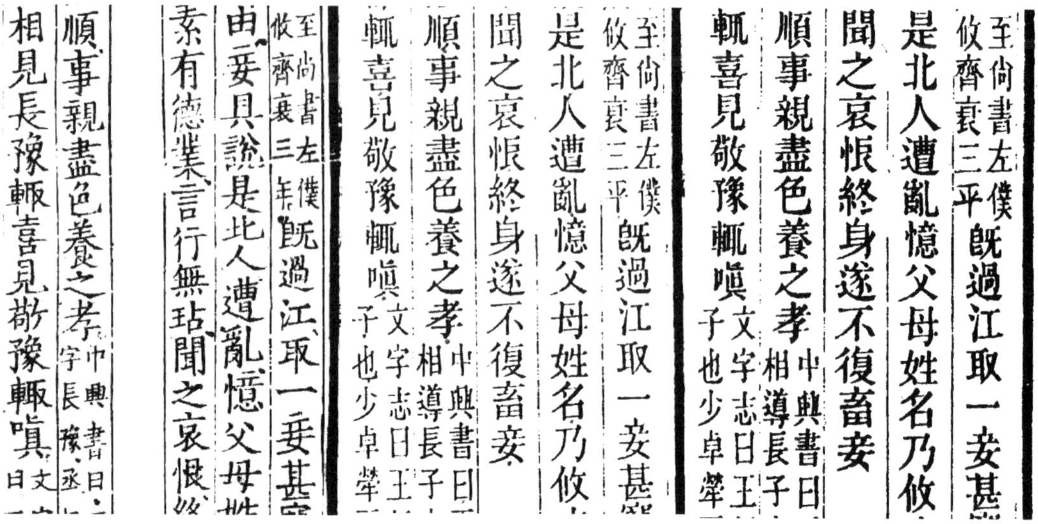

至尚書左僕攸齊衰三年既過江取一妾甚
由妾具說是北人遭亂憶父母姓
素有德業言行無玷聞之哀恨終
順事親盡色養之孝中興書曰字長豫丞
相見長豫輒喜見敬豫輒嗔日文

至尚書左僕攸齊衰三平既過江取一妾甚
是北人遭亂憶父母姓名乃攸
聞之哀恨終身遂不復畜妾
順事親盡色養之孝中興書曰相導長子
輒喜見敬豫輒嗔文字志曰王子也少卓犖

至尚書左僕攸齊衰三平既過江取一妾甚
是北人遭亂憶父母姓名乃攸
聞之哀恨終身遂不復畜妾
順事親盡色養之孝中興書曰相導長子
輒喜見敬豫輒嗔文字志曰王子也少卓犖

书影 2-2-4：《世说新语》卷上之上《德行第一》(局部)

左：宋绍兴刻本(文学古籍刊行社 1956 年影印日本珂罗版影印本)；中：清光绪思贤讲舍刊本，国家图书馆藏；右：清光绪思贤讲舍刊本(上海古籍出版社 1982 年影印，第 37 页)

至于如前所说按原大原式影印特殊珍贵的善本，以及缩小影印其他善本，为了力求显示书的本来面目，似不宜作描润工作。缺字和过于模糊之字当然可用别本校补，但应写成校记，列于书后备查。

影印古籍的其他加工工作

影印古籍，如有必要，还可在下列几方面作点加工工作。

(1) 某些常用的古籍虽可不必点校而径付影印，但影印时却不妨用旧式的句读即圈点来断句。已出版的如《四库全书总目》影印本、胡克家仿宋刻《文选》影印本等，就都这样作了断句。这是考虑到这类书并非专家才读，初学者也可读，断了句对初学者阅读时不无帮助，而且断句究竟比标点省事，在影印的古籍上加圈点断句也不像加标点符号那么刺目。还有一些大部头资料性质的古籍，在影印时如有条件也不妨这么做。如新版《全唐文》用嘉庆原刻缩小并页影印成精装大本，就全部用圈点作了断句。至于影印宋元本之类的古籍，则似不必断句，因为这些本不是供初学者使用的，加了反而有失原书的本来面貌。十年动乱中影印过一部宋本《荀子》，原大线装，却加上标点符号，自更不足取了。

(2) 影印的善本古籍如有必要也可附加校记，即用其他善本校勘后写出校记附在书的后面。《四部丛刊》尤其是《丛刊续编》《三编》中有很多书就是这么做的。但这样只能从校记来查对本文，看本文时却不知道哪个字、哪句句子别本有否异文需查考。

当年日本东方文化学院京都研究所影印《大唐大慈恩寺三藏法师传》时想出了一种两全其美的办法，此书以高丽藏本为影印底本，用三种古抄本和北宋崇宁万寿藏本、南宋绍兴毗卢藏本等旧本作校勘，除写成考异作为专册附原书之后外，还在原书有异文的文句旁标明一、二等数字，在考异中的第某卷第某张则相应注明某本作某、某字下某本有某字，这样，在读原书时即可按所标注的数字从考异中查找异文。如认为这种标注不影响旧本本来面貌，则这种办法不妨一试。至于怎样写考异即校记，怎样校勘，将在下面的"校勘"专篇里讲，这里从略。

（3）此外，影印本如有需要也可和用其他方法整理的古籍一样附加索引。至于序跋，当然更和用其他方法整理的古籍一样必须要做。具体做法在后面"索引""序跋"两专篇里再讲。

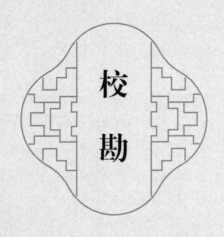

校勘

一　正　名

校对和校勘

从字面上说,"校"是校对,"勘"是改正错误[1]。但连成"校勘"一词,就具有特定的含义,不能凡校对改错都名之曰"校勘"。写好一篇文章,请人誊抄,誊抄中难免抄错,抄好了要用原稿校,这种校只能叫"校对",不能叫"校勘"。又如,一本书要出版,先打出校样,再用原稿校,这种校也只能叫"校对",不能叫"校勘"。有时书已印好又校出错字则可在书后附一张"勘误表",但不能叫"校勘记"。当然,这绝不是看不起校对工作。好的校对工作者要认真,要细心,最好还要有点学问。记得当年龙榆生师办词学刊物[2],对别人校对过的文章易出差错老是不放心,一定要亲自覆校过才让开印。不过总的说来,校对的难度还远比不上校勘,因为校勘所要校的主要是古籍,而不是近现代人的一般文章和书籍。

【旁征】

[1]"校"与"勘"

"校"的本义是犯人带的木枷。许慎《说文》曰:"校,木囚也。"徐铉《说文》新附云:"勘,校也。"钮树玉《说文新附考》卷六"勘疑古作戡,亦作刊"条:"《玉篇》:'勘,苦绀切,覆定也。'……古书用竹简,故校勘字作刊。《博雅》(《广雅》)刊训定,《玉篇》:'刊,削也,定也,除也。'义并与勘合。"因此,勘或刊有削除覆定的含义,与中国早期图书利用竹木作载体有关。"校"用作动词时便有了比勘核对的意思,后来又引申为校正书面材料的文字异同。

图 3-1-1:《北齐校书图卷》(局部)

宋代摹本,美国波士顿美术馆藏

> ・(汉)许慎：《说文解字》第六上、第十三下，北京：中华书局，1963 年，第
> 124、293 页。
> ・(清)钮树玉：《说文新附考》卷六，清嘉庆六年(1801)钮氏非石居自刊本，
> 第 15 叶正、背。

[2] 龙榆生师办词学刊物

龙榆生(1902—1966)，江西万载人，名沐勋，字榆生，号忍寒词人、怨红词客等。中国现代词学学者、词人。龙榆生师从黄侃、陈衍、朱祖谋等文坛大家，专研词学。曾任暨南大学、中山大学、中央大学、上海音乐学院教授。曾发表《研究词学之商榷》一文界定词学内涵，提出词学研究的图谱、音律、词韵、词史、校勘、声调、批评、目录八个方面，是引导日后词学发展的宏文。编著有《词学十讲》《词学概论》《唐宋名家词选》等，校辑刊印朱祖谋遗稿《彊村遗书》、校订朱敦儒《樵歌》《苏门四学士词》等。

龙榆生曾主编《词学季刊》和《同声月刊》两个重要的词学刊物。《词学季刊》创刊于 1933 年 4 月龙榆生任职上海暨南大学教授期间，该刊是中国词学史上第一个专业性的学术刊物，分为论述、专著、遗著、辑佚、词录、图画、金载、通讯、杂缀九大项内容，共出版过十一期，至 1937 年 8 月终刊。1940 年创办《同声月刊》，以为《季刊》之继，历时五年共有四卷三十九期。今有 2015 年国家图书馆出版社影印本《词学季刊》(三册)和 2016 年国家图书馆出版社影印本《同声月刊》(十册)。

黄永年师是龙榆生在中央大学南京部分任教时的学生，两人建立了深厚的师生感情。详见其撰《记先师龙榆生先生遗事》，又可参看曹旅宁《黄永年先生与龙榆生先生的书缘》《叶恭绰的李后主去世一千年纪事词墨迹——兼谈黄永年先生与龙榆生先生的交往》。

> ・张晖：《龙榆生先生年谱》，上海：学林出版社，2001 年。
> ・张晖编：《忍寒庐学记——龙榆生的生平与学术》，北京：生活・读书・新知三联书店，2014 年，第 68—71 页。
> ・曹旅宁：《黄永年与心太平盦》，西安：三秦出版社，2015 年，第 50—51、121—124 页。

什么是校勘

古籍流传至今，和一般书籍相比较，具有几个特点：(1) 所谓古籍，如前所说是指

从先秦到清末的著作。其中明以前人著作的原稿统统失传了，只有个别明人著作以及少量清人著作还留有原稿。有原稿还好办，没有原稿就不能像出版今人著作那样根据原稿来排印、来校对。(2) 流传下来的古籍一般都是刻本或传抄本。刻本者即用雕版印刷之谓，这是我国古代印书的主要方法，此外间或有用活字排印的，不论刻本或活字本，文字上的差错都要比今天出版社出的书籍多得多。至于传抄，抄漏、抄错的事情，更是经常发生的。(3) 古籍流传至今往往不止一种刻本，而各种刻本在文字上、甚至在内容多寡上往往有出入异同。

因此校勘者，就是针对上述情况，在既没有原稿可作依据，流传的本子又多错误异同时，所必需做的工作。它或则找出古籍在文字上的错误脱漏并加以补正，或则校出古籍在文字上以至内容上的异同并决定取舍，从而使人们获得较好的、较接近原稿的本子。这对阅读古籍以及利用古籍从事科研来说，都是功德无量的大好事。

校勘和校雠

除"校勘"外，前人还常用"校雠"一词。《太平御览》卷六一八引汉刘向《别录》："雠校，一人读书，校其上下，得误缪为校；一人持本，一人读书，若怨家相对，故曰雠也。"[3] 这里的"雠校"即"校雠"，其含义和今之所谓"校勘"并没有什么不同。

【旁征】

[3]《太平御览》卷六一八引汉刘向《别录》"雠校"一句

出自《太平御览》卷六一八《学部十二》"正谬误"(见书影 3-1-1)。又见于《文选》卷六《魏都赋》李善注引《风俗通》，无"故曰雠也"四字。其中"一人持本，一人读书，若怨家相对"之状与长沙出土西晋对书俑相吻合(见图 3-1-2)。

《太平御览》一千卷，北宋李昉等编。此书是北宋前期官修"四大书"之一，分五十五部，五千三百六十三类，类下按时代先后列出一条条的书名与引文。宋本卷首引《国朝会要》曰："太平兴国二年三月，诏翰林学士李昉、扈蒙，知制诰李穆……等，同以群书类集之……分定门目。八年十二月书成，诏曰：'史馆新纂《太平总类》，包罗万象，总括群书，纪历代之兴亡，自我朝之编纂，用垂永世，可改名为《太平御览》。'"版本有明清刻本、活字本多种，通行善本是《四部丛刊三编》影印日本藏南宋蜀刻本九百四十五卷，所缺五十五卷用日本静嘉堂文库藏南宋刻本及喜多氏活字本补足，1960 年中华书局有缩印本，便于使用(《子部要籍概述》《古文献学讲义》)。

• (南朝梁) 萧统编，(唐) 李善注：《文选》卷六《魏都赋》，北京：中华书局影印清胡刻本，1977 年，第 106 页。

- 黄永年：《子部要籍概述》，南京：江苏教育出版社，2008 年，第 156—157 页。
- 黄永年：《古文献学讲义》，上海：中西书局，2014 年，第 248 页。

书影 3-1-1：《太平御览》卷六一八《学部十二》"正谬误"

宋刊本，日本帝室图书寮、京都东福寺与东京
静嘉堂文库藏（《四部丛刊三编》影印）

图 3-1-2：西晋青瓷对书俑

1958 年长沙市金盆岭 9 号墓出土，湖南省博物馆藏

但刘向、刘歆父子的工作并不止于校勘。《汉书·艺文志》说："〔武帝〕建藏书之策，置写书之官，下及诸子、传、说，皆充秘府。至成帝时，以书颇散亡，使谒者陈农求遗书于天下，诏光禄大夫刘向校经、传、诸子、诗、赋，步兵校尉任宏校兵书，太史令尹咸校数术，侍医李柱国校方技。每一书已，向辄条其篇目，撮其旨意，录而奏之。会向卒，哀帝复使向子侍中奉车都尉歆卒父业，歆于是总群书而奏其《七略》。"[4]可见刘向当年的工作不仅是校勘文字，还要编定书的篇目，并写出内容提要，这比清乾隆时纂修《四库全书》、撰写提要的工作还要繁重，因为修《四库全书》除从《永乐大典》中辑佚而得的书籍需要加工整理外，一般用不到重新编定篇目。至于刘歆，除继承父业外，还编出了《七略》这个最早的图书目录，这又包办了今天图书馆工作中的高级编目工作。因而后人在谈刘向、歆父子的校雠学时，往往把以上各项工作统统包括进去，甚至把其中的分类编目突出到主要地位。如清人章学诚在《校雠通义》[5]的叙里就说：

"校雠之义,盖自刘向父子部次条列,将以辨章学术,考镜源流,非深明于道术精微、群言得失之故者,不足与此。"胡朴安、胡道静合写的《校雠学》[6](收入商务印书馆《万有文库》第一集)里也认为:"自其广义言之,则搜集图书,辨别真伪,考订误缪,厘次部类,暨于装潢保存,举凡一切治书事业,均在校雠学范围之内。"

【旁征】

[4]《汉书·艺文志》与《七略》

西汉后期刘向整编国家藏书时给各书写定篇目,作出内容提要,这种内容提要当时叫做"叙录",也简称为"录",刘向所写的篇目和提要另汇编成书,叫做《别录》。刘向的儿子刘歆继续此工作,写成我国第一部分类目录《七略》:分辑略(诸书之总要)、六艺略(易、诗、书、礼、乐、春秋、论语、孝经、小学)、诸子略(儒家、道家、阴阳家、法家、名家、墨家、纵横家、杂家、农家、小说家)、诗赋略(屈原等赋、陆贾等赋、孙卿等赋、杂赋、歌诗)、兵书略(兵权谋、兵形势、兵阴阳、兵技巧)、数术略(天文、历谱、五行、蓍龟、杂占、形法)、方技略(医经、经方、房中、神仙)七部分。《别录》和《七略》均已失传,《汉书·艺文志》就是《七略》的节本。这是我国最早出现的图书六分法。其中绝大部分的书都久已失传,留下这个书目,是研究先秦学术的重要依据(见书影3-1-2)。

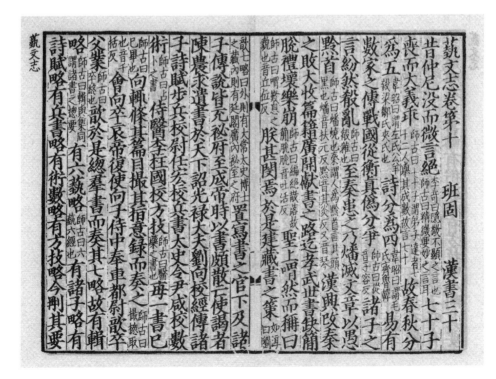

书影3-1-2:《汉书》卷三〇《艺文志》

·黄永年：《古文献学讲义》，第70—71、237页。《汉书·艺文志》研究又可参
张舜徽：《汉书艺文志通释》，武汉：华中师范大学出版社，2004年；顾实：《汉书艺
文志讲疏》，上海：上海古籍出版社，2009年。

[5] 章学诚《校雠通义》

　　章学诚（1738—1801），字实斋，会稽（今浙江绍兴）人。乾隆四十三年（1778）进士，
官国子监典籍。著有《文史通义》《校雠通义》等。《清史稿》卷四八五、《清史列传》卷七
二有传。行年事迹研究主要有日本学者内藤湖南《章实斋先生年谱》（1920）、胡适《章
实斋先生年谱》（1922）、姚名达《会稽章实斋先生年谱》（1927）《增补章实斋先生年谱》
（1931）等。梁启超谓章学诚是清代学术在全盛期与蜕分期之间的重要人物，"学诚不
屑屑于考证之学，与正统派异。其言'六经皆史'，且极尊刘歆《七略》，与今文家异。
然其所著《文史通义》，实为乾嘉后思想解放之源泉。……实为晚清学者开拓心胸，非
直史家之杰而已（《清代学术概论》）。"

书影3-1-3：《章氏遗书》卷一〇《校雠通义》
内篇一《叙》

民国十一年（1922）刘氏嘉业堂刻本（《续修四库全书》史部目
录类第930册，上海：上海古籍出版社，1996年，第767页）

　　《校雠通义》是章氏在为清三通馆草
拟《续通志·校雠略》稿的基础上修改而
成的，其中既有校雠原理和方法的论述，
也有属于目录实践活动的经验总结（《论
章学诚的"校雠通义"》）。内篇三卷，外篇一
卷，卷一共九篇（《原道》《宗刘》《互著》《别裁》
《辨嫌名》《补郑》《校雠条理》《著录残逸》《藏
书》），阐述章氏校雠学基本理论。卷二共
三篇（《补校汉艺文志》《郑樵误校汉志》《焦竑误
校汉志》），卷三共六篇（《汉志六艺》《汉志诸
子》《汉志诗赋》《汉志兵书》《汉志数术》《汉志方
技》），分别是对《汉书·艺文志》的考证与
得失分析。外篇主要收录章学诚论文，
《和州志艺文书序例》《论修史籍考要略》
等。《清史稿》评《通义》曰："推原《官礼》
而有得于向、歆父子之传。其于古今学
术，辄能条别而得其宗旨，立论多前人所
未发。"章氏所谓"校雠之学"并不是狭义
的目录学，而是要通过分类编目，明确学

术发展脉络,其根本目的是"辨章学术,考镜源流"(见书影3-1-3)。

主要版本有:(1)清道光十二年(1832)年刻本,由章氏次子华绂于大梁(今河南开封)付梓,世称"大梁本";(2)民国十一年(1922)刘氏嘉业堂刻《章氏遗书》本,1985年文物出版社据以影印;(3)近人整理本有1985年中华书局叶瑛《文史通义校注》附《校雠通义》、1987年上海古籍出版社王重民《校雠通议通解》等。

> • 赵尔巽等:《清史稿》卷四八五《章学诚传》,第13398页;(清)佚名撰,王锺翰点校:《清史列传》卷七二《章学诚传》,第5945—5946页;钱婉约:《〈章氏遗书〉与章实斋年谱》,《武汉大学学报(哲学社会科学版)》1996年第5期,第91—97页。
> • 梁启超:《清代学术概论》,北京:中华书局,2016年,第103—104页。
> • 谢灼华:《论章学诚的"校雠通义"》,《四川图书馆学报》1980年第3期,第71—75页。又可参柴德赓:《试论章学诚的学术思想》,载《史学丛考》,北京:中华书局,1982年,第300—312页。

[6] 胡朴安、胡道静《校雠学》

胡朴安(1878—1947),安徽泾县人,字仲明,号朴庵,曾任国民大学、持志大学国学系主任,上海通志馆馆长,上海文献委员会主任委员。

胡道静(1913—2003),胡朴安之侄,生于上海,曾任国务院古籍整理规划小组成员,复旦大学、华东师范大学特聘教授,巴黎国际科学史研究院通讯院士。著有《梦溪笔谈校证》《农史论集》《沈括研究》等,2011年上海人民出版社整理出版《胡道静文集》(共七册)。

胡朴安执掌江苏民政厅时,何炳松以编辑校勘学之事相托,胡朴安发凡起例,命其侄道静先做笔记,撰《校雠学》三卷,由商务印书馆于20世纪30年代出版。《校雠学》上卷为《校雠学叙论》二篇("校雠学之定义""校雠学之类别")、中卷《校雠学史》七篇("周代之校雠学""两汉之校雠学""魏晋南北朝之校雠学""隋唐五代之校雠学""两宋之校雠学""元明之校雠学""清代之校雠学")、下卷《校雠方法》六篇("逸书蒐辑""真伪辨别""底本互勘""群籍钩稽""篇第审定""目录论次")。胡氏祖述章学诚,其关于"校雠学"的界定,有着明显的宗刘(向、歆父子)倾向。

> • 李勇:《胡朴安 胡道静〈校雠学〉述论》,纪健生主编:《安徽文献研究集刊》(第一卷),合肥:黄山书社,2004年,第235—242页。

其实,具体的学术活动总是要分工,而且越分越细。两千年前包揽起来的办法在今天看来未必妥当,今天没有也不可能有某一单位来承担刘向、歆父子式的事业,还是用"校勘"这个词比较合适。

二　成　果

概说

在"绪论"里说过，我国最早的书出现在春秋末战国初。既有了书，传抄中就会发生错误，就需要校勘，但那时的有关事例没有流传下来。大规模从事校勘，当始于刘向、歆父子之校勘官书。以后列朝对官书多重视校勘。公之于世的如东汉灵帝时刊刻的《熹平石经》，唐文宗时刊刻的《开成石经》，五代、北宋以来官刻本经史之类，在校勘上都或多或少下过功夫。私人从事校勘者更多有其人，而尤以宋、清两代为盛。到了近代，研究古代史、古代思想、古典文学仍需要批判继承前人的业绩，校勘这门古老学问也就并不由于时代前进而被淘汰，相反还有所发展。这就是我国校勘史的一个简单轮廓。

这里择其重要者稍作介绍，以便从事校勘时参考借鉴。

清以前的校勘名著

刘向《别录》、刘歆《七略》都已失传，仅由古类书保存了片断的引文，《汉书·艺文志》保存了《七略》的节本，其中都没有有关校勘的事例。若干古籍如《管子》《晏子春秋》《邓析子》《荀子》《韩非子》《战国策》等冠有所谓刘向写的序，但真实性有问题。吕思勉师在所著《经子解题》[7]里说过："凡古书刘向序，大都伪物，姚姬传惟信《战国策》序为真，予则并此而疑之。"（《列子》篇小注）这是很有见地的话。试看《列子》这样出于晋人张湛编造的伪书，在前面都有所谓刘向序，可见后人伪撰刘向序实在不算怎么一回事。今天自然不能根据这几篇成问题的序来谈刘向的校勘成果。

【旁征】

[7] 吕思勉《经子解题》

吕思勉（1884—1957），字诚之，江苏常州人，中国近代史学家，终生致力于历史教学与历史研究，曾任上海光华大学教授、历史系主任，华东师范大学终身教授。著有《白话本国史》《先秦史》《秦汉史》《两晋南北朝史》等。太平洋战争期间，吕思勉受邀至常州私立青云中学任教，黄永年师得知此事后主动转学至这所中学，并视其为"真正引进学问之门的导师"，二人之间的师生渊源，见黄永年师《回忆我的老师吕诚之（思勉）先生》一文。

《经子解题》为吕思勉"讲学时所论"，自序认为此书有益初学之处凡三点："切实举出应读之书，及其读之之先后，与泛论大要，失之肤廓，及广罗参考之书，失之浩博，令人无从下手者不同，一也。从前书籍解题，多仅论全书大概，此多分篇论列，二也。论治学方法及书籍之作，亦颇浩繁；初学读之，苦不知孰为可据，此所举皆最后最确之说，且皆持平之论，三也。"全书分为读经、读子两部分，详解经部及子部要籍及其读法。黄永年师将此书作为《目录学》经部的第一本参考书，谈道："这是引导我步入文史领域的入门书。其书所以写得精彩，能引人入胜，是因为诚之师对群经和诸子都下过扎实的功夫，具有独到的见解，而绝无人云亦云的皮相之谈。"程千帆认为："此书虽然篇幅不大，却很精彩，读来可以增加常识。吕氏在经学方面，比较偏重于今文家，但一般说来还是很客观的。"

正文引此书《列子》小注"姚姬传惟信《战国策》序"一句，出自姚鼐（字姬传）《古文辞类纂》序目："向、歆奏校书各有序，世不尽传，传者或伪，今存子政（刘向字）《战国策序》一篇，著其概。"姚鼐评此文"冲溶浑厚，无意为文而自能尽意"，视为刘向真作，与吕思勉所见不同。

• 吕思勉生平详参李永圻、张耕华编撰：《吕思勉先生年谱长编》，上海：上海古籍出版社，2012 年。

• 黄永年：《回忆我的老师吕诚之（思勉）先生》，载吕思勉述，黄永年记：《吕思勉文史四讲》代序，北京：中华书局，2008 年，第 1—10 页。

• 吕思勉：《经子解题》自序，上海：华东师范大学出版社，1995 年。

• 黄永年：《古文献学讲义》，上海：中西书局，2014 年，第 9 页。

• 程千帆、徐有富：《校雠广义·目录编》，《程千帆全集》第 3 卷，石家庄：河北教育出版社，2000 年，第 165 页。

• （清）姚鼐辑：《古文辞类纂》，《续修四库全书》集部总集类第 1609 册影印湖北图书馆藏清道光元年（1821）合河康氏家塾本，上海：上海古籍出版社，2002 年，第 312、364 页。

完整的校勘成果传至今日的，要以隋唐间陆德明的《经典释文》[8]为最古。此书是给《周易》、《尚书》（《伪古文尚书》）、《毛诗》、《周礼》、《仪礼》、《礼记》、《春秋左氏传》、

《公羊传》《穀梁传》《孝经》《论语》《老子》《庄子》《尔雅》十四种经典作释文,一共三十卷,加上一卷序录讲述这些经典的传授。释文内容有三部分,即列举汉魏六朝各家对经典中某些单字的读音,列举各家对某些词语的训诂,并列举各家传本在文字上的异同以事校勘。据清末古文字专家吴大澂研究,发现《经典释文》里保存的某些异文往往和青铜器上的铭文相吻合,如"徐之古文作'郤',它书所不见也,《周礼·雍氏》注:'伯禽以出师征徐戎。'释文:'刘本作郤。'今沇儿钟、鲁公伐郤鼎可证也。古来字或从走,它书所未闻也,独《尔雅·释训》:'不遑,不来也。'释文:'来,本作徕,又作逨。'今散氏盘、单伯昪生钟可证也。……'"(《愙斋集古录序》)[9]而陆德明这种疏注异文的方法也常为后来校勘古籍者所取法。

【旁征】

[8] 陆德明《经典释文》

陆德明,名元朗,以字行,苏州吴县(今江苏苏州)人。初受学于南朝学者周弘正,解褐始兴王国左常侍,迁国子助教。陈亡归乡里。隋炀帝嗣位,为秘书学士。大业中,授国子助教。唐太宗征为秦王府文学馆学士,寻补太学博士。贞观初,拜国子博士,封吴县男。寻卒。著有《经典释文》《庄子文句义》《易疏》《老子疏》等。《旧唐书》卷一八九上、《新唐书》卷一九八有传。

《经典释文》的释文大致包括注音、释义、校勘三方面,《四库全书总目》评价云:"所采汉魏六朝音切,凡二百三十余家,又兼载诸儒之训诂,证各本之异同,后来得以考见古义者,注疏以外,惟赖此书之存。"

以卷三《尚书音义一》(见书影3-2-1)为例,注音如"俨,鱼检反""当,丁浪反""宿,音秀""著,音尸"。释义如"玉食,张晏注《汉书》云:'玉食,珍食也。'韦昭云:'诸侯备珍异之食。'"。校勘如"无虐"条:"马本作亡侮。""陂"字条:"音秘,旧本作颇,音普多反。"其校勘之法,钱玄《校勘学》总结为:"引各本异文,

书影3-2-1:《经典释文》卷三《尚书音义一》

清乾隆卢文弨《抱经堂丛书》本,清翁方纲批校,黄永年题跋,黄永年私藏(黄寿成编著:《心太平盦古籍书影:黄永年先生收藏精粹》,第59页)

有的断定是非,有的只存异文,不作断语。除校勘文字外,也校正句读。所引的别本都是汉魏六朝的本子,现在极大部分已经散佚。所以这是一部在校勘学上资料十分丰富的宝贵著作。"

《经典释文》曾收入清《通志堂经解》和《抱经堂丛书》中,《四部丛刊初编》本即据《通志堂》本影印,《丛书集成》本据《抱经堂》本影印。1983 年中华书局影印了《通志堂》本。又有 1985 年上海古籍出版社影印国家图书馆藏宋元递修本。整理本有 2006 年中华书局黄焯校《经典释文汇校》本,收集多种资料与《通志堂》本对勘。

- (后晋)刘昫等:《旧唐书》卷一八九上《陆德明传》,北京:中华书局,1975 年,第 4944—4945 页;(宋)欧阳修、宋祁:《新唐书》卷一九八《陆德明传》,北京:中华书局,1975 年,第 5639—5640 页。
- (清)永瑢等:《四库全书总目》卷三三《经部·五经总义类》"《经典释文》"条,北京:中华书局,1965 年,第 270 页。
- 钱玄:《校勘学》,北京:商务印书馆,2019 年,第 199 页。

[9] 吴大澂《愙斋集古录》

吴大澂(1835—1902),初名大淳,字止敬、清卿,号恒轩、白云山樵,晚年号愙斋,吴县(今江苏苏州)人。清同治七年(1868)进士,历任编修、陕甘学政、广东巡抚、河道总督、湖南巡抚等,曾参与中俄边界谈判。精于金石鉴赏,善画山水、花卉,长于篆书,主讲龙门书院。著有《权衡度量考》《恒轩所见所藏吉金录》《愙斋诗文集》等。《清史稿》卷四五〇有传。

《愙斋集古录》,十四卷,吴大澂金石学的代表著作。共著录钟鼎尊盘爵等金石古器千余件,附铭文拓片,间有考释。此书《叙》提道"求之《说文》而不可通者,往往于《经典释文》得之",而《释文》保存的异文又往往可与青铜器上的铭文相吻合(见书影 3-2-2)。如《经典释文》作"徕、迷",《单伯鬲生钟》铭文可证(见书影 3-2-3),则陆德明当时所见古书必有所依据。此书通行版本有民国七年(1918)上海涵芬楼影印本(《续修四库全书》本影印),之后有再版。2021 年中华书局出版吴大澂孙吴湖帆修订本,据家藏手稿补录了部分旧版未收的内容。

- 赵尔巽等:《清史稿》卷四五〇《吴大澂传》,第 12551—12553 页。

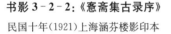

书影 3-2-2：《愙斋集古录序》
民国十年(1921)上海涵芬楼影印本

书影 3-2-3：《愙斋集古录》第二册"单伯昦生钟"
民国十年(1921)上海涵芬楼影印本

《经典释文》还不纯粹讲校勘。纯粹讲校勘的专著之传世者多出宋人之手，尤其以南宋时人为多，如：

张淳撰《仪礼识误》三卷[10]。《四库提要》说："是书乃乾道八年两浙转运判官直秘阁曾逮刊《仪礼》郑氏注十七卷，陆氏释文一卷，淳为之校定，因举所改字句，汇为一编。其所引据，有周广顺三年及显德六年刊行之监本，有汴京之巾箱本，有杭之细字本，严之重刊巾箱本，参以陆氏释文、贾氏疏，覈订异同，最为详审。"书久佚，修《四库全书》时从《永乐大典》辑出。

【旁征】

[10] 张淳《仪礼识误》三卷

张淳(1121—1181)，字忠甫，温州永嘉(今浙江温州)人，年方少，连五试礼部不中，授特奏官。后弃官专心经学研究。生平详陈傅良撰《张忠甫墓志铭》，云"忠甫为人，严重深博，善忍事镇物，绝有材智"。

据《自序》记载，张淳尝感慨《仪礼》之传"岁久而文益讹，既讹而莫之订"，乾道七年(1171)本州(温州)太守曾逮赴任时，"欲植教本肇锓《仪礼》"，以淳识此书"命之校之"。淳"幸此书之且有善版也，遽拜不辞"。张淳集所校《仪礼》误字二卷，《释文》误字一卷,名为《仪礼识误》单行于世。书久佚,清人修《四库全书》时,从《永乐大典》辑出。

张淳在校书时已能关注诸本优劣,选择主校、参校之本;并能读注疏而得经注之误;用《经典释文》校经注之误等校勘方法进行工作(《张淳〈仪礼识误〉校勘成就论略》)。如卷二《有司彻误字》"共"字条(见书影3-2-4),"主人其祭糇脩"之"其",张淳疑"其"为"共"之误,遂从此篇上下文中取证同类语五条,以证"兼祭、同祭、共祭一义也","今改'其'为'共',从上下文兼同之义"。张淳运用对校法之举例,又见本篇旁征[38]。该书主要版本有武英殿聚珍本、清荣誉校《得月簃丛书》本等(《书目答问汇补》),《丛书集成初编》据《得月簃丛书》本影印。

书影3-2-4:《仪礼识误》卷二"共"

清荣誉校刊《得月簃丛书》本(《丛书集成初编》影印)

· (宋) 陈傅良著,周梦江点校:《陈傅良先生文集》,杭州:浙江大学出版社,1999年,第596页。

· (宋) 张淳:《仪礼识误》,王云五等编:《丛书集成初编》第0126册,上海:商务印书馆,1936年,第4—5、56页。

· 彭林:《张淳〈仪礼识误〉校勘成就论略》,《北京图书馆馆刊》1996年第3期,第68—74页。

· (清) 张之洞编撰,来新夏等汇补:《书目答问汇补》经部《列朝经注经说经本考证第二·仪礼》,北京:中华书局,2011年,第89页。

淳熙时,方崧卿撰《韩集举正》十卷、《外集举正》一卷[11],这是校勘韩愈诗文集的专著。《提要》说:"其于改正之字用朱书(案刻本实作阴文,盖古无套版之法,不能作二色也。……),衍去之字以圆圈围之,增入之字以方圈围之,颠倒之字以墨线曲折乙之","所据碑本凡十有七,所据诸家之书,凡唐令狐澄本、南唐保大本、秘阁本、祥符杭本、嘉祐蜀本、谢克家本、李昞本,参以唐赵德《文录》、宋白《文苑英华》、姚铉《唐文粹》,参互钩贯,用力亦勤。"其后朱熹又撰《韩文考异》十卷[12]。《提要》

说："其书因韩集诸本互有异同,方崧卿所作《举正》虽参校众本,弃短取长,实则惟以馆阁本为主,多所依违牵就","是以覆加考订,勒为十卷,凡方本之合者存之,其不合者一一详为辨证"。其体例"但摘正文一二字大书,而所考夹注于下,如陆德明《经典释文》之例,于全集之外别行"。

【旁征】

[11] 方崧卿《韩集举正》十卷、《外集举正》一卷

方崧卿(1135—1194),字季申,福建莆田人,南宋隆兴元年(1163)进士,知信州上饶县,官至京西转运使。行事见周必大《文忠集》卷七一《京西转运判官方君崧卿墓志铭》。

方崧卿喜读韩愈诗文,长期整理韩愈文集,用力颇深,其整理出质量较高、世称淳熙刻本的《昌黎先生集》。《韩集举正》是其校理《昌黎先生集》时做的校勘记,附刻于卷末。《韩集举正》叙录记载,方崧卿共搜集到韩集的碑本、校本共二十余种,此外还有欧阳修《集古录》、赵明诚《金石录》、洪兴祖《韩文辨证》等,方崧卿对上述诸版本条理解说、发表见解(参见《〈韩集举正〉在版本学上的价值》)。《韩集举正》提供了一套较为完整的校勘程序,其中校勘符号最具特色。方崧卿共使用四种校勘符号,据卷首说明:"字"是"误字当刊";"○"是"衍字当削";"□"是"脱逸当增";似"乙"字的符号是"肴次当乙"(见图3-2-1)。方崧卿使用校勘符号是宋代校勘事业向规范化发展的标志(《〈韩集举正〉校勘符号简论》)。

《韩集举正》版本大致有宋淳熙刻本,清《四库全书》本,《四库全书珍本初集》本、路氏钞本、汪士钟钞本、韩应阶钞本、孔氏钞本、陆氏钞本、瞿氏钞本、丁氏八千卷楼钞本等(《〈韩集举正〉版本源流考》)。淳熙南安军刻本自清傅增湘经眼后已不知所踪,幸近年重新问世,现藏日本大仓文化财团(《宋淳熙南安军原刻〈韩集举正〉考述》)。近有2007年凤凰出版社刘真伦整理《韩集举正汇校》本。

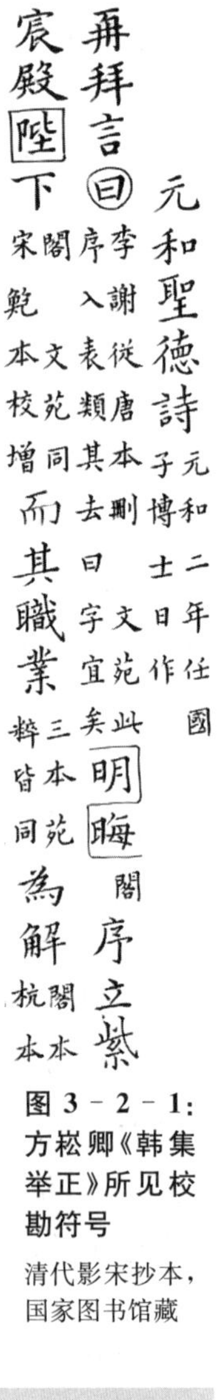

图3-2-1:方崧卿《韩集举正》所见校勘符号

清代影宋抄本,国家图书馆藏

• 史明文:《〈韩集举正〉在版本学上的价值》,《四川图书馆学报》2004年第2期,第59—60页。

• 史历:《〈韩集举正〉校勘符号简论》,《贵州文史论丛》2002年第3期,第37页。

- 史历：《〈韩集举正〉版本源流考》，《古籍研究》2002 年第 3 期，第 34—37 页。
- 史励：《〈韩集举正〉在校勘学上的贡献》，《古籍研究》2003 年第 3 期，第 45—51 页。
- 刘真伦：《宋淳熙南安军原刻〈韩集举正〉考述》，《华中科技大学学报（社会科学版）》，2004 年第 6 期，第 65—69 页。

[12] 朱熹《韩文考异》十卷

朱熹（1130—1200），字元晦，一字仲晦，号晦庵，徽州婺源（今江西婺源）人。宋高宗绍兴十八年（1148）进士，官同安县主簿、知江西南康军、浙东提举、江西刑狱、漳州知府、焕章阁待制等，谥曰文。著《周易本义》《四书章句集注》《诗集传》等；编撰《通鉴纲目》《宋名臣言行录》《近思录》等。《宋史》卷四二九有传。生平事迹又可见其门人李方子编《紫阳年谱》、清王懋竑《朱子年谱》、束景南《朱熹年谱长编》。

《韩文考异》，又名《昌黎先生集考异》《晦庵朱侍讲先生韩文考异》，为朱熹晚年之作，旨在纠正方氏《举正》校勘疏漏，朱熹《朱文公文集》卷八三《跋方季申所校韩文》说明校勘意图与原则：“余自少喜读韩文，常病世无善本，每欲精校一通，以广流布而未暇也。今观方季申此本，雠正精密，辨订详博，其用力勤矣。但《举正》之篇所立四例，颇有自相矛盾者，又不尽著诸本同异，为未尽善。……若大书本文于上，而用颜监《汉书》法，悉注众本之同异于其下。因考其是非，以见定从今本之意，则读者有以晓然知众本之得失，而益信吾书之取舍不诬矣。万一考订或有未尽，取舍不无小差，亦得尚存他本别字，不遂泯没，以待后之君子，尤久远之虑也。”可知《韩文考异》之校勘十分注重保存异文，意使“读者有以晓然知众本之得失”，备列诸本纵然考订有失而不至使他本亡逸。《文集》卷四四《与方伯谟》详细说明其校勘程式：“《韩文考异》大字以国子监版本为主，而注其同异，如云‘某本某作某’。辨其是非，如云‘今按云云’。断其取舍，从监本者已定，则云‘某本非是’。诸别本各异，则云‘皆非是’。未定则各加‘疑’字。别本者已定则云‘定当从某本’，未定则云‘且当从某本’。或监本、别本皆可疑，则云‘当阙’，或云‘未详’。其不足辨者略注而已，不必辨而断也。”具体校勘时，则十分重视前代典籍，综合运用了文字训诂、历史地理、全书的语法义理等知识或内容来作为校勘依据，有“外证”亦有“内证”，故而该书不只是一部校勘记，“在许多方面体现了朱熹的睿思明辨，甚至体现了朱熹的某些重要学术思想”（《朱熹〈韩文考异〉研究》）。

版本主要有朱熹门人张洽校订的宋刻本（1985 年上海古籍出版社据山西祁县图书馆藏本影印）、南京图书馆藏宋刻本、清代康熙时李光地翻刻张洽本、《四库全书》本等（《〈昌黎先生集考异〉版本考略》）。黄永年师自藏有明前期正统年间刊本，是除宋、元本外较早的版本(见书影3-2-5)。

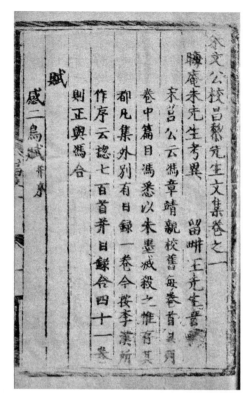

> ·(元)脱脱等:《宋史》卷四二九《朱熹传》,北京:中华书局,1985年,第12751—12770页。
>
> ·束景南:《朱熹年谱长编》,上海:华东师范大学出版社,2001年。
>
> ·(宋)朱熹:《晦庵先生朱文公文集》,收入《朱子全书》(修订本),上海:上海古籍出版社,合肥:安徽教育出版社,2010年,第22册第2020页、第24册第3905—3906页。
>
> ·莫砺锋:《朱熹〈韩文考异〉研究》,载袁行霈主编;北京大学中国传统文化研究中心编:《国学研究》第4卷,北京:北京大学出版社,1997年,第343—372页。
>
> ·曾抗:《〈昌黎先生集考异〉版本考略》,《古籍研究》1999年第1期。

书影3-2-5:《朱文公校昌黎先生文集》卷一
明正统刻本,黄永年私藏(黄寿成编著:《心太平盦古籍书影:黄永年先生收藏精粹》,第450页)

嘉泰时,彭叔夏撰《文苑英华辨证》十卷[13]。《文苑英华》是北宋前期所修四大书之一,南宋嘉泰初周必大校勘刊刻时,彭叔夏参与其事,刊成后他考虑到必大所加校语"散在本文,览者难遍,因荟粹其说,以类而分,各举数端,不复具载"(《辨证》自序)。所分类为用字、用韵、事证、事误、事疑、人名、官爵、郡县、年月、名氏、题目、门类、脱文、同异、离合、避讳、异域、鸟兽、草木、杂录共二十一类,有些类还分子目,所列校语较必大原本也颇有增损。《提要》说"此书考核精密,大抵分承讹当改、别有依据不可妄改、义可两存不必遽改三例","用意谨严,不轻点窜古书"。实是校勘学的佳作。

【旁征】

[13]彭叔夏撰《文苑英华辨证》十卷

彭叔夏,庐陵(今江西吉安)人,《四库全书总目》卷一八六"文苑英华辨证十卷"条云:"自署曰乡贡进士,其始末未详。《江西通志》亦但列其名于绍熙壬子乡举条下,不为立传,盖已无考矣。"

南宋时《文苑英华》"字画鱼鲁,篇次混淆,比他书尤甚",故周必大奉命重校刻印

《文苑英华》，彭叔夏任校雠，嘉泰四年(1204)刻成。彭氏将校勘所得，另辑为《文苑英华辨证》十卷。彭氏校勘宗旨，见于该书《自序》："实事是正，多闻阙疑。""书不可以意轻改。"全书不以《文苑英华》篇目为次，而以误例分类编列，是开"校例"之端。后来王念孙《读书杂志》校《淮南子》六十二例，俞樾《古书疑义举例》(末三卷)以及陈垣《元典章校补释例》等，或都受其影响(钱玄《校勘学》)。其校例如：

事误一："事有讹误当是正者。"

事误二："前人用事，元自舛误，而《文苑》有袭之者。"

人名三："人名有与史传集本异，不可轻改者。"

人名五："其有与史集异同，当并存者。"

脱文三："其有他本节略，而《文苑》有全篇者。"

又如：

卷一《用字二》"凡字因疑承讹，当是正者"(见书影3-2-6)："如李邕《日赋》'将闲谷兮永言，岂覆盆兮贻悔'，'闲'当作'闲'，见《文选·曹植与吴质书》'闲濛汜之谷'。《骄阳赋》'水于土而成妖'，'于'当作'干'，见《春秋繁露》'水干土则大旱'。"

书影3-2-6：《文苑英华辨证》卷一
清鲍氏《知不足斋丛书》本(民国间上海古书流通处影印)

卷五《名氏一》"凡撰人名氏或有以甲为乙，当以《文苑》为正者"："李吉甫《郴州刺史谢上表》亦载《柳集》，以'郴'作'柳'。按《新史·吉甫传》改'郴'移'饶'，《旧史》乃以'郴'作'柳'，是致《柳集》误收。况宗元自有《柳州谢表》，其题作'谢除'，云：'奉三月十三日制，六月二十七日上讫。'今此表题作'谢上'，又云'今月二日上讫'，考其年月文理，皆非宗元事，其为吉甫何疑。"

该书主要版本有聚珍本、鲍氏《知不足斋丛书》本(据顾广圻手校影宋刻本)、《学海类编》节本等(《书目答问汇补》)，《丛书集成初编》据《知不足斋丛书》本排印。

· (清) 永瑢等：《四库全书总目》卷一八六《集部·总集类一》"《文苑英华辨证》"条，第1692页。

> · 钱玄：《校勘学》，北京：商务印书馆，2019 年，第 206 页。
> · (宋)彭叔夏：《文苑英华辨证》，王云五等编：《丛书集成初编》第 0171 册，上海：商务印书馆，1936 年，第 1、33、40 页。
> · (清)张之洞编撰，来新夏等汇补：《书目答问汇补》集部《总集第三·文》，北京：中华书局，2011 年，第 884 页。

《相台书塾刊正九经三传沿革例》一卷[14]。相台书塾过去一向认为是南宋后期岳飞之孙岳珂的家塾，岳珂刊刻"九经三传"，同时撰写了《刊正沿革例》。但据今人研究，这套"九经三传"，实系岳飞后裔元初义兴岳氏据南宋末廖莹中世绿堂本所重刻，《刊正沿革例》也是重刊时用廖氏旧有总例增修而成，与岳珂均无关涉（其说略见北京图书馆编《中国版刻图录》图版二九八《春秋经传集解》元荆谿岳氏家塾刻本解说）。《刊正沿革例》说所刻"九经三传"，"以家塾所藏唐石刻本、晋天福铜板本、京师大字旧本、绍兴初监本、监中见行本、蜀大字旧本、蜀学重刻大字本、中字本、又中字有句读附音本、潭州旧本、抚州旧本、建大字本、俞韶卿家本、又中字凡四本、婺州旧本、并兴国于氏、建余仁仲，凡二十本，又以越中旧本注疏、建本有音释注疏、蜀注疏合二十三本，专属本经名士，反覆参订"。《刊正沿革例》本身则分书本、字画、注文、音释、句读、脱简、考异七个题目，分别讲述其校勘去取的原则。其价值并不亚于彭叔夏的《辨证》。

【旁征】

[14]《相台书塾刊正九经三传沿革例》一卷

清《四库提要》"刊正九经三传沿革例一卷"条云："宋岳珂撰。珂字肃之，号倦翁，汤阴人，居于嘉兴。鄂忠武王飞之孙，敷文阁待制霖之子也。官至户部侍郎、淮东总领制置使。"张政烺《读〈相台书塾刊正九经三传沿革例〉》一文从考证本无"宋岳珂撰"四字、廖氏撰《九经总例》、世绿堂与廖莹中事迹、岳珂与岳浚籍贯生平、《沿革例》内容等诸方面，认为相台本群经乃元初义兴岳氏据廖莹中世绿堂本校正重刻，与岳珂无涉（按：张文题其文于"癸未[1943]季冬写于南溪李庄板栗坳"，首刊于《中国与日本文化研究》第一集，1991年。后收入氏著《张政烺文史论集》，2004 年）。北京图书馆编《中国版刻图录》图版二九八元岳氏荆谿家塾刻本《春秋经传集解》条引其说，认为"张说甚确"。

《刊正九经三传沿革例》是校勘制定的凡例和细则，分书本、字画、注文、音释、句读、脱简、考异七个方面，阐述其校勘的"沿"与"革"，也就是取舍标准，是我国古代校勘学史上留下的较早且较为完整详备的文献。如第一篇《书本》说明所见诸版本之优劣情况，总列其校勘使用的二十三个版本：

> 九经本行于世多矣,率以见行监本为宗,而不能无讹谬脱略之患……世所传本,互有得失,难于取正。前辈谓兴国于氏本,及建余氏本为最善,逮详考之,亦此善于彼尔……余本间不免误舛,要皆不足以言善也。今以家塾所藏唐石刻本、晋天福铜板本……合二十三本,专属本经名士反覆参订,始命良工入梓,固自信以为尽善。

第二篇《字画》,对历朝古体、俗体字混易问题确立参考字书,说明其校勘不纯用古体,通以可识者:

> 字学不讲久矣,今文非古,讹以传讹。魏晋以来则又厌朴拙,(耆)〔嗜〕姿媚,随意迁改,义训混淆,漫不可考。……唐人统承西魏,尤为谬乱,至开元所书五经,往往以俗字易旧文……五季而后,镂版传印,经籍之传虽广而点画义训讹舛自著。今所校,本之以许慎《说文》、张参《五经文字》……秦昌朝《韵略分毫补注字谱》,参以毛晃《增韵》,及其子居正所著《六经正误》。其有甚骇俗者,则通之以可识者。非若近世眉山李肩吾从周所书《古韵》及文公《孝经刊误》等书,纯用古体也。凡此者,实与同志之精于字学者,逐一探讨折衷,不使分毫差误。虽注字偏旁点画必校……不坠于俗学之陋。

《沿革例》的出现"标志着我国对古典文献的校勘已达到了一个新的高度,并且开创了校勘学著作'释例'体的先河"(《相台岳氏〈刊九经三传沿革例〉及其在校勘学上的价值》)。

主要版本有:乾隆任大椿刻本、《知不足斋丛书》本、《粤雅堂丛书》本等(《书目答问汇补》)。《丛书集成初编》据粤本排印。

- (清)永瑢等:《四库全书总目》卷三三《经部・五经总义类》"《刊正九经三传沿革例》"条,第271页。
- 张政烺:《张政烺文史论集》,北京:中华书局,2004年,第166—188页。
- 北京图书馆编:《中国版刻图录》(增订本),北京:文物出版社,1990年,第56页。之后学者如崔文印等亦从张说,参崔文印:《相台岳氏〈刊正九经三传沿革例〉及其在校勘学上的价值》,《史学史研究》1986年第3期,第36—42页。
- 《相台书塾刊正九经三传沿革例》,清乾隆五十二年(1787)任大椿刻本,第1叶背—第4叶正。
- (清)张之洞编撰,来新夏等汇补:《书目答问汇补》经部《列朝经注经说经本考证第二・诸经目录文字音义》,第182页。

以上这几部有关校勘和校勘学的书,今天从事校勘工作者至少要翻一翻。

清代学者的校勘成果

清人所能见到的古籍旧本已远不如宋人之多，宋代通行易得的监本、坊刻本到清代多已成为绝无仅有的秘籍，就从事校勘的条件来说自不如宋人。但从事这项工作的学者似多于宋人，有些成果较诸宋人有出蓝之誉。

清代学者的校勘成果以三种方式流传下来：

（1）承宋人的传统，和刻书结合起来撰写校记，也称校勘记、考异或考证。乾隆时官刻本即所谓武英殿刻的殿本《十三经》《二十四史》《九通》[15]就都附有考证，不过质量并不高。就最有名的殿本《二十四史》来说，"校刻虽号精审，而天禄琳琅之珍秘，内阁大库之丛残，史部美不胜收，当日均未及搜讨，仅仅两汉、三国、晋、隋五史依据宋元旧刻，余则惟有明两监之是赖"（张元济《影印百衲本二十四史序》）。而从事校勘、撰写考证者如沈德潜等人也对校勘学、史学素无修养。《十三经》《九通》更等而下之。真能代表清代学术水平，写出高质量校记的，还是不在朝的学者们。当时私家重刻古籍善本之风，远盛于明。明末毛晋汲古阁刻书以多著称，但刻得马虎，往往连家藏的宋元本都不参考。乾嘉时私家刻书则极为认真讲究，如卢文弨刻的《抱经堂丛书》[16]，孙星衍刻的《平津馆丛书》《岱南阁丛书》、巾箱本《岱南阁丛书》[17]，鲍廷博的《知不足斋丛书》[18]，阮元的《十三经注疏》[19]以及黄丕烈、张敦仁、秦恩复、吴鼐、胡克家等人所刻的古籍单行本（黄刻后来汇成《士礼居丛书》[20]），无不依据善本，有的且直接仿宋，并附加校记。这些人本身就有学问，其中很多书的校刻，还得到著名校勘专家顾广圻的帮助或由顾代劳包办。李兆洛撰《顾君墓志铭》说："是时孙渊如观察（星衍）、张古愚太守（敦仁）、黄荛圃孝廉（丕烈）、胡果泉中丞（克家）、秦敦夫太史（恩复）、吴山尊学士（鼐）皆深于校雠之学，无不推重先生，延之刻书。为孙刻宋本《说文》、《古文苑》、〔元本〕《唐律疏议》，为张刻抚州本《礼记》、严州本单疏本《仪礼》、《盐铁论》，为黄刻《国语》《国策》，为胡刻宋本《文选》、元本《通鉴》，为秦刻《扬子法言》《骆宾王集》《吕衡州集》，为吴刻《晏子》《韩非子》。每一书刻竟，综其所正定者，为考异、为校勘记于后，学者读之益钦向。"案顾氏经手校刻的古籍，还不止墓志所列这几种，所撰校记也不都由顾氏自己署名，要进一步了解顾氏的造诣，应看道光时徐渭仁刊刻的顾氏《思适斋集》和民国时王大隆辑刻的《思适斋书跋》。当然，顾氏所校也并非绝无疵病，如《通鉴》卷二六二天复元年胡三省注元刻本作"世固有能知之言之而不行，究于行者，韩偓其人也"，顾氏校刻乃误改为"世固有能知之言之而不能究于行者，韩偓其人也"（别详陈垣《通鉴胡注表微·校勘篇》）。如《韩非子·说疑》讲到"卫子南劲"，顾氏撰《识误》不详其人，其实其人其事迹略具《史记·周本纪》集解引

《汲冢古文》(别详童书业师《春秋左传研究》卷三"子南劲取卫"条)。可见即使专家的校勘也不能无条件信从。

【旁征】

[15] 殿本《十三经》《二十四史》《九通》

乾隆时官修《日下旧闻考》卷七三说："康熙十九年,始以武英殿内左右廊房共六十三楹为修书处。"咸丰十二年(1862)《钦定总管内务府现行则例》"武英殿修书处"条载："康熙十九年十一月,奉旨设立修书处。"至此,武英殿正式成为修书刻书之处。清代皇家刻书笼统地可称为内府本,而习惯上将康熙及其后的专称"武英殿本",还常简称为"殿本"。殿本《十三经注疏》《二十四史》主要刊刻于乾隆四年(1739)至十一年间,《旧五代史》是纂修《四库全书》时从《永乐大典》等书里辑出,乾隆四十九年付刊,晚于其他诸史。政书《九通》中"三通"(《通典》《通志》《文献通考》)刻于乾隆十二年,《续文献通考》刻于乾隆三十二年,《续通典》《续通志》大约陆续成书于乾隆五十一年至五十二年,并称"续三通"。此期间又修撰了"清三通"(《清通典》《清通志》《清文献通考》),亦由武英殿刊印。武英殿刻书事业,深受宫廷以外学术界文化界的影响。武英殿本《十三经注疏》《二十三史》在每卷之后都附有校勘性学术性的"考证"(《明史》未附刻"考证"),而且早在乾嘉前期,可谓得风气之先(《古籍版本学》《清代内府刻书研究》)。

武英殿本的校勘工作主要由下辖经史馆承担,方苞是乾隆四年校刊工作伊始的首任经史馆总裁,他提出要把校书发现的错误一一开列呈进,并刊刻在各卷之末,也就形成了后来的《考证》。官刻经史附校勘记为前代所无,清乾隆殿本是开创者。《考证》编写与校勘活动在时间上并不完全一致,方苞被革职后,原撰写校勘记的计划没能严格执行,如乾隆六年、七年进呈的《史记》、五经均无考证,直至乾隆七年六月时总裁张照上奏重新强调考证的重要性,撰写考证工作才重新走上正轨,已刻竣或校毕的书,着人另行编撰《考证》。各经史《考证》的编纂,多由当时的翰林负责,其中齐召南、杭世骏等出力尤多。由于部分经史付梓在前,《考证》编写在后,所以殿

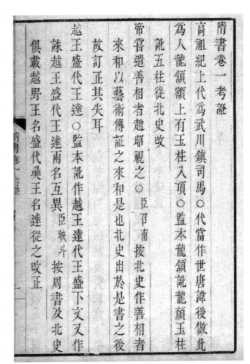

书影3-2-7:《隋书》卷一《考证》
清乾隆武英殿本,哈佛大学汉和图书馆藏

本《考证》存在一些与正文不一致的地方。殿本《明史》乾隆四年刻竣,早于校刊"二十二史"活动之前,故未附刻考证。但《明史》在乾隆四十年至四十七年经历了一次重修,修订《明史》又称为"新定之本"或"四库"本,《列传》部分均附有《考证》。不过由于此本并未刊刻流传,对清人的实际影响较弱(《武英殿本〈二十四史〉校刊始末考》《〈四库全书〉本〈明史〉发覆》)。殿本《考证》在订正文字错讹之上还有针对内容、笔法的诠释论析,深刻反映了清代官方的校书水平,其体例为后世整理古籍撰写校勘记提供了良好的范式。殿本系列作为今日重要的参校本,《考证》仍具有一定的学术参考价值。

试以《隋书》卷一《考证》为例(见书影3-2-7),并与现今通行的1973年中华书局点校本和2019年新出点校修订本的校勘记作一对比(见表3-2-1),观《校勘记》撰写之沿革变化:

表3-2-1:《隋书》卷一校勘记对比表

条　目	清武英殿本	1973年中华书局点校本	2019年中华书局修订本
代为武川镇司马	"代"当作"世",唐讳,后仿此。	无此条("世""代"避讳问题置于校记第一条"汉太尉震八代孙铉":"代"应作"世",唐人讳改。按本书中"世""代"杂出,其他避讳字也有类似情况,当是唐时修史非出于一人之手,前后并不一致,而后人校史时又有回改。以后凡遇有这种避讳情况,只在某一避讳字第一次出现时出校记。)	无此条(亦放于"汉太尉震八代孙铉"条:"代",《北史》卷一一《隋本纪上》作"世",盖唐人避讳。钱大昕《考异》卷三三,《隋史》成于唐太宗时,其时不避"世"字,此纪多处改"世"为"代",皆唐人追改;而仍作"世"者,盖唐以后人又据它书回改,而改之不尽,或因校书者辗转改易。今按,本书"代""世"杂出,各从底本,不另出校。)
为人龙颔,额上有玉柱入顶	监本"龙颔"讹"龙颜","玉柱"讹"五柱",从《北史》改。	无此条	"颜",殿本、《北史》卷一一《隋本纪上》、《册府》卷四四《帝王部·奇表》均作"颔"
善相者赵昭	按《北史》作"善相者来和",以《艺术传》证之,"来和"是也。《北史》出于是书之后,故订正其失耳。	无此条	《御览》卷七三〇《方术部一一·相》中引《隋书》、宋本《册府》卷八六〇《总录部·相术》作"赵照",《北史》卷一一《隋本纪上》作"来和"。本书卷七八《艺术·来和传》、《北史》卷八九《艺术上·来和传》载来和开皇末所上表,自陈为周武帝相杨坚事,与此处纪事相合。

续　表

条　　目	清武英殿本	1973 年中华书局点校本	2019 年中华书局修订本
越王盛、代王达	监本讹作"越王达代王盛",下文又作"诛越王盛代王达",两名互异。按《周书》及《北史》俱载越野王名盛,代曩王名达,从之改正。	无此条	原作"越王达代王盛",据殿本改。《册府》卷七《帝王部·创业》亦作"越王盛代王达"。本卷下文有"越王盛""代王达",卷四〇《王谊传》《虞庆则传》、卷四一《高颎传》有"越王盛"。按《周书》卷一三《文闵明武宣诸子传》,盛为越野王、达为代曩王。

• 黄永年:《古籍版本学》第八章《清刻本》,第 146、151—152 页;翁连溪:《清代内府刻书研究》(上),北京:故宫出版社,2013 年,第 79—86 页。有关武英殿刻书的系统研究又可参项旋:《皇权与教化:清代武英殿修书处研究》,北京:中国社会科学出版社,2020 年。

• 张学谦:《武英殿本〈二十四史〉校刊始末考》,《文史》2014 年第 1 辑,第91—122 页;乔治忠、杨艳秋:《〈四库全书〉本〈明史〉发覆》,《清史研究》1999 年第 4期,第 67—73 页。

• (唐)魏徵、令狐德棻:《隋书》卷一《考证》,清乾隆四年(1739)武英殿本。

• (唐)魏徵、令狐德棻:《隋书》卷一校勘记〔一〕,北京:中华书局,1973 年,第 26 页;(唐)魏徵、令狐德棻:《隋书(修订本)》卷一校勘记〔一〕〔三〕〔四〕〔九〕,北京:中华书局,2019 年,第 26—28 页。

[16]　卢文弨《抱经堂丛书》

卢文弨(1717—1795),浙江杭州人,初名嗣宗,后更名文弨,字绍弓,一作召弓,号矶渔,又号檠斋,晚更号弓父。人称抱经先生,清代雍正、乾隆之际学者、校勘名家。《清史稿》卷四八一有传。著有《群书拾补》《抱经堂集》《仪礼注疏详校》等。钱大昕评其学术与校勘云:"学士卢抱经先生精研经训,博极群书,自通籍以至归田,铅椠未尝一日去手。奉廪修脯之余,悉以购书。遇有秘钞精校之本,辄宛转借录。家藏图籍数万卷,皆手自校勘,精审无误。凡所校定,必参稽善本,证以它书,即友朋后进之片言,亦择善而从之,洵有合于颜黄门所称者,自宋次道、刘原父、贡父、楼大防诸公,皆莫能及也。"(《卢氏群书拾补序》)其校书数量约二百五十七种(《卢文弨校勘学的历史地位》),校勘特点与原则大致为:以对校为基础,重视宋本旧本;广罗异本,旁征博引,重视他校;运用文字、音韵、训诂及历史典制知识判定是非；重古籍版式行款，以义例校勘；善集其他优秀学者之力；有疑则不臆改（《卢文弨校勘学述》）。校勘实例见本篇旁征[21]。

乾隆间卢文弨汇刊所校汉唐人书及所著札记文集为《抱经堂丛书》，凡二十种二百六十三卷，以精善著称。《续修四库提要》云"如《经典释文》则据宋本参校；《仪礼详校》则据宋元旧本，复取自宋李氏《集解》而下所引证者数十家传记诸疏，考其异同，酌其字句，积数十年之力而后成书；《贾子新书》《春秋繁露》均取宋本详校；《白虎通》取阳湖庄葆琛校本；《荀子》《逸周书》取谢墉校本；《方言》取戴东原氏校本，用丁小雅本校补；《独断》取《百川学海》本、《汉魏丛书》本，复经臧镛堂参校；《颜氏家训》据宋刊七卷本，用江阴赵曦明注，钱竹汀氏为之辑补。凡此诸书，皆为经子要籍，复用善本，博请通人，勤加参校，故能取信当时、昭示来者。"版本有清乾隆嘉庆间余姚卢氏刊本、民国十二年（1923）北京直隶书局影印卢氏本、2015 年学苑出版社又据绍兴图书馆藏乾隆嘉庆间本影印。

> • 张波、赵玉敏：《清卢抱经文弨先生年谱》，陈东辉主编：《卢文弨全集》（第 16 册），杭州：浙江大学出版社，2017 年。
>
> • （清）钱大昕：《潜研堂文集》卷二五《卢氏群书拾补序》，陈文和主编：《嘉定钱大昕全集 增订本》（第 9 册），南京：凤凰出版社，2016 年，第 388 页。
>
> • 许殿才：《卢文弨校勘学述》，《史学史研究》1988 年第 3 期，第 68—73 页；许殿才：《卢文弨校勘学的历史地位》，《社会科学辑刊》1990 年第 1 期，第 102 页。有关卢文弨研究，详参彭喜双、陈东辉：《卢文弨研究论著目录》，载天一阁博物馆编，应力臻主编：《天一阁文丛》（第 11 辑），杭州：浙江古籍出版社，2013 年，第 100—113 页。
>
> • 吴格、眭骏整理：《续修四库全书总目提要·丛书部》"抱经堂丛书"条，谢国桢撰，北京：国家图书馆出版社，2010 年，第 247 页。

[17] 孙星衍《平津馆丛书》《岱南阁丛书》

孙星衍（1753—1818），字季逑，号渊如，阳湖（今江苏常州）人。清乾隆丁未年（1787）进士，官终山东督粮道。乾嘉著名学者、藏书家、金石学家。《清史稿》卷四八一有传，言其"深究经史、文字、音训之学，旁及诸子百家，皆必通其义"。著有《尚书今古文注疏》《寰宇访碑录》等。

《岱南阁丛书》共二十三种一百七十三卷，孙星衍分巡山东兖沂曹济时，以所居当岱山之南，言其斋曰"岱南阁"。此编大都为其官东鲁时所辑，故亦以岱南阁名之。始刊于乾隆五十年(1785),最后为嘉庆十四年(1809)。所收各书,除孙氏自撰诗文外,余多为星衍订补校勘之作。大字本凡十八种,又有巾箱本凡五种:《周易集解》《周易口诀义》《夏小正传》《急就章考异》《王无功集》(《丛书百部提要》)。清乾隆嘉庆间兰陵孙氏刊本,民国十三年(1924)上海博古斋据清孙氏刊本影印(《中国丛书综录》)。《平津馆丛书》共四十三种二百五十四卷。书以天干分集,视岱南阁所辑,种类较夥,其中诸子杂史,均据善本,校勘尤精。孙氏自序云:"自甲到癸,终始十集,最目具详,叙列咸备,聊署平津之馆,敢悬咸阳之门。"序题嘉庆十七年(1812),则至是十集具全。中经战乱原版尽毁,书亦仅存。光绪十年(1884),吴县朱记荣取十集重为校刊(《丛书百部提要》)。

孙星衍的校勘思想与成果散见于所校刻的书籍序跋中,主要有《夏小正》《急就章考异》《六韬》《三辅黄图》《抱朴子》《春秋释例》《元和郡县图志》等(《孙星衍研究》)。以《急就章考异》为例略观其校勘。序云:

> 《急就章》,汉史游所作,盖草书之权舆……今所见法帖有绍圣三年勒石本,与《玉海》所载碑本文字异同皆合,则即王应麟所引碑本也。所存注解惟颜师古及王应麟本,余无存焉。叶梦得《石林集》云史游《急就章》二千二十三字,相传为吴皇象书,摹张郡公家本,文云:"索靖章草《急就篇》一千四百五十字,绍兴甲子偶得秘书郎黄长睿双钩所摹于福唐。"按今绍圣本才一千三百九十九字,前题史游名,知即索靖本。故大学士梁国治有临本,字小于绍圣本,缺字较少,不言据何本,而相国书脱误亦多。予惜颜注本既不依古本分章,《玉海》所称碑本异字,核之今帖,尚有遗漏,因以帖本为定,校各本文字为《考异》一卷。

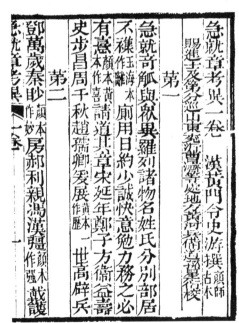

书影 3-2-8:(汉)史游撰,(清)孙星衍校《急就章考异》

清嘉庆三年(1798)巾箱本《岱南阁丛书》本(《续修四库全书》影印)

由序言可知孙氏校勘重视广集诸本,辨其优劣,以较古的宋绍圣三年(1096)勒石本为底本,校各本文字异同。主要运用对校法,录诸本之异,校文较为简洁而不作详细注解(见书影3-2-8)。文后附注各版本简称:"帖本,绍圣摹勒皇象本,即《玉海》碑本。又梁相国国治临本。颜本,颜师古注。黄本,黄鲁直。李本,李仁甫。越本,朱文公刊于浙东。"可见有一定校例。

• 赵尔巽等：《清史稿》卷四八一《孙星衍传》，第 13224 页。
• 中华书局编辑部编：《丛书集成初编总目索引》之《丛书百部提要》，北京：中华书局，2012 年，第 27 页。
• 焦桂美：《孙星衍研究》，上海：上海古籍出版社，2017 年，第 437—451 页。
• （汉）史游撰，（清）孙星衍校：《急就章考异》，《续修四库全书》经部小学类第 243 册影印清《岱南阁丛书》本，上海：上海古籍出版社，1996 年，第 577—578、585 页。

[18] 鲍廷博《知不足斋丛书》

　　鲍廷博（1728—1814），字以文，号渌饮，原籍安徽歙县，后迁居嘉兴乌镇，乾嘉著名藏书家、刻书家。其父鲍思诩，从商却性嗜读书，筑室储书，取《大戴礼记》"学然后知不足"，名其斋曰知不足斋，故鲍廷博亦自称"知不足斋后人"。乾隆三十八年（1773），诏开四库馆，采访天下遗书，时为歙县学生的鲍廷博集家藏书六百余种，命其子仁和县监生士恭由浙江进呈，由此名闻当世。至嘉庆十八年（1813），年逾八旬，所刻书至二十七集，未竣而卒，遗命子士恭继志续刊。阮元评忆鲍氏云："凡某书美恶所在，意惜所在，见于某代某家目录，经几家收藏，几次钞刊，真伪若何，校误若何，无不矢口而出，问难不竭。古人云，读书破万卷。君所读破者，奚翅数万卷哉。"（《知不足斋鲍君传》）

　　《知不足斋丛书》共二百零七种七百八十一卷，鲍廷博收藏既富，校雠尤精，所刻丛书，卢文弨称其无伪书俗书间侧。王鸣盛亦称其淹雅多通。精于鉴别，珍抄旧刻，手自校对，实事求是，正定可传。每集八册，刻至二十七集。廷博卒，后人踵而成之，自乾隆丙申（1776），迄道光癸未（1823），成书三十集，在清代丛书中，可称翘楚（《丛书百部提要》）。《续修四库提要》称："鲍氏之书，凡刻一籍，必校雠精审，而后镂板……如刘祁《归潜志》、周密《武林旧事》，今与黄丕烈、施国祁校宋本相较，无一二字差异，其精审可知。"版本有清乾隆、道光间长塘鲍氏刊本，民国十年（1921）上海古书流通处据清鲍氏刊本影印。

　　鲍氏校勘散见于其所刻书序跋题识之中，试以《补汉兵志》为例观其校法：

　　　　右《补汉兵志》一卷，宋乐清钱文子撰，门人陈元粹为之注。盖以补班史之阙而实有慨于南渡后兵食冗滥，思复汉制以救其弊，其忧国之心深矣。当嘉定甲戌、乙亥间，瑞昌淮南一再版行，阅世既深，流传渐寡。予以重值购钞本于吴江沈氏，反覆班书，详加雠比，正讹补阙，颇于陈注有小补焉。……乾隆己亥十月既望得闲居士鲍廷博识。

　　据题识可知，鲍氏以重金所购旧钞本为底本，据班固《汉书》对勘以正讹补阙。其校勘按语以双行小字夹于句末(见书影3-2-9)。

• (清) 阮元：《揅经室集》二集卷五《知不足斋鲍君传》，北京：中华书局，1993年，第495页。鲍氏生平又参刘尚恒：《鲍廷博年谱》，合肥：黄山书社，2010年。

• 中华书局编辑部编：《丛书集成初编总目索引》之《丛书百部提要》，北京：中华书局，2012年，第23页。

• 吴格、眭骏整理：《续修四库全书总目提要·丛书部》"知不足斋丛书"条，谢国桢撰，北京：国家图书馆出版社，2010年，第266—267页。又见上海图书馆编：《中国丛书综录》(第一册)"知不足斋丛书"条，上海：上海古籍出版社，1983年，第134—137页。国内外鲍廷博研究参见彭喜双、陈东辉：《鲍廷博研究文献目录》，国家古籍保护中心编：《古籍保护研究》(第2辑)，郑州：大象出版社，2016年，第113—136页。

书影3-2-9：(宋) 钱文子《补汉兵志》
清鲍氏《知不足斋丛书》本(民国十年[1921]上海古书流通处影印)

[19] 阮元《十三经注疏》及《十三经注疏校勘记》

阮元(1764—1849)，字伯元，号云台(或作芸台)，又号揅经老人、雷塘庵主等，江苏扬州人，占籍仪征。乾隆五十四年(1789)进士，历宦乾嘉道三朝，官至云贵总督、体仁阁大学士，年八十六卒，谥文达，《清史稿》卷三六四有传，评其"纪事、谈艺诸编，并为世重。身历乾、嘉文物鼎盛之时，主持风会数十年，海内学者奉为山斗焉"。生平详参王章涛《阮元年谱》。

清中期刊刻古书的特点是注重校勘，多数出校语，叫校勘记或考异。其中最有名的首推嘉庆年间阮元任江西巡抚时刊刻的《十三经注疏》。他事先已主持撰写了《十三经注疏校勘记》(以宋本为据，考《经典释文》《开成石经》其他各本，参校甚众)，后又据南宋十行本注疏及其他旧本，用方体字重刻并将《校勘记》择要附刻各卷之后，成为公认的《十三经注疏》善本(《古籍版本学》)。张之洞《书目答问》云："阮本最于学者有益，凡有关校勘处，旁有一圈，依圈检之，精妙全在于此。"俞樾点石斋石印本阮刻《十三经注疏序》指出"阮文达之为《校勘记》，罗列诸家异同，使人读一本如遍读各本"。直至今日，阮元《十三经注疏》都是学者最常使用的十三经权威版本。

　　阮元本其实并不十分完善。杜泽逊长期深耕于《十三经注疏》汇校工作与研究，指出："《日知录》批评万历北监本《仪礼》脱文的话，被《四库全书总目》中《仪礼注疏》的提要直接引用，阮元把这一篇《仪礼注疏提要》刻在南昌本卷首，这样世人都知道北监本《仪礼》不精不善了。……可是在阮元《仪礼注疏校勘记》正文中，却没有指出北监本《仪礼注疏》的那五段脱文，而是仅仅指出明末毛晋汲古阁本脱去那五段文字。汲古阁本比北监本晚，并且是从北监本来的，那么汲古阁本的脱文当然是从北监本来的，单单指出'毛本脱'是不得其根源的。……陈凤梧本、李元阳本、北监本，都是阮元见过并且校过的，却没有把脱文情况反映在《校勘记》中。还有单疏本，阮元也用了，对于这些疏文根本不存在的事实，阮元也没有在《校勘记》中说明。这都是'漏校'。这样做的结果是误导读者认为毛本极劣。……除了'漏校'之外，还有些古本阮元当时没见到，例如《周易正义》单疏本，《周易注疏》八行本，《尚书注疏》单疏本、八行本、宋魏县尉宅本、蒙古平水本，《礼记正义》八行本，《论语注疏》蜀刻十卷本，《孟子注疏解经》八行本等，从而限制了校勘质量。这是古本。对于离阮元时代较近的乾隆武英殿本，阮元可能不太重视，没有校勘，因而没有很好地汲取其长处。例如《周礼注疏》卷二十八《夏官·司马》'凡制军万有二千五百'一节下疏文'掌其戒令赏罚'下，阮元本有小字注：'原本实缺七格。'这七个字南宋八行本、清乾隆武英殿本作'则是于军因为师'。阮元根据的底本没有这七个字，他也添不上，但是武英殿本已经根据《州长》注推测出来，并且补上了。殿本补的这七个字和南宋八行本吻合，而且被后来的孙诒让《周礼正义》采纳（参日本加藤虎之亮《周礼经注疏音义校勘记》），十分可贵。阮元没有见过南宋八行本，是客观困难，但是武英殿本近在咫尺，却没有一校，导致这七

书影 3－2－10：《周礼注疏校勘记》卷一

清嘉庆阮氏文选楼刻本（《续修四库全书》经部群经总义类第 181 册影印，上海：上海古籍出版社，1996 年，第 99 页）

个字无法校补,而仅仅注出原本'缺七格',这不能不说是一个失误。"

《十三经注疏校勘记》的版本有阮氏文选楼单行本、嘉庆二十一年(1816)南昌府学刻《十三经注疏》所附卢宣旬摘录本、道光九年(1829)学海堂《清经解》本等(《〈十三经注疏校勘记〉版本述略》)。

- 赵尔巽等:《清史稿》卷三六四《阮元传》,第 11424 页;王章涛:《阮元年谱》,合肥:黄山书社,2003 年。
- 黄永年:《古籍版本学》,南京:江苏教育出版社,2009 年,第 152—154 页。
- (清)张之洞编撰,来新夏等汇补:《书目答问汇补》经部《正经正注第一·正经、正注合刻本》,第 3 页。
- (清)俞樾著,应守岩点校:《春在堂杂文》,赵一生主编:《俞樾全集》(第 13 册),杭州:浙江古籍出版社,2017 年,第 489 页。
- 杜泽逊主编:《尚书注疏汇校·十三经注疏汇校缘起》,北京:中华书局,2018 年,第 9—11 页。
- 王耐刚:《〈十三经注疏校勘记〉版本述略》,中国历史文献研究会编:《历史文献研究》(第 37 辑),上海:华东师范大学出版社,2016 年,第 192—203 页。

[20] 黄丕烈《士礼居丛书》

黄丕烈生平详见本书"底本"篇旁征[7]。

《士礼居丛书》,共十九种一九四卷,嘉庆戊寅年(1818)刊成,其中如宋本郑氏《周礼》《仪礼》、天圣明道本《国语》、剡川姚氏本《国策》、庞安常《伤寒总病论》、洪迈《集验方》等,尤为罕见。《丛书百部提要》云:"所附札记,诠释音义,刊正谬误,允为校勘家翘楚。乾嘉之际,东南藏书家,以士礼居为巨擘。取精用宏,故丛书所选为世所重。兵燹之后,流传绝少,好古之士,珍如鸿宝焉。"版本有清嘉庆道光间吴县黄氏刊本,清光绪十三年(1887)上海蜚英馆据清黄氏刊本影印,民国四年(1915)上海石竹山房据清黄氏刊

书影 3-2-11:黄丕烈《重刻剡川姚氏本战国策札记》卷中

清《士礼居丛书》本(民国十一[1922]上海博古斋影印)

本影印,民国十一年(1922)上海博古斋据清黄氏刊本增辑影印(《中国丛书综录》)。

> ・中华书局编辑部编:《丛书集成初编总目索引》之《丛书百部提要》,北京:中华书局,2012 年,第 28 页。
> ・上海图书馆编:《中国丛书综录》(第一册)"士礼居黄氏丛书"条,上海:上海古籍出版社,1983 年,第 150—151 页。

　　(2) 清代学者把校勘成果写成专著的倒不多,比较著名的只有阮元的《十三经注疏校勘记》和卢文弨的《群书拾补》[21]。后者是卢文弨把生平校勘过、但无余力刊刻的三十八种古籍的校记汇刻成编。前者是阮元以卢文弨的校本为蓝本,罗致了顾广圻、李锐、臧庸、严杰等学者分工撰写的,原本二百四十五卷,以后加以删节附入所刻《十三经注疏》。此外,当时第一流大学者如钱大昕,如王念孙、王引之即所谓王氏父子,也都在古籍校勘上作出过贡献,不过没有撰写专书,而是把校勘所得写在研治经史诸子的著作里。著名的有王念孙的《读书杂志》八十卷、王引之的《经义述闻》三十二卷[22]、钱大昕的《廿二史考异》一百卷[23],还有和钱大昕同时的王鸣盛的《十七史商榷》一百卷[24],清季俞樾的《群经平议》《诸子平议》各三十五卷,《古书疑义举例》七卷[25]。这些著作中有很多用理校法改正古籍传本讹误的实例,值得一读。

【旁征】

[21] 卢文弨《群书拾补》

　　卢文弨生平见本篇旁征[16]。卢氏精于校勘,《群书拾补》是其最具代表性的校勘学成果。《群书拾补小引》述其撰写缘由起于梁曜北(玉绳)对卢氏说的一段话,梁氏言:"所校之书,势不能皆流通于世,其藏之久,不免朽蠹之患,则一生之精神虚掷既可惜,而谬本流传,后来亦无从取正,虽自有余,奚裨焉? 意莫若先举缺文断简讹缪尤甚者,摘录以传诸人,则以传一书之力,分而传数书,费省而功倍,宜若可为也。"卢文弨感其言,希望自己的校书成果能流传于世,故辑平生所校诸书文字为《群书拾补》一书。《群书拾补初编》共三十九种,经部如《五经正义表》《周易注疏》《尚书注疏》《春秋左传序》《礼记注疏》等,史部如《史记惠景间侯者年表》《续汉书志补注》《晋书》《魏书》《资治通鉴序》《文献通考经籍》《史通》《新唐书纠谬》等,子部如《韩非子》《晏子春秋》《风俗通义》等,集部如《鲍照集》《韦苏州集》《元微之文集》《白氏文集》等。又《群书拾补补遗》有《宋史艺文志补》《补辽金元艺文志》《扬雄太玄经》三种。

　　《群书拾补》仿《经典释文》体例,从群书中摘录字句,考辨异文,每书标题之下有双行小序叙书籍撰者等概况与校勘所用版本。有关《群书拾补》的研究及版本,可参陈东辉、程惠新：《卢文弨〈群书拾补〉考述》一文。试以史部《晋书》为例观卢氏校勘（见书影3-2-12）。小序云：

> 《晋书》，共一百三十卷，唐贞观中太宗敕房乔、褚遂良等纂录，其《宣武纪》与《陆机》《王羲之传》论乃太宗御制。此书在明有南北监本、毛氏汲古阁本，本朝有乾隆四年校刊本。今以官本为主而取旧本，参考异同。郑樵《通志》所载尚系宋时之本，故所据独多旧本，惟目录前题唐太宗文皇帝御撰，卷中则否，有每卷皆题御撰者，失之。

卢氏以清殿本为主，参校明监本、汲古阁本，并利用郑樵《通志》他校，凡讹字、异同之处俱注之。吴士鉴《晋书斠注》就吸收了卢氏《群书拾补》的成果。

书影3-2-12：《群书拾补》之《晋书》
清乾隆卢氏《抱经堂丛书》本（民国十二年[1923]北京直隶书局影印）

《群书拾补》收入卢氏《抱经堂丛书》中。今整理本有2017年浙江大学出版社出版陈东辉主编《卢文弨全集》（第1—3册），2019年又有单行修订本，订正前版若干疏误。

- （清）卢文弨撰，程惠新、陈东辉校点：《群书拾补》，杭州：浙江大学出版社，2019年。
- 上海图书馆编：《中国丛书综录》（第一册）"抱经堂丛书"条，第143—144页。
- 陈东辉、程惠新：《卢文弨〈群书拾补〉考述》，天一阁博物馆编：《天一阁文丛》（第18辑），杭州：浙江古籍出版社，2020年，第53—57页。

[22] 王念孙《读书杂志》八十卷、王引之《经义述闻》三十二卷

王念孙（1744—1832），字怀祖，江苏高邮人，乾隆四十年（1775）进士，师从戴震受声音文字训诂。官至直隶永定河道。因奏引黄入湖，后永定河水复涨而引罪休官，日

以著述自娱。著有《读书杂志》《广雅疏证》等。《清史稿》卷四八一、《清史列传》卷六八有传。

王引之(1766—1834),字伯申,念孙子,嘉庆四年(1799)一甲进士,官河南学政、大理寺卿、户部右侍郎等,终工部尚书,谥曰文简。著有《尚书训诂》《经传释词》等。阮元评王氏父子云"高邮王文肃公以清正立朝,以经义教子,故哲嗣怀祖先生家学特为精博,又过于惠、戴二家。先生经义之外,兼核诸古子史。哲嗣伯申继祖,又居鼎甲,幼奉庭训,引而申之,所解益多"(《经义述闻序》)。《清史稿》卷四八一、《清史列传》卷三四有传。二人生平详参王章涛《王念孙·王引之年谱》。

《读书杂志》八十二卷、《余志》二卷,是王念孙的两大名著之一(另一种是《广雅疏证》)。《清史稿》评论:"于古义之晦,于钞之误写,校之妄改,皆一一正之。一字之证,博及万卷,其精于校雠如此。"《杂志》者,即杂识、杂记的意思。该书按所读古书分卷帙,有《逸周书》《战国策》《史记》《汉书》《管子》《晏子春秋》《墨子》《荀子》《淮南内篇》《汉隶拾遗》《后汉书》《老子》《庄子》《吕氏春秋》《韩子》《法言》《楚辞》《文选》的读书札记。今天研治这些古书还值得阅读引用。《贩书偶记》说《读书杂志》是道光十二年(1832)其子引之刊刻的。其实并非到这年一起刊成,而是撰成一种,刊刻一种。后来通行的有同治时金陵书局刻本。今有 1985 年江苏古籍出版社影印王氏家刻本(《子部要籍概述》)、2014 年上海古籍出版社徐炜君等校点本。

《经义述闻》三十二卷,王引之撰,体例与《读书杂志》相同,是王氏父子校读诸经之札记。自《叙》述此书是其"过庭之日,谨录所闻于大人(指王念孙)者,以为圭臬,日积月累,遂成卷帙,既又由大人之说触类推之,而见古人之诂训,有后人所未能发明者,亦有必当补正者。其字之假借有必当改读者,不揆愚陋,辄取一隅之见,附于卷中,命曰《经义述闻》。"涉及《易》《书》《诗》《周官》《仪礼》《大戴礼记》《礼记》《春秋左传》《国语》等,依类编次,附以通说。阮元《经义述闻序》评此书"凡古儒所误解者,无不旁征曲喻而得其本义之所在,使古圣贤见之,必解颐曰:'吾言固如是。数千年误解之,今得明矣。'"版本主要有道光七年(1827)家刻本、道光九年(1829)学海堂《皇清经解》本(《书目答问汇补》)、1985 年江苏古籍出版社影印道光七年本,近有 2016 年上海古籍出版社虞思徵等校点本。

梁启超对王氏父子评价甚高,认为其治学方法堪为"科学的研究法",有六点值得称道:"第一曰注意。凡常人容易滑眼看过之处,彼善能注意观察,发现其应特别研究之点,所谓读书得间也。如自有天地以来,苹果落地不知凡几,惟奈端(即牛顿)能注意及之;家家日日皆有沸水,惟瓦特能注意及之;《经义述闻》所厘正之各经文,吾辈自童时即诵习如流,惟王氏能注意及之。凡学问上能有发明者,其第一步工夫必恃此也。

第二曰虚己。注意观察之后,既获有疑窦,最易以一时主观的感想,轻下判断,如此则所得之'间',行将失去。考证家绝不然,先空明其心,绝不许有一毫先入之见存,惟取客观的资料,为极忠实的研究。第三曰立说。研究非散漫无纪也,先立一假定之说以为标准焉。第四曰搜证。既立一说,绝不遽信为定论,乃广集证据,务求按诸同类之事实而皆合。如动植物学家之日日搜集标本,如物理化学家之日日化验也。第五曰断案。第六曰推论。经数番归纳研究之后,则可以得正确之断案矣。既得断案,则可以推论于同类之事项而无阂也。……此清学所以异于前代。而永足为我辈程式者也。"

其校勘实例见本篇旁征[65]、[73]。

- 赵尔巽等:《清史稿》卷四八一《王念孙传 附子引之》,第13211—13213页。
- (清) 佚名撰,王锺翰点校:《清史列传》卷六八《王念孙传》,第5534—5535页;(清) 佚名撰,王锺翰点校:《清史列传》卷三四《王引之传》,第2672—2675页;王章涛:《王念孙·王引之年谱》,扬州:广陵书社,2006年。
- (清) 王引之:《经义述闻》,南京:江苏古籍出版社影印清道光七年本,1985年,第1—2页。
- 黄永年:《子部要籍概述》,南京:江苏教育出版社,2008年,第79—80页。
- (清) 张之洞编撰,来新夏等汇补:《书目答问汇补》经部《列朝经注经说经本考证第二·诸经总义》,第170页。
- 梁启超:《清代学术概论》,北京:中华书局,2016年,第66—67页。
- 相关研究又可参叶树声:《王念孙父子校书特点概说》,《山东图书馆季刊》1993年第2期;程淯:《王念孙〈读书杂志〉研究》,复旦大学博士论文,2009年;张锦少:《王念孙古籍校本研究》,上海:上海古籍出版社,2014年。

[23] 钱大昕《廿二史考异》

钱大昕(1728—1804),字晓徵,号竹汀居士,江苏嘉定人。乾隆十九年(1754)进士,选庶吉士,历官詹事府少詹事、广东学政,主持钟山、娄东、紫阳书院三十年。经史之学造诣极深,为乾嘉学派的代表人物,主要著述有《廿二史考异》《十驾斋养新录》《元史艺文志》《元史氏族表》《潜研堂集》等。《清史稿》卷四八一有传。

《廿二史考异》之"廿二史"是传统的《二十一史》加上《旧唐书》,不包括《明史》和《旧五代史》,因为作《考异》时《旧五代史》尚未辑出。有乾隆庚子(四十五年,1780)自序,说:"予弱冠时好读乙部书,通籍之后尤专斯业,自《史》《汉》迄《金》《元》,作者廿有二家，反覆校勘，虽寒暑疾疢未尝稍辍，偶有所得，写于别纸。丁亥岁乞假归里，稍编次之。岁有增益，卷帙滋多。戊戌设教钟山，讲肄之暇复加讨论，间与前人暗合者削而去之。"可见这是一部读书札记的汇编，重在个别文字、史实的校勘，体例谨严，对史书本身和历史事件人物不多作评论，读起来不易发生兴趣。因此尽管钱氏在史学上对宋、元两代功力最深，非他人所能企及，但读这《考异》的反不如读《十七史商榷》《廿二史札记》的人多（《史部要籍概述》）。

其校勘典例见本篇旁征[72]。

版本有乾隆四十五年（1780）钱氏潜研堂刻本、光绪十年（1884）龙氏刻《潜研堂全书》本、光绪刻《广雅书局丛书》本（《丛书集成》本据《广雅》本）、1958年商务印书馆本（用《丛书集成》旧版）、2004年上海古籍出版社点校本等。

> • 赵尔巽等：《清史稿》卷四八一《钱大昕传》，第13193—13195页。
> • 黄永年：《史部要籍概述》，南京：江苏教育出版社，2008年，第42页。

[24] 王鸣盛《十七史商榷》

王鸣盛（1722—1797），字凤喈，一字礼堂，号西庄，晚年又号西沚，嘉定（今上海）人。幼从长洲沈德潜受诗，后又从惠栋问经义，遂通汉学。乾隆十九年（1754）以一甲进士授翰林院编修。历内阁学士、礼部侍郎、光禄寺卿。著《尚书后案》《周礼军赋说》《十七史商榷》《蛾术编》等。《清史稿》卷四八一、《清史列传》卷六八有传，钱大昕撰《西沚先生墓志铭》）。

《十七史商榷》王氏自序云："《十七史》者……海虞毛晋汲古阁所刻行世已久，而从未有全校之一周者。予为改讹文，补脱文，去衍文，又举其中典制事迹，诠解蒙滞，审核蹉驳，以成是书，故名曰《商榷》也。《旧唐书》《旧五代史》毛刻所无，而云'十七'者统言之仍故名也。"这说明《商榷》一是诠解典章制度，一是考校史文脱讹，此外对史书的修撰经过、内容得失也有所论述。他还认为这书在诠解典章制度上对读史者最有帮助："学者每若正史繁塞难读，或遇典制茫昧，事迹樛葛，地理职官，眼眵心瞀，试以予书为孤竹之老马，置于其旁而参阅之，疏通而证明之，不觉如关开节解，筋转脉摇，殆或不无小助也与！"（《史部要籍概述》）

校勘是本书的重点之一。《自序》云："好著书不如多读书，欲读书必先精校书。校之未精而遽读，恐读亦多误矣。"王鸣盛用汲古阁本来校明监本及他本。汲古阁本所无的《旧唐书》《旧五代史》，用闻人诠本和一部四库馆新辑传抄本。柴德赓认为："乾嘉时代的校勘家，一般只是两本对勘，或本书校本书而已，高明的才用他校、理校法。王鸣盛四种方法都用,他常用一般人不敢轻用的理校法,但校勘学很重要的对校法他却不十分注意。他的校书,是重点校,不是全面校。所谓重点校,是读到这里发现问题才校。但有许多史事的叙述,从文辞上不易发现问题,一定要经过版本对校才能发现。没有对校,但凭理校,容易臆测和武断,王鸣盛也难免此病。"

版本有乾隆五十二年(1787)王氏洞泾草堂刻本、《广雅书局丛书》本(《丛书集成》据《广雅》本,1959 年商务印书馆本沿用《丛书集成》旧版)。

• 赵尔巽等:《清史稿》卷四八一《王鸣盛传》,第 13196—13197 页;(清)佚名撰,王锺翰点校:《清史列传》卷六八《王鸣盛传》,北京:中华书局,1987 年,第 5498 页;(清)钱大昕:《潜研堂文集》卷四八《西沚先生墓志铭》,南京:凤凰出版社,2016 年,第 737—740 页。
• 黄永年:《史部要籍概述》,南京:江苏教育出版社,2008 年,第 42 页。
• 柴德赓:《王鸣盛和他的〈十七史商榷〉》,载氏著《史学丛考》,第 282 页。

[25] 俞樾《群经平议》《诸子平议》《古书疑义举例》

俞樾(1821—1907),字荫圃,号曲园,浙江德清人。道光三十年(1850)进士,历任翰林院编修、河南学政,后因院试出题不慎遭弹劾罢免,自此专心经传训诂考据。先后主讲苏州紫阳、上海求志等书院,并主持杭州诂经精舍三十余年。著有《群经平议》《古书疑义举例》《诸子平议》《九九消夏录》《春在堂词录》等。《清史稿》卷四八二有传,章太炎撰《俞先生传》。

《群经平议》三十五卷,对《周易》《尚书》《毛诗》《周礼》《仪礼》《礼记》《大戴礼》《春秋三传》《国语》《论语》《孟子》《尔雅》诸经辩证故训、指明假借,也涉及校勘。俞氏自序述其治经要领与撰述缘由:"尝试以为治经之道大要有三,正句读、审字义、通古文通假……三者之中,通假借为尤要,诸老先生惟高邮王氏父子发明故训,是正文字,至为精审……此书窃附王氏《经义述闻》之后,虽学术浅薄,倘亦有一二言之幸中者乎。"俞樾学术风格承继乾嘉学派,重文字音韵训诂之学,受高邮王氏父子的影响最深,从自序可知《平议》一书直接效法王氏父子的《经义述闻》。

《诸子平议》三十五卷,序云:"诸子之书文词奥衍,且多古文假借字。注家不能尽通,而儒者又屏置弗道,传写苟且,莫或订正,颠倒错乱,读者难之。"故沿《群经平议》之例撰《诸子平议》。方法与王氏《读书杂志》相近,校误文,明古义,涉及《管子》《晏子春秋》《老子》《墨子》《荀子》《列子》《庄子》《商子》《韩非子》《吕氏春秋》《董子春秋繁露》《贾子》《淮南内经》《扬子太元经》《扬子法言》诸书。

《古书疑义举例》七卷，取经子古书中涉及训诂、校勘等文例共八十八例，论古人文法及古书讹误原因，每一例各举经、子数句以为证。自序云欲"使童蒙之子，习知其例，有所据依，或亦读书之一助乎"。文法例如倒句例、倒序例、错综成文例、古人行文不避繁复例、两人之辞而省曰字例、文没于前而见于后例等；讨论古书讹误例如上下两句互误例、字以两句相连而误叠例、字句错乱例、据他书而误解例等。后刘师培撰《举例补》、杨树达撰《举例续补》、马叙伦撰《举例校录》、姚维锐撰《举例增补》为之续，1956 年中华书局合刊为《古书疑义举例五种》。

俞樾校勘之例如：

《群经平议》卷三一《论语平议》"知及之仁不能守之"条(见书影 3-2-13)：

> 《后汉书·班固传》论引此文作"而不能守之"，视今本为长。知及之而不能守之，谓无仁以守之也。今作"仁不能守"，夫既仁矣，又何不能守之有？此盖后人据下文改易而不知其非也。且如下文"不庄以涖之"，若改易其文曰"庄不能涖之"，岂可通乎？当依范氏所引以正其误。下文言"仁能守之"，则此文"不能守之"由于不仁，其故自见，正古文互见之妙也。

《古书疑义举例》卷六"上下两句互误例"：

书影 3-2-13：《群经评议》卷三一《论语平议》清光绪二十五年(1899)《春在堂全书》本(《续修四库全书》影印)

> 《礼记·明堂位》篇："夏后氏之四琏，殷之六瑚。"按包咸、郑玄注《论语》，贾逵、服虔、杜预注《左传》，皆云"夏曰瑚，殷曰琏"，与此不同。据《论语》云"瑚琏也"，先瑚后琏，则瑚属夏而琏属殷，明矣。若是夏琏殷瑚，当云"琏瑚"不当云"瑚琏"也。盖《记》文传写误倒耳。

三书均收录于俞樾《春在堂全书》，其中《古书疑义举例》收入《第一楼丛书》，有光绪九年(1883)及光绪二十五年(1899)重定本。《续修四库全书》据光绪二十五年本影印。今有 2017 年浙江古籍出版社整理《俞樾全集》本、2021 年凤凰出版社整理《俞樾全集》本。

> • 赵尔巽等：《清史稿》卷四八二《俞樾传》，第 13298—13299 页；章太炎：《俞先生传》，载《章太炎全集》第八册《太炎文录初编》卷二，上海：上海人民出版社，2018 年，第 217 页。
> • （清）俞樾：《群经平议》，《续修四库全书》经部群经总义类第 178 册影印清《春在堂全书》本，上海：上海古籍出版社，1996 年，第 1、510 页。
> • （清）俞樾：《诸子平议》，《续修四库全书》子部杂家类第 1161 册影印清《春在堂全书》本，上海：上海古籍出版社，1996 年，第 567 页。
> • （清）俞樾：《古书疑义举例》，《续修四库全书》子部杂家类第 1162 册影印清《春在堂全书》本，上海：上海古籍出版社，1996 年，第 279、332 页。
> • 吴格、眭骏整理：《续修四库全书总目提要·丛书部》"春在堂全书"条，谢国桢撰，北京：国家图书馆出版社，2010 年，第 673—674 页。

（3）校勘成果除上述公开发表的，更多的成果一直不曾公开发表，而保留在学者、校勘家们亲笔校勘过的书即所谓"校本"里。如顾广圻[26]一生校过的古籍总有一百几十种，已刊刻公世的不过三十种左右，其余的全靠校本保存了一部分。有清一代这种学者、校勘家的校本为数极多，比较有名的，除顾广圻外还有这几家：毛扆[27]，顺治、康熙时人，是毛晋的小儿子，用宋本在自家汲古阁刻本上"死校"，有时连无关紧要的点画都照宋本涂改，而缺乏自己的见解。何焯[28]，康熙时人，用宋元旧本、旧抄本以及其他有关书籍校，他有自己的看法，并时加批语，以发挥其文学见解。卢文弨，乾隆时人，据不同本子互校，不一定都用宋元本，有自己的见解。鲍廷博，乾隆、嘉庆时人，用宋元旧本校，不加自己看法。黄丕烈，乾隆、嘉庆时人，用宋元旧本、旧抄本校，有时也像毛扆那样"死校"，不加自己看法。劳权、劳格兄弟[29]，道光、咸丰时人，不仅用旧本校，还常用总集、类书校，并收集有关资料作批注，劳格所校尤多，也称"劳校"。这些校本现存的有哪些，分别收藏在什么地方，可参看各大图书馆的善本书目。

【旁征】

[26] 顾广圻

顾广圻（1770—1839），字千里，号涧薲，江苏元和（今苏州）人。不事科举，年三十始补博士弟子员。师从江声，尽通经学、小学，《清史稿》卷四八一有传，言其"经、史、

书影 3-2-14：(唐) 贾公彦撰，顾广圻校《仪礼注疏》卷一

清嘉庆十一年(1806)年张敦仁刊本，顾广圻校补，黄永年跋，黄永年私藏(黄寿成编著：《心太平盦古籍书影：黄永年先生收藏精粹》，第24页)

训诂、天算、舆地靡不贯通，至于目录之学，尤为专门"。顾氏被誉为"清代校勘第一人"，本传载孙星衍、张敦仁、黄丕烈、胡克家延校宋本《说文》《礼记》《仪礼》《国语》《国策》《文选》等书，顾广圻"皆为之札记，考定文字，有益后学"，并称道"乾、嘉间以校雠名家，文诏及广圻为最著"，著有《思适斋集》。

顾广圻校勘重对校、重考据、重视古本善本，核心原则是"不校校之"(《顾广圻校勘学思想述论》)。他在《礼记考异跋》中明确说道："书必以不校校之。毋改易其本来，不校之谓也。能知其是非得失之所以然，校之之谓也。"顾广圻校书并不是消极的"不校"，而是在校勘时要谨慎下笔，不妄改臆改。体现在刻书上，则是"影刻加考证"的刻书方式，不改动原文，在考证中讨论辨误。校勘学史上著名的顾、段(段玉裁)之争，其分歧就在于此，段玉裁主张"定其一是""审知经字有讹，则改之"，顾广圻则主张撰校记考异，不订正重刊。改与不改，实际上触及古籍整理的根本问题，一是古籍整理与古籍所载的内容研究的区别，二是古籍整理的局限。面对真本不传、传本失真的客观情况，"义理"判是非难以避免滑向任意武断的一面，从认识论的角度来看，顾广圻的"不校校之"是古籍整理理论方法进步和深入的体现(《"不校校之"与"有所不改"》)。其著述散见于文章书跋中，今有2007年中华书局整理本《顾千里集》以及2007年上海古籍出版社黄明标点《思适斋书跋》可参看。

黄永年师跋清嘉庆十一年(1806)张敦仁刊本《仪礼注疏》(见书影3-2-14)云："传本最罕，《书目答问》及范氏《补正》不载，惟《邵亭知见传本书目》有云：'嘉庆丙寅张敦仁刊《仪礼注疏》五十卷，以宋严州本经注及景德单疏合编，顾广圻为之校补。缺疏之六卷，多依魏鹤山《要义》(南宋魏了翁《九经要义》)。又通覆校，最为善本，惜流传不多，欲重刊此经注疏，当用此本。'……"

· 赵尔巽等：《清史稿》卷四八一《顾广圻传》，第 13192—13193 页；又可参李庆：《顾千里研究》（增补本），台北：学生书局，2013 年。

· 黄光：《顾广圻校勘学思想述论》，《郑州大学学报（哲学社会科学版）》2009年第 6 期，第 159—161 页。

· 倪其心：《"不校校之"与"有所不改"》，载《校勘学大纲》附录，北京：北京大学出版社，2004 年，第 312—316 页。

· 黄寿成编著：《心太平盦古籍书影：黄永年先生收藏精粹》，第 27 页。

[27] 毛扆

毛扆（1640—1713），字斧季，江苏常熟人，明末藏书家毛晋第五子，陆贻典之婿。毛晋（1599—1659），原名凤苞，字子晋，号潜在，好古博览，筑汲古阁、目耕楼，藏书数万卷，延名士校勘，刻《十三经》《十七史》等。钱谦益《隐湖毛君墓志铭》云毛晋"于经史全书，勘雠流布，务使学者穷其源流"，"毛氏之书走天下"。著有《和古今人诗》《野外诗题跋》《海虞古今文苑》《毛诗名物考》等。

毛晋五子中，毛扆最为知名，继承其父之藏书、校书、刻书之遗风，尤耽校雠，兼精小学，何焯等并为推重。编有《汲古阁珍藏秘本书目》。潘景郑编《汲古阁书跋》，附录毛扆题跋二十余篇。有关生平，刘奉文《汲古后人毛斧季行年事迹考》叙述较详，可参看。批校之例有校《四书集注》一卷，先后用残宋本、宋咸淳刻本及宋当涂郡斋本在自家汲古阁本上手校，列诸异文（见书影 3-2-15）。

书影 3-2-15：《四书集注·大学章句序》

明毛氏汲古阁本，毛扆校（陈先行等编著：《中国古籍稿钞校本图录 校本》，上海：上海书店出版社，2000 年，第 661 页）

· （清）佚名撰，王锺翰点校：《清史列传》卷七一《毛晋传》，第 5791—5792 页。

· （清）钱谦益著；（清）钱曾笺注；钱仲联标校：《牧斋有学集》卷三一，上海：上海古籍出版社，1996 年，第 1141 页。

> • 刘奉文：《汲古后人毛斧季行年事迹考》，《北京图书馆馆刊》1993 年第 2 期。

[28] 何焯

何焯（1661—1722），字屺瞻，江苏长洲人，学者称为"义门先生"，清康熙朝著名学者、校勘学家、藏书家。通经史百家，工楷法，藏书数万卷，门人著录者四百人，吴江沈彤、吴县陈景云最为知名。著有《义门读书记》《义门先生集》《何义门选诗》等。《清史稿》卷四八四、《清史列传》卷七一有传。何焯所校书于当时备受推崇，钱大昕《跋义门读书记》云："义门固好读书，所见宋、元椠本，皆一一记其异同；又工于楷法，蝇头朱字，粲然盈帙。好事者得其手校本，不惜善价购之。"梁启超《中国近三百年学术史》认为何焯"所校多半是小节，又并未有用后来校勘家家法。全谢山说他不脱帖括气，诚然。但清代校勘学，总不能不推他为创始之人"。其批校实例参见本书"辑佚"篇书影 4-1-14《唐音统签》。

> • 赵尔巽等：《清史稿》卷四八四《何焯传》，第 13368—13369 页。（清）佚名撰，王锺翰点校：《清史列传》卷七一《何焯传》，第 5816 页。其生平事迹又参见顾一凡：《清何焯年谱稿略》，载北京大学中国古文献研究中心编：《北京大学中国古文献研究中心集刊》第二十三辑，北京：北京大学出版社，2021 年，第 61—83 页。
> • （清）钱大昕：《潜研堂文集》卷三〇《题跋四》，南京：凤凰出版社，2016 年，第 493 页。
> • 梁启超：《中国近三百年学术史（新校本）》，北京：商务印书馆，2017 年，第 211 页。

[29] 劳权、劳格兄弟

清代学者劳经原之子。经原字笙士，浙江仁和（杭州）人，生卒年不详，少受学于武进臧在东先生，"嗜收书，恣意流览"，"熟谙唐代典制"，著有《唐折冲府考》等，未及写定，子劳格校补成书（《亡弟季言司训事略》）。

劳权（1818—?），字平甫，号巽卿，劳经原次子，县诸生，"手钞书尤富，兼工倚声，校辑宋元词集数十家"（《唐栖劳氏三君传》），著述皆散佚，吴昌绶辑劳氏父子著述编为《劳氏碎金》，收录其藏书题识数十篇。

劳格（1820—1864），字季言，劳经原季子，少受业朱以生，县诸生，著有《读书杂识》《唐御史台精舍题名考》，与赵钺合撰《唐郎官石柱题名考》等。劳格"尤勤于校书，尝镌一小印曰'实事求是,多闻阙疑',凡所校之书,必钤其印于卷端,盖以此为读书之旨也"(《亡弟季言司训事略》,按:国图藏劳格校道光本《宝刻类编》第一册中所见劳格印,曰"实事是正,多闻阙疑")。所校书有《元和姓纂》《大唐郊祀录》《蔡中郎集》《文苑英华》及唐宋诸家文集等,皆"丹黄齐下,密行细书",丁宝书叹其"引证博而且精,近人所未易臻此者"(《读书杂识序》)。

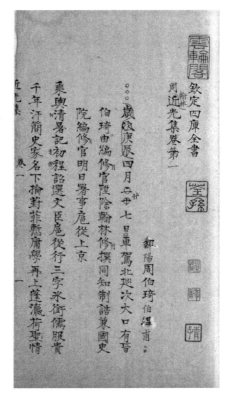

> • (清)劳检:《亡弟季言司训事略》;丁宝书:《读书杂识序》,载(清)劳格著,项念东点校:《读书杂识(外一种:吴昌绶辑〈劳世碎金〉)》,芜湖:安徽师范大学出版社,2017年,第1—4页。
> • 吴昌绶:《唐栖劳氏三君传》,载(清)劳格著,项念东点校:《读书杂识(外一种:吴昌绶辑〈劳世碎金〉)》,芜湖:安徽师范大学出版社,2017年,第533—534页。

书影 3-2-16:(元)周伯琦:《近光集》
清传抄本,劳权、劳格校,傅增湘跋(陈先行等编著:《中国古籍稿钞校本图录 校本》,上海:上海书店出版社,2000年,第884页)

近人在校勘上的新贡献

清人在校勘上的成果虽值得重视,但在校勘方法上却没有总结出更多理论性的东西。如顾广圻只留下这样的话:"凡校书之法,必将本书透底明白,然后下笔;必将本书引用之书透底明白,然后可以下笔。"(《汪氏学行记》[30]卷四所收顾广圻手札)学术上与顾广圻互争高下的段玉裁,在他的《经韵楼集》里也只有一篇《与诸同志论校书之难》[31],其持论也只和顾广圻相伯仲,并无过人之处。在校勘理论上有重大突破,是进入民国以后的事情,尽管其时校勘古籍的成绩总的说来未能超越清人,但在校勘理论上的建树确为清人之所未及,而陈垣在这方面的贡献尤为显著。

【旁征】

[30]《汪氏学行记》

清人汪喜孙撰。喜孙(1786—1847),后改名喜荀,字孟慈,江苏甘泉(今扬州)人,清乾隆著名学者汪中(字容甫)之子,嘉庆十一年(1806)举人,官山东司、湖广司员外

頟澗蘋與喜孫書

頟千里

廣陵通典目閏月至今無日不看僅校定大半凡校書之法必將本書透底明白然後可以下筆必將本書所引用之書透底明白然後可以下筆否則望文生解或尋覓出處必致失其本指而不自覺雖方今宇內頗少能知書之誤不誤者然潦草塞責豈見其意耶

廣陵通典引隋紀龍舟二百丈僕改大為尺據嚴衍通鑑補此處云高四十五尺瀾五十尺長二百尺行次校畢第八卷尾元缺十三年定當從來教無庸添補

承委廣陵通典之事將次校畢第八卷尾元缺十三年定當從來教無庸添補

其餘凡張翁有誤改處已悉咬回并批明其所以然大率什去其八九僅從其一二耳走生平無狗情事顧勿以失真屢處至別有不得不改之處大約就原文討論修飾而已更不至失真也

寥四例此四例內惟移較多蓋編年之書斷不能前後錯亂其刪添改竄殊少亦

王氏學行記辛巳 均批明其所以然大約就原文討論修飾而已更不至失真也

书影 3-2-17：《汪氏学行记》卷四
《顾涧蘋与喜孙书》
《江都汪氏丛书》本（1925 年中国书店影印）

郎,河南怀庆府知府。博览群籍,于文字、声音、训诂多所究心。事迹见王翼凤《河南怀庆府知府汪公墓表》、刘文淇《道衔怀庆府知府汪君墓表》及《汪荀叔自撰年谱》。著有《国朝名臣言行录》《经师言行录》《从政录》《且住庵诗文稿》等。《清史列传》卷六八有传。

汪喜孙少孤,有至性,每称述父亲先德,于其所著述文字细心搜辑保存,撰《汪容甫年谱》一卷,又采录章学诚、王念孙、王引之、阮元、顾广圻、焦循、孙星衍、王昶、江藩、卢文弨等名家先辈凡叙述汪氏先世行谊之传志诗文,编为一书,名《汪氏学行记》,共六卷(正文引语见书影 3-2-17)。版本有道光六年(1826)汪氏家刻本,又收录于秦更年、陈乃乾编《江都汪氏丛书》中,有 1925 年中国书店影印本(《续修四库全书总目提要·丛书部》)。2003 年台湾地区"中研院"中国文哲研究所出版社标点整理本《汪喜孙著作集》亦收录。

> ·(清)缪荃孙编:《续碑传集》卷四三《守令四·汪喜荀》,上海:上海人民出版社,2019 年,第 1667—1677 页;(清)佚名撰,王锺翰点校:《清史列传》卷六八《汪中 附子喜孙传》,第 5539 页。
> ·吴格、眭骏整理:《续修四库全书总目提要·丛书部》"江都汪氏丛书"条,谢国桢撰,北京:国家图书馆出版社,2010 年,第 542—543 页。

[31] 段玉裁《经韵楼集》《与诸同志书论校书之难》

段玉裁(1735—1815),字若膺,号茂堂,晚年自号长塘湖居士,江苏金坛人。乾隆二十五年(1760)举人,官至巫山县知县,后闭户治学三十余年,"于周、秦、两汉书,无所不读,诸家小学,皆别择其是非"(《清史稿》),积数十年精力,专说《说文》。著有《说文解字注》《六书音韵表》《古文尚书撰异》《春秋左氏古经》《毛诗小学》《汲古阁说文订》《经韵楼集》等。与王念孙俱师从戴震,故戴氏有段、王两家之学。《清史稿》卷四八一、《清史列传》卷六八有传。行年又见刘盼遂《段玉裁先生年谱》、王华宝《段玉裁年谱长编》。

《经韵楼集》十二卷，为段氏文集，收录读书札记、序跋、与友人书信等文章，较全面反映其学术理念，涉及生平所研读之经子诸书，考校文字，厘正讹误。版本有段氏七叶衍堂初刻十卷本，后玉裁子骧、外孙龚自珍又选文一百八十余篇，汇编为十二卷本行世，有嘉庆十九年（1814）刻本，《续修四库全书》影印。又有光绪蛟川张氏秋树根斋刻本、《皇清经解》本等。今有2008年上海古籍出版社钟敬华点校本，2010年凤凰出版社赵航、薛正兴整理本。

《经韵楼集》收录《与诸同志书论校书之难》一篇，集中反映段玉裁的校勘理论，其云："校书之难，非照本改字不讹不漏之难也，定其是非之难。是非有二：曰底本之是非，曰立说之是非。必先定底本之是非，而后可断其立说之是非。"还指出："校经之法，必以贾还贾，以孔还孔，以陆还陆，以杜还杜，以郑还郑，各得其底本，而后判其义理之是非，而后经之底本可定，而后经之义理可以徐定。"（见书影3-2-18）认为校勘应当分为定底本是非和定立说是非两步，且二者顺序不可颠倒。段氏校勘不只满足于订正讹误，更是求正本清源，以恢复古人之义理为最终目的，这是其校勘特色和长处。但是正如漆永祥所说，段氏"自信太过，也造成轻断臆改之弊"（《段玉裁校勘学述论》）。

书影3-2-18：《经韵楼集》卷一二《与诸同志书论校书之难》

清嘉庆十九年（1814）刻本（《续修四库全书》集部别集类第1435册影印，第187页）

• 赵尔巽等：《清史稿》卷四八一《段玉裁传》，第13201—13203页；（清）佚名撰，王钟翰点校：《清史列传》卷六八《段玉裁传》，第5516—5518页；刘盼遂：《段玉裁先生年谱》，《清华学报》1932年第2期，第71—122页；王华宝：《段玉裁年谱长编》，南京：江苏人民出版社，2016年。

• 傅璇琮主编：《续修四库全书总目提要·集部》"别集类"，马亚中、韩逢华撰，上海：上海古籍出版社，2014年，第161页。

• 漆永祥：《段玉裁校勘学述论》，《古籍整理研究学刊》1993年第6期，第28—32页。又可参李笠：《段玉裁与诸同志论校书之难篇疏证》《广段玉裁论校书之难》二文,原刊《国文月刊》1943 年第 22 期、《语言文学专刊》1936 年第 2 期,后收录于程千帆、徐有富撰:《校雠广义·校勘编》附录,《程千帆全集》第 2 卷,石家庄:河北教育出版社,2000 年,第 365—376 页。

　　陈垣生平治学服膺钱大昕,在目录学、史学、校勘学上所下功夫极深。他用全力校勘过两部书:一是《元典章》[32]。用故宫博物院藏元刻本、涵芬楼藏吴焯影元抄本(存前集)、自藏孔宪培旧藏影元抄本(存新集)、自藏方功惠旧藏抄本、自藏彭元瑞抄本共六本校沈家本新刻本;一是《旧五代史》,用熊罗宿影印彭元瑞旧藏四库馆初写本、刘承幹刻卢氏抱经楼旧藏抄本及《册府元龟》校殿本。在民国二十年写出《元典章校补》十卷(札记六卷、阙文三卷、表格一卷)和《元典章校补释例》六卷,民国二十六年写出《旧五代史辑本发覆》三卷,这是他在校勘学上的三部代表作[33]。《旧五代史辑本发覆》着重揭发四库馆臣出于避忌如何妄改《旧五代史》原文,列出忌虏、忌戎、忌胡、忌夷狄、忌犬戎、忌蕃忌酋、忌伪忌贼、忌犯阙、忌汉、杂忌等十项避忌事例,当然这还不能说是一切古籍的通例。《元典章校补释例》则从《元典章校补》所列举沈刻本谬误一万二千余条中"籀其十之一以为之例,而疏释之",自谓"可于此得一代语言特例,并古籍窜乱通弊,比较彭叔夏之《文苑英华辨证》,尚欲更进一层"(卷首自序)。以此1959 年又把它改名为《校勘学释例》重印,并在所撰《重印后记》中说:"余昔为同学讲校勘学,要举例说明,欲广引群书,则检对不易,欲单引一书,则例子不多。例子多就是错误多,错误多未必是好书,未必是重要的书,要找一本好而又重要又错误多的书,莫如沈刻《元典章》,""最合适为校勘学的反面教材,一展卷而错误诸例悉备矣。"《释例》前五卷列举错误诸例,计行款误例、通常字句误例、元代用字误例、元代用语误例、元代名物误例凡五大类四十二小类,一、二大类所说固属古籍发生错误的通则,后三类中某些原则也未尝不可推之于其他古籍尤其是史部古籍。第六卷校例则是讲如何校勘的原则,其中"校法四例",即对校、本校、他校、理校四种校勘方法,已被公认为校勘的正规方法。其体系之完整不仅非前此种种校勘论著之所能及,即今后的校勘工作者也很难从根本上加以否定并另起炉灶。

【旁征】

[32]《元典章》

　　原名《大元圣政国朝典章》,六十卷,附《新集至治条例》不分卷,撰人不详,简称《元典章》。是由元代建阳书坊编刻行世的。是书把元世祖中统建元(1260)到仁宗延祐四年(1317)所颁行的条例法令等,按诏令、圣政、朝纲、台纲、吏部、户部、礼部、兵部、刑部、工部十个纲，纲下三百二十七个目来分编，《新集》则将英宗至治年间（1321—1323）颁行的按国典、朝纲以及六部共八个纲、三十九个目、九十四个子目来分编，所以说它和会典的性质相近似。《四库提要》考证："此书始末，《元史》不载，惟载至治二年金带御史李端言世祖以来所定制度宜著为令，使吏不得为奸，治狱有所遵守，英宗从之，书成名曰《大元通制》，颁行天下，凡二千五百三十九条。计其时代，正与此书相同，而二千五百三十九条之数则与此书不相应，卷首所载中书省札亦不相合，盖各为一编，非《通制》也。考《元史》以八月成书，诸志皆潦草殊甚，不足征一代之法制，而《元经世大典》又久已散佚，其散见《永乐大典》者颠倒割裂，不可重编，遂使百年掌故，无成书之可考。此书于当年法令，分门胪载，采撷颇详，固宜存备一朝之故事。然所载皆案牍之文，兼杂方言俗语，浮词妨要者十之七八，又体例瞀乱，漫无端绪。观省札中有置簿编写之语，知此乃吏胥钞记之条格，不足以资考证。故初拟缮录，而终存其目焉。"其实所载皆案牍之文，兼杂方言俗语，正保存了史料的本来面目，正是这书的最大优点。《提要》打官腔而把它摈入存目，不予收录，自是清高宗及馆臣鄙弃通俗文字的表现，不足为训。所幸这书并未因此而散失，仍能留至今日成为研治元史者必备之书，谈其时社会、风俗常于此取材。

版本有清光绪三十四年（1908）修订法律馆刻本即沈家本刻本、1957 年古籍出版社沈刻《元典章》及陈垣《元典章校补》合印本、1998 年中国广播电视出版社据台湾影印故宫博物院藏元建阳坊刻本再影印本，能保存原书本来面目。近有 2011 年天津古籍出版社陈高华等点校本、2016 年台湾地区"中研院"史语所出版洪金富校订本。

• 黄永年：《史部要籍概述》，第 135—136 页。

[33] 陈垣《元典章校补》《元典章校补释例》《旧五代史辑本发覆》

陈垣（1880—1971），字援庵，广州新会人，书斋号励耘，我国现代史学家、教育家，在宗教史、元史、历史文献学、中西交通史等领域均有不凡建树。曾任北京、燕京、辅仁大学教授、北京师范大学校长、故宫图书馆馆长、中国科学院历史研究二所所长等。一生著述丰硕，留下《元西域人华化考》《元也里可温教考》《史讳举例》《敦煌劫余录》《校勘学释例》《中国佛教史籍概论》《通鉴胡注表微》《二十史朔闰表》等二十余部专著和二百余篇论文。生平事迹及交往详见刘乃和、周少川等《陈垣年谱配图长编》，陈智超《陈垣往来书信集》《励耘书屋问学记》等。

《元典章校补》，即《沈刻元典章校补》，共十卷，分为札记六卷，阙文三卷，表格一卷。陈垣《沈刻〈元典章〉校补缘起》记述其校勘《元典章》之起因云："光绪季年，予在

书影 3-2-19：《沈刻元典章校补》札记一
1931 年北京大学研究所国学门刊《励耘书屋丛刻》本

广州阅书于聚龙里巴陵方氏，得旧钞本《元典章》，好之，假读旬日，恨未能致也。民国改元，于役北平，见沈家本氏新刻《元典章》，亟购读之。缮刻虽精，谬误恒有。一时无他本可校，则以本书自证，确知为讹误者若干条，以目校书，有目无书者又若干条……既而有客以旧钞本《元典章》求售，则予在粤时所见方氏本也……试检沈刻所阙各门，衰然具在，乃补录阙文百一十余条，是为予校补《元典章》之嚆矢。"之后陈垣又陆续见到故宫藏元刻本等其他版本的《元典章》，"继而以诸本互校，知元本误处，经诸家校改，时有异同，欲求一是，往往因一名之细，一字之微，反覆参稽，竟至累日"，共整理得讹误、衍脱、颠倒诸处一万二千余条撰为札记，其脱漏字句较多者编为阙文三卷，另改作表格一卷，名曰《沈刻元典章校补》。收入 1931 年《励耘书屋丛刻》第一集（见书影 3-2-19），1957 年古籍出版社重印木版沈刻《元典章》，将《元典章校补》中所补部分二册，按页插入原书，所校部分三册附书后。

《元典章校补释例》，共六卷，对校勘沈刻本《元典章》时所发现的一万余条讹误"籀其十之一以为之例，而疏释之"，目的很明确，就是想要"于此得一代语言特例，并古籍窜乱通弊，以校彭叔夏之《文苑英华辩证》尚欲更进一层也"（自序）。正文中黄永年师认为，陈垣所提出的四种校勘法已被公认为校勘的正规方法，"非前此种种校勘论著之所能及，即今后的校勘工作者也很难从根本上加以否定并另起炉灶"，充分肯定此书对校勘学的奠基作用。胡适对此书亦评价极高，认为"是中国校勘学的第一伟大工作，也可以说是中国校勘学第一次走上科学的路"（《元典章校补释例序》）。该书 1934 年刊于励耘书屋丛刻第一集，1957 年古籍出版社重印木版沈刻元典章附录，1959 年中华书局改名《校勘学释例》出版。

《旧五代史辑本发覆》三卷，是陈垣利用《旧五代史》通行诸辑本及《册府元龟》《新五代史》《通鉴》诸书校勘殿本《旧五代史》的校勘学专书，与《元典章校补释例》体例相似，虽不以例称，但亦以例举方式总结殿本在纂辑、刊刻过程中故意改窜之处。另有避讳改字等问题专撰为《薛史辑本避讳例》附后。自序云："故老相传,殿本薛《史》,曾经改窜。熊刘本出,余尝以校殿本,字句果有异同,最著者熊刘本戎王二字,殿本悉改为契丹或契丹王。又尝以《册府元龟》校三本,异同之处尤多……最可注意者,为胡虏夷狄等字,莫不改易或删除也。……更以欧《史》及《通鉴》诸书校之,往往有欧《史》《通鉴》与《册府》同,而与今辑本异者,知改窜实出自辑本,其改窜且不止一次。"陈垣《发覆》的价值不独在《旧五代史》,傅增湘认为:"凡有清一代敕编之籍,官撰之书,皆可遵循此例,窥寻笔削之旨,以揭其缚束钤制之威。是援庵此作,宁独为薛《史》发其覆乎?"(《旧五代史辑本发覆序》)该书于1937年励耘书屋丛刻第二集刊刻,又收入1982年《陈垣学术论文集》(第二集)。以上三书又有2009年安徽大学出版社《陈垣全集》本。

• 刘乃和、周少川等:《陈垣年谱配图长编》(上下),沈阳:辽海出版社,2000年。陈智超编著:《陈垣往来书信集》,北京:生活·读书·新知三联书店,2010年;陈智超编:《励耘书屋问学记》,北京:生活·读书·新知三联书店,2006年。

• 胡适:《元典章校补释例序》,载陈垣:《校勘学释例》,北京:中华书局,2004年,第8—9页。

• 有关陈垣的校勘学成就及校勘《元典章》诸事,又可参见孙智昌:《陈垣先生校勘学散论》,杨志玖:《陈垣先生对元史研究的贡献》,均载《纪念陈垣校长诞生110周年学术论文集》,北京:北京师范大学出版社,1990年;牛润珍:《陈垣与20世纪中国新考据学》,《史学史研究》2000年第4期。

因此,这里也就按照陈垣归纳的四种方法依次讲说,除在某些具体问题上有所补充外,基本上只是给他的理论作若干疏解引申。

三 对 校

总论对校法

陈垣"校法四例"中的第一例就是讲对校法,他说:"对校法,即以同书之祖本或别本对读,遇不同之处,则注于其旁。刘向《别录》所谓'一人持本,一人读书,若怨家相对'者,即此法也。此法最简便,最稳当,纯属机械法。其主旨在校异同,不校是非,故其短处在不负责任,虽祖本或别本有讹,亦照式录之;而其长处则在不参己见,得此校本,可知祖本或别本之本来面目。故凡校一书,必须先用对校法,然后再用其他校法。"他并举例证实"有非对校绝不知其误者,以其文义表面上无误可疑也","有知其误,非对校无以知为何误者",用来说明对校法的重要[34]。陈垣所说对校法的重要,以及"凡校一书必须先用对校法",确是校勘工作者所应遵奉的金科玉律,自可毋庸多说。这里只对校勘所用底本和对校本的问题,以及对校是否不参己见、不校是非的问题,分别提出个人的看法。此外,对如何利用古抄本、石刻本等特殊的版本来对校,也附带说一说。

【旁征】

[34] 陈垣"校法四例"之对校法

陈垣校勘《元典章》时一共见到了六种版本,除了沈家本刻本外,另有孔氏影钞元本《典章新集》、故宫藏元刻本、涵芬楼藏吴氏影钞元本、南昌彭氏钞本。陈垣校补以最古的故宫藏元刻本为主要依据,用孔本补所阙的"祭祀门",又用诸本互校,补这两本的不足。胡适据陈垣所叙和沈家本原跋作《元典章》版本源流图如下所示:

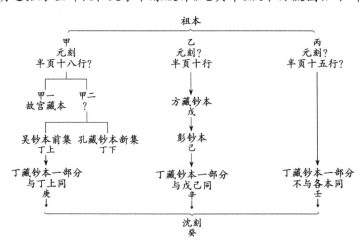

图 3-3-1:胡适作《元典章》版本源流图

《校勘学释例》胡适《元典章校补释例序》(北京:中华书局,2004 年,第 10 页)

陈垣校勘《元典章》时运用对校法例(见下表)。其认为对校法的优势有二:

第一,"有非对校绝不知其误者,以其文义表面上无误可疑也",如:

卷·页	原　文	校　勘
吏三·十六	元关本钱二十定	元作"二千定"
户六·二	花银每两出库价钞二两五钱	元作"二两五分"
户八·十八	博换到茶货共一百三十斤	元作"二百三十斤"
兵三·廿六	小铺马日差二三匹	元作"三二十匹"
刑一·五	延祐四年正月	元作"闰正月"

第二,"有知其误,非对校无以知为何误者",如:

卷·页	原　文	校　勘
吏七·九	常事五日程中事十日程大事十日程	元作"中事七日程"
户七·十二	每月五十五日	元作"每五月十五日"
兵三·七	该六十二日奏	元作"六月十二日奏"
新刑·三四	案牍都目各决一十七下司吏决一十七下	元作"司吏决二十七下"

- 胡适:《元典章校补释例序》,载陈垣:《校勘学释例》,北京:中华书局,2004年,第9页。
- 陈垣:《校勘学释例》,北京:中华书局,2004年,第129—130页。

校勘的底本要不要用善本

"底本"的概念在前面"底本"专篇里已作了解说,对古籍校勘来说,要选用一个本子为主,再用种种方法对这个为主的本子作校勘,包括用其他本子来和这个为主的本子作对校,这个为主的本子就叫校勘所用的底本。在"底本"篇里也已讲过,不论在什么情况下都应该选择校勘精审的善本作为底本,既是校勘精审同时又是已成为文物的善本如宋元本之类当然更好,这对校勘所用的底本来说,自然不应例外。

但从陈垣校勘《元典章》来看,做法似有不同。他所用的底本是沈家本刻本,这个本子"校对极差,错漏极多"(见《校勘学释例》的《重印后记》),是个极坏的劣本、恶本而绝不是善本。这点在他的"校法四例"中也讲到,即所说"对校法,即以同书之祖本或别本对读"。所谓"祖本"者,后来各种本子都从它直接或间接传抄传刊之谓。连祖本都只作为用来对读的对校本,可见陈垣确实主张不必要用善本作为底本。

究竟应该怎样理解这位校勘学老前辈的主张,我认为,应该把它看成是为条件所局限而不得已采用的变通办法,而不必作为必须遵循的通则。如前所说,在过去旧本书是比较难得的,如宋元刻本、影宋抄本之类在清代就成为极珍贵的东西,往往被视为骨董亦即今之所谓文物,自然舍不得用来批校,即使有明显的错误也不愿在上面涂改。因此当时要校书,多用通行易得的刻本为底本,清初人多用明万历以后刻本和汲古阁等当时的新刻本,乾嘉时人也多用当时通行的新刻本或清初刻本。陈垣校勘《元典章》之用沈本,我揣测其初意并非是因为沈本错漏多,而只是因为沈本在当时是新刻,最通行易得。至于校出沈本的大量错漏,认为可以作为反面教材而写成《释例》,那只能说是一种副产品,尽管这种副产品的价值在某种意义上超过了对《元典章》本身的校正。

再者,用不好的通行本作为校勘的底本有什么坏处?(1)校对起来太费劲。像陈校《元典章》用不好的沈本为底本,校出了一万二千余条谬误,这得耗费多大的精力。如果改用最早的元刻本为底本,至多再用其他善本(并兼用本校、他校、理校等方法)校改其中少量刊刻上的差错,就省事得多。(2)校出底本的差错,一般不宜径改底本,而仍旧应该以底本的文字为正文,把某字误、应从某本作某字之类的话写成校记。如底本不好,校记的条数过多,校勘者以至读者都必然被弄得不胜其烦。当然,很多古籍的通行本并不都像沈本《元典章》那样脱误累累,但只要另有比通行本好的善本在,不用善本而用通行本就同样免不了校记能简而不简、精力能省而不省的毛病。

因此,校勘的底本还是选择善本为好。如果这个善本是宋元本、旧抄本以及今天看来也已很珍贵的明本、清本之类,可以用复印机先复印,然后在复印本上直接校勘并标点,完工后就可以马上发排,用不着重抄清本。如果旧本书纸张发脆怕受损伤,不便上复印机,也可用摄影等技术来解决。时代变了,物质条件改善了,就没有必要继续墨守旧时代的陈规。

【旁征】

[35] 校勘底本的选择

在"底本"篇已有讨论,黄永年师的观点十分明确,就是无论何时都须选择"校勘精审""比较接近原书面貌的善本"(见"底本"篇)作为底本,如果它同时又是文物性善本自然更好。当前通行的校勘学著作,也基本上与黄永年师的观点一致,只表述上稍有异同。例如管锡华《汉语古籍校勘学》认为底本"要求选择最接近于原本的本子",它可以是现存最早的本子,因为现存最早的本子往往就是最接近于原貌的本子。也可能后出的本子更接近原貌,那就应当选择现存版本中最接近原貌的本子。倪其心《校勘学大纲》说道:"应从校勘的根本原则出发,要求接近原本的善本,可以是古本、宋本,也可以是后人校勘的善本;可以是祖本,也可以不是祖本。"程毅中《古籍校勘释例》亦认为应选择"内容最完整、错误最少、校刻最精的版本"作为底本。所谓"最接近原本"或"校刻最精"皆是以校勘性善本作为选择底本的首要条件。

另外,在当今古典文献研究不断深入以及新的古文献材料不断发现的背景下,使我们意识到书的情况远为复杂,特别是时代较早、流传系统复杂的书,不同系统的文本有着不同的历史意义,不应以一种文本来否定其他异文。在这种情况下,似不必强调确定一个"最接近原本"的最优本,各自系统的文本单独整理,保留其各自面貌,是当前的趋势之一。如李零《孙子古本研究》(将银雀山汉简本、敦煌本、唐以前古书引文、唐代类书引文、宋本等诸本分别点校整理)、陈桥驿整理《水经注》(先点校出版过去使用最多、影响最深的殿本,为今后研究提供一个可靠的支撑,而后再出版《水经注校释》)、中华书局 2000 年版《麟台故事校证》(分别整理《四库》辑《永乐大典》本与《四部丛刊》影印影宋抄本,尽管二者有条目重合之处),皆是将不同系统的文本分开整理,各成其美,可能更便于未来的研究者参考利用(《古籍整理中的存真标准问题》《古籍整理的理论与实践》)。

• 管锡华:《汉语古籍校勘学》,成都:巴蜀书社,2003 年,第 149—150 页。
• 倪其心:《校勘学大纲》,北京:北京大学出版社,2004 年,第 217 页。
• 程毅中:《古籍校勘释例》,载许逸民:《古籍整理释例》(增订本),北京:中华书局,2014 年,第 39 页。
• 乔秀岩:《古籍整理中的存真标准问题》(曾收入 2013 年台湾万卷楼《北京读经说记》)、《古籍整理的理论与实践》(原发表于国家图书馆出版社《版本目录学研究》第一辑,2009 年),载乔秀岩、叶纯芳:《文献学读书记》,北京:生活·读书·新知三联书店,2018 年,第 78—80、113 页。

如何处理对校本

在选用底本的同时,还要考虑用哪些不同的本子来和底本对校,即使选用了很好的善本作为底本时仍应如此。除非能找到作者的原稿写定本作为底本。但如前所说这种机会是不多的。个别明人、清人的著作也许会找到原稿写定本,找明以前人著作的原稿写定本便绝无可能。而原稿写定本以外的其他善本,即使是极珍贵的宋元本,也不敢像《庄子·秋水》里所说"以天下之美为尽在己",其他宋元本以至明本、清本都很难说绝无可取之处,所以,仍有必要用来和底本作对校。

底本外如果只有一个不同的本子,对校起来还比较简单。如果多了,就要求弄清楚各个本子之间的渊源递嬗关系,选择若干与底本不同渊源的作为主要的对校本就可以。其他源出底本或对校本的本子,如在个别地方改正了底本或对校本原有的错误,自可供参考择取,如对原有错误无所改正,或更增添了新的错误,就不需要用来对校,即使对校了也不必将此新增添的错误写入校记,因为这对读者全无用处。

周祖谟的《洛阳伽蓝记校释》[36]在处理对校上作了很好的范例。《洛阳伽蓝记》一书有明嘉靖时如隐堂刻本,万历时吴琯刻《古今逸史》本,崇祯时毛晋刻绿君亭本即《津逮秘书》本,清乾隆时王谟刻《汉魏丛书》本,嘉庆时张海鹏刻《学津讨原》本,嘉庆时吴志忠真意堂木活字本,道光时吴若準《洛阳伽蓝记集证》本。面对这么多的本子,周祖谟作了很好的分析,他指出:如隐本、《逸史》本"二者来源不同,文字有异",《津逮》本"原从如隐本出,而有改窜,盖据《逸史》本校改者","《汉魏》本乃出自《逸史》本,《学津》本据津本翻雕,而小有更易,真意堂本则又参取《津逮》《汉魏》两本以成者,至于吴氏《集证》本,虽云出自如隐,然亦略有删改"。处理的办法是:"以如隐堂本为宗,而参校《古今逸史》本,注其同异,定其是非。凡义可两通者,注曰'《逸史》本作某'。《逸史》本误,概从如隐本,如隐本误,则取《逸史》本,注曰'原作某误,此从《逸史》本'。至于《津逮》《汉魏》以下诸本亦均在校雠之列。如有可采,必择善而从。《津逮》同于如隐本,《汉魏》同于《逸史》本,正其渊源所自,不复言之,以免殽乱。斯所谓振裘挈领也。若《津逮》不同于如隐,《学津》又不同于《津逮》,盖据《逸史》本或《汉魏》本而改,故亦不备举。或出一二,以见其源流而已"(《校释》叙例)。这才真是高水平的对校。同时还有人做了一册《洛阳伽蓝记校注》,也花了很大的精力,但只能备列诸本,找不出其间的渊源递嬗,无力分别处理,所做的校记就难免繁琐芜杂之失。

【旁征】

[36] 周祖谟《洛阳伽蓝记校释》

周祖谟(1914—1995),字燕孙,北京人,中国著名语言文字学家。曾任北京大学教授、《中国语文》及《语言研究》编委、中国音韵学研究会名誉会长等。著有《唐五代韵书集存》《魏晋南北朝韵部之演变》《问学集》《广韵校本》《尔雅校笺》《方言校笺》等。其生平及学术经历可参《周祖谟自传》。

北魏杨衒之《洛阳伽蓝记》是一部记载北魏洛阳城佛寺,兼叙历史、古迹艺文、风土地理之书。流传刻本至多,有明刻本及清刻本。明刻本主要有三种:1. 如隐堂本,

2. 吴琯所刻《古今逸史》本,3. 毛氏汲古阁所刻《津逮秘书》本。清刻本主要有四种:
1. 乾隆间王谟辑校《汉魏丛书》本,2. 嘉庆间张海鹏所刊《学津讨原》本,3. 嘉庆吴志忠《真意堂丛书》活字本,4. 道光吴若准《洛阳伽蓝记集证》本。周祖谟详考诸版本之间渊源递嬗关系(见图 3-3-2)则"综是而言,《伽蓝记》之传本虽多,惟如隐堂本及《古今逸史》本为古。后此传刻《伽蓝记》者,皆不出此两本。故二者殆为后日一切刻本之祖本也。校《伽蓝记》,自当以此二者为主。如振裘挈领,余皆怡然理顺。苟侈陈众本,而不得其要,则览者瞀乱,劳而少功矣"(《洛阳伽蓝记校释·叙例》)。

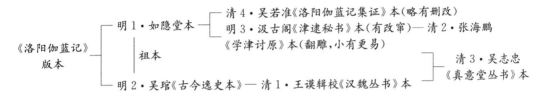

图 3-3-2:《洛阳伽蓝记》版本图示(据周祖谟《洛阳伽蓝记·叙例》作)

周祖谟校勘时以如隐堂本为宗,参校《古今逸史》本。《逸史》本误,概从如隐本;如隐本误,则取《逸史》本。至于《津逮》《汉魏》以下诸本,如有可采,择善而从。示例如:

满月流光,阳门饰豪眉之象 "豪",《逸史》本作"毫",《三宝记》《内典录》同。(序第 21 页)

迩来奔竞 "迩"原作"尔",误。《逸史》本作"迩",与《三宝记》《内典录》合。(序第 22 页)

东头第一门 "门"字各本脱,依《集证》本补。(序第 28 页)

遂于晋阳,人各铸像不成 "人各",《逸史》本作"令别",《真意》本作"令各"。(卷一第 15 页)

庄严佛事,悉用金玉,作工之异 "作工"原作"工作",《津逮》本同。案《永乐大典》卷一三八二二引作"作工",《逸史》本同,今从之。(卷一第 36 页)

在青阳门内御道北 "青",原作"清",非。《逸史》本同,《津逮》本不误。(卷一第 47 页)

周祖谟使用对校法时,经常与他校法联合为证,在多数情况下判断是非,明确去取。

其优点还在于解决了《洛阳伽蓝记》的子注问题,黄永年师指出:"清人吴若准撰《洛阳伽蓝记集证》、唐晏撰《洛阳伽蓝记钩沈》都未能很好地把子注从正文中划分出来,到周祖谟先生作《校释》才提出了科学的标准,即:'此书凡记伽蓝者为正文,涉及官署者为注文。其所载时人之事迹与民间故事,及有衔之案语者,亦为注文。……'我认为完全正确。"(《史部要籍概述》)此外,《校释》善用他校法,利用《历代三宝记》《续高僧传》《酉阳杂俎》《类说》《元河南志》等前人未采用的他书来校勘;书中涉及地理、历史、人物、佛教等名物皆有注释,"文笔老道,不枝不蔓,大堪步武前修"(《周祖谟先生的〈洛阳伽蓝记校释〉》);附《北魏洛阳伽蓝图》《宋云使西域行程图》,方便读者参考。黄永年师对周祖谟《校释》评价非常高,认为《洛阳伽蓝记》诸版本中此本"最为精善"(《史部要籍概述》)。版本有1958年科学出版社本、1963年中华书局本、2000年上海书店增订本、2010年中华书局增订本等。

- 周祖谟:《周祖谟自传》,载《洛阳伽蓝记校释》附录三,北京:中华书局,2010年,第245—254页。
- (魏)杨衔之撰,周祖谟校释:《洛阳伽蓝记校释》叙例,北京:中华书局,2010年,第13—14页。
- 黄永年:《史部要籍概述》,第151页。
- 黄永年:《周祖谟先生的〈洛阳伽蓝记校释〉》,载《黄永年文史论文集》第五册,北京:中华书局,2015年,第130—132页。

对校是否不校是非不参己见

选好底本,处理好对校本,都是为了对校。如何对校,陈垣主张:"主旨在校异同,不校是非","虽祖本或别本有讹,亦照式录之"。这实际上近于前人所用的"死校"[37],在今天是否仍旧适用,我认为应该考虑。

当然,前人这样"死校"自有其一定的理由。因为当时没有图书馆,从私人手里借书很不容易,而且私人藏书的流动性比较大,今天从朋友手里借到一部旧本书,若干年后朋友死了或因穷困把书卖掉了,就难于重新寻觅,因此总想照原样留一个副本。但当时没有复印、影印等技术,照样一笔不苟地影抄固极为繁难,即一般地誊抄也要花费不少时间和气力,于是想出了"死校"的办法,将对校本"照式录之",即使明明有错仍照录不误,把对校本的本来面目大体留在底本上,以便日后查考。今天的条件可起了变化,旧本书一般入藏图书馆,稳定而少流转,有的且已出版了影印本,没有影印本的也可复印或摄成胶卷。因此在对校时似已没有必要再像前人那样"死校",而可以只把对校本能纠正底本错误之处以及与底本意义两可之处记下来,其余底本正确、对校本错误之处就不必——照式记录。因为对校的最终主旨毕竟是要校出一部在文字上比较正确无讹的新善本书,而不在于研究底本与对校本之间有多少异同出入。这种研究版本间异同出入的专门工作当然也可以做,做得好可以写出像《元典章校补释例》那样在校勘学、版本学上有价值的著作,但毕竟不属对校的主旨,不必要求每个校勘工作者都这么做。

在对校时要有所去取,就不仅要校异同,还要判断是非。而要判断是非,就不能不参以己意。参以己意不是不要根据地乱作判断,而是或则根据常识,或则结合理校、他校、本校等各种方法(根据常识实际上也是一种理校),审慎地判断是非,决定去取。暂时作不出判断的也可两存其说,留待比自己能力强水平高的人去解决。

【旁征】

[37] 陈垣主张"主旨在校异同,不校是非"近于前人所用的"死校"

"死校"与"活校"的说法见于叶德辉《藏书十约·校勘七》:

> ……死校者,据此本以校彼本,一行几字,钩乙如其书;一点一画,照录而不改。虽有误字,必存原文。顾千里广圻、黄尧圃丕烈所刻之书是也。活校者,以群书所引改其误字,补其阙文。又或错举他刻,择善而从。别为丛书,板归一式,卢抱经文弨、孙渊如星衍所刻之书是也。斯二者,非国朝校勘家刻书之秘传,实两汉经师解经之家法。郑康成注《周礼》,取故书、杜子春诸本,录其字而不改其文,此死校也。刘向校录中书,多所更定;许慎撰《五经异义》,自为折衷;此活校也。其后隋陆德明撰《经典释文》,胪载异本;岳珂刻《九经三传》,抉择众长,一死校,一活校也。

叶德辉认为,死校是"此本以校彼本"照录不改,保存原文;活校是"以群书所引"改误补阙,别为他版。叶氏举顾广圻、黄丕烈为死校代表,其实是不准确的,因为他们校勘时也判断是非、刊正谬误,只是别为札记、考证,而不擅自改动底本(参见本篇旁征[20]、[26])。举卢抱经、孙渊如别为丛书的例子,实际上也混淆了藏书批校与刻书校勘之间的区别。

陈垣主张对校法"主旨在校异同,不校是非","虽祖本或别本有讹,亦照式录之",但《元典章校补》并未完全照录元本之异。《校勘学释例》中第四十四章为"元本误字经沈刻改正者不校例",云:"有元本错误,经沈刻改正者,不复回改"。如:

《诏令一》四页,"逮我宪宗之世",元作"邀我";

《圣政一》一页,"颁行科举条例",元作"须行";

《礼三》十五页,"备存珍宝",元作"珍宝";

《吏一》五页,"上路总管府达鲁花赤",元作"总府府"等。

凡元本有误而沈刻本改正者《元典章校补》皆未载。第四十五《元本借用字不校例》、第四十六《元本通用字不校例》亦说明陈垣处理元本、沈刻本异同时有一定的取舍标准,而不是备载异同。参看《校补》与《校补释例》,陈垣应当是在校勘过程中诸本对读、旁注异同,但在撰写校记时有选择、有取舍的过录认为有意义留下的条目,已属于"活校"。

> • 叶德辉著,李庆西标校:《书林清话》,上海:复旦大学出版社,2008 年,第309 页。
> • 陈垣:《校勘学释例》卷六《校例》第四十三《校法四例》、第四十四《元本误字经沈刻改正者不校例》,第 129、134—137 页。

[38] 其他对校法举例

(宋)张淳《仪礼识误》举例:

张淳及《仪礼识误》又见本篇旁征[10]。张淳在校勘《仪礼》时比较诸本优长,有选择的区分主校与参校本,是较为纯熟地运用对校法之典例。张淳所见《仪礼》版本据《自序》记载主要有四:1."初刊于周广顺之三年,复校于显德之六年,本朝因之,所谓监本"(宋监本);2. 京师巾箱本;3. 杭州细字本;4."渡江以来严人取巾箱本刻"之严州本。其中监本为"天下后世之所祖",巾箱本则是"严本之所祖"。严本"虽咸有得失,视后来者为善"。张淳"首得严本,故以为据,参以群本""余则采其所长而已"(校文中出现"五代广顺"与"显德"监本,可知张淳在宋监本之外亦见五代刻本)。张淳辨析主要版本之源流,以晚出但较善的严本为底本,以监本和巾箱本为主要对校本,又吸取别本之长。

校勘记的示例如下:

卷一《士昏礼误字》"不"条:"经曰:'某得以为昏姻之故,不敢固辞,敢不从。'按五代广顺中监本同,至显德中吉观国所校监本乃曰'敢从',中无'不'字。或曰岁久版脱之也。从广顺本。"

《士相见礼误字》"从"条:"注曰:'羔取其后帅。'按监本'後'作'從'。疏引注文亦作'從'。至其下释乃云'凡羔羊皆有引帅,若卿之後君之命者也',此释亦误,以'從'为'後'。'後'字近'從',传写误也,从监本。"

卷二《士丧礼误字》"中"条:"注曰:'又还结于项巾。'按监、杭本'巾'作'中',从监、杭本。"

《士丧礼误字》"柽泽"条："注曰：'今文泽为也。'按杭本云'柽'为'泽'，从
杭本。"

张淳校语列出监本、杭本等异文，后说明自己的观点如"从严本""从监、杭本""从杭
本"，属于正文所谈"校是非，参己见"的对校法。

> • (宋)张淳：《仪礼识误》，王云五等编：《丛书集成初编》第 0126 册，上海：
> 商务印书馆，1936 年，第 5、10、11、35 页。

古抄本石刻本在对校中的作用

整理古籍所用的底本以及对校本一般都是用雕版印刷广泛使用以后的印本、抄
本。如何利用以前的抄本、石刻本，也应该附带说一说。

雕版印刷广泛使用以前的抄本，一般不称旧抄本而称古抄本或古写本。其中南
北朝、隋、唐时的通常还称为古抄卷子本或古写卷子本。因为当时的书籍不仅不是把
单页折叠成册后用线装，也不是成册的包背装、蝴蝶装，而是通用卷轴的形式。在清
末敦煌莫高窟的藏书没有被发现前，这种古抄卷子本在日本有一些，如刻入《古逸丛
书》[39]的原本《玉篇》残卷、《汉书》的《食货志》残卷，以及经罗振玉影印的《世说新语》
残卷[40]，都是其中比较著名的。在我国发现并覆刻公之于世的只有一个《说文解字》
木部的残卷[41]。敦煌莫高窟藏书被发现后，大量古抄卷子本随同佛经等流散出来，引
起了学术界的重视，纷纷用这些古抄卷子本来对校隋唐以前的古籍，尽管其绝大多数
已是残卷，但文字上确有佳胜之处可以撷取，这些古抄卷子本一部分已影印或录文付
印，其他也多有照相胶卷。王重民著有《敦煌古籍叙录》[42]，不仅给这些古籍残卷撰写
了提要，而且汇总了近人用这些残卷对校古籍所取得的成果。

【旁征】
[39]《古逸丛书》古抄卷子本

《古逸丛书》是黎庶昌在版本专家杨守敬协助下搜访、辑刻日本留存的已失传中
国古籍和罕见版本的丛书，共二十六种。有关《古逸丛书》的成书经过与影写覆刻参
见"影印"篇旁征[5]。其中古抄卷子本有《玉篇》三卷半、《玉烛宝典》十一卷、《文馆词
林》十三卷半、《琱玉集》二卷、《碣石调幽兰》一卷、《天台山记》一卷、北宋本《姓解》、南
宋本《史略》以及用南宋本《太平寰宇记》来补我国内传本缺失的五卷半，均是佚失已
久仅存东瀛的古籍，古抄卷子本《日本国见在书目录》的用处也仅次于《隋书》《旧唐
书》的经籍志，都应该刊刻流传，其余日本正平本《论语集解》、元至正本《周易传》、南

宋台州本《荀子注》等也均是善本,有校勘价值(《古籍版本学》)。

学者对《古逸丛书》中古抄本的运用,如清代王先谦《汉书补注》就充分吸收了影唐写本《汉书·食货志》(见书影3-3-1)异文:

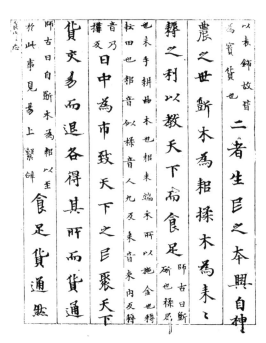

书影3-3-1:《汉书》卷二四《食货志》
清光绪十年(1884)《古逸丛书》影唐写本

二者生民之本　〔补注〕先谦曰:日本影唐写卷子本《食货志》,"民"字、"治"字皆缺末笔,见黎刻《古逸丛书》。

尧命四子以"敬授民时"　师古曰:四子谓羲仲、羲叔、和仲、和叔也。事见《虞书》《尧典》也。〔补注〕宋祁曰:"尧典也",姚本删去"也"字。先谦曰:唐写本无"也"字。

舜命后稷以"黎民祖饥"　孟康曰:祖,始也。黎民始饥,命弃为稷官也。古文言阻。师古曰:事见《舜典》。〔补注〕宋祁曰:"祖饥",古文言"阻"。先谦曰:《五帝纪》作"黎民始饥"。徐广注,《今文尚书》作"祖饥"。孟康本马融说也。宋说与注复出,唐写本"事见"下有"虞书"二字。

故曰:"不患寡而患不均,不患贫而患不安。"　〔补注〕先谦曰:唐写本无两"而"字。

王先谦《补注》凡唐写本有异文处皆注明,如"民""治"字缺末笔避讳亦不烦说明,是近于备存异同之"死校"。优点在于使阅者未览唐写本便可知悉全部异文而无遗漏。

•黄永年:《古籍版本学》,第161—162页。又参见贾二强:《〈古逸丛书〉考》,载黄永年主编:《古代文献研究集林》第1集,西安:陕西师范大学出版社,1989年,第224—273页。

•(汉)班固撰,(唐)颜师古注,(清)王先谦补注:《汉书补注》,北京:商务印书馆,1959年,第1999—2000页。

[40] 罗振玉影印《世说新语》残卷

罗振玉(1866—1940),字叔蕴、叔言,号雪堂、贞松,又称永丰乡人,江苏淮安人。

中国近代古文字学家、古文献学家、金石学家、敦煌学家、农学家。著有《雪堂金石文字跋尾》《殷墟书契》《敦煌石室遗书》《鸣沙石室佚书》等。生平详参董作宾《罗雪堂先生传略》、甘孺(即其孙罗继祖)辑述《永丰乡人行年录(罗振玉年谱)》。

日本明治时期在京都发现了唐写本的《世说新书》残卷,原为一体,后截为五段,分属于不同藏主之手。杨守敬最初在《日本访书志》著录该唐写本的情况。罗振玉在日本期间将该写本的五段搜齐,并于1916年在日本影印,由天津贻安堂经籍铺发行。写本起于《归箴篇》"孙休好射雉",终于《豪爽篇》"桓玄西下",凡五十一条,后有罗振玉跋语详叙此古卷收藏、分合之委曲,附日本神田氏及杨守敬题识。

近世出版的《世说新语》整理本如余嘉锡《世说新语笺疏》、杨勇《世说新语校笺》等都对唐本予以利用。举例如《笺疏》"捷悟"篇(唐写本见图3-3-3):

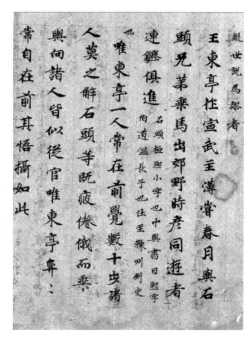

图3-3-3:《世说新语·捷悟第十一》(局部)
唐写本,日本京都国立博物馆藏

王东亭作宣武主簿,尝春月与石头兄弟乘马出郊。时彦同游者,连镳俱进。石头,桓退小字〔一〕。《中兴书》曰:"退字伯道,温长子也。仕至豫州刺史。"唯东亭一人常在前,觉数十步,诸人莫之解。石头等既疲倦,俄而乘舆回,诸人皆似从官,唯东亭奕奕在前,其悟捷如此。

【校文】

"郊"下　唐本有"野"字。

注两"退"字　唐本俱作"熙"。

"悟捷"　唐本作"悟摄"。

【笺疏】〔一〕嘉锡案:《晋书·桓温传》,温六子:熙、济、歆、祎、伟、玄。熙字伯道。未有名退者。自宋本《世说》误作退,诸本并从之,莫有知其误者矣。唐写本作熙,不误。

又如《校笺》"规箴"篇:

孙休好射雉,至其时,晨去夕反,群臣莫不上谏,曰:"此为小物,何足甚耽!"休答曰:

"虽为小物,耿介过人,朕所以好之。"

【校笺】自此条以下,至本卷末(豪爽篇13桓玄西下条)止,正文五十一条,注文五十九事,七十三条,依宋本暨唐写本《世说新书》残卷为主,参考他本校正。

何晏、邓飏令管辂作卦……(刘孝标注)辂曰:若九事皆王义者。

【校笺】宋本作"若九事比王义",各本作"若九事比至义",唐卷作"若九事皆王义者",《魏志·管辂传》注引《辂别传》作"若九事皆至义者"。勇按:唐卷是。王义者,王弼之义也。刘《笺》:"辅嗣本荀、刘之义注《易》,尽祛阴阳飞伏之法,独有千古。辅嗣以魏正始十年卒,公明正始九年十月举秀才入洛,是时辅嗣《易注》,当早已传写,洛阳纸贵矣。公明于《易》特精阴阳,不崇玄论,故以王义为不足劳思。若今本作'至义不足劳思',既为至义,如之何勿思,况辂所视至义者,即阴阳邪?唐写本一字之微,值等千金矣。"刘说是。王义者,犹本书《文学篇》17"秀义"、12"王理"、32"支理"、38"许理"、56"孙理"似,皆时人以为义理之佳胜者。今依唐卷。

余嘉锡《笺疏》与杨勇《校笺》都充分重视唐本异文,《校笺》遇唐本有残篇的篇目时直以唐本作为底本之一,校语中多有以唐本证宋以后本误字之处。

• 董作宾:《罗雪堂先生传略》,载罗振玉著,文明国编:《罗振玉自述》,合肥:安徽文艺出版社,2013年,第1—5页;甘孺(罗继祖):《永丰乡人行年录(罗振玉年谱)》,南京:江苏人民出版社,1980年。

• 罗振玉:《唐写本〈世说新书〉跋》,载《雪堂类稿乙·书籍序跋》,沈阳:辽宁教育出版社,2003年,第364页。

• (南朝宋)刘义庆著,(南朝梁)刘孝标注,余嘉锡笺疏:《世说新语笺疏》卷中之下《捷悟第十一》,北京:中华书局,2007年,第689—690页。

• (南朝宋)刘义庆撰,(南朝梁)刘孝标注,杨勇校笺:《世说新语校笺》中《规箴第十》,北京:中华书局,2006年,第494、498页。有关此唐写本《世说新书》残卷之研究,又可参刘盼遂:《唐写本〈世说新书〉跋尾》,《清华学报》1925年第2期;范子烨:《〈世说新语〉研究》,哈尔滨:黑龙江教育出版社,1998年;刘强:《再论唐写本〈世说新书〉残卷之价值》,《兰州学刊》2018年第2期;宁稼雨:《唐写本〈世说新书〉残卷考述》,《文史哲》2022年第2期。

[41]《说文解字》木部残卷

过去,在我国国内旧卷子本的古籍已很少见,较著名的只有一个唐人书写卷子本

《说文解字》的木部残卷。清同治三年(1864)由莫友芝写了一篇《仿唐写本〈说文解字〉木部笺异》，一并刊刻传世(《古籍版本学》)。

清同治二年(1863)莫友芝(见本书底本篇旁征[25])自安徽得《说文解字》木部残卷，共六纸，每纸十八行，每行二篆，分两栏，存一百八十八字，翌年依原本摹写刊刻，并撰《笺异》。其引言曰："同治改元初夏，舍弟祥芝自祁门来安庆，言黟县宰张廉臣有唐人写《说文解字·木部》之半。篆体似《美原神泉诗碑》，楷书似唐写佛经小铭志。'栝、柜'讳阙，而'柳、卬'不省，例以《开成石经》，不避当王之'昂'，盖在穆宗后人书矣。纸坚絜逾宋藏经，盖所谓硬黄者。在皖见前代名迹近百，直无以右之。余则以谓果李唐手迹，虽断简，决资订勘，不争字画工拙。特虑珍弆靳远假，命其还，必录副以来。廉臣见祥芝分豪摹似，苍踔不得就，慨然归我。明年正月将至，检对一二，剧诧精奇。暮春寒雨，浃旬不出门户，乃取大小徐本通雠异同，其足补正夥至数十事。……校成，亟思流传，与海内学者共，庶以不孤循吏之惠。"写本原物后归端方，后流于日本，今藏大阪武田科学振兴财团杏雨书屋。莫友芝《唐写本说文解字木部笺异》将残卷与二徐本以及其他古籍所引《说文》作比较，标其异同，判断是非，是二徐本以及其他相关古籍和残卷自身校勘的重要资料(《唐写本〈说文解字·木部〉残卷及莫友芝〈笺异〉之文献价值》)。

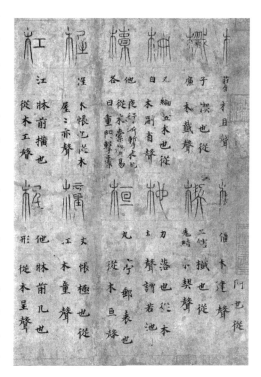

图3-3-4：《说文解字·木部》(局部)

唐写本,日本大阪武田科学振兴财团杏雨书屋藏

莫氏《笺异》对残卷保存文字古音古义之贡献，及印证段玉裁《说文注》之精审，也都有所发明。近有2016年上海古籍出版社梁光华注评本。另李宗焜编著《唐写本〈说文解字〉辑存》一书，收录存世《说文解字》唐写本木部残卷与口部残叶的全部图版及莫友芝《笺异》图版。并仿莫氏《笺异》之例，为三种口部残叶作笺，可资参考。

・黄永年：《古籍版本学》，第6页。

・(清)莫友芝原著，梁光华注评：《唐写本说文解字木部笺异注评》，上海：上海古籍出版社，2016年，第357页。

• 张其昀:《唐写本〈说文解字·木部〉残卷及莫友芝〈笺异〉之文献价值》,《国学学刊》2012 年第 1 期,第 133 页。

• 李宗焜编著:《唐写本〈说文解字〉辑存》,上海:中西书局,2015 年。

[42] 王重民《敦煌古籍叙录》

王重民(1903—1975),曾化名鉴,字有三,号冷庐主人,河北高阳人。中国文献学家、目录学家、版本学家、图书馆学家。曾任北京大学图书馆学系主任、北京图书馆副馆长等。曾受派赴法国巴黎国家图书馆、美国国会图书馆等搜求整理中国文献。著有《中国目录学史论丛》《中国善本书提要》《〈校雠通义〉通解》《敦煌古籍叙录》等。其行事又可参刘修业《王重民教授生平及学术活动编年》、傅振伦《王重民别传》。

《敦煌古籍叙录》将敦煌遗书中佛经以外约二百种典籍按经、史、子、集四部分类,每种记收藏编号,已刊布者并说明刊于何书,并汇集各家题跋或节录有关论文。其撰写者除著者本人外尚有罗振玉、王国维、刘师培、陈寅恪、向达诸专家。题跋、论文多记述卷子形式、内容,考订其篇目、作者、年代,并论证其价值,实为前辈学者研究成果的汇编,初学读之当大有裨益(《唐史史料学》)。1958 年由商务印书馆出版,1979 年中华书局再版。1986 年台北新文丰出版社出版黄永武编《敦煌古籍叙录新编》十八册,以王书为纲,每一叙录之后配原卷影本,并附加王书未收录的中日学者研究成果。

• 刘修业:《王重民教授生平及学术活动编年》,载王重民:《冷庐文薮》附录一,上海:上海古籍出版社,1992 年,第 878—916 页;傅振伦:《王重民别传》,载北京图书馆《文献》丛刊编辑部,吉林省图书馆学会会刊编辑部编:《中国当代社会科学家》第 1 辑,北京:书目文献出版社,1983 年,第 7—16 页。

• 黄永年:《唐史史料学》,第 288 页。

解放后在甘肃武威发现了写在木简上的《仪礼》残篇[43],其后又在山东临沂银雀山[44],湖南长沙马王堆等处发现了好几种写在木简和帛上的古籍残篇[45],都有影印本和录文问世。这些古抄本的时代在卷子本之前,有的还是西汉时的东西,在古籍对校上当然能起有益的作用,如古抄本《老子》等已被较好地利用。

【旁征】

[43] 甘肃武威发现木简《仪礼》残篇

1959 年甘肃武威磨咀子六号汉墓出土了竹木简《仪礼》四百六十九枚,简长 51—56 厘米,宽 0.5—0.8 厘米,共有甲、乙、丙三本。甲本木简,字大简宽,凡存《士相见》

《服传》《特牲》《少牢》《有司》《燕礼》《泰射》七篇，几等于半部《礼仪》。乙本木简，字小简窄，仅《服传》一篇。丙本竹简仅《丧服》一篇。陈梦家先生指出："武威出土甲、乙、丙三本《仪礼》九篇，除甲、乙本《服传》和今本有很大的出入外，其他甲本六篇和今本大略相同，丙本《丧服》经、记同于今本。但它们的篇次既不同于两戴，又不合于《别录》、郑玄，它只可能是三家之外的一个家法本子。"其认为汉简反映的是已失传的西汉庆氏之学，并通过简本与今本的对比考证，推断木简甲、乙本是西汉晚期的钞本，约当成帝前后，所依据的原本约在昭、宣之世。竹简丙本早于木简，乙本或早于甲本(《武威汉简》之《简本〈仪礼〉在汉代经学上的地位》)。

　　武威磨咀子汉墓及汉简详情见1964年文物出版社出版《武威汉简》，有陈梦家作简文校释。简本《仪礼》是一个不同于别本的单行本，唐石刻九经中《仪礼》讹脱最多，熹平石经存字过少，可用校勘者不多。简本作为至今发现的《仪礼》的最古本，虽自有舛讹之处，但具有重要的校勘价值(《武威汉简本〈仪礼〉与"十三经"本〈仪礼〉比较研究》)。有关武威汉简《仪礼》学术史回顾参见张焕君、刁小龙《武威汉简〈仪礼〉研究四十年综述》一文。二人2009年合著《武威汉简〈仪礼〉整理与研究》，以陈梦家《武威汉简》为底本，对勘今本，校记与释文结合了新近学者成果。

图3－3－5：汉代木简《仪礼》

1959年甘肃武威出土，甘肃省博物馆藏

· 甘肃省博物馆,中国科学院考古研究所编:《武威汉简》,北京:中华书局,2005年,第13页。

· 王锷:《武威汉简本〈仪礼〉与"十三经"本〈仪礼〉比较研究》,《社科纵横》1994年第3期,第42—45页。

· 张焕君、刁小龙:《武威汉简〈仪礼〉研究四十年综述》,《中国史研究动态》2005年第5期。

· 张焕君、刁小龙:《武威汉简〈仪礼〉整理与研究》,武汉:武汉大学出版社,2009年。

[44] 山东临沂银雀山古籍残篇

1972年在山东临沂银雀山一号、二号西汉墓葬出土一批简牍。一号汉墓出土的简牍有传世古书和古佚书两大类。传本古书包括《孙子兵法》十二篇及佚文四篇、《六韬》十四组、《尉缭子》五篇、《晏子》十六章。佚书包括《孙膑兵法》三十篇、《守法守令十三篇》十篇、《十官》《五议》等论政论兵之书五十篇、《曹氏阴阳》等阴阳时令占候之类十二篇等。二号墓仅出土汉武帝《元光元年历谱》三十二简。银雀山汉简为研究汉代文献、军事、历法、文字、经济、简牍制度等提供了珍贵的材料。

银雀山汉简的图版、释文见文物出版社1985年出版的《银雀山汉墓竹简》壹、2010年出版的《银雀山汉墓竹简》贰,2021年新出版的《银雀山汉墓简牍集成》贰、叁。近年来出版与竹简有关的古籍专著如钟兆华《尉缭子校注》、日本学者服部千春《孙子兵法新校解》、吴九龙等编著《孙子校释》等大都重点结合简本内容校勘。杨丙安、李零、赵逵夫、白于蓝等学者有单篇论文或著作释读竹简文字与今本异同。国内外研究成果参详郑子良《银雀山汉墓竹简研究综述》。

· 银雀山汉墓竹简整理小组:《银雀山汉墓竹简》(壹),北京:文物出版社,1985年;《银雀山汉墓竹简》(贰),北京:文物出版社,2010年。

· 山东博物馆、中国文化遗产研究所编著:《银雀山汉墓简牍集成》(贰),北京:文物出版社,2021年;《银雀山汉墓简牍集成》(叁),北京:文物出版社,2021年。

· 郑子良:《银雀山汉墓竹简研究综述》,中国文化遗产研究院编:《出土文献研究》(第十三辑),上海:中西书局,2014年。

图 3 - 3 - 6：汉代竹简《孙膑兵法·擒庞涓》

1972 年山东临沂出土，山东博物馆藏

[45] 湖南长沙马王堆古籍残篇

　　1973 年在长沙马王堆西汉文帝十二年下葬的三号汉墓 57 号长方形漆奁中发现了简牍医书与大量帛书。其中竹简"医书"二百支，分甲、乙卷，甲卷包括《十问》《合阴阳方》，乙卷包括《杂禁方》《天下至道谈》，竹简"医书"系汇编性资料，当来源于不同的抄本。帛书共约二十九件十二万字。用墨或朱砂(仅《刑德》丙篇--种)分别抄写在整幅(48—50 厘米)或半幅(24 厘米左右)的黄褐色丝帛上。帛书抄写时代在战国末年至汉文帝十二年(前 168)之间，由于抄写时代不同，字体各异，大致有篆隶、古隶、汉隶三种。若以《汉书·艺文志》的分类，帛书大致可分为六大类五十种。艺文类有《周易》《二三子问》《系辞》等，诸子类有《老子》甲、乙本、《五行》篇等，数术类有《五星占》《天文气象杂占》等，兵书类有《刑德》甲、乙、丙篇，方技类有《足臂十一脉灸经》等，其他还有《地形图》《驻军图》《宅位草图》等(《长沙马王堆二、三号汉墓》)。

　　长沙马王堆一、二、三号汉墓的考古发掘及出土文物、马王堆汉墓简帛文献的图

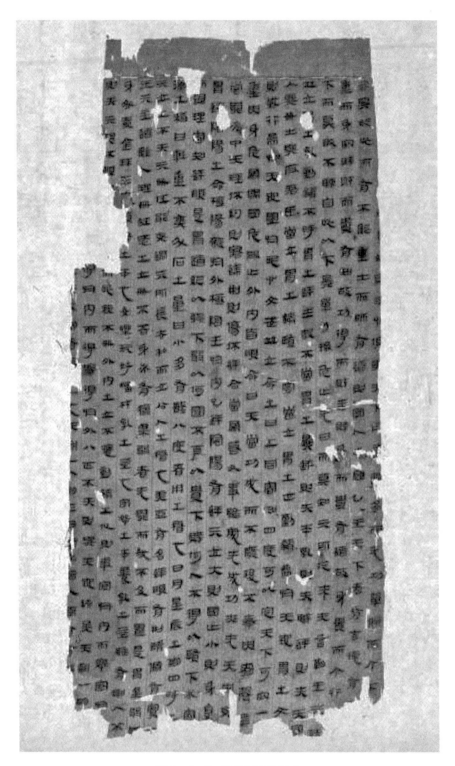

图 3‑3‑7：帛书《老子》乙本

1973 年长沙马王堆三号汉墓出土，湖南博物院藏

版、考释及与今本的对勘研究见下列参考资料。帛书中如《老子》《周易》已被很好利用，校勘性的著作有高明《帛书老子校注》(1996)、张政烺《马王堆帛书〈周易〉经传校读》(2008)、陈鼓应《老子注释及评介》(2009)、丁四新《楚竹书与汉帛书〈周易〉校注》(2011)、楼宇烈《老子道德经注校释》(2016)等，或以帛书为底本参校传世本与其他出土文献，或以传世本为主将帛书本作为主要对校本考辨异同。

> • 湖南省博物馆、湖南省文物考古研究所编：《长沙马王堆二、三号汉墓》(第一卷)，北京：文物出版社，2004年，第73—91页。
> • 湖南省博物馆、中国科学院考古研究所编：《长沙马王堆一号汉墓》，北京：文物出版社，1973年；裘锡圭主编，湖南省博物馆、复旦大学出土文献与古文字研究中心编：《长沙马王堆汉墓简帛集成》(共七册)，北京：中华书局，2014年；刘钊主编：《马王堆汉墓简帛文字全编》，北京：中华书局，2019年。
> • 李红薇：《出土战国秦汉四古本〈老子〉文字研究综述》，《简帛》(第14辑)2017年；蔡卓：《长沙马王堆汉墓帛书〈缪和〉〈昭力〉研究综述》，《简帛研究》2019年第1期；丁四新：《出土简帛四古本〈老子〉研究及其展望》，《国学学刊》2021年第1期。

但在利用所有的古抄本时，有一点必须注意，即这些古抄本不一定都是校勘精审的善本。更不能以罕见珍，把这些古抄本夸大为传世的唯一善本，因而认为宋以来的刻本、抄本统统不足取。在发现有异文时，也不能一概看作今本错而古抄本对。因为古人不见得都是傻瓜，何以偏让最坏的本子流传下来贻害子孙后代？何况今本经、子等古籍多源出于五代、北宋时国子监刻本，经当时的学者作过认真的校勘，看王国维的《五代两宋监本考》便可知道。当然"智者千虑，必有一失"，源出五代、北宋监本的旧本也并非完美无缺，有些是可以用古抄本来校正的。但做过了头，以不误为误，就欠审慎了。

古抄本外还有石刻本，即雕版印刷以前刻在石碑上，供人们抄写或墨拓的经、子等古籍。经书传世的有东汉时的《熹平石经》残石、曹魏时的《正始三体石经》残石、唐玄宗时的《石台孝经》、文宗时的《开成石经》、五代孟蜀时的《广政石经》旧拓残本。子书则《老子道德经》有唐代的五种石刻。这些石刻都是由政府建立的，其校勘之精审应远过于上述的古抄本。清初顾炎武、张尔岐就曾用《开成石经》来补明监本《仪礼》的阙文[46]；阮元的《十三经注疏校勘记》也利用了《开成石经》；毕沅的《道德经考异》则利用了唐石刻本[47]。今后对校经、子书时，这些石刻本仍可以发挥作用，不要有了古抄本就忘掉这些石刻本。

【旁征】

[46] 张尔岐、顾炎武用《开成石经》补明监本《仪礼》阙文

主要见于张尔岐撰《仪礼监本正误》《仪礼石本误字》、顾炎武撰《九经误字》。

张尔岐(1612—1678),字稷若,号蒿庵,山东济阳人。明诸生,入清不仕,教授乡里终身。著有《易经说略》《诗经说略》《仪礼郑注句读》《夏小正传注》等。《清史稿》卷四八一有传,评其"逊志好学,笃守程、朱之说"。《蒿庵集》卷三有自作《蒿庵处士自叙墓志》。

张尔岐自三十岁起深究《仪礼》之学,以郑注、贾疏古质漫衍,学者不能寻其端绪,取经与注章分之,定其句读,撰《仪礼郑注句读》一书。校勘时除监本、元吴澄本、陆德明《音义》等本外,还使用了唐《开成石经》本。他用《开成石经》本校《仪礼》,发现不少监本脱误衍倒、经注混淆之处,专门摘出汇为《仪礼监本正误》一卷。又发现《开成石经》也有错误,撰《仪礼石本误字》一卷。二书附于《仪礼郑注句读》行世。《四库提要》云:"盖《仪礼》一经,自韩愈已苦难读,故习者愈少,传刻之讹愈甚。尔岐兹编,于学者可谓有功矣。"主要版本有乾隆八年(1743)高氏和衷堂本(见书影 3-3-2,2021 年广西师范大学出版社据此本影印)、同治七年(1868)金陵书局刊本、同治十一年(1872)山东书局刊《十三经读本》等(《藏园订补郘亭知见传本书目》)。

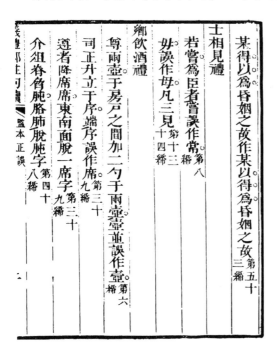

书影 3-3-2:《仪礼郑注句读》附《监本正误》

清乾隆八年(1743)高氏和衷堂本(桂林:广西师范大学出版社影印,2021 年,第 771 页)

顾炎武(1613—1682),字宁人,原名绛,江苏昆山人,学者称为亭林先生。清康熙诏举博学鸿儒科,又荐修《明史》,皆不就。留心经世之学,著有《天下郡国利病书》《日知录》《音字五书》《历代帝王宅京记》等。《清史稿》卷四八一、《清史列传》卷六八有传。《清史稿》云"炎武之学,大抵主于敛华就实。凡国家典制、郡邑掌故、天文仪象、河漕兵农之属,莫不穷原究委,考正得失",又精韵学,通经史,"清初称学有根柢者,以炎武为最"。

顾炎武《广师篇》云:"卓然经师,吾不如张稷若。"游山东时知有《仪礼郑注句读》

一书，"读而善之"，受其启发，后至西安见《开成石经》，于是据《石经》校勘明北监本《十三经注疏》，撰《九经误字》一卷。《四库提要》云："是书以明国子监所刊诸经，字多讹脱，而坊刻之误，又甚于监本。乃考石经及诸旧刻作为此书。其中所摘监本坊本之误，诸经尚不过一二字。惟《仪礼》脱误比诸经尤甚。如《士昏礼》'视诸衿鞶'下，脱'婿授绥姆辞曰未教不足与为礼也'十四字；《乡射礼》'各以其物获'下，脱'士鹿中翱旌以获'七字；《燕礼》'享于门外东方'下，脱'其牲狗也'四字；《特牲馈食礼》'长皆答拜'下，脱'举觯者祭卒觯拜长皆答拜'十一字。《少牢馈食礼》'振之三'下，脱'以授尸坐取箪兴'七字。其一两字之脱，尚有二十处，皆赖炎武此书校明，今本得以补正，则于典籍不为无功矣。"（又撰《金石文字记》则列举唐石经文字之误）版本主要有《亭林遗书》本、《指海》本、借月山房本等（《书目答问汇补》）。今有 2012 年上海古籍出版社徐德明等点校本。

考校唐石经文字的著述，还有王昶《金石萃编》之《唐石经跋》、严可均《唐石经校文》、冯登府《石经补考》之《唐石经误字辨》、钱大昕《唐石经考异》等。

> • 赵尔巽等：《清史稿》卷四八一《张尔岐传》，第 13169—13170 页。
> • 赵尔巽等：《清史稿》卷四八一《顾炎武传》，第 13166—13169 页。
> • （清）永瑢等：《四库全书总目》卷二〇《经部·礼类》"《仪礼郑注句读》"条，第 162 页。
> • （清）莫友芝撰，傅增湘订补，傅熹年整理：《藏园订补郘亭知见传本书目》卷二，第 82 页。
> • （清）永瑢等：《四库全书总目》卷三三《经部·五经总义类》"《九经误字》"条，第 276 页。
> • （清）张之洞编撰，来新夏等汇补：《书目答问汇补》经部《列朝经注经说经本考证第二·诸经目录文字音义》，第 182 页。

［47］毕沅《道德经考异》利用唐石刻本

毕沅（1730—1797），字纕蘅，江南镇洋（今江苏太仓）人。乾隆二十五年（1760）进士一甲第一人及第，授翰林院修撰，历官陕西布政使、河南巡抚、湖广总督等。王昶撰《毕沅神道碑》云："少嗜著述，至老不辍，所撰《续资治通鉴》《史籍考》并《灵岩山人诗文集》，又关中、中州、山东《金石记》，《河间书画录》共若干卷。每遇古书善本，校而录之，若《山海经》《夏小正》《说文解字》……《道德经考异》又若干卷，时贤皆奉为秘宝。"《清史稿》卷三三二有传。

毕沅撰《老子道德经考异》上下卷，以唐傅奕本为底本，参校诸本，间下训释。《自序》云："沅所见《老子》注家不下百余本，其佳者有数十本，唯唐傅奕多古字古言，且为世所希传，故就其本互加参校，间有不合于古者，则折众说以定所是，字不从《说文解字》出，不审信也。"所见"注家不下百余本"有哪些书中并未详说，从正文各条考异来看，大抵有"河上公""王弼""顾欢""陆希声""陆德明《经典释文》""《永乐大典》""明皇"诸本，并利用了"易州开元石刻"。如第二十六章"虽有荣观，宴处超然"条："王弼同。河上公'宴'作'燕'，易州开元石刻同河上公。"第二十章"如春登台"条："王弼、顾欢并同。明皇、易州石刻亦同。明正统十年《道藏》所刊明皇本始误作'登春台'，陆希声、王真诸本并误，今流俗本皆然矣。"以唐石本作为参校本之一，多有以唐本证传世本讹误之处。

版本有清乾隆间毕氏《经训堂丛书》本（《丛书集成初编》据此排印）。后罗振玉撰《道德经考异》二卷（自刻《永丰乡人稿续集》本）、马叙伦撰《老子覈诂》四卷（民国十四年 1925 排印本）。罗、马所校，补毕书未备（《书目答问汇补》）。利用唐石本《老子》者还有王昶《金石萃编》校《老子》相关部分、严可均《老子唐本考异》、王重民《道德经碑幢刻石考》等。

- （清）钱仪吉：《碑传集》卷七三《兵部尚书都察院右都御史湖广总督赠太子太保毕公沅神道碑》，北京：中华书局，1993 年，第 2098—2104 页；（清）赵尔巽等：《清史稿》卷三三二《毕沅传》，第 10976—10978 页。
- （清）毕沅：《老子道德经考异》，王云五等编：《丛书集成初编》第 541 册，上海：商务印书馆，1940 年，第 2、16—17、24 页。
- （清）张之洞编撰，来新夏等汇补：《书目答问汇补》子部《周秦诸子第一》，第 549 页。

四 本 校

总论本校法

陈垣在"校法四例"中说："本校法者，以本书前后互证，而抉摘其异同，则知其中之缪误。吴缜之《新唐书纠谬》[48]、汪辉祖之《元史本证》[49]，即用此法。此法于未得祖本或别本以前，最宜用之。予于《元典章》曾以纲目校目录，以目录校书，以书校表，以正集校新集，得其节目讹误者若干条。至于字句之间，则循览上下文义，近而数叶，远而数卷，属词比事，牴牾自见，不必尽据异本也。"

【旁征】

[48] 吴缜《新唐书纠谬》

吴缜，字廷珍，生卒年不详，四川成都人，北宋熙丰时名士吴师孟之子，历蜀州、万州知州。南宋吴元美《新唐书纠谬跋后》云缜"历数郡守，俱以惠政闻。生平力学，博通古今，多求前史谬误而参订之"。著有《新唐书纠谬》《五代史记纂误》。

《新唐书纠谬》二十卷，分类凡二十门，驳正《新唐书》讹误。一目一卷，共四百余条。大致可归为史料取舍不当、史实有误、前后矛盾、时间差互、义例不明五类。按形式分，有确考类和"未知孰是"的存疑类两种（《宋代对历史文献的校勘》）。吴缜《自序》谓："窃尝寻阅新《书》，间有未通则必反覆参究，或舛驳脱谬则笔而记之，岁时稍久，事目益众……从宦巴峡，僻陋寡闻，无他异书可以考证，止以本史自相质正，已见其然。意谓若广以它书校之，则其穿穴破碎，又当不止此而已也。""止以本史互相质正"，即本证法。黄永年师认为本证"非熟于本史者做不到，比用新旧《唐书》对勘要难得多"（《唐史史料学》）。试举几例，如卷四《自相违舛》"苏定方传误"条：

> 《苏定方传》云："至恒笃城欲杀降胡取赀，定方一不取，太宗知之。"今案《本纪》此乃高宗显庆元年九月事，今云"太宗"则误也。

卷九《纪志表传不相符合》"宰相世系表苏瓌字与传不同"条（见书影3-4-1）：

> 《宰相世系表》云："苏瓌，字廷硕。"今案本传云："瓌，字昌容。子颋，字廷硕。"《世系

表》必误也。

没有确切把握,则会存疑,如卷四"杜求仁传舛误"条:

> 《杜求仁传》云:"求仁与徐敬业举兵为兴复府左长史,死于难。"今案《徐敬业传》"求仁为匡复府右长史",与《求仁传》不同,未知孰是。

钱大昕云:"本证之名昉于陈季立《诗古音》,然吴廷珍《新唐书纠缪》已开其例矣。"(《元史本证序》)《新唐书纠谬》作为以本校法为主的专著,系统弹纠一书,且条例类别,细分门目,对后世校勘学有开风导气之意义(《吴缜的校勘学成就》)。

版本:(1)南宋绍兴刻本已不存。有明影宋抄本,旧藏周暹处;有清影宋抄残本,旧藏商务印书馆涵芬楼,今均在国家图书馆。(2)明万历赵开美刻本,有错简误字。(3)清乾隆鲍廷博刻《知不足斋丛书》本,已校正错简,但仍有误字。又有民国十年(1921)古书流通处影印《知不足斋丛书》本。(4)民国商务印书馆《丛书集成》本,据鲍本。(5)商务印书馆《四部丛刊三编》影印明万历赵刻本,又于赵刻错简脱误处附印清影宋抄本单页以资勘正(《唐史史料学》)。

书影 3-4-1:《新唐书纠谬》卷九
明赵开美刻本(《四部丛刊三编》影印)

· 陈光崇:《吴缜事迹考辨》,《中华文史论丛》1983 年第 3 期。

· (宋)吴缜:《新唐书纠谬》,张元济等编:《四部丛刊三编》影印江安傅氏双鉴楼藏明刊本,上海:商务印书馆,1936 年。

· 黄永年:《唐史史料学》,第 42—43 页。

· 曾贻芬:《宋代对历史文献的校勘》,《史学史研究》1992 年第 3 期,第 75 页。

· (清)钱大昕:《元史本证序》,载(清)汪辉祖:《元史本证》卷首,北京:中华书局,2004 年,第 1 页。

· 余敏辉:《吴缜的校勘学成就》,《史学史研究》1998 年第 2 期,第 51—53 页。

[49] 汪辉祖《元史本证》

汪辉祖(1730—1807),字焕曾,号龙庄,浙江萧山(今杭州)人。乾隆四十年(1775)进士,历两署道州,兼署新田县,后夺职归乡,闭户读书。王宗炎撰《汪龙庄行状》,称许其"遒于史,尤留意名姓之学"。著有《史姓韵编》《九史同姓名略》《学治臆说》等。事具阮元《循吏汪辉祖传》及瞿兑之《汪辉祖传述》。《清史稿》卷四七七有传。

《元史》成书草略,久为清代学者诟病,汪辉祖"于课读之余,勘以原书",援彼证此,录纪、传、志、表歧误,为《元史本证》五十卷、《证误》二十三卷、《证遗》十三卷、《证名》十四卷,凡三千七百余条。除自己的识见外,还加入了钱大昕《元史考异》中"凡以本书互证,为鄙见所未及者"之说。是继吴缜《新唐书纠谬》之后利用本证法校勘的又一名作。《自序》云所选条目以"无证见则弗与指摘,非本有则不及推详"为原则。《证误》部分纠正《元史》职官、封爵、时间等记载上的牴牾,如卷二"中书右丞阿里左右副都元帅"条,汪辉祖案"'右'字衍,十三年称'淮东左副都元帅'";卷四"封驸马阔里吉思为唐王"条,"案本传及诸王表,当作'高唐王'"。《证遗》则重在补遗《元史》志、表、传,各有其凡例,如《宰相年表》云:"元初宰相行省与中书无别,表于行省或书或不书,非例也。至元以后入中书者,具见于纪、传,而表或不书,今皆案年补之。"《正名》部分,汪辉祖考订《元史》出现的大量同名异译问题,如"札忒合"与"札忒哈"、"哲别"与"遮别""闇别""哲伯""只别"等,于今日研元史者亦十分有益。后二部分虽非校勘,但实是"本证"证误之上的归纳与提炼。钱大昕颇为赞许汪氏"本证"的考史方法,云:"考史之家,每好搜录传记小说,矜衒奥博,然群言殽乱,可信者十不二三……兹专以本史参证,不更旁引,则以子之矛刺子之盾,虽好为议论者,亦无所置其喙。悬诸国门以待后学,不特读《元史》者奉为指南,即二十三史皆可推类以求之。"

版本有清嘉庆七年(1802)汪辉祖家刻本,光绪间会稽徐友兰《绍兴先正遗书》本、广州局本、刘氏嘉业堂本。近有1984年中华书局姚景安点校本,以嘉庆祖本为底本,与光绪本对校,并加了按语核对书中引用的《元史》文字(《元史本证》点校说明)。

•(清)王宗炎:《汪龙庄行状》,(清)汪辉祖撰,姚景安点校:《元史本证》附录,北京:中华书局,2004年,第585—596页;(清)阮元:《揅经室集》二集卷三《循吏汪辉祖传》,北京:中华书局,1993年,第439—442页;瞿兑之:《汪辉祖传述》,上海:商务印书馆,1935年。

•(清)汪辉祖撰,姚景安点校:《元史本证》,北京:中华书局,2004年,第3、11、28、371页。

•(清)钱大昕:《元史本证序》,载《元史本证》卷首,北京:中华书局,2004年,第1—2页。

　　陈垣这几句话已将本校法的校法、作用讲得很清楚，毋庸赘说。我只想就另一个方面，即在什么情况下不能适用这种本校法，或所谓本校法的局限性，就思虑所及，略事疏说，以便使用这种校法时能有所注意，避免乱用。

古籍不出一手不能本校

　　先秦古籍的撰作往往不出一手。如经传里的《易》，卦辞、爻辞和《易》传肯定不是同时人、同一个人所作，《易》传中的彖、象、《系辞》、《文言》、《说卦》、《序卦》、《杂卦》也都不出一手。《尚书》伪孔传本中有今文和伪古文之分，伪古文诸篇为魏晋时人伪作，倒出一手，今文则不出一手，《周书》大部分属于后世的诏令性质，小部分出于后人的追记或拟作，虞、夏、商书中拟作或其他性质的作品就更多，而且多数不属同一时代。《诗经》更不出一手，十五国风、《小雅》、《大雅》、《周颂》、《鲁颂》、《商颂》之间不尽相同，风、雅和颂的不同更为明显。《礼记》是战国以至秦汉时人论礼的文章和有关礼的资料的汇编，当然也不出一手。《左传》最后的成书当出一二个人之手，但所采用的资料有时代和地域之别，因而风格也不尽相同。《论语》前十篇和后十篇的风格也有显著差别，不可能出一人之手。又如先秦诸子，《墨子》包括了墨分为三后三家所用的教材和墨家其他的文章资料。《荀子》真伪杂糅。《庄子》除内篇篇目整齐出于一手外，外篇、杂篇都不出一手。《管子》是齐稷下各家论著的汇编。《商君书》《韩非子》也只是法家的言论集，除《韩非子》中有若干篇真属韩非手笔外，都非一人一时所作。先秦以后，汇编各家著作诗文的类书、总集之类更明摆着非一人所作。既非一人所作，行文遣词以至所涉及的名物制度就不可能完全相同，甚至有很大的出入。如果也一概使用本校法，强求一律，势必削足适履，以不误为误。

史源不同不能本校

　　陈垣提到的北宋时人吴缜的《新唐书纠谬》、清人汪辉祖的《元史本证》(民国时陈叔陶还写了《新元史本证》)，都是用本校法研究历史的史学专著，不完全是为了校勘史书。如果校勘史书，这种本校法就有一定局限。因为一部史书中史料的来源往往不同，而古人修史又常承用旧文，不事改作，虽然署上修史者的姓名，实际上并非出于一手，和经传、诸子有相似之处。早的如司马迁撰《史记》就多用旧文，包括其父司马谈所写的若干篇章，而谈、迁父子至少在学术思想上不完全一致。班固撰《汉书》在武帝以前又多用《史记》旧文，并不加以点窜(今本《史》《汉》相同之篇往往在文字上稍有出入，《汉书》且常较《史记》简洁者，吕思勉师指出只是后来传抄所致，《汉书》读者多，传抄频繁，虚字等颇被省略，而《史记》转多保存，宋人倪思撰《班马异同》实为无识)。官修诸史更是如此，如《旧唐书》的本纪在武宗以前悉本实录，列传则多出国史及国史所本行状、家传、纪、传之间常多牴牾，尤以年月日之类为甚。注意协调全书盖始于宋人，如欧阳修、宋祁修《新唐书》，司马光修《资治通鉴》，但除《通鉴》外仅注意文字，记载牴牾处仍没有去强求统一，因此才有可能写出《新唐书纠谬》《元史本证》之类纠谬摘瑕的著作。纠谬摘瑕自有益于史学，对研究历史可起着"去伪存真"的作用，但不能用来改动原书。因为校勘的目的是要恢复原书本来的面目，不是给原书修改错误，修饰文字[50]。

【旁征】

[50] 古人改书风气与史源不同不能本校

　　杨慎《谭苑醍醐》云："古书转刻转谬，盖病于浅者妄改耳。"顾炎武《日知录》卷一八《改书》云："《汉书·艺文志》曰：'古者书必同文，不知则阙，问诸故老。至于衰世，是非无正，人用其私。故孔子曰："吾犹及史之阙文也，今亡矣夫。"盖伤其浸不正。'是知穿凿之弊，自汉已然，故有行赂改兰台漆书以合其私者矣。万历间人多好改窜古书，人心之邪，风气之变，自此而始。"肆意改书，反增新误，故不可不慎。如正文所强调，校勘的本意是"恢复原书本来的面目，不是给原书修改错误"。

　　正文强调史源不同不能本校，孟彦弘《本校与他校释例——古籍校勘中的"史源"问题》一文以《隋书》校勘为例对此亦有阐发。认为他校的材料可以分为两种情况：一种是类书征引者（如《册府元龟》征引正史），另一种是不同的书对同一事的记载。前一种应当理解成一种特殊形式的"版本校"。后一种校勘时则要十分谨慎，不可将不同记载人为"统一"成一个记载。即使能明确其间渊源关系，也要注意后者是"撰著"而非"抄书"。本校亦是如此，正史纪、传、志之间，传与传、志与志之间的差异，可能是史源不同而致（比如本纪源自实录，列传可能是据碑传或家状等），也可能是撰写时疏于统稿所致。校勘时需要对不同的情况先加以辨析，只有在确定其为同一书、同一史源时，才能据以校勘。切忌用本校、他校将不同的记载"统一"成为相同的记载。前人"善改古书而古书亡"的陋习，是必须引以为戒的。

　　•（明）杨慎：《谭苑醍醐》卷六《世说误字》，王文才、万光治主编：《杨升庵丛书》第 2 册，成都：天地出版社，2002 年，第 399 页。

　　•（清）顾炎武撰，（清）黄汝成集释：《日知录集释》卷一八《改书》，北京：中华书局，2020 年，第 963 页。

　　•孟彦弘：《本校与他校释例——古籍校勘中的"史源"问题》，黄正建主编：《隋唐辽宋金元史论丛》第三辑，上海：上海古籍出版社，2013 年，第 111—112 页。

　　至于用本校法校出的其他错误，除非可确认为传抄刊刻致误者，最好也不要在原书上径行改正，可存其说于校记，以示审慎。

五　他　校

总论他校法

陈垣"校法四例"说："他校法者，以他书校本书。凡其书有采自前人者，可以前人之书校之，有为后人所引用者，可以后人之书校之，其史料有为同时之书所并载者，可以同时之书校之。此等校法，范围较广，用力较劳，而有时非此不能证明其讹误。丁国钧之《晋书校文》[51]、岑(建功)刻之《旧唐书校勘记》[52]，皆此法也。"

【旁征】

[51] 丁国钧《晋书校文》

丁国钧(？—1919)，字秉衡，江苏常熟人，清廪贡生。师事黄以周、缪荃孙，傅增湘称其"专研史学，雅嗜校雠"(《藏园群书题记》)。著有《补晋书艺文志》《晋书校文》《荷香馆琐言》等。丁国钧与缪荃孙交往紧密，《艺风老人日记》中多见二人活动，可参马国栋《丁国钧致缪荃孙函札五通辑释》一文。

丁国钧多年"搜群籍暨金石文字之涉晋事者"，欲仿裴松之之例注《晋书》而未卒业，故先录所得校语五卷为《晋书校文》。《自序》云："是校所据为元椠本、明北监本、汲古阁毛氏本、武英殿本、江宁局刻本。凡有缪讹，必五本胥同始举出，间有依据局刻定各本之善否。"黄以周、缪荃孙为之序，称是书"补脱删衍，悉有依据"(黄《序》)，"字句之异同，以各本参校之。事实之乖谬，以本书互证之，再引他书折衷之"(缪《序》)。《校文》中引他书校勘，如：

> 卷一《武帝纪》"六月甲申朔"：当从《通鉴目录》作"丙申"；
> 卷二《天文志上》"大风将至视所来"：《隋志》"来"下有"避之"二字，语意较备，疑此有脱文；
> 卷二《律历志下》"则豫伺之"：《宋志》"之"下有"前月"字；
> 卷二《舆服志》"象鹿而镂锡"："鹿"盖"麓"字之坏字，《续汉志》可证；
> 卷四《桓彝传》"汉五更之九世孙也"：《世说·德行篇》注引《彝别传》作"十世孙"；
> 卷四《王文长传》"字德叡"：《华阳国志》"字德儁"；
> 卷五《刘元海载记》"延年为太保"：《御览》百十八引《前赵录》作"太宰"，按时刘欢乐

为太宰,不应一时有二太宰,崔《录》盖误;

　　卷五《苻坚载记》"赵整":慧皎《高僧传》引作"赵正",云"正字文业,官至武威太尉"《法苑珠林》亦引作"赵正"。

《晋书校文》征引广泛,上例有《汉书》《宋书》《隋书》《资治通鉴》《通典》《华阳国志》等史书,《太平御览》《北堂书钞》《初学记》《艺文类聚》等类书,《高僧传》《法苑珠林》等释家书,以及《世说新语》所见古籍旧注等,是清人运用他校法的典范。1974 年中华书局点校本《晋书》校勘记中便吸纳了不少丁氏《校文》成果。版本有光绪二十年(1894)常熟丁氏活字本,国家图书馆藏夏孙桐跋稿本(《魏晋南北朝正史订补文献汇编》据此影印)。

・傅增湘:《藏园群书题记》卷五《影宋本旧文证误书后》,第 268 页。
・马国栋:《丁国钧致缪荃孙函札五通辑释》,《文献》2017 年第 6 期,第 106—112 页。
・(清)缪荃孙:《艺风堂文漫存・乙丁稿》卷二《晋书校文序》,张廷银、朱玉麒主编:《缪荃孙全集・诗文》二,南京:凤凰出版社,2014 年,第 638 页。
・(清)丁国钧:《晋书校文》,徐蜀编:《魏晋南北朝正史订补文献汇编》第 2 册,北京:北京图书馆出版社,2004 年,第 510、527、531、532、558、562、574、578 页。

[52] 岑建功刻之《旧唐书校勘记》

　　岑建功(?—1848),字绍周,甘泉县(今扬州)人,清监生。清《增修甘泉县志》云:"性勤谨,好儒雅,颇善居积。……每得异书,必鸠工重刊,如《旧唐书》《舆地纪胜》,皆见珍于世。"辑有《旧唐书逸文》。

　　道光时岑建功根据殿本仿照汲古阁"十七史"版式重刻《旧唐书》,即著名的惧盈斋刻本。校刻工作延请当时著名学者罗士琳、陈立、刘文淇及子刘毓崧等人主持,汇为《旧唐书校勘记》六十六卷,附于书后。黄永年师认为《校勘记》"用闻人本和其他史料校殿本,远胜殿本沈德潜的考证"(《唐史史料学》)。其特色之一与丁氏《校文》一样,在于引征群书,较好地运用他校法。李慈铭《越缦堂读书记》:"阅《旧唐书校勘记》六十六卷……据沈东甫《合钞》本、张登封宗太《旧唐书考正》及《册府元龟》《太平御览》《文苑英华》《唐六典》《唐会要》《通鉴》《通典》《通考》《太平寰宇记》诸书参互成之。"除李氏提及诸书外,还有《廿二史考异》《十七史商榷》《陔余丛考》等清人考证成果。例如:

　　卷一四《音乐志・享先蚕乐章五首》"明庆中":钱氏大昕云"'明庆'即'显庆'也。

唐人避中宗讳,易'显'为'明',《旧史》俱改从本号"……按钱说是也,沈本亦作"显"。

卷二五《职官志·集贤殿书院》"开元十二年置":《六典》"二"作"三","置"上有"所"字。按下文云"十二年驾在东都,十三年与学士张说等宴于集仙殿,因改名'集贤'。"《元(玄)宗纪》云:"开元十三年夏四月丁巳,改集仙殿为集贤殿。"据此则当以"三"字为是,《通典》《会要》六十四《新志》叙此事皆在十三年。《通考》以为十四年,非是。

《校勘记》利用大量唐宋类书、政书用来校勘,并且吸收了沈炳震、张宗泰、钱大昕等前人成果,如岑建功序言所称"凡有资于考订者,莫不采录"。关于此书,又可参王雪玲《清儒整理唐代文献研究》第二章"《旧唐书》俱盈斋刻本""《旧唐书校勘记》"。版本有清道光二十六年(1846)甘泉岑氏俱盈斋刊本(附《旧唐书》后)、清同治十一年(1872)定远方氏重刊岑本。近有《续修四库全书》第283—284册影印湖北图书馆藏道光二十六年俱盈斋刻本、2004年北京图书馆出版社《二十四史订补·隋唐五代正史订补文献汇编》影印国家图书馆藏俱盈斋刊本。

> · (清)徐成勣、桂正华等:《增修甘泉县志》卷一三《人物志》,清光绪七年(1881)刊本,第22叶正。
> · 黄永年:《唐史史料学》,第16页。
> · (清)李慈铭撰,由云龙辑:《越缦堂读书记》,北京:中华书局,2006年,第279页。
> · (清)罗士琳等校:《旧唐书校勘记》,徐蜀编:《二十四史订补·隋唐五代正史订补文献汇编》第1册,北京:北京图书馆出版社,2004年,第48、280、479页。
> · 王雪玲:《清儒整理唐代文献研究》,北京:中国社会科学出版社,2013年,第49—52页。

陈垣将"他书校本书"之他书分析为前人之书、后人之书、同时之书,条理已极为精密。因此这里也只能用讲解本校法的办法,讲一点这种他校法的局限。同时,这种他校法既"范围较广,用力较劳",校勘者如何才能胜任,也讲点个人看法。

他校法和目录学

要较方便地使用他校法,必需熟悉古籍。这样,基本上不依靠别人的指点,也不用查多少书,就能知道所要整理的古籍中引用的"前人之书"的内容大概,也能知道引用此古籍的"后人之书"以及和此古籍使用同样史料的"同时之书"大概有哪几种。为此必须学好目录学。

目录学这个名称，现在用得有点混乱了。图书馆工作者讲目录学，是讲如何把图书分类编目的目录学，前几年出版过一本《目录学概论》，就以讲分类编目为主要内容，仅可供图书馆工作者学习，对整理古籍没有多少用处。再有一种目录学，是讲我国分类编目的历史，即所谓目录学史，余嘉锡的《目录学发微》就是一本讲目录学史的名著，要扩大知识面自可读一读，但对整理古籍则仍少帮助。古籍整理工作者需要的目录学，在本书"绪论"里已讲过，是要讲我国古代学术文化的长流中先后出现过哪些重要的古籍，现在还保存了哪些重要的古籍，作者是谁，内容是什么，在当时和今天各有什么价值，这是我国传统的目录学，严格地讲也可称之为古籍目录学。尽管如此，仍与前两种目录学在名称上有混淆之嫌，因此我也曾想过是否可另用个名称。现在，在历史学领域里有一门史料学，是讲可以用作史料的古籍，除讲它的内容、价值外还要着重讲它的史料来源和史料价值，在这方面比目录学的要求还高一些，而且还有很多古籍并不是史料书，至少很多古典文学以及古代哲学思想的著作并不是为保存史料而撰写的，虽然研究历史的人也可以从中撷取所需的史料，它本身的价值仍不在史料上而在文学上哲学上，是文学哲学著作。因此用史料学来概括或代替目录学也并不合适。在找不到更合适的名称时，只好仍旧承用目录学这个传统的名称。

在"绪论"里还讲过，这种目录学是一门专门的独立的学问，不仅整理古籍，凡研究我国古代文史哲的人都用得上，都应该把它作为一门基础课、入门课。当然，对整理古籍来说，这门课程就显得更为重要。一则如果缺乏目录学的知识怎么能知道哪些古籍需要整理，应该怎样来整理。再则如上所说要用哪些书来进行他校，又必须具备目录学的知识，否则就有无从下手之苦，更谈不上校的质量如何了。

目录学应该怎样学习

目录学需要作为专门的课程来学习。这里只能简单地介绍一点学习方法，即一方面要多看原书，多接触实物，再一方面要善于接受前人的成果，看一些好的目录书和有关的专著。这和学习版本学有共通之处，因为版本学和目录学本是姐妹科学，目录学讲古籍的品种和内容，版本学讲版本，二者是相辅相成的。

接受前人成果又可以分三个步骤进行。

（1）我国古籍为数太多，应该先从现存的着手，而现存古籍中，又只能先知道并记住一些最主要的。但全面介绍现存四部要籍并写得理想的书至今还没有，只好姑且看光绪初张之洞编写的《书目答问》。这本书在学习版本目录时已提到过，所开列的四部要籍大体还详略适宜，只是成书时代早了一些，有些地方今天看来不免陈腐，而且只有书目,书的内容也没有作介绍。梁启超写过一篇《国学入门书要目及其读法》,对书的内容略有介绍,但开列的书比《书目答问》更少。倒是梁启超的另一本专著《中国近三百年学术史》[53],介绍清人著作比较详备,文字也浅显易读。对所谓《十三经》和先秦诸子,吕思勉师有一本《经子解题》,是高水平的学术性著作,即使初学者读了也会有启发。此外,朱自清有《经典常谈》、金毓黻有《中国史学史》,都平实可看。近几年出版了《中国古代史史料学》和刘节、柴德赓、王树民的几部史学史和史部要籍介绍[54],对了解史部古籍也很有用处。

【旁征】

[53] 梁启超《中国近三百年学术史》

梁启超(1873—1929),字卓如,号任公,又号饮冰室主人。广东新会人。清光绪举人。与师康有为一起倡导维新,1898 年参与戊戌变法,后逃亡日本。辛亥革命后,曾任袁世凯政府司法总长。1918 年赴欧考察,回国后在南开、清华等大学任教。著述丰硕,涉及政治、历史、文学、哲学等方面,多数收入《饮冰室合集》。

《中国近三百年学术史》是梁启超 1923 年起在清华等大学讲授“近三百年学术史”课程的讲义整理而成。梁启超在此之前,曾撰《论中国学术思想变迁之大势》和《清代学术概论》,《中国近三百年学术史》是其对清代学术的第三次全面梳理。分为十六讲,勾勒清代学术变迁的脉络,介绍各学派及主要学者成就,分经学、小学、辨伪、辑佚等学介绍清代学者的重要著作。此书 1926 年由上海民志书局出版,1936 年收入中华书局《饮冰室合集》专集中。近有 2017 年商务印书馆新校本、2019 年中华书局校订本。

- 梁启超:《中国近三百年学术史(新校本)》,北京:商务印书馆,2017 年。

[54] 近年出版《中国古代史史料学》和刘节、柴德赓、王树民的史学史和史部要籍介绍

主要有陈高华、陈智超等《中国古代史史料学》(1983 年初版。按:另有安作璋同名著作,1998 年福建人民出版社出版。何忠礼同名著作,2004 年上海古籍出版社出版)、刘节《中国史学史稿》(1982 年初版)、柴德赓《史籍举要》(1982 年初版)及王树民《史部要籍解题》(1981 年初版)。近年新问世的同类著作还有朱维铮《中国史学史讲义稿》(2015 年复旦大学出版社出版),程章灿、许勇《中国古代文献文化史史料辑要》(2021 年南京大学出版社出版)等。

- 陈高华、陈智超等:《中国古代史史料学(第三版)》,北京:中华书局,2016 年。
- 刘节:《中国史学史稿》,北京:商务印书馆,2020 年。
- 柴德赓:《史籍举要(修订本)》,北京:商务印书馆,2015 年。
- 王树民:《史部要籍解题》,北京:中华书局,2003 年。

（2）光知道并记住四部要籍还不够，还要进而窥见现存古籍的全貌，这就必须认真通读《四库全书总目》[55]。这部书是清乾隆后期官修的，当时纂修《四库全书》，将《四库全书》所著录的书连带存目的书统统分门别类，开列书名、卷数、作者及其生平简历，并对书的内容作了比较全面详细的评介，汇编成这一大部《四库全书总目》，也可简称为《四库总目》或《四库提要》。要知道，一个人的精力和生命总是有限的，即使穷毕生的精力把所有的古籍浏览一遍也是绝对不可能的，对自己研究领域以外的古籍只可能也只需要知其大概就可以了，而《四库提要》就是知其大概的最好读物。自清中叶以后直到现在的有成就的古代文史哲研究工作者，几乎没有一个不是在年轻时就对《四库提要》下过功夫的。尽管《提要》的许多观点今天看来比《书目答问》还要陈腐，还有不少错误（余嘉锡就写过一部题为《四库提要辨证》的名著），但至少在目前没有更合适的书可以代替这部《提要》。《提要》还有个不足之处，即所收的书只到乾隆初年，乾嘉时期以至清末的大量著作都没有收进去。而前面讲版本目录时提到过的著录清人著作的《贩书偶记》又缺少内容评介。民国十四年，日本曾用庚子赔款在北京办了个所谓"东方文化事业委员会"，由中国学者（其中多数是所谓遗老）编写了一大部《续修四库提要》[56]，台湾商务印书馆在 1972 年予以出版，其收书一〇〇七〇种（《四库提要》连著录带存目也不过一〇二五四种），虽然观点不免仍《四库提要》之旧，仍可一读。

【旁征】

[55]《四库全书总目》

《四库全书总目》，也可称为《四库全书总目提要》或简称为《四库提要》，是修《四库全书》时的副产物，乾隆五十四年（1789）刊刻颁行。其中收入《四库全书》的叫"著录"，不收入《四库全书》仅在《总目》里留个书名、卷数、撰人的叫"存目"。著录的经部六百九十五部、史部五百六十六部、子部九百二十五部、集部一千二百七十六部，共三千四百六十二部；存目的经部一千零八十部、史部一千五百七十二部、子部二千零十七部、集部二千一百二十四部，共六千七百九十三部。不论著录、存目每部书都写有提要（包含作者生平考订、书籍内容概述、版本源流等），由当时进入《四库全书》馆的学人戴震、邵晋涵、周永年、姚鼐、翁方纲等分撰，由总纂官纪昀总其成。今天看来，仍颇有参考价值。

版本有：（1）乾隆五十四年（1789）武英殿刻本，这是最早的版本，以后有乾隆六十年（1795）浙江重刻本、同治七年（1868）广东重刻本。（2）民国大东书局影印本、商务印书馆铅印断句本。（3）1965 年中华书局影印本，据浙江重刻本并断句，成为今日常用的本子。

但当时还有些书本可著录而为《四库》失收的，还有许多书是犯了官方以及清高宗的禁忌要被禁毁的,再是这《四库提要》因为撰写时间匆促,不无敷衍成文之作,失误也时有发现。凡此可看:清阮元等《四库未收书提要》、清姚觐元编《清代禁毁书目》三种、孙殿起编《补遗》三种、孙殿起辑《清代禁书知见录》、余嘉锡《四库提要辨证》。余氏考订功力极为深厚,这书是高水平之作,使用《四库提要》时最好检看是否已为这书所纠正,以免误信《提要》而产生差错(《史部要籍概述》)。

周勋初撰写《唐语林校证》时就受益于《四库提要》良多。其《〈唐语林校证〉惨淡经营始末》一文讲道,他校勘的时候发现聚珍本《唐语林》正文之前有一篇《唐语林原序目》,里面是王谠编书所依据的五十种书目,找到这些书,就可与《唐语林》逐条核对,进行他校。但是"里面有些书,非但没有听到过,甚至还不知到哪里去找"。于是周勋初便去"阅读《四库全书总目》,看宋代流传至今还有哪些重要的类书",除了熟知的《太平广记》《类说》等,还去看了《分门古今类事》《锦绣万花谷》《五色线》等,其中都有可资参证的文字。由此可见利用目录书对于校勘的助力。

- 黄永年:《史部要籍概述》,第 172—174 页。
- 周勋初:《〈唐语林校证〉惨淡经营始末》,《古典文学知识》1994 年第 2 期,第 3—10 页。

[56]《续修四库提要》

《续修四库提要》,又可称为《续修四库全书总目》,东方文化事业总委员会北平人文科学研究所编撰。东方文化事业总委员会是用日本退还所谓"庚子赔款",由中日双方委派人员组成的,民国十四年(1925)该会设立北平人文科学研究所,组织学人(也包括一些日本学人)为《四库全书》未及收入之书撰写提要,汇集成这《续修四库全书总目》(《史部要籍概述》)。收录书籍的主要范围是:"(一)《四库全书总目提要》虽已收录,但窜改、删削过甚或版本不佳的书籍;(二)修改阮元的《四库未收书目提要》;(三)《四库全书总目提要》遗漏的书籍;(四)乾隆以后的著作和辑佚书籍;(五)禁毁书和佛、道藏中的重要书籍;(六)词曲、小说及方志等类书籍;(七)敦煌遗书;(八)外国人用汉文撰写的书籍。"(《续修四库全书总目提要(稿本)》前言)共计三万余条。

1972 年台湾商务印书馆据日本京都大学人文科学研究所收藏油印稿铅印十二册,书名《续修四库全书提要》,但非完本,仅是原稿的三分之一左右。1998 年齐鲁书社用中国科学院图书馆藏原稿影印出版(共三十八册)。1993 年中华书局据中国科学院图书馆藏打印稿和原稿参校修订出版了经部的整理本。2010 年国家图书馆出版社出版了丛书部整理本。

· 黄永年:《史部要籍概述》,第 174—175 页。

· 中国科学院图书馆整理:《续修四库全书总目提要(稿本)》前言,济南:齐鲁书社,1996 年,第 8 页。

· 中国科学院图书馆整理:《续修四库全书总目提要·经部》(上、下),北京:中华书局,1993 年;吴格、眭骏整理:《续修四库全书总目提要·丛书部》,北京:国家图书馆出版社,2010 年。

（3）《四库提要》只讲现存的古籍,历史上还有过很多古籍,由于战乱和水火以及自然淘汰而陆续失传了。对这些失传的古籍的书名、作者以至内容最好也有大体的了解,这就需要进而看一些古代的书目。其中比较重要的有《汉书》的《艺文志》、《隋书》的《经籍志》(实际上是《五代史志》里的《经籍志》,因为唐贞观时修《五代史志》附《隋书》以行,就通称为《隋书》的《经籍志》)、《旧唐书》的《经籍志》、《新唐书》的《艺文志》、《宋史》的《艺文志》[57],以及北宋官修的《崇文总目》、南宋官修的《秘书省续编到四库阙书目》、明官修的《文渊阁书目》[58]、南宋初晁公武的《郡斋读书志》、南宋末陈振孙的《直斋书录解题》[59]。此外,还有唐末日本藤原佐世的《日本国见在书目》[60]也可供参考比较。这些书目所著录的古籍一部分以至大部分已经失传,但从书目里可以知道书名、卷数和作者,有时还可以了解到作者的时代、官职,其中晁、陈两家还都写有简单的提要,可借以窥知书的内容得失,用处更大。

学习目录学,最好和学习版本学尤其是熟悉掌握版本目录知识同时进行。读《书目答问》这种既列目录又记版本之书自不必说,就是读《四库提要》时,最好同时对看《增订四库简明目录标注》之类,可收事半功倍之效。

【旁征】

[57] 正史《经籍志》与《艺文志》

《汉书·艺文志》又见本篇旁征[4]。《汉书·艺文志》是刘歆《七略》的节本,收录先秦到西汉的古籍。《隋书·经籍志》是唐初修《五代史志》中的一种,后编入《隋书》,收录先秦到隋的古籍。《旧唐书·经籍志》是五代后晋修《旧唐书》时用唐开元时编纂的《古今书录》删节而成,收录先秦到唐开元时的古籍。《新唐书·艺文志》收录先秦到唐末的古籍。《宋史·艺文志》收录先秦到南宋末的古籍。《明史·艺文志》和《清史稿·艺文志》则仅分别著录明人和清人著作,不能由此窥知古书的存佚。

· 黄永年:《古文献学讲义》,第 70—71、237—238 页。

[58] 北宋官修《崇文总目》、南宋官修《秘书省续编到四库阙书目》、明官修《文渊阁书目》

《崇文总目》是宋代最大的官修书目。宋仁宗景祐元年（1034）闰六月，以三馆（昭文馆、史馆、集贤院）及秘阁所藏或谬滥不全，命翰林学士张观，知制诰李淑、宋祁等编订四馆典籍，又"诏翰林学士王尧臣、史馆检讨王洙、馆阁校勘欧阳修等校正条目，讨论撰次，定著三万六百六十九卷。分类编目，总成六十六卷"，赐名《崇文总目》（《四库全书总目》）。该书所收书三千四百四十五部，分为经、史、子、集四部四十五类，每类下有叙录，每书下有解题。版本主要有有天一阁藏明抄本（"绍兴改定"本，今存一切版本的祖本）、朱彝尊抄本（抄自天一阁，现存各清抄本的祖本）、清四库馆臣辑本、清钱东垣辑释本等（《〈崇文总目〉见存抄本、辑本系统考述》）。

> ·（清）永瑢等：《四库全书总目》卷八五《史部·目录类一》"《崇文总目》"条，第 728 页；又参黄永年：《唐史史料学》，第 264 页。
> ·瞿新明：《〈崇文总目〉见存抄本、辑本系统考述》，沈乃文主编：《版本目录学研究》（第十辑），北京：国家图书馆出版社，2019 年，第 71—78 页。又可参董岑仕：《〈崇文总目〉明清抄校本源流考》，《北京大学中国古文献研究中心集刊》（第二十辑），北京：北京大学出版社，2020 年。

《秘书省续编到四库阙书目》，南宋官修书目。关于该书的编撰情况，史书中未见明确记载。传有影宋抄本，止有书名、卷数，间冠有撰人姓名（《唐史史料学》）。日本学者长泽规矩也《中国版本目录学书籍解题》对该书的成书背景有简略介绍："宋改崇文院称秘书省，神宗时创，其后因藏书渐散，未收之书亦复不少，又广求天下之书，然于靖康之变全部散亡。高宗乃于国史院之右重建秘书省，再求遗书。绍兴末，按传来之《四库书目》（编时未详），于省中未收书附'缺'字广布天下者，即为是书。据云有浙漕司刊本而不传，静嘉堂藏本赝印较多。"《直斋书录解题》载："《秘书省四库阙书目》一卷，亦绍兴改定。其阙者，注'阙'字于逐书之下。"关于成书问题仍有争议，可参张固也、王新华《〈秘书省续编到四库阙书目〉考》一文。版本主要有：（1）南京图书馆藏李兆洛与丁丙原藏抄本；（2）日本静嘉堂藏陆心源原藏抄本；（3）国家图书馆藏陈鳣稽瑞楼与瞿镛铁琴铜剑楼原藏抄本；（4）上海图书馆藏莫棠原藏抄本；（5）湖南图书馆藏倪恩福抄、叶德辉批校本等（《〈秘书省续编到四库阙书目〉〈直斋书录解题〉版本考述》）。

> ·黄永年：《唐史史料学》，第 265 页。
> ·［日］长泽规矩也编著，梅宪华、郭宝林译：《中国版本目录学书籍解题》，北京：书目文献出版社，1990 年，第 221 页。

• (宋)陈振孙撰,徐小蛮、顾美华点校:《直斋书录解题》,上海:上海古籍出版社,1987年,第231页。

• 张固也、王新华:《〈秘书省续编到四库阙书目〉考》,《古典文献研究(第十二辑)》,2009年,第317—322页。

• 翟新明:《〈秘书省续编到四库阙书目〉〈直斋书录解题〉版本考述》,沈乃文主编:《版本目录学研究(第十二辑)》,2020年,第69—76页。

《文渊阁书目》四卷,明杨士奇编修。据该书前"题本"记载,明成祖永乐十九年(1421)迁都北京后,将原藏在南京的万余部图书转运至北京,后移贮文渊阁东阁。正统六年(1441),杨士奇等奉敕"逐一打点清切,编置字号,写完一本,总名《文渊阁书目》"。该书为账簿式目录,"故所载书多不著撰人姓氏,又有册数而无卷数,惟略记若干部为一橱,若干橱为一号而已"。分类以千字文排次,自"天"字至"往"字,共有二十号、五十橱。版本有国家图书馆藏清宋氏漫堂抄本、清嘉庆四年(1799)顾修刻《读画斋丛书》本、《四库全书》本等。

• (清)永瑢等:《四库全书总目》卷八五《史部·目录类一》"《文渊阁书目》"条,第731页。

[59] 晁公武《郡斋读书志》、陈振孙《直斋书录解题》

《郡斋读书志》和《直斋书录解题》,是现存最早的且被常用的两部有内容提要的书目。

晁公武,字子止,号昭德先生,澶州清丰(今河南清丰)人。约生于宋徽宗崇宁年间(1102—1106),靖康之乱后入蜀寓居嘉州(今四川乐山)。高宗绍兴二年(1132)进士登第,历四川安抚制置使、知扬州、临安府少尹。据史志记载,著述丰富,但留存至今的只有《郡斋读书志》以及其他一些诗文残篇(《郡斋读书志校证》前言)。

《郡斋读书志》,《四库全书总目》云:"始南阳井宪孟为四川转运使,家多藏书,悉举以赠公武,乃躬自雠校,疏其大略为此书。以时方守荣州,故名《郡斋读书志》。"又因晁氏先人旧居开封昭德坊,所以子孙皆号"昭德",此志衢本即题"绍兴二十一年元日昭德晁公武序",其门人刻此志即称《昭德先生郡斋读书志》。初本止四卷,门人姚应绩所编的有二十卷,后经衢州刊刻,世称衢本。另一门人赵希弁又撰《附志》续四卷本,后作为卷五,又从衢本摘出为四卷本未收入者编为《后志》二卷,其后合四卷本及《附志》《续志》于袁州刊刻,称袁本,但衢本提要文字增多于四卷本者仍未能收入。《郡斋读书志》的最大优点是有内容提要,胜于无提要之两《唐书》志。《崇文总目》等官修之本虽本有提要，但原书已佚失，今止辑存片断。而《郡斋读书志》则袁、衢两本以至《文献通考》所引之本至今完好无缺，因此历来受到学人重视。

版本：(1)袁本，向仅有清康熙六十一年(1722)陈师曾据旧抄刻巾箱本，但有颠倒脱误处。民国时故宫发现南宋淳祐原刻袁本，商务印书馆《续古逸丛书》《四部丛刊三编》以及《万有文库》第二集均收入影印。(2)衢本，向仅有抄本，嘉庆二十四年(1819)汪士钟刻本，惜尚有错失处，详顾广圻《思适斋集》卷一五《衢本郡斋读书志考辨跋》，当据以校正。(3)光绪十年(1884)王先谦编刻本，以二十卷之衢本为主，用袁本校注，附赵希弁《附志》二卷，但所用袁本止是康熙陈刻，衢本亦悉从汪刻而止以顾广圻说入小注，实难称精善。(4)《郡斋读书志校证》，孙猛撰，1990年上海古籍出版社出版，以衢本为基础，合校袁本，并采各家成果异文(《唐史史料学》)。

> ·(宋)晁公武撰，孙猛校证：《郡斋读书志校证》前言，第1页。
> ·(清)永瑢等：《四库全书总目》卷八五《史部目录类一》"《郡斋读书志》"条，第729页。
> ·黄永年：《唐史史料学》，第266—267页。

《直斋书录解题》，南宋陈振孙撰。振孙(1179—1262)，字伯玉，号直斋，吴兴(今浙江湖州)人。又称湖州人，或安吉人。正史无传，家世生平散见于宋元人笔记、文集及地方志中，历溧水县教授、知台州、浙东提举、国子司业等职(《陈振孙之生平及其著述研究》)。毕生以搜寻旧籍为使命，撰成《直斋书录解题》一书。

《直斋书录解题》分四部，共五十三类，原本五十六卷(每类一卷，别集类分三卷，诗集类分二卷)，但仅存残帙，修《四库全书》时从《永乐大典》辑出分为二十二卷，印入《武英殿聚珍版丛书》。和南宋初晁公武《郡斋读书志》堪称双璧，至后人有"晁陈之学"之称。其优长之处也在于有内容提要，可与晁《志》互相补充。版本有：(1)《武英殿聚珍版丛书》本，有多种重刻本，《丛书集成》本据此。(2)1987年上海古籍出版社徐小蛮、顾美华校点本，以《聚珍》本为底本，校以国家图书馆藏卷四七至五〇之元人抄残本和上海图书馆藏卢文弨《新订直斋书录解题》五十六卷之稿本(缺卷八至一六)，以及《文献通考》"经籍考"引文，并辑有关资料为附录，且编有索引，实精审可据(《唐史史料学》)。

> ·何广棪：《陈振孙之生平及其著述研究》，台北：花木兰文化出版社，2009年，第41—126页。
> ·黄永年：《唐史史料学》，第267页。

[60] 日本藤原佐世《日本国见在书目》

藤原佐世(ふじわらのすけよ,Fujiwara no Sukeyo)(847—898),平安前期学者,出自日本著名贵族世家藤原氏。举纪传道文章得业生,历官民部少丞、少辅、左少辨,掌拟诏敕,终从四位下右大辨。治《孝经》,尝为阳成天皇讲唐玄宗注《孝经》,撰《古今集注孝经》九卷。今存世者唯《日本国见在书目录》(《日本国见在书目录详考》前言)。

日本清和天皇贞观十七年(唐僖宗乾符二年,875)储御书处冷然院罹灾,秘阁藏书多毁,遂命藤原佐世以见存书编为此目,成于宽平年间(唐昭宗龙纪元年至乾宁四年,889—897)。分类一遵《隋书·经籍志》,即书名下的注语也多抄录《隋志》。所著唐人之作,则与《旧唐书·经籍志》《新唐书·艺文志》相出入。缺点是止有书名、卷数、作者姓名而无内容提要(见书影3-5-1),但仍可与两《唐志》同样利用。版本有:(1)《古逸丛书》影刻日本室生寺旧抄本。(2)1928年日本古典全集刊行会印《日本古典全集》第二回中有狩谷掖斋撰《日本现在书目证注稿》,即用《隋书》《旧唐书·经籍志》《新唐书·艺文志》作注(《唐史史料学》)。(3)孙猛撰《日本国见在书目录详考》,2015年上海古籍出版社,"本文篇"校订室生寺本的原文,"考证篇"利用两《唐志》等其他史料加以校勘考证,并有专题研究。

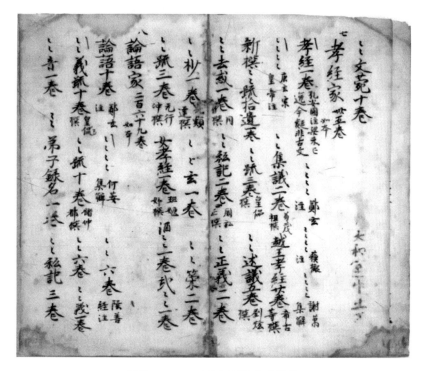

书影3-5-1:《日本国见在书目录》

日本室生寺旧抄本(孙猛:《日本国见在书目录详考》上册,上海:上海古籍出版社,2015年)

- 孙猛：《日本国见在书目录详考》前言，上海：上海古籍出版社，2015年，第1页。
- 黄永年：《唐史史料学》，第264页。

类书旧注和他校

用他校法来校勘宋以前的古籍时，类书和几种古籍的旧注有其特殊作用，需要专门提出来说一说。

类书起源于曹魏，盛行于南北朝、隋、唐。因为当时要做骈体文，做起来要用大量的典故，另外当时做诗、赋也讲究用典故，而一般文人不可能记得这么多典故，于是有人把可供诗、赋、骈文用的典故汇总起来，分门别类，编成所谓类书供查找。现存的这个时期的重要类书有：隋末虞世南的《北堂书钞》[61]、唐初欧阳询的《艺文类聚》[62]、盛唐徐坚的《初学记》[63]、中唐白居易的《白氏六帖事类集》（简称《白氏六帖》，北宋末孔传又编集《六帖新书》，南宋末把二者合编成《白孔六帖》）[64]，以及北宋初李昉等人的《太平御览》。这些类书都引用经、史、诸子以及前人诗文，写明出处，但相互间略有重复。其中，欧、徐两家的内容更多一些，编得也更有条理一些。《太平御览》则是北宋时奉敕编集的"四大书"之一，分量多至一千卷，据前人推测，其中资料多采自旧类书，和前几种重复之处就更多一些。

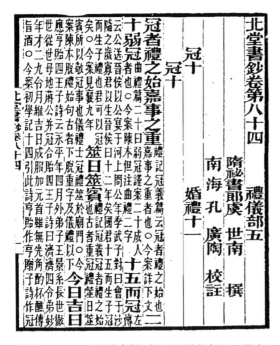

书影3-5-2：《北堂书钞》卷八四《礼仪部五·冠十》

清光绪十四年（1888）孔氏三十三万卷堂刻本（《续修四库全书》子部类书类第1212册影印，上海：上海古籍出版社，1996年，第396页）

【旁征】

[61] 隋末虞世南的《北堂书钞》

《北堂书钞》，虞世南撰。虞是文士兼书法家，两《唐书》都有传。但《北堂书钞》是他在隋大业时任秘书郎时所撰集，唐刘𫗧《隋唐嘉话》说："虞公之为秘书，于省后堂集群书中事可为文用者，号为《北堂书钞》，今此堂犹存，而《书钞》盛传于世。"这就是《书钞》冠以"北堂"的原因。

《隋书·经籍志》杂家著录《书钞》一百七十四卷，《旧唐书·经籍志》类事、《新唐书·艺文志》类书类和《郡斋读书志·后志》类书类都作一百七十三卷，《直斋书录解题》类书类则作一百六十卷，与今传本相同,这并非有缺失而系卷数经省并之故。一百六十卷分为:帝王、后妃、政术、刑法、封爵、设官、礼仪、艺文、乐、武功、衣冠、仪饰、服饰、舟、车、酒食、天、岁时、地十九部,每部下再分类,共计八百五十一类。都用大字写出原文,用小字在原文下注出于何书(见书影3-5-2)。

《北堂书钞》在清代易见的是明万历二十八年(1600)陈禹谟刻本,但多有改窜,失去原书本来面貌,所以研究学问的人都要用未经改窜的明抄本和据明抄的传抄本。光绪十四年(1888)孔广陶用孙星衍等所校抄本再行校勘刊刻行世,成为较好的本子,1989年中国书店曾影印流传,《续修四库全书》亦据此影印。

・黄永年:《子部要籍概述》,第152—153页。

[62] 唐初欧阳询的《艺文类聚》

《艺文类聚》一百卷。《旧唐书・经籍志》类事著录说欧阳询等撰,《新唐书・艺文志》类书类说是令狐德棻、袁朗、赵弘智等同修。欧阳询也是大书法家,两《唐书》有传。《唐会要》卷三六"修撰"说这书修成后武德七年(624)九月十七日由欧阳询奏上。《郡斋读书志》《直斋书录解题》类书类以及今本的卷数都同为一百卷。分为天、岁时、地、州、郡、山、水、虫豸、祥瑞、灾异等四十六部,部下再列子目,共七百二十七个。每个子目之下,如欧阳询序中所说是"事居其前,文列于后",即先引用若干古书作为事,然后标出"诗""歌""赋""赞""书""表""疏"等各种体制的诗文,所引多整段整篇而非零星词句,所以比前《北堂书钞》更合用。今天也为人们所常用。如卷六五《产业部上・农》引用了《管子》《尸子》《韩非子》《史记》《汉书》《东观汉记》中有关农业的语句,"赋"下载录了晋束晳的《劝农赋》(见书影3-5-3)。今行世的善本,有1959年中华书局上海编辑所影印南宋绍兴刻本。有1965年中华书局上海编辑所出版汪绍楹点校本。后者1982年上海古籍出版社又重印,并附编了人名和书名篇的索引,最便于使用。

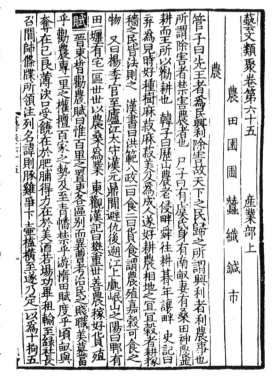

书影3-5-3:《艺文类聚》卷六五《产业部上・农》

南宋绍兴刻本,上海图书馆藏(上海:上海古籍出版社影印,2013年,第1741页)

• 黄永年:《子部要籍概述》,第 153—154 页。

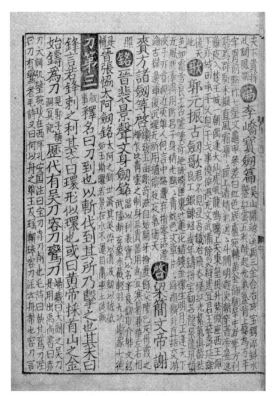

书影 3-5-4:《初学记》卷二二《剑第二》《刀第三》

南宋绍兴十七年(1147)东阳崇川余四十三郎宅刻本,日本宫内厅书陵部藏

[63] 盛唐徐坚的《初学记》

此书是唐玄宗时官修的类书,以供皇太子作诗文之用,所以叫《初学记》。分二十四部,三百十三个子目,每个子目先分"叙事",再"事对"(即可以成对的词及其原文),再是"赋""诗""颂""赞""箴""铭""论""书""祭文"等各体诗文,大体同于其时盛行的《昭明文选》的分类,所引也多整段整篇。如卷二二《武部·剑二》载录"剑"目下的"篇""歌""启""铭"数篇文章,可作校勘、辑佚之用(见书影 3-5-4)。

版本:(1)日本宫内厅书陵部藏有南宋绍兴十七年(1147)余四十三郎宅刻本,应属善本。(按:日本《宫内厅书陵部收藏汉籍集览》数据库收录全本图像,可资利用。https://db2.sido.keio.ac.jp/kanseki/T_bib_search.php)(2)明嘉靖安国桂坡馆刻本,原缺卷七、卷一〇、卷二一至卷二五及卷三〇下半,安氏补足后刊刻,以后多种明刻均从此出,清乾隆内府刻古香斋巾箱本也从此出。(3)1962 年中华书局本,据古香斋本,每卷末附校勘表,列严可均、陆心源校所谓宋本的异文,卷二五、卷二八至卷三〇因严、陆校文与古香斋本出入甚多,则另附印严、陆校本该卷全文。但严、陆所见是否宋本仍成问题,应用日本所藏宋刻对勘方可判断。1980 年中华书局重印时又编制索引一册(《唐史史料学》)。

• 黄永年:《唐史史料学》,第 243—244 页。

[64] 中唐白居易的《白氏六帖事类集》、北宋末孔传的《六帖新书》(南宋末合编成《白孔六帖》)

《新唐书》卷五九《艺文志》类书类著录《白氏经史事类》三十卷,注曰:"白居易。一名

《六帖》。"此书不像前《北堂书钞》《艺文类聚》《初学记》那样先分部而部下再列门类子目，是不用部而只列了一千三百六十七个门类(并附五百零三个门类)。每个门类则有点像《北堂书钞》的办法，先列词语，有些词语还作对偶有点像《初学记》的"事对"，在词语之下用小字注出原文，但又不注此原文的出处即见于什么书。可能这只是白居易这位大诗人为作诗文方便随便纂集成编，并非如《艺文类聚》《初学记》是奉诏纂修了要进呈的书。晁公武曾祖父晁仲衎曾给此书注了出处，注本有宋本传世，叫《新雕白氏六帖事类添注出经》，存一至二十八卷藏台北"中央图书馆"，又一残册存十七至二十卷藏国家图书馆。又有一宋本叫《白氏六帖事类集》，三十卷完全，只是所注出处不如《添注出经》本多，有民国二十一年(1932)影印本，1987 年文物出版社又影印(见书影 3-5-5)。

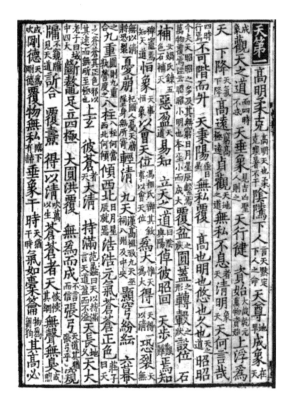

书影 3-5-5：《白氏六帖事类集》卷一《天》

南宋绍兴刻本(北京：文物出版社影印，1987 年)

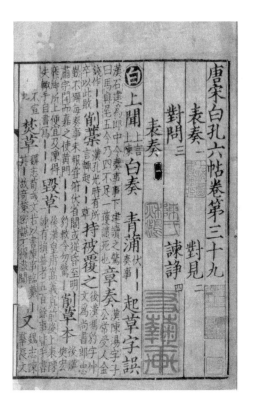

书影 3-5-6：《唐宋白孔六帖》卷三九《表奏一》

残宋刻本(存二卷)，上海图书馆藏(国家图书馆、国家古籍保护中心编：《册府撷英：国家珍贵古籍特展图录(二〇〇九)》，北京：国家图书馆出版社，2009 年，第 63 页)

北宋末孔传编集《六帖新书》，事见南宋胡仔《苕溪渔隐丛话·后集》卷三六引《复斋漫录》："东鲁孔传，字圣传，先圣之裔……续唐白居易《六帖》，谓之《六帖新书》。"《直斋书录解题》著录《后六帖》三十卷。南宋末把二者合编成《唐宋白孔六帖》一百卷,简称《白孔六帖》。有宋刻残本存世(见书影3-5-6),又有明嘉庆刻本。

> ·黄永年:《子部要籍概述》,第155—156页;黄永年:《唐史史料学》,第245—246页。

宋以后古文代替了骈体文,做诗也用不到那么多旧典故,但这些古类书却变朽腐为神奇,另有了新用途:(1)作资料索引用。研究古代的事物,可查一查这些类书里有关的门类,利用已收集好的资料作参考。这和古籍整理没有直接关系。(2)辑佚用。这在后面"辑佚"篇里要详细讲。(3)校勘用。这些类书中引用的古籍有许多并未失传,但文句有时和今本不同,有些比今本正确,是用他校法校勘宋以前古籍的好资料。清代乾嘉学派的学者校勘先秦古籍最喜欢用上述这几种类书来他校,像王念孙、王引之父子就在这方面作出了卓越的成绩[65]。当时,这些类书中《北堂书钞》只有明抄本流传(明万历时陈禹谟刻本多窜改不能用),学者多互相传抄,罗振玉影印的《昭代经师手简二编》中王绍兰致王引之信请求雇人代抄《书钞》,就是为校读古籍之用。

【旁征】

[65] 王念孙、王引之父子用类书他校举例

王氏父子参见本篇旁征[22]。

1. 《读书杂志·逸周书第一》"旧玉亿有百万"条(见书影3-5-7):

> 《世俘篇》:"凡武王俘商,旧玉亿有百万。"念孙案:此文本作"凡武王俘商,得旧宝玉万四千,佩玉亿有八万"。亿有八万乃佩玉之数,非旧宝玉之数。今本"旧"上脱"得"字,"旧"下脱"宝玉万四千佩"六字,"八万"又误作"百万"。钞本《北堂书钞·衣冠部二》引此正作"武王俘商,得旧宝玉万四千,佩玉亿有八万"。陈禹谟本删去。《艺文类聚·宝部上》《太平御览·珍宝部三》并同,今本《类聚》"佩"下脱"玉亿"二字。《初学记·器物部》"佩"下亦引"武王俘商,得佩玉亿有八万"。

此条是十分典型的利用类书他校的例子。《逸周书·世俘篇》记"凡武王俘商,旧玉亿有百万",王氏根据《北堂书钞·衣冠部》所引《逸周书》(见书影3-5-8)判断此句有脱误,当作"凡武王俘商,得旧宝玉万四千,佩玉亿有八万",并引用《艺文类聚》等其他类书皆略同《书钞》。

书影 3-5-7：《读书杂志·逸周书第一》
"旧玉亿有百万"

清王氏家刻本

书影 3-5-8：《北堂书钞》卷一八二《衣冠部·佩十六》"武王得玉佩"（局部）

清光绪十四年（1888）孔氏三十三万卷堂刻本
（《续修四库全书》影印，第 588 页）

2.《读书杂志·逸周书第二》"城方千七百二十丈郭方七十里"条：

卢曰：《水经注》《雉水》"城方七百二十丈"（引卢文弨校语略）……念孙案："城方七百二十丈"，《艺文类聚·居处部三》《初学记·居处部》《太平御览·居处部二十》《玉海》百七十三引此，"城"上皆有"立"字，盖古本也。"七百"皆作"六百"，与《水经注》异，未知孰是。沈改"七"为"六"，盖本于此。"郭方七十里"，《类聚》《初学记》《御览》《玉海》皆作"七十二里"，与宋本同，当据以订正。

《逸周书·作雒解》"城方千七百二十丈郭方七十里"一句，与《水经注》和诸类书存在异文：《艺文类聚》以下类书"城方"上皆多一"立"字，王氏认为是本于过去的古本；类书"七百"皆作"六百"，与《水经注》文字不同，则难以判断是非；"郭方七十里"，类书皆作"七十二里"，宋本亦作"七十二里"，当据类书与宋本订正。

王氏征引唐宋类书所录经子语句来校勘，发现了不少前人未曾校出的古籍异文及错讹，是其校勘的一大特色。

• (清) 王念孙:《读书杂志》,南京:江苏古籍出版社影印清王氏家刻本,1985年,第12、13页。

南宋时博学宏词科成为科举的热门,类书适应需要转而罗列典章制度的古今沿革,宋末王应麟的《玉海》就是编得较好的一种,今天可作为他校宋代典章制度书之用[66]。明成祖时姚广孝等奉敕纂修的《永乐大典》按韵编排,严格讲不能算类书,只是所收的古籍有的已失传,有的虽未失传而文字上与今本有出入,故也可作他校之用[67]。至于清初官修的几部大类书如《古今图书集成》《骈字类编》《子史精华》以及按韵编排的《佩文韵府》则在校勘上不起作用,因为它们所依据的书今天还都未亡失,即使文字上有出入也出于编纂者不用心而弄错写错,并非别有旧本作为依据。还有一部清初官修的《渊鉴类函》是在明万历时人俞安期的《唐类函》基础上增修的,而《唐类函》又只是上述隋唐时《北堂书钞》等四种类书的汇编,原类书既具在,重出的明、清两《类函》在校勘上就没有什么用处。

[66] 宋末王应麟《玉海》作为他校宋代典章制度书之用

王应麟(1223—1296),字伯厚,号深宁居士,庆元府(今浙江宁波)人。南宋淳祐元年(1241)举进士,宝祐四年(1256)中博学宏词科,历任太常博士、中书舍人、礼部尚书等职。著有《困学纪闻》《玉海》《姓氏急就篇》等。《宋史》卷四三八有传。

《玉海》二百卷附《辞学指南》四卷,元顺帝至元六年(1340)由庆元路儒学刊成行世。《四库提要》云:"宋自绍圣置宏词科,大观改词学兼茂科,至绍兴而定为博学宏词之名,重立试格。于是南宋一代,通儒硕学多由是出,最号得人,而应麟尤为博洽。其作此书,即为词科应用而设。故胪列条目,率钜典鸿章。其采录故实,亦皆吉祥善事,与他类书体例迥殊。"全书计分天文、律历、地理、帝学、圣文、艺文、诏令、礼仪、车服、器用、郊祀、音乐、学校、选举、官制、兵制、朝贡、宫室、食货、兵捷、祥瑞共二十一门,门下再分子目。所引颇多宋代的实录、国史等第一手史料,也有宋以前的史料而其后佚失者,因此很受研究历史尤其研究宋史者所重视(《古文献学讲义》)。版本有:(1) 元后至元庆元路儒学刻本,为此书初刻,有台湾华文书局影印本;(2) 清嘉庆康基田刻本;(3) 清光绪浙江书局刻本,上海书店影印(《唐史史料学》)。

中华书局1985年点校本《宋史》诸志便利用《玉海》他校宋代典章制度,略举二例为示:

1. 卷一〇九《礼志》:"累朝文武执政官、武臣节度使以上并图形于两庑。"校勘记云:

"节度使"原作"节庆使"。按宋代职官无"节庆使",《玉海》卷一〇〇记载此事作"节度使以上","庆"当为"度"之讹,据改。

2. 卷一九八《兵志》:"景祐二年,诏以牧养监马团群牧于陈、许州界凤凰陂,免耗刍菽,岁以为常。"校勘记云:

"牧养监"原作"收养监"。按当时设置牧养上下监以养疗病马,上文及《长编》卷一〇四、《玉海》卷一四九都作"牧养监",据改。

- (元)脱脱等:《宋史》卷四三八《王应麟传》,第 12987—12991 页。
- (清)永瑢等:《四库全书总目》卷一三五《子部·类书类一》"《玉海》"条,第 1151 页。
- 黄永年:《古文献学讲义》,第 117 页。
- 黄永年:《唐史史料学》,第 249 页。
- (元)脱脱等:《宋史》卷一〇九《礼志十二·景灵宫》、卷一九八《兵志十二》,第 2622、2636、4931、4958 页。

---

[67]《永乐大典》作他校之用举例

《永乐大典》二万二千八百七十七卷、目录六十卷。收入《四库全书》类书类存目,《四库提要》引《明实录》:"明永乐元年七月奉敕撰。二年十一月奏进,赐名《文献大成》。总其事者为翰林院学士兼右春坊大学士解缙。"继又增修,永乐五年(1407)奏进,赐名《永乐大典》。该书以当时的《洪武正韵》为纲,在每个字之下抄录有关资料,有的是整部书抄在这个字下面,如整部的《水经注》就抄在"水"字下面,有的则把一部书分拆成若干条,分抄到有关的各个字下面。《提要》云"凡书契以来,经史子集百家之书,至于天文、地志、阴阳、医卜、僧道、技艺之言,备辑为一书,无厌浩繁",可见其最大的价值在于辑佚与校勘。

《大典》在《四库全书》修成后仍留在翰林院里,并不很好保管,不断被偷盗,八国联军入侵后更被大量地焚毁抢掠,如今残存在国内外的大约将近八百卷光景。1960年中华书局就其时征集到的七百三十卷影印出线装本。1986 年中华书局又将其后征集到的六十七卷影印线装本,又将这合起来的七百九十七卷印成精装本,还影印了杨氏连筠簃刻的《永乐大典目录》六十卷附后(《子部要籍概述》)。近有 2004 年北京图书馆出版社影印(共一百六十三册),2003 年上海辞书出版社影印《海外新发现永乐大典十七卷》。

周祖谟校《洛阳伽蓝记》时非常重视利用《大典》,其《叙例》第三条云:"明《永乐大典》中有引及《伽蓝记》者,见于卷七三二八阳韵郎字下者一条,卷一三八二二至一三八二四置韵寺字下者三十三条,合之约当杨书五分之三,可谓富矣!案《大典》虽为明人所修,而所取之书,殆皆宋元相传之旧本。然则其中所引,不啻为明以前之一古本也。……故特表而出之,使览者知校勘《伽蓝记》,除采取诸刻本外,尚有此重要之资据在焉。观其内容……《大典》所引多与《逸史》本相同。由是益可知《逸史》本与如隐本不同,自有其来源。"(对校参见本篇旁征[36])利用《大典》校勘如:

1. 卷一《城内·长秋寺》"庄严佛事,悉用金玉,作工之异":

"作工"原作"工作",《津逮》本同。案《永乐大典》卷一三八二二引作"作工",《逸史》本同,今从之。

2. 卷一《城内·瑶光寺》"年虽久远":

"虽",《逸史》本作"岁"。《大典》作"年岁既久"。

3. 卷三《城南·景明寺》"山悬堂光观盛":

此句有脱误。《永乐大典》卷一三八二二作"山县堂观光盛"。《逸史》本、《汉魏》本作"山县台观光盛",真意本同。《津逮》本"县"作"悬"。

《永乐大典》中引及《伽蓝记》文字是全书的一半以上,周祖谟认为《大典》所引当来自明代之前的又一古本,是单行刻本之外重要的校勘依据,故对校之余往往加上《大典》的异文出校,当已视为另一种形式的"版本校"。

• (清) 永瑢等:《四库全书总目》卷一三七《子部·类书类存目一》"《永乐大典》"条,第 1165 页。

• 黄永年:《子部要籍概述》,第 160 页。

• (魏) 杨衒之撰,周祖谟校释:《洛阳伽蓝记校释》,北京:中华书局,2010年,第 14、36、40、97 页。

在校勘上可以和古类书起同样重要作用的是几部古籍的旧注,主要是后面"注译"篇要讲到的《三国志》的刘宋裴松之注,《世说新语》的梁刘孝标注,以及《文选》的唐李善注。这些注因为引书极多,前人也常用来他校现存的古籍[68]。

【旁征】

[68] 前人用古籍旧注他校举例

有关古籍旧注详见本书"注译"篇,这里举阮元《十三经注疏校勘记》用《文选》李善注参校《左传》的例子。《左传·僖公三十二年》传曰:"晋人御师必于殽,殽有二陵焉。"《文选》卷一《西都赋》"左据函谷二崤之阻"李善注引用《左传》此句,唯"殽"字作

"崤"(见书影3-5-9)。阮元校勘《左传》时注意到了异字,并《后汉书》亦作"崤",故在《校勘记》中说:

> **晋人御师必于殽**。《释文》:"殽,本又作崤。"案《后汉书·庞参传》云:"孟明视丧师于崤。"**殽有二陵焉**。毛本有误在,案李善注《西都赋》引《传》作"崤"。

旧注中还有很多已经散逸的古籍,今天也可以用来校勘,试举一例。1974年中华书局点校本《宋书》卷一六《礼志三》:

> (安帝元兴三年)尚书左丞王纳之独曰:"既殡郊祀,自是天子当阳,有君存焉,禀命而行,何所辨也。"

此"王纳之",《世说新语·文学》"羊孚弟娶王永言女"条刘孝标注转引了《王氏谱》一书,曰:

> 讷之字永言,琅邪人。祖彪之,光禄大夫。父临之,东阳太守。讷之历尚书左丞、御史中丞。

"讷之"与《宋书》"纳之"时代与任官相同,很可能是同一人,"讷"误作"纳"。故校勘记云:

> "王讷之"各本并作"王纳之"。《世说新语·文学篇》刘孝标注引《王氏谱》曰:"讷之字永言,琅邪人。历尚书左丞、御史中丞。"当即其人。按古人名字相应,讷之字永言,是,今改正。

2019年中华书局修订本亦沿此改为"讷"。除了他校外,此条从"古人名字相应"常识来校,实际也用到了理校法。当然须注意,点校本的处理方式是直接改动原文,然而正文也讲到,建议即便利用他校校出名词术语错误,也不要轻易改动原书,也许本书作者引用时就错了。所以妥善的处理方法应是在校记里写清楚。

书影3-5-9:《文选》卷一《西都赋》"左据函谷二崤之阻"(局部)

清嘉庆胡克家刻本(北京:中华书局影印,1977年,第22页)

> •(清)阮元校刻:《春秋左传正义》卷一七《僖公三十二年》,北京:中华书局影印阮元《十三经注疏》本,2009年,第3977、3984页。

> • (南朝梁) 萧统编,(唐) 李善注:《文选》卷一《赋·西都赋》,北京:中华书局影印清胡刻本,1977 年,第 22 页。
>
> • (南朝梁) 沈约:《宋书》卷一六《礼志三》,北京:中华书局,1974 年,第 425、457—458 页。
>
> • (南朝宋) 刘义庆著,(南朝梁) 刘孝标注,余嘉锡笺疏:《世说新语笺疏》,中华书局,2007 年,第 286 页。
>
> • (南朝梁) 沈约:《宋书(修订本)》卷一六《礼志三》,北京:中华书局,2019 年,第 497 页。

过去古籍很少有索引,上述这些类书、古籍旧注自然也都无索引。给一部古籍作他校,要知道这部古籍有没有被这些类书、旧注所引用过,只有把这些类书、旧注从头到尾翻一遍。现在新点校本《艺文类聚》《初学记》都编有索引;当年哈佛燕京学社又编有《太平御览引得》、《三国志及裴注综合引得》、《世说新语引得》附《刘注引书引得》、《文选注引书引得》,再把《北堂书钞》等的索引补齐,他校起来将大为方便。

下面,谈谈他校法的局限。

古人引书不谨严不能轻易据改

古人引书不像今人写论文那么谨严:(1) 今人写论文引书不能改动原文,古人为行文方便,常改动原文,有时凭记忆引书,和原文就更多出入。(2) 今人写论文引书,如只引用前后两段,中间省略,则必加省略号(……),古人则要省便省,从不用任何表示省略的符号(近代有些学者尚习惯不用省略号,如陈寅恪作“某书略曰”以示与引全文者有别,陈垣则不事区别)。无论是本书采用前人之书,或后人引用本书,这类不谨严的情况都时常出现。

再有一点必须注意,前人引书不一定根据善本。即使前面所说的那几种类书、古籍旧注引用的书虽然时代早,也不一定都善本,有的地方确实比要校勘的本子好,有的地方可能反不如要校勘的本子。

【旁征】

[69] 古人引书不谨严不能轻易据改举例——《文选》李善注引书

《礼记·中庸》“今天下车同轨,书同文,行同伦”一句是诗文常用之典。《文选》李善注中共 7 次引用了这句话,但并不一致。

1. 卷一六江淹《恨赋》"削平天下，同文共规"注：

《礼记》曰："书同文，车同轨。"

2. 卷三〇谢玄晖《和伏武昌登孙权故城》"三光厌分景，书轨欲同荐"注：

《礼记》"子曰：'今天下车同轨，书同文。'"

3. 卷三一江淹《袁太尉从驾》"文轸薄桂海"注：

《礼记》曰："书同文，车同轨。"

4. 卷四〇任昉《奏弹曹景宗》"圣朝乃顾，将一车书"注：

《礼记》曰："书同文，车同轨。"

5. 卷四六王融《三月三日曲水诗序》"合车书于南北"注：

《礼记》曰："书同文，车同轨。"

6. 卷四九干宝《晋纪总论》"太康之中天下书同文车同轨"注：

《礼记》"子曰：'今天下书同文，车同轨。'"

7. 卷五〇范晔《后汉书光武纪赞》"金汤失险，车书共道"注：

《礼记》"子曰：'今天下车同轨，书同文。'"

其中只有 2 和 7 引为"车同轨，书同文"，其余皆作"书同文，车同轨"。所以我们在用类书旧注中引书校勘时，必须注意这一点，不能轻易据改。

> ·（清）阮元校刻：《礼记正义》卷五三《中庸》，北京：中华书局影印阮元《十三经注疏》本，2009 年，第 3546 页。
>
> ·（梁）萧统编，（唐）李善注：《文选》，北京：中华书局影印清胡刻本，1977年，第 235、431、454、559、650、689、707 页。

因此在用他校法时，（1）一般只能在专门名词、专门术语以及关键性的字句有歧异时择善而从，判断不了是非，则在校记中列出异文。（2）至于行文之稍有出入，虚字之或增或损，切勿据此改彼，也不必在校记中列异同，因为这类情况太多，将列不胜列。（3）发现本书引他书有省略时，不要据他书补足本书，发现他书引本书比本书原文少，多半是他书省略，而不是本书有衍文，自也不要据他书删本书，对此也一般不必列入校记，因列不胜列。

同时之书他校以校名词术语为主

陈先生所说本书"史料有为同时之书并载者，可以同时之书校之"的原则，在校史部书时最为适用。因为纂修史部书所用的有很多是属于诏令、奏议以及其他档案文献,这些文献常为几种史部书所共同采用。如两《唐书》若干志中的引文或纪事,和《大唐六典》《通典》《唐会要》《册府元龟》就往往共同而可以互校。但校时应以专门名词、术语以及年月日之类为主。[70]对于个别行文遣词上无关紧要的异同出入,则不要轻易改动。因为多数难于判断谁系原文,谁已改动。即使名词、术语、年月日校出错误,也不要轻易改动正文,而应在校记里写清楚,因为也许本书作者引用时就错了,而校勘的目的在于恢复原书面目,如果把原书本身的错误径行改正,则变成修改原书,这不但越出了校勘的范围,而且要给从事考证者带来很大的不方便。这种毛病清人校刻殿本《旧唐书》时已犯过,近年新点校本《旧唐书》等又再犯,致使研究工作者在使用《旧唐书》时宁愿用保存原书面目的百衲本,不敢完全信用新点校本。今后使用他校法时,对这点应特别注意。

【旁征】

[70] 两《唐书》若干志与《唐六典》等书他校以校名词术语为主

可参见本篇旁征[52]《旧唐书校勘记》事例。

原本引书差错应如何处理

有的古籍在引书时特别马虎,不仅如前所说随便改动原文,施加删节,有时还张冠李戴,如把《续汉书》的《郡国志》写成《汉书·地理志》之类,我给中华书局点校的元骆天骧《类编长安志》就是如此,甚至还发现撰者随便捏造书名的事例。面对这种情况怎么办?我认为还是以不动原文为上策。因为这种古籍是给专门研究者使用的,不是普及性读物,原书错了使用者自能发觉,最多在序跋或点校凡例里说明一下请使用者注意就可以。如果是普及性读物,则可在校记里指出纠正,也不宜改动原文,因为毕竟没有权利给古人改书[71]。

【旁征】

[71] 校书不动原文——以相传孔子校《春秋》为例

1.《春秋》:"(昭公)十有二年,春,齐高偃帅师,纳北燕伯于阳。"《公羊传》:"'伯于阳'者何,公子阳生也。子曰:'我乃知之矣。'在侧者曰:'子苟知之,何以不革?'曰:'如尔所不知何?'"何休《解诂》:"时孔子年二十三,具知其事。后作《春秋》,案《史记》,知'公'误为'伯','子'误为'于'。……奈汝所不知何,宁可强更之乎? 此夫子欲为后人法,不欲令人妄臆错。"

2.《春秋》:"(桓公)十有四年,春,正月,公会郑伯于曹。无冰。夏五,郑伯使其弟语来盟。"杜预于"夏五"二字下注"不书月,阙文"。清卢文弨《抱经堂文集》卷八《春秋尊王发微跋》:"'夏五'之下,其为'月'也无疑矣,而圣人不益者,谓其文或不尽于此也。"

　　"伯于阳"为"公子阳"之误,孔子整理《春秋》却知误而不改,实际上遵循了校勘不为原书改错的原则。"夏五"不补"月"字也是同理。反映了孔子校书审慎,不欲妄改的态度。

　　•(清)阮元校刻:《春秋公羊传注疏》卷二二《昭公十二年》,影印阮元《十三经注疏》本,北京:中华书局,2009 年,第 5038—5039 页。

　　•(清)阮元校刻:《春秋左传正义》卷七《桓公十四年》,影印阮元《十三经注疏》本,北京:中华书局,2009 年,第 3814 页。

　　•(清)卢文弨:《抱经堂文集》,北京:中华书局,2006 年,第 111 页。

六　理　校

总论理校法

　　陈垣的论著里有两处解释理校法。在"校法四例"里说："段玉裁曰：'校书之难，非照本改字不讹不漏之难，定其是非之难。'所谓理校法也。遇无古本可据，或数本互异，而无所适从之时，则须用此法。此法须通识为之，否则卤莽灭裂，以不误为误，而纠纷愈甚矣。故最高妙者此法，最危险者亦此法。昔钱竹汀先生（大昕）读《后汉书·郭太传》，太至南州过袁奉高一段[72]，疑其词句不伦，举出四证，后得闽嘉靖本，乃知此七十四字为章怀注引谢承书之文，诸本皆傤入正文，惟闽本独不失其旧。今《廿二史考异》中所谓某当作某者，后得古本证之，往往良是，始服先生之精思为不可及。经学中之王（念孙、引之父子）、段（玉裁），亦庶几焉。若《元典章》之理校法，只敢用之于最显然易见之错误而已，非有确证，不敢借口理校而凭臆见也。"这是一处。

【旁征】

[72] 昔钱竹汀先生读《后汉书·郭太传》"太至南州过袁奉高"一段

　　钱大昕《廿二史考异》又见本篇旁征[23]。此处指《廿二史考异》卷一二《后汉书三》"郭太传"条，钱大昕运用史学常识推论通行本《后汉书》"初太始至南州"下七十四字本是注文引谢承《后汉书》，而非正文。后来钱见到明闽刻本，发现确是如此，可证其推测不误。（有关钱大昕见明闽刻本《后汉书》诸事，又参"底本"篇旁征[31]）原文如下：

　　　　初，太始至南州，过袁奉高，不宿而去；从叔度，累日不去。或以问太，太曰："奉高之器，譬之泛、滥，虽清而易挹。叔度之器，汪汪若千顷之陂，澄之不清，挠之不浊，不可量也。"已而果然，太以是名闻天下。

　　　　予初读此传，至此数行，疑其词句不伦。蔚宗避其父名，篇中前后皆称"林宗"，即它传亦然。此独书其名，一疑也；且其事已载《黄宪传》，不当重出，二疑也；叔度书字而不书姓，三疑也；前云"于是名震京师"，此又云"以是名闻天下"，词意重沓，四疑也。后得闽中旧本，乃知此七十四字本章怀注引谢承《书》之文，叔度不书姓者，蒙上"入汝南则交黄叔度"而言也。今本皆傤入正文，惟闽本犹不失其旧。闽本系明嘉靖己酉岁按察使周采等校刊，其源出于宋刻，较之它本为善。如左原以下十人，附书《林宗传》末，今本各自跳行,闽本独否。"泛滥",《黄宪传》作"氿滥",谓氿泉、滥泉也。此作"泛",讹。

> • (清) 钱大昕:《廿二史考异》卷一二《后汉书三》,上海:上海古籍出版社,2004 年,第 225—226 页。

1962 年,为推断明徐光启的著作《徐氏庖言》究应是"庖言"抑作"卮言",又写了关于理校的两篇短文,今均收入《陈垣学术论文集》第二集。《关于徐光启著作中一个可疑的书名》中认为"'庖言'二字无出处,而且欠解",而"咫进斋乾隆四十三年《违碍书目》第廿二页实作'卮言','卮言'二字出《庄子》"。继而写《关于徐氏庖言》,说"顷得有关方面来信,解释'庖言'系代庖之言","又根据此书显微胶片,确实作'庖言'。可疑之点,既得解答,可作定论"。并且指出:"理校,用理想来校勘。谓'庖言'可疑,是理校法;用显微胶片证实,是对校法,看来理校不如对校稳当,又得一证。"

以上两种解释好像略有出入,如推断"庖言"是非时说"看来理校不如对校稳当","校法四例"里则说"最高妙者此法"。其实这是根据不同情况作出的不同评价。(1) 在有古本可据时,当然要根据古本,或如陈垣所用的办法用古本来对校通行本,这当然比舍古本而理校要稳当得多。(2) 在找不到古本,只有几种非古之本相对校,绝不定是非、无所适从之时,或根本无别本可供对校之时,则只能用本校、他校或理校。如本校、他校也用不上,更只能惟理校是赖。明知其不如对校稳当,总比看出有问题罢手不校为好。

【旁征】
[73] 其他理校法举例——王念孙校《老子》
《读书杂志余编》卷上《老子》"夫佳兵者不祥之器"条:

> 三十一章:"夫佳兵者不祥之器,物或恶之,故有道者不处。"《释文》:"佳,善也"。河上云:"饰也。"念孙案:"善""饰"二训皆于义未安。古所谓兵者,皆指五兵而言,故曰"兵者不祥之器"。见下文。若自用兵者言之,则但可谓之"不祥",而不可谓之"不祥之器"矣。今案"佳"当作"隹"字之误也。"隹",古"唯"字也。"唯"或作"惟",又作"维"。唯兵为不祥之器,故有道者不处。上言"夫唯",下言"故",文义正相承也。八章云"夫唯不争,故无尤"、十五章云"夫唯不可识,故强为之容"……皆其证也。古钟鼎文"唯"字作"隹",石鼓文亦然。……今本作"唯"者皆后人所改,此"隹"字若不误为"佳",则后人亦必改为"唯"矣。

王念孙认为"佳兵"之"佳"过去释为"善""饰"皆语意不通,"佳"当是"佳"字之误。"佳"古"唯"字,并且举《老子》中多句"夫唯"例和钟鼎文、石鼓文中将"唯"字写作"佳"字为证。1973年长沙马王堆汉墓出土两种帛书写本《老子》,皆作"夫兵者不祥之器",可见今通行本或衍出一"佳"字。王念孙当时没见到古本《老子》,通过理校认为"佳"字讹误,是具有一定眼光的。

> • 王念孙:《读书杂志》,南京:江苏古籍出版社影印清王氏家刻本,1985年,第1010页。
> • 陈鼓应:《老子注译及评介》序,北京:中华书局,2009年,第11页。

如何避免在理校中发生"以不误为误"的危险"校法四例"里也已指点清楚:(1) 不能"卤莽灭裂",即态度要严肃谨慎。(2) 要有"通识",理校手段高妙如钱、段、二王即系具有通识。至于通识的含义,我个人认为至少包有两部分:一是常识,当然不是指一般人的常识,而是从事文史教学研究工作者的常识,如"校法四例"中所举出的"合无灭半支俸"的"灭半"应作"减半","年高不任部书愿转部者"的"部书"应作"簿书"之类。二是各种有关的专门知识,如钱大昕怀疑通行本《后汉书》郭太传末七十四字所举出的四条理由是:"蔚宗避其父名,篇中前后,皆称林宗,即它传亦然,此独书其名,一疑也;且其事已载《黄宪传》,不当重出,二疑也;叔度书字而不书姓,三疑也;前云'于是名震京师',此又云'以是名闻天下',词意重沓,四疑也。"(《廿二史考异》卷一二)其中,第一疑关系史学上的避讳知识,第二、三疑关系修史体例,第四疑则关系文理,都超过了常识而属于专门知识。当然专门知识和常识之间也并无绝对界限,一般文史教学科研工作者视为专门知识的,在某门学问的专家权威看来很可能不过是常识,而一般文史教学科研工作者的常识,在中小学生眼里又成为专门知识。这里,只能根据已从事文史教学科研工作而又有志整理古籍者的一般水平,谈谈从事理校至少需要具备的专门知识。

文学文字音韵训诂学和理校

理校中有很多要从文理上来审校,因此理校者本身就先得通文理,有一定的文学修养,主要是古典文学的修养。这不是要求会写古典文学的评论文章,谈论思想性、艺术性之类,而是要求真正读懂读通古人的文章,真正通晓文理。说具体点,除宋代话本、明清章回小说等所谓俗文学外,我国古籍多数是用古文即散体文写的,唐及唐以前更多用骈体文,有的如西汉人的文章还骈散不分,要理校就必需通晓这类文章。

这不必从学语法入手,语法是一门专门学问,但通晓古文、骈文并写得一手好古文、好骈文者绝大多数并未学过语法。要真正通晓只有多读多看,还要多写。写骈文固然难些,要用典,写古文总可以。但从校勘来讲,校骈文有时倒比古文还容易,因为骈文讲对偶,讲音节,如平仄不协,句子不对称,就肯定有错应予理校。

诗、词也有规律格律,古诗押韵、转韵,律诗包括绝句押韵外还要讲平仄,五律、七律的三四句、五六句还得对偶,理校时发现明显的不押韵(不是通韵)或平仄不调就得考虑是否有错误。词则一般按词牌填,句数、字数、平仄、用韵等都有规定,五代北宋人的词有时还不甚严格,南宋以下则守律惟谨,对此可查看清初万树的《词律》和龙榆生师的《唐宋词格律》[74],如校词时发现与规定出入太大,肯定有问题要理校。当年朱祖谋校刻《彊村丛书》就常用这种方法来理校[75]。

【旁征】

[74] 万树《词律》和龙榆生《唐宋词格律》

万树,字红友,号山翁,清初宜兴人。著有《璇玑碎锦》《词律》等。《词律》二十卷,收录唐宋元词六百余调,一千一百余体。《四库提要》云:"是编纠正《啸余谱》及《填词图谱》之讹,以及诸家词集之舛异……要之,唐宋以来倚声度曲之法,久已失传。如树者,固已十得八九矣。"后来徐本立编《词律拾遗》,杜文澜又编《词律补遗》。版本有《万有文库二集》本、《四库备要》本,1984年上海古籍出版社据光绪本影印。

- (清)永瑢等:《四库全书总目》卷一九九《集部·词曲类》"《词律》"条,第1827页。
- 黄永年:《古文献学讲义》,第265页。

龙榆生见本篇旁征[2]。龙榆生是词学权威,《唐宋词格律》选择常见的词牌,举例注明平仄,并说明此词牌的来历,应押平韵或仄韵,是一般词谱如《词律》等没讲的,是一册既简明又高质量的词谱。该书有1978年上海古籍出版社本,后多次再版。

- 黄永年:《古文献学讲义》,第265—266页。

[75] 朱祖谋校刻《彊村丛书》常用诗词格律来理校

朱孝臧(1857—1931),原名祖谋,字藿生、古微,号彊村,浙江湖州归安人(今属湖州)。光绪八年(1882)中举,历翰林院侍讲、礼部侍郎、广东学政,辛亥革命后寄迹上海。龙榆生的词学老师,著有《彊村语业》《彊村词剩》等。生平详见沈文泉《朱彊村年谱》。

《彊村丛书》是一部词集的丛书,包括《花间集》等词总集,五代、宋、元各家的词别集。因为朱氏是词学大家,校勘很精审(《古文献学讲义》)。版本主要有1922年朱氏第三次校补本(1989年上海古籍出版社影印,有夏敬观手批评点)。上海古籍本载录吴熊和《〈彊村丛书〉与词籍校勘》一文作为代序(原载《近代文学研究》第2期),专门讨论其校勘,可参详。这里举其中校四声的例子以示如何运用词学常识理校:

《烛影摇红》(元夕雨):"银烛笼纱,翠屏不照残梅怨。洗妆清靥湿春风,宜带啼痕看。"朱氏校:原钞"清"作"素",按前后六调,是处无用去声者,从毛本。

《六丑》(壬寅岁吴门元夕风雨):"残梅瘦,飞趁风雪。向夜永,更说长安梦,灯花正结。"朱氏校:按"永"疑"来"误,是处应平声。

- 沈文泉:《朱彊村年谱》,杭州:浙江古籍出版社,2013年,第1—3页。
- 黄永年:《古文献学讲义》,第264页。
- 朱孝臧辑校编撰,夏敬观手批评点:《彊村丛书》吴熊和代序,上海:上海古籍出版社,1989年,第13页。

文字、音韵、训诂等知识也要有一些。如今天"感慨"的"慨",古人也写作"嘅"(《汉书·季布传赞》),有了文字学的知识就不致把它妄改成"慨"。《诗经》里有许多诗今天读起来毫无押韵之感,这是今天的读音和古音已有很大不同,懂得点古音就知道这些诗本是押韵的,不致认为是后来传写的错误。还有"仅"字自古至今一般都作"少"的意思用,只有唐宋时相反,用"仅"字是"几及"的意思,不是"少"而是"多",知道了这个训诂知识在整理唐人著作时就不致把"仅"字妄改掉。前些日子看到新出版用繁体字排的《道咸以来朝野杂记》,其中有"皇上出至乾清宫门罩之下,居中而立,所谓当宁也"的话,这"当宁"必是"当宁"之误,《尔雅·释宫》:"门屏之间谓之宁。"《礼记·曲礼》:"天子当宁而立。"点校者缺乏这些训诂知识,把"当宁"之"宁"误认为简化字而改成了繁体的"宁"字。

【旁征】

[76] 音韵与校勘举例

王瑞来《音韵与古籍校勘》一文(收入其《古籍校勘方法论》),也讲到一个很典型的运用音韵学校勘的例子。宋祁《景文集·和晏相公夜归遇雪》诗,其中"人度长桥压素槐","槐"字另一个版本作"蜺"。"蜺"是"霓"的异体字,如作"蜺",从诗的内容和意境上来说也能讲通,难以判断孰是。王氏查阅宋代的韵书《广韵》《集韵》,发现"槐"是户乖切,皆韵。而此诗的其他韵脚"题""蹄""泥"三字为齐韵,"蜺"字也是齐韵。由此可见,"蚬"与其他三字同韵,"槐"则于韵不叶,当误。"这个例子说明,尽管问题并不复杂,但如果不从音韵学的角度入手,就不可能完满的解决","古籍整理是各学科知识的综合运用"。

> • 王瑞来:《古籍校勘方法论》,北京:中华书局,2019 年,第 159—161 页。

经传诸子和理校

古代的经传,是封建社会知识分子的必读书,两汉以还直至清代人的著述中常常引用经传中的词汇故实。因此从事古籍整理者最好把所谓《十三经》浏览一遍,对理校会有很多帮助。其中《论语》《左传》《尚书》《诗经》《礼记》《周易》等尤为古人著述中所常用,能多下点功夫自更好。《尚书》中的伪古文部分虽不能作为史料用来研究先秦史,但因为南北朝、隋、唐以来一直被误认为真古文,即使到清初阎若璩的《古文尚书疏证》问世、伪古文真相大白之后,仍没有被废止,因此整理古籍者对这些伪古文也不得不读一读。

先秦诸子中的《老子》《庄子》也是古人所喜读的书,《经典释文》里就以此二子与经传并列,因此也得看,以免遇见古籍里用到这两部书的词汇故实时茫无所知。

史学和理校

古籍中往往牵涉到各个朝代的职官、地理以及其他制度,还常提到一些历史人物,人物中有著名的,也有不著名的。要理校就必需具备这方面的知识,愈多愈好。尤其是校勘史部书,对史学修养就要求更高。我读过《大慈恩寺三藏法师传》的民国十二年南京支那内学院刻本,其校勘夙称精善,但卷一〇讲玄奘之死却出现了"房州刺史窦师伦奏法师已亡"的话,案玄奘死于玉华宫,而玉华宫在坊州不在房州,这里的"房州刺史"显系"坊州刺史"之误,而这个本子未能勘正,其原因就在于校勘者虽是佛学专家但对唐代史地尚欠熟悉。前几年出版了清初叶梦珠《阅世编》的点校本[77],卷一〇提到"冢宰郑三俊",此人《明史》有传,稍习明季史事者见之自不眼生,而点校本却误"郑"为"郭"。这很可能是底本错误,用理校法就很容易勘正。再如新出的《艺风堂友朋书札》[78],在上册缪祐孙第四六札中提到一个"金淮淮",第五五札中又有个"淮往",其实都是"金淮泩"之误。此人名武祥,江阴人,著有《粟香五笔》,刻有《粟香室丛书》,不算大名人。可见校勘近百年的文献对彼时人物即使并非大名人也得熟悉,这也属于史学的一部分。

【旁征】

[77] 清初叶梦珠《阅世编》的点校本

叶梦珠,字滨江,号梅亭,上海人,生活约明末至清康熙间,著有《续编绥寇纪略》《阅世编》。

《阅世编》共十卷,记录作者平生六十余年所见所闻,故名"阅世"。分为天象、历法、水利、灾祥、田产、学校、礼乐、科举、建设、士风、种植、交际、宴会等二十八门,上海旧闻足资考证者甚夥,尤以松江地区为详。流传甚少,有钞本传世,1934年排印出版《上海掌故丛书》本,1981年上海古籍出版社据钞本,并参考排印本点校出版。

　　·(清)叶梦珠撰;来新夏点校:《阅世编》,上海:上海古籍出版社,1981年,第1—3页。

[78] 新出的《艺风堂友朋书札》

1981年上海古籍出版社《中华文史论丛》增刊顾廷龙校阅本。《艺风堂友朋书札》是缪荃孙与同时代知名学者一百余人论学的书札集,其中不乏晚清重臣与学术名流,如陆增祥、张之洞、王先谦、赵尔巽、王懿荣、李慈铭、朱祖谋、叶昌炽、端方等。内容涉及文学、金石、历史、藏书、教育、时政等诸方面,藉此书可了解晚清四十年之学术动态、文化趋势。原稿收藏于吴县潘博山处,20世纪80年代顾廷龙主持合众图书馆时,录副整理出版。2018年上海人民出版社重新修订再版,补遗部分增补了若干近年新发现的缪氏友人书札。

　　·(清)缪荃孙等著,顾廷龙校阅:《艺风堂友朋书札》,上海:上海古籍出版社,1980年;钱伯城、郭群一整理,顾廷龙校阅:《艺风堂友朋书札》,上海:上海人民出版社,2018年。

避讳学也是史学的辅助科学,古籍中有的字常因避讳而用他字代替,要不要回改为本字,也属于理校的范围。我认为,凡作者本来用的避讳字,一律不要回改,以保存原书的真面貌。至于后人刻书或抄书因避当时的讳而用他字代替,则宜回改为本字,因避当时的讳而缺笔,也应回改成不缺笔的本字,这同样是为了保存原书的真面貌,但影印本自不用也不能这样回改。至于各个朝代的避讳字则可参看陈垣《史讳举例》[79]一书。

【旁征】

[79] 陈垣《史讳举例》

陈垣又见本篇旁征[33][34]。《史讳举例》八卷,是一部讲避讳学的学术性专著,仿俞樾《古书疑义举例》分八十二例,《自序》云:"意欲为避讳史作一总结束,而使考史者多一门路一钥匙也。"要查历代避讳的情况以及讳什么字可在此书中查找。版本主要有民国二十二年(1933)《励耘丛书》本、1958年科学出版社本等。

本章旁征[72]钱大昕疑通行本《后汉书·郭太传》末七十四字有误,其中第一条理由"蔚宗避其父名,篇中前后,皆称'林宗',即它传亦然,此独书其名,一疑也",即运用了避讳学知识。

> • 陈垣:《史讳举例》序,北京:科学出版社,1958年,第2页。
> • 黄永年:《古文献学讲义》,第259页。

此外,《史记》尤其《汉书》常为古人所诵习,其中的词汇故实也和经子一样常见于古籍,从事校勘古籍者也不能不稍事涉猎。

目录学碑刻学和理校

古籍中还常提到书名、碑刻名。要理校就必需具备目录学和碑刻学的知识。如前面提到过的《类编长安志》只有几部讹误满纸的传抄本,在卷首"引用诸书"中把《括地志》错成《恬地志》、《唐画断》错成《唐尽断》,缺乏目录学知识就难于理校。《艺风堂友朋书札》上册叶昌炽第二九札提到《藕香簃丛书》,原抄错成《万香簃丛书》;下册章钰第二二札又有"钰所致力者以《北盟》及薛史二种为巨"的话,"薛史"指薛居正《旧五代史》,"《北盟》"指徐梦莘《三朝北盟会编》,原抄将"北盟"错成"北监",印本未能校正,也都是由于缺乏目录学知识。内学院本《大慈恩寺三藏法师传》卷六列举协助玄奘译经的"缀文大德九人"中,有"幽州照仁寺沙门慧立",显系"幽州昭仁寺"之误。因为贞观时所立豳州昭仁寺碑是初唐名碑之一,原石至今尚存[80],拓本更多流传,如具备碑刻学知识,就不致漏校。

【旁征】

[80] 豳州昭仁寺碑

唐贞观四年(630)立,朱子奢撰文,传为虞世南书,现存陕西长武县昭仁寺内。故宫藏明拓为旧拓佳本,有梁章钜跋(见图3-6-1)。

图 3‑6‑1：《昭仁寺碑》
明拓本，故宫博物院藏

　　要粗浅地知道点碑刻学知识，可看清末叶昌炽的《语石》、近人马衡的《中国金石学概要》(收入《凡将斋金石丛稿》)、方若的《校碑随笔》(以后还出了王壮弘的增补本)[81]。能看乾、嘉时孙星衍的《寰宇访碑录》，王昶的《金石萃编》，道、咸时陆增祥的《八琼室金石补正》，清末缪荃孙的《艺风堂金石文字目》[82]以及宋欧阳修的《集古录》、赵明诚的《金石录》等自更好。至于如何学目录学，则前面已讲过，这里不必重复。

【旁征】

[81] 清末叶昌炽《语石》、马衡《中国金石学概要》、方若《校碑随笔》

　　叶昌炽(1849—1917)，字鞠裳，号缘督庐主人，江苏长洲(今苏州)人。光绪十六年(1890)进士，累至侍讲，督甘肃学政。著有《藏书纪事诗》《语石》等。《清史稿》卷四八六有传。《语石》十卷，卷一时代，卷二分地，卷三、四、五分类，卷六碑刻文字体例，卷七、八书法，卷九碑刻体例，卷十拓本，为一部有条理之碑刻学专著，且文兼骈散，优美可诵(《古文献学讲义》)。主要版本有：(1) 上海图书馆藏《语石》初稿及清稿本(2022年浙江古籍出版社影印出版初稿本与誊清稿本，共二册)；(2) 上海图书馆藏叶昌炽批校红印本；(3) 宣统元年(1909)苏州文学山房刻本；(4) 1998年辽宁教育出版社王其祎点校本;(5) 2018 年浙江大学出版社姚文昌点校本。

> • 赵尔巽等:《清史稿》卷四八六《叶昌炽传》,第 13440 页。
> • 黄永年:《古文献学讲义》,第 189 页。
> •(清) 叶昌炽撰,姚文昌点校:《语石》整理说明,杭州:浙江大学出版社,
> 2018 年,第 1—2 页。

马衡(1881—1955),近代金石学家,曾任故宫博物院院长、西泠印社社长。《中国金石学概要》,为北京大学任教时讲义,收入《凡将斋金石丛稿》,其第四章"历代石刻"多《语石》以后新资料,亦极有条理,且具识见。又《丛稿》涉碑刻之其他文字均可一读,惟非通论而已。有 1977 年中华书局本。

> • 朱天曙:《〈中国金石学概要〉与马衡先生的学术贡献》,《社会科学论坛》
> 2010 年第 2 期。
> • 黄永年:《古文献学讲义》,第 189 页。
> • 马衡:《凡将斋金石丛稿》,北京:中华书局,1977 年。

民国时方若《校碑随笔》,与上二书属碑刻通论性质不同,《校碑随笔》是验拓本之新旧真伪优劣,兼列点画完缺可资所谓"考据"者。然间有不足信处。王壮弘《增补校碑随笔》,增补极多,且备陈影印本之优劣,殊便翻检。王壮弘、马成名又撰《六朝墓志检要》,颇详备,足补《增补校碑随笔》之不足。

> • 黄永年:《古文献学讲义》,第 190 页。
> •(清) 方若原著,王壮弘增补:《增补校碑随笔》(修订本),上海:上海书店出
> 版社,2008 年。
> • 王壮弘、马成名编著:《六朝墓志检要》,上海:上海书店出版社,2008 年。

[82] 孙星衍《寰宇访碑录》、缪荃孙《艺风堂金石文字目》、王昶《金石萃编》、陆增祥《八
　　琼室金石补正》

孙星衍《寰宇访碑录》、缪荃孙《艺风堂金石文字目》

孙星衍又见本篇旁征[17]。二书是著录碑目的金石学著作,包含书体、立碑年月、所在地等基本信息。《寰宇访碑录》,孙星衍、邢澍合撰,以时代划分,著录自周至

元碑石七千余种。嘉庆七年(1802)初刻,后收入孙星衍《平津馆丛书》,版本见前。目前易得者有1982年台北新文丰出版社《石刻史料新编》影印本(第一辑第26册)。此书后人多有勘正续补,如刘声木《寰宇访碑录校勘记》、罗振玉《寰宇访碑录刊谬》、赵之谦《补寰宇访碑录》、刘声木《续补寰宇访碑录》、吴式芬《捃古录》等(《〈寰宇访碑录〉及其补作》)。

缪荃孙《艺风堂金石文字目》十八卷,亦可视为《寰宇访碑录》的续补之作,孙书止嘉庆时,缪书止光绪时,黄永年师认为其“精博远胜孙、赵”(“赵”指赵之谦补作)。其子缪禄保又编《艺风堂金石文字续目》五卷。版本主要有上海图书馆藏稿本、清光绪三十二年(1906)刻本、1982年台北新文丰出版社《石刻史料新编》影印本(第一辑第26册)、2014年凤凰出版社《缪荃孙全集》整理本。《全集》本同时收录过去未曾发现的缪荃孙撰三卷本的《艺风堂金石文字续目》,收录光绪二十四年(1898)年后所得拓本。

> ・黄永年:《古文献学讲义》,第189页。
> ・王锷:《〈寰宇访碑录〉及其补作》,《古籍整理研究学刊》1992年第1期。
> ・(清)缪荃孙著,张廷银、朱玉麒主编:《缪荃孙全集・金石》本类说明,南京:凤凰出版社,2014年,第1页。

王昶《金石萃编》、陆增祥《八琼室金石补正》

二书为录文兼题跋考释的金石著作。《金石萃编》一百六十卷,是一部讲碑刻文字的空前的大著作。卷首有嘉庆十年(1805)王昶八十二岁时的自序,讲了这书的规模和体例,是写录碑刻名目、年月,并录全文,录题跋考证。录全文的办法是“缺其漫漶陀剥不可辨识者,其文间见于他书,则为旁注以记其全,秦汉、三国、六朝篆隶之书多有古文别体,摹其点画,加以训释,自唐以后,隶体无足异者,仍以楷书写定”,“至题跋见于金石诸书及文集所载,删其繁复,悉著于编。前贤所未及,始援据故籍,益以鄙见,各为按语”。此外,还注明原碑石之所在地,原石所在不详或已佚的则注明谁家藏拓本。碑刻本收至元代,后因省费用只刻到宋末而止。这书所据的拓本至晚也是乾嘉时所拓,往往比新拓多字,有的甚至用明拓、宋拓,不足之处是没有注明拓本的时代,有些还没有能用较好的宋明拓本。如昭陵碑刻,后来罗振玉的《昭陵碑录》就重新根据宋明拓、精拓作了较好的录文。再是乾嘉以后学人还写了不少碑刻的题跋,这书当然无从收入,要查看可利用杨殿珣编的《石刻题跋索引》,民国三十年(1941)商务印书馆初版,1957年商务又出增订本。

版本有:(1)嘉庆十年王昶经训堂刻本。(2)光绪十九年(1893)醉六堂影印本,清末民国初扫叶山房影印本(1985年中国书店影印)。(3)这书元代部分的稿本为罗振玉所得,整理为《金石萃编未刻稿》三卷,民国七年(1918)石印小本三厚册。(4)1982年台北新文丰出版社《石刻史料新编》影印本(第一辑第1—5册)。

《八琼室金石补正》一百三十卷,《目录》三卷、《祛伪》一卷、《札记》四卷、《元金石偶存》一卷,清陆增祥撰。这是《萃编》之后的一大著作。自周、秦收至宋、辽、西夏、金以及朝鲜、越南、日本,体例一同《萃编》。《札记》则是有关金石书及金石的序跋和题记,《祛伪》著录伪刻并指出其所以为伪物,《元金石偶存》则杂记所得元代碑刻拓本。

版本有:(1)民国十四年(1925)刘承幹希古楼刻本(陆增祥子陆继辉校,刘承幹覆校),1980年文物出版社又用刘刻原版刷印。(2)1985年文物出版社用刘刻缩印,惜断句错误太多。(3)1982年台北新文丰出版社《石刻史料新编》刘刻影印本(第一辑第6—8册)。

• 黄永年:《史部要籍概述》,第167—168页。

理校出底本的错误后如何处理?如底本只是传抄本而非有名的善本,则理校出明显的错误一般可径行改正,不必一一写入校记。如果是宋元旧本或著名的善本,则应写入校记而不径改原文。

七　校　记

名称和体裁

将校勘成果逐条写成文字,收进整理的古籍里,如前所说,前人谓之校记、校勘记、考证或考异,都是一个含义。今天则常用校勘记这个名称,简单一点则称之为校记。

校记的体裁,现在通常有三种:

(1) 校语夹在正文之中[83],用小字,排双行,如古籍旧注之式,有困难也可排成单行。如原书无注,则校语前不必加什么标识,原书有注,则在校语上可加一"案"字、"校"字之类以资区别,也可径用"校记"二字,校语放在原注之后或之前均可以。

【旁征】

[83] 校语夹在正文之中

如黄永年师校点《类编长安志》(1990 年中华书局版),校记以"加小字按语"的方式夹入文中。因为原书有注,故加"案"字区别(见书影 3-7-1)。

县境京西五百十七里,南北一百七十里〔案〕宋志东西三十七里,南北二百七十里。
七乡管二百九十六村二里
洪固乡,在县南一十五里,管村四十八,贵胄里。
龙首乡,在县东一十五里,管村三十五,神鹿里。
少陵乡,在县南四十里,管村四十八。
白鹿乡,在县东南四十五里,管村五十,〔案〕宋志县南。
薄陵乡,在县东三十五里,管村四十六。
东陵乡,在县北二十里,管村三十九,〔案〕宋志县东。
苑东乡,在县北二十里,管村三十九,〔案〕宋志县东北。

长安县

〔长安县〕按汉书郡国志:「长安,古乡聚名。」史记秦始皇本纪:「王弟长安君成蟜将兵击赵。」卢绾封长安侯。高帝为长安城,隋开皇三年,迁都大兴城,取万年配长安为县。後唐同光三年,改为大安县。开平元年,改为大安县。後唐同光三年,复为长安县。

县境东西四十里,南北一百五十二里。六乡〔案〕宋志六乡管六里,此脱。

书影 3-7-1:《类编长安志》卷一

1990 年中华书局点校本(第 27 页)

•黄永年：《述类编长安志》，载（元）骆天骧撰，黄永年点校：《类编长安志》附录，北京：中华书局，1990年，第346页。

（2）每卷校语汇总放在该卷之后[84]，成为校记，其前可写上"校记"或"校勘记"字样，也可不写。校语都要编号，并在正文中注出相应号码，以利读者检阅。号码用汉字为宜，因为古籍多直排，如横排自可用阿拉伯字。

【旁征】

[84] **每卷校语汇总放在该卷之后**

比如中华书局点校本《二十四史》系列，校勘记均置于每卷之末（见书影3-7-2）。

隋書卷一
帝紀第一
高祖上

高祖文皇帝姓楊氏，諱堅，弘農郡華陰人也。漢太尉震八代孫鉉[一]，仕燕爲北平太守。鉉生元壽，後魏代爲武川鎮司馬，子孫因家焉。元壽生太原太守惠嘏，嘏生平原太守烈，烈生寧遠將軍禎，禎生忠，忠即皇考也。皇考從周太祖起義關西，賜姓普六茹氏，位至柱國、大司空、隋國公。薨，贈太保，諡曰桓。

皇妣呂氏，以大統七年六月癸丑夜，生高祖於馮翊般若寺，紫氣充庭。有尼來自河東，謂皇妣曰：「此兒所從來甚異，不可於俗間處之。」尼將高祖舍於別館，躬自撫養。皇妣嘗抱高祖，忽見頭上角出，徧體鱗起。皇妣大駭，墜高祖於地。尼自外入見曰：「已驚我兒，致令晚得天下。」爲人龍顏，額上有五柱入頂，目光外射，有文在手曰「王」。長上短下，沈深嚴重。

帝紀第一　高祖上　一

校勘記

〔一〕漢太尉震八代孫鉉　「代」應作「世」，唐人諱改。按本書中「世」、「代」雜出，其他避諱字也有類似情況，當是唐時修史非出於一人之手，前後並不一致，而後人校史時又有回改。以後凡遇有這種避諱情況，只在某一避諱字第一次出現時出校記。

〔二〕侯伏侯壽　周書侯植傳、又武帝紀作「侯伏侯萬諍」。按：書中一部分人名往往有省一字的，以後凡遇有這種情況，只在某一人名第一次出現時出校記。

〔三〕席毗　本書李禮成傳作「席毗羅」。

〔四〕十一月辛未　岑仲勉隋書求是（以下節稱求是）：周書八靜帝紀作「十二月辛未」。十一月癸未朔，無辛未，蓋誤。按：十二月壬子朔，辛未爲二十日，不應在下文「十二月甲子」（十三日）前。此處當有訛誤或顛倒。

〔五〕生人之命將殆　「人」應作「民」，唐人諱改。

〔六〕尉迥　即尉遲迥。

〔七〕武牢　「武」應作「虎」，唐人諱改。

书影3-7-2：《隋书》卷一

1973年中华书局点校本（第1、26页）

（3）校记放在每篇之后[85]，多用于诗文集或笔记等分条撰写之书，这样校语离正文更近些，更便于阅览。如原书无注，则在各篇校语之前不必加上"校记"等字样；如有注且注已移在每篇正文之后，则校记与注可夹杂混编，或先列校语而标明"校记"等字样。

【旁征】

［85］校记放在每篇之后

如贾二强点校《北梦琐言》(2002 年中华书局版)。《北梦琐言》为五代时孙光宪撰写的笔记小说集，分篇题名，校勘记置于每篇故事之后(见书影 3-7-3)。

白蓮女惑蘇昌遠

唐中和中，有士人蘇昌遠，居蘇臺屬邑，有小莊去官道十里。吳中水鄉，率多荷芰〔一〕。一日〔二〕，忽見一女郎〔三〕，素衣紅臉，容質絕麗，閱其明悟，若神仙中人，自是與之相狎，以莊為幽會之所。蘇生惑之既甚，嘗以玉環贈之，結繫殷勤〔四〕。或一日，見檻前白蓮花開，敷榮殊異，俯而玩之，見花房中有物，細視之，乃所贈玉環也。因折之，其妖遂絕。鬼神無形，必憑於物，精氣所附，非菡萏之能哉！聞於劉山甫。

校勘記

〔一〕荷芰　傅校作「芰荷」。

〔二〕一日　繆校曰：「原本脱『一日』二字，據吳郡志校增。」

〔三〕忽見　明本作「或有」。傅校作「忽見」。

〔四〕結繫　繆校曰：「原本脱『繫』字，據廣記四百十七校增。」傅校補「繫」字。

书影 3-7-3：《北梦琐言》卷九《白蓮女惑苏昌远》

2002 年中华书局点校本(第 190 页)

校记用白话写，抑用文言写，我倾向于用文言[86]。这并非复古，而是考虑到正文(有时还有原注)都是文言，夹进白话的校记反不伦不类，阅读起来别扭。而且一般读古籍、使用古籍者起码懂得文言文，文言的正文都读得通，用浅近文言写的校记看起来难道会感到吃力？至于普及性读物，如用白话作注释的选本、附有正文的今译本之类，要加校语自可用白话，以谋与注语、译文统一。

【旁征】

[86]　校记的语言

倪其心《校勘学大纲》也指出,撰写校记须掌握校勘程式和习惯用语。程式是传统形成的一系列方式,例如在《前言》或《后记》交代引用各家姓名与书目、在《校记》中习用省称等。习惯用语,则是精简语言的重要手段,略同于自然科学的术语符号作用。如"形似而讹""声近而误"之类,用白话写则多费笔墨;"近是""疑非",不需写作"这是比较接近正确的""我怀疑这是不正确的"等。倪氏认为"实质上,校勘习用语就是浅近文言。因此,校记的撰写,要求掌握精炼浅近的文言写作"。

· 倪其心:《校勘学大纲》,北京:北京大学出版社,2004 年,第 266 页。

如何撰写校记

如何撰写校记,谈三点。

(1) 除自己的校勘成果外,校记要充分吸收前人及同时人的校勘成果,包括前人撰写的校记、校本的校语以及读书札记中有关校勘的东西。写入校记时要标明是谁的校语,可省文单称姓,如钱大昕的校语称"钱曰"之类,因为校此书者一般不太可能同时有两位姓钱的。如有同姓者,则只好加上名字作"钱大昕曰""钱某某曰"。至于是钱大昕的哪部书里这么说,如只出于一部书,好比出于《廿二史考异》,则在序跋、凡例里说明一下就可以了。如有的出于《廿二史考异》,有的出于钱氏的《十驾斋养新录》,则可用"钱氏考异""钱氏养新录"以资区别,或省略"钱氏"止称"养新录"云云也可以。书名一定要简称,简至二三个字,多了太繁,看起来生厌。

(2) 自己的校勘成果一般写在人家的后面。所用校法不同写法也不同。如对校可曰"某字某本作某",本校可曰"据某篇某某,此当亦作某",他校可曰"某字某书作某",理校可曰"某字当作某"。如已改动正文,则在前面加上一句"某字本作某",后面添上一句"今据改"。如不动原文,则在后面添一句"当据改",或"此误""此本误"之类。如断定不了则不加。理校则改称"某字当作某""某字疑当作某"。以上是一般的情况,情况特殊自可灵活。

(3) 校记的文笔、体例一定要统一,不能前后不一。如果是大部头书由几个人分工校勘,事先必须发凡起例,人手一份,谁都不得故意违例。有时虽一个人校,也要定个凡例[87],随时查对,以免校到后面忘了前面的体例,弄成前后不一。不论一个人校或几个人校,校记写出后都得复看一遍,发现违例之处应立即改正。

【旁征】

[87] 校记与校勘凡例举例——贾二强校《北梦琐言》

　　贾二强校《北梦琐言》之前，卢见曾、缪荃孙、傅增湘三人曾在自刻或自藏的《北梦琐言》上做过校勘，后1981年上海古籍出版社出版了今人林艾园的校点本，这些校语均被吸纳入新点校本中。《校例》云："卢本为清乾隆卢见曾辑刻之《雅雨堂丛书》本，卢校为卢氏校语"；"缪校为清光绪缪荃孙辑刻《云自在龛丛书》本缪氏校语"；"傅校为傅增湘校明本内校语"；"林校为一九八一年上海古籍出版社校点本林艾园校语"。自己的校语则写在后面，以"按"字区别。如：

　　卷一《李太尉英俊》"太尉李德裕，幼神俊"

　　校勘记：幼，缪校曰："原本脱'幼'字，据《广记》一百七十五校增。"按：中华本无"幼"字。

　　卷一《郑光免税》"庶事能如斯"

　　校勘记：事，明本作"事事"。缪校曰："商本作'事事'。"傅校削一"事"字。

　　卷二《皮日休献书》"子不异道者"

　　校勘记：子，缪校曰："原本脱下'子'字，据《广记》四百九十九校增。"按：明本有此"子"字。

　　校记的文笔、体例统一，需要撰写凡例。凡例一般应当包括本书出校的原则和方式、校语中所引版本、前人校语、书目简称、校语的具体说明等，根据古籍的具体特点又各有侧重添补。以贾二强校《北梦琐言》为例，第一至六条说明了出校原则、引用版本、书目的校语程式等内容，为一般古籍整理凡例应包含的基本项目。第七至十条则针对本书自身的有标题本和无标题本、新辑佚的佚文等其他问题的处理方式交代说明。兹录其《校例》如下：

　　　　一　参校各本的明显误字概不出校，以免繁碎。

　　　　二　校记内所称明本为今北京国家图书馆藏傅增湘校明万历刻本；商本为明万历商濬辑刻之《稗海》本；卢本为清乾隆卢见曾辑刻之《雅雨堂丛书》本，卢校为卢氏校语；缪校为清光绪缪荃孙辑刻《云自在龛丛书》本缪氏校语；傅校为傅增湘校明本内校语，傅钞为傅增湘据吴氏拜经楼本补钞之卷第二十；林校为一九八一年上海古籍出版社校点本林艾园校语。

　　　　三　校语内之中华本为一九六一年中华书局修订本《太平广记》；缪氏校语内之吴钞本为吴翊凤藏本、刘钞本为刘喜海藏本；林氏校语内之人文本为一九五九年人民文学出版社本《太平广记》。

　　　　四　各本皆有"一作某"之夹注旧校，不详所自，今一仍其旧。

五　缪氏校语原加注于文内,易与旧校相混,今并移至各条末。

六　校记内凡未注明之按语,为本书整理者所加。

七　诸刻本中之商本、缪本文内无标题,明万历刻本、卢氏刻本有之。今依明本、卢本之例,以标题列于每条之首。

八　缪本卷二十各条之标题仍卢本之误,今据傅校改从吴氏拜经楼本,以还其本来面目。

九　《逸文》校语内之汪校为一九六一年中华书局本《太平广记》汪绍楹校语;原校为一九六〇年中华书局上海编辑所本《北梦琐言》之校语。

十　《逸文补遗》各条标题除注明者外,皆据所引原书。

有关如何撰写校勘记,程毅中《古籍校勘释例》提出了十八条原则和方法,并附有当前一些古籍整理本的校勘事例,可参看(原载《书品》1991 年第 4 期)。许逸民《校勘记撰写细则举例》《校勘记撰写细则补充举例》(本是中华书局点校本二十四史及清史稿修订工程的通用凡例),针对古籍整理时会遇到的讹、脱、衍、倒、错简、两通、存疑、避讳、不校、校记位置、如何用原校记、引用书证的先后顺序等多种情况和问题,分别制定了较为细致的撰写方法,随文附有大量例子,亦可参详。

・(五代)孙光宪撰,贾二强点校:《北梦琐言》,北京:中华书局,2002 年,第7、8、18、19、31、32 页。

・程毅中:《古籍校勘释例》,载许逸民:《古籍整理释例》(增订本),北京:中华书局,2014 年,第 39—46 页。

・许逸民:《古籍整理释例》(增订本),北京:中华书局,2014 年,第 175—208 页。

校记的作用和所谓繁琐问题

为什么校勘后不直接改正文而要写校记,为什么有的改了正文还要写校记,无非是希望能起这样两个作用:

(1) 说明校改的依据和理由,以加强读者对这个新校本的信任。否则,只校改而不见校语,不出校记,至少得不到从事科研、或有科学态度的读者的信任。

(2) 任何一位古籍校勘者包括专家权威也不敢自诩所校统统正确,万无一失。何况有时候校者自己也无力作出明快的判断。有了校记,备列异同,有时再加点自己的看法,使读者可以从中抉择。

　　多年来对校记往往乱扣帽子，即所谓"繁琐"。弄得有些古籍校勘者也不得不把校记里有用的东西忍痛割爱，亦美其名曰"以免繁琐"。有没有"繁琐"呢，当然有的，即话多词费而毫无用处，如欧洲中世纪教会里研究一根针尖上能站几个天使之类，就是真繁琐。这里的关键问题是有没有用，而不是字数多少。没有用，即使一句话也嫌多，有用，再讲多点也无妨，不要怕扣"繁琐"帽子而去硬砍。当然，写校记和写论文在文字上不能完全一样，不能像论文那样动辄万言数万言，而要求简洁，少用长句子、形容词，能完全不用更好。但这和硬砍掉有用的内容是两码事。

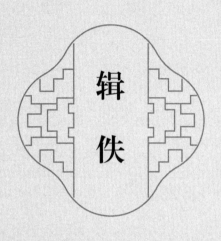

辑佚

一　历　史

古籍的佚失和辑佚

　　前面所讲的无论"底本"也好,"影印"也好,"校勘"也好,都是讲对现存古籍的整理。除掉现存古籍,还有在历史上出现过,后来却佚失了的古籍。"校勘"篇的"他校"章里曾列举了许多古代的书目,包括《汉书·艺文志》《隋书·经籍志》《旧唐书·经籍志》《新唐书·艺文志》《宋史·艺文志》,以及北宋官修的《崇文总目》[1]、南宋官修的《秘书省续到四库阙书目》、明官修的《文渊阁书目》[2]、南宋初晁公武的《郡斋读书志》、南宋末陈振孙的《直斋书录解题》[3]、唐末日本藤原佐世的《日本国见在书目》[4],其中著录的古籍一部分以至大部分都失传了。失传的原因,当然不是天灾而主要是人祸。

【旁征】

[1]《崇文总目》的辑佚价值

　　见本书"校勘"篇旁征[59]。《崇文总目》保存古代书目的价值,如《四库全书总目》所云:"今观其书,载籍浩繁,牴牾诚所难保。然数千年著作之目,总汇于斯。百世而下,藉以验存佚、辨真赝、核同异,固不失为册府之骊渊,艺林之玉圃也。"

　　·(清)永瑢等:《四库全书总目》卷八五《史部·目录类一》"《崇文总目》"条,第729页。

[2]《文渊阁书目》的辑佚价值

　　见本书"校勘"篇旁征[59]。有关《文渊阁书目》保存书目的价值,《四库全书总目》谈道:"今以《永乐大典》对勘,其所收之书,世无传本者,往往见于此目,亦可知其储庋之富……惟藉此编之存,尚得略见一代秘书之名数。"

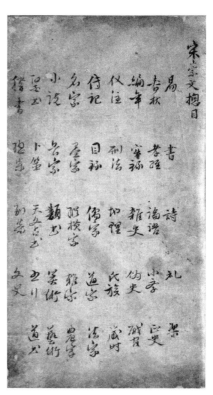

书影 4-1-1:《崇文总目》

抄本,天一阁博物院藏

> ·（清）永瑢等：《四库全书总目》卷八五《史部·目录类一》"《文渊阁书目》"条，第731页。

[3]《直斋书录解题》的辑佚价值

见本书"校勘"篇旁征[60]。该书在宋末已为世所重，"其例以历代典籍分为五十三类，各详其卷帙多少，撰人名氏，而品题其得失，故曰解题。虽不标经史子集之目，而核其所列，经之类凡十、史之类凡十六、子之类凡二十、集之类凡七，实仍不外乎四部之说也"。"然古书之不传于今者，得藉是以求其崖略。其传于今者，得藉是以辨其真伪，核其异同，亦考证之所必资，不可废也"（《四库全书总目》）。

> ·（清）永瑢等：《四库全书总目》卷八五《史部·目录类一》"《直斋书录解题》"条，第730页。

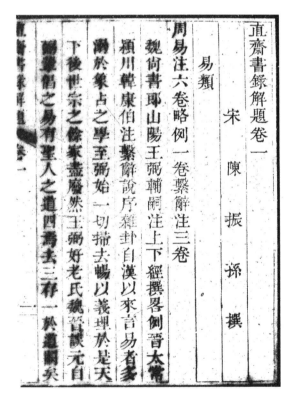

书影 4-1-2：《直斋书录解题》卷一

清乾隆间江苏缩刻武英殿聚珍版本（黄永年、贾二强撰
集：《清代版本图录（二）》，杭州：浙江人民出版社，1997
年，第128页）

[4]《日本国见在书目》的辑佚价值

见本书"校勘"篇旁征[60]。该书收录了日本宽平年间（唐昭宗龙纪元年至乾宁四年，889—897）所蒐辑的中国书籍，这些书籍大部分是六、七世纪随着遣隋使、遣唐使的往来而传入日本的，在一定程度上反映了中国唐朝开元前后的书籍流传情况（《读〈日本国见在书目录〉》）。

> · 李红英：《读〈日本国见在书目录〉》，《古籍研究》1999 年第 1 期，第 54 页。

这在《隋书·经籍志》已说得很清楚：首先是秦始皇帝焚《诗》《书》；到"王莽之末，又被焚烧"；"董卓之乱，献帝西迁，图书缣帛，军人皆取为帷囊"，"两京大乱，扫地皆尽"；西晋末年"惠怀之乱，京华荡覆，渠阁文籍，靡有孑遗"；以后东晋、南朝，经"齐末兵火，延烧秘阁，经籍遗散"；梁元帝收梁文德殿藏书"及公私经籍，归于

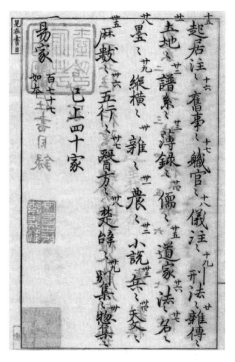

书影 4−1−3：《日本见在书目录》

清光绪间黎庶昌据日本旧钞卷子本影刊（《古逸丛书》），天津图书馆藏

江陵，大凡七万余卷，周师入郢，咸自焚之"；北朝则魏秘府藏书经"尒朱之乱，散落人间"；隋秘阁书藏于东都洛阳，为王世充所得，唐平王世充"尽收其图书及古迹焉，命司农少卿宋遵贵载之以船，沂河西上，将致京师，行经底柱，多被漂没，其所存者，十不一二"。总之每经一次战乱，一次改朝换代，常常来一次大损失，唐以后也几乎一直遵循着这个规律[5]。皇家的藏书如此，民间收藏自也难于幸免，请看身经金人南侵转辗逃亡的女词人李清照写的《金石录后序》[6]，讲她和丈夫赵明诚的归来堂藏书如何被委弃、被焚烧、被夺取、被盗窃的惨状，便可知道。

【旁征】

[5] 历代书籍的厄运

正文引《隋书·经籍志》列举从秦朝到唐初书籍的厄运。唐代还有安史之乱、黄巢起义。之后各朝在靖康之难、李自成起义、乾隆禁毁、嘉庆宫火、太平天国起义、英法联军纵火圆明园、庚子事变中也毁掉了大量书籍。加之日本侵华战争、"文化大革命"等，古书几乎损失殆尽（《文献学概要》）。正如黄永年师所说"每经一次战乱，一次改朝换代，常常来一次大损失，唐以后也几乎一直遵循着这个规律"。另外禁毁删改、重

经轻技、深藏秘阁、水火之灾、虫蛀霉烂、偷盗抢掠等,亦是古籍亡佚的原因(《中国古籍散佚规律性探析》)。对于历代古籍亡佚的梳理,可参见陈登原《古今典籍聚散考》。

- 杜泽逊:《文献学概要(修订本)》,北京:中华书局,2008 年,第 64—69 页。
- 李玉安、谢泉:《中国古籍散佚规律性探析》,《武汉大学学报》(哲学社会科学版)2012 年第 3 期。
- 陈登原:《古今典籍聚散考》,上海:华东师范大学出版社,2009 年。

[6] 李清照《金石录后序》

见本书"底本"篇旁征[5]。

该序对赵明诚、李清照夫妇所藏书籍古器的散亡情状描述颇详,摘述如下:

赵明诚、李清照夫妇"尽天下古文奇字之志。日就月将,渐益堆积。……每获一书,即同共勘校,整集签题。……收书既成,归来堂起书库大橱,簿甲乙,置书册。……至靖康丙午岁,侯(赵明诚)守淄川,闻金人犯京师,四顾茫然,盈箱溢箧,且恋恋,且怅怅,知其必不为己物矣。建炎丁未春三月,奔太夫人丧南来,既长物不能尽载,乃先去书之重大印本者,又去画之多幅者,又去古器之无款识者,后又去书之监本者、画之平常者、器之重大者,凡屡减去,尚载书十五车。至东海,连舻渡淮,又渡江,至建康。青州故第尚锁书册什物,用屋十余间,期明年春,再具舟载之。十二月,金人陷青州,凡所谓十余屋者,已皆为煨烬矣"。

后赵明诚病亡,"葬毕,余无所之。朝廷已分遣六宫,又传江当禁渡。时犹有书二万卷,金石刻二千卷,器皿、茵褥可待百客,他长物称是。……冬十二月,金人陷洪州,遂尽委弃,所谓连舻渡江之书,又散为云烟矣。独余少轻小卷轴书帖,写本李、杜、韩、柳集,《世说》、《盐铁论》,汉、唐石刻副本数十轴,三代鼎、鼐十数事,南唐写本书数箧,偶病中把玩、搬在卧内者,岿然独存"。

李清照颠沛流离,"到越,已移幸四明。不敢留家中,并写本书寄剡。后官军收叛卒,取去,闻尽入故李将军家。所谓岿然独存者,无虑十去五六矣。惟有书画砚墨可五七箧,更不忍置他所,常在卧榻下,手自开阖。在会稽,卜居土民钟氏舍,忽一夕,穴壁负五箧去。余悲恸不得活,重立赏收赎。……所谓岿然独存者,乃十去其七八。所有一二残零不成部帙书册,三数种平平书帖,犹复爱惜如护头目,何愚也邪"!

"……昔萧绎江陵陷没,不惜国亡而毁裂书画;杨广江都倾覆,不悲身死而复取图书,岂人性之所著,生死不能忘欤?或者天意以余菲薄,不足以享此尤物邪?抑亦死者有知,犹斤斤爱惜,不肯留人间邪?何得之艰而失之易也!"

上引文字正反映了李清照和丈夫赵明诚的"归来堂藏书如何被委弃、被焚烧、被夺取、被盗窃的惨状",由此可知,不但皇家的藏书在战乱中大量丢失,"民间收藏自也难于幸免"。

> • (宋)赵明诚撰,金文明校证:《金石录校证》李清照金石录后序,北京:中华书局,2019 年,第 581—585 页。

没有战乱,在所谓承平之时,书也会难逃厄运,这就是统治者的禁书。时代比较近、规模特别大的一次,是众所周知的清高宗弘历乘纂修《四库全书》的机会禁书,只是由于禁的多是明清人著作,有些虽禁仍有印本流传而没有能禁得绝。在这以前,尤其是雕版印刷没有发明,书本需要抄写流传的时候,往往一禁便把书禁得失传,谶纬书就是一个例子[7]。谶在先秦时就有了,是一种政治性的预言,到汉代十分盛行。纬书到汉代才出现,依附着《五经》《论语》《孝经》等在传播。这些谶纬书的内容今天看来当然是极其迷信荒谬的,统统是胡说八道,但留下来多少可以看到点古人的思想意识以至政治观念,后来却被禁掉了。《隋书·经籍志》说:"(刘)宋大明中,始禁图谶;梁天监已后,又重其制;及高祖受禅,禁之踰切;炀帝即位,乃发使四出,搜天下书籍与谶纬相涉者皆焚之,为吏所纠者至死,自是无复其学,秘府之内,亦多散亡。"他们禁当然不是要破除迷信,而是怕其中的政治谣言对自己的统治不利。

【旁征】

[7] 谶纬书

指兴起于西汉末,定型和尊崇于东汉的一类冠以"河图""洛书"及七经之名、伪托上天及圣人、神化儒学的文献,东汉人习称"图谶"。魏晋南北朝时期,还有一些与汉代图谶类似的新出之书,一般也都归入谶纬文献的范畴。学界习惯用"谶纬"一词作为汉代至南北朝时期产生的此类文献的总称(《重理谶纬文献刍议》)。

具体来说,谶书主要指汉代以来出现的预言吉凶祸福之书。"谶,验也,有征验之书,河洛所出书曰谶"(《说文解字注》),是一种"诡为隐语、预决吉凶"的神话预言(《四库全书总目》)。东汉张衡曾云"立言于前,有征于后,故智者贵焉,谓之谶书。谶书始出,盖知之者寡……成、哀之后,乃始闻之……一卷之书,互异数事,圣人之言,执无若是,殆必虚伪之徒,以要世取资。……宜收藏图谶,一禁绝之,则朱紫无所眩,典籍无瑕玷矣"(《后汉书·张衡传》)。谶书又名图谶、符谶,典型者有《论语谶》《河图》《洛书》等。

纬书指汉代出现的以阴阳五行、天人感应思想附会解说儒家经典之书,"纬者经之支流、衍及旁义"(《四库全书总目》),约在西汉时出现,至东汉时流传的主要有"七纬",

即《易纬》《书纬》《诗纬》《礼纬》《乐纬》《孝经纬》《春秋纬》。

在后代，多将谶书和纬书合称谶纬书，如顾颉刚云："谶，是豫言。纬，是对经而立的：经是直的丝，纬是横的丝，所以纬是解经的书，是演经义的书，自'六经'以及《孝经》都有纬。这两种在名称上好像不同，其实内容并没有什么大分别。实在说来，不过谶是先起之名，纬是后起的罢了。除了这两名之外，还有'图'和'书'。……《河图》和《洛书》一定是最古的谶纬。……因为有图、有书、有谶、有纬，所以这些书的总称，或是'图书'，或是'图谶'，或是"谶纬"，或是'谶记'，或是'纬书'；又因《尚书纬》中有十数种为《中候》，亦总称为'纬候'。"（《秦汉的方士与儒生》）

谶纬书到唐代已多散佚，至元明时有人开始对其辑佚，今所见辑佚谶纬书的有明孙毂《古微书》、清马国翰《玉函山房辑佚书》、清乔松年《纬攗》、日本安居香山与中村璋八编辑的《纬书集成》等。

- 张学谦：《重理谶纬文献刍议》，《文史哲》2022 年第 5 期，第 86 页。
- （汉）许慎撰；（清）段玉裁注：《说文解字注》，上海：上海古籍出版社，1988 年，第 90 页。
- （宋）范晔撰；（唐）李贤等注：《后汉书》卷五九《张衡传》，北京：中华书局，1965 年，第 1912 页。
- （清）永瑢等：《四库全书总目》卷六《经部·易类六》"《易纬坤灵图》"条，第 47 页。
- 顾颉刚：《秦汉的方士与儒生》，上海：上海古籍出版社，2005 年，第 92—93 页。

还有个佚失的原因人们很少注意到，即自然淘汰。某些书在一个时期很风行，过了若干年另有新的学问出来取而代之，原先风行的书变得很少有人看，日久就难免失传的厄运，这就叫自然淘汰。这在经部书里特别明显，因为经学学派的产生发展演变以至衰亡最有时代性。例如《诗经》，西汉时有地位的是今文经学的齐、鲁、韩三家《诗》，以后属于古文经学的毛公作《诗》传，东汉末经学大师郑玄又作了笺，《诗》的毛传郑笺就取代了三家《诗》，三家《诗》中除一种《韩诗外传》还保存下来，其余都被淘汰失传了。《周易》西汉时流行的是今文经学的施雠、孟喜、梁丘贺以及京房等几家，古文的费氏《易》接着起来，郑玄也传费氏《易》给作注，其后曹魏时王弼的《易》注盛行，以前所有的《易》注都失传了。《尚书》二十八篇本来通行郑玄的注，可魏晋时出现了五十八篇的《伪古文尚书》，是把原先的二十八篇拆成三十三篇，再加上伪造的二十五篇,还伪造了西汉人孔安国的注即"伪孔传",唐初修《五经正义》采用了这个《伪古文尚书》包括伪孔传,郑玄的注和其他旧注又统统失传了。史部被淘汰失传的也很多,如和《史记》《汉书》并称"三史"的本来是东汉时官修的《东观汉记》[8],到刘宋范晔的《后汉书》取代了《东观汉记》成为"三史"之一后,《东观汉记》也就失传了。唐贞观时官修《晋书》,原先的十八家晋书又就此失传。《五代史》本来有北宋初年官修的一部,后来古文大家欧阳修重新撰写了《五代史》,通称为《新五代史》,原先的《五代史》即《旧五代史》最后也被淘汰失传了。这《旧五代史》的失传大约是在明代中后期,因为明成祖时官修的《永乐大典》里还收录这部《旧五代史》[9]。此外还有很多四部古籍,如集部的好些宋人诗文集曾被收进《永乐大典》的,最迟到明后期也失传了。明后期上距明初成祖时不过二百年光景,又未经过大战乱,足见自然淘汰的威力是何等强大[12]。

【旁征】

[8]《东观汉记》

　　辑本二四卷,东汉刘珍等撰。《隋书·经籍志》著录《东观汉记》一百四十三卷,记述了该书的散佚时间及其蒐集遗文的情况,其云"起光武记注至灵帝,长水校尉刘珍

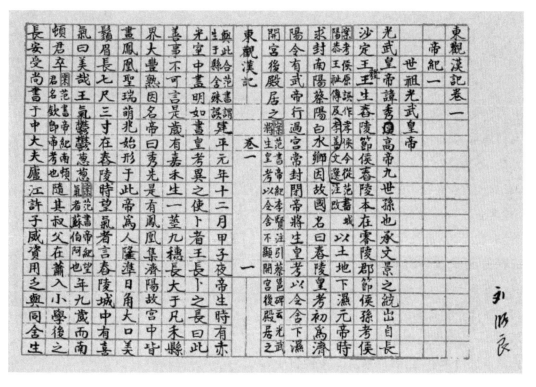

书影 4－1－4：《东观汉记》卷一

清抄本《武英殿聚珍版丛书》底本,国家图书馆藏

等撰"。以后逐渐散失,《直斋书录解题》只著录残本十卷。《四库提要》云:"自元以来,此书已佚。……本朝姚之骃撰《后汉书补逸》,曾蒐集遗文,析为八卷。然所采只据刘昭《续汉书》十志补注、《后汉书》注、虞世南《北堂书钞》、欧阳询《艺文类聚》、徐坚《初学记》五书,又往往掇拾不尽,挂漏殊多。今谨据姚本旧文,以《永乐大典》各韵所载,参考诸书,补其阙逸,所增者几十之六。……且《汉记》目录虽佚,而纪、表、志、传、载记诸体例,《史通》及各书所载,梗概尚一一可寻,姚本不加考证,随意标题。割裂颠倒,不可殚数,今悉加厘正,分为帝纪三卷、年表一卷、志一卷、列传十七卷、载记一卷。其篇第无可考者,别为佚文一卷,而以《汉记》与范书异同附录于末。"余嘉锡《四库提要辨证》复指出这《四库》辑本仍有大量遗漏,仍有必要重行蒐辑。版本主要有《武英殿聚珍版丛书》本、《丛书集成》本(《史部要籍概述》)。2008 年中华书局出版了吴树平整理的《东观汉记校注》。

- 黄永年:《史部要籍概述》,第47 页。
- (东汉)刘珍等撰,吴树平校注:《东观汉记校注》,北京:中华书局,2008 年。

[9]《旧五代史》

一百五十卷,《目录》二卷。本名《五代史》,题宋薛居正等奉敕撰,内分《梁书》《唐书》《晋书》《汉书》《周书》,都有纪、传,志是总的,放在最后。原书由于其后欧阳修所撰《新五代史》盛行,遂致失传。清乾隆时修《四库全书》,邵晋涵等才从明初的《永乐大典》和北宋的《册府元龟》里把所引用的《旧五代史》原文搜辑出来(见书影 4-1-5),仍编成一百五十卷(《古文献学讲义》)。《旧五代史》辑本印行者有三本:一为乾隆四十九年武英殿刊本,二为民国十年丰城熊氏影印南昌彭氏藏本(《四库全书》初写本),三为民国十四年吴兴刘氏刻甫东卢氏藏本(《旧五代史辑本发覆》)。从 20 世纪 90 年代开始,陈尚君又对该

书影 4-1-5:《旧五代史》卷一

清乾隆翰林院抄本,江西省图书馆藏(中国国家图书馆、中国国家古籍保护中心编:《第三批国家珍贵古籍名录图录》[第三册],北京:国家图书馆出版社,2012 年,第 12 页)

书进行了新辑,终成《旧五代史新辑会证》。

- 黄永年:《古文献学讲义》,第 40 页。
- 陈垣著,陈智超主编:《陈垣全集》(第七册)之十四《旧五代史辑本发覆》,合肥:安徽大学出版社,2009 年,第 395 页。
- 陈尚君辑纂:《旧五代史新辑会证》,上海:复旦大学出版社,2005 年。

但时代风尚会有变迁,学术气候也会转换。原先经自然淘汰、经战乱、经禁毁而失传了或已死去了的古籍,过了若干时日,在合适的气候下人们又有让它复活的要求。好在这些古籍并没有毁灭到片语只字都不存留,在上一篇"校勘"中"他校"章讲到的《艺文类聚》[10]、《初学记》[11]、《太平御览》[12]等类书,以及《三国志》裴松之注、《世说新语》刘孝标注、《文选》李善注,还有《水经注》和《史记》的三家注以及唐人的《五经正义》和其他唐、宋人的经疏,加上那部《永乐大典》,都片段地引用了不少已失传的古籍,把这些已失传的古籍片段找出来编辑成书,就叫做"辑佚",也写作"辑逸"。经过辑佚虽不能恢复该古籍的全貌,至少能起豹窥一斑的作用。这可以算作对古籍的另一种整理,也可说是整理古籍的另一种方法。前人使用这种方法已作出了可喜的成绩。

【旁征】

[10]《艺文类聚》的辑佚价值

见本书"校勘"篇旁征[62]。

《艺文类聚》所引用的古籍,据北京大学研究所 1923 年统计,共为一四三一种。这些被引用的古籍,有百分之九十以上今不传,现存者比例不足百分之十(《艺文类聚》前言)。对该书的辑佚价值,《四库全书总目》指出,"隋以前遗文秘籍,迄今十九不存,得此一书,尚略资考证。宋周必大校《文苑英华》多引是集,而近代冯惟讷《诗纪》、梅鼎

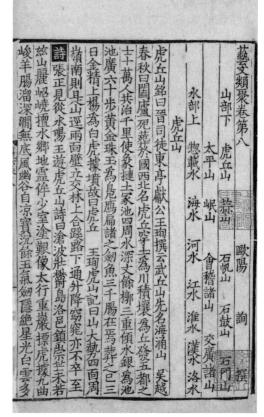

书影 4-1-6:《艺文类聚》卷八

宋刻本,上海图书馆藏(上海图书馆编:《上海图书馆藏宋本图录》,上海:上海古籍出版社,2010 年,第 83 页)

祚《文纪》、张溥《百三家集》从此采出者尤多,亦所谓残膏剩馥、沾溉百代者矣"。

> ・(唐)欧阳询撰,汪绍楹校:《艺文类聚》前言,上海:上海古籍出版社,2007年,第3页。
> ・(清)永瑢等:《四库全书总目》卷一三五《子部・类书类一》"《艺文类聚》"条,第1142页。

[11]《初学记》的辑佚价值

《初学记》参见本书"校勘"篇旁征[63]。

《四库全书总目》评云"其所采摭,皆隋以前古书,而去取谨严,多可应用。在唐人类书中,博不及《艺文类聚》,而精则胜之。若《北堂书钞》及《六帖》,则出此书下远矣"。该书现存最早版本是明嘉靖十年(1531)安国刻本(见书影4-1-7),另有清严可均校本与安刻颇有异同。1962年中华书局出版点校本,是用出自安刻并改正些错误的武英殿刻古香斋巾箱本作底本,并利用了严可均及陆心源的校勘成果,1980年重印时又出了一册包括事对索引和引书索引的《初学记索引》(《子部要籍概述》)。

> ・(清)永瑢等:《四库全书总目》卷一三五《子部・类书类一》"《初学记》"条,第1143页。
> ・黄永年:《子部要籍概述》,第155页。

书影4-1-7:《初学记》卷一

明嘉靖十年(1531)锡山安国桂坡馆刻本,南京师范大学图书馆藏(中国国家图书馆、中国国家古籍保护中心编:《第一批国家珍贵古籍名录图录》[第七册],北京:国家图书馆出版社,2008年,第105页)

[12]《太平御览》的辑佚价值

见本书"校勘"篇旁征[3]。

《直斋书录解题》载"以前代《修文御览》《艺文类聚》《文思博要》及诸书参详条次修纂。本号《太平总类》,太平兴国二年受诏,八年成书,改名《御览》"(按《四库全书总目》载该书修成之际,初名《太平编类》。宋敏求《春明退朝录》谓书成之后,太宗日览三卷,一年时间读完,故赐《太平御览》)。全书按经史子集为序,录引古书整篇整段,皆注明引书书名。其中所引古书,十之七八已佚,兹依"前诸家类书"著录,从而保留了一些古书篇章。正如《直斋书录解题》所言,"以《三朝国史》考之,馆阁及禁中书总三万六千余卷,而《御览》所引书多不著录,盖可见矣"。说明编《御览》时,一些古籍已经失传了。

> • (宋)陈振孙撰,徐小蛮、顾美华点校:《直斋书录解题》卷一四"《太平御览》一千卷"条,上海:上海古籍出版社,1987 年,第 425 页。
> • (清)永瑢等:《四库全书总目》卷一三五《子部·类书类一》"《太平御览》"条,第 1145 页。

宋明人辑佚

辑佚工作开始于南宋时候,这有个历史原因。即中国从战国时就进入远较原先封建领主制社会文明的封建地主制社会。其间虽经魏晋南北朝出现过可看做领主制回光返照的门阀制度,可到隋唐门阀制度已经衰亡而出现了比较成熟的地主制社会,宋代进一步发展,在学术文化上呈现出前所未有的光辉。陈寅恪当年在《邓广铭宋史职官志考证序》[13]中推崇的宋代学术,其根源就在这里。这种学术不仅是为了经世致用,而是更着眼于作历史上文献上的考订研究。这就需要重新寻求已佚失的某些古籍的本来面目,从而开始了这项辑佚工作。

【旁征】

[13]《邓广铭宋史职官志考证序》

此乃陈寅恪为著名宋史学家邓广铭《宋史职官志考证》所作序言。陈寅恪推崇宋代学术,指出"华夏民族之文化,历数千载之演进,造极于赵宋之世"。该序对邓广铭的研究高度评价:"邓恭三先生广铭,夙治宋史,欲著《宋史校正》一书,先以《宋史职官志考证》一篇,刊布于世。其用力之勤,持论之慎,并世治宋史者,未能或之先也。寅恪前居旧京时,获读先生考辨辛稼轩事迹之文,深服其精博,愿得一见为幸。及南来后,同寓昆明青园学舍,而寅恪病榻呻吟,救死不暇,固难与之论学论史,但当时亦见先生甚为尘俗琐杂所困,疑其必尟余力,可以从事著述。殊不意其拨冗偷闲,竟成此篇。是其神思之缜密,志愿之果毅,逾越等伦。他日新宋学之建立,先生当为最有功之一人,可以无疑也。"

> • 陈寅恪:《陈寅恪全集(纪念版)》之三《金明馆丛稿二编》,上海:上海古籍出版社,2020 年,第 245 页。

宋人辑佚最有成绩的是王应麟[14]，他在南宋末年辑成的《三家诗考》[15]和《周易郑氏注》[16]，附在他所纂集的类书《玉海》之后行世[17]，让人们看到点失传已久的齐、鲁、韩三家《诗》和郑玄《易》注的片段。

【旁征】

[14] 王应麟的辑佚成就

见本书"校勘"篇旁征[66]。

王应麟治学"汉宋兼采"，为宋元之际的学术大儒，尤在辑佚方面成就卓著。《四库全书总目》云："古书散佚，蒐采为难，后人踵事增修，较创始易于为力，荜路缞缕，终当以应麟为首庸也。"梁启超指出"书籍递嬗散亡，好学之士，每读前代著录，按索不获，深致慨惜，于是乎有辑佚之业。最初从事于此者为宋之王应麟，辑有《三家诗考》《周易郑氏注》各一卷，附刻《玉海》中，传于今"（《中国近三百年学术史》）。由于王应麟的辑佚之学颇具影响，后世辑佚者多有托名，王鸣盛曾讲他与惠栋做辑佚的一段往事："昔吾友惠征士栋仿而行之，采郑氏《尚书注》，嫁名于王以为重。予为补缀，并补马融、王肃二家，入之《后案》，并取一切杂书益之。然逐条下但采其最在前之书名注于下，以明所出，如此已足。若宋、元人书亦为罗列，徒以炫博。予甚悔之，而书已行世，不及删改。"（《蛾术编》）可见王应麟的辑佚之业久负盛名，一代大儒惠栋、王鸣盛，不但要"仿而行之"，还要"嫁名于王以为重"。

- （清）永瑢等：《四库全书总目》卷一六《经部·诗类二》"《诗考》"条，第126页。
- 梁启超著，夏晓虹、陆胤校：《中国近三百年学术史（新校本）》，北京：商务印书馆，2011年，第313页。
- （清）王鸣盛著，顾美华标校：《蛾术编》卷二"采集群书引用古学"，上海：上海书店出版社，2012年，第41页。

[15]《三家诗考》

亦名《诗考》《三家诗》。汉代本有齐、鲁、韩、毛四家对《诗经》的传注，《齐诗》亡于魏，《鲁诗》佚于西晋，《韩诗》中《韩故》《内传》《韩说》亦失传，所存仅《韩诗外传》及《毛诗郑笺》。朱熹已注意到《文选注》中多存《韩诗章句》，曾有辑抄之意，终未措手。王应麟受此启发，辑抄所见诸书引三家诗传（注）之佚文，汇编成帙，又旁搜所见异义，附缀其后，成《三家诗考》一卷（《中国古籍辑佚学论稿》）。

《诗考》在辑佚学史上有着重要价值，章学诚云："（王应麟）又以四家之《诗》，独

《毛传》不亡,乃采三家《诗》说之见于群书者,为《三家诗考》。嗣后好古之士,踵其成法,往往缀辑逸文,搜罗略遍。"(《文史通义》)王鸣盛云:"古学已亡,后人从群书中所引,采集成编。此法始于宋王应麟《周易郑康成注》及《诗考》。"(《蛾术编》)叶德辉亦云:"古书散佚,复从他书所引搜辑成书,世皆以为自宋末王应麟辑《三家诗》始。"(《书林清话》)可见,后世学者所谓王应麟创辑佚之成法,即指其《诗考》而言。《诗考》在体例上的特点:一是辑本前后及主要部分有王氏序文介绍学术源流;二是内容分类编排,大书佚文,小注释文,规式清晰;三是凡所辑之文皆注明出处;四是释文有校考,间释文义和难字,决疑发覆,为读者提供方便(《中国古籍辑佚学论稿》)。

书影 4-1-8:《诗考》卷一

元泰定四年(1327)刘君佐翠岩精舍刻本,国家图书馆藏(中国国家图书馆、中国国家古籍保护中心编:《第一批国家珍贵古籍名录图录》[第一册],北京:国家图书馆出版社,2008 年,第 256 页)

- (清) 章学诚撰,叶瑛校注:《文史通义校注》,北京:中华书局,2014 年,第 1139 页。
- (清) 王鸣盛著,顾美华标校:《蛾术编》卷二"采集群书引用古学",第 41 页。
- 叶德辉著,李庆西标校:《书林清话》卷八"辑刻古书不始于王应麟",上海:复旦大学出版社,2008 年,第 192 页。
- 曹书杰:《中国古籍辑佚学论稿》,长春:东北师范大学出版社,1998 年,第 92—93 页。

[16]《周易郑氏注》

亦称《郑氏周易注》。东汉郑玄撰,亡佚。南宋王应麟辑为三卷,附刻于《玉海》,后经明清多家的增补与校注。《续修四库全书总目提要》云:"《郑氏注》初辑者为王应麟,作三卷,刊于《玉海》中。至明胡孝辕附刻于《李氏集解》后,后姚叔祥增补二十五条,刊于《津逮秘书》中。清惠栋复加审正,刻于《雅雨堂丛书》中。其王辑下皆不著其所本,惠栋于每条下注之。至惠言又即惠氏本,参以归安丁小疋后定本,卢抱经、孙颐谷、臧在东('东',原误作'束')各校本,复为上中下三卷。"现存版本有日本庆应义塾大学藏清嘉庆二十四年(1819)陈春辑刻的《湖海楼丛书》本(见书影 4-1-9)。另有 1939 年商务印书馆、1985 年中华书局《丛书集成初编》本。

> ·中国科学院图书馆整理：《续修四库全书总目提要·经部》"周易郑氏注三卷"条，尚秉和撰，北京：中华书局，1993 年，第 9 页。

书影 4－1－9：《周易郑氏注》

清嘉庆二十四年(1819)萧山陈氏湖海楼刻本(《湖海楼丛书》)，日本庆应义塾大学图书馆藏

书影 4－1－10：《玉海》卷二

元后至元六年(1340)庆元路儒学刻本，国家图书馆藏

［17］《玉海》

　　二〇〇卷附《辞学指南》四卷，南宋王应麟撰，元顺帝至元六年(1340)由庆元路儒学刊成行世(《古文献学讲义》)。《四库全书总目》谓："宋自绍圣置宏词科，大观改词学兼茂科，至绍兴而定为博学宏词之名，重立试格。于是南宋一代，通儒硕学多由是出，最号得人，而应麟尤为博洽。其作此书，即为词科应用而设，故胪列条目，率钜典鸿章。其采录故实，亦皆吉祥善事，与他类书体例迥殊。"

此书分天文、律历、地理、帝学、圣文、艺文、诏令、礼仪、车服、器用、郊祀、音乐、学校、选举、官制、兵制、朝贡、宫室、食货、兵捷、祥瑞共二十一门。门下分类,共二百四十一类,每类再按时代分列细目,排比资料,常有概述,间作考证。其中关涉唐代典章文化资料甚多,如艺文部就汇集了宋以前文集、类书的修撰情况。而唐代要籍书目,则多采自《新唐书》的艺文志、列传及《唐会要》《中兴书目》(《中兴书目》今已不传,尤可宝贵)等,方便查阅。又如引据唐列朝实录时注明"《会要》兼实录"或"纪兼实录",依此可考知《会要》及《唐书》本纪的史源。再如征引《邺侯家传》论府兵部分,虽非府兵制之原始资料,亦实属可贵。且《家传》原书已佚,唐代府兵制相关研究仅能凭藉其征引文字为据。版本主要有:(1)元后至元庆元路儒学刻本,为此书初刻,有台北华文书局影印本;(2)清嘉庆康基田刻本;(3)清光绪浙江书局刻本,上海书店影印(《唐史史料学》)。

> - 黄永年:《古文献学讲义》,第 117 页。
> - (清)永瑢等:《四库全书总目》卷一三五《子部·类书类一》"《玉海》"条,第 1151 页。
> - 黄永年:《唐史史料学》,第 264、266 页。

元和明前期这种学术空气一度淡薄,明中叶以后又逐渐恢复。经部有孙瑴辑纬书佚文为《古微书》[18]。史部有屠乔孙等辑补北魏崔鸿的《十六国春秋》[19]。还有人从《太平广记》这部大书中辑出唐张鷟《朝野佥载》等小说[20]。此外冯惟讷编辑《古诗纪》[21]、张溥编辑《汉魏六朝百三家集》[22]、胡震亨编辑《唐音统签》等诗文总集[23],除部分有现成的别集为依据外,所收入很多无别集流传或虽有但已失传的也都由辑佚而得,属于辑佚性质。只是明人辑佚还不甚谨严,一般不注佚文的出处,使人不能放心地使用。而《十六国春秋》既辑又补,又重新编写,绝不交代史料来源,以致后人多认为是伪书。但平心而论,仍不能不承认他们是清人辑佚事业的先驱。

【旁征】

[18] 孙瑴《古微书》

孙瑴,字子双,湖南华容人。著有《古微书》三六卷,该书是第一部辑录纬书佚文的专编,在纬书辑佚史上有重要价值。《四库全书总目》载:"瑴尝杂采旧文,分为四部,总谓之《微书》。一曰《焚微》,辑秦以前逸书。一曰《线微》,辑汉晋间笺疏。一曰《阙微》,征皇古七十二代之文。一曰《删微》,即此书。今三书皆不传,惟此编在,遂独被《微书》之名,实其中之一种也。所采凡《尚书》十一种、《春秋》十六种、《易》八种、《礼》三种、《乐》三种、《诗》三种、《论语》四种、《孝经》九种、《河图》十种、《洛书》五种。"

虽"粗存梗概",但好处在于所辑纬书基本上都有解题。缺点主要表现在所辑之书未注明出处。后清人姚东升《古微书续》、乔松年《纬攟》中的《古微书订误》《古微书存考》,皆为考辨《古微书》缺佚之作。该书版本主要有清嘉庆十七年(1812)陈世望对山问月楼刊本、光绪十四年(1888)刊本、光绪二十一年(1895)上海鸿文书局石印本。

• (清)永瑢等:《四库全书总目》卷三三《经部·五经总义类》"《古微书》"条,第280页。

[19] 屠乔孙等辑补《十六国春秋》

《十六国春秋》,北魏崔鸿撰,一〇二卷。《隋书·经籍志》《旧唐书·经籍志》《新唐书·艺文志》皆有著录。北宋初李昉修《太平御览》曾多引此书,而至《崇文总目》则未见记载,且"晁、陈诸家书目亦皆不载"(《四库全书总目》)。以此推测,该书应在宋时已亡佚(按余嘉锡《四库提要辨证》云该书在南宋尤袤《遂初堂书目》伪史类有载,因此"不得谓之亡于北宋也")。

书影 4-1-11:《十六国春秋》
明万历三十七年(1609)刻本,普林斯顿大学东亚图书馆藏

明代万历年间,屠乔孙等据《晋书》《北史》《册府元龟》《艺文类聚》等涉及十六国史实的书籍补缀而成,从此刊行于世。然而明人辑佚还不甚谨严,以致后人多将其视为伪书,如王鸣盛认为:"明榷李屠乔孙迁之刻,贺灿然为序者,亦为一百卷,乃乔孙与其友人姚士粦辈,取《晋书·载记》《北史》《册府元龟》等书伪为之,非原本。"(《十七史商榷》)但清人已将其与一般的伪书有所区别,四库馆臣认为:"此本忽出,莫知其所自来。证以《艺文类聚》诸书所引,一一相同,遂行于世⋯⋯然其文皆联缀古书,非由杜撰(《四库全书总目》)。"民国时期余嘉锡指出:"失在不自居缀辑之名,而必追题崔氏,遂致有河豚赝本之讥耳。然诅不能与《述异记》《博物志》之类并传耶。且考吴寿旸《拜经楼题跋记》卷二载其父吴骞语云:'按屠乔孙等《十六国春秋》序,自谓辑录陈编,原未尝作伪欺人,如《于陵子》《天禄阁外

史》之比也。'屠序今未见,不知其说云何? 果如吴氏之言,则于此书尚何讥焉。"(《四库提要辨证》)

综上来看,是由屠乔孙等人辑补了崔鸿所撰的《十六国春秋》,该书实为一部辑佚之作,只是由于当时对辑佚工作甚不讲求规范和科学的方法,且受时代风气影响,其辑佚方法还不甚科学而已。主要辑佚者屠乔孙,史籍未见记载,曹书杰推测"屠乔孙"似非真名(《中国古籍辑佚学论稿》)。该书版本主要有:明万历三十七年(1609)刻本(见书影4-1-11);清乾隆年间汪日桂欣托山房重刊本;清乾隆年间《四库全书》本(《屠本〈十六国春秋〉考:编纂状况及意图》)。

- (清)永瑢等:《四库全书总目》卷六六《史部·载记类》"《十六国春秋》"条,第584页。
- (清)王鸣盛撰,黄曙辉点校:《十七史商榷》卷五二《晋书十》,上海:上海古籍出版社,2016年,第617—618页。
- 余嘉锡:《四库提要辨证》卷七《史部五》,北京:中华书局,2007年,第385、388—389页。
- [日]梶山智史:《屠本〈十六国春秋〉考:编纂状况及意图》,见中国知网《社会·经济·观念史视野中的古代中国——国际青年学术会议暨第二届清华青年史学论坛论文集(中)》,2016年1月16日。

[20] 张鷟《朝野佥载》

张鷟,字文成,深州陆泽(今河北深县)人。《旧唐书》称其"聪警绝伦,书无不览","凡应八举,皆登甲科"。员外郎员半千评价:"张子之文如青钱,万简万中,未闻退时。"由此为时人所重,目为"青钱学士"。张鷟"下笔敏速,著述尤多,言颇诙谐。是时天下知名,无贤不肖,皆记诵其文","新罗、日本东夷诸蕃,尤重其文,每遣使入朝,必重出金贝以购其文,其才名远播如此"。《旧唐书》卷一四九、《新唐书》卷一六一有传。

《朝野佥载》今存六卷,是唐张鷟撰著的一部笔记小说,所记多是张鷟耳闻目见,乃记述武周时事的第一手资料(《唐史史料学》)。该书大约在明代已亡佚,余嘉锡指出:"今本必是后人从《广记》内辑出亦明矣。盖此书在宋时虽不甚通行,而尚偶有传本,至元末犹存。故刘克庄、陶宗仪皆得见之。至明遂亡。不知何人辑为此本,而又检阅未周,多所挂漏,遂杂取《广记》所引他书以足之。明人所辑古书,卤莽灭裂,大抵如斯,断非宋人所见之本也。诸藏书家所艳称之宋本十卷者,其实亦明本耳。"(《四库提要辨证》)明代陈继儒从《太平广记》中辑出佚文三百七十条,即《宝颜堂秘籍》本《朝野佥载》。1979 年中华书局出版赵守俨的点校本,又新辑出九十四条。2018 年由郝润华、莫琼整理出版的《朝野佥载辑校》是目前最完整的辑本。

- （后晋）刘昫等:《旧唐书》卷一四九《张荐传》,北京:中华书局,1975 年,第 4023—4024 页。
- 黄永年:《唐史史料学》,第 142 页。
- 余嘉锡:《四库提要辨证》卷一七《子部八》,第 1025 页。
- （唐）张鷟撰,赵守俨点校:《朝野佥载》,北京:中华书局,1979 年。
- （唐）张鷟撰,郝润华、莫琼辑校:《朝野佥载辑校》,济南:山东人民出版社,2018 年。

［21］冯惟讷《古诗纪》

冯惟讷(1513—1572),字汝言,别号少洲。青州临朐(今山东青州)人,嘉靖戊戌(1538)进士,官至陕西右布政使,致仕时朝廷特进光禄寺卿。著有《风雅广逸》《楚辞旁注》《选诗约注》《汉魏六朝诗纪》《文献通考纂要》《唐音翼》《杜律删注》《冯光禄诗集》等,生平详余继登《光禄寺卿冯公惟讷墓志》(《国朝献征录》)。

《古诗纪》原名《诗纪》,其前集十卷,收先秦古逸诗,正集一百三十卷,收汉至隋诗歌;外集四卷,收小说杂记中的诗;别集十二卷,收对古诗的评论。嘉靖、万历时两次刊刻,也通称为《古诗纪》(《古文献学讲义》)。民国时丁福保编《全汉三国晋南北朝诗》、近人逯钦立编《先秦汉魏晋南北朝诗》皆以冯惟讷《古诗纪》作为基础。四库馆臣评价云:"时代绵长,采撷繁富,其中真伪错杂,以及牴牾舛漏,所不能无。故冯舒作《诗纪匡谬》以纠其失。然上薄古初,下迄六代,有韵之作,无不兼收。溯诗家之渊源者,不

书影 4 - 1 - 12:《诗纪》

明万历丙戌(1586)刻本,哥伦比亚大学东亚图书馆藏

能外是书而别求。固亦采珠之沧海、伐木之邓林也。厥后臧懋循《古诗所》、张之象《古诗类苑》、梅鼎祚《八代诗乘》,相继而出,总以是书为蓝本。"(《四库全书总目》)

- (明)焦竑:《国朝献征录》卷七一《光禄寺卿冯公惟讷墓志》,台北:台湾学生书局,1965年,第3073—3074页。
- 黄永年:《古文献学讲义》,第129页。
- (清)永瑢等:《四库全书总目》卷一八九《集部·总集类四》"《古诗纪》"条,第1716页。

[22]张溥《汉魏六朝百三家集》

张溥(1602—1641),初字乾度,后改字天如,号西铭,太仓(今江苏太仓)人。少嗜学,所读书皆抄录七遍,熟记后,即焚之,故其斋名"七录斋"。天启初,与同邑张采齐名,时称"娄东二张"。崇祯初,邀集郡中名士建复社,以复古学为宗旨。后中进士,授翰林院庶吉士。卒后,朝廷曾诏征其遗著,先后录上者凡三千余卷,主要有《四书注疏大全合纂》《汉魏六朝百三家集》《历代名臣奏议》《七录斋集合集》等(《张溥年谱》)。

《汉魏六朝百三家集》,一一八卷。该书由张溥辑编而成,后世多以辑佚目之,如《四库全书总目》云:"自冯惟讷辑《诗纪》,而汉魏六朝之诗汇于一编;自梅鼎祚辑《文纪》,而汉魏六朝之文汇于一编;自张燮辑《七十二家集》,而汉魏六朝之遗集汇于一编。溥以张氏书为根柢,而取冯氏、梅氏书中其人著作稍多者,排比而附益之,以成是集。卷帙既繁,不免务得贪多,失于限断,编录亦往往无法,考证亦往往未明……溥所撰述,惟删定《名臣奏议》及此编为巨帙。《名臣奏议》去取未能尽允,此编则元元本本,足资检核。溥之遗书,固应以此为最矣。"梁启超指出不足:"晚明张溥之《汉魏百三家集》,事实

书影4-1-13:《汉魏六朝百三家集》

明娄东张氏刻本,故宫博物院藏(中国国家图书馆、中国国家古籍保护中心编:《第三批国家珍贵古籍名录图录》[第七册],国家图书馆出版社,2012年,第140页)

上什九皆由衰辑而成,亦可谓之辑佚。但其书不注明出处,又各家皆题为'某人集',而其人或本无集,其集名或并不见前代著录。任意锡名,非著述之体也。"(《中国近三百年学术史》)利用时应当留意。

> ·蒋逸雪:《张溥年谱》,济南:齐鲁书社,1982年,第1—59页。
> ·(清)永瑢等:《四库全书总目》卷一八九《集部·总集类四》"《汉魏六朝一百三家集》"条,第1723、1724页。
> ·梁启超著,夏晓虹、陆胤校:《中国近三百年学术史(新校本)》,第321页。

[23] 胡震亨《唐音统签》

胡震亨(1569—1645),浙江海盐人。原字君鬯,后改字孝辕,自号赤城山人,学者称赤城先生,晚年自号遁叟。官至兵部职方司员外郎,人亦称之为"胡职方"。家富藏书,与汲古阁主人毛晋过往甚密。著述有《靖康盗鉴录》《读书杂录》《秘册汇函》《续文选》《唐音统签》等(《胡震亨的家世生平及其著述考略》)。

书影4-1-14:《唐音统签》卷五七六

清康熙二十五年(1686)胡氏南益堂刻本,何焯批校(陈先行:《打开金匮石室之门:古籍善本》,上海:上海文艺出版社,2003年,第257页)

《唐音统签》一〇三三卷。书成于万历以后,分甲乙丙丁等十签,甲帝王,乙初唐,丙盛唐,丁中唐,戊晚唐及余闰,己三唐杂诗,庚僧、道士、宫闺、外夷,辛乐章、杂曲、填词、歌谣谚语、谐谑、谜、酒令、章咒、偈颂,壬仙、神、鬼、梦、物怪,癸体凡、法微、评汇、乐道、诂笺、谈丛、集录。故宫藏有全部,其中甲乙戊癸及丙之卷八七至九二、九六至一七一、丁之卷二一二为刻本,其余由范希仁在清初据原稿抄配。但即使甲乙签的刻本外间也无流传,有刻本流传的是集晚唐及余闰的戊签和集诗话等的癸签。此书后来成为清人修《全唐诗》的依据之一,而诗话等是不收进《全唐诗》的,所以该单行的《唐音癸签》颇为研治唐诗者所重视(《古文献学讲义》)。

> ・周本淳：《胡震亨的家世生平及其著述考略》，《杭州大学学报》1979 年第
> 4 期。
> ・黄永年：《古文献学讲义》，第 129 页。

清人辑佚的成绩

　　清代是辑佚事业的鼎盛时期，其原因仍系于当时的学术气候。所谓乾嘉学派，就是在文献考订的基础上对古代社会、历史、地理以至文字、音韵、训诂等作探讨，所取得的巨大成绩可说为今天研究我国古代文史哲奠定了结实的基础。现存的古籍不够用，就需要在辑佚上花气力下功夫，让已经失传了的多少地复活起来，多则大体接近原书的全貌，少也片段地呈现本来的面目。对此梁启超《中国近三百年学术史》的"清代学者整理旧学之总成绩"中有专章详述[24]，这里限于篇幅，只能有重点地作介绍。

【旁征】

[24]　**梁启超《中国近三百年学术史》**

　　梁启超，见本书"校勘"篇旁征[53]。

　　《中国近三百年学术史》，该书为 1923 年秋至 1924 年春夏间，梁启超在清华等校讲授"中国近三百年学术史"的讲义，共有十六讲，主要介绍了清代学术变迁之大势及其在文化上所贡献的分量与价值。第十四讲"清代学者整理旧学之总成绩（二）——校注古籍、辨伪书、辑佚书"，简要回顾了辑佚的历史，并对清代学者辑佚成绩进行了肯定。其中谈道："书籍递擅散亡，好学之士，每读前代著录，按索不获，深致慨惜，于是乎有辑佚之业。最初从事于此者为宋之王应麟，辑有《三家诗考》《周易郑氏注》各一卷，附刻《玉海》中，传于今。明中叶后，文士喜摭拾僻书奇字以炫博，至有造伪书以欺人者。则有孙毂辑《古微书》，专搜罗纬书佚文，然而范围既隘，体例亦复未善。入清而此学遂成专门之业。"清代的辑佚成就斐然，有王谟《汉唐地理书钞》、黄奭《汉学堂丛书》、马国翰《玉函山房辑佚书》等代表作，因此辑佚学成了"专门之业"而为清代学者所重视。梁启超还提出了鉴定辑佚书优劣的四个标准，现胪列如下：

　　（一）佚文出自何书，必须注明；数书同引，则举其最先者。能确遵此例者优，否者劣。（二）既辑一书，则必求备。所辑佚文多者优，少者劣。例如《尚书大传》陈辑优于卢、孔辑。（三）既须求备，又须求真。若贪多而误认他书为本书佚文则劣。例如秦辑《世本》劣于茆、张辑。（四）原书篇第有可整理者，极力整理，求还其书本来面目。杂乱排列者劣。例如邵二云辑《五代史》，功等新编，故最优。——此外更当视原书价值何

如。若寻常一俚书或一伪书,搜辑虽备,亦无益,费精神耳。

- 梁启超著,夏晓虹、陆胤校:《中国近三百年学术史(新校本)》,北京:商务印书馆,2011年,第313、323页。

值得一提的是,梁启超提出的辑佚优劣之标准,影响极大。后来学者凡言及辑佚之标准,皆在此基础之上不断进行总结与发挥,可参详顾力仁、曹书杰著作中的相关论述。

- 顾力仁:《永乐大典及其辑佚书研究》,台北:文史哲出版社,1985年,第252—254页。
- 曹书杰:《中国古籍辑佚学论稿》,第293页。

首先仍是经部书,因为乾嘉学派研究的出发点仍是经学。他们不满意宋、元人的经注,也不满足唐、宋人的正义和疏,而要探讨汉人的古文经学以至今文经学。好在正义和疏里还保存了不少佚文佚说,还有一部唐人李鼎祚的《周易集解》[25],收入了汉代各家《易》说可供他们搜辑,因而成绩着实可观。著称的如张惠言的《周易虞氏义》[26]、孙星衍的《尚书今古文注疏》[27]、陈乔枞的《今文尚书经说考》[28]、陈寿祺的《三家诗遗说考》[29]、李贻德的《春秋左传贾服注辑述》[30]、刘文淇父子祖孙三世撰著的《春秋左氏传旧注疏证》[31],都已成为公认的经学名著。因为他们不仅辑佚文佚说,在此基础上还从事疏说,有本领把失传了的学说也使之复活。这可以说是最高层次的辑佚。

【旁征】

[25] 李鼎祚《周易集解》

李鼎祚,资州(今四川资中)人,唐天宝以后的著名易学家,任官秘书省著作郎。曾辑梁元帝及陈乐产、唐吕才之书,推演六壬五行,撰著有《连珠明镜式经》《周易集解》等。

《周易集解》为李鼎祚蒐辑虞翻、荀爽三十余家《易》注而成的易学名作。《新唐书·艺文志》称“李鼎祚集注《周易》十七卷”,《郡斋读书志》称“《李氏集解》十卷”,《直斋书录解题》称“《周易集解》十卷”,可见,对于书名与卷数的记载历来有差异。鉴于此,《四库全书总目》云“盖篇帙分合,无关宏旨,固不必一一追改也”。该书主要保存了部分隋、唐以前诸家《易》注,对后人探见往圣之绝学,契悟三古之义理、三圣之幽赜有着重要价值(《〈周易集解〉导读》)。后世著录者对此书的价值亦有揭示,陈振孙云:“凡隋、唐以前《易》家诸书逸不传者,赖此尤见其一二。"(《直斋书录解题》)四库馆臣指出:"其书仍用王弼本,惟以《序卦传》散缀六十四卦之首,盖用毛诗分冠小序之例。所采凡子夏、孟喜、焦赣、京房……三十五家之说。自序谓刊辅嗣之野文,补康成之逸象。盖王学既盛,汉易遂亡,千百年后学者,得考见画卦之本旨者,惟赖此书之存耳,是真可宝之古笈也。"(《四库全书总目》)

自宋至清,该书有十卷本和十七卷本两个系统。十卷本系统中只有宋刻和明万历沈士龙、胡震亨辑刻《秘册汇函》本。十七卷本系统则有明嘉靖三十六年(1557)朱睦㮮聚乐堂刻本、明末毛氏汲古阁刻《津逮秘书》本、清乾隆修《四库全书》本、清乾隆二十一年(1756)卢见曾刻《雅雨堂丛书》本、清嘉庆十年(1805)张海鹏辑刻《学津讨原》本、清嘉庆二十三年(1818)周氏枕经楼刻本、清同治十二年(1873)粤东书局刻《古经解汇函》本、《丛书集成初编》本等(《唐李鼎祚〈周易集解〉略考》)。2016 年中华书局出版了点校本。

书影 4-1-15:《周易集解》卷一

明汲古阁刻本,胡贵平藏(《第二批河北省珍贵古籍名录图录》编委会编:《第二批河北省珍贵古籍名录图录》,石家庄:河北人民出版社,2017 年,第 19 页)

- (宋)欧阳修、宋祁:《新唐书》卷五七《艺文志》,第 1426 页。
- (宋)晁公武撰,孙猛校证:《郡斋读书志校证》,第 18 页。
- (宋)陈振孙撰,徐小蛮、顾美华点校:《直斋书录解题》,第 5 页。
- (清)永瑢等:《四库全书总目》卷一《经部·易类一》"《周易集解》"条,第 3、4 页。
- 张文智:《〈周易集解〉导读》,济南:齐鲁书社,2005 年,第 14 页。
- 李致忠:《唐李鼎祚〈周易集解〉略考》,《文献》2010 年第 4 期。
- (唐)李鼎祚撰,王丰先点校:《周易集解》,北京:中华书局,2016 年。

[26] 张惠言《周易虞氏义》

张惠言(1761—1802),字皋闻(一字皋文),江苏武进(今江苏常州)人。因书斋名

书影 4-1-16:《周易虞氏义》卷一

清嘉庆八年(1803)扬州阮元琅環仙馆原刻本(黄永年、贾二强撰集:《清代版本图录(三)》,杭州:浙江人民出版社,1997年,第 30 页)

茗柯堂,学者称茗柯先生。"少受《易经》,即通大义。年十四为童子师,修学立行,敦礼自守,人皆称敬"。嘉庆四年(1799)进士,改庶吉士,充实录馆纂修官。六年,授翰林院编修。著有《周易虞氏义》《虞氏消息》《虞氏仪礼》《周易郑荀义》《茗柯文》等。《清史稿》卷四八二有传,生平另详恽敬《张编修惠言墓志铭》(《碑传集》)。

《周易虞氏义》九卷。唐李鼎祚撰辑《周易集解》,所蒐辑虞翻注最详,张惠言则以此虞翻注为基础,承惠栋之绪"潜心探索","三年乃通要领,成《虞氏消息》,又章解句释,成《虞氏义》"。阮元评云"然非虞氏无以知消息之旨,非先生亦无以知虞氏之旨"(《周易虞氏义》后序)。梁启超指出张惠言"把虞仲翔一家学问,发挥尽致。别家作为附庸,分别搜择,不相杂厕"(《中国近三百年学术史》)。柯劭忞云:"自此书刊行,惠言之学遂大行于世。其后曾钊撰《虞氏易笺》,拾遗补缺,往往摘惠之违失,要不过循途守辙,小有补苴,视茗柯汲古之勤,不可同日而语矣。"(《续修四库全书总目提要》)由于张惠言早卒,是书后由阮元刊行,版本主要有嘉庆八年(1803)扬州阮元琅環仙馆刻本(见书影 4-1-16)、道光九年(1829)广东学海堂刻本等。

· 赵尔巽等:《清史稿》卷四八二《张惠言传》,第 13241—13242 页。

· (清)钱仪吉纂,勒斯标点:《碑传集》卷五一《韩詹下之下》,北京:中华书局,1993 年,第 1461—1462 页。

· (清)张惠言著,刘大钧校点:《周易虞氏义》后序,北京:北京大学出版社,2012 年,第 5、6 页。

· 梁启超著,夏晓虹、陆胤校:《中国近三百年学术史(新校本)》,第 219 页。

· 中国科学院图书馆整理:《续修四库全书总目提要·经部》"周易虞氏义九卷"条,柯劭忞撰,北京:中华书局,1993 年,第 76 页。

[27] 孙星衍《尚书今古文注疏》

孙星衍,见本书"底本"篇旁征[14]。

《尚书今古文注疏》三十卷,其中经文二九卷,书序一卷。关于该书的撰著情况,孙星衍自序云:"遍采古人传记之涉《书》义者,自汉魏迄于隋唐。不取宋已来诸人注者,以其时文籍散亡,较今代无异闻,又无师传,恐滋臆说也。又采近代王光禄鸣盛、江徵君声、段大令玉裁诸君《书》说,皆有古书证据,而王氏念孙父子尤精训诂。但王光禄用郑注,兼存《伪传》,不载《史记》《大传》异说。江氏篡写经文,又依《说文》改字,所注《禹贡》,仅有古地名,不便学者循诵。段氏《撰异》一书,亦仅分别今古文字。及惠氏栋、宋氏鉴、唐氏焕,俱能辨证《伪传》。庄进士述祖、毕孝廉以田,解经又多有心得。合其所长,亦孔氏云'质近代之异同,存其是而削烦增简'者也。为书始自乾隆五十九年,迄于嘉庆廿年。"该书历二十二年之研究,博稽慎择,在诸多方面超越了前人,是乾嘉时期《尚书》学研究水平的总结性著作。皮锡瑞指出治《尚书》当先看孙星衍《尚书今古文注疏》,该书"于今、古说搜罗略备,分析亦明……优于江、王,故王懿荣请以立学"(《经学通论》)。对其推重,由此可见一斑。

书影4-1-17:《尚书今古文注疏》卷三
2010年凤凰出版社影印《平津馆丛书》本

- (清)孙星衍撰,陈抗、盛冬铃点校:《尚书今古文注疏》序,北京:中华书局,2003年,第1—3页。
- 皮锡瑞:《经学通论》卷一《书经》,北京:中华书局,1954年,第103页。

[28] 陈乔枞《今文尚书经说考》

陈乔枞(1809—1869),陈寿祺之子,字朴园,一字树滋,福建侯官(今福建福州)人。"道光五年举人,二十四年以大挑知县分发江西。历官分宜、弋阳、德化、南城诸县,署袁州、临江、抚州知府。以经术饰吏治,居官有声。同治七年,卒于官,年六十一。"家学相承,撰著有《今文尚书经说考》《尚书欧阳夏侯遗说考》《齐诗翼氏学疏证》《三家诗遗说考》等。所辑之书,汇刻为《小琅環馆丛书》(又称《左海续集》)。谢章铤撰《左海后人朴园陈先生墓志铭》云其"远与两汉大师相羽翼……论者谓自元和惠氏三世传《易》、高邮王氏父子明小学之外,盖莫与抗手焉"(《谢章铤集》)。《清史稿》卷四八二有传。

《今文尚书经说考》为陈乔枞继承其父遗业而成。在《尚书》学方面,此前阎若璩、惠栋、江声、王鸣盛、段玉裁、孙星衍等皆有成就,或致力于黜伪存真,或集中于考寻古注,或注目于今古文文字区分,然而对今文《尚书》的欧阳、大小夏侯经说,皆未深考。在此学术背景之下,陈乔枞秉持庭训,于同治元年(1862)撰成《今文尚书经说考》三十四卷。不仅汇录两汉传习今文《尚书》的经师传记,且在《尚书》每条经文之下,详列今文经说,如遇异文则并存,各自疏通,不相淆乱。经过千余年的沉没,汉代的今文《尚书》在此书中得到恢复。在《尚书》学史上,陈寿祺、陈乔枞父子的巨大贡献不可磨灭(《咸承师法:陈寿祺、陈乔枞经学研究的特质与意义》)。《左海后人朴园陈先生墓志铭》云:"其《今文尚书经说考》谓二十九篇今文具存,十六篇既无今文可考,遂莫能尽通其义,凡古文《易》《书》《诗》《礼》《论语》《孝经》所以传,悉由今文为之先驱,今文所无辄废,向微伏生则万古长夜矣。欧阳、大小夏侯各守师法,苟能得其单辞片义,以寻千百年不传之绪,则今文之维持圣经于不坠者,岂浅鲜哉! 凡先生所论列,实事求是类如此。"(《谢章铤集》)

> • 赵尔巽等:《清史稿》卷四八二《陈乔枞传》,第 13248 页。
> • 赵四方:《咸承师法:陈寿祺、陈乔枞经学研究的特质与意义》,《历史教学问题》2019 年第 5 期。
> • (清)谢章铤著,陈庆元、陈昌强、陈炜点校:《谢章铤集》,长春:吉林文史出版社,2009 年,第 67—68 页。

[29] 陈寿祺《三家诗遗说考》

陈寿祺(1771—1834),字恭甫,闽县(今福建福州)人。嘉庆四年(1799)进士,选翰林院庶吉士,散馆授编修。十四年京察一等,记名御史。父没奔归,服除乞养。母没终丧,有密荐于朝者,不出。主讲书院以终,有《尚书大传辑校》八卷,又有《三家诗遗说》,由其子续成三种《遗说考》。《清史稿》卷四八二、《清史列传》卷六九有传。

《三家诗遗说考》共十五卷,由陈乔枞继承其父遗志完成,包括《鲁诗遗说考》六卷、《齐诗遗说考》四卷、《韩诗遗说考》五卷,每部书前皆有一篇《自序》《叙录》。该书先由陈寿祺辑录,后由陈乔枞进行增补,历经二十余年次第成书。此书可谓三家《诗》辑佚的扛鼎之作,征辑文献乃至采撷条目的数量,都是三家《诗》中最多者。王先谦《诗三家义集疏》序例亦云:"抚今者溯往事而不平,望古者睹遗文而长叹,是以穷经之士讨论三家遗说者,不一其人,而侯官陈氏最为详洽。"该书问世后,标志着三家《诗》辑佚已具规模,后续虽有学者对其增补,亦仅寥寥数条而已。

- 赵尔巽等:《清史稿》卷四八二《陈寿祺传》,第13246—13248页。
- (清)王先谦撰,吴格点校:《诗三家义集疏》序例,北京:中华书局,1987年,第5页。

[30] 李贻德《春秋左传贾服注辑述》

李贻德(1783—1832),字天彝,号次白,又自号杏邨,浙江嘉兴人。幼有奇童之目,年十八,补诸生。嘉庆二十三年(1818)举人。其"为人仁直通敏,敦气节,其学无所不综贯"(《李次白墓志铭》)。著有《春秋左传贾服注辑述》《诗考异》《诗经名物考》《周礼剩义》《十七史考异》《揽青阁诗抄》《梦春庐诗》等。《清史稿》卷四八一、《清史列传》卷六九有传。

《春秋左传贾服注辑述》二十卷。该书继承前儒之经验与成果,专宗贾逵、服虔两家,分"辑"与"述"两部分。所谓"辑",就是对贾、服旧注的辑佚;"述"则是运用"疏"的形式,对所辑贾、服注逐一予以疏解。李氏依据旧注而不专守一家,所辑存贾、服旧注的数量,与同时期其他学者相较,不相上下,然在贾、服旧注的甄别取舍方面,则更加精审。不论辑存旧注,或疏释贾、服,或匡补杜、孔,都能汲取既有的说法,荟萃众家,冶为一炉(《清代汉学与左传学:从"古义"到"新疏"的脉络》)。《清史稿》评"其书援引甚博,字比句栉,于义有未安者,亦加驳难。虽使冲远(孔颖达)复生,终

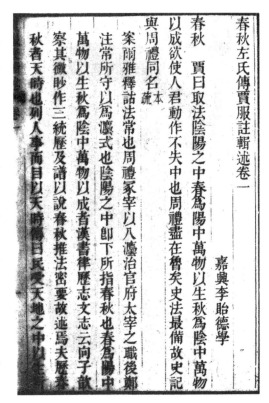

书影4-1-18:《春秋左氏传贾服注辑述》卷一

清同治五年(1866)刻本(黄永年、贾二强撰集:《清代版本图录(五)》,杭州:浙江人民出版社,1997年,第4页)

未敢专树征南(杜预)之帜而尽弃旧义也"。

> ·(清)李贻德:《春秋左传贾服注辑述》,上海:上海古籍出版社《续修四库全书》经部春秋类第0125册影印余姚朱氏本,2002年,第390页。
> ·张素卿:《清代汉学与左传学:从"古义"到"新疏"的脉络》,台北:里仁书局,2007年,第253页。
> ·赵尔巽等:《清史稿》卷四八一《李贻德传》,第13227页。

[31] 刘文淇《春秋左氏传旧注疏证》

刘文淇(1789—1854),字孟瞻,仪征(今江苏扬州)人。嘉庆二十四年(1819)优贡生,"研精古籍,贯串群经",辑成《春秋左氏传旧注疏证》八十卷,另有《左传旧疏考证》六卷、《扬州水道记》四卷、《读书随笔》二十卷、《文集》十卷、《诗》一卷。生平载丁宴撰《刘文淇墓志》(《北京大学图书馆藏徐国卫捐赠石刻拓本选编》),《清史稿》卷四八二、《清史列传》卷六九有传。

《春秋左氏传旧注疏证》为刘文淇、刘毓崧、刘寿曾祖孙数代治《左传》的成果汇编,其先列左传原文,将旧注列于相关语句之下,然后加以疏证。若无旧注者,则直接加以疏证。《清史稿》载刘文淇"于毛、郑、贾、孔之书及宋、元以来通经解谊,博览冥搜,折衷一是。尤肆力《春秋左氏传》,尝谓左氏之义,为杜注剥蚀已久,其稍可观览者,皆系袭取旧说。爰辑《左传旧注疏证》一书,先取贾、服、郑三君之注,疏通证明。凡杜氏所排击者纠正之,所剿袭者表明之。其沿用韦氏《国语注》者,亦一一疏记。他如《五经异义》所载左氏说,皆本左氏先师;《说文》所引《左传》,亦是古文家说;《汉书·五行志》所载刘子骏说,实左氏一家之学;经疏、史注、《御览》等书所引《左传》注不载姓名而与杜注异者,皆贾、服旧说。凡若此者,皆称为旧注,而加以疏证。其顾、惠《补注》及近人专释《左氏》之书,说有可采,咸与登列。未始下以己意,定其从违。上稽先秦诸子,下考唐以前史书,旁及杂家笔记、文集,皆取为证佐。期于实事求是,俾左氏之大义炳然著明。草创四十年,长编已具,然后依次排比成书,为《左氏旧注疏证》"。该书汇集当朝众家之说,对于典章制度、服饰器物、姓氏地理、古历天算、日食晦朔、鸟兽虫鱼等详加疏证,撷取一代经说之菁华,成为清代《左传》学集大成之作(《清代扬州学派经学研究》)。

> ·赵尔巽等:《清史稿》卷四八二《刘文淇传》,第13274—13275页。
> ·胡海帆、汤燕编:《北京大学图书馆藏徐国卫捐赠石刻拓本选编》,上海:上海人民出版社,2007年,第41页。

> ·刘建臻：《清代扬州学派经学研究》，南京：江苏人民出版社，2018 年，第 412 页。

经学研究涉及先秦古史，因而也有人从事《古本竹书纪年》[32] 和《世本》[33] 这两部佚书的搜辑，因为《史记》的三家注以及《太平御览》等类书里还引用了《纪年》和《世本》的若干文字。成绩最好的是朱右曾的《汲冢纪年存真》，后来王国维在此基础上撰成《古本竹书纪年辑校》[34]。《世本》的辑本有好几家，以茆泮林[35]、张澍[36] 两家较为翔实。

【旁征】

[32]《古本竹书纪年》

《竹书纪年》是战国时魏国史官所记的编年史，叙事上起夏商，下讫魏襄王二十年（前 299），具有极其重要的史料价值。原书西晋初年出土，经过多次整理，曾有多种不同的整理本（《王国维先生之〈竹书纪年〉研究平议》）。此书在《隋书》《旧唐书》之《经籍志》、《新唐书·艺文志》著录仍称之为《纪年》，《郡斋读书志》《直斋书录解题》均不见著录，当在南北宋之际失传，后明人刊刻《竹书纪年》二卷。清代以后，学者们开始怀疑此二卷《竹书纪年》当非汲冢原书，而是明人伪造。清道光中，朱右曾开始从古书中重辑《竹书纪年》文字，编为《汲冢纪年存真》，于是，凡从唐宋以前古书中辑出的《纪年》文字，被称为《古本竹书纪年》，而世传的二卷本《竹书纪年》则被称为《今本竹书纪年》。《古本竹书纪年》的价值，在于提供了可靠的魏国史记录，可以补正《史记》战国部分的脱误，为研治战国史者所重视（《古文献学讲义》）。

> ·陈力：《王国维先生之〈竹书纪年〉研究平议》，《文献》2022 年第 2 期。
> ·黄永年：《古文献学讲义》，第 47 页。

[33]《世本》

《世本》为先秦史官依据当时的传说与文献编纂而成的重要史籍。是西周以至战国的史官相继而成的著作。主要记载从黄帝至春秋时代诸侯大夫的氏姓、世系、都邑、谥法等。《汉书·艺文志》云"《世本》十五篇"，后在流传过程中不断散佚，至宋时已佚。最早辑录《世本》者应推南宋高似孙，然其辑本今已不存。清代又有数十家学者辑佚整理《世本》，现存清人辑本共八种，有王谟辑本（汉魏遗书钞）、孙冯翼辑本（问经堂丛书）、陈其荣补订孙本（槐庐丛书）、秦嘉谟《世本辑补》（琳琅仙馆刊本）（秦氏《世本辑补》实出洪饴孙手，洪卒后被秦氏冒名付梓，参李兆洛《三国职官表》序）、张澍粹集补注本（二酉堂丛书）、雷学淇辑本（畿辅丛书）、茆泮林辑本（十种古逸书）、王梓材《世本集览》（四明丛书。仅有序、目、通论、缘起、无正文)(《世本八种》出版说明)。其中以茆泮林和张澍二家辑本最为翔实。1957 年商务印书馆把这些辑本汇编为《世本八种》出版,2008 年中华书局又据此影印出版。

> • (汉)班固撰;(唐)颜师古注:《汉书》卷三〇《艺文志》,北京:中华书局,
> 1962 年,第 1714 页。
> • 洪饴孙:《三国职官表(一)》序,上海:商务印书馆,1937 年,第 3 页。
> • (汉)宋衷注;(清)秦嘉谟等辑:《世本八种》出版说明,上海:商务印书馆,
> 1957 年,第 1—5 页。

[34] 朱右曾《汲冢纪年存真》、王国维《古本竹书纪年辑校》

朱右曾(1799—1858),字尊鲁,江苏嘉定人。道光十八年(1838)进士,改翰林院庶吉士,散馆授编修,后任徽州知府。其"覃思著述,精于训诂、舆地之学",撰著有《周书集训校释》一〇卷、《诗地理征》若干卷、《春秋左传地理征》二〇卷、《春晖轩古文》四卷、《吟草》八卷。《清史列传》卷六九有传。

鉴于《古本竹书纪年》亡佚不传,朱右曾从《史记索隐》《水经注》《太平御览》等古籍中搜辑佚文,一一注其出处,考其异同,遂编成《汲冢纪年存真》。关于撰著该书之详情,朱右曾自序云:"仆少读《孟子》,致疑于伐燕之事。及观《通鉴》增年求合,又病其凿空。乃取《史记索隐》所引《纪年》之文,排比类次,而后涣然冰释,曰:'此非《孟子》之误,乃史迁之误,而唐、宋以来儒者读书之鲁莽也。'于是广搜故册,撷拾丛残,录为一帙,注其所出,考其异同,附以芜说。名之曰'汲冢纪年存真'。"(《古本竹书纪年辑校订补》附录"朱右曾本原序")

> • 佚名撰,王锺翰点校:《清史列传》卷六九《朱右曾传》,第 5646 页。
> • 范祥雍订补:《古本竹书纪年辑校订补》附录"朱右曾本原序",上海:上海古籍出版社,2018 年,第 102 页。

王国维(1877—1927),字静安,号观堂,浙江海宁人。清末曾留学日本,晚年担任清华大学研究院教授。王氏曾对古、今《竹书纪年》有过一定的研究,在朱右曾所辑《汲冢纪年存真》的基础上再事增补,撰成《古本竹书纪年辑校》一卷(同时撰成《今本竹书纪年疏证》),自序云:"嘉定朱氏右曾复专辑古书所引《纪年》,为《汲冢纪年存真》二卷,顾其书传世颇希。余前在上虞罗氏大云书库假读之,独犁然有当于心。丁巳二月,余既作《殷先公先王考》毕,思治此书,乃取《今本纪年》一一条其出处,注于书眉。既又

假得朱氏辑本,病其尚未详备,又所出诸书异同亦未尽列,至其去取亦不能无得失。乃取朱书为本,而以余所校注者补正之,凡增删改正若干事。"王国维共得佚文 428 条,为最佳《竹书纪年》辑本(《中国古籍辑佚学论稿》)。此后,在王国维辑补的基础之上,又出现了一些代表性研究成果,如范祥雍《古本竹书纪年辑校订补》和方诗铭、王修龄《古本竹书纪年辑证》。

> • 王国维撰,黄永年校点:《古本竹书纪年辑校》自序,沈阳:辽宁教育出版社,1997 年,第 1 页。
> • 曹书杰:《中国古籍辑佚学论稿》,第 219 页。

[35] 茆泮林

茆泮林,字鲁山,号霅水,江苏高邮人,道光间诸生。辑有《十种古逸书》(包括《世本》《楚汉春秋》《古孝子传》《伏侯古今注》《淮南万毕术》《计然万物录》《三辅决录》《庄子注》《元中记》《唐月令注》),颇为精善,其中《世本》尤为诸家辑本之最。《清儒学案》卷一八〇有传。

书影 4 - 1 - 19:《十种古逸书·世本》

清道光十四年(1834)梅瑞轩刻本,上海图书馆藏

　　• 徐世昌等编纂,沈芝盈、梁运华点校:《清儒学案》卷一八〇《茆泮林传》,北京:中华书局,2008 年,第 6979 页。

[36] 张澍

　　张澍(1781—1847),字时霖,一字伯瀹,号介侯,甘肃武威人。嘉庆四年(1799)进士,入翰林院充实录馆纂修。散馆后出任贵州、四川、江西等省十余县知县。在清代专注辑佚的学者中,张澍以辑佚西北乡土佚著为其特色,别具一格。《清史稿》载其"务博览经史,皆有纂著。游迹半天下,诗文亦富。留心关、陇文献,蒐辑刊刻之。纂《五凉旧闻》《三古人苑》《续黔书》《秦音》《蜀典》,而《姓氏五书》尤为绝学。自著诗文外,又有《诗小序翼》《说文引经考证》"。辑佚成果收入自刻的《二酉堂丛书》(见书影 4-1-20),总目凡三十五种,其中已刻者二十一种,存目待刻者十四种。另所辑诸葛亮《诸葛忠武侯文集》四卷,嘉庆十七年单独刊行。《清史稿》卷四八六有传。

　　• 赵尔巽等:《清史稿》卷四八六《张澍传》,第 13408 页。

书影 4-1-20:张澍辑《世本》卷一
清道光元年(1821)二酉堂刻本

　　这些都是学者个人的工作,乾隆时纂修《四库全书》,还由官方做了一次大规模的辑佚工作,即从《永乐大典》中辑出了大批已经佚失的古籍。据当时孙冯翼《四库全书辑永乐大典本书目》[37] 的统计,经部著录的有七十种,另存目九种,史部著录四十一种,存目三十七种,子部著录一百零一种,存目七十一种,集部著录一百七十五种,存目十种。其中有好些并收入《武英殿聚珍版丛书》[38],使之广为流通。众所周知,《永乐大典》后来经盗窃并八国联军的焚毁,如今残余的经中华书局影印仅存极少一部分,如果当时不凭此作大规模辑佚,这几百种古籍岂不将永远佚失,这确可说是纂修《四库全书》的一大功绩。这些辑出的古籍中最重要自是《旧五代史》了,从史料丰富这点来讲它实在胜过欧阳修的《新五代史》,利用《永乐大典》以及大类书《册府元龟》

把它搜辑出来，可以大体接近原来的面貌，使本来只有《二十三史》的纪传体正史成了《二十四史》，使研究五代史获得了一个史料宝库。再一个研究北宋历史的史料宝库是李焘的《续资治通鉴长编》[39]，也是佚失后这次从《永乐大典》里辑出来的。还有集部中辑出的许多宋人诗文集，从文学角度讲似乎没有太多的价值，今天讲文学史、宋代文学史时连作者姓名都不一定会提到，无怪乎当年会被自然淘汰，可其中保存了许多史料，对研究宋史大有用处。例如历史上的宋江究竟有没有投降，一向众说纷纭，《中华文史论丛》1981年第1辑上发表的马泰来《从李若水的〈捕盗偶成〉诗论历史上的宋江》一文，就是从《四库全书》里的李若水《忠愍集》[40]找到了记述宋江接受招安投降朝廷的《捕盗偶成》七言古诗，解开了这个疑团，而这个《忠愍集》正是从《永乐大典》辑出来的。另外，子部辑出的若干古数学书，填补了讲我国古代数学的不少空白，也很有价值。《四库全书》纂修完成后利用《永乐大典》辑佚的工作仍零星地进行着，如徐松就从《大典》中抄出了宋代官修的《会要》，即今影印的大部头《宋会要辑稿》[41]；他所撰写的名著《唐两京城坊考》[42]中的洛阳部分，也是用从《大典》辑出的《元河南志》[43]为蓝本。

【旁征】

[37] 孙冯翼《四库全书辑永乐大典本书目》

孙冯翼，字凤卿，奉天承德人。其父孙日秉（1732—1802），与孙星衍过从甚密。孙冯翼辑佚，颇受孙星衍影响。所辑经、传、子、史方面古佚书十四种（含与孙星衍、宋翔凤合辑者），嘉庆间编入自刻的《问经堂丛书》（《清代考据学》）。

《四库全书辑永乐大典本书目》一卷，孙冯翼编。主要分类记载从《永乐大典》中辑出而著录于《四库全书》及其存目中的书籍名称、卷数、撰者。书前有金毓黻序与自序。据该书目所载：经部著录七十种，存目九种；史部著录四十一种，存目三十八种；子部著录一百二种，存目七十一种；集部著录一百七十五种，存目十种。所"著录之书凡三百八十八种，入存目者凡一百二十八种，都凡五百十六种"。现有《辽海丛书》本和《丛书集成续编》本。

需要重视的是，对于《四库全书》所辑"永乐大典本"书籍的数量，历来有争议，曹书杰对此专门进行了梳理与研究（《〈四库全书〉采辑"永乐大典本"数量辨》），其将各家记载统计如下：

	总计	著录					存目				
		小计	经	史	子	集	小计	经	史	子	集
四库总目	?	385	66	41	103	75					
李岳瑞	700余										

	总计	著　录					存　目				
		小计	经	史	子	集	小计	经	史	子	集
梁启超	375										
郭伯恭	512	385					127				
郭伯恭	516	389					127				
郭伯恭	514	385					129				
李宗邺	385										
李宗邺	700 余										
大汉和辞典	492										
缪荃孙	473	367	65	36	98	168	106	8	33	58	7
孙冯翼	516	388	70	41	102	175	128	9	38	71	10
赵万里	515	388	70	42	101	175	127	8	38	71	10
郝庆柏	518	389	70	41	103	175	129	9	38	72	10

正文"经部著录的有七十种，另存目九种，史部著录四十一种，存目三十七种，子部著录一百零一种，存目七十一种，集部著录一百七十五种，存目十种"，合计为五百一十四种"，与上表所列皆有差异。程千帆曾在杭州书肆所获《四库全书辑永乐大典本书目》钞本一卷，跋云："今综核全书，则经部七十种，七百四十七卷，又存目九种，三十四卷；史部四十一种，一千二百九十三卷，又存目三十七种，一百八十四卷；子部一百一种，五百四十九卷，又存目七十一种，三百三十三卷；集部一百七十五种，二千四百一十九卷，又存目十种，六十七卷。大凡四部著录三百八十七种，五千零八卷，又存目一百二十七种，六百一十八卷。合计五百一十四种，五千六百二十六卷。"（《程千帆全集》第七卷《闲堂文薮》）此记载与正文中的书目相合，由此可见，黄永年师当年所见之孙冯翼《四库全书辑永乐大典本书目》，或即上述程千帆所述同一版本。

- 孙钦善：《清代考据学》，北京：中华书局，2018 年，第 362 页。
- 曹书杰：《〈四库全书〉采辑"永乐大典本"数量辨》，《图书馆学研究》1986 年第 1 期，第 84 页。
- 程千帆：《程千帆全集》第七卷《闲堂文薮》，石家庄：河北教育出版社，2000 年，第 234 页。

[38]《武英殿聚珍版丛书》

清乾隆三十八年（1773），因《四库全书》编修告成的时日太长，诏令儒臣校辑《永乐大典》内之散简零编，并收访天下遗籍，以嘉惠来学。四库馆副总裁金简接旨后，初刻书四种，有《易纬》八种十二卷、《汉宫旧仪》二卷《补遗》一卷、《魏郑公谏续录》三卷、《帝范》四卷。其后鉴于所刻书目种类繁多且耗时长的问题，金简便设想改用木活字排印的方法，因此具折上奏："不惟所用版片浩繁，且逐部刊刻亦需时日，臣详细思维，莫若刻做枣木活字套版一分，刷印各种书籍，比较刊版工料，省简悬殊。"（《管四库全书刊刻等事务金简奏酌办活字书版并呈套板样式折》）乾隆对金简的建议甚为赏识，只是觉得"活字版"名不雅驯，御笔更名为"聚珍版"。从此武英殿木活字印书，一律称为"武英殿聚珍版"，成为中国书籍版本史上一个特定的名称。"武英殿聚珍版"先后刊印书籍一百三十四种，加上之前刊刻的四种，共刻书一百三十八种。其书多从《永乐大典》辑出，有江苏、江西、浙江、福建、广东等省多种重刻本（《古文献学讲义》）。

书影 4-1-21：《易纬》卷一

清乾隆三十八年（1773）武英殿刻本，天津图书馆藏（中国国家图书馆、中国国家古籍保护中心编：《第三批国家珍贵古籍名录图录》［第五册］，北京：国家图书馆出版社，2012 年，第 215 页）

- 中国第一历史档案馆编：《纂修四库全书档案》一二九《管四库全书刊刻等事务金简奏酌办活字书版并呈套板样式折》，上海：上海古籍出版社，1997 年，第 177 页。
- 黄永年：《古文献学讲义》，第 119 页。

[39]《续资治通鉴长编》

南宋李焘撰。记载北宋太祖至钦宗之间的史事。据《文献通考》所载李焘的进书状，包括《举要》《目录》多至一千零六十三卷，但《通考》著录则为《长编》一百六十八卷,《举要》六十八卷,其后颇多散佚,到清初只剩宋刻本一百七十五卷,修《四库全书》时再从《永乐大典》搜辑,编成今通行的五百二十卷本,徽、钦二宗朝惜告缺失。此书本是以续《通鉴》自任的,由于自谦,只说是续《通鉴》的"长编"。由于司马光撰修《通鉴》时,本是先抄集资料成为"长编",然后提炼,笔削成书,现在续鉴也称"长编",就表示仅抄集资料成为草稿,有待日后写定的意思。该书搜集资料十分丰富,且标明所引之书,因而极受研治北宋史事者重视(《古文献学讲义》)。

• 黄永年:《古文献学讲义》,第 49 页。

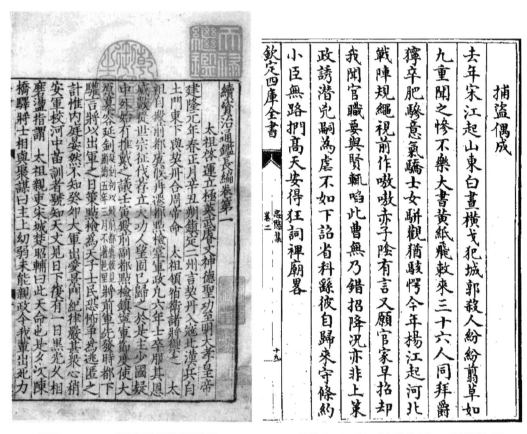

书影 4-1-22:《续资治通鉴长编》卷一

宋刻本,辽宁省图书馆藏(中国国家图书馆、中国国家古籍保护中心编:《第一批国家珍贵古籍名录图录》[第二册],北京:国家图书馆出版社,2008 年,第 190 页)

书影 4-1-23:《忠愍公》卷二《捕盗偶成》

1986 年台湾商务印书馆影印文渊阁《四库全书》本

[40] 李若水《忠愍集》与《捕盗偶成》诗

李若水(1093—1127),原名若冰,字清卿,洺州曲周(今河北曲周)人。历任太学博士、著作佐郎、礼部尚书、吏部侍郎等职,"若水"之名为宋钦宗所赐。靖康二年(1127),

从宋钦宗至金营，金人逼钦宗易常服，若水以死相抗，后为金人所害，年三十五。宋高宗即位，下诏曰："若水忠义之节，无与比伦，达于朕闻，为之涕泣。"特赠观文殿学士，谥曰忠愍，有《李忠愍公集》传世。《宋史》卷四四六有传。

《忠愍集》，即《李忠愍公集》。《直斋书录解题》载"《李忠愍集》十二卷，吏部侍郎临洺李若水清卿撰，后二卷为附录"，《宋史·艺文志》载"《李若水集》十卷"，《四库全书总目》云："考《书录解题》称后二卷为附录其死节时事。宋《志》盖但举其诗文，其实一也。"清乾隆年间诏修《四库全书》之际，原书已佚。四库馆臣从《永乐大典》蒐辑散见者，"掇拾编次，厘为三卷，以建炎时诰词三道附录于后"。现存最早版本为文渊阁与文津阁《四库全书》本，另北京大学图书馆、南京图书馆、中国国家图书馆、美国伯克莱加州大学东亚图书馆各藏清钞本一种，上海图书馆又藏民国二十八年（1939）钞本一种（《现存李若水〈忠愍集〉（三卷本）版本发覆》）。

正文中所云的《捕盗偶成》一诗，反映了宋江起义的历史事实和朝廷招安宋江的历史情形，作者李若水有可能即"捕盗"活动的参与者。该诗载《忠愍集》卷二（见书影4-1-23）。

• （元）脱脱等：《宋史》卷四四六《李若水传》，第 13160—13162 页。

• （宋）陈振孙撰，徐小蛮、顾美华点校：《直斋书录解题》，第 519 页。

• （元）脱脱等：《宋史》卷二〇八《艺文志》，第 5372 页。

• （清）永瑢等：《四库全书总目》卷一五五《集部·别集类八》"《忠愍集》"条，第 1343 页。

• 赵昱：《现存李若水〈忠愍集〉（三卷本）版本发覆》，载沈乃文主编：《版本目录学研究》（第十三辑），上海：复旦大学出版社，2022 年，第 168—181 页。

［41］徐松《宋会要辑稿》

徐松（1781—1848），字星伯，大兴（今北京）人。嘉庆十年（1805）进士，授编修，入直南书房，为大学士董诰所重。其专长主要在唐史和西域史，著述有《唐两京城坊考》《唐登科记考》《汉书西域传补注》《新疆赋》《西域水道记》等。《清史稿》卷四八六、《清史列传》卷七三有传。

《宋会要辑稿》三百六十六卷。按宋代有"会要所"修撰本朝的会要，先后十次成书二千二百余卷，并未刊行，仅为《永乐大典》收入各韵（《古文献学讲义》）。清嘉庆中编《全唐文》，徐松入馆任"提调兼总纂官"，他利用职务之便，借编《全唐文》之名，从《永乐大典》辑出《宋会要》，完成时间约在嘉庆十五年（1810）（《宋会要辑稿》序言）。该书为研究宋代典章制度的第一手资料，极为研究者重视。民国二十六年（1937）大东书局据徐辑影印，名《宋会要辑稿》（《古文献学讲义》）。2014年上海古籍出版社出版了由四川大学古籍研究所刘琳等整理的点校本。

- 赵尔巽等：《清史稿》卷四八六《徐松传》，第13413页。
- 刘琳等校点：《宋会要辑稿》序言，上海：上海古籍出版社，2014年，第2页。
- 黄永年：《古文献学讲义》，第60页。

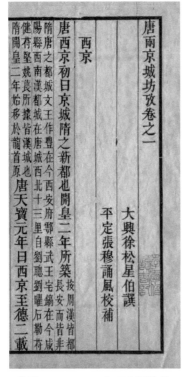

书影 4－1－24：《唐两京城坊考》
卷一（局部）

清道光廿八年（1848）灵石杨氏刻本，
国家图书馆藏

［42］《唐两京城坊考》

五卷，徐松辑。《唐两京城坊考》序讲了纂辑此书的缘由："余嗜读《旧唐书》及唐人小说，每于言宫苑曲折，里巷岐错，取《长安志》证之，往往得其舛误，而东都盖阙如也。己巳之岁，奉诏纂辑唐文，于《永乐大典》中得《河南志图》，证以《玉海》所引、《禁扁》所载，灼是次道旧帙，其源亦出于韦述《两京记》而加详焉。亟为摹抄，爱同球璧。校书之暇，采集金石传记，合以程大昌、李好问之《长安图》，作《唐两京城坊考》，以为吟咏唐贤篇什之助。"

徐松于嘉庆十四年（1809）开始纂修《唐两京城坊考》，编辑工作用了近四十年的时间，直至道光二十八年（1848），徐松逝世前的四五天，仍在补充材料。张穆在道光二十年（1840）以后协助徐松编辑此书，主要作刻印前的校订和整理，并在内容上作了少量补充。徐松卒后的当年，此书即刻印出版，这主要归功于张穆的付出（《唐两京城坊考》点校说明）。

该书主要据宋敏求《长安志》及辑自《永乐大典》的《河南志》的唐代部分，并唐人碑志、文集、小说，以记述唐长安与洛阳的宫室、坊市。近人多认此考为权威著作，径自引用，其实颇有失误，尚有待勘正。今辛德勇撰《隋唐两京丛考》，勘正徐考以至宋志处甚多（《古文献学讲义》）。版本有清道光年间灵石杨氏《连筠簃丛书》本。1985年中华书局出版了以北京大学图书馆藏《唐两京城坊考》稿本为底本，由方严点校的整理本。其后李健超以隋唐两京出土的墓志为主，结合经幢、碑石及唐人文集等对该书进行了增删与订正,书名《增订唐两京城坊考》,1996 年三秦出版社初版印行,2006 年、2019 年出版修订本。

> • (清)徐松撰,张穆校补,方严点校:《唐两京城坊考》点校说明、序,北京:中华书局,1985 年,第 1—2、1 页。
> • 黄永年:《古文献学讲义》,第 65 页。

[43]《元河南志》

今所见为徐松辑本。据《永乐大典》目录,卷九五六二至九五八九为"河南府",共二十八卷。徐松所抄的卷九五七八为"河南府十七"古迹类,包括"京城门坊街隅古迹""周城古迹""后汉城阙古迹""魏城阙古迹""晋城阙古迹""后魏城阙古迹""隋城阙古迹""唐城阙古迹""宋城阙古迹",共九目,以《永乐大典》每卷的字数来计算,这九目应分为两卷,即卷九五七八和九五七九,后一卷漏抄卷次。此书是研究自西周至宋元时期洛阳城的宫殿布局、城市规制、坊市名称、名胜古迹等变化发展的重要史料,其中保存了大量久佚的宋敏求《河南志》的材料。徐松《唐两京城坊考》东都部分便以此书为基础而成。徐松卒后,其书归袁氏卧雪庐,光绪十年(1884)袁氏藏书散出,又归翁同龢。缪荃孙从翁家录副。翁氏有意将此书刻印流传,曾托盛昱为之经营而未果。光绪三十年(1904)始刻此书于金陵,厘为四卷,改题为《元河南志》,光绪三十四年(1908)收于《藕香零拾》丛书中印行(《河南志》出版说明)。

需要补充说明的是,徐松辑本作《河南志》,而后来缪荃孙《藕香零拾》丛书题名《元河南志》,由于定名的不同,致使后人对其史料价值产生了某种程度的质疑。今从徐松《唐两京城坊考序》"于《永乐大典》中得《河南志图》,证以《玉海》所引、《禁扁》所载,灼是次道旧帙,其源亦出于韦述《两京记》而加详焉"的叙述来看,可知徐松认为其从《永乐大典》抄出的《河南志》即宋敏求之《河南志》,且宋敏求是在韦述《两京记》的基础上补充而来的。然为何缪

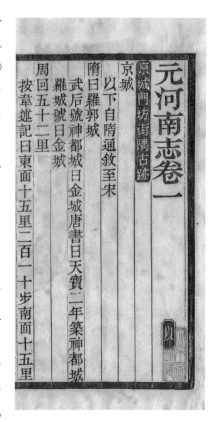

书影 4‑1‑25:《元河南志》卷一
(局部)

清光绪间刻本,国家图书馆藏

荃孙在校刻之时又称之为《元河南志》？这在缪氏的跋文中亦有说明："一日，见《河南志》钞本一巨帙，无卷数，用《全唐文》格子，封面题《河南志》，识是徐星伯先生手笔，城池宫阙，自周至唐悉具，知是宋次道《河南志》之首册，而星伯先生修《全唐文》时所录者。议价不成，次日即为人购去，懊恼欲绝。后探知归常熟师所，因乞归录副而细校之。开卷即云河南府路罗城，方知《大典》所录为《元河南志》，而仍是宋《志》原文。至述元时，寥寥数语，必是星伯先生止录宋《志》，元代事则置之耳。"（《河南志》附录《缪荃孙跋》）在缪荃孙看来，既然此书"开卷即云河南府路罗城"，而"河南府路"的设置属于元代，表明了修志者当为元人，因此，缪荃孙称其为《元河南志》。

高敏研究指出，徐松所辑《河南志》并非宋敏求之《河南志》，由于徐松误认为其辑本即宋敏求"旧帙"，所以引起了后人混二书为一书的误解。缪氏正是从消除这种误解出发，才把徐松辑本改名为《元河南志》，藉以区别于宋敏求《河南志》。徐松辑本当为元人所撰《河南志》，正名为《元河南志》是正确和必要的。又《元河南志》的宋以前部分，的确保留了宋敏求《河南志》的原文，不可因其为元人所撰和名为《元河南志》而否定史料的可靠性（《藕香零拾丛书本〈元河南志〉书后》）。

> • （清）徐松辑，高敏点校：《河南志》出版说明，北京：中华书局，1994年，第1—2页。
> • （清）徐松撰，张穆校补，方严点校：《唐两京城坊考》序，北京：中华书局，1985年，第1页。
> • （清）徐松辑，高敏点校：《河南志》附录《缪荃孙跋》，第228页。
> • 高敏：《藕香零拾丛书本〈元河南志〉书后》，载《社会科学战线》编辑部编：《古籍论丛》，福州：福建人民出版社，1982年，第249页。

从《永乐大典》辑出的多数是宋、元时人的著作。另有专事搜辑宋以前古佚书的，较为著名的有黄奭的《汉学堂丛书》[44]和马国翰的《玉函山房辑佚书》[45]，前者有经解八十六种、通纬五十六种、子史钩沈七十四种，后者有经部四百四十四种（包括纬书四十种）、史部八种、子部一百七十八种。还有王谟的《汉唐地理书钞》[46]，则专辑古地理书初定为三百八十八种，可惜只刊刻了一部分。这都是以个人力量来从事辑佚工作，所辑又范围广，品种多，有的只辑得一二条佚文便算一种书，而且对这些书及其学术源流也不可能作深入研究，其质量也自然比专辑一二种书的要差。后来专门研究先秦诸子的学人，如孙诒让撰《墨子间诂》[47]、王先慎撰《韩非子集解》[48]都附辑佚文，其质量就高出这几种大部头辑佚书。

【旁征】

[44] 黄奭《汉学堂丛书》

黄奭(1809—1853),字右原,江苏甘泉(今江苏扬州)人,出身盐商富豪之家。《尔雅古义总序》云:"予受业于江郑堂(江藩)先生,先生受业于余古农(余萧客)先生,余先生又受业于惠定宇先生,予为小红豆山人(惠栋)门下再传弟子。"(《黄氏逸书考》)江藩曾把余萧客的辑佚遗愿转托黄奭。黄奭不负重托,道光十八年(1838)致仕以后,专心辑佚,成果丰硕。所辑之书以《尔雅古义》为最精,其次是《通德堂经解》。所辑材料一一注明出处,间有考辨。还为辑佚书各撰序言,考述作者、内容及流传源流等情况。存在的问题是某些书系袭用前人旧辑本而未加说明。《清史列传》卷六九、《清儒学案》卷一一八有传。

《汉学堂丛书》(按此书又作《黄氏逸书考》,而曹书杰认为应将黄奭辑佚书统称《汉学堂逸书考》,见其著《黄奭辑佚书书名辨——〈汉学堂丛书〉〈黄氏逸书考〉名伪论》)收书二百八十余种,均为汉至六朝之佚书,是黄奭辑佚成果的总称,包括"经解"八十六种,下分易、书、诗、礼、春秋、五经总义、小学类等;"通纬"五十六种,下分河图、洛书、易、书、诗、礼、乐、春秋、论语、等类及附谶;"子史钩沉"七十五种,下分子部儒家、兵家、法家、农家、医家、天文、术数、艺术、杂家、道家和史部正史、编年、别史、杂史、传记、时令、地理、职官、政书等类。绝大部分为一种一卷。今传本有三:清道光中甘泉黄氏刊光绪中印本《汉学堂丛书》、清道光中甘泉黄氏刊民国十四年(1925)王鉴修补印本《黄氏逸书考》、民国二十三年(1934)江都朱长圻据黄氏原版补刊印本《黄氏逸书考》(《中国丛书综录(一)》)。

- (清) 黄奭:《黄氏逸书考》,《续修四库全书》子部杂家类第 1207 册,影印清道光黄氏刻民国二十三年江都朱长圻补刻本,上海:上海古籍出版社,2002 年,第 450 页。
- (清) 佚名著,王锺翰点校:《清史列传》卷六九《黄奭传》,第 5611 页。
- 曹书杰:《黄奭辑佚书书名辨——〈汉学堂丛书〉〈黄氏逸书考〉名伪论》,《图书馆学研究》1989 年第 6 期。
- 上海图书馆编:《中国丛书综录(一)》,上海:上海古籍出版社,1982 年,第 400—404 页。

[45] 马国翰《玉函山房辑佚书》

马国翰(1794—1857),字词溪,号竹吾,山东历城(今山东济南)人。道光十二年(1832)进士,历任陕西敷城、石泉等县知县,陇州知府。著有《玉函山房全集》凡十二种四十卷、《目耕帖》三十一卷、《玉函山房藏书簿录》二十五卷等(《清代考据学》)。由于辑佚成绩显著,王重民推其为清代辑佚第一家(《清代两个大辑佚书家评传》)。

《玉函山房辑佚书》为马国翰辑佚之书的汇编,原书有六百多种,七百余卷。早在道光二十九年(1849)以前,马氏已将该书部分辑稿整理刻板,随辑随刻。直至马国翰去世,该书仍未有定本。因而关于其所收之书的具体种类与数量,说法不一。马国翰卒后,书版归章丘李氏,但已有残缺。同治年间,山东巡抚丁宝桢、布政史文彬又补刊残缺若干篇,又经匡源补编目录,始有定本。书前匡源序云:"先生悯今世学者不见古籍,乃遍校唐以前诸儒撰述,其名氏篇第列于史志及他书可考者,广引博征。自群经注疏、音义,旁及史传、类书,片辞只字,罔弗搜辑。分经、史、诸子三编,又各因所得多少为卷,作序录以冠于篇。六百卷内,惟经编为稍全,史编则所得仅八卷,子编自儒家、农家外,俱无目,颠倒舛错,漫无条理,盖当时随编随刊,书未成而先生卒,故其体例未能画一也。"今传此书刻本有清光绪九年(1883)琅環仙馆刻本、光绪十年章丘李氏据原刻重印本、光绪十年楚南书局刻本、光绪十五年绣江李氏刻本。其中以绣江李氏刻本最为完整,凡580种689卷,经部422种(含纬书40种)521卷,史部8种8卷,子部150种160卷;另有《续编》11种14卷,《补遗》20种21卷,计611种724卷(《中国古籍辑佚学论稿》)。

《玉函山房辑佚书》有一部分是在前人辑本的基础上增补而成,如《子夏易传》据张澍的辑本,《干氏注》据姚士粦、丁杰的辑本,《蜀才注》据张澍《蜀典》中的辑本等。其体例亦较规范,每书之前皆撰一序,考其作者、流传、存佚等情况,所辑材料皆注出处,唯有欠具体周详。后人对该书评价颇高,如李慈铭云:"寻拾奇零,综理微密,虽多以朱竹垞《经义考》、马宛斯《绎史》、余仲林《古经解钩沉》及张介侯《二酉堂丛书》等为蓝本,而博稽广搜,较之王氏《汉魏遗书》,详略远判。"(《越缦堂读书记》)梁启超指出:"当时学者从事此业者甚多,不备举。而马国翰之《玉函山房辑佚书》,分经史子三部,集所辑至数百种,他可推矣。遂使《汉志》诸书、《隋唐志》久称已佚者,今乃累累现于吾辈之藏书目录中,虽复片鳞碎羽,而受赐则既多矣。"(《清代学术概论》)杜泽逊称此书"皇皇巨编,实辑佚书之冠冕,不朽之盛业"(《马国翰与〈玉函山房藏书簿录〉》)。1990年上海古籍出版社据光绪九年(1883)琅環仙馆刻本影印;1990年江苏广陵书社据光绪十年楚南湘远堂刊本影印,2004年重印。

• 孙钦善:《清代考据学》,北京:中华书局,2018年,第366、367页。
• 王重民:《清代两个大辑佚书家评传》,载《中国目录学史论丛》,北京:中华书局,1984年,第299页。

• (清)马国翰辑:《玉函山房辑佚书(影印本)》序,扬州:广陵书社,2004年,第21页。

• (清)李慈铭撰,由云龙辑:《越缦堂读书记》,北京:中华书局,2006年,第1139页。

• 杜泽逊:《马国翰与〈玉函山房藏书簿录〉》,《文献》2002年第2期,第225页。

• 梁启超著,朱维铮校订:《清代学术概论》,北京:中华书局,2016年,第89页。

• 曹书杰:《中国古籍辑佚学论稿》,长春:东北师范大学出版社,1998年,第162页。

[46] 王谟《汉唐地理书钞》

王谟(1731—1817),字仁圃,一字汝麋,江西金溪人。乾隆四十三年(1778)进士,授知县。乾隆四十五年任建昌府教授。一生著述颇丰,撰著有《汉魏遗书钞》《江右考古录》《江阳典录》等。《清史列传》卷六八、《清儒学案》卷二〇〇有传。

《汉唐地理书钞》是先秦至唐地理书籍的辑佚之作,五十二卷。书前曾燠序云:"先生积数十年心力,裒集汉唐遗书多至四百余种,起自洪荒,讫于唐季,内而畿甸,外而荒裔,凡有涉于山川井邑,风土民物,高文大册,残编坠简,以及浮屠老子之书,无不备载。又能自竖伟识,爬梳而别抉之,撷其要领,芟其芜颣,部别而州分,星联而绮错,上可以备金匮石室之求,下可以为学士大夫殚见洽闻之助,庶几博而且精者矣。"该书于嘉庆十六年(1811)开刻,原定收辑本三百八十八种,分前后二编刊印,《前编》四册,收二百四十九种;《后编》八册。但嘉庆间仅刻出《前编》前二册传世,计五十种。今影印本据传抄本又得增补二十种,计七十种,其余大部分散佚。

该书在清人的辑佚中最具特色,然而也存在不足:其一,辑文所注出处不够详细,对大部头的类书也不注明确切的卷帙,使用者要查核原书十分困难;其二,校勘不够精细,特别是对所辑佚文见于两种以上书籍征引的互见佚文的比勘尤显不足;其三,辑佚所据多非善本,沿袭旧误较多(《中国古籍辑佚学论稿》)。版本有嘉庆间金溪王氏刻本,1961年中华书局有影印本。

• (清)佚名撰,王锺翰点校:《清史列传》卷六八《王谟传》,第5536页。

• (清)王谟辑:《汉唐地理书钞(影印本)》曾燠序,北京:中华书局,1961年,第1页。

• 曹书杰:《中国古籍辑佚学论稿》,第154页。

[47] 孙诒让《墨子间诂》

孙诒让(1848—1908),字仲容,浙江瑞安人。同治六年(1867)举人,主要著述有《墨子间诂》《周礼正义》《契文举例》《古籀拾遗》等。《清史稿》卷四八二有传。

《墨子间诂》(孙诒让自序云"昔许叔重注淮南王书,题曰《淮南间诂》。间者,发其疑牾;诂者,正其训释")十四卷,附录一卷。关于《墨子》一书,秦汉直至清中叶,不仅篇文有散佚,且错讹严重。清代毕沅首先为《墨子》作注,此后有王念孙、引之父子及俞樾等进行过一定程度的整理,但未通治全书。孙诒让在此基础上,对《墨子》进行了全面整理。该书《自序》云:"余昔事雠览,旁摭众家,择善而从,于毕本外又获见明吴宽写本,顾千里校《道藏》本,用相勘核,别为写定。复以王观察念孙、尚书引之父子,洪州俘颐煊,及年丈俞编修樾,亡友戴茂才望所校,参综考读。窃谓《非儒》以前诸篇,谊恉详焯,毕、王诸家校训略备,然亦不无遗失。《经》《说》、兵法诸篇,文尤奥衍凌杂,检揽旧校,疑滞殊众,研核有年,用思略尽,谨依经谊字例,为之诠释。至于订补《经》《说》上下篇旁行句读,正兵法诸篇之讹文错简,尤私心所窃自喜,以为不缪者,辄就毕本更为增定,用遗来学。"经过孙诒让的整理,使得沉埋千年的墨学重焕光彩。

书影4-1-26:《墨子间诂》卷一〇
稿本,浙江省瑞安市文物馆藏

此书刊行受到诸多名家赞誉,俞樾谓:"瑞安孙诒让仲容乃集诸说之大成,著《墨子间诂》。凡诸家之说,是者从之,非者正之,阙略者补之。至《经》《说》及《备城门》以下诸篇尤不易读,整纷剔蠹,脉摘无遗,旁行之文,尽还旧观,讹夺之处,咸秩无紊,盖自有《墨子》以来未有此书也。"(《墨子间诂》俞序)梁启超评价:"仲容则诸法并用,识胆两皆绝伦,故能成此不朽之作……盖自此书出,然后《墨子》人人可读。现代墨学复活,全由此书导之。古今注《墨子》者固莫能过此书,而仲容一生著述,亦此书为第一也。"(《中国近三百年学术史》)

- 赵尔巽等：《清史稿》卷四八二《孙诒让传》，第 13302 页。
- （清）孙诒让撰，孙启治点校：《墨子间诂》自序，北京：中华书局，2001 年，第 2—3 页。
- （清）孙诒让撰，孙启治点校：《墨子间诂》俞序，第 2 页。
- 梁启超著，夏晓虹、陆胤校：《中国近三百年学术史（新校本）》，第 280 页。

[48] 王先慎《韩非子集解》

王先慎，字慧英，湖南长沙人。王先谦之从弟，官蓝山县学训导，主讲濂溪、玉成等书院（《桐城文学渊源撰述考》）。

《韩非子集解》二十卷，附《考证》《佚文》一卷。王先慎以南宋乾道本为主，参考诸种版本，利用各种类书，并吸取了多家校释成果撰成此书。该书《弁言》云："《韩非子》旧有尹知章注，见《唐书·艺文志》，不载卷数，盖其亡久矣。元何犿称旧有李瓒注，李瓒无考，宋乾道本不题姓名，未知孰是。《太平御览》《事类赋》《初学记》注所引注文，与乾道注本合，则其人当在宋前。顾其注不全备，且有舛误，近儒多所匡益。因旁采诸说，间附己见，为《韩非子集解》一书。其文以宋乾道本为主，间有讹脱，据它本订正焉。"王先谦为此书作序云："从弟先慎为之集解，订补阙讹，推究义蕴，然后是书厘然可诵。"版本有清光绪二十二年(1896)长沙王氏刻本、民国扫叶山房石印本。

- 刘声木撰，徐天祥点校：《桐城文学渊源撰述考》，合肥：黄山书社，1989 年，第 345 页。
- （清）王先慎撰，钟哲点校：《韩非子集解》弁言、序，北京：中华书局，1998 年，第 4、2 页。

清人的辑佚成绩还表现在编辑大部头诗文总集，如官修的《全唐诗》[49]、《全唐文》[50]，还有严可均个人编集的《全上古三代秦汉三国六朝文》[51]。这有的是继承明人的工作，康熙时编刻的《全唐诗》就以《唐音统签》和明清间钱谦益、季振宜的《全唐诗》[52]为蓝本，再增辑加工。嘉庆时编刻的《全唐文》也先得到一百六十册的唐文，再从《四库全书》《永乐大典》《文苑英华》等采取，还搜罗到唐人碑刻和地方志里的唐人文字，不过明清地方志里有些所谓唐人文字不一定靠得住。《全上古三代秦汉三国六朝文》的搜集面更广。先秦两汉部分多数从类书、古注和经史中辑佚，魏晋以下除少数有现成的别集和《文选》等总集可依据外，更多的是从史书、释道藏、碑刻等辑入，而且都注明出处，体例远较官修《全唐诗》《全唐文》之不注出处者谨严。至于清人校注校刻的古人别集，也常搜辑佚诗佚文。如黄本骥编刻唐颜真卿的《颜鲁公集》[53]，就搜辑了旧本失收的不少碑刻。还有大诗人李商隐的文集已经失传,清初朱鹤龄就从《文苑英华》中辑出了五卷《李义山文集》,后来钱振伦又根据《全唐文》从《永乐大典》辑得的佚文加以笺注,成《樊南文集补编》行世[54]。

【旁征】

[49]《全唐诗》

九百卷。清康熙四十四年(1705)三月,校阅刊刻官曹寅设"扬州诗局",奉旨刊刻《全唐诗》,校对官彭定求等人纂修。四十五年十月成书,四十六年冠以"御制全唐诗序"。

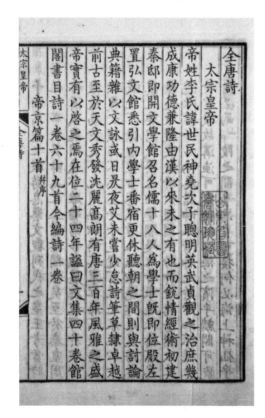

书影 4‑1‑27:《全唐诗》

康熙四十四年至四十六年(1705—1707)扬州诗局刻本,山东省图书馆藏(中国国家图书馆、中国国家古籍保护中心:《第三批国家珍贵古籍名录图录》[第七册],北京:国家图书馆出版社,2012 年,第 251 页)

《四库全书总目》曰:"是编禀承圣训,以震亨书为稿本,而益以内府所藏全唐诗集。又旁采残碑断碣、稗史杂书之所载,补苴所遗。凡得诗四万八千九百余首,作者二千二百余人。冠以帝王、后妃,次以乐章、乐府,殿以联句、逸句、名媛、僧道、外国、仙神、鬼怪、谐谑及诸杂体。其余皆以作者先后为次,而以补遗六卷、词十二卷别缀于末。网罗赅备,细大不遗。"由于此书是以钱谦益、季振宜《唐诗》和胡震亨《唐音统签》为基础,所以能迅速在一年半完成。但《唐音统签》引书都标明出处,钱谦益、季振宜《唐诗》用原书剪贴出处也很清楚,而新修的《全唐诗》却一概把出处抹掉,小传也不注出处,并全删考证,使人不知其根据来历,因而从这方面来说不如钱谦益、季振宜《唐诗》和《唐音统签》。但因通行易得,使用较为广泛(《古文献学讲义》)。版本主要有清康熙四十四至四十六年(1705—1707)扬州诗局刻本(见书影 4‑1‑27)、《四库全书》本。1960 年中华书局出版了以扬州诗局本校点的排印本。

- （清）永瑢等:《四库全书总目》卷一九〇《集部·总集类五》"《全唐诗》"条,第 1725 页。
- 黄永年:《古文献学讲义》,第 130 页。

[50]《全唐文》

一千卷。清嘉庆时奉敕编，时任"提调兼总纂官"的徐松、孙尔准、胡敬等人当为主要编纂者。编修时间始于嘉庆十三年（1808）十月，历时六年，于嘉庆十九年（1814）闰二月成书。此书以"内府旧本《全唐文》"一百六十册为基础，用《文苑英华》《唐文粹》等总集、别集及其他书籍广事搜集，收入作者三千四十二人，收文一万八千四百多篇。最可贵的是编集时利用了《永乐大典》，如李商隐的文集久已失传，清前期传本注本李氏《樊南文集》，是从《文苑英华》抄出的，编《全唐文》时又从《永乐大典》抄得佚文二百零三首，同治时钱振伦等据以编成《樊南文集补编》并作笺注。今《永乐大典》残存无几，所幸在《全唐文》里保存了这些唐文。此《全唐文》的缺点和《全唐诗》一样，都是小传太简略，并且不注出处，所收文章也不注出处。其中收了少量的伪作，如卷四三○许

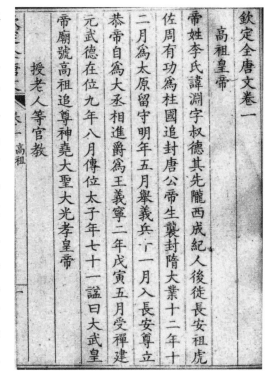

书影 4-1-28：《钦定全唐文》卷一

清嘉庆十九年（1814）扬州全唐文局原刻本（黄永年、贾二强撰集：《清代版本图录（三）》，杭州：浙江人民出版社，1997 年，第 80 页）

子真《容州普宁县杨妃碑记》、卷七九三刘汾《大赦庵记》（《古文献学讲义》）。关于《全唐文》纂修的起因、所据底本"内府旧本《全唐文》"相关问题、编修体例之确定及其局限等，可参考陈尚君《述〈全唐文〉成书经过》一文及夏婧《清编〈全唐文〉研究》。

- 黄永年：《古文献学讲义》，第 130 页。
- 陈尚君：《述〈全唐文〉成书经过》，《复旦学报》（社会科学版）1995 年第 3 期。
- 夏婧：《清编〈全唐文〉研究》，上海：上海古籍出版社，2019 年。

[51] 严可均《全上古三代秦汉三国六朝文》

严可均（1762—1843），字景文，号铁桥，浙江乌程（今浙江吴兴）人。嘉庆五年（1800）举人，官严州建德县教谕。"博闻强识，精考据之学"，著有《铁桥漫稿》《四录堂类集》等。《清史稿》卷四八二有传。

书影 4‑1‑29：《全上古三代文》卷九

稿本，上海图书馆藏（国家图书馆、国家古籍保护中心编：《册府撷英：国家珍贵古籍特展图录（二〇〇九）》，北京：国家图书馆出版社，2009 年，第 163 页）

《全上古三代秦汉三国六朝文》，严可均校辑。嘉庆间开全唐文馆，严氏未能入馆，遂发奋编辑唐前之书，遂成此书，凡七百四十六卷，按朝代先后分为十五集，收作者三千五百一十九人，各有小传，所辑之文皆于篇末注明出处。除承用明季梅鼎祚《历代文纪》、张溥《汉魏六朝百三名家集》外，还从唐宋类书及其他古籍文献中广事搜辑，佚文残句概不遗略，由此汇辑散佚终成鸿篇巨制，实是今日研究唐以前文学、历史等多方面的资料宝库（《古文献学讲义》）。同时，该书校勘颇为精细，一字一句稍有异同，无不订正，于一文数见征引而各书互异又一时无从考定其是非者，则一一照录，以待来者。或间作"案语"，以考作者、文之时代及异疑，纠正谬误，对文中涉及的人物也多为作注（《中国古籍辑佚学论稿》）。《清史稿》评其："使与《全唐文》相接，多至三千余家，人各系以小传，足以考证史文，皆从蒐罗残剩得之，覆检群书，一字一句，稍有异同，无不校订。一手写定，不假众力。唐以前文，咸萃于此焉。"此书撰成后，由于卷帙浩繁，未能刊行，直至光绪年间，黄岗王毓藻集合诸人，历经八年八次校雠，才将其刻印行世。1958 年中华书局据原刻本影印。1965 年再版重印，新编了目录、姓名索引等（《全上古三代秦汉三国六朝文》出版说明）。

- 赵尔巽等：《清史稿》卷四八二《严可均传》，第 13254—13256 页。
- 黄永年：《古文献学讲义》，第 129 页。
- 曹书杰：《中国古籍辑佚学论稿》，第 156 页。
- （清）严可均校辑：《全上古三代秦汉三国六朝文（影印本）》出版说明，北京：中华书局，1958 年，第 3—4 页。

[52] 钱谦益、季振宜《全唐诗》

钱谦益、季振宜见本书"底本"篇旁征[13]。

钱谦益、季振宜的《全唐诗》，七百一十六卷，一百一十九册。稿本曾经蒋祖诒、刘体智递藏，抗战时归中央图书馆，今在台湾。是用清初时易得的明刻《唐百家诗集》《中唐十二家诗集》《唐诗纪》、清初刻《中晚唐诗纪》及多种唐诗总集、别集，剪贴编集而成，小传也多用两《唐书》《唐诗纪事》及总集中小传、别集之序言等剪贴并施加笔削（《古文献学讲义》）。其最大价值在于如实地保存了所采用各种唐集的原貌，今人可据此推求所谓《御定全唐诗》的真实来源（《〈全唐诗稿本〉采用唐集考略》）。1976 年台北联经出版事业公司影印公世，称《全唐诗稿本》。

- 黄永年：《古文献学讲义》，第 129 页。
- 贾二强：《〈全唐诗稿本〉采用唐集考略》，载黄永年主编：《古代文献研究集林》（第三集），西安：陕西师范大学出版社，1995 年，第 255 页。

[53] 黄本骥《颜鲁公集》

黄本骥，字仲良，湖南宁乡人。道光元年（1821）举人，官黔阳县教谕。著有《圣域述闻》《历代职官表》《皇朝经籍志》《避讳录》《古志石华》《三长物斋文略》等。《清史列传》卷七三有传。

《颜鲁公集》，唐颜真卿撰。《新唐书·艺文志》载颜真卿撰有《吴兴集》十卷、《庐陵集》十卷、《临川集》十卷等，但以上文集至北宋时皆已散佚。《四库全书总目》云："有吴兴沈氏者，采掇遗佚，编为十五卷，刘敞为之序，但称沈侯而不著名字。嘉祐中，又有宋敏求编本，亦十五卷，见《馆阁书目》，江休复《嘉祐杂志》极称其采录之博。至南宋时，又多漫漶不完。嘉定间，留元刚守永嘉，得敏求残本十二卷，失其三卷，乃以所见真卿文别为补遗，并撰次年谱附之，自为后序。后人复即元刚之本分为十五卷，以符沈、宋二本之原数。沿及明代，留本亦不甚传。今世所行乃万历中真卿裔孙允祚所刊，脱漏舛错，尽失其旧。独此本为锡山安国所刻，虽已分十五卷，然犹元刚原本也。"清道光年间，黄本骥在锡山安国刻本的基础上，另编外集八卷，补遗一卷，共三十一卷，收入《三长物斋丛书》以刊出。民国时中华书局出版《四部备要》，选用的《颜鲁公集》即黄本骥《三长物斋丛书》本。此书于 1992 年由上海古籍出版社据《四库全书》本影印出版。

- （清）佚名撰，王锺翰点校：《清史列传》卷七三《黄本骥传》，第 6040 页。
- （宋）欧阳修、宋祁：《新唐书》卷六〇《艺文志》，第 1604 页。

• (清)永瑢等:《四库全书总目》卷一四九《集部·别集类二》"《颜鲁公集》"
条,第1284页。

[54] 朱鹤龄《李义山文集》、钱振伦《樊南文集补编》

朱鹤龄(1606—1683),字长孺,自号愚庵,吴江(今江苏苏州)人。明末诸生,入清后绝意仕进,屏居著述,著有《愚庵诗文集》《易广义略》《诗经通义》《春秋集说》等。《清史稿》卷四八〇有传。

《李义山文集》五卷,唐李商隐撰。《新唐书》卷六〇《艺文志》别集类著录李商隐《樊南甲集》二十卷、《乙集》二十卷、《玉谿生诗》三卷,又赋一卷、文一卷。今存诗三卷,《樊南甲乙集》等均已佚失。朱鹤龄等从《文苑英华》《唐文粹》中辑出一百五十篇,编为《李义山文集》五卷,徐树谷等又增辑撰成《李义山文集笺注》十卷(《唐史史料学》)。其后冯浩又撰成《樊南文集详注》八卷。

• 赵尔巽等:《清史稿》卷四八〇《朱鹤龄传》,第13124页。
• 黄永年:《唐史史料学》,第230页。

钱振伦(1816—1879),字崙仙,浙江归安(今浙江湖州)人。道光戊戌(1838)进士,翰林院编修,官至国子监司业。著有《示朴斋文集》《樊南文集笺注》(《续碑传集》作者纪略)。

《樊南文集补编》,乃钱振伦从《全唐文》辑出的二百零三篇李商隐文章合集,因上述《李义山文集笺注》与《樊南文集详注》所未收,故题"补编"。钱振伦自序云:"《樊南文集》原目不可见。《四库全书》著录,乃昆山徐氏本,艺初为笺,章仲为注者也。其文皆采自《文苑英华》,凡一百五十首。厥后桐乡冯氏注出,颇纠其笺注之误,而于篇目无甚出入。其引明《文澜阁书目》'《义山文集》十册',昆山叶氏《菉竹堂书目》'《义山文集》十一册',固疑其不止于此矣。振伦曩官京师,恭诵《钦定全唐

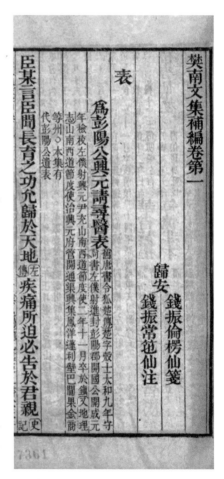

书影4-1-30:《樊南文集补编》
卷一(局部)

清同治五年(1866)刻本,天津图书馆藏

文》七百七十一之七百八十二所收李义山文，较诸徐、冯注本多至二百三首，惜未知采自何书，曾手录之。咸丰改元，以忧返里，复偕弟振常分任笺注之役。"此书共十二卷，卷一为表，卷二至卷七为状，卷八为启，卷九为牒，卷一〇碑铭，卷一一行状、黄箓斋文、祝文，卷一二祭文。版本可见清同治五年(1866)刻本(见书影 4-1-30)、《四部备要》本。1988 年上海古籍出版社将冯浩《樊南文集详注》与钱氏《樊南文集补编》合编为《樊南文集》整理出版。

• （清）缪荃孙编，王兴康等整理：《续碑传集》作者纪略，第 61 页。
• （唐）李商隐著，（清）冯浩详注，钱振伦、钱振常笺注：《樊南文集》自序，上海：上海古籍出版社，1988 年，第 504 页。

二 前 途

辑佚有前途

清代学者在古籍辑佚上作出了极为可观的成绩,今后是否还有书可辑,辑佚工作是否还有其前途? 答复是肯定的,辑佚工作并没有做完,还是很有前途的事业。

(1) 继续编大部头的总集。早一点并已完成出版的是逯钦立的《先秦汉魏晋南北朝诗》[55],但我核对过其中的曹植诗,殊欠精审尚有待修订。近年编的则有《全宋文》[56]、《全宋诗》[57]、《全元文》[58]、《全明诗》[59]、《全明文》[60]、《全清词》[61]等,《全宋诗》已完成出版,《全宋文》亦完成有待出齐。

【旁征】

[55] 逯钦立《先秦汉魏晋南北朝诗》

逯钦立(1910—1973),字卓亭,号勤力,笔名胡蛮、祝本,山东巨野人。1935 年考取北京大学哲学系,1939 年考入北京大学研究院文科研究所,专门研习汉魏六朝文学。1940 年兼文科研究所研习助教,并在傅斯年的指导下从事学术研究。后在广西大学中文系、东北师范大学中文系任教。1965 年编纂完成《先秦汉魏晋南北朝诗》。相关著作有 1979 年中华书局出版的《陶渊明集》和 1984 年陕西人民出版社出版的《汉魏六朝文学论集》(《逯钦立先生传略》)。相关论文等收录于 2010 年中华书局出版的《逯钦立文存》。

《先秦汉魏晋南北朝诗》一百三十五卷。逯钦立在明人冯惟讷所辑《诗纪》,近人丁福保辑《全汉三国晋南北朝诗》的基础上,约从 1941 年开始校辑《先秦汉魏晋南北朝诗》,搜剔爬梳、辨伪订讹,历二十四年之久,最终于 1964 年完成该书的纂辑工作。此书 1983 年由中华书局出版,是迄今为止最为完备的,考订精严的先秦至隋的诗歌总集(《逯钦立先生辑校〈先秦汉魏晋南北朝诗〉的前后》)。

- 曹书杰、宋祥:《逯钦立先生传略》,《古籍整理研究学刊》2010 年第 5 期。
- 刘孝严:《逯钦立先生辑校〈先秦汉魏晋南北朝诗〉的前后》,《古籍整理研究学刊》2010 年第 5 期。

[56]《全宋文》

　　1985 年秋由四川大学古籍整理研究所整理编纂,主编为四川大学教授曾枣庄、刘琳。该书旨在搜集有宋一代之单篇散文、骈文和诗词以外之韵文。所收之文,按照以文系人的方式编排;每一作者之文,则分体编排。共收文十七万余篇,作者近万人,分装三百六十册,1986 年至 1994 年由巴蜀书社出版了前五十册,2006 年上海辞书出版社出版了全书(《全宋文》前言、凡例)。此书搜罗浩繁,体大思精,汇辑了大量宋人佚作,是迄今已经出版的规模最大的文章总集,意义和价值无需赘论。近年来相关研究者发表了一些补遗论著,如补辑北宋文学家马存的七篇佚文,补正南宋末年郑思肖的部分佚文,利用方志、宗谱资料补遗两宋佚文十三篇,从考古发现补遗墓志六篇,从诸碑志汇编中新辑录碑志文五十七篇等。2022 年上海书店出版社出版李伟国编《宋文遗录(全四册)》。

　　• 曾枣庄、刘琳主编:《全宋文》前言、凡例,上海:上海辞书出版社,2006 年,第 5—15 页。

　　• 陈福康:《对〈全宋文〉辑编郑思肖文的补正》,《清华大学学报》(哲学社会科学版)2009 年第 5 期。

　　• 黄文翰:《北宋文学家马存佚文辑考——补〈全宋文〉的重要遗漏》,《图书馆杂志》2020 年第 11 期。

　　• 高印宝:《〈全宋文〉补遗 13 篇》,《古籍整理研究学刊》2020 年第 2 期。

　　• 郑栋辉:《〈全宋文〉所收碑志文补遗六篇》,《古籍整理研究学刊》2016 年第 5 期。

　　• 罗昌繁:《新见宋人碑志辑考汇评——〈全宋文〉补目五十七篇》,《文献》2016 年第 1 期。

[57]《全宋诗》

　　20 世纪 80 年代由北京大学古文献研究所编纂,汇集有宋一代诗歌,长篇短帙,细大不捐,断章残句,在所必录。以作者生年先后顺序编次,并有小传,世次一无可考者,另立专卷,编于书末。书后附有作者、篇名索引(《全宋诗》凡例)。邓广铭评价:"这部《全宋诗》,搜采广博,涵容繁富,名家巨制,散篇佚作,全部荟萃于斯。而考订之精审,比勘之是当,亦远非《全唐诗》之所可比拟。不唯两宋诗坛之各流派各家数均可藉此而探索其源流,而三百余年之社会风貌,学士文人之思想感情,亦均藉此而得所反映。"(《全宋诗》题词)该书从 20 世纪 90 年代初陆续出版,全书七十二册,凡三千七百八十五卷,收录作者近万人,诗作二十余万首,至1998年全部出齐。其后汤华泉"以个人之力,为《全宋诗》补得佚诗近二万二千首,残诗零句三千六百余则,所得佚诗有名姓作者近二千八百人"(《全宋诗辑补》后记),辑撰成《全宋诗辑补》,共十二册,全书于2016年由黄山书社出版。

> • 北京大学古文献研究所编:《全宋诗(第一册)》凡例、题词,北京:北京大学出版社,1991年,第23、24页。
>
> • 汤华泉辑撰:《全宋诗辑补》后记,合肥:黄山书社,2016年,第6134页。

[58]《全元文》

此书由北京师范大学古籍所整理,李修生主编。旨在搜集有元一代之汉文单篇散文、骈文和诗词曲以外的韵文。按照"以文从人"的原则,凡已收录之作家,其文无论是否写于元代,均一体收录。所收元文一律按作者生年先后编排,皆注明出处(《全元文》凡例)。全书收录元文作者三千二百余人,共六十一册,一千八百八十卷(包括正文六十册,索引一册),收文三万五千多篇,总字数约两千八百万。书末附《全元文作者索引》《全元文篇名索引》《别集以外引用书目》。1998年江苏古籍出版社出版第一册,至2005年已全部出齐。值得一提的是,在《全元文》开始编纂的时候,主编李修生曾请黄永年师专门讲解《全元文》底本等版本问题(《〈全元文〉编纂始末》)。

> • 李修生主编:《全元文(第一册)》凡例,南京:江苏古籍出版社,1999年,第1—3页。
>
> • 李修生:《〈全元文〉编纂始末》,《中国典籍与文化》2007年第2期。

[59]《全明诗》

该书由北京大学古文献所、南京师范大学古文献所、杭州大学中文系、复旦大学古籍所相关人员编纂,以章培恒等为主编。收录现存明人别集(包括《盛明百家诗》之类丛书中的别集)和绝大部分总集中的明诗;至于方志、笔记等各类书籍、碑刻以及《全明诗》未收总集中的明诗,则辑为《全明诗续编》。诗歌的排列,以作家生年为先后(《全明诗》前言、凡例)。1990年上海古籍出版社出版第一册,1993年、1994年相继出版第二册与第三册(《跨世纪的古籍整理工程——〈全明诗〉》)。

> • 全明诗编纂委员会编:《全明诗(第一册)》前言、凡例,上海:上海古籍出版社,1990年,第2、1—2页。

> ·戴衍:《跨世纪的古籍整理工程——〈全明诗〉》,《中国典籍与文化》1997 年第 1 期。

[60]《全明文》

　　钱伯城、魏同贤、马樟根主编。该书为有明一代文之总汇(包含散、骈、赋、赞、颂、铭等诸体),编纂体例与《全明诗》基本一致,以作家及其作品为单元编次,以作者生年先后为序,作者均有小传(《全明文》凡例)。1992 年上海古籍出版社出版第一册,1994 年出版第二册。

> ·钱伯城、魏同贤、马樟根主编:《全明文(第一册)》凡例,上海:上海古籍出版社,1992 年,第 1—2 页。

[61]《全清词》

　　1982 年国务院古籍整理出版规划小组组长李一氓提出编辑《全清词》的计划,并邀请程千帆担任《全清词》主编,其后程千帆所在的南京大学中文系成立“《全清词》编纂研究室”,由此开启了编纂《全清词》的历程(《风义平生——程千帆的师友交谊与〈全清词〉编纂》)。经过四十年间几代学人的努力,现已陆续出版《全清词·顺康卷》二十册(程千帆主编,中华书局,2002 年)、《全清词·顺康卷补编》四册(张宏生主编,南京大学出版社,2008 年)、《全清词·雍乾卷》十六册(张宏生主编,南京大学出版社,2012 年)、《全清词·嘉道卷》三十册(张宏生主编,南京大学出版社,2020 年)。《全清词·咸同卷》《全清词·光宣卷》仍在编纂之中。

> ·顾美琴:《风义平生——程千帆的师友交谊与〈全清词〉编纂》,《光明日报》2022 年 1 月 24 日第 11 版。

　　(2) 整理诗文别集,除原有旧本可用外还可搜辑佚诗佚文。近年来这么做的新版本别集已出了不少,有的做得比较好,今后在这方面还很可有所作为。

　　(3) 校印子部、史部古籍或作注时,如有佚文佚篇也需要搜辑。还有很多已失传了的,如唐及唐以前的杂史、地志和先秦两汉的子书,清人搜辑所未及的,都大可搜辑。

　　(4) 还有许多失传了的古小说,在《太平广记》和其他类书中保存了若干佚文佚篇,但不为清人所重视,到鲁迅才利用来辑成汉魏六朝的《古小说钩沉》。鲁迅的《唐宋传奇集》[62]、汪辟疆的《唐人小说》[63]则仅是选注而非辑佚,唐人小说的辑佚则近年才开始,如程毅中增辑的《玄怪录》《续玄怪录》[64]就很好,但为数太少,还有更多的有待辑集。

【旁征】

[62] 鲁迅《古小说钩沉》《唐宋传奇集》

鲁迅(1881—1936),原名周樟寿,后改名周树人,字豫才,浙江绍兴人。文学家、思想家和革命家。编著有《中国小说史略》《汉文学史纲要》,辑著有《古小说钩沉》《唐宋传奇集》等(《鲁迅年谱》附《鲁迅生平与著述年表》)。

《古小说钩沉》为一部专辑唐以前散佚小说的丛书,主要以《汉书·艺文志》《隋书·经籍志》《新唐书·艺文志》等史志著录为依据,收录小说三十六种,一千四百余则,上起先秦《青史子》,下迄隋代《旌异记》。全书编为五集,每集包含若干种,大体按时代先后排列;各书条文编次,亦按所述人物事件的先后为序,无时代可考的,则依内容性质分类编排;单文孤句或文义可疑、不似某书的,则都置于书末,并于文后详注来源出处(《鲁迅辑录〈古小说钩沉〉的成就及其特色》)。该书具有体例谨严、搜罗宏富、辑文完善、考订精审等特色,极具学术价值。本书最早编入1938年版《鲁迅全集》中。今有1951年人民文学出版社、1997年齐鲁书社出版单行本(《古小说钩沉》出版说明)。

> • 曹聚仁:《鲁迅年谱(校注本)》附《鲁迅生平与著述年表》,北京:生活·读书·新知三联书店,2011年,第253—261页。
> • 林辰:《鲁迅辑录〈古小说钩沉〉的成就及其特色》,《文学评论》1962年第6期。
> • 鲁迅校录:《古小说钩沉》出版说明,济南:齐鲁书社,1997年,第1页。

《唐宋传奇集》,是鲁迅据《文苑英华》《太平广记》《资治通鉴考异》《青琐高议》等选注的一部唐宋单篇文言小说集,共八卷,四十八篇。书末有《稗边小缀》一卷,主要内容为考证各篇作品的作者及其生平,订正旧本在题名、撰人方面的错误,以及传奇内容的源流考索等方面。该书于1929年由北新书局出版,1997年齐鲁书社再版,此次刊出另附鲁迅撰《〈游仙窟〉题记》和唐代张文成撰《游仙窟》。

> • 鲁迅校录:《唐宋传奇集》序例,济南:齐鲁书社,1997年,第1—4页。

[63] 汪辟疆《唐人小说》

汪辟疆(1887—1966),江西彭泽人,名国垣,字笠云,后改字辟疆,别号展庵,晚年自号方湖。出身书香门第,1912 年毕业于北京大学,后在南京大学任教。主要著述有《目录学研究》《汉魏六朝目录考略》《唐人小说》等(《汪辟疆及其文献学贡献》)。

《唐人小说》是汪辟疆搜罗纂注的一部比较完备的唐人小说集,全书分上、下两卷,上卷录单篇,下卷录专著。篇章先后,以作者时代次之。在各篇之后附以考证,将作者略历及本篇来源,各加按语,分疏于篇末。另由于元明人对唐人小说多取其本事,以此创作杂剧传奇,因此亦将元明剧名撰人,综述于后(《唐人小说》序例)。

该书在古代小说及文学研究方面具有独到的学术价值,傅璇琮评介云:“这是鲁迅先生《唐宋传奇集》以外研读唐代传奇的最切实用的入门书。书中于每篇作品之后所作的考证,列述作者经历、故事源流和后世演变等等,对于初学者不啻开启进入唐人艺术世界的大门。”(《濡沫集》)此书曾于 1930 年由上海神州国光社印行,1959 年中华书局上海编辑所修订重版,1978 年上海古籍出版社又据 1963 年第三版重印。

- 李雅:《汪辟疆及其文献学贡献》,《图书情报工作》2009 年第 11 期。
- 汪辟疆校录:《唐人小说》序例,上海:上海古籍出版社,1978 年,第 1 页。
- 傅璇琮:《濡沫集》,长沙:湖南人民出版社,1997 年,第 30 页。

[64] 程毅中《玄怪录》《续玄怪录》

程毅中(1930—),笔名程弘,江苏苏州人,1955 年毕业于北京大学中文系,后进入中华书局工作,长期致力于古籍整理与古代小说的研究,著有《宋元话本》《古小说简目》《唐代小说史》《宋元小说研究》《程毅中文存》等,整理古籍《玄怪录·续玄怪录》《宋元小说家话本集》《清平山堂话本》《宣和遗事》等(《程毅中:台前幕后 连璧双馨》)。

《玄怪录》(宋人改称《幽怪录》),牛僧孺撰,是唐代小说的一部代表作。该书在宋代的相关记载中已出现不同的版本,而《太平广记》里所引的佚文有三十多篇。今国家图书馆藏有书林陈应翔刻本《幽怪录》四卷和高承埏稽古堂刻本《玄怪录》十一卷,为现存《玄怪录》的两个篇目最多的明刻本。《续玄怪录》,唐李复言撰,现存最早刻本为南宋尹家书籍铺刻本,凡二十三篇,而此本并不是足本。由于两书在流传过程中散佚不全,程毅中按上述底本把《玄怪录》和《续玄怪录》分为两书,合在一起,加以校点,并辑附补遗,注明其流传的情况(《玄怪录》《续玄怪录》前言)。2006 年中华书局将程毅中辑校的《玄怪录》和《续玄怪录》合为一书出版。

- 宁稼雨:《程毅中:台前幕后 连璧双馨》,《中国民族博览》2022 年第 14 期。
- (唐)牛僧孺撰,程毅中点校:《玄怪录》;(唐)李复言撰;程毅中点校:《续玄怪录》前言:北京:中华书局,2006 年,第 1—18 页。

以上仅就想到的说这么一些,从事古代文史研究者应该考虑到更多的方面,辑佚应该作出更多的成绩。

今天辑佚的有利条件

(1)首先,有清人及近人辑佚的成果作为基础,在此基础上拓宽领域,精益求精,这和无所凭借自大不一样。

(2)清人所能见到所能利用的古籍,除《永乐大典》大部分佚失外,到今天基本上都还保存着。此外还有新发现的,如敦煌的古抄卷子,银雀山、马王堆等地的竹简帛书,都是清人所未寓目的。例如唐末韦庄的《秦妇吟》,因他自定的诗集《浣花集》未收入久以为失传,幸敦煌卷子中有此吟的好几个抄本始重见于世。就是《永乐大典》的影印残本中,也还有好些佚书佚文未经清人辑出,仍可供今天利用。

(3)今天重印的大部头古籍有些编制了索引,如中华书局本《太平广记》就编有《索引》,其中"引书索引"部分最便于辑佚。如要辑哪种唐人小说,只要《广记》里收有,一查"引书索引"就可知此小说在哪几卷里有,其篇目是什么,绝不致遗漏。这些可看后面的"索引"专篇,这里就不必重复。

关于辑佚就讲这一些。辑佚后当然还得标点,有时还需注释,这些做起来和非辑佚的古籍相同,就毋庸另行讲述[65]。

【旁征】

[65] 辑佚的前途与条件

黄永年师在正文中已对辑佚的前途与有利条件说得十分晓畅明白。随着时代的发展以及近年来诸多优秀辑佚成果的涌现,可再作几点补充。

首先,从辑佚的发展史角度而言,古籍辑佚本身就是一个不断求全求备的过程,尤其《全唐文》《全宋文》之类,其"全"仅仅是相对来说,四库馆臣曾评价《全唐诗》"自有总集以来、更无如是之既博且精者矣"(《四库全书总目》)。现在看来,彼时所谓的"既博且精",已与今日需求的"既博且精"有相当的差距,因此所谓"既博且精"亦可以不断推进。当代陈尚君纂辑《全唐文补编》《全唐诗补编》成果的完成,便是对四库馆臣所言"既博且精"不断推进的最典型例子。以此观之,尽管前人在辑佚方面取得了丰硕的成果,但仍有广阔的空间可供开拓。

其次,由于受到时代风气及各种条件的限制,古籍辑佚并非一劳永逸。辑书之难,前人早有认识,刘咸炘《目录学》云"辑书非易事也,非通校雠,精目录,则讹舛百出,近世此风大盛,而佳者实少",并指出辑书常见的四大通病,即"漏""滥""误""陋"(《刘咸炘学术论集·校雠学编》)。今见辑佚之作颇多,然具以上诸病者,亦不少见。另外,在彼时为人所称誉者,后人却未必认同。比如元明人所辑的某些古籍,在今天看来仍有缺陷之处,亦有重辑的必要。以谶纬文献的辑佚为例,从元代开始,已有谶纬书的辑佚之作,但不仅蒐辑数量少,且不注出处来源。明代孙瑴《古微书》,虽为专门辑佚纬书的著作,仍未载文献出处。另外,20世纪五六十年代日本学者安居香山、中村璋八通过辑佚方法编了《纬书集成》,所收佚文数量虽然大大超过前代辑本,然而依照科学的辑佚方法和标准,仍存在严重不足。因此有学者指出:"回顾谶纬辑佚的历史,我们会发现,虽然前人做了相当多的工作,但由于方法上的偏差,导致辑本存在种种缺陷与不足,达不到现代学术规范的要求。所以,需要对谶纬文献重新整理、校订,形成一个更加可靠的辑本。"(《重理谶纬文献刍议》)因此,在辑佚诸如谶纬文献方面,需要按现代学术规范,做更深入细致的工作,进行重新蒐辑和整理。

再次,辑佚必须要具备"可辑性",至少要在客观上存在着可辑的内容或资料(《辑佚与辑佚学简论》)。如果不具备"可辑性",辑佚工作将成为空谈,然"可辑性"并非一成不变。前代无法辑佚的,不等于在后代没有辑佚条件,比如现今日新月异的文献数据库,对辑佚工作带来了极大便利,不仅可以协助辑补相关缺漏文献,而且对所利用文献及出处来源一查便知。相较前人而言,以前无法完成的一些古籍辑佚,随着文献数据库不断发展,现在或将来则可凭借古籍数字化资源库协助完成。

古籍数据库可以为古籍辑佚提供更好的平台。聂溦萌在阐述《十六国春秋辑补》的相关问题时,对此进行过探讨:"辑佚过程中存在某些缺陷恐怕难以避免,而且无论采取何种最终呈现形式,总会有或多或少的利用者不得其便,这些都使得辑佚工作有不断更新的必要。然而后来者重新辑佚时,总不免要做大量重复的工作,就像汤球《辑补》与屠本的关系那样。这一问题能否改善与解决?新的技术似乎提供了可能。如果把数据库当做'工作本'进行辑校,对现存文献中的佚文,依照以上几个维度(文献、校勘、史实)加以整理标记,这些工作过程就可以永久地保存下来。一方面,后人增删补订前人的工作应更为便利;更重要的是,使用者可以根据个人需要,将所需佚文以某种编排方式呈现出来,成为私人定制辑本。像汤球那样既纠结于精确,又纠结于复原,从而导致所成定本不够纯粹而遭到批评,也可以避免了。传统的辑佚在当下面临挑战尤多,但辑佚所蕴含的大量资料整理工作恰恰是数字技术相对于人脑人力极有优势之处,数据库辑佚应当是数字时代文献学一个值得期待的方向。"(《辑佚的加减法:汤球〈十六国春秋辑补〉的工作方法》)

• (清)永瑢等:《四库全书总目》卷一九〇《集部·总集类五》"《全唐诗》"条,第1725页。

· 刘咸炘著,黄曙辉编校:《刘咸炘学术论集·校雠学编》,桂林:广西师范大学出版社,2010 年,第 279—285 页。

· 张学谦:《重理谶纬文献刍议》,《文史哲》2022 年第 5 期,第 98—99 页。

· 张升:《辑佚与辑佚学简论》,《文献》1995 年第 1 期。

· 聂溦萌:《辑佚的加减法:汤球〈十六国春秋辑补〉的工作方法》,《文史》2020 年第 1 期,第 127 页。

标点

一　章　句

汉以来的章句

标点符号在我国使用的历史还不到一百年,但不等于说我国古代没有标点,不过不叫标点而叫"句读"。当年吕思勉师撰写过一册《章句论》[1],其中对这件史实作了精密的考证。欲知其详,可取原书一读。这里只简要地讲个大概。

【旁征】

[1] 吕思勉《章句论》

吕思勉生平及与黄永年师生关系参见本书"校勘"篇旁征[7]。

1923年至1925年间,吕思勉在江苏省立第一师范学校、上海沪江大学任教讲述文字学课程。后将讲义修订为《章句论》(《章句论·序》)。吕思勉自评《章句论》曰:"此事前人虽略引端倪,从未畅论。拙作出版后,亦未见有续论者;至少值得一览也。"(《三反及思想改造学习总结》)此书认为"古所谓章句者,实后世画段点句之类",古书符号乃我国文字所故有,在传抄翻刻的过程中"所据者未必善本,从事者又多苟简",因此渐次亡失。

1926年上海商务印书馆出版《章句论》,收入王云五主编的《国学小丛书》,又收入"万有文库"。吕思勉曾对该书进行较大的修订增补,1985年上海教育出版社出版吕思勉《文字学四种》,即收入了增补修订的《章句论·序》(《吕思勉学术文集》)。2011年上海人民出版社出版《吕思勉学术文集》(仅为《章句论》节选)和2016年上海古籍出版社出版《吕思勉全集》皆收录《章句论》。

　　·吕思勉:《章句论·序》,载《吕思勉全集》第17册,上海:上海古籍出版社,2016年,第5页。

　　·吕思勉:《三反及思想改造学习总结》,载《吕思勉全集》第12册《论学丛稿下》,第1229页。

　　·吕思勉:《吕思勉学术文集》,上海:上海人民出版社,2011年,第356页。

在两汉时候,治经学者就讲究"章句"之学。章句的本义只是在经传上所加的符号,以便于诵习讲说,进而才以"某某章句"代表某某一派的学说。学说问题属于经学史范围,与本题无关,这里只讲述章句的本义、各种符号及其概念。

《说文》三上音部:"章,乐竟为一章。"引而申之,凡是陈义已终、说事已具者都可以称之为"章"。《说文》三上句部:"句,曲也。""钩,曲也。"一二下亅部:"亅,钩逆者谓之亅,象形。""乚,钩识也,从反亅。""句""钩""亅""乚"四字音近义通,后虽殊文,始实一语,所谓"钩识"之"乚"即"章句"之"句",是古代用来断句的符号[2],又《说文》五上、部:"、有所绝止也,、而识之也。"大徐本[3]引孙愐《唐韵》[4]:"知庾切。"这种音主的"、"也是古代断句的符号。此外,《公羊》定元年:"主人习其读而问其传。"何休解诂[5]:"读谓经,传谓训诂。"可见这个"读"也就是"章句"之"句",二者为叠韵字。因此,何休解诂自序里所说"援引他经,失其句读"的"句读",实际上只是同义字的重叠使用,"句""读"二字在含义上并无差别。至其符号,如上面所说或用亅,或用、,二者在用法上也并无差别。

【旁征】

[2]"钩识"之"乚"即"章句"之"句",是古代用来断句的符号

《章句论》说:"章句之朔,则今符号之类耳,""钩识之乚,即章句之句"。最早在西周青铜器铭文中出现的"乚"符号,约可作为断句之用。如1969年陕西蓝田出土的西周永盂铭文(见图5-1-1),第7行及第9行各有一个"乚"符号。陈邦怀《永盂考略》认为:"句"字左下方的"乚""就是《说文解字》所说的'钩识也'。段玉裁说:'钩识者,用钩表识其处也'。现在引用段氏的说法,可证这里的乚为钩识无疑。"亦有学者不赞同将永盂中的"乚"视作钩识符号,见吴良宝《漫谈先秦时期的标点符号》。"乚"作为钩识之用在秦汉简牍帛书中亦有发见,如1959年甘肃武威出土汉简《仪礼·甲本特牲》(见图5-1-2):"•献祝边燔从如初义乚及佐食如初卒以爵入于房•宾三献如初乚燔从如初乚爵止•延于户内乚主妇洗酌致爵于主人乚主人拜受爵主妇拜送爵。"陈梦家《校记》曰:"义、初、初、内、人等五字下右旁,皆有钩识号。"《校记》末曰:"右木简《特牲》第十……此篇有钩识号,乃经师诵习时所作也。"《武威汉简》其中"乚"作用相当于"乚",作钩识符号用于断句。

•陈邦怀:《永盂考略》,《文物》1972年第11期。

•吴良宝:《漫谈先秦时期的标点符号》,吉林大学古籍整理研究所编:《吉林大学古籍整理研究所建所十五周年纪念文集》,长春:吉林大学出版社,1998年,第187页。

•甘肃省博物馆,中国科学院考古研究所编:《武威汉简》,北京:中华书局,2005年,第97、163、165页。

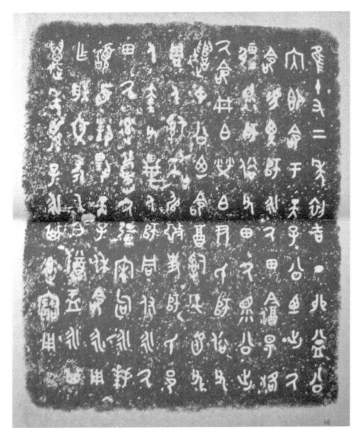

图 5-1-1：《永盂》铭文

《殷周金文集成》10322（中国社会科学院考古研究所编：《殷周金文集成》第 16 册,北京：中华书局,1994 年,第 258 页）

图 5-1-2：甘肃武威出土汉简《仪礼·甲本特牲》（局部）

《武威汉简》图版肆（甘肃省博物馆,中国科学院考古研究所编：《武威汉简》,北京：中华书局,2005 年）

[3] 大徐本

即大徐本《说文解字》。《说文解字》现存较全的版本有南唐徐锴所作《说文系传》（世称"小徐本"）和其兄徐铉入宋后所作《校订说文解字》（世称"大徐本"）。大徐本《说文解字》常见版本有明毛晋汲古阁刻本、清孙星衍复刻宋大字本的平津馆刻本及清陈昌治刻本。1963 年中华书局以陈昌治刻本为底本影印出版,是今天最常见的《说文解字》的版本（《经部要籍概述》）。

大徐本《说文解字》卷五上"、"："、,有所绝止也,、而识之也。"（见书影 5-1-1）《章句论》曰："则、与亅,并古断句之符号矣。章句二字,本义如此。知古所谓章句者,实后世画段点句之类。"即正文所言"这种音主的'、'也是古代断句的符号"。

• 裘锡圭编：《经部要籍概述》,南京：江苏教育出版社,2008 年,第 216—217 页。

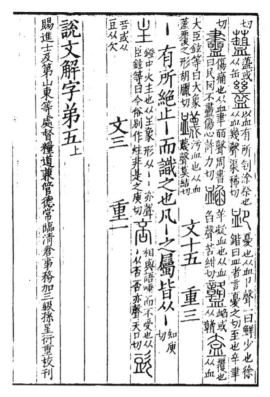

书影 5-1-1：《说文解字》卷五上
清嘉庆间孙星衍平津馆刻本

[4] 孙愐《唐韵》

孙愐，音韵学家。唐玄宗时人，曾任陈州司法（《直斋书录解题》）。《新唐书·艺文志》载："孙愐《唐韵》五卷。"是其刊正《切韵》而别成之作，原书已佚，清末蒋斧藏本《唐韵》、大徐本《说文解字》及《永乐大典》等传世文献与敦煌残卷中尚存佚文。王国维辑有《唐韵佚文》一卷，为最早的《唐韵》辑佚成果。周祖谟在王国维辑本的基础上又补充了很多新的佚文，收入《唐五代韵书集存》。《唐韵》诸传本及佚文梳理可参考封传兵、刘晓南《孙愐〈唐韵〉传本及佚文考述》。

- （宋）陈振孙撰，徐小蛮、顾美华点校：《直斋书录解题》卷三《小学类》，第90 页。
- （宋）欧阳修、宋祁：《新唐书》卷五七《艺文志》，第 1451 页。
- 王国维：《唐写本唐韵残卷校记附唐韵佚文》，载《王国维遗书》第 5 册，上海：上海书店出版社，1983 年。
- 周祖谟：《唐五代韵书集存》下册，北京：中华书局，1983 年，第 990 页。

·封传兵、刘晓南：《孙愐〈唐韵〉传本及佚文考述》，《古籍整理研究学刊》2012年第1期。

[5]《公羊》何休解诂

即《春秋公羊解诂》。何休（129—182），字邵公，东汉任城樊县（今山东兖州）人。何休初从太傅陈蕃参与政事，汉桓帝时坐陈蕃党锢之祸，闭门十七年作《春秋公羊解诂》。又注解训释《孝经》《论语》，作《公羊墨守》《左氏膏肓》《榖梁废疾》等。何休为东汉著名的今文经学家，是继董仲舒后又一公羊学大家。《后汉书》卷七九下有传。

《隋书·经籍志》载："《春秋公羊解诂》十一卷，汉谏议大夫何休注。"现存主要版本有：（1）宋淳熙抚州公使库刻本（《古逸丛书三编》及《北京图书馆古籍珍本丛刊》据此影印）。（2）宋绍熙间余仁仲万卷堂刻本，流传至清代存有两种：一为黄彭年跋本，藏于国家图书馆；一为瞿氏铁琴铜剑楼藏本（《四部丛刊初编》据此影印）。

《公羊》定公元年："主人习其读而问其传。"何休解诂："读谓经，传谓训诂。"（见书影5-1-2）此例揭示句读与经书的关系，《礼记·学记》载"古之教者……一年视离经辨志"，郑玄注："离经，断句绝也。"即古人读书一年后要考核句读经典的能力。《公羊》定公元年之"读"即"章句"的"句"，二字乃叠韵字，正如正文所言"在两汉时句读二字在含义上并无差别，符号上、或丨的用法亦并无差别"。

书影5-1-2：《春秋公羊经传解诂》卷一一"定公元年"

《四部丛刊》影印铁琴铜剑楼藏宋余仁仲万卷堂刻本（《四部丛刊初编》第33册）

·（南朝宋）范晔撰，（唐）李贤等注：《后汉书》卷七九下《何休传》，第2582—2583页。

·（唐）魏徵、令狐德棻：《隋书》卷三二《经籍志》，第930页。

- •（汉）何休解诂；（唐）徐彦疏；刁小龙整理：《春秋公羊传注疏》校点前言，上海：上海古籍出版社，2013年，第7、8页。
- •（清）阮元校刻：《礼记正义》卷三六《学记》，北京：中华书局影印阮元《十三经注疏》本，2009年，第3297页。

当时怎样断句，有两种主张。一种主张语意已完才谓之句，如《毛诗》："《关雎》五章章四句"；孔颖达《正义》引挚虞《流别论》[6]所谓："诗有九言者，'泂酌彼行潦挹彼注兹'是也。"这是把通常的"泂酌彼行潦，挹彼注兹"二句从语意上并作一句。但《正义》说"遍检诸本，皆云'《泂酌》三章章五句'，则以为二句"。《正义》也是后一种主张，说"句者，联字以为言"，也就是口中诵之当停顿处就算一句，不必语意已完，这是当时最通行的断句方法。

【旁征】

[6] 挚虞《流别论》

挚虞，字仲洽，京兆长安（今陕西西安）人。挚虞少事皇甫谧，才学通博，著述不倦。晋武帝泰始间举贤良，拜中郎，擢为太子舍人，历任闻喜令、尚书郎、秘书监、卫尉卿、太常卿等职。撰有《文章志》四卷，注解《三辅决录》，又撰古文章，类聚区分为三十卷，名曰《流别集》，各为之论。《晋书》卷五一有传。

《隋书·经籍志》载："《文章流别集》四十一卷。梁六十卷，志二卷，论二卷，挚虞撰。"又"《文章流别志》《论》二卷。挚虞撰。"因挚虞著作今已亡佚，其《文章流别集》《文章流别志》《流别论》的关系历来聚讼纷纭，莫衷一是，可参考许昌盛《挚虞史著考》一文。《流别论》佚文散见于类书和古注之中，明人张溥曾辑《挚太常集》，辑得佚文十一条，邓国光《挚虞研究》一书在前贤辑佚基础上共辑《文章流别论》佚文十九条。所辑佚文有总论文章者，有分论诗、颂及哀策、图谶者，又有解题者（《挚虞研究》）。

- •（唐）房玄龄等：《晋书》卷五一《挚虞传》，北京：中华书局，1974年，第1419—1427页。
- •（唐）魏徵、令狐德棻：《隋书》卷三五《经籍志四》，第1081—1082页。
- •许昌盛：《挚虞史著考》，《古籍整理研究学刊》2016年第2期。
- •邓国光：《挚虞研究》，香港：学衡出版社，1990年，第183—189页。

古人著书除分章外，还常成篇，即以意义相近的若干章联成一篇，或一篇中分成若干章。保存篇章旧式最完整的是《吕氏春秋》，分八览、六论、十二纪共二十六篇，篇有篇名，篇内再分章，章有章名。但大多数古籍不加章名，只在篇内用提行的办法来分章,古人谓之"跳出"。《左传》襄二十五年之末有"会于夷仪之岁"一段,杜预注:"传为后年修成起本,当继前年之末,而特跳此者,传写失之。"孔颖达《正义》:"魏晋仪注,写章表别起行头者,谓之'跳出',故杜以'跳'言之。"《古逸丛书》覆刻的日本藏唐写本《汉书·食货志》残卷[7],于"汉兴""宣帝即位""元帝即位""成帝时""哀帝即位""王莽因汉承平之业"均提行,犹存古人"跳出"旧式。但这种提行均顶格,不像今天分段的办法每段开头必须低两格。

【旁征】

[7]《古逸丛书》覆刻的日本藏唐写本《汉书·食货志》残卷

《古逸丛书》参见本书"影印"篇旁征[5]。

唐写本《汉书·食货志》残卷,据《经籍访古志》载其"卷首题'食货志第四,汉书廿四',次行署'秘书监上护军琅邪县开国子颜师古注'。界长六寸九分,幅七分,每行十三四字,注十六七字,文字遒劲。卷中'民'字阙末笔。史注文句校之宋元诸本,极有异,真李唐原卷也。末有'式部之印'朱印。背书《阿弥陀经疏》一卷。有嘉保二年九月书写释慧海记"。黎庶昌任日本公使期间令其随员杨守敬搜集日藏汉籍,时唐写本《汉书·食货志》残卷藏于日本名古屋真福寺,杨守敬根据日本医官小嶋春沂所影摹者重新刊刻,又以何焯校定《汉书》及宋刘之问本、元刘文声本、朝鲜活字本、日本宽永活字本与唐写本《汉书·食货志》比勘,做校勘札记百余条附于后(《古逸丛书》)。

书影 5-1-3:《汉书·食货志》之"跳出"旧式
《古逸丛书》影印唐写本《汉书·食货志》残卷

唐写本《汉书·食货志》中"汉兴""宣帝即位""元帝即位""成帝时""哀帝即位""王莽因汉承平之业"均提行以跳出(见书影5-1-3),即正文所言"在篇内用提行的办法来分章"。

·[日]涩江全善、森立之等撰;杜泽逊、班龙门点校:《经籍访古志》,上海:上海古籍出版社,2014 年,第 96 页。

• (清)黎庶昌辑：《古逸丛书》第 46 册《影唐写本汉书食货志》,贵阳:贵州人民出版社,2002 年,第 43—44 页。

宋以后的句读

以上所述汉以来章句旧式,后来或则泯灭,或则有所变化。其原因,《章句论》认为和雕版印刷盛行、坊刻本徒事苟简有关。但敦煌等地发现的六朝唐写本已多不加句读,可见苟简之习由来已久。到宋代则像唐写本《汉书》那样分章跳出的办法也已泯灭,即使官刻本如《百衲本二十四史》中影印的北宋末监本《汉书》也不例外。

但并非当时已完全不讲章句,不分章犹可,句子不断如何读下去。《相台书塾刊正九经三传沿革例》"句读"条说:"监、蜀诸本,皆无句读。惟建监(案此"监"字当衍)本始仿馆阁校书式,从旁加圈点,开卷瞭然,于学者为便,亦但句读经文而已。惟蜀中字本、兴国本并点注文,益为周尽。"可见在宋代馆阁校书有句读,建本、蜀中字本、兴国本的经传有句读[8],而廖莹中本以及元荆谿岳氏重刊廖本"九经三传"也都施加句读[9]。

不过宋人所谓"句读"较之两汉的概念已有变化[10]。如前所说,两汉以来一直"句""读"不分。而宋人则在口中诵之当停顿处加句号,又为了使文义清楚而在句中再加读号,也就是后来的所谓逗号,不过后来所谓逗号的用法和这时的读号还不尽相同。这时候的句号是用小圆圈(。),标在句末的右侧,和今天的标点符号相同。逗号则用小点(、),有时也用小圆圈(。),而标在中间。因为用小圆圈、用小点,所以这时的句读也叫"圈点"。

【旁征】

[8] 宋建本、蜀中字本、兴国本的经传有句读

宋代建本始仿馆阁校书从旁圈点,标有句读。宋建本主要是指建宁府建阳县的坊刻本。北宋建阳坊刻本没有流传下来,传世的都是南宋时所刻,比较早且延绵最久的是余仁仲刻本,如余仁仲万卷堂所刻《礼记》《春秋公羊经传解诂》《春秋穀梁传》(《古籍版本学》)。宋建本经传句读以南宋建安余仁仲刻《春秋公羊经传解诂》为例(见书影 5-1-4)。在"元年""春""王正月"右侧加有圈点,后传注皆不句读,即《相台书塾刊正九经三传沿革例》所谓"但句读经文而已"。

• 黄永年:《古籍版本学》,第 72—74 页。

书影 5-1-4：《春秋公羊经传解诂》卷一

南宋绍熙二年（1191）建安余仁仲万卷堂刻本，国家图书馆藏

书影 5-1-5：《春秋经传集解》卷六

南宋高宗蜀中字本，中国嘉德 2005 春季拍卖会拍品，藏地不详（中国嘉德国际拍卖有限公司编：《嘉德二十年精品录. 古籍善本卷》，北京：故宫出版社，2014 年，104—105 页）

蜀中字本，传本罕见，除《相台书塾刊正九经三传沿革例》外，传世文献及书目不见记载。2005 年中国嘉德春季拍卖会第 1432 号拍品《春秋经传集解》，亦或是《沿革例》所载的蜀刻中字本（《破解七百年的迷局——蜀刻中字本〈春秋经传集解〉》《宋代经书注疏刊刻研究》）。从书影可见经注皆有圈点句读符号（见书影 5-1-5）。

> • 拓晓堂：《破解七百年的迷局——蜀刻中字本〈春秋经传集解〉》，载《槐市书话》，北京：商务印书馆，2017 年，第 15—19 页。
>
> • 张丽娟：《宋代经书注疏刊刻研究》，北京：北京大学出版社，2013 年，第 185—188 页。

兴国本即兴国于氏本。民国初袁克文藏有宋刊《春秋经传集解》残本（内容为卷二六），周书弢捐赠给中国国家图书馆宋刻元修本《春秋经传集解》（存二十九卷），二者皆有

"鹤林于氏家塾栖云之阁锓梓"之牌记，李盛铎、袁克文等人认为是岳氏《九经三传沿革例》所称兴国本。张丽娟《宋代经书注疏刊刻研究》第二章《经注附释文本》亦有相关考述。中国国家图书馆藏鹤林于氏本《春秋经传集解》就是有句读的兴国本（见书影5-1-6）。

> ● 张丽娟：《宋代经书注疏刊刻研究》，第127—130页。

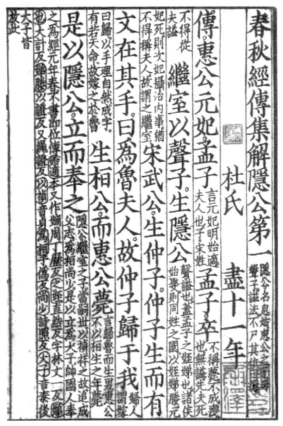

书影5-1-6：《春秋经传集解》卷一

宋鹤林于氏家塾栖云阁锓元修本，中国国家图书馆藏（任继愈主编：《中国国家图书馆古籍珍品图录》，北京：北京图书馆出版社，1999年，第80页）

书影5-1-7：《周易》卷一

元相台岳氏荆谿家塾刻本，国家图书馆藏（中国国家图书馆·中国国家古籍保护中心编：《第一批国家珍贵古籍名录图录》第1册，北京：国家图书馆出版社，2008年，第212页）

[9]　廖莹中本以及元荆谿岳氏重刊廖本"九经三传"也都施加句读

　　岳氏"九经三传"以宋末廖莹中世绥堂本覆刻，如元相台岳氏荆谿家塾所刻《周易》（见书影5-1-7），"乾元亨利贞"句，"乾""贞"后以小圆圈标在文字右下侧以表示句号，"元""亨""利"以小圆圈标于文字中间以表示停顿。即正文所说"句号是用小圆圈

(。),标在句末的右侧,和今天的标点符号相同。逗号则用小点(、),有时也用小圆圈(。),而标在中间"。

[10] 有关宋人的句读

宋人的句读的情况,《钱塘遗事》卷二"庆元侍讲"条载:"宋庆元初,赵子直当国,召朱文公为侍讲。文公欣然而至,积诚感悟,且编次讲义以进。宁宗喜,令点句以来。"宁宗自幼在宫中接受严格的正规教育,阅读当代人写作的文字,当然不成问题,但他仍然觉得没有标点阅读不便,所以才"令点句以来"(《古人的标点》)。而宋宁宗依赖标点阅读并非特例,还有记载说宋高宗希望能阅读有标点的《左传》等(《建炎以来系年要录》)。而且宋代士人在读书时也讲究标点,洪迈《容斋随笔》四笔卷一一"汉高帝祖称丰公"条载"予自少时读班史,今六七十年,何啻百遍,用朱点句,亦须十本……"可见士人在读书时,往往施以句读,然后反复阅读。

- 王瑞来:《古人的标点》,载《古籍校勘方法论》,北京:中华书局,2019 年,第 309—312 页。
- (元)刘一清撰,王瑞来校笺考原:《钱塘遗事校笺考原》卷二"庆元侍讲"条,北京:中华书局,2016 年,第 50 页。
- (宋)李心传:《建炎以来系年要录》卷五六"高宗绍兴二年七月乙丑"条,北京:中华书局,1988 年,第 979 页。
- (宋)洪迈撰,孔凡礼点校:《容斋随笔》四笔卷一一"汉高帝祖称奉公"条,北京:中华书局,2005 年,第 764 页。

至于分章,在经传中章与章之间多加个稍大的圆圈以事分隔,如"××××○××××"之式[11]。史部书如《史记》《汉书》等如前所说,一篇之间不再分章。但杂史、杂记、小说之分条撰写者,仍每条提行,一般不用圆圈来分隔。提行一般均仍顶格,有的第一行顶格而第二行以下均低 ·格,第二行以下顶格而第一行低一格、像今天依照西方的办法每段首行低两格者,则极个别。

【旁征】

[11] 经传中章与章之间多加个稍大的圆圈以事分隔

南宋高宗蜀中字本《春秋经传集解》卷六(见书影 5-1-5),在"三月""夏四月""秋七月""冬十有二月"前皆以○作为分章符号。

明嘉靖以后,刻书间或有加圈点的,有时还在人名的右边加上"——"号,地名的右边加上"▢"号。此外,还借用圈点的方式来评论文字,即在他们认为精采的句子的右侧逐字加圈加点,谓之"密圈""密点",有的还再加其他符号。其事始于科场之中,试官对应试文加圈点以便评定优劣。嘉靖以后"文必秦汉,诗必盛唐",读古籍成为风气,用圈点评诗文、评古籍之事也随之日见增多。万历、天启时闵刻、凌刻[12]的朱墨两色以至多色套印本书套印圈点及评语,就是供文人诵读欣赏之用。还有一些坊刻本书也加这种圈点、评语,不过不是套印,因为套印成本太高。清代人刻自己的诗文集也间或用这种圈点,刻古籍则用者极少。

【旁征】

[12] 闵刻、凌刻

　　黄永年师在《古籍版本学》中谈道:明万历时刊刻套印本的,集中在浙江湖州府乌程县的闵、凌两个家族,他们在刊刻套印本上作出的成绩不仅前无古人,也非后人之所能企及。闵姓中刻套印本最多的,自推万历三年出生的闵齐伋,其所刻朱墨本以万历时的《东坡易传》《三经评注》《读风臆评》《三子合刊》《韩文》《柳文》等,天启时的《穀梁传》《文选尤》《曹子建集》,崇祯时《书集传》《礼记集传》等最有名。其他闵氏中刻朱墨套印本的还有万历时闵于忱刻《孙子参同》、闵日斯等刻《秦汉文钞》,泰常时闵振业刻《史记钞》,天启时闵齐华刻《九会元要》等;凌姓家族中刻套印本的以凌蒙初为巨擘。他刊刻的朱墨套印本更偏于文学方面,在万历年间刻有《诗经》《陶靖节集》《李诗选》《王右丞集》《孟浩然诗集》等,天启时刻《东坡先生禅喜集》等。闵、凌二氏套印不局限于朱墨两色,更有三色、四色,最多有五色的套印本,如套朱、蓝、黄、绿、墨五色的崇祯时凌云刻《文心雕龙》。

　　闵刻、凌刻套印本套印圈点及评语以供文人诵读欣赏。明泰常闵振业刻《史记钞》(见书影5-1-8),其《凡例》讲:"凡文之最佳处则圆圈,次则长圈,又次则点。"如《史记钞》卷二抄《史记·周本纪第四》正文,圈点"见巨人迹"至"初欲弃之,因名曰

书影5-1-8:《史记钞》卷二
明泰常(1620)闵振业朱墨套印本,哈佛大学汉和图书馆藏

弃"诸句,于天头朱色套印明张之象(字玄超)点评:"前详叙弃之之事,从容委曲,文势舒缓,末复著'初欲弃之'一语,接下'因名曰弃',则文势紧峭有力。"

凌蒙初刻《李长吉歌诗》(见书影5-1-9),其中《李凭箜篌引》一诗圈点"昆山玉碎凤凰叫,芙蓉泣露香兰笑""石破天惊逗秋雨,梦入神山教神妪"二句,并于天头处朱色套印宋刘辰翁评语:"状景如画,自其所长。箜篌声碎有之,'昆山玉'颇无谓。下七字妙语,非玉箫不足以当。'石破天惊',过于绕梁过云之上。至'教神妪'忽入鬼语。吴质懒态,月露无情。"

• 黄永年:《古籍版本学》,第184—185页。

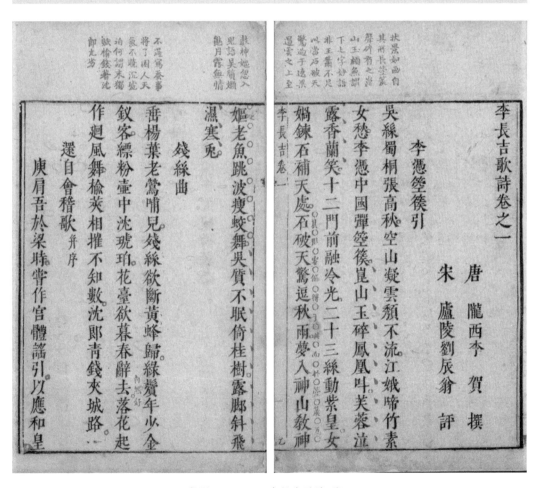

书影5-1-9:《李长吉歌诗》卷一

明万历间凌蒙初朱墨套印本,哈佛大学汉和图书馆藏

二　标　点

标点的使用和出版总署文件的颁布

西方通行的标点符号传入我国后,逐渐为知识界所使用。尤其随着白话文的流行,标点符号也就日见普及。到新中国成立前,新出版物已绝大多数用这种新式标点符号,而不再用旧式圈点。这些新式标点符号和使用方法大体上沿袭西方,也有一些是承用我国传统的办法而稍加改造,还有个别的是日本人创造而为我们所采用。但当时对符号的名目和使用方法并没有统一规定,除句号、逗号等最基本者外,其他符号或用或不用,用法也不一律。

新中国成立后,出版总署在 1951 年 9 月公布了《标点符号使用法》[13],中央人民政府政务院规定在全国统一使用。1956 年 4 月通俗读物出版社出了再版本,将原文件按直行文稿所讲的用法,改写成以适用于横行文稿为主。但三十年来在使用中对个别符号又略有变通。

【旁征】

[13]《标点符号使用法》

1951 年 9 月中央人民政府出版总署发布《标点符号用法》,列 14 种标点符号使用方法。1990 年 3 月国家语言文字工作委员会、新闻出版署经修订发布了新的《标点符号用法》,列 16 种标点符号,新增了连接号(—)和间隔号(·)(《中华人民共和国法律法规全书》)。1995 年国家语言文字工作委员再次修订发布了《标点符号用法》(GB/T 15834—1995)。2011 年又颁布了新的《标点符号用法》(GB/T 15834—2011),新增了分隔号(/)。

•《中华人民共和国法律法规全书》编委会编:《中华人民共和国法律法规全书》第十卷,北京:中国民主法制出版社,1994 年,第 520 页。
•《国家标准标点符号用法 GB/T 15834—2011》,北京:中国标准出版社,2012 年。

标点符号用法和标点古籍

这里,根据《标点符号使用法》的规定,并参考目前通行的用法,特别是中华书局编辑部草拟的《古籍点校通例》(初稿)[14]的标点部分(《通例》全文已在国务院古籍整理出版规划小组的《古籍整理出版情况简报》第一一二期上发表),并参考目前流行的用法,分别讲述各种标点符号以及如何用这些符号来标点古籍(下面凡引号中的都是《标点符号使用法》的原文)。

【旁征】

[14]《古籍点校通例》(初稿)

中华书局于 1983 年草拟的《古籍点校通例》包含标点、校勘、其他三部分,其中"标点"内容如下:

(一)与本局出版的二十四史的标点用法大致相同。

(二)文意已完,便加句号。使用句号须注意上下文气,避免将紧相呼应的分句从中圈断。

(三)韵文一般可在押韵处用句号。

(四)使用逗号,既要注意文气,也要顾及文意,避免把许多句点成一句。

(五)顿号限用于并列名词而易引起误解者,不会引起误解的并列名词,不加顿号。习惯连称如尧舜、隋唐之类,分别加专名号,而两词之间就不用加顿号。

(六)文意紧接而并列明确的分句,可用分号。能用逗号或句号代替的,就不用分号。

(七)引文不是完整的句子,末尾不宜用句号者,前面尽量避免用冒号。末尾用句号的,前面也不一定就用冒号。

(八)书中引文无论长短,都加单引号,以明起讫。引文中复有引文,则加双引号。

(九)凡引文只用引号不加冒号者,引文末尾的标点放在引号之外;引号冒号俱全的,引文末尾的标点放在引号之内。

(十)校改之处使用符号者,圆括号括住的字词,表示删去(删去的字用小一号字体);方括号括住的字词,表示改正或增补。

(十一)谥号尊称意在专指者,都标专名线。

(十二)民族名称标专名线,泛指性的胡、番、蛮、夷不标。

(十三)集合名称,指时代的,如三代、两汉之类,连标;指地指人的,如五岳、七贤之类,不标。

(十四)神名、星名一般不标专名线。

(十五)书名、篇名之简称,如班书、隋志之类,连标书名线。

(十六)人名、官名意指书篇者,如孟子、大司徒之类,加专名线。

(十七)"云""曰"字上毛传、郑笺、杜注、孔疏之类,传笺注书等字不必标书名线。

（十八）标点古籍不用省略（……）、反诘（!?）、音界（·）等符号。

> · 中华书局编辑部：《古籍点校通例（初稿）》,《古籍整理出版情况简报》1983
> 年第 112 期。

（1）"句号（。）表示一句话完了之后的停顿。"

（2）"逗号（,）表示一句话中间的停顿。"

以上两种符号用得最多,可说是标点符号中的常用符号或基本符号,不论标点白话文,或是标点古籍的文言文,都是如此。但在白话文上和文言上用起来却有难易之别,用来标白话文比较容易,而标文言文则常遇到困难,用句号还是用逗号很不好办。这在第四章"商榷"里还要详细谈。

（3）"顿号（、）表示话中间并列的词（包括作用跟并列的词相仿的短语、并列分句）之间的停顿。又表示'序次语'之后的停顿。"

这个符号西方没有,是从我国圈点的点继承来的,白话文、文言文都常用。但有些并列的词如不加顿号并不会引起误解者,则可不必加,如"尧舜""宋元本"之类就不必加。再则某个人的若干官职、封爵之间要不要加顿号,亦可商榷。如"上发定州,以司徒太子太师兼检校侍中赵国公长孙无忌、中书令岑文本、杨师道从"（《旧唐书》卷三《太宗纪》）,现在通行的办法是在"司徒"和"检校侍中"之下都加顿号,但这样和"长孙无忌"之下的顿号又相混淆而不能区别,只好把"长孙无忌"之下的顿号改成逗号。我认为,长孙无忌的一串官职、封爵在读《旧唐书》者是常识,本可不用顿号点断,如连这些地方非用顿号点断就读不下去,则整部《旧唐书》更无法读懂,光加几个顿号也不起作用。

（4）"分号（;）表示一句话中间并列的分句之间的停顿。"[15]

这个符号在白话文和文言文上用得都不多,用起来的难易程度也差不多。白话文在分句比较短时可不用分号而用逗号,文言也是如此。

（5）"冒号（:）表示提示语之后的停顿。"

这个符号用于白话文和文言文都比较容易。但有时在某某人说或某某书曰之后有不应用冒号而应用逗号以及什么符号也不应用的情况,像"如《旧唐书·太宗纪》所说'太宗以轻骑突围而进'"这样的文句,在"所说"之后就不加符,或者加个逗号,但切勿用冒号,文言、白话均是如此。另外,文件还指出冒号的又一个用法,如"我参加了军事干部学校;你考上了北京大学;他进了机器制造厂:咱们三个都有光明的前途。"即在并列的三个分句已经完了,还有总起来说的一个分句在底下时,在最后这个分句前用冒号。但这个用法现在写白话文时仍很少用,标点文言文时更少有人用。

(6)"问号(?)表示一句问话完了之后的停顿。"

这个符号无论在白话、在文言文中都不难用。但文言文中有些句子在句末虽不加"乎""耶"等字,却也应用问号。如《尚书》的《西伯戡黎》篇有"我生不有命在天"这样的句子,是反问口气,在句末就应用问号(《史记》载其文在句末就有"乎"字)。白话文里也有这种情况,不过比较容易识别,容易加上问号。

(7)"感叹号(!)表示一句感叹话完了之后的停顿。"

这个符号在白话、文言文中都不难用。但能用句号、逗号时就不必多用感叹号,标点古籍时尤不宜滥用。

(8)"引号(┓┗┓┗)表示文中引用的部分。"

这个符号本身有个变迁。通行直行时用如上的符号,即在引文开始处用┒或┐,结束处用┕或└,这是当年从日本学来的,而日本使用的这种符号又是把西方的" "、' '改造而成的。改用横行后,起初仍用这种符号,作『××××』、「××××」。后来用西方的办法作"××××"、'××××'。整理古籍排直行本自然用 ┓┗、┐┗。至于先用" "、┒┕还是先用' '、┐└,横行一般先用" ",在" "之内有需要时再用' ',直行多先用 ┒└,再用┒┕,但也有先用┕┒再用┐┗的,并不一律[16]。引号除用于引文外,有时对专门用词也可加引号,但不要滥用。用引号时还牵涉到用句号、逗号的问题,一般如整段引文,引文前用冒号者,到最后一句所用句号应加在引号之内,如引文前只用逗号,则引文末句所用的句号或逗号应加在引号之外。这个引号使用起来在白话文自无困难,文言文则需注意引文到那里结束,不要把不属引文的话也标在引文里。

(9)"括号(( ))表示文中注解的部分。"

这个符号主要用于现在撰写的白话文和文言文。古籍因为撰写时就用双行小注等办法来处理注解的部分,今天整理标点时或仍其旧,或改用单行小注,或将注文移至卷后、篇后,因此用不上括号。除非注文不多,不必移至卷后、篇后,而排印小注尚有困难时,可用括号把注文括在正文里。此外,有的古籍在校勘后要把删掉的衍文和补入的脱文在正文中标出来,则可在衍文上下用这种括号(衍文用小一号的字体),而在补入的脱文上下用方括号(〔 〕)。

(10)"破折号(——)在文中表示底下有个注释性的部分。又表示意思的跃进。"

这个符号在白话文中也不多用,标点古籍更用不上,因为用了对理解文义并无多大帮助。

(11)"省略号(……)表示文中省略的部分。"

这个符号白话文中用,引书有省略时更常用。但标点古籍用不上,因为用不到去删节古籍。至于古籍引文本不谨严,即发现其中实有删节时,一般也不必替古人加进省略号,因除删节外字句还常有变动,无法照原文一一处理。

(12)"着重号(·用在文字的右边)表示文中特别重要的语句。"

西方多用黑体字来表示特别重要的语句,我国也有学西方的办法用黑体字的。如用这个符号,在文字横行时标在文字的下边。标点古籍则用不上。

(13)"专名号(_____用在文字的左边或右边)表示文中的人名、地名、团体名之类。"

这个符号是我国创造的。如前所说,明人刻书已用这个符号作为人名号,现在则扩大为专名号,在文字横行时标在文字的下边。现在很多书为了简省,不用这个专名号,古籍也是如此,只有讲究一点的才用,多排在直行文字的左边。中华书局的《通例》对如何使用这个专名号作了一些具体的规定,即:"谥号尊称意在专指者,都标专名线。民族名称标专名线,泛指性的胡、蕃、蛮、夷则不标。集合名称,指时代的,如三代、两汉之类,连标;指地指人的,如五岳、七贤之类,不标。神名、星名一般不标专名线。"这些都是比较合适的。但另有一些情况仍不易处理[17]。一是人名,有的不写姓名,而作"王皇后""李生"之类,只标"王""李"二字,还是连"皇后""生"也要标,至今尚未约定俗成。再是有些宫殿建筑名称,如唐代的太极宫、大明宫之类当然标,但东宫要不要标,掖庭宫要不要标,这些在唐初是专名还是通称?还有西周的明堂和灵台同时并提,应是专名,到以后成了通称。标了周明堂,汉明堂标不标?诸如此类,都还未有较科学的处理办法。

(14)"书名号(_____用在文字的左边或右边)表示文中的书名、篇名之类。"[18]

这个符号也是我国创造的。在文字横行时标在文字的下边。现在很多书图排印简省,常把这个符号改成《》或〈〉,用《》者更多一些,不论直排、横排均如此。标点古籍如不用专名号时则书名号也改成《》,但《》的使用和用﹏﹏有时也略略不同。即遇到书名、篇名相联接时,如"旧唐书太宗纪",用﹏﹏则书名、篇名都标上,在中间断一下就可以。用《》则把书名、篇名统在一个《》里,在书名、篇名间加个"·",如《旧唐书·太宗纪》。此外,古人称书名有时用简称,如称《旧唐书》为"旧书",称《欧阳文忠公集》为"欧集"之类,有时连"集"字都可省略,对此一般仍应都用书名号标出。有时还把书名、篇名连在一起简称,如称《汉书·地理志》为"汉志"或"班志",称《隋书·经籍志》为"隋志"之类。一般也仍应用书名号标出,中间不必断开或加"·"。至于遇到"杜注曰""孔疏曰"之类,自不必给"杜注""孔疏"加书名号,但"杜""孔"之下似应加专名号,因为这是表示杜预的注如何说,孔颖达的疏如何说,不加似不合适。碑刻名称是否和书名同例标书名号,迄无定式,以标者为多。

【旁征】

［15］分号（;）用法举例

在点校古籍时，分号多用于文义并列以及骈文句式。如《隋书·牛弘传》中奏议引用刘歆《钟律书》："春宫秋律，百卉必彫；秋宫春律，万物必荣；夏宫冬律，雨雹必降；冬宫夏律，雷必发声。"

> • （唐）魏徵、令狐德棻：《隋书》卷四九《牛弘传》，第 1306 页。

［16］直行多先用 ⌐ ，再用 ⌐ ，但也有先用 ⌐ 再用 ⌐ 的，并不一律

中华书局《古籍点校通例》（初稿）中规定："书中引文无论长短，都加单引号，以明起讫。引文中复有引文，则加双引号。"即以先用 ⌐ ，再用 ⌐ 。在 1995 年及 2011 年国家标准《标点符号用法》中，双引号用 ⌐ ，单引号用 ⌐ 。因此程毅中谈道："直行书稿的引号，以往中华书局的书一般都是先单后双，可能是由于写稿、标稿方便而来的习惯。现在新《标点符号用法》（按：为 1995 年标准）规定了先双后单，以后应该逐步改正。"（《古籍的标点与校勘》）黄永年师点校《类编长安志》，中华书局 1990 年版先用 ⌐ 再用 ⌐ ，三秦出版社 2006 年再版时，先用 ⌐ 再用 ⌐ ，可见三秦出版社遵从了新的《标点符号用法》。然观中华书局近年出版繁体直行本仍以《古籍点校通例》为准先单后双，如中华书局点校二十四史修订本，即先用 ⌐ ，引文中复有引文则用 ⌐ 。以修订本《隋书》为例（见图 5-2-1），其中明山宾、何佟之议论以 ⌐ 标明起讫，议论中引《表记》《周礼》文则用 ⌐ 。

书影 5-2-1：《隋书》卷六《礼仪志》
2019 年中华书局点校本二十四史修订本

> • 程毅中：《古籍的标点与校勘》，全国古籍整理出版规划领导小组办公室编：《古籍整理出版十讲》，长沙：岳麓书社，2002 年，第 173 页。

［17］专名号不易处理的情况

许逸民在《专名线、书名线使用细则举例》中谈道："在古籍的全式标点中,专名线（＿＿＿＿）、书名线（﹏﹏﹏）的使用最为繁复,与此相关的详细体例,此前尚未见有成文的规定。"中华书局修订"二十四史"及《清史稿》工程开始之初,在《总则体例汇编》中对专名线和书名线的使用有过概要说明,但又语焉不详,许多情况尤未提及。因此许逸民就人名、地名、朝代名、官名、民族名、天文名、书名七大类别,逐项例举说明,可备参考。他认为"人名与封号、谥号连称而有姓无名者,如'窦太后'、'王美人'、'班婕妤'、'杨贵妃'、'沈隐侯'（沈约）、'欧阳文忠'（欧阳修）之类,皆连标专名线。"可作为正文"王皇后""李生"是否连标的参考。

•许逸民:《专名线、书名线使用细则举例》,载《古籍整理释例》（增订本）,北京:中华书局,2014 年,第 209—255 页。

［18］书名号（﹏﹏﹏）用法举例

例证所举《类编长安志》卷一中"周礼"和"保章氏"为《周礼》的书名及其中之一篇名,"天官书"为《史记》篇名之一,皆标书名号。"东井""舆鬼"为星名,"雍州""赵""魏"为地名,皆标专名号。

关于书名号,现在直排、横排古籍皆可用《 》。

•（元）骆天骧撰,黄永年点校:《类编长安志》,北京:中华书局,1990 年,第 4 页。

《类编长安志》卷一《杂著·分野》

周礼保章氏:"以星辨九州之地,所封之域皆有分星。"在天官书:"东井、舆鬼为雍州之分,兼得赵、魏之交。"

附带讲一下分段落的问题。段落和古人的所谓"章"比较相似。古籍传本中有分好章的,自不必再分段。没有分章,则可以分段,也可以不分段。但要分就得认真,必须把整篇文字反复阅读后才考虑如何分,切忌边读边分。同时,还应把重新分段这件事在点校说明或序跋里讲清楚,免得读者误认为原书就这么分。重新分段后,在每段的开头可以按照通行的办法低两格,没有重新分段的似可仍照原来的款式,不必也把首行改低两格。《二十四史》新点校本遇到引号内的文字较长时采用现在写论文的办法,让这段文字另起一行,首行低四格,次行以下低两格。但文字长短并无一定标准,往往不易明确区分,而且同样性质的诏令奏议之类或者另起,或者不另起,反有杂乱欠条理之感。因此这种方法是否可以广为推行,似尚需要慎重考虑[19]。

【旁征】

[19]《二十四史》分段落文字较长时另起一行，但文字长短并无一定标准

许逸民《点校本二十四史及清史稿修订工程标点分段办法举例》一文载："段落的形式分大段、小段两种，小段另行低二格开始，转行顶格。一个大段可以包括几个小段，大段与大段之间在版式上空一行。分段的基本原则是：(1) 叙述一人或一事完毕，下面另外叙述他人他事的，就可分开段落；(2) 虽然只叙述一件事，但文字过长的，也可按事理和文气分出段落；(3) 本纪以年为大段，以月为小段，一月之中如有重要史实，可以再分段，如只是官吏的任免、巡幸、灾异等，则不再提行；(4) 史文中比较完整的长篇诏令、奏疏、文章(表、赋、书札之类)，可以另行低二格排齐(首行低四格，转行一律低二格)。"文中又强调，"并非所有诏令、奏疏、诗赋等都一定如此，凡内容较短小者，则不必另行提行"，亦即正文所说"文字长短并无一定标准，往往不易明确区分"。判断文字长短及是否提行，与点校者的认知有关。

• 许逸民：《点校本二十四史及清史稿修订工程标点分段办法举例》，载《古籍整理释例》(增订本)，北京：中华书局，2014年，第163—166页。

三　摘　瑕

标点古籍易错误

标点古籍之出差错，是经常会发生的。因为这毕竟不是自己写文章时用标点，自己的文章写得再不好，至少每一句话自己是懂得的，为什么这样写的意图也是清楚的，因此最多使用标点不当，绝不会连句子都断错。标点古籍则不同，不仅对撰写者的意图要揣测，而且所写的每句话标点者未必都能看得懂。这是因为：(1) 古籍的撰写，离现在最近的也已超过半个世纪，远的有几个世纪，甚至十几个、二十几个世纪，当时习惯使用的文体、词汇以及名物、制度、风俗、习惯都和今天有很大距离，其中提到的人物除头等知名者外，更多非标点者之所熟悉。(2) 古籍的撰写者一般都是封建社会的知识分子，他们在当年所常见熟读的书籍，从现代新型学校里出来的标点者不可能都见过读过，尤其是撰写这部古籍时参考过利用过的书，要求标点者和撰写者同样熟悉就更有困难，甚至根本办不到。因此，即使很有学问的专家学者，不花一番气力也不敢说每句话都懂。学问差点，花的气力不够多，对有些句子看不懂、点不断，就更不足为奇了。而且，标点古籍和写论文不一样，写论文只写自己懂的，不懂可不写，标点古籍则不能说这句话不懂就空起来不点。这就是古籍标点经常出差错的根本原因。

用标点符号标点古籍，是在五四新文化运动以后才兴起来的。有些专家学者所标点的古籍确实是高水平的，如顾颉刚主持标点的《史记》白文，本身就是有价值的学术成果。但也有些出版机构出的标点本不够严肃，像商务印书馆的《国学基本丛书》，中华书局的平装、精装本《四部备要》，断句就常常有毛病。纯属牟利的大达图书供应社、广益书局等上海弄堂书店标点的古籍就更不成话了。记得 30 年代标点的一部《袁中郎集》，把"色，借日月，借烛，借青黄，借眼：色无常。声，借钟鼓，借枯竹窍，借……"这段原文，标成"色借，日月借，烛借，青黄借，眼色无常。声借，钟鼓借。枯竹窍借……"，更久已成为文化界流传的一大笑话。

新中国成立以后，一味牟利的文化私商不复存在了。国营出版社出的古籍在标点上当然比私商要严肃得多，因而确实出了一大批标点得很好的古籍，如《资治通鉴》，就集合了好些专家学者分卷标点，尽管个别地方也有点小错误，总是所谓大醇小疵。但也有一些新印的古籍还不理想,点错之事仍屡见不鲜。听说,中华书局要把所出版《二十四史》中经读者指出的标点错误编印成册,以学术为公器,其雅量诚堪钦佩。我平时看这类新点校本也常发现标点上的问题,可惜没有随手记录,像陈垣撰写《校勘学释例》那样,写篇标点错误释例之类的文章。现在只能就近一两年工余看过的几种无关宏旨的小说、笔记、书札之类,就记忆所及,随便举些实例。这里有几点要说明:(1)这几种书有的标点错误少,有的比较多,但限于篇幅,即使少的也不可能一一备举,只能选择较有启发性的举几个。(2)这些书里没有经传、诸子,没有正式的史书,因此所举的例子就很缺乏代表性。(3)有些书虽然标点上有错误,但基本上还是好书,像《艺风堂友朋书札》这种文献掌故书的出版是要有点魄力的,如果再版时能对标错之处有所更正,就更有益于学术文化事业了。

下面举若干实例分类讲述。

有关文理的错误

由于没有弄通古籍的文理,从而断句标点错误者,在目前仍较常见。如《夷坚志》[20] 支戊卷三"成俊治蛇"条:"俊召判官检法,曰:'蛇无故伤人,当得何罪?'儿家聚观者皆莫见。久之,又曰:'依法!'蛇自以首触剑死焉。"点校本却把"蛇自以首触剑死焉"也放进引号里。其实这句话是纪事,如何能当作成俊所说的话。《天咫偶闻》[21] 卷七有"逸珊欲倩余补书法华庵额"的话,标点本却标成"欲倩余补'书法华庵'额",把庵名错成'书法华',把请作者题写匾额错理解成补做匾额。新出版的《道咸以来朝野杂记》[22] "存诚"条有这样一段话:"其御下极严,前人每称道光朝人,恩文肃(桂)官步军统领为称职名臣,存公殆过之。"为什么这"御下极严"就被称为"道光朝人"? 原来标点者在"道光朝人"下面误加了一个逗号,把这个逗号去掉,文义就很明白,是说道光朝人恩桂虽为名臣,尚不如存诚。《艺风堂友朋书札》上册董康第四札:"《庆元条法》已刻数册,《新正兵变》原书失去。"看来好像没错。其实"新正"是新年岁首,原札是说在新正兵变中把《庆元条法事类》的原书丢失了,标点者没有读懂而把"新正兵变"错当成书名。下册钱溯耆第一札:"承索纪年,笺封箧中,已无有存者。"纪年是甲子、乙丑之类的农历纪年,这怎么能讨索? 什么叫"笺封"也很难懂。其实讨索的是有纪年字样的信笺和信封,应标点为"承索纪年笺封,箧中已无存者"。徐乃昌第七札:"两图当属紫来一题读书堂印。王弇州曾著录《四部稿》,遍觅不得,当在他集。"读书堂印只能在图上盖,怎样能在图上题? 既然在王弇州的《四部稿》里"遍觅不得,当在他书",怎么又肯定地说:"王弇州曾著录《四部稿》"? 原来统统点错了,应该点作:"两图当属紫来一题。读书堂印,王弇州曾著录,《四部稿》遍觅不得,当在他集。"

【旁征】

[20]《夷坚志》

南宋洪迈编撰。洪迈(1123—1202),字景卢,号容斋,饶州鄱阳(今江西鄱阳)人。绍兴十五年(1145)中第,历任知州、中书舍人兼侍读、直学士院。淳熙十二年(1185)提举佑神观兼侍讲、同修国史。洪迈初入史馆,预修《四朝帝纪》,十三年九月拜翰林学士,上《四朝史》。《宋史》卷三七三有传。

洪迈博学多闻,生平著述甚多,除与李焘合修的《宋四朝国史》和广为流传的《容斋五笔》《夷坚志》之外,还有《钦宗实录》《记绍兴以来所见》《皇族登科题名》《经子法语》《野处猥藁》《唐一千家诗》等(《宋史·艺文志》)。

《夷坚志》所记皆神怪之说。原书共四百二十卷,其卷帙既繁,逐渐散佚,清人所见者有二十卷、五十卷、七十卷、八十卷本。《四库全书总目》评论:"其中诗词之类,往往可资采录。而遗闻琐事,亦多足为劝戒,非尽无益于人心者。小说一家,历来著录,亦何必拘于方隅,独为迈书责欤。"近人张元济广为搜集,辑初志、支志、三志加补遗共二百零六卷,由涵芬楼编印,是为《新校辑补夷坚志》,1981年中华书局以此为底本整理出版,2006年再版。本书的校点失误可参看武建宇《〈夷坚志〉校点补议》。

> • (元)脱脱等:《宋史》卷三七三《洪迈传》,第11570—11574页;《宋史》卷二〇三《艺文志·史类》,第5087、5090、5101、5123页;《宋史》卷二〇七《艺文志·子类》,第5301页;《宋史》卷二〇八《艺文志·集类》,第5375页;《宋史》卷二〇九《艺文志·集类》,第5401页。
>
> • (清)永瑢等:《四库全书总目》卷一四二《子部·小说家类三》"《夷坚志》"条,第1213页。
>
> • (宋)洪迈撰,何卓点校:《夷坚志》,北京:中华书局,1981年。
>
> • 武建宇:《〈夷坚志〉校点补议》,《燕赵学术》2007年第2期。

[21]《天咫偶闻》

清震钧撰。震钧(1857—1920),姓瓜尔佳氏,字在廷,改名唐晏,自号涉江道人。震钧博学多识,涉猎极广,撰有《渤海国志》《涉江先生文钞》《涉江诗稿》《庚子西行纪事》《两汉三国学案》《八旗诗媛小传》《八旗书人辑略》《国朝书人辑略》等。《清史稿·李云麟传》载"道咸以来"满洲"皆以诗文名"者,其中就有震钧。

《天咫偶闻》十卷,记述了北京地区政治、文化、典章制度和风土人情。将北京城分内城和外城详细记述,对于研究清末重大事件、典章礼仪的沿革变迁、记录考证地方故实、名宦学者的旧居故地及贵戚巨贾的逸闻轶事等,具有一定的史料价值。有清光绪三十三年(1907)甘棠转舍刊袖珍本(《天咫偶闻》出版说明),1982 年北京古籍出版社以此为底本点校出版。

> • 赵尔巽等:《清史稿》卷四八六《文苑·李云麟传》,第 13436 页。
> •(清)震钧著,顾平旦点校:《天咫偶闻》,北京:北京古籍出版社,1982 年。

[22] 新出版的《道咸以来朝野杂记》

即 1982 年北京古籍出版社印行的石继昌标点本。著者崇彝(1884—1951),姓巴鲁特,蒙族人,字泉孙,号巽庵,清末官户部文选司郎中(《崇彝及其〈道咸以来朝野杂记〉》)。另著有《选学斋书画寓目笔记》,辑有《雅颂诗赓》。

《道咸以来朝野杂记》记载了清道光、咸丰以来直至 20 世纪 30 年代北京的掌故旧闻和风土人情,内容涉及北京居民的饮食起居、服饰车马、婚丧礼仪、市肆贸易、戏曲技艺等。此书原为著者手稿,藏于历史学家邓之诚五石斋。中华书局据以录副,石继昌曾迻录一份,进行标点,并对其中明显的错字进行了校正。北京古籍出版社即以此点校本印行。1986 年邓之诚的学生王锺翰通过对勘崇彝手稿,撰《书〈道咸以来朝野杂记〉后》一文,指出了印行本的标点不当(条列标点不当二十余处)、讹夺错别字、小注串入、颠倒及删除原文等问题。

> • 孟彦弘:《崇彝及其〈道咸以来朝野杂记〉》,《中华文史论丛》2015 年第 4 期。
> • 崇彝:《道咸以来朝野杂记》,北京:北京古籍出版社,1982 年。
> • 王锺翰:《书〈道咸以来朝野杂记〉后》,《史学集刊》1986 年第 1 期。

有关经史的错误

有关经学的标点错误,如《戒庵老人漫笔》[23]卷二"辨齐襄复仇"条:"《春秋》鲁庄公四年,纪侯大去其国。《公羊传》曰:'大去者何? 齐灭之也。……'"在"大去"的"大"字下都标上专名号,当作纪侯的名字。其实"大去其国"是国灭出亡的意思,《公羊传》原文作"大去者何,灭也",已经说得很清楚。《天咫偶闻》卷五"德沛"条:"此书中屯卦爻词,盘桓利居贞解。盘为大石,桓为大柱,盘桓乃柱石之义,故利建侯,其说颇新。"其实《周易》屯卦爻辞的原文是:"初九,盘桓,利居贞,利建侯。"德沛是对这条爻辞作新解,应标点为:"此书中屯卦爻词'盘桓利居贞',解盘为大石,桓为大柱,盘桓乃柱石之义,故利建侯,其说颇新。"《艺风堂友朋书札》上册费念慈第三五札:"闻绂卿闭户著书,为周官先郑之学……"这里的"周官"即《周礼》,先郑指东汉时为《周礼》作解诂的郑兴、郑众,为区别于汉末注《周礼》的郑玄,故称郑玄为后郑,兴、众为先郑,因此应标点为"为《周官》先郑之学"。

【旁征】

[23]《戒庵老人漫笔》

明李诩撰。李诩,字厚德,自号戒庵老人,江阴(今江苏无锡)人。

《戒庵老人漫笔》八卷,即《明史·艺文志》所载"李诩《漫笔》八卷"。《四库全书总目》云李诩"所作《世德堂吟稿》《名山大川记》诸书,皆已亡佚。惟是编为其孙如一刊行,皆所记闻见杂说。诩自号戒庵老人,因以为名。书中称世宗为今上,而又载有万历初事。盖随时缀录,积久成编,非一时所撰集,故前后不免于驳文也。其间多志朝野典故及诗文琐语,而叙次烦猥,短于持择。于凡谐谑鄙俗之事,兼收并载,乃流于小说家言。惟记苏轼、黄庭坚真迹诗句,可补本集之亡佚。记刘基画《蜀川图》,可证《图绘宝鉴》之阙漏。又如论《孟子》古本同异,则较王士禛《池北偶谈》所摘为详。又据《三水小牍》以证洪迈《夷坚志》之蹈袭。辨《两山墨谈》所称苏轼有妹嫁秦观之诞妄诸条,为沙中金屑耳。"明万历二十五年(1597)李诩孙李如一初刻,清顺治五年(1648)李诩玄孙李成之据此重刻,通行本为盛宣怀光绪二十二年(1896)刻本,收入《常州先哲遗书》(《戒庵老人漫笔》点校说明),1982年中华书局以此为底本整理出版,点校者魏连科。其中的标点失误,可参看胡刚《古籍点校马虎不得——〈戒庵老人漫笔〉点校本正误》。

> ·(清)张廷玉等:《明史》卷九八《艺文志》,北京:中华书局,1974年,第2433页。
>
> ·(清)永瑢等:《四库全书总目》卷一二八《子部·杂家类存目》"《戒庵漫笔》"条,第1105页。
>
> ·(明)李诩撰,魏连科点校:《戒庵老人漫笔》,北京:中华书局,1982年,点校说明第8页。
>
> ·胡刚:《古籍点校马虎不得——〈戒庵老人漫笔〉点校本正误》,《天津师大学报》1983年第6期。

有关史学的,如《池北偶谈》[24]卷一二"用事"条:"后读《北史》魏孝武帝西奔,宇文泰循河西行,流涕谓梁御曰:'此水东流,而朕西上。'"其实读过点史书就知道当时是魏孝武帝循河西行去投奔宇文泰,并不是宇文泰在循河西行,当点作"后读《北史》,魏

孝武帝西奔宇文泰,循河西行……"。《履园丛话》[25]卷一三"鼎甲"条:"韩文懿公
菼……补博士弟子员,以欠粮三升为奏,销案黜革。"其实这是讲韩菼以欠粮三升入奏
销案被革去秀才的事情,其事发生在顺治十八年,孟森曾写过题为《奏销案》的考证文
章(收入解放后编印的孟氏《明清史论著集刊》),这里当点作"以欠粮三升,为奏销案
黜革"。《天咫偶闻》卷三"光绪初元京师士夫以文史书画金石古器相尚"条:"当时以
潘文勤公、翁常熟为一代龙门,而以盛、王二君为之厨。顾四方豪俊,上计春明,无不
首诣之。"案"厨顾"是一词,出《后汉书·党锢传》,谓:"海内希风之流,遂共相标榜,指
天下名士为之称号,上曰'三君',次曰'八俊',次曰'八顾',次曰'八及',次曰'八厨'。"
又谓:"顾者,言能以德行引人者也。""厨者,言能以财救人者也。"到后世"厨顾"就成
为常用的故实。这里应点作"而以盛、王二君为之厨顾,四方豪俊……"。《艺风堂友
朋书札》下册章钰第八札:"津沅京印,彼此通假最多。"案"津沅"者,时寓天津的傅增
湘字沅叔,"京印"者,时寓北京之吴昌绶字印臣,此二人是藏书家,因此章钰和他们常
彼此通假古书,标点者不熟悉近代史上的旧闻遗事,对此只好含混不点。当点作"津
沅、京印,彼此通假最多"。

【旁征】

[24]《池北偶谈》

王士禛撰。王士禛(1634—1711),山东新城(今山东桓台)人,字子真,一字贻上,
号阮亭、渔洋山人。因犯雍正讳,改称"士正""士祯"。王士禛以诗论诗作享有盛名,
"当康熙中,其声望奔走天下,凡刊刻诗集,无不称渔洋山人评点者,无不冠以渔洋山
人序者"(《四库全书总目》)。王士禛著述颇丰,撰有《新城县志》《东西二汉水辨》《浯溪
考》《居易录》《带经堂全集》《五代诗话》等(《清史稿·艺文志》)。生平事迹见其自撰年谱,
《清史稿》卷二六六有传。

《池北偶谈》,又名《石帆亭纪谈》,分"谈故""谈献""谈艺""谈异"四类二十六卷。
包括清代的典章制度、名臣事迹、诗文评论、神怪传闻等内容。主要版本有清康熙二
十八年(1689)闽中刊本、康熙三十九年临汀郡署本、康熙四十年文粹堂刊本、金溪李
化自怡草堂校勘本及汀州张氏励志斋刊本(《池北偶谈》前言)。

正文提到的《池北偶谈》点校本,即为大达图书供应社 1934 年出版的本子。在本
篇"有关目录碑刻的错误"中,黄永年师还列举了《天咫偶闻》卷七"琉璃厂书肆记"条
将《石刻铺叙》《宋朝通鉴长编纪事本末》两书名标点成"如石刻铺叙宋朝《通鉴长编》
《纪事本末》"的失误事例。

• (清)永瑢等:《四库全书总目》卷一七三《集部·别集类》"《精华录》"条,第
1522 页。

> ·赵尔巽等：《清史稿》卷二六六《王士祯传》，第 9952—9954 页；《清史稿》卷一四六《艺文志·地理类》，第 4296、4298、4302 页；《清史稿》卷一四七《艺文志·杂家类》，第 4362 页；《清史稿》卷一四八《艺文志·别集类》，第 4379 页；《清史稿》卷一四八《艺文志·诗文评类》，第 4415—4416 页。
>
> ·（清）王士祯撰，宫晓卫点校：《渔洋山人自撰年谱》，载《王士祯全集》第 6 册，济南：齐鲁书社，2007 年。
>
> ·（清）王士祯撰，靳斯仁点校：《池北偶谈》，北京：中华书局，1982 年，前言第 2、4 页。

[25]《履园丛话》

清钱泳撰。钱泳（1759—1844），字立群，号台仙，一号梅溪，江苏金匮（今江苏无锡）人。钱泳能诗工书，精于金石碑版之学。撰有《梅溪诗钞》《兰林集》《铁券铜塔考》《古虞石室记》《履园金石目》等（《清史稿·艺文志》《梅溪先生年谱》）。生平事迹可参胡源、褚逢春撰《梅溪先生年谱》。

《履园丛话》二十四卷，每卷以两字标目，诸如《旧闻》《阅古》《考索》等。内容不仅包含明末清初轶事、诗句鉴赏及他人诗作收录等，还包含钱泳的金石文字经眼录、器物考订、器物鉴定、法帖流传等（《履园丛话》点校说明）。版本有清道光十八年（1838）述德堂刻本（《藏园订补郘亭知见传本书目》）。正文提到的《履园丛话》点校本，即为 1979 年中华书局出版的本子。

> ·（清）胡源、褚逢春：《梅溪先生年谱》，北京图书馆编：《北京图书馆藏珍本年谱丛刊》第 122 册，北京：北京图书馆出版社，1999 年。
>
> ·赵尔巽等：《清史稿》卷一四六《艺文志·金石类》，第 4320 页；《清史稿》卷一四八《艺文志·总集类》，第 4413 页。
>
> ·（清）钱泳撰，张伟点校：《履园丛话》，北京：中华书局，1979 年，点校说明第 2—7 页。
>
> ·（清）莫友芝撰，傅增湘订补，傅熹年整理：《藏园订补郘亭知见传本书目》，第 738 页。

有关目录碑刻的错误

由于目录学修养欠缺，往往把书名号标错，有关的其他标点也随之而点错。其例最多。如《天咫偶闻》卷七"琉璃厂书肆记"条:"如石刻铺叙宋朝《通鉴长编》《纪事本末》……"其实是指的南宋曾宏父的《石刻铺叙》和杨仲良的《皇宋通鉴长编纪事本末》,应点作"如《石刻铺叙》《宋朝通鉴长编纪事本末》……"。《艺风堂友朋书札》[26]上册王懿荣第六三札:"海源阁书,旧本未出国朝,精印本售与人矣。"案杨氏海源阁藏宋元刻旧本书最多,为清后期四大藏书家之一,怎么能说所藏"旧本未出国朝"呢?应点作"海源阁书,旧本未出,国朝精印本售与人矣"。所谓"旧本未出"者,是宋元旧本没有卖掉的意思。费念慈第四二札:"西夏书事,开轮即寄。"这"西夏书事"是书名,清吴广成撰,应加书名号作《西夏书事》。第五五札:"申季遗文,长沙师允收入《经解附传》一节,果否能行?"这里的"经解"是指长沙王先谦任江苏学政时在江阴南菁书院编刻的《续皇清经解》,是说王先谦已同意把管礼耕(字申季)的遗文收刻进这套《续经解》里。"附传"是指把管礼耕的事迹送呈翰林院,希望能作为冯桂芬传的附传列入国史,事详叶昌炽《缘督庐日记抄》[27]。这里应标点为"申季遗文,长沙师允收入《经解》;附传一节,果否能行?"叶昌炽第四九札"椠木更无良工,石印何如粤东。《金石略》覃溪兼收明碑……"案当时石印书局多设在上海,这里何以说到"粤东"?其实《粤东金石略》是翁方纲(号覃溪)的著作,这里应标点为"椠木更无良工,石印何如?《粤东金石略》覃溪兼收明碑……"。董康第一札:"又南宋椠《史记》旧钞本、《五百家播芳大全》……"。案既称南宋椠《史记》怎么又说是旧钞本?应改点为"南宋椠《史记》、旧钞本《五百家播芳大全》……"。《五百家播芳大全文粹》到清末已只有旧抄本传世。第三札原注:"一为残元椠蒋元《风雅》。"案元人蒋易选有《皇元风雅》,这里应标作"一为残元椠蒋《元风雅》"。汤寿潜第二札:"在昔挚虞撰集,取正茂先之本,太冲文海,咸资昆山之书。"案太冲是清初大学者黄宗羲的字,黄选有《明文海》,这里的"文海"应加书名号作《文海》。下册徐坊第四札:"晚闻《居士集》当在厂中……"《晚闻居士遗集》是王宗炎的集子,这里的"晚闻"并非徐坊自言晚生听说,应改标为"《晚闻居士集》当在厂中"。缪朝荃第一札:"董方立《式训堂》两书,近已购得。"案《式训堂丛书》是光绪时章寿康所刻,和嘉庆时董方立(名祐诚)有何关系?这里的"董方立"是指董氏身后所刻的《董方立遗书》,应标作"《董方立》《式训堂》两书,近已购得"。吴昌绶第一四八札:"《山谷词》一册,遵示寄览。《墨笔录》何小山校本,朱笔从《琴趣》校,不知何时人所为。"这里的"墨笔录何小山校本"者,此《山谷词》用墨笔过录何煇校本之谓,并非真有一书曰《墨笔录》,应去掉书名号。①

---

① 我曾将《艺风堂友朋书札》改正了标点错误寄该出版社,以后第二次印本多数已照改,少数如此《墨笔录》等则仍坚执不改。

【旁征】

[26]《艺风堂友朋书札》

《艺风堂友朋书札》见本书"校勘"篇旁征[79]。其云"新出的《艺风堂友朋书札》",即指 1980—1981 年上海古籍出版社分上下册出版的《中华文史论丛》增刊版,由任琮标点、顾廷龙校阅。2018 年,上海人民出版社又增补缪荃孙友朋书札若干,并请上海博物馆研究员柳向春重加校订,此版依黄永年师提出的"《墨笔录》应去掉书名号"的意见作了修订。

> • 顾廷龙校阅:《艺风堂友朋书札(上)》,上海:上海古籍出版社,1980 年;顾廷龙校阅:《艺风堂友朋书札(下)》,1981 年;钱伯城、郭群一整理,顾廷龙校阅:《艺风堂友朋书札》,上海:上海人民出版社,2018 年。

[27] 叶昌炽《缘督庐日记抄》

叶昌炽(1849—1917),字鞠裳,号缘督庐主人,江苏长洲(今江苏苏州)人。光绪十五年(1889)进士,历翰林院编修、侍讲、甘肃学政。著有《藏书纪事诗》《语石》《邠州大佛寺题刻考》等。《清史稿》卷四八六有传。

《缘督庐日记抄》十六卷,是《缘督庐日记》的摘抄,由叶昌炽后学王季烈辑,起同治九年(1870)闰十月十三日,迄民国六年(1917)九月十五日。主要版本有民国二十二年(1933)上海蟫隐庐石印本。

> • 赵尔巽等:《清史稿》卷四八六《文苑·叶昌炽传》,第 13440 页。

在碑刻上标点出差错的,如《天咫偶闻》卷三"内城老宿以书法名者"条:"晚岁取径河南,于雁、塔二碑,尤有妙悟。"案大雁塔有褚河南(遂良)所书《圣教序记》,序、记分刻两石立塔门左右侧,因此这里说"雁塔二碑",并非一雁碑、一塔碑,"雁""塔"之间的顿号应去掉。《艺风堂友朋书札》上册费念慈第四六札:"新出《刘懿志》……如见原石,乞购一纸,至书法亦不让李宪也。"案此,"李宪"为《李宪墓志》之简称,今不加书名号,岂以李宪为书法家姓名? 应加书名号为"至书法亦不让《李宪》也"。下册罗振玉第一五札:"又《司马开赵》等四志价,亦祈示知。王雪老之《陈志》,千祈再一催……"这里的"司马"指《司马绍墓志》,"开赵"指《开赵埋铭》,均系缪荃孙所藏旧拓孤本。而"王雪老之陈志",是指王秉恩(字雪澂)所藏南朝陈时(实为隋时)之《刘猛进墓志》,并非姓陈者之墓志。因此应改标为"又《司马》《开赵》等四志价,亦祈示知。王雪老之陈志,千祈再一催……"。

从以上这些实例,也可总结出要避免标点错误应从那几方面努力:(1) 弄通文理;(2) 多读书,多看书,充实有关知识,多多益善;(3) 态度认真严肃,不懂就查书,就向懂的人请教,切勿想当然,切勿自以为是。

此外,有些重要的古籍如经传等前人已加过圈点句读的,也可用来作为加新式标点时的参考,庶收事半功倍之效。

四 商 榷

古籍确有不易标点之处

上面所列举的在标点古籍中发生的种种错误,经过努力应该是可以避免的。但也确有不易标点的句子,再努力也无济于事。这里随便举个实例。《旧唐书》卷二《太宗纪》里有一段纪事,新点校本标点为:"八月己卯,雨霁,高祖引师趋霍邑。太宗恐老生不出战,乃将数骑先诣其城下,举鞭指麾,若将围城者,以激怒之。老生果怒,开门出兵,背城而阵。高祖与建成合阵于城东,太宗及柴绍阵于城南。老生麾兵疾进,先薄高祖,而建成坠马,老生乘之,高祖与建成军咸却。太宗自南原率二骑驰下峻坂,冲断其军,引兵奋击,贼众大败,各舍仗而走。悬门发,老生引绳欲上,遂斩之,平霍邑。"这里从"八月己卯"起到"太宗及柴绍阵于城南"止,有四个加了句号的句子,都是合乎现在的所谓语法的。下面按照语法,就要标点成:"老生麾兵疾进,先薄高祖。而建成坠马。老生乘之。高祖与建成军咸却。太宗自南原率二骑驰下峻坂,冲断其军,引兵奋击。贼众大败,各舍仗而走。悬门发。老生引绳欲上。遂斩之。平霍邑。"变成一大堆短句,而且读起来文义断续,有连不起来之感。现在点校本把这堆短句按战事发展过程并成三句长句,读起来通顺,但严格讲又不合语法。像这样的例子在整部《旧唐书》以至整套《二十四史》中不知有多少,在浩如烟海的古籍中更不知有多少,实在无法两全其美。顾颉刚师说过:"标点之法本没有一定的标准。几个人同点一部书,点号的多少,句子的长短,可以各不相同。……就是一个人先后所点也往往不能一律。"(《崔东壁遗书序》二一"标点问题")上述情况当是造成点号多少、句子长短不能一律的主要原因。

所以会出现这种棘手的事情,是由于我国现在通行的汉语语法实际上是外来户。当初马建忠借用英语语法来研究文言文,撰写了《马氏文通》[28],对于汉语语法研究工作的开展是起了积极作用的。但汉语和属于印欧语系的英语毕竟不是一个语系,把用英语语法改造成的汉语语法来驾驭古代的汉语即文言文,在某些地方扞格不通正是理所当然的事情。对此,陈寅恪在《与刘叔雅论国文试题书》[29](收入《金明馆丛稿二编》)里、启功在《古代诗歌骈文的语法问题》[30](收入《启功丛稿》)里,都已作过详尽的论述。启功的文章并对诗歌、骈文的语法作了分析探讨。但对上述那种棘手的问题,以我这样对语法外行的人仍无法解决。多年来,我国的汉语语法专家是作出了很多成绩的,渴望他们能给标点古籍者更具体的指点,使遇到这类棘手问题时能有章可循,有法可依。

【旁征】

[28] 马建忠《马氏文通》

马建忠(1845—1900),字眉叔,江苏丹徒(今江苏镇江)人,清末外交家。善古文辞,兼通英、法、希腊、拉丁文,著有《马氏文通》《适可斋记言》《记行》等。《清史稿》卷四四六有传。

《马氏文通》十卷,全书分正名、实字、虚字、论句读四大类别。马文通"以泰西各国皆有学文程式之书,中文经籍虽皆有规矩隐寓其中,特无有为之比拟而揭示之,遂使学者论文困于句解,知其然而不能知其所以然。乃发愤创为《文通》一书"(《清史稿》)。《马氏文通》效仿西方语言,并联系汉语自身特点建立了完整的汉语语法体系。是中国第一部以现代语言学理论研究中国语法的著作,在我国语言学史上具有划时代意义。主要版本有清光绪二十四年至二十五年(1898—1899)上海商务印书馆初版本、光绪二十八年绍兴府学堂本、光绪三十年商务印书馆本、1929 年万有文库本、1933年商务印书馆印杨树达刊误本、1954 年中华书局印章锡琛校注本等(《〈马氏文通〉的版本》)。

- 赵尔巽等:《清史稿》卷四四六《马建忠传》,第 12482—12484 页。
- 马建忠著,章锡琛校注:《马氏文通校注》,北京:中华书局,1954 年。
- 林玉山:《〈马氏文通〉的版本》,《上海师范大学学报》1982 年第 1 期。

[29] 陈寅恪《与刘叔雅论国文试题书》

刘叔雅即刘文典(1889—1958),1917 年任北京大学中文系教授,1929 年任清华大学国文系主任,同时在北京大学兼教授任课。

1932 年刘文典请陈寅恪代拟入学考试国文题目,陈寅恪因"连岁校阅清华大学入学国文试卷,感触至多。据积年经验所得,以为今后国文试题,应与前此异其旨趣,即求一方法,其形式简单而含义丰富,又与华夏民族语言文学之特性有密切关系者……在今日学术界,藏缅语系比较研究之学未发展,真正中国语文文法未成立之前,似无过于对对子一方法"。建议"不妨于今夏入学考试时,试一用之,以测验应试者之国文程度"。也因此谈到"今日印欧语系化之文法,即马氏文通'格义'式之文法,既不宜施之于不同语系之中国语文,而与汉语同系之语言比较研究,又在草昧时期,中国语文真正文法,尚未能成立,此其所以甚难也。夫所谓某种语言之文法者,其中一小部分,符于世界语言之公律,除此之外,其大部分皆由研究此种语言之特殊现相,归纳为若干通则,成立一有独立个性之系统学说,定为此特种语言之规律,并非根据某一特种语言之规律,即能推之以概括万族,放诸四海而准者也"。提出"今日中国必先将国文文法之'格义'观念,摧陷廓清,然后遵循藏缅等与汉语同系语言,比较研究之途径进行,将来自可达到真正中国文法成立之日"。

> ·陈寅恪:《与刘叔雅论国文试题书》,载《陈寅恪集·金明馆丛稿二编》,北京:生活·读书·新知三联书店,2015年,第249—257页。

[30] 启功《古代诗歌骈文的语法问题》

　　启功(1912—2005),字元白,又作元伯,满族,北京人。中国当代著名的教育家、古典文献学家、书画家、文物鉴定家、红学家、诗人。曾担任九三学社中央委员会顾问、中央文史研究馆馆长、图书文物鉴定委员会主任委员、中国书法家协会名誉主席、北京师范大学教授(《启功全集》出版说明)。代表作有《诗文声律论稿》《古代字体论稿》《启功丛稿》《启功韵语》《论书绝句》《启功论书札记》等。

　　《古代诗歌、骈文的语法问题》于1980年发表在《北京师范大学学报》,1981年收入《启功丛稿》中。文章分为四部分:一是以汉语语法是什么引出"汉语尤其是古代汉语有它的特定规律"的议题;二是讨论汉语中的一些现象和特点,如古代汉语和现代汉语的共同点、汉语词的一些特点、汉语语句构造的一些特点;三是讨论诗歌、骈文的修辞问题;四是讨论声调、声律是哪里来的。从而得出结论:(1)翻译过来的语法名词和分析方法对于研究古代汉语,包括古代诗歌、骈文的语言规律,是有一定帮助的。但作为手段则有余,作为规律则不足;(2)古代文学作品,今天看来属特殊现象的,也有它们在生活口语中的来源和基础;(3)研究古代汉语,尤其是诗歌、骈文的语言规律,须注意形象性和逻辑性。在古代诗歌、骈文的语言特点中,形象性更重于逻辑性。如果仅仅从逻辑的一个角度来看,必然不够,而且会遇到许多扞格难通的地方;(4)在古代汉语中尤其是诗歌、骈文中,修辞与语法往往是不可分的。修辞的作用有时候比语法的作用更大,甚至在某些句、段、篇中的语法即只是修辞。

> ·启功:《启功全集》第1卷,北京:北京师范大学出版社,2008年,第1页。
> ·启功:《古代诗歌、骈文的语法问题》,《北京师范大学学报》1980年第1期。
> ·启功:《启功丛稿》,北京:中华书局,1981年,第209—236页。

韵文的标点问题

广义的韵文,不仅包括旧体诗和词、曲,还应包括用韵的赋、骈文之类在内。对这些韵文应如何标点,是按音节,按诵读的抑扬顿挫来打句号,还是根据文义来打句号?中华书局的《通例》只提出"韵文一般可在押韵处用句号",没有讲要不要考虑文义,似有背于按文义施加标点符号的基本原则。但韵文,尤其是诗词的文义往往似断似续,有时很不容易确定要在哪里用句号点断。究竟如何处理为好,实在难说。

另外,旧诗里的律诗,还有词、曲,用韵还都有规律。律诗的规律还简单,词的词牌、曲的曲牌有那么多,每个词牌、曲牌的句子长短多少都不同,用韵更为复杂。对此是光用标点好呢?还是加上特殊符号来标韵好?这里举龙榆生师的《唐宋名家词选》[31]为例。这个选本有两种版本,民国二十三年开明书店初版本和1956年上海古典文学出版社新版本,现在上海古籍出版社的横排本就是用1956年本改排。这两种版本都是标韵的,初版本的凡例说:"词因依声而作,举凡抑扬抗坠、声情缓急之间,关系于句读韵叶者至钜。故特创标点,以·表读,△表句,◎表韵,藉便学者,兼寓词谱之意。"新版本则修改为"以 · 表句,◎表平韵,△表仄韵",并加了一般通用的标点符号。这两种本子所加标韵的符号对读词确实有很大的帮助,而新本所加标点符号的作用转不显著。足见我国的韵文尤其是律诗、词、曲有其特殊性质,光用一般的标点方法未必合适。

【旁征】
[31] 龙榆生《唐宋名家词选》

龙榆生生平及词学成就见本书"校勘"篇旁征[2]。

《唐宋名家词选》,1934年开明书店出版发行,共收录42位词人的489首词作。1956年古典文学出版社出版修订本,收录94位词人的708首词作。初版施加了圈点,修订本则改为现代标点(两版的比较可参郭时羽《龙榆生〈唐宋名家词选〉初印本与修订本的比较及其学术史意义》)。龙榆生《唐宋名家词选》两种版本标韵及标点,以辛弃疾《贺新郎·赋琵琶》为例进行对比(见书影5-4-1),可见修订版除了将初版的表韵符号(◎表韵)细化成平韵、仄韵并以两种符号(◎表平韵,△表仄韵)分别标明外,将初版表句的△替换成·,如在"罢""客""里""语""撚""手""息""此"等字右侧加·。在此基础上新版又以顿号、句号、问号等现代新式标点符号进行了标点。可见我国的韵文尤其是律诗、词、曲,在标点上与一般的标点方法又有不同。

· 龙沐勋编:《唐宋名家词选》,上海:开明书店,1934年;龙榆生编选:《唐宋名家词选》,上海:上海古典文学出版社,1956年。

•郭时羽：《龙榆生〈唐宋名家词选〉初印本与修订本的比较及其学术史意义》，薪火学刊编辑部编：《薪火学刊》第六卷，上海：复旦大学出版社，2019年，第79—91页。

鳳尾龍香撥。自開元、霓裳曲罷，幾番風月？最苦潯陽江頭客，畫舸亭亭待發。記出塞、黄雲堆雪。馬上離愁三萬里，望昭陽宮殿孤鴻没。絃解語，恨難説。

遼陽驛使音塵絶。瑣窗寒、輕攏慢撚，淚珠盈睫。推手合情還却手，一抹涼州哀徹。千古事、雲飛煙滅。賀老定場無消息，想沈香亭北繁華歇。彈到此，爲嗚咽。

聽琵琶 四印齋本作「賦琵琶」

辛棄疾
賀新郎·賦琵琶

鳳尾龍香撥自開元霓裳曲罷幾番風月最苦潯陽江頭客畫舸亭亭待發記出塞黄雲堆雪馬上離愁三萬里望昭陽宮殿孤鴻没絃解語恨難説遼陽驛使音塵絶瑣窗寒輕攏慢撚淚珠盈睫推手合情還却手一抹梁州哀徹千古事雲飛煙滅賀老定場無消息想沈香亭北繁華歇彈到此爲嗚咽

书影5-4-1：《唐宋名家词选·辛弃疾三十首》之《贺新郎·赋琵琶》
左：民国二十三年(1934)开明书店初版本(第166—167页)；右：1956年上海古典文学出版社版(第255页)

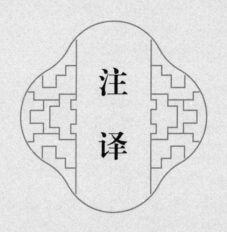

注 译

一　注　释

古籍旧注的沿革及体式

我国古籍之有注释，当起源于战国时代。在"绪论"里已说过，当时学术初由官府流入民间，前此为官府专有的《诗》《书》《礼》《易》《春秋》等成为儒家（也包括其他学派如墨家）诵习的教材，称之曰"经"。这些经本来没有多少高深的含义，到了儒家手里就给予种种哲理化的讲解，用文字写出来就叫"传"，也叫"说"。流传至今的如《春秋左氏传》《公羊传》《礼记》以及《尚书大传》《韩诗外传》之类，就都是战国及秦汉时人所写的传、说。其中，《礼记》《尚书大传》等是单篇的文章的汇编，《左氏传》《公羊传》则已是对《春秋经》逐条作注释，尽管其体例在很大程度上还不同于后世的注释。

西汉中后期，尤其到了东汉、魏、晋时期，对原先的经、传又纷纷作注释。注释的名目很多，流传到今天的就有"传"（《诗》西汉时毛氏传，魏晋时人伪造的《伪古文尚书》伪孔安国传，这种传已不同于前此的《左氏传》《公羊传》）、"解诂"（《春秋公羊传》东汉何休解诂）、"笺"（《毛诗》东汉郑笺）、"注"（《周礼》《仪礼》《礼记》郑玄注，《周易》魏王弼注，《尔雅》东晋郭璞注）、"集解"（《论语》魏何晏集解，《春秋经》及《左氏传》西晋杜预集解，《春秋穀梁传》东晋范宁集解）。这些传、解诂、笺、注、集解都是对前此的经、传所作的逐句逐字的解释，除标明集解的一般是汇集前人的注解再加上自己的见解外，并不因名称不同而注释的体式有所不同（只有杜预的集解是把《春秋经》和《左氏传》汇集起来作注解，并非汇集前人的注解，所以这部注解的正式名称是《春秋经传集解》）。

南北朝时，又出现一种新的注释体式，叫做"疏"，也叫做"讲疏""义疏""述义"等等，都是一个含义，是对原先的注再作解释，同时还直接对经、传的正文作解释，简单地说就是对经和注的解释。这种疏一般讲得都很详密，对名物、制度尤为注意，颇有点像资料汇编。到唐代，孔颖达等在南北朝旧疏基础上撰写新疏《五经正义》，后来加上唐、宋人对其他经、传所作的新疏，合成今天所看到的《十三经注疏》。至于南北朝的旧疏，现在只保存了一种梁皇侃的《论语义疏》[1]。

【旁征】

[1] 皇侃《论语义疏》

皇侃（488—545），吴郡（今江苏苏州）人，南朝梁经学家。官国子助教、拜员外散骑侍郎。精通《三礼》《孝经》《论语》,曾撰《礼记讲疏》《礼记义疏》《论语义疏》《丧服文句义疏》《孝经义疏》等。《梁书》卷四八、《南史》卷七一有传。

《论语义疏》十卷。《隋书·经籍志》《旧唐书·经籍志》《新唐书·艺文志》《通志·艺文略》《郡斋读书志》《宋史·艺文志》皆有著录,北宋时朝廷令邢昺等人作新疏(《四库全书》题《论语正义》,《十三经注疏》题《论语注疏经解》),时人认为邢昺新疏优于皇侃疏,因此皇侃《义疏》逐渐受到冷落,《直斋书录解题》未著录,在南宋以后逐渐亡佚(《论语义疏》前言)。皇侃《论语义疏》虽在中国亡佚,却在日本以抄本的形式流传了下来,日藏抄本达 36 部之多(《评〈儒藏〉本〈论语义疏〉》)。清乾隆时,商人汪鹏自日本购得宽延三年(1750)根本逊志刻本,呈献浙江省遗书局,遗书局又进献四库馆,乾隆四十六年(1781)据此本改动缮写成文渊阁本。鲍廷博《知不足斋丛书》又以根本刻本为底本改动刊刻。日本学者武内义雄不满根本刻本刊刻时改动体式,遂以首尾完好、时间较早的文明抄本为底本,以十数种抄本为参校本,刊刻新本,是为怀德堂本,其保存了日本传抄《论语义疏》体式,并附详细的校勘记。

皇侃《义疏》广征博引,其《自序》云:"侃今之讲,先通何(晏)《集》,若江(熙)《集》中诸人有可采者,亦附而申之。其又别有通儒解释,于何《集》无妨者,亦引取为说,以示广闻也。"何晏《集解》与江熙《集解》是汉魏两晋《论语》注的总结和汇集。因此皇氏义疏在保留汉晋南北朝旧疏方面功劳甚巨。体式上,根本刻本在刊刻时将原本"经-疏、注-疏"的体式改为"经-注-疏";怀德堂本则仍保留"经-疏、注-疏"的体式(见书影 6-1-1)。学界多认为武内义雄怀德堂本最接近皇侃《论语义疏》原貌(《评〈儒藏〉本〈论语义疏〉》),2005 年北京大学出版社《儒藏》及 2013 年高尚榘点校本皆以怀德堂本为底本。

· (唐) 姚思廉:《梁书》卷四八《皇侃传》,北京:中华书局,1973 年,第 680—681 页;(唐) 李延寿:《南史》卷七一《皇侃传》,北京:中华书局,1975 年,第 1744 页。

· (梁) 皇侃撰,高尚榘校点:《论语义疏》前言,北京:中华书局,2013 年,第 1—2 页;(梁) 皇侃撰,高尚榘校点:《论语义疏》自序,第 6—7 页。

· [日] 影山辉国:《评〈儒藏〉本〈论语义疏〉》,北京大学《儒藏》编纂与研究中心编:《儒家典籍与思想研究》第二辑,北京:北京大学出版社,2010 年,第 231 页。

· 北京大学《儒藏》编纂与研究中心编:《儒藏》(四书类论语属),北京:北京大学出版社,2005 年。

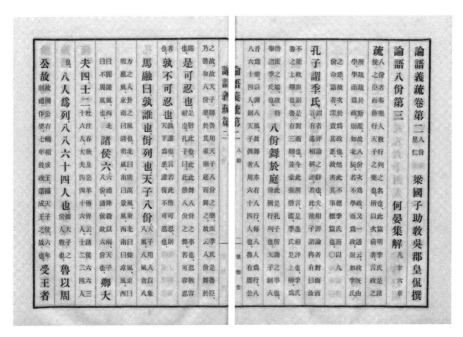

书影 6 - 1 - 1：《论语义疏》卷二

日本大正十二年(1923)怀德堂印本

受经传注疏之学的影响,对子部、史部中比较著名的书也先后有人作注释。一般都只是注,如《史记》有东晋裴骃的集解、唐司马贞的索隐、张守节的正义,但这个正义也只是注,不是疏,所以后世合称之为"三家注"[2]。而给《庄子》的西晋郭象注本作疏的唐成玄英《南华真经疏》[3],也疏得很简单,有点像后世的补注,即在前人旧注之后再作点补充。

【旁征】

[2]《史记》三家注

《史记》三家注的注释特点,应三玉《〈史记〉三家注研究》一书已有总结,简要概括如下:《史记集解》集《史记》古注尤以徐广注为多,广列版本文字异同,校勘内容丰富,引经据典,兼采各家,材料的取舍颇为严谨,多引少论,慎于论说;《史记索隐》依托于《集解》,解其所未解,申其所未申,"释文演注",广引典籍及相关注家,据考证其征引典籍达 420 种(《史记索隐引书考索》),重辨证甚于辑集诸家之解,多辨疑及驳正他家注者;《史记正义》依托《集解》而注,继承了裴骃、徐广在内的《史记》注家之大成,同《索隐》一样注重辨证,引典以《括地志》最多,对于诸家注亦多有驳正。《史记》三家注原本各自单行(亦有文章认为《史记集解》是裴骃据徐广《史记》校本随文施校的合本子注本,详参袁传璋《论裴骃"〈史记集解〉八十卷"系合本子注本》),至北宋时经过重新编排穿插成最终的三家注合刻,现在能见到最早的三家注合刻本是南宋建安黄善夫家塾刻本。明清时期通行的版本主要有明嘉靖万历间南北监刻本、毛氏汲古阁刻本、清乾隆武英殿刻本等。

- 应三玉：《〈史记〉三家注研究》，南京：凤凰出版社，2008 年，第 51—59、135—148、210—215 页。
- 程金造：《史记索隐引书考实》，北京：中华书局，1998 年，第 763—764 页。
- 袁传璋：《论裴骃"〈史记集解〉八十卷"系合本子注本》，《文学遗产》2022 年第 1 期。

[3] 成玄英《南华真经疏》

　　成玄英，生卒年不详，字子实，陕州（今河南陕县）人。隐居东海，唐贞观五年（631）召至京城；永徽中，坐事流放郁州。《南华真经疏》书成，道王李元庆曾遣文学贾鼎就授大义（《新唐书·艺文志》）。贞观时曾加号西华法师（《郡斋读书志》）。

　　《南华真经疏》，是成玄英在晋郭象注的基础上对《庄子》进行的补注。成玄英所见多六朝古本古书，"于人名每详其字，地名亦必实证其处，是足补郭注之所略"（《郘园读书志》）。后世多以郭注成疏合刊。其书历代著录卷帙多寡不同，"《唐志》十二卷、《书录解题》三十卷、《郡斋读书志》《文献通考》皆三十三卷、《宋史·艺文志》十卷、《读书敏求记》二十卷"（《四库全书总目》）。成玄英自序言"依子玄（郭象字）所注三十篇，辄为疏解，总为三十卷"。又有《道藏》本三十五卷。今《道藏》本体式以经文顶格，注、疏低一字平列，经、注、疏字体大小相等。黎庶昌《古逸丛书》覆宋本十卷，经文下注双行，疏以圆圈作大"疏"字，仍以小字双行（见书影 6-1-2）。

书影 6-1-2：《南华真经注疏》卷一"化而为鸟其名为鹏"注疏

左：明《正统道藏》本；右：清光绪十年（1884）《古逸丛书》覆宋本

> ·（宋）欧阳修、宋祁：《新唐书》卷五九《艺文志》，第1517页。
> ·（宋）晁公武撰；孙猛校证：《郡斋读书志》卷一一《道家类·南华真经疏三十三卷》，第480—481页。
> ·叶德辉：《郋园读书志》卷五《子部》，长沙：岳麓书社，2011年，第241页。
> ·（清）阮元：《揅经室外集》，附于（清）永瑢等：《四库全书总目》，北京：中华书局，1965年，第1851页。

当时只有一种注有些特色，即前面提到过的刘宋时裴松之给《三国志》作的注、梁刘孝标给《世说新语》作的注，以及北魏郦道元的《水经注》，他们都是汇集有关史料给正文作注，而对正文本身则很少作一般的解释。东魏杨衒之的《洛阳伽蓝记》实际上也采用这种办法，不过是自撰正文又自作注而已。这种汇集史料作注叫"合本子注"[4]（详《史通》卷五《补注》篇，陈寅恪《读洛阳伽蓝记书后》，陈文收入《金明馆丛稿二编》）。

【旁征】

[4] 合本子注

合本子注之说最早由陈寅恪提出。刘知幾《史通》卷五《补注》篇言："亦有躬为史臣，手自刊补，虽志存该博，而才阙伦叙，除烦则意有所吝，毕载则言有所妨，遂乃定彼榛楛，列为子注。若萧大圜《淮海乱离志》、羊衒之《洛阳伽蓝记》、宋孝王《关东风俗传》、王劭《齐志》之类是也。"陈寅恪在1933年发表的《支愍度学说考》一文中提出："中土佛典译出既多，往往同本而异译，于是有编纂'合本'，以资对比者焉。"又举列《出三藏记集》中支恭明《合微密持经记》、竺昙无兰《大比丘二百六十戒三部合异序》和竺昙无兰《三十七品经序》得：本子即母子。"其大字正文，母也。其夹注小字，子也。盖取别本之意同文异者，列入小注中，与大字正文互相配拟。即所谓'以子从母'，'事类相对'者也。六朝诂经之著作，有'子注'之名，当与此有关。"1939年陈寅恪又发表《读洛阳伽蓝记书后》一文，将"合本"与"子注"整合为一个概念，"鄙意衒之习染佛法，其书制裁乃摹拟魏晋南北朝僧徒合本子注之体，刘子玄（即刘知幾）盖特指其书第五卷惠生宋云道荣等西行求法一节（见《洛阳伽蓝记》），以立说举例"。陈寅恪不仅重申《出三藏记集》中支愍度《合首楞严经记》、支道林《大小品对比要钞序》、支愍度《合维摩诘经序》、竺昙无兰《大比丘二百六十戒三部合异序》等"俱论合本子注之体裁"，且将此概念从佛学内典推广到了外书，如在1948年发表的《杨树达论语疏证序》中明确道，"裴松之《三国志注》、刘孝标《世说新书注》、郦道元《水经注》、杨衒之《洛阳伽蓝记》等，颇似当日佛典中之合本子注"。

•（唐）刘知幾著；（清）浦起龙通释；王煦华整理：《史通通释》，上海：上海古籍出版社，2009 年，第 122 页。

•陈寅恪：《支愍度学说考》，载《陈寅恪集·金明馆丛稿初编》，北京：生活·读书·新知三联书店，2015 年，第 181—183 页。

•陈寅恪：《读洛阳伽蓝记书后》，载《陈寅恪集·金明馆丛稿二编》，第 177—180 页；陈寅恪：《杨树达论语疏证序》，第 263 页。

可能受"合本子注"的影响，给诗文作注也往往广搜所用故实的出处，引用大量有关古籍，而不仅对名物训诂作一般的解释。这种注中，以唐李善给《文选》作的注最为有名，以后《文选》李善注[5]就成为注诗文的最高典式。此外，还有运用史料和掌故，有时还加上注者本人的见闻，专给诗文注本事的，一般不叫"注"而叫"笺"，和郑玄笺《毛诗》之"笺"名同而实异。宋以后的诗文注本[6]，笺、注两体并行，有的且既注又笺。

【旁征】

[5]《文选》李善注

李善，扬州江都（今江苏扬州）人，曾师从同郡曹宪受学《文选》。唐高宗显庆间累补太子内率府录事参军、崇贤馆直学士，兼沛王侍读。又历任潞王府记室参军、秘书郎、经城令。后坐贺兰敏之事，流配姚州，遇赦后以教授为业。李善除注解《文选》外，又撰《汉书辩惑》。《旧唐书》卷一八九上有传。

李善注《文选》，注与本文合刊，析原本三十卷为六十卷。李善注大量引用古籍，据清代学者汪师韩统计其引书达一千六百余种（《文选理学权舆》叙二）。李善注"诸引文证，皆举先以明后，以示作者必有所祖述也"（《文选李善注义疏》）。其注释立足于追寻诗文语句的原典，同时在部分注中亦采用同时及后来人释义。李善注的另一特点是其所征引不仅是"祖述"，且与原文的文义和背景切合，如《古诗十九首·行行重行行》"相去日已远，衣带日趋缓"一句，李善注："《古乐府歌》曰：离家日趋远，衣带日趋缓。"此征引与原文文义背景切合之注释体式即受合本子注影响。

•（后晋）刘昫等：《旧唐书》卷一八九上《儒学·李善传》，第 4946 页。

•（清）汪师韩：《文选理学权舆》叙二，王云五主编：《丛书集成初编》，上海：商务印书馆，1935—1937 年，第 1 页。

•（清）高步瀛著，曹道衡、沈玉成点校：《文选李注义疏》，北京：中华书局，1985 年，第 4 页。

　　•陈延嘉:《〈文选〉李善注与五臣注比较研究》,长春:吉林文史出版社,2009年,第369—375页。

[6] 古籍注释在宋代体制大变

　　宋人注释讲求义理,一部分学者逐渐摆脱汉唐旧说,别创新注。以邢昺《论语正义》为例,《四库全书总目》云:"今观其书,大抵翦皇氏之枝蔓而稍传以义理。汉学宋学,兹其转关。是疏出而皇疏微,迨伊洛之说出而是疏又微。故《中兴书目》曰:'其书于章句训诂名物之际详矣。'盖微言其未造精微也。然先有是疏而后讲学诸儒得沿溯以窥其奥。"是谓邢疏开宋儒注经阐发义理之先河,标志了汉学与宋学的转折。朱熹是宋学的代表人物,其《四书章句集注》《周易本义》《诗集传》等都是注释佳作。宋以前的集注或罗列诸注、或以一家注为主而兼采众家,其皆以采撷他人注解为主。而朱熹的集注其本人的注解占很大比重,如《论语·子路篇》的五十余处注释,其中约一半征引他人注释,另一半是朱熹本人的注(《朱熹的注释和辨伪》)。"盖考证之学,宋儒不及汉儒;义理之学,汉儒亦不及宋儒"(《四库全书总目》),从考证之学到义理之学,是宋代注释学一大变革特点。

　　•(清)永瑢等:《四库全书总目》卷三五《经部·四书类》"《论语正义》"条,第291页。
　　•曾贻芬、崔文印:《朱熹的注释和辨伪》,载《中国历史文献学史述要》,北京:商务印书馆,2000年,第332—347页。
　　•(清)永瑢等:《四库全书总目》卷三五《经部·四书类》"《大学章句》《论语集注》《孟子集注》《中庸章句》"条,第294页。

　　民国以前、包括民国时代古籍注本的体式大致如此,此外基本上不再有其他新的体式。

古籍新注体式

　　这里根据当前和今后的需要,并参考旧有的体式,讲给古籍作新注可采用哪些体式,包括这些体式的得失。

　　(1)汇集前人成果作注,可称之为"集注""集解""集释",也可简称为"注"而不加"集"字。这一定要前人有了很多研究成果、包括零星的成果才能汇集。清人在这方面已做得很多。经部如邵晋涵的《尔雅正义》[7]、郝懿行的《尔雅义疏》、焦循的《孟子正义》、陈立的《公羊义疏》、刘宝楠的《论语正义》、胡培翚的《仪礼正义》、陈奂的《诗毛氏传疏》、孙诒让的《周礼正义》[8]等所谓清儒新疏,以及不用疏体的朱彬的《礼记训纂》、钟文烝的《穀梁补注》之类,都有汇集成果的意味。因为清人在经学上用力最勤,所以汇集成果的经部著作就特别多。史部则所谓"前四史"的研究读者最多,到清末王先谦就编撰了《汉书补注》[9]《后汉书集解》,入民国后还有卢弼的《三国志集解》,日本学者泷川资言也编撰了《史记会注考证》。此后诸史研究成果比较少,凭借不足,因此只有民国初的吴士鉴编撰了一部《晋书斠注》。子部在乾嘉时也有人注意研究,到清末就出了郭庆藩的《庄子集释》[10]、王先谦的《庄子集解》《荀子集解》、王先慎的《韩非子集解》、孙诒让的《墨子间诂》以及民国时刘文典的《淮南鸿烈集解》、许维遹的《吕氏春秋集解》等书。集部除几个大名家的集子外一般凭借很少,因此汇注本著名的只有清初仇兆鳌的《杜诗详注》[11]、清中叶冯应榴的《苏诗合注》、王文诰的《苏诗编注集成》等少数几种。做这种汇注工作时,如有较好的旧注,可以此旧注为主,全注收录,对其他各家之说,则可以有所取舍,当然还要有自己的东西,加自己的案语。今天做这种汇注本,完全有条件,也有需要,因为很多古籍有研究成果而尚未做过汇注,即如上述几种已做了汇注的,早的去今已二三百年,近的也有几十年,这段时间中的新成果也应赶快汇集,而且应该用今天的新水平加以取舍。至于这种汇注的文体,为了和旧注协调,自宜采用文言而不必白话。

【旁征】

[7] 邵晋涵《尔雅正义》

邵晋涵(1743—1796),字与桐,一字二云,号南江,浙江余姚人。乾隆三十六年(1771)进士,会四库馆开,授编修。擢侍讲学士,充文渊阁直阁事日讲起居注官。邵晋涵尤长于史,在四库馆时从《永乐大典》中辑出《旧五代史》。著述有《尔雅正义》《孟子述义》《穀梁正义》《韩诗内传考》《方舆金石编目》《南江诗文稿》等。《清史稿》卷四八一、《清史列传》卷六八有传。

邵晋涵以郭璞为宗,据唐石经暨宋椠本及诸书所征引者审定经文,利用《尔雅》的不同版本及他书征引的异文来正文字,增校郭《注》。又以兼采他说博郭璞注之旨趣,如汉舍人(著《尔雅注》三卷)、刘歆、樊光(著《尔雅注》三卷)、李巡(著《尔雅注》三卷),三国魏孙炎(著《尔雅注》七卷),梁沈旋,陈顾野王,唐裴瑜等诸家注(《尔雅正义序》)。补充郭《注》之"未详""未闻"之处,对《尔雅》中的名物,邵氏有把握者即详细说明,无法验证者则不随意猜解。如卷八《释乐第七》"宫谓之重,商谓之敏,角谓之经,徵谓之迭,羽谓之柳"的注释,在引郭注"皆五音之别名,其义未详"后,邵氏《正义》先罗列《尚书·益稷》《管子·地员》、《玉海》载徐景安《乐书》引刘歆、《释文》引孙炎等对五声的记载。次对郭《注》"皆五"至"未详"又加注:引《周礼·春官·大师》《礼记·乐记》及郑玄注、孔颖达疏、《尚书大传》证"声"与"音"义有别，而声与音相通，因此郭氏以"宫商角徵羽"为"五音"，郭氏云五音"其义未详"，则因不取刘歆所释"宫，中也，君也；商，章也，臣也"（刘歆将"宫商角徵羽"比配"君臣民事物"，以论纲常名分）诸义（见书影6-1-3）。

书影6-1-3：《尔雅正义》卷八《释乐》

清乾隆五十三年（1788）余姚邵氏家塾本

邵晋涵的注释体例构建了清人注疏《尔雅》的基本框架，为雅学研究提供了范式（《尔雅正义》点校前言）。清人黄侃认为"清世说《尔雅》者如林，而规模法度，大抵不能出邵氏之外"（《尔雅略说》）。《尔雅正义》的主要版本有乾隆五十三年（1788）余姚邵氏家塾面水层轩刻本及阮元道光年间所刻《皇清经解》本。

• 赵尔巽等：《清史稿》卷四八一《邵晋涵传》，第13209—13210页；（清）佚名撰，王锺翰点校：《清史列传》卷六八《邵晋涵传》，第5526—5527页。

• （清）邵晋涵撰，李嘉翼、祝鸿杰点校：《尔雅正义》，北京：中华书局，2017年，序第2—3页、点校前言第5页；《尔雅正义》卷八《释乐第七》，第448—449页；《尔雅正义》附录二《评论·黄侃尔雅略说》，第1102页。

[8] 孙诒让《周礼正义》

孙诒让(1848—1909),字仲容,浙江瑞安人。清同治六年(1867)举人,官刑部主事。著《周礼正义》《墨子间诂》《古籀拾遗》《逸周书斠补》《九旗古义述》《籀庼述林》等。《清史稿》卷四八二有传。

《周礼正义》八十六卷。孙诒让以"郑注简奥,贾疏疏略,未能尽通也","乃以《尔雅》《说文》正其诂训,以《礼经》、大小《戴记》证其制度","博采汉唐宋以来,迄于乾嘉诸经儒旧诂,参互证绎,以发郑注之渊奥,裨贾疏之遗阙"(《周礼正义》叙)。对于《周礼》旧疏,"最古者则《五经异义》所引古《周礼》说,或出杜、郑之前。次则贾逵、马融、干宝三家佚诂","无论与郑异同,并为撝拾。至于六朝、唐人礼议经疏,多与此经关涉,义既精博,甄录尤详;间有未允,则略为辨证,用释疑悟。宋元诸儒说,于周公致大平之迹,推论至详,而于周制汉诂,或多疏缪,今所搴择,百一而已"(《略例十二凡》)。

孙氏注重诠释名物制度,广列历代疏解,又带有鲜明的总结特色。如卷三三对"禘祫"的疏解,"其说之异者尤众,综而论之,约二十一家":郑注以禘祫为二祭,而或合为一。下列《通典·吉礼》引贾逵、刘歆说,《魏书·礼志》引王肃说,《论语·八佾》集解引孔安国说,《王制》疏引杜预说,《左传》疏引刘炫说,此为与郑义异者一也;引《唐郊祀录》引马融说,《公羊》徐疏述何休义,此与郑义异者二也……所引与郑注有异者二十一家,最后总结道:"禘祫之祭,聚讼已久,今以郑义为本,而条列唐以前诸家之说,辩证其是非。宋以后异说尤繁,并不复论。"孙氏基本上赞同郑玄之说,对列举的二十一家说法一一辩证是非,并对郑玄说予以补正。

《周礼正义》版本有1905年孙氏家藏铅铸版初印本,俗称乙巳本,该本经孙诒让亲自校定;1931年湖北笛湖精舍木刻本,即楚学社本;中华书局《四部备要》排印本及商务印书馆《万有文库》排印本。目前通行本有中华书局1987年王文锦、陈玉霞点校本(2013年重版)和2015年汪少华整理本。

> • (清)赵尔巽等:《清史稿》卷四八二《孙诒让传》,第13302—13303页;《清史稿》卷一四五《艺文·经部·小学类》,第4259页;《清史稿》卷一四七《艺文·杂家类》,第4357页;《清史稿》卷一四八《艺文·别集类》,第4399页。
>
> • (清)孙诒让撰,王文锦、陈玉霞点校:《周礼正义》,北京:中华书局,2013年,叙第4页、略例十二凡第4—5页;《周礼正义》卷三三《春官宗伯》,第1340—1344页。

[9] 王先谦《汉书补注》

王先谦(1842—1918),字益吾,湖南长沙人。清同治四年(1865)进士,选庶吉士,授编修。历任中允、日讲起居注官、国子监祭酒、江苏学政等。任江苏学政期间，设立书局，仿阮元《皇清经解》例，刊刻《续经解》一千四百三十卷。任满还家，历任岳麓、城南二书院山长。著有《尚书孔传参正》《三家诗集义疏》《汉书补注》《荀子集解》《日本源流考》《外国通鉴》《虚受堂诗文集》等。《清史稿》卷四八二有传。

《汉书补注》一百卷。王氏以《汉书》颜师古注"未发明者固多，而句读伪误，解释踳驳之处，亦迭见焉"，加之颜注以后《汉书》的各家论著"散见诸书，学者罕能通习"，于是"究心班书，博求其义，荟最编摩"（《汉书补注》前汉补注序例），引隋萧该至清俞樾等47家著述（《汉书补注》引用诸书姓氏），并将自身考订冠以"先谦曰"或"先谦案"，散入颜师古注下。是书虽曰"补注"，实则集解，对于颜注未明之处，王氏补缀资料，引诸家注疏详加辨析，尤其重视清代学者的相关成果，对于诸家注释，王先谦也会加以评判。如释《汉书·苏武传》"掘野鼠去中实而食之"一句，补注罗列了宋刘攽、清周寿昌、王文彬、王先慎的分析后，王先谦对于诸说又有案语。又如"陵恶自赐武"条注引清顾炎武、周寿昌关于李陵使其妻赐苏武牛羊之分析，王先谦案语赞成周说。王氏《汉书补注》汇聚补阙，纠缪辨证，"采取矜慎，体例甚善，其附己见，亦甚精塙"（《越缦堂读书记》），集《汉书》注释之大成。《汉书补注》主要版本有清光绪二十六年（1900）长沙王氏虚受堂刻本、民国五年（1916）上海同文图书馆石印本、上海文瑞楼石印本等。

- 赵尔巽等：《清史稿》卷四八二《王先谦传》，第13301—13302页。
- （汉）班固撰，（唐）颜师古注，王先谦补注：《汉书补注》，北京：商务印书馆，1959年，第1、3950—3951、3953页。
- （清）李慈铭撰，由云龙辑：《越缦堂读书记》，北京：中华书局，2006年，第177页。
- （清）莫友芝撰，傅增湘订补，傅熹年整理：《藏园订补邵亭知见传本书目》卷四《史部》，第208页。

[10] 郭庆藩《庄子集释》

郭庆藩（1844—1896），原名立壎，字孟纯，号子瀞，湖南湘阴人，郭嵩焘弟郭崑焘之子。年十五补县学生，授例得通判，后以道员发江苏。著有《庄子集释》《说文经字考辨证》《说文经字正谊》《合校方言》《泊然盦文集》《梅花书屋诗集》《瀞园膡稿》等。生平事迹可参王先谦撰墓志。

郭庆藩《集释》分内篇、外篇及杂篇三部分，收录郭象注、成玄英疏和陆德明音义的全文，并摘引清代学者如王念孙、俞樾、卢文弨、郭嵩焘等人的训诂校勘，后附有郭庆藩的考释。如卷二中《人间世》篇：

> 昔者尧攻丛枝、胥敖，禹攻有扈，国为虚厉，身为刑戮，其用兵不止，其求实无已。是皆求名实者也，而独不闻之乎？【注】夫暴君非徒求恣其欲，复乃求名，但所求者非其道耳。【疏】尧禹二君，已具前解。丛枝，胥敖，有扈，并是国名。有扈者，今雍州鄠县是也。宅无人曰虚，鬼无后曰厉。言此三国之君，悉皆无道，好起兵戈，征伐他国。岂唯贪求实利，亦乃规觅虚名，遂使境土丘虚，人民绝灭，身遭刑戮，宗庙颠殒。贪名求实，一至如斯，今古共知，汝独不闻也。【释文】"丛支"才公反。○卢文弨曰：今本作枝。"有扈"音户。司马云：国名，在始平郡。案即今京兆鄠县也。"虚厉"如字，又音墟。李云：居宅无人曰虚，死而无后为厉。○庆藩案：虚厉即虚戾也。《墨子·鲁问篇》是以国为虚戾，《赵策》齐为虚戾，均作戾。戾厉古音义通。《诗·小雅·节南山篇》降此大戾，《大雅·瞻卬篇》戾作厉。《小宛》翰飞戾天，《文选·西都赋》〔注〕引《韩诗》作厉。《孟子·滕文公篇》狼戾，《盐铁论·未通篇》作梁厉。皆其证。

《庄子集释》征引各家注释的同时，还注重运用清代训诂学方法，其收罗宏富，是清代《庄子》研究的集大成者。主要版本有清光绪二十年(1894)长沙思贤讲舍刻本(《续修四库全书》据此影印)，又有民国二十四年(1935)上海扫叶山房石印本。

> • (清)王先谦：《虚受堂文集》卷一〇《二品顶戴江苏候补道郭君墓志铭》，载(清)王先谦著，梅季校：《王先谦诗文集》，长沙：岳麓书社，2008年，第246—247页。
>
> • (清)郭庆藩撰，王孝鱼点校：《庄子集释》卷二中《人间世》，北京：中华书局，1961年，第139—140页。
>
> • (清)张之洞编撰，来新夏等汇补：《书目答问汇补》子部《周秦诸子第一》，第552页；翁长松：《漫步旧书林续集》，上海：上海远东出版社，2010年，第38页。

[11] 仇兆鳌《杜诗详注》

仇兆鳌(1638—1717)，字沧柱，自号章谿老叟，浙江杭州人。康熙二十四年(1685)进士，选庶吉士，散馆授编修，历任侍讲学士、侍读学士、内阁学士、礼部、吏部侍郎、翰林院学士。仇兆鳌以所著《杜诗详注》为康熙帝赏识，奉敕纂修《方舆程考》。撰有《通鉴论断》《四书约说》《参同契集注》《悟真编集注》等。仇兆鳌生平事迹见其自撰年谱。

《杜诗详注》二十五卷、附编二卷，包括诗注二十三卷、杂文注二卷，附编为逸杜咏杜补杜论杜者。诗文题下注编年、解题，正文先串解字句，对词语典故广征博引，后辑历代诗评。长篇诗分段注解，诗末有总述。间或有"附考"，列举正文字词有歧义者，以广见闻(见书影6-1-4)。《四库全书总目》评价其"援据繁富，而无千家诸注伪撰故实之陋习。核其大局，可资考证者为多"。主要版本有康熙四十二年(1703)初刻本、康熙五十二年增补重刻本、《四库全书》写本、清芸生堂刻本、清大文堂刻本等(《〈杜诗详注〉传本研究》《书目答问汇补》)。

书影6-1-4：《杜诗详注》卷一〇《不见》
清大文堂刻本，日本早稻田大学图书馆藏

· 方南生：《海内罕见的仇兆鳌自订〈尚友堂年谱〉》，《文献》1988年第2期。

· (清)永瑢等：《四库全书总目》卷一四九《集部·别集类》"《杜诗详注》《附编》"条，第1282页。

· [日]佐藤浩一：《〈杜诗详注〉传本研究——抄本、刻本、排印本》，中国唐代文学学会、西北大学中文系、广西师范大学出版社主编：《唐代文学研究》第11辑，桂林：广西师范大学出版社，2006年，第436—449页；(清)张之洞编撰，来新夏等汇补：《书目答问汇补》集部《别集第二·唐至五代》，第749页。

（2）为旧注作补注。即以一家旧注为主,再搜集资料提出自己的见解作补充。这或者是由于已有的成果不多,主要要靠自己来补,如清孔广森的《大戴礼记补注》[12]、戴震的《方言疏证》、陈逢衡的《逸周书补注》之类。也有的则是不愿做汇注,如刘文典的《庄子补正》。今天,对古籍之有较好的旧注者仍可做这种补注。文体为了和旧注协调也宜用文言。

【旁征】

［12］孔广森《大戴礼记补注》

　　孔广森(1752—1786),字众仲,号㢝轩,山东曲阜人。乾隆三十六年(1771)进士,选翰林院庶吉士,官翰林院检讨。性淡泊,耽于著述,以养亲告归不复出,三十五岁卒。孔广森曾受业戴震、姚鼐,长于经、史、小学,著有《大戴礼记补注》《春秋公羊通义》《诗声类》《礼学卮言》《经学卮言》《㢝轩所著书》等。《清史稿》卷四八一、《清史列传》卷六八有传。

书影 6 - 1 - 5:《大戴礼记补注》"曾子立事"篇

清道光九年(1829)阮元学海堂《皇清经解》刻本

　　《大戴礼记补注》十四卷。东汉时马融、卢植、郑玄多为《小戴礼记》作注,唐修《五经正义》取《小戴礼记》,《大戴礼记》则少有人研习,唐前为之作注者仅北周卢辩一人,然卢注"经记绵襹,词旨简略,大义虽举,微言仍隐"(《大戴礼记补注》序录)。至清代朴学大兴,学者戴震、卢文弨曾共同校定文字,但并未注解。孔广森对《大戴礼记》进行注解,先列卢注,次其补注,又次校勘。先引卢辩旧注(卢辩注残缺,今本卷一、二、七、九、十二无注),旧注未足之处加以补释。校勘所用《大戴礼记》诸本有宋淳熙二年(1175)颍川韩元吉建安郡斋刻本、元刘贞庭嘉兴路学宫刻本、《汉魏丛书》本、明朱养纯刻本、清高安本、卢文弨校本、戴震校本等,参互比勘,择善而从。如《曾子立事》篇"不说其言"句(见书影 6 - 1 - 5):

　　不说其言,殆于以身近之也;殆于以身近之,殆于身之矣。远,当字误为"近"。【补】不悦善言,则亦几于以身近不善矣。其去身为不善者,亦几希矣。此深言乐善之当速,违恶之当严也。

○宋本注作"'近',当字误为'远'",讹。此于诸家注体宜云:"近"字误,当为"远"。唯卢君文例先出所破字,下为某者,本经字也,前后皆然,然愚意此"近"字似不误。

周中孚论《补注》"博稽群书,参会众说,申禅其义,兼规其失,使二千余年古经传复明白于世,较之卢抱经、戴东原合校订本,弥觉用力勤而为功巨矣"(《郑堂读书记》)。《大戴礼记补注》主要版本有清乾隆五十九年(1794)原刻本、清嘉庆五年(1800)《顨轩孔氏所著书》刻本、道光九年(1829)阮元学海堂《皇清经解》刻本、同治十三年(1874)淮南书局刻本、光绪九年(1883)《畿辅丛书初编》刻本及日本东都千钟房刻本等(《大戴礼记补注》点校说明)。

> •赵尔巽等:《清史稿》卷四八一《孔广森传》,第13207—13209页;《清史稿》卷一四八《艺文·别集类》,第4390页;(清)佚名撰,王锺翰点校:《清史列传》卷六八《儒林·孔广森传》,第5527—5529页。
>
> •(清)周中孚著,黄曙辉、印晓峰标校:《郑堂读书记》,上海:上海书店出版社,2009年,第76—77页。
>
> •(清)孔广森撰,王丰先点校:《大戴礼记补注》,北京:中华书局,2013年,点校说明第5页、第5、90页。

(3)汇集史料给史部书作注。这实际上是做合本子注,如裴松之注《三国志》那样的工作。这个工作前人已做了一些,如乾隆时彭元瑞利用新辑出的《旧五代史》和其他史料给《五代史记》即《新五代史》作注[13],王先谦在晚年也利用《唐会要》《册府元龟》等书给沈炳震的《新旧唐书合钞》作补注,同时唐景崇给《新唐书》做的《唐书注》也是这种性质。但王、唐两家都做得不理想[14],原因之一是他们的史学水平并不高,对分歧的记载作不出多少考证,更谈不上对史实作科学分析,从而探索其中的规律。我们今天掌握了马克思主义这个武器,做这项工作一定会胜过前人。当然要花大气力,不能仅仅做成史料汇编,要能"去粗取精,去伪存真",作出科学的考证论断。同时,汇编史料也不那么容易,不仅要从同时代的史书中搜集史料,还要用本证的方法在本书里搜集不同的记载。因此小的史书固可凭个人力量做,大部头的恐怕非组织力量不可。至于文体,为了和引用的史料相协调,自宜用文言。

【旁征】

[13] 彭元瑞《五代史记注》

彭元瑞(1731—1803),字芸楣,江西南昌人。乾隆二十二年(1757)进士,后为翰林院庶吉士、翰林院编修、詹事府少詹事，入值南书房，迁侍郎，历礼、户、兵、吏、工诸部侍郎、尚书。乾隆四十八年(1783)，充国史馆、《四库全书》馆副总裁。嘉庆四年(1799)充《高宗实录》副总裁。著有《石经考文提要》《知圣道斋读书跋尾》《恩余堂经进初稿》《续稿》《三稿》《宋四六选》《宋四六话》等。《清史稿》卷三二〇、《清史列传》卷二六有传。

　　《五代史记注》，又名《新五代史记补注》，七十四卷。此书仿《三国志注》合本子注之例，对于《旧五代史》《五代会要》"今悉采，不遗一字"，又详采《资治通鉴》、霸史、传记小说、舆地书、类书等，所采书以宋代为断限(《五代史记注例》)。如《新五代史·梁本纪》载唐中和四年(884)朱温救陈州及与李克用大败黄巢事，彭氏注不仅全录《旧五代史》中和四年春至七月间文字，并兼录《北梦琐言》《金华子杂编》(《金华子杂编》二卷，南唐刘崇远撰，原书已佚，今本乃四库馆臣自《永乐大典》中辑出)中相关记载(见书影6-1-6)。李慈铭称赞此书"历访通人，采取极博，大略仿裴世期《三国志注》，杂陈众说"，但又指出"颇病复沓"的不足之处，颇为中肯(《越缦堂读书记》)。主要版本有清道光八年(1828)彭氏原刻本(《续修四库全书》据此影印)。

书影6-1-6：《五代史记补注》卷一《梁本纪》

《续修四库全书》影印清道光八年(1828)刻本(《续修四库全书》史部正史类第290—291册，第257页)

• 赵尔巽等:《清史稿》卷三二〇《彭元瑞传》,第 10769—10770 页;《清史稿》卷一四五《艺文·经部·经总义类》,第 4254 页;《清史稿》卷一四六《艺文·目录类》,第 4314 页;《清史稿》卷一四八《艺文·别集类》,第 4389 页;《清史稿》卷一四八《艺文·总集类》,第 4408 页;《清史稿》卷一四八《艺文·诗文评类》,第 4415 页。

• (宋)欧阳修撰,(宋)徐无党原注,(清)彭元瑞注,(清)刘凤诰编次:《五代史记注》,上海:上海古籍出版社《续修四库全书》史部正史类第 290—291 册影印清道光八年刻本。

• (清)李慈铭撰,由云龙辑:《越缦堂读书记》,第 308 页。

[14] 王先谦《新旧唐书合钞》补注、唐景崇《唐书注》

王先谦基于清人沈炳震《新旧唐书合钞》作补注二百六十卷,黄永年师《唐史史料学》著录为"《新旧唐书合钞补注》",据谢保成查阅王先谦手稿,书名应为《新旧唐书合注》。沈氏《合钞》洞悉《新唐书》简严而《旧唐书》详备的特点,以《旧唐书》为主,用《新唐书》补校。然其书"把史料的对勘局限于两《唐书》,不引用其他如《大唐六典》《通典》《唐会要》《册府元龟》《通鉴》等以为佐证,以资补正,正是此书的最大缺点"(《唐史史料学》)。王先谦《新旧唐书合注》用《唐会要》《册府元龟》等给沈氏《合钞》做注,正好弥补其不援他书为佐证之遗憾。王先谦《合注》手稿归中国科学院,尚未付梓。20 世纪50 年代中华书局在经过周一良、汪篯、唐长孺、赵守俨等专家进行审阅后认为"《合注》只采用了几部见习的书,参考价值不大"(《王先谦〈新旧唐书合注〉的前世今生》)。黄永年师《唐史史料学》评价"此《合钞补注》盖晚年所作,精力已竭,仅付子弟门生为之,自然更差"。

• 黄永年:《唐史史料学》,北京:中华书局,2015 年,第 39—41 页。
• 谢保成:《一部研治两〈唐书〉的集大成之作——王先谦〈新旧唐书合注〉》,荣新江主编:《唐研究》第三卷,北京:北京大学出版社,1997 年,第 395—404 页。
• 徐俊:《王先谦〈新旧唐书合注〉的前世今生》,《上海文汇报》2015 年 8 月14 日。

唐景崇《唐书注》,拟彭元瑞注《五代史》而变通其例,"盖彭注全录薛史,此则旧书过繁,第择其足资参证且应增补者录要附入而已",并以为沈炳震《唐书合钞》"不惜破坏原书","余之注例,则取《史记》之三家注、《汉书》之颜注、《三国志》之裴注、《通鉴》之胡注参酌,而订三义,曰纠缪、曰补阙、曰疏解"(《唐书注》自序)。唐景崇弟子张云书谓:"参考搜采之书,自正经、正史、唐贤专集、历代普通类书、典制学术诸专书、史部考证书，旁及金石、野史、小说，逾数百种。"（《唐书注》张书云序）黄永年师认为其优点在于参考广博，"不局限于两《唐书》"，缺点则是"拘于彭元瑞注《五代史记》陈例，舍史料较原始、较详密的《旧唐书》而为《新唐书》作注，则大失策"（《唐史史料学》）。其版本有民国二十四年（1935）余荣昌排印本，只出本纪十卷。

> ·（清）唐景崇：《唐书注》自序，徐蜀编：《隋唐五代正史订补文献汇编2》，北京：北京图书馆出版社，2004年，第391、392页。
> ·黄永年：《唐史史料学》，第41—42页。

（4）搜集资料给诗文集、词集注本事，注所用故实的出处，如有可能，再附录有关评语。其中注诗文撰写的本事亦即注今典，即前人之所谓"笺"，要熟悉当时的史料掌故。注诗文所用故实的出处亦即注古典，即前人之所谓"注"，除凭作注者记忆外还得多查类书等工具书。至于评语，包括前人的和今人的。今人的评语中要挑选有价值的，前人的则可从诗话、笔记以及有关的批点本中去收集。这种工作清人已做了不少，如王琦的《李太白诗集注》[15]《李长吉歌诗汇解》、冯浩的《玉谿生诗详注》《樊南文集详注》、冯集梧的《樊川诗集注》、施国祁的《元遗山诗集笺注》、程穆衡的《吴梅村先生诗笺》、靳荣藩的《吴诗集览》、惠栋的《渔洋山人精华录训纂》等都是比较有名的佳作。其中，有的专门笺，有的专门注，有的笺、注并重，有的还加辑评语。但没有笺注过的大名家的诗文集、词集还占了绝大多数，因此近若干年来一直有人在继续做。做起来也可以有所偏重，不一定笺、注、评面面俱全。做这种笺注的文体，当然也以文言为适宜。

【旁征】

［15］王琦《李太白诗集注》

王琦（1696—1774），字琢崖，钱塘（今浙江杭州）人。王琦精熟释典，曾协助赵殿成注《王右丞集》，著有《李太白诗集注》《李长吉歌诗汇解》，辑《医林指月》十二种（《章太炎藏书题跋批注校录》）。《清史列传》卷七一有传。

《李太白诗集注》三十六卷。传世的李白诗文集注有南宋杨齐贤注《李翰林集》二十五卷、元代萧士赟删补杨注而成的《分类补注李太白诗》二十五卷及明代胡震亨《李诗通》二十一卷。王琦注融会三家之长，修正三家之谬误，补充三家之缺漏，是李白诗文集最完备的注本（《李太白全集》出版说明）。王氏注包括题解、原文、注释、辑评考证，以李善"举先以明后"的征引方式，"详引博据，考索综核"（《李太白全集》赵信序），重视词语、典故的最原始出处，尤详于"郡国州县之沿革，山川泉石之名胜，亭台宫寺之创建，鸟兽草木之名状"（《李太白全集》王琦序）。一些诗的注后附王琦的按语考评，如卷二《古风五十九首》其十六,引鲍照《赠故人马子乔》诗,评李白此诗形式上为拟鲍之作,然鲍诗为故人赠别,而"李诗感知己之不存","辞调虽近,意旨自别"。又间以辑引宋苏轼,元范椁、祝尧,明徐祯卿、杨慎、唐汝询,清顾炎武、查慎行、李光地等人的评论,如《赠汪伦》一诗引明人唐汝询《唐诗解》评。

《四库全书总目》评王琦注"采摭颇富,不免微伤于芜杂",评论颇为保守。今人则认为"前人注李者,以此为最善,翻刻流传最广"(《李白大辞典》),"今传世本,当以此为最善"(《李白诗论丛》)。《李太白诗集注》的主要版本有清乾隆二十四年(1759)原刻本、光绪三十四年(1908)上海扫叶山房石印本等(《书目答问汇补》)。

- (清)佚名撰,王锺翰点校:《清史列传》卷七一《文苑·王琦传》,第5821—5822页;(清)章太炎撰,罗志欢主编:《章太炎藏书题跋批注校录》,济南:齐鲁书社,2007年,第533页。
- (唐)李白著,(清)王琦注:《李太白全集》赵信序、王琦序,北京:中华书局,1977年,第1684、1686页;(唐)李白著,(清)王琦注:《李太白全集》,第108—109、646页。
- (清)永瑢等:《四库全书总目》卷一四九《集部·别集类》"李太白诗集注"条,第1280页。
- 郁贤皓主编:《李白大辞典》"《李太白全集》"条,郁贤皓撰,南宁:广西教育出版社,1995年,第322页;詹锳:《李白诗论丛》,载《詹锳全集》卷五,石家庄:河北教育出版社,2016年,第235页。
- (清)张之洞编撰,来新夏等汇补:《书目答问汇补》集部《别集第二·唐至五代》,第749页。

王琦在笺注古典的同时,对前人的评论亦有搜辑,但所辑评论相对较少。今人在清人搜辑前贤诗文评的基础上,择优选取前人和今人的评论,正如黄永年师所言"今人的评语中要挑选有价值的,前人的则可从诗话、笔记以及有关的批点本中去收集",因此涌现了大量附录有关评语的笺注本。如詹锳《〈李白全集〉校注汇释集评》(百花文艺出版社1996年版)广泛辑录当代重要论家的评论,在附录评论的数量上远超前人。另外,今人辑录诗文评论的整理本还有很多,如《饮水词笺校》(赵秀亭、冯统一笺校,中华书局2005年版)、《姜白石词笺注》(陈书良笺注,中华书局2009年版)、《李长吉歌诗编年笺注》(吴企明笺注,中华书局2012年版)、《花间集校注》(杨景龙校注,中华书局2014年版)、《黑蝶斋词校笺》(胡愚校笺,华东师范大学出版社2017年版)、《山中白云词笺证》(孙虹、谭学纯笺证,2019年中华书局版)、《花庵词选》(杨万里点校集评,上海古籍出版社版 2019 年版)等。

（5）编写普及性的注本,包括选注本。这种工作前人也早做过,清人如吴乘权、吴大职的《古文观止》是自选自注;程婉俊的《唐诗三百首补注》是给别人的选本作注,都是当时的普及性读物,尽管如《古文观止》的选和吴氏原注其实不怎么样(如把《捕蛇者说》的"岁赋其二"错注为"二次"之类)。近年来,有几位专家学者曾做过这项有益的普及性工作,成绩迥出清人之上,如缪钺的《杜牧诗选》[16]、钱钟书的《宋诗选注》,真是雅俗共赏的佳选佳注。但这种佳选佳注实在还太少,从事古籍整理工作者也可做一点这种工作。这种注既是为了普及,可以用白话。

【旁征】

[16] 缪钺《杜牧诗选》

缪钺(1904—1995),字彦威,江苏溧阳人。先后任教于河南大学、浙江大学、四川大学等,主要从事中国古代史、中国古典文学、历史文献学研究。代表作有《诗词散论》《读史存稿》《杜牧年谱》《冰茧庵诗词稿》《元遗山年谱汇纂》等。

《杜牧诗选》分为编年与未编年两部分,并附录杜牧行年简谱。缪钺以诗歌的思想性、艺术性和史料价值作为择选标准,从杜牧《樊川文集》《外集》《别集》四百余首诗中选录了 113 首。诗选的字句依据杨氏景苏园影印日本枫山官库藏宋刊本《樊川文集》,同时参考《四部丛刊》影明刊本、《全唐诗》、冯集梧《樊川诗集注》等,互勘互校,异文在注中说明去取。诗选的注释主要以冯集梧注为根据加以补充和修正,除了解释难解词句、注明典故、申述诗意外,还对每一首诗所涉及的史事或杜牧行迹加以注明,对晚唐、五代、宋人所著杂史、笔记诗话中谈及杜牧诗的本事或评论的也则要引用或提及。缪钺熟于唐代史事及典章制度,注释多能以史证诗,同时又力求简明扼要,确乃雅俗共赏的佳作。《杜牧诗选》1957 年由人民文学出版社出版,1999 年河北教育出版社再版,2021 年北京大学出版社据作者未公布手稿补改出版。

　　• 缪钺选注:《杜牧诗选》,石家庄:河北教育出版社,1999 年,前言第 19—22 页。

　　•（唐）杜牧著,缪钺选注:《杜牧诗选》,北京:人民文学出版社,1957 年;缪钺:《杜牧诗选(补改本) 杜牧传 杜牧年谱》,北京:北京大学出版社,2021 年。

如何做好古籍新注

如何做好古籍新注,谈几点要求。

（1）首先，要选好对象，确定体式。这就要求学好目录学，知道哪些书已有旧注，哪些没有。同时，还得了解当前学术界、出版界的情况，知道哪些书有了新注。已有旧注或新注的，如确实注得很好或基本好，自己没有能力超过它，就不必去注，原书价值不高也不必去注。只有原书有价值，旧注或新注不好，而自己有能力注得好的，才可以下决心去注。没有注过的古籍，也得看情况，有些价值不大不必注，有些部头太大暂时不可能注而且也不必注，应选择书既有价值，也需要注、并有可能注的去注。至于用什么体式，也得仔细考虑，可根据前面所讲的几种体式，根据需要和可能加以选择。

（2）要给一部书作注，一定要对这部书真正下过功夫，起码通读、精读过好几遍，对书的作者、对书的内容、以及对书的作用都得有深切的理解。此外，还得了解当时的时代和文化学术情况，了解与这部书有关的其他古籍。只有这样，才算基本上具备了给这部书作注的能力。

（3）要认真接受人家已经取得的成果。这不仅指集解、集注，不是汇注式的注本实际上也得吸收前人或同时人的成果。即使不好的有关注本也可以拿来翻翻，知道了人家的毛病在哪里可使自己不致重犯，再说其中也许还有一些可取之处。有些成果没有专书，散见在为数众多的读书札记和学术论文里，这又要求博览群书，并留心学术性期刊和查阅论文索引。

（4）态度要认真严肃。不能看到人家在整理古籍，自己也凑热闹，随便找本古籍来作注或选注。更不能对要注的古籍不下硬功夫，不读懂读通，光靠查《辞海》《辞源》以及台湾版《中文大辞典》过日子。辞典这类工具书是可以适当利用的，但只能起一点辅助作用。靠查辞典才勉强把书读下去的人绝无资格为本书作注。

注释古籍决非易事

即使对以上几点都努力做到，也只能说所作的注释基本上过得去，不闹大笑话，仍不敢说尽善尽美，绝无差错遗漏。尤其是诗文故实的出处，要逐一弄清楚实在太不容易。这里不妨举几个实例。

清初撰写《古文尚书疏证》、给《伪古文尚书》定谳的阎若璩是以淹博著称的，在他的《潜丘札记》[17]里有这样一段记载："忆甲子初夏，自碧山堂移徐公健庵（徐乾学字）寓邸。夜饮，言今日某直起居注，上云'古人有言，使功不如使过'，此语自有出，既思不可得，又不敢上问，奈何？余对丙午、丁未间重策论，读宋陈傅良时论，有'使功不如使过'题，通篇俱就秦穆公用孟明发挥，应是昔人论此事者作此语，第不见出何书耳。公曰'博'。越十五年，读《唐书·李靖传》，高祖谓靖逗留，诏斩之，许绍为请而免，后率兵八百,破开州蛮冉肇则,俘禽五千,帝谓左右曰:'使功不如使过。靖果然。'谓即出此。又越五年,读《后汉书·独行传》,索卢放谏更始使者勿斩太守,曰:'夫使功者不如使过。'章怀太子贤注:'若秦穆赦孟明而用之霸西戎。'乃知全出于此处。甚矣,学问之无穷,而人尤不可以无年也。"这里所说的甲子是康熙二十三年,阎氏已四十九岁,越十五年是三十七年,阎氏六十四岁,又越五年是四十一年,阎氏六十八岁,先后历时十九年到六十八岁高龄才找到"使功不如使过"的出处,难怪阎氏要叹"人尤不可以无年"。

【旁征】

[17] 阎若璩《潜丘札记》

　　阎若璩(1636—1704),字百诗,号潜丘,山西太原人。年十五补山阳县学生员,康熙十八年(1679)应试鸿儒科落第。阎若璩博物洽闻,精于考据,曾改定顾炎武《日知录》数条,纠谬汪琬《五服考异》,因此得到刑部尚书徐乾学赏识,参与编修《大清一统志》。阎若璩沉潜三十余年,作《古文尚书疏证》八卷,引经据古,列举 128 条指证古文《尚书》为伪作。著有《四书释地》《毛朱诗说》《日知录补正》《丧服异注》《博湖掌录》《孔庙从祀末议》等。《清史稿》卷四八一、《清史列传》卷六八有传。

　　《潜丘札记》,又作《潜邱札记》,六卷。为阎若璩考证经籍随笔札记,包括读书杂考、地理余论、杂文序跋、丧服翼注、补正《日知录》、答论经史信札、杂体诗(四库全书本《潜邱札记》删去)等。阎若璩在世时《潜丘札记》并未成书,由其孙阎学林搜集整理成编。《四库全书总目》评价其"记诵之博、考核之精,国初实罕其伦匹"。传本有二:一为其孙阎学林眷西堂刻本(《清代诗文集汇编》据此影印,另有咸丰十年补刻《皇清经解》本亦据此删削而成);一为山阳吴玉搢删定本(《四库全书》据此删改抄入)。《潜丘札记》的编刻与版本流传可参考王春伟、李寒光、宣燕华等学者的研究。

　　•赵尔巽等:《清史稿》卷四八一《阎若璩传》,第 13177—13178 页;(清)佚名撰,王锺翰点校:《清史列传》卷六八《儒林·阎若璩传》,第 5460—5463 页。

　　•(清)永瑢等:《四库全书总目》卷一一九《子部·杂家类》"《潜邱札记》"条,第 1030 页。

　　•王春伟:《〈潜邱札记〉版本研究》,东北师范大学硕士论文,2016 年;李寒光:《〈潜邱札记〉编刻与删定考论》,《中国典籍与文化》2021 年第 3 期;宣燕华:《阎若璩〈潜邱札记〉编刻与流传考略》,南京大学古典文献研究所:《古典文献研究》第 22 辑上,南京:凤凰出版社,2020 年,第 256—275 页。

平步青在清后期也算得上是博雅之士,在所著《霞外攟屑》[18]卷八上有一条"注诗难"的札记,说:"注古人诗最难,即近人亦复不易。东坡逸诗有'山人更吃懒残残'句。《敬业堂诗集》卷三十七题吴宝崖《雪龛煨芋图》云'何似雪龛风味好,平生不吃懒残残',本之文忠(苏轼谥)。瓯北(赵翼号)《李郎曲》'生平不吃懒残残',直用初白(查慎行字,撰《敬业堂诗集》者)。末句云'李下何妨一整冠',人以为用古诗'李下不整冠'句,不知本元遗山(元好问号)题山谷(黄庭坚号)小艳诗'只消一句偷偷利,李下何妨也整冠'也。所谓故事中再加故事,若此者岂易注出处乎!"这里赵诗"生平不吃懒残残"的出处是被平步青找到了,但"李下何妨一整冠"的仍未找准。这是出于黄庭坚的题为《明日独酌自嘲呈史应之》的《鹧鸪天》词,收入《山谷琴趣外篇》卷三,其上片即为"万事令人心骨寒,故人坟上土新干,淫坊酒肆狂居士,李下何妨也整冠"。元诗系用其成句,赵诗则易"也整冠"为"一整冠"。

【旁征】

[18]　平步青《霞外攟屑》

平步青(1832—1895),字景孙,号栋山,浙江山阴(今浙江绍兴)人。清同治元年(1862)进士,历任翰林院编修,江西督粮道,江西布政使、按察使。年四十弃官归里,读书著述,校辑群书,著有《读经拾渖》《读史拾渖》《樵隐昔寱》《群书斠识》《安越堂外集》等。生平事迹可参杨越《栋山樵传》及谢国桢《平景孙事辑》。

《霞外攟屑》十种十卷,为《香雪崦丛书丙集》,分掌故、时事、格言、里事、杂觚、斠书、论文、诗话、说稗、释谚十类。是平步青记述掌故时事与读书论学的札记,其搜辑稗乘遗事,极为详瞻。主要版本有清光绪间刻本、民国六年(1917)《香雪崦丛书》本。

> ·平步青:《樵隐昔寱》附录《栋山樵传》,《清代诗文集汇编》编纂委员会编:《清代诗文集汇编》第720册,上海:上海古籍出版社,2010年,第366—367页;谢国桢:《平景孙事辑》,载谢国桢著,谢小彬、杨璐主编:《谢国桢全集》第5册,北京:北京出版社,2013年,第516—542页。
>
> ·吴格、眭骏整理:《续修四库全书总目提要·丛书部》"《霞外攟屑》"条,谢国桢撰,北京:国家图书馆出版社,2010年,第670页。

魏源《海国图志》的自序结尾有"传曰'铄荒于田,铄治于门,四海既均,越裳是臣'"几句话。美籍学者唐德刚要找这几句的出处,找遍《春秋》三传、《尚书大传》、《易经·系辞传》均不可得,请教胡适,胡适说可能在《易林》里,结果仍未找见(见唐氏所著《胡适杂忆》第五五条,1980年本)。其实这四句是在韩愈《琴操》的《越裳操》里,我所用的《四部丛刊》影元建本《朱文公校昌黎先生文集》作"孰荒于门,孰治于田,四海既均,越裳是臣",王伯大音释引孙汝听全解曰:"言岂有荒于门而能治于田者乎? 故必四海既均而后越裳是臣也。"魏源撰《图志》自序时凭记忆把"门""田"两字安错了。所谓"传曰"的"传"也只是古书的泛称,和《春秋传》《书传》《易传》并不相干。

从这些事例可见给诗文故实找出处之难,即使就在《韩集》《黄词》《范书》等常见常用的书里,有时饱学的人都会想不起、找不见。那么,把所有的重要古籍统统做好索引,是不是能解决问题? 怕也不见得,因为怎么能想起出处就在这部书里而去查索引呢? 唯一的办法还是多看书,最好看得杂一点,也不必去死记,日后遇到某个故实时头脑中自然会泛起印象,仿佛在什么书里见过,然后再查原书,可十得八九。这是我个人的体会,提供给注书者作参考。当然有时注不出来总是难免的,前人再好的注本也总有差错遗漏有待后人补正。只要具备一定的学力,而且尽了最大的努力,不草率从事,敷衍塞责,做到小疵大醇总是可以的。

二 今 译

古籍今译的目的

　　给古籍作注释，不论哪种体式，都是为了方便别人的，尽管有些注里要加进自己的研究成果。而普及性注本、选注本是为了便于初学学习，自更不待言。问题是有些注本、选注本虽用白话文作了浅显易懂的注释，总不可能每字每句都注到；即使每字每句都注到了，但全篇的意思对水平不够的读者来说仍不容易通晓。这就需要进一步用白话文把全篇、全书翻译过来，这样读者就可把白话的译文和文言的原文对照起来读，或者先看白话译文再读文言原文，从而把原文读懂读通，对其中的养分有选择地吸取。这就是古籍今译的目的。

　　正因为如此，古籍的今译往往和注释同时并存。一般的形式是先作了浅显易懂的注释，再附加今译。当然，也有的是在有了较好的高水平注本后，再写一本浅易的今译。

哪些古籍需要今译

　　弄清楚了古籍今译的目的，就可知道绝非所有的古籍都要今译，也不是随便抓部古籍就可今译，而要慎重选择。选择时是否可从这几方面来考虑。

　　(1) 古籍要有价值，或者说属于文化遗产中的精华。(2) 要有代表性。否则精华太多，译不胜译。(3) 不能太专门。专门的、供研究工作者用的根本不需要今译。(4) 要使一般的读者包括青年读者读了获益。获益当然是多方面的，如了解我国古代的历史义化，提高文学修养，培养爱国主义等。(5) 已有好译本的，就不必重复译，已有译本不好才需要重译。

　　国务院古籍整理出版规划小组编制的《古籍整理出版规划》(1982—1990)里开列有规划今译的书目，都要求既加注又全译。第一部分，1982 年至 1985 年完成的有《诗经译注》《文心雕龙译注》《尚书译注》《战国策译注》《史记译注》《汉书译注》《老子译注》《庄子译注》共八种。第二部 1986 年至 1990 年完成的有《屈原集译注》《世说新语译注》《国语译注》《吴越春秋译注》《后汉书译注》《三国志译注》《贞观政要译注》《史通译注》《孙子译注》《荀子译注》《吕氏春秋译注》《淮南子译注》共十二种。如果再找到合适的,在规划之外自也可译。

如何做好古籍今译

谈几点对做好古籍今译工作的要求。

(1) 要明确古籍今译也是一项学术工作。和注释古籍一样,从事今译者也必须对要译的古籍下过硬功夫。要做到真正读懂读通,真正对书的作者、内容、作用有所理解,对当时的时代和学术文化有所理解,对与本书有关的其他古籍也能掌握利用。此外,比单做注释者还多一点要求,即必须有较好的文笔。

(2) 要吸取前人或同时人的成果,包括对古籍校注研究的成果和今译的成果。我国今译古籍之事,大约开始于清末或民国初年,某些书商出版过《四书》《古文观止》等的白话今译本,不过质量都很低劣。另外,个别专家学者也在这方面作过努力,如顾颉刚师曾给《尚书》中的《盘庚》等篇作过今译[19],颉刚师是研究《尚书》的权威,所作今译当然是高水平的,可惜这样高水平的今译在当时还不多。解放后,古籍的今译本才多起来,大多数选译,少数也全译。所有过去的今译本,除书商牟利粗制滥造以及十年动乱中适应反动政治需要者外,都可供参考。

【旁征】

[19] 顾颉刚注译《尚书》

顾颉刚,见本书"索引"篇旁征[16]。

20 世纪 20 年代,顾颉刚辨《尚书》中《尧典》《皋陶谟》《禹贡》之伪的同时开始注译《尚书》。五六十年代,为《尚书》中最难读的《周书》八篇作校译,撰成《〈大诰〉校释译论》《〈康诰〉校释译论》《〈酒诰〉校释译论》《〈梓材〉校释译论》《〈召诰〉校释译论》《〈多士〉校释译论》《〈无逸〉校释译论》《〈洛诰〉校释译论》,均为未刊手稿。1962 年《〈尚书·大诰〉今译(摘要)》发表于《历史研究》1962 年 4 期,原稿约 30 万字,发表的摘要不到 3 万字,分五个部分:校勘、解释、章句、今译、考证。顾颉刚的《今译》为全面、系统地弄清《尚书》各篇的历史背景与脉络,对《尚书》进行总结性的整理,提供了别具一格的著作体例(《从〈尚书〉研究论到〈大诰〉校释》)。90 年代顾颉刚的学生刘起釪将顾氏已完成的部分分节改写,并与其续写的剩余篇章合著为《尚书校释译论》,2005 年由中华书局出版。

- 王煦华:《顾颉刚先生学术年表》,载顾颉刚:《古史辨自序》下册,北京:商务印书馆,2017 年,第 979、981 页。
- 平心:《从〈尚书〉研究论到〈大诰〉校释》,《历史研究》1962 年第 5 期。
- 顾颉刚、刘起釪:《尚书校释译论》,北京:中华书局,2005 年。

（3）译文要讲究。前人对西文汉译提出的"信""雅""达"这三个要求，对古籍今译也完全适用。"信"者即忠实于原书，不能只译大意即所谓意译，而应该直译，对原文的每句句子、每个字都要在译文中有着落，译文里也不准添加原文所没有的东西。"雅"者文笔要漂亮些，叫人读下去不要感到干巴巴的，丝毫不起美感。"达"者文章要通顺，要读者一看就知道是在讲什么。这三者要结合起来，而且首先要"信""达"，在此基础上讲求"雅"。过去有个别的古籍今译，文笔很漂亮，但加进了不少译者的想象，成为一种变相的创作，这对想通过今译读懂古籍的人是不会有多大帮助的。

（4）态度要认真严肃，光靠查辞典而没有真才实学的人不能做古籍今译工作。

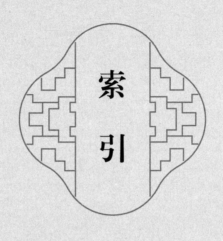

索引

一　先　驱

索引的先驱和早期的古籍索引

索引在我国是出现得比较晚的。但和今天的某种索引起同样作用的东西,或者说是索引的先驱,则很早就有了,这就是在"校勘"篇"他校"章里讲到的类书。类书是为了写文章查故实而编纂的,例如要写篇《月赋》,记不得那么多有关月的故实,可以到《艺文类聚》天部"月"里去寻找,这岂不是和某种索引起着同样的作用[1]。只是类书是把有关的原文也抄录到一起,不像索引只注出某书某篇而不录原文。

这种类书盛行于南北朝、隋、唐。到南宋,又出现了一种起着索引作用的东西,即福建建阳书坊刊刻的"纂图互注"本《五经》《六子》。"纂图"者是在书首附加图像、图解或地图,和索引无关。"互注"则包括两种:一种叫"重言",即把本书其他篇章里文字相同的词句互注到本文下面;再一种叫"重意",是把本书其他篇章里意思相近的词句互注到本文下面[2]。例如《四部丛刊》影印的南宋建阳刻《监本纂图重言重意互注点校尚书》,开卷《尧典》篇的"昔在帝尧,聪明文思"下注有"重意":"《冏命》:'昔在文武,聪明齐圣。'""若稽古"下注有"重言":"'若稽古'四,本篇、《舜典》、《大禹谟》、《皋陶》各一。又《周官》:'唐虞稽古。'又《微子之命》:'惟稽古。'"这种"重言"岂不很像今天的古籍索引。不过今天的索引是附在全书之后或另出专册,当时的"重言"是用小注的形式插入正文之中而已。

【旁征】

[1] 类书所起到的索引作用

类书是为了写文章查故实而编纂的,即《四库全书总目》所言"操觚者易于检寻"。了解相关典故、参据前人文例,都是撰写文章时使用类书的目的,与索引作用类似。如《艺文类聚》卷一《天部》上"月"条:

> 《释名》曰:月,阙也。满则缺也。晦,灰也。月死为灰,月光尽似之也。朔,苏也。月死复苏生也。弦,月半之名也。其形一旁曲,一旁直,若张弓弦也。望,月满之名也。日月遥相望者也。
>
> 《广雅》曰:夜光谓之月。
>
> 《山海经》曰:大荒之中,有方山。日月所出入也。

《五经通义》曰：月中有兔与蟾蜍何？月（按，《初学记》引作兔），阴也。蟾蜍，阳也，而与兔并明，阴系阳也。

《文选》：月上轩而飞光。

《乾凿度》曰：月三日成魄，八日成光。蟾蜍体就，穴鼻始明。

《尹子》（按，应作《尸子》）曰：使星司夜，月司时，犹使鸡司晨也。

……

如此利用典籍把与"月"相关的条目罗列出来，以解说"月"的各种含义（见书影7-1-1），其后还罗列"月"的典故和诗句等，共计四十四条，以便人们做诗文时检索。

书影7-1-1：《艺文类聚》卷一《天部》
宋绍兴刻本，上海图书馆藏（上海：上海古籍出版社《宋本艺文类聚》影印，2013年，第39页）

书影7-1-2：《艺文类聚》卷七〇《服饰部》
宋绍兴刻本，上海图书馆藏（上海：上海古籍出版社《宋本艺文类聚》影印，2013年，第1830页）

再如要查找"胡床"的相关条目，则可参考《艺文类聚》卷七〇《服饰部》下"胡床"条（见书影7-1-2）。

·（清）永瑢等：《四库全书总目》卷一三五《子部·类书类一》"《艺文类聚》"条，第1141页。

[2] 纂图互注本起到的索引作用

纂图互注本的索引作用主要体现在"重言""重意"方面：

"重言"如《监本纂图重言重意互注论语》"学而篇"："其为人也孝悌，而好犯上者，鲜矣。""重言"下注："'鲜矣'三，本篇、《里仁》《阳货》各一。"（见书影7-1-3）则若在本书中寻求"鲜矣"一词时，可以通过"重言"的提示而查询。

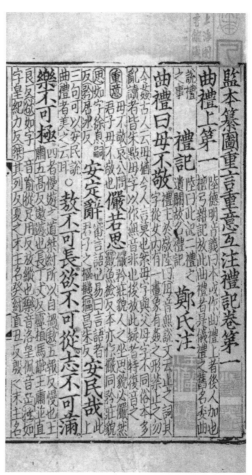

书影 7-1-3：《监本纂图重言重意互注论语》
卷上《学而》

宋刘氏天香书院刻本，北京大学图书馆藏

书影 7-1-4：《监本纂图重言重意互注礼记》
卷一《曲礼上》

宋刻本，上海图书馆藏（中国国家图书馆、中国国家古籍保护中心编：《第一批国家珍贵古籍名录图录》第二册，北京：国家图书馆出版社，2008年，第18页）

"重意"如《监本纂图重言重意互注礼记》云"《曲礼》曰，毋不敬"。"重意"下注："'毋不敬'，《哀公问》：'君子，毋不敬也。'"（见书影7-1-4）则要了解本书其他篇出现的"毋不敬"时，可以通过"重意"的摘录而查询。

> • 黄永年:《古籍版本学》,第 75 页。
> • 黄永年:《黄永年文史论文集》第 3 册《文史钩沉》,北京:中华书局,2015 年,第 82 页。
> • 张丽娟:《宋刻经书中的纂图互注重言重意本》,沈乃文主编:《版本目录学研究》第二辑,北京:国家图书馆出版社,2010 年,第 264—281 页。
> • 向辉:《图像的幻影:关于宋刻"纂图互注"本的版本学认识》,沈乃文主编:《版本目录学研究》第十辑,北京:国家图书馆出版社,2019 年,第 155—182 页。

为古籍做出索引那样的专册专书,似始于清代。乾隆时汪辉祖所编《史姓韵编》就可说是一部早期的索引。[3]此书摘《二十四史》"记载之人,分姓汇录,依韵分编,以资寻觅",所依的韵则是清人做诗通用的"佩文韵"[4]。当然,清人不一定都擅长做诗,但科举制度规定要考一种特殊的五言诗"试帖诗"[5],做"试帖诗"押错了韵即所谓"出韵"就没有考中的希望,因此诗韵在清代知识分子中多数人还是能熟记的,用诗韵来编制索引在当时是可取的。用部首笔划来编制索引,则似始于嘉庆时毛谟所编《说文检字》[6]。这是因为《说文解字》由于乾嘉学派的提倡已成为热门书,但它的分部和当时通行的《康熙字典》出入太大,而且分部先后和部内各个字的先后也不像《字典》那样依楷书笔划多寡排列。于是,毛谟编了这部查找《说文》的索引书,把《说文》里所有的字统统楷写后按《字典》的次序排列,并在每个字下注明《说文》原书的卷页,使只要会查《字典》的人就都能利用这部索引去查阅《说文》。同治时黎永椿又编了一种查阅《说文》的《说文通检》[7],编的办法和《检字》差不太多。以后光绪时蔡启盛编了一部《皇清经解检目》[8],则是供检查阮元所刻《皇清经解》即《学海堂经解》篇目的索引书。

【旁征】

[3] 汪辉祖《史姓韵编》

汪辉祖生平见本书"校勘"篇旁征[49]。

《史姓韵编》六十四卷,按姓氏汇录二十四史世家、列传及附传所载立传人名,依平水韵编次,分为《姓编》《汇编》两类,是我国第一部二十四史人名索引。其"分姓汇录",共收录姓氏 748 个,人名 28365 个。人名下注释出处、字号、籍贯、事迹、官职。如"公"姓收"公鼐",下注"《明史》卷二百十六,字孝与,蒙阴人"。同姓人名按二十四史中出现的顺序编排,同一史书中同姓者按卷数先后排列。同姓人名排列一处,可使读者了解人物之间的关系。如"陶"姓收有"陶璜",下注"《晋书》卷五十七,字世英,丹阳秣陵人";"陶基"下注"附《璜传》,目无名,璜父";"陶威"下注"附《璜传》,目无名,璜子";

"陶绥"下注"附《璜传》,目无名,璜弟淑子。自基至绥四世为交州刺史者五人"(见书影7-1-5)。历史人物关系一目了然,然而偶有疏误,前引"璜弟淑子"据《晋书》应为"威弟淑子"。

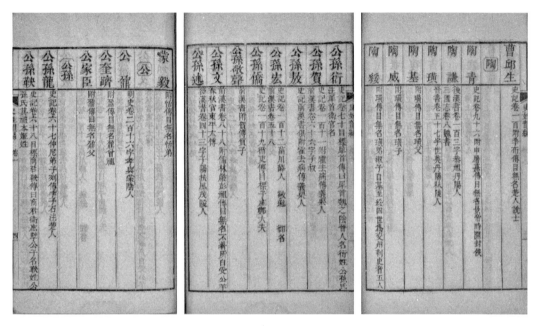

版本有清乾隆五十五年(1790)双节堂刻本、同治九年(1870)金陵书局活字本、光绪十年(1884)上海中西书局石印本(改题《二十四史姓氏韵编》)、光绪二十九年(1903)上海文澜书局石印本等(鲍永军《汪辉祖著作考》)。

> ·赵尔巽等:《清史稿》卷四七七,第 13029 页。
>
> ·(清)阮元撰,邓经元点校:《揅经室集》,北京:中华书局,1993 年,第439 页。
>
> ·鲍永军:《汪辉祖著作考》,《文献》2007 年第 4 期。

[4] 佩文韵

清代康熙时编修《佩文韵府》,不分类而按通行的"平水韵"编排(南宋刘渊编《壬子新刊礼部韵略》,依据唐人用韵把汉字划分为 106 个韵,因最初刊行于山西平水,故称平水韵),其先列词语再例句,但词语不取其首字而取其末一字排入各韵各字(《古文献学讲义》)。"佩文"是清康熙帝书斋名,又有"御制"的序,此书所用的"平水韵"因此又称为"佩文韵"。

- 黄永年：《古文献学讲义》，第 250 页。

[5] 试帖诗

试帖诗是唐代进士科考试时所采用的一种诗歌形式。一般为五言六韵或八韵的律诗，诗题与韵字由考官限定，要求紧扣题意，不能离开诗题任意发挥，并有一定的格式。清乾隆年间科举考试沿用。

- 郑天挺：《清代考试的文字——八股文和试帖诗》，《故宫博物院院刊》1982 年第 2 期。
- 商衍鎏：《清代科举考试述录》，北京：故宫出版社，2014 年，第 275、276 页。

[6] 毛谟《说文检字》

毛谟，字谔亭，号吟树，归安（今浙江湖州）人。清嘉庆四年（1799）进士，授翰林院编修。历官国子监司业，翰林院侍讲、侍读、讲读学士，四川学政，詹事府詹事等职，官终内阁学士，兼礼部侍郎。

毛谟《说文检字》序云："谟曩授徒家塾，尝汇《说文》所有之字，仿照《康熙字典》部分次序，编为一目，为之曰《说文检字》（案：此止可检汲古本。某日某卷几页左右者，阁本之次第也），俾学者展卷了然，知某字在某卷某页。"也就是将《说文》中的字全部楷写，按《康熙字典》顺序排列，并在每字下注明《说文》原书的卷页，只要会查《字典》，就能利用这部索引去查阅《说文》了。

- 王克文、余方德主编，张西廷编写：《湖州人物志》，上海：上海社会科学院出版社，1990 年，第 195 页。
- （清）毛谟：《说文检字及补遗》，王云五主编：《丛书集成初编》，北京：商务印书馆，1936 年，第 2、5 页。

[7] 黎永椿《说文通检》

黎永椿，字震伯，捕属（今广东番禺）人。肄业于学海堂、菊坡精舍。以《说文》检字不易，适里人陈昌治新刊《说文》，依阳湖孙氏本，而写为一篆一行，罗罗可数，永椿乃遵钦定《康熙字典》，以每字画数为次第之法，编为《通检》（《番禺县续志·人物志》）。陈澧《新刻说文解字附通检》序云："震伯为《通检》，用真书画数为次第，而注《说文》部数、字数于其下，寻求新本《说文》，应手而得。其书相辅而行，取徐氏、李氏、段氏之意而遵'字典'之法,宜于古亦宜于今。"

《说文通检》卷首检部目,卷末检疑字,卷一至卷一四检本部之字。仿《康熙字典》检字之例,其字皆依《康熙字典》笔画数次第(每部之字,以偏旁之外笔画数排列,标注"⑶""⑷"等),每字注明本部第几字。如卷一上"示部"中的"祀""礿""社"三字(见书影7-1-6),"祀"下注"二十二","礿"下注"三十三","社"下注"五十五",表示"祀""礿""社"是《说文》"示部"第22、33、55字。而遇到"凡古文、籀文、或体皆注明某字重文,既以重文画数检之,再以其正体画数检之即得",例如"礿"字。

版本有光绪二年(1876)湖北崇文书局刊本、光绪十六年(1890)石印本、上海扫叶山房石印本、上海商务印书馆石印本等(《许慎与〈说文解字〉研究》)。

书影7-1-6:《说文通检》卷一上

清光绪二年(1876)湖北崇文书局刻本(阳海清、汤旭岩主编:《湖北官书局版刻图录》,武汉:湖北教育出版社,2014年,第45页)

- 《(民国)番禺县续志》卷二三《人物志》,1931年,第3叶正、背。
- (清)陈澧:《新刻说文解字附通检》序,黄国声主编:《陈澧集》第一册,上海:上海古籍出版社,2008年,第126页。
- 董希谦等编:《许慎与〈说文解字〉研究》,郑州:河南大学出版社,1988年,第214页。

---

[8] 蔡启盛《皇清经解检目》

蔡启盛,字臞客,诸暨(今属浙江)人。肄业于杭州诂经精舍,为俞樾入室弟子。光绪戊子(1888)举人,历官直隶、湖南知县(《续修四库全书总目提要·经部》)。著有《皇清经解检目》《经窥》《经窥续》《春在堂全书校勘记》《策学备纂》。

关于蔡启盛编撰《皇清经解检目》的缘由,其《自序》云:"深念《皇清经解》一书,约分三等:一治专经如《毛诗稽古编》《仲氏易》等;一兼群经如《九经古义》《经义述闻》等,是皆易于寻检;惟如《日知录》等七十余种,文错凌乱,则世所称为杂著,而苦其难检也。"可见此《检目》是供检查阮元所刻《皇清经解》篇目的索引书。

该书按照分类与分经两种方法编排。分类为天文、时令、地理等 32 大类及百余小类；分经为群经总部、周易、尚书等 16 类。如卷一地理部"中国里数千二百五十之三"，下标数字即表示在《皇清经解》的卷数和页码(见书影 7-1-7)。

> • 中国科学院图书馆整理：《续修四库全书总目提要·经部》"经窥续八卷"条，伦明撰，北京：中华书局，1993 年，第 1397 页。
> • 徐德明：《清人学术笔记提要》，北京：学苑出版社，2004 年，第 238 页。
> • (清)蔡启盛：《皇清经解检目》，清光绪武林刻本，第 1 叶正、背。
> • 徐有富：《论我国索引源流与近代报刊资料的利用途径》，《西南石油大学学报(社会科学版)》2011 年第 13 期。

书影 7-1-7：《皇清经解检目》卷一《地理部》
清光绪武林刻本，天津图书馆藏

为什么过去不多编古籍索引

如上所述，应该承认给古籍编索引这件事在过去是做得很少的。这倒不是古人不懂得做，不会做，而是另有种种因素限制了索引工作的发展。

(1) 不需要编。我国古代知识分子需要读的书并不太多。汉代一般只要通一经，兼通几经便可居大儒之列。晋、南北朝、隋、唐时，除五经外也不过再读《老》、《庄》、三史、《文选》之类。宋以后要读的书稍多一些，但除四书、五经外仍没有好多种，看元人程端礼的《读书分年日程》[9]就可知道。而且这些书从小就读，小时候记忆力好，往往能整部整部地背诵，因此用不到编制索引供查找。这里可举童书业师为例[10]，他生于 1908 年，已废科举兴学校了，但由于家庭保守，他从七岁到十五岁就在家里遍读了四书、五经以及《周礼》《仪礼》《公羊》《穀梁》《孝经》《尔雅》《老子》《孙子》等古籍。除《公羊》《穀梁》《周礼》《孝经》等只是点读外，其余都能背诵。甚至有人问他某个词在某部书里出现过几次，他都能当场回答，不必翻书。这岂不就是一部索引。古人中像这样能背诵熟记的应该更多，他们当然用不到编什么索引。当然，不是所有知识分子都能如此，但比较多的人对四书连带朱熹的注是会背的，因为明清考八股文最重视做四书题，至于五经就差了，因此编些索引对做八股文倒也并非全无用处。只是考场的场规有时很严,编了带不进去,仍不顶事。后期场规不严时可以夹带,但习惯于夹带大小题《文府》等现成文章供抄袭,仍没有人去编索引。至于研究学问的人,对有些古籍虽背不出,但总看得比较熟,可临时翻书查找查对,也不需要并且不习惯编索引。

【旁征】

[9] 程端礼《读书分年日程》

程端礼(1271—1345),字敬叔,号畏斋。鄞县(今浙江宁波)人。曾任延平、建德两县教谕,后历稼轩、江东书院山长。著有《畏斋集》等,《元史》卷一九〇有传。

《程氏家塾读书分年日程》三卷(见书影7-1-8),又名《程氏家塾读书分季日程》《读书工程》,为程氏指导家塾子弟读书之作。其据朱熹《朱子读书法》即"居敬持志,循序渐进,熟读精思,虚心涵泳,切己体察,着紧用力",加以发挥,提出了具体的读书计划和读书内容。同时,也注意读书的基本技能训练,把读、背、写、练贯穿于教学的全过程,注重经、史、文的结合,以达到融会贯通的效果。为确保读书能持之以恒,还刊印了读书日程簿,分为"读经日程""读看史日程""读看文日程""读作举业日程",日程簿中留有读书起止、读书日期的空格,便于记录每日读书情况。

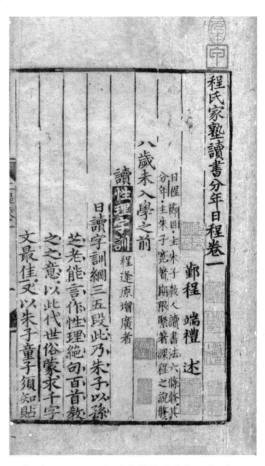

书影7-1-8:《程氏家塾读书分年日程》卷一
元元统三年(1335)甬东家塾刻本,国家图书馆藏

• (明) 宋濂等撰:《元史》卷一九〇《程端礼传》,北京:中华书局,1976年,第4343页。

• (清) 黄宗羲:《宋元学案》卷八七《教授程畏斋先生端礼》,北京:中华书局,1986年,第2913页。

• 中国学术名著编委会:《中国学术名著提要·宋辽金元编》,上海:复旦大学出版社,2019,第130页。

> ·（元）程端礼撰，姜汉椿校注：《程氏家塾读书分年日程》，合肥：黄山书社，1992年，第29页。

［10］童书业

童书业（1908—1968），字丕绳，号庸安，浙江宁波人。著名史学家，在古史传说、西周春秋史以及中国绘画史、瓷器史的研究上作出过重大贡献。代表作有《中国古代地理考证论文集》《先秦七子思想研究》《春秋史》《春秋左传考证》等。

1935年到1937年间，童书业协助顾颉刚编撰了《尚书通检》。抗战胜利后，进入上海博物馆工作，为该馆《文物周刊》的主要撰稿人。后又兼任无锡国学专修学校泸校和光华大学历史系教授。

1942年，黄永年师就读于苏州中学常州分校即青云中学，正式成为吕思勉的学生，后又经吕思勉推荐读了《古史辨》，并认识了《古史辨》第七册的编著者童书业。黄永年师曾谈道"童书业教授记忆力特强，对先秦古籍大部分能背诵，同时又具有高度的分析综合能力，因此不仅每研究一个课题、撰写一篇文章都能提出独到的见解，而且在教学上也取得良好的效果，深受学生以及研究生的欢迎爱戴"（《童书业先生事略》）。

> ·黄永年：《童书业传略》，晋阳学刊编辑部编：《中国当代社会科学家传略》第一辑，太原：山西人民出版社，1982年，第329—337页。
> ·黄永年：《童书业先生事略》，《春秋史》附录，济南：山东大学出版社，1987年，第244—256页。
> ·曹旅宁：《黄永年先生编年事辑》，北京：中华书局，2013年，第7页。

（2）不愿意编。编索引看起来好似很容易，显不出需要多大的学问。因此有学问的人或者给古籍作注释，或者自己写学术性札记、专著，或者写学术性文章编成文集，就是不愿意去编索引。清代较有名的学者中编索引的只有前面提到的汪辉祖，但当时只把他看作二三流人物，挤不进一流行列。

以上这些因素，在废科举兴学校后逐渐发生了变化。中、小学里当然不能要求学生读整部的古籍，只有到大学读文史两系时才有专书选读、专书研究之类的课程。但这时年龄已经大了，不可能像小孩子那样容易背诵、容易记忆。而且这些课程主要是教学生如何做研究工作，本来就不强调背诵。因此，即使优秀的大学生、研究生也很少有人能像科举时代那样会背诵整部的古籍。何况现在研究一个课题往往需要引用好多种古籍，即使你能背诵一二种，其他好多种还非查阅原书不可。若原书部头小，从头到尾翻一遍还容易,部头大的就得靡费大量精力。正好,国外编制索引的种种办法传进了我国,于是有些单位或个人编制出各种索引、包括若干古籍索引以满足做学问的人的需要。这就是二、三十年代我国古籍索引工作突飞猛进的原因。

当然,也有阻力,主要是上述第二种因素还未完全消失。直到今天,还有一些人认为做索引不需要学问,看不起做索引的人。这种错误认识应该纠正。

半世纪来在编制索引上取得的成绩

解放以前,在编制索引上取得显著成绩的不能不首推哈佛燕京学社(Harva-rd-Yenching Institude)的引得编纂处(Sinological Index Series)[11]。哈佛燕京学社创立于 1928 年,是用美国人霍尔(Charles Martin Hall)的部分遗产作为基金,专门研究我国文化的机构,在美国哈佛大学设本部,在当时我国的燕京大学设北平办事处。1930年,学社听从燕京大学历史系教授洪业的建议设立引得编纂处,用洪业发明的新检字法"中国字庋撷"[12]来给古籍编制"引得"。所谓"引得",实际上就是索引。"索引"这个词本来也不是我国固有的,如前所说,我国清代虽已编制过几种索引,但或曰"韵编",或曰"检字",或曰"检目",或曰"通检",并没有一个统一的名称。"索引"者,只是英文 index 一字的日文译文,而为我国所承用。洪业把它改译为"引得",是考虑到"其含义既较旧译为佳,且又与原音相近"。从 1931 年到 1949 年,引得编纂处共出版"引得"四十一种,其中绝大部分是专为一种古籍做索引,少部分是综合性质的索引。此外,从 1931 年到 1950 年,还出了二十三种附有原书的"引得特刊",其中很多是"堪靠灯"(Concordance)式的古籍索引,即把整部书的每个字、每个词都提出来编成索引。

【旁征】

[11] 哈佛燕京学社引得编纂处

1929 年,洪业提议成立哈佛燕京学社引得编纂处,组织整理和编纂中国古籍,为学者研究中国文化提供学术工具书。1930 年该提议获得通过,任命洪业为哈佛燕京学社引得编纂处主任。引得编纂处成立,每年可获得 6 000 美元资助。1932 年《引得说》的正式出版,标志着引得编纂工作确立了较为完善的理论与方法体系。至 20 世纪50 年代,共编辑出版 64 种引得,正刊 41 种,特刊 23 种。顾颉刚认为:"燕京大学附设的引得编纂处,即是专做索引的一个机关,这是中西交通之后有计划的引用外国整理书籍文件的方法于中国的第一次。"

· 樊书华:《美国铝业大王查尔斯·马丁·霍尔与哈佛—燕京学社的缘起》,《世界历史》1999 年第 2 期,第 81 页。

- 王锺翰：《洪煨莲先生与引得编纂处》，中华书局编辑部编：《学林漫录》第八集，北京：中华书局，1983年，第52—65页。
- 王蕾：《图书馆、出版与教育：哈佛燕京学社在华中国研究史1928—1951》，桂林：广西师范大学出版社，2018年，第270—295页。
- 赵玉宏、印永清：《哈佛燕京引得编纂处背景研究》，《大学图书馆学报》2001年第2期。
- 顾颉刚：《燕京大学引得编纂处的引得》，载《顾颉刚全集》第33册，北京：中华书局，2010年，第366页。

[12] 洪业与中国字庋撷法

洪业（1893—1980），谱名正继，字鹿岑，号煨莲，福建侯官人，当代著名史学家。1923年起先后担任燕京大学历史系教授、图书馆馆长、哈佛燕京学社北平办事处执行干事、引得编纂处主任、燕大研究院历史学部主任等（《洪煨莲先生传略》）。

洪业深入分析和总结当时流行的检字方法，如笔画法、部首法、音韵法、四角号码检字法等的优劣利弊，根据汉字笔画的特征与类型，引入罗马数字系统，发明了中国字庋撷法（"庋"字指放入、"撷"字是取出之意，借用二字代表汉字的解剖排列法）。引得编纂处出版的引得均采用了中国字庋撷法编排。

洪业在《引得说》第二部分详细阐述中国字庋撷法（见书影7-1-9）：先把汉字分为五种字体，以"中""国""字""庋""撷"为代表，分别为1—5号；再把汉字分为十种笔形，分别有0—9十个代号。其优势在于重码字少，尤其适用于规模庞大之书籍检字所用，但确有繁缛琐碎、不便记忆和理解等缺点。

- 翁独健、王锺翰：《洪煨莲先生传略》，《文献》1981年第4期。
- 陈毓贤：《洪业传》，北京：商务印书馆，2013年。
- 吴斌、刘和文：《文献信息检索理论与实践》，合肥：安徽大学出版社，2010年，第43页。
- 马学良：《哈佛燕京学社汉学引得丛刊研究》，北京：北京联合出版公司，2021年，第104页。
- 顾志华：《试论洪业在索引学上的成就》，《文献》2003第1期，第232—243页。

中國字庋擷

説明

I. 庋擷(音詭 絅二字有放入取出之意兹用以代表漢字之解剖排列法猶英文所謂 *alphabetization* 也選字之重要筆觀其得十種各以號碼代之爲表如下：——

易記	筆碼	筆 劃 並 説 明	注 意
庋	0	亠宀冫丷(點)	凡每一號碼只代表一貫桂之單筆或按筆處特受冒時，自另爲碼須扣□爲0，□爲2，則爲8，六爲0802，丆爲7，其丽則爲72凡橫筆可其則不單筆外小8不爲20，丨9不爲22
	1	一乚乀乚乁乀(橫撇右鈎之横)	
	2	千尸匕丨丨丨囗(縱直左鈎之直及斜竪)	
	3	十右七七才(兩筆相交而至少有一筆爲橫或正直竪)	
	4	乂乄(兩筆相交而皆斜行)	
擷	5	才扌夫戈丰手(直及斜直之搆邊兩筆以上者)	
	6	辮公蛊火竹兆忄宗灬氺朩豕氺(綜之各部分及各變體)	
	7	丆丁土囗卅非(横或直以其中間之上下或左右連於直或横者)	
	8	囘囝山囘乃乚又卩宀(一筆之特交兩筆相搆而成一角者)	
	9	八八ソ人入乂く人入亻矛(八與人及其變體)	

II. 庋擷之法：先認基字結構共有1，2，3，4，5，五體次於每體中各取四角筆劃以號碼按次序排列之卽得其字之聯碼兩字之先後以序先後依其數碼之大小而定小者在先而大者在後也例如囗田而字皆屬第一體其依其體之取角次序來某字之上左上右下左下右號碼則囗爲//6800而田爲//88 33是畢字應在囗字先。

五體表如下：——

易記	體	取角次序	舉 例 並 説 明	注 意
中	1		口車毋勹丐尺司	
國	2		閈囩全匡馬魁曲	
字	3		昌符墮字燕矛豆	
庋	4		盾乍皮盧友多欠	
擷	5		候剝桝孔胤州亂	

书影 7-1-9：《引得说》第二章《中国字庋撷法》

洪业：《引得说》，哈佛燕京学社引得编纂处，1932 年，第 24 页。

关于引得编纂处工作的全貌，王锺翰的《洪煨莲先生与引得编纂处》（刊登在《学林漫录》第八集里，煨莲是洪业的字）已作了介绍。这里只把所编的引得和引得特刊的名目开列出来，供今天编制古籍索引者参考。

引得[13]：

1	说苑引得	22	刊误引得
2	白虎通引得	23	太平御览引得
3	考古质疑引得	24	八十九种明代传记引得
4	历代同姓名录引得	25	道藏子目引得
5	崔东壁遗书引得	26	文选注引书引得
6	仪礼引得附郑注引书及贾疏引得	27	礼记引得
7	四库全书总目及未收书目引得	28	藏书纪事诗引得
8	全上古三代秦汉三国六朝文作者引得	29	春秋经传注疏引书引得
9	三十三种清代传记综合引得	30	礼记注疏引书引得
10	艺文志二十种综合引得	31	毛诗注疏引书引得
11	佛藏子目引得	32	食货志十五种综合引得
12	世说新语引得附刘注引书引得	33	三国志及裴注综合引得
13	容斋随笔五集综合引得	34	四十七种宋代传记综合引得
14	苏氏演义引得	35	辽金元传记三十种综合引得
15	太平广记篇目及引书引得	36	汉书及补注综合引得
16	新唐书宰相世系表引得	37	周礼引得附注疏引书引得
17	水经注引得	38	尔雅注疏引书引得
18	唐诗纪事著者引得	39	全汉三国晋南北朝诗作者引得
19	宋诗纪事著者引得	40	史记及注释综合引得
20	元诗纪事著者引得	41	后汉书及注释综合引得
21	清代书画家字号引得		

引得特刊：

1	读史年表附引得	4	引得说附引得
2	诸史然疑校订附引得	5	匀园图录考附引得
3	明代敕撰书考附引得	6	日本期刊三十八种中东方学论文篇目附引得

7	封氏闻见记校证附引得	15	六艺之一录目录附引得
8	清画传辑佚三种附引得	16	论语引得
9	毛诗引得	17	孟子引得
10	周易引得	18	尔雅引得
11	春秋经传引得	19	增校清朝进士题名碑录附引得
12	琬琰集删存附引得	20	庄子引得
13	一百七十五种日本期刊中东方学论文篇目附引得	21	墨子引得
		22	荀子引得
14	杜诗引得	23	孝经引得

从以上的名目,可看出引得编纂处的工作重点是给《十三经》、纪传体正史、先秦诸子以及其他大部头资料性古籍做索引。由于编纂处在 1951 年冬即告结束,还有许多重要的古籍没有来得及做。

【旁征】

［13］《引得》

哈佛燕京学社引得编纂处共编《引得》64 种,81 册。分"正刊"和"特刊"两种,其中"特刊"在引得前皆附原文。约有半数以上的引得都对原书的作者、成书过程、篇第、散佚情况和体例优劣进行了考证工作。如对《考古质疑》的考述云:"宋叶大庆撰……开禧元年进士,嘉定末任建宁府教授。其生年不得而知,卒年由叶武子等序,可信必在宝庆丙戌、淳祐甲辰之间也。《考古质疑》久已遗佚,《宋史·艺文志》亦未著录,清修《四库全书》,馆臣始由《永乐大典》中辑出七十四条,厘为六卷……是书初有叶武子刻本,时在宝庆丙戌之后。继于淳祐甲辰,大庆子释之以前板寖漶,复为刊行。此后元明二朝,不知曾否有人翻刻。清高宗时印《武英殿聚珍板丛书》,是书辑本亦被收入,即近世通行诸本之所宗也。"

• 马学良:《哈佛燕京学社汉学引得丛刊研究》,北京:北京联合出版公司,2021 年,第 43 页。

• 洪业主编:《引得》第三号《考古质疑引得》序,北平:哈佛燕京学社引得编纂处,1931 年,第 1、2、4 页。

解放前设在北平的中法汉学研究所(1948 年起改为巴黎大学北平汉学研究所)[14],也有计划地编纂过古籍索引,称之为"通检"[15]。"通检"着眼于子部书和纪传体正史以外的史部书,从 1945 年到 1950 年一共出了十四种。其名目是:

1	论衡通检	8	申鉴通检
2	吕氏春秋通检	9	山海经通检
3	风俗通义通检	10	战国策通检
4	春秋繁露通检	11	大金国志通检
5	淮南子通检	12	契丹国志通检
6	潜夫论通检	13	辍耕录通检
7	新序通检	14	文心雕龙・新书通检

【旁征】

[14] 中法汉学研究所

1940 年,中法教育基金委员会在北京设立汉学研究所。1948 年之后,由于中法汉学研究所隶属关系的变化,而改称巴黎大学北平汉学研究所,接着又改为巴黎大学北京汉学研究所。该所自创立之日起,把学术研究置于首要地位,其中通检组便是专门编纂索引的机构之一。其人员组成基本保持了哈佛燕京引得编纂处的原班人马。工作方法则延续了原编纂处的做法,因此能够在新环境下迅速开展工作。编纂《通检》亦成为该所持续时间最长、对汉学研究贡献巨大的一项工作。

> ・葛夫平:《中法教育合作事业研究 1912—1949》,上海:上海书店出版社,2011 年,第 278—295 页。
>
> ・葛夫平:《北京中法汉学研究所的学术活动及其影响》,中国社会科学院近代史研究所编《中国社会科学院近代史研究所青年学术论坛》(2004 年卷),北京:社会科学文献出版社,2005 年,第 396—414 页。
>
> ・杨宝玉:《中法汉学研究所的学术贡献》,《文史知识》1999 年第 3 期。
>
> ・聂崇岐:《从哈佛燕京"引得"到中法汉学研究所"通检"的关键人物》,《大学图书馆学报》2004 年第 5 期。

[15]《通检》

中法汉学研究所编制的《通检》包括凡例、法文拼音检字、英文拼音检字,末附原书的各版卷页推算表。其中一至十三为综合性关键词索引。

例如《论衡通检》，以字、词、句子为条目，每条依照首字笔画多寡排列，笔画同者则按诸字在《康熙字典》中的顺序排列，每条有目注之分，目注后所附数码，代表在《论衡》中的卷数与页数。如"太子申生(申生)伏剑5/12a"，指本条见于《论衡》中的卷数、页码(工作底本是《四部丛刊》本《论衡》)。

> • 杨宝玉：《中法汉学研究所与巴黎大学研究所所出通检丛刊述评》，《北京大学学报》(哲学社会科学版)1987年第4期。

此外，顾颉刚师和童书业师等编制了"堪靠灯"式的《尚书通检》[16]，叶绍钧编制了《十三经索引》[17]，商务印书馆配合影印《十通》编制了《十通索引》，开明书店配合影印《二十五史》编制了《二十五史人名索引》，都是解放前受到学术界重视的古籍索引。

【旁征】

[16] 顾颉刚

顾颉刚(1893—1980)，原名诵坤，字铭坚，吴县(今江苏苏州)人。曾任厦门、中山、燕京、兰州等大学教授，中山大学语言历史学研究所主任、北平研究院史学研究会历史组主任、齐鲁大学国学研究所主任、中国科学院历史研究所研究员，著名历史学家、民俗学家、历史地理学家。古史辨学派创始人，提出了"层累地造成的中国古史"学说。与谭其骧创办并主编《禹贡》半月刊，成立禹贡学会。抗战期间创办中国边疆学会，出版《边疆》周刊(《顾颉刚先生传略》)。新中国成立后从事古史研究和古籍整理工作，负责校点《资治通鉴》和二十四史，并致力研究《尚书》，体现了《尚书》整理研究新水平。代表作有《郑樵传》《与钱玄同先生论古史书》《〈尧典〉著作年代考》《汉代学术史略》《两汉州制考》《中国疆域沿革史》等。

1946年11月，顾颉刚在复旦大学讲授"中国史学名著选读""商周史"课程时，黄永年师曾听过四节课(《回忆先师顾颉刚先生》)，并为顾颉刚主持的公私合营四联出版社(由大中国图书局等出版社改组成立)撰写历史通俗读物《中国通史》，完成其中的六章。1947年之后与顾颉刚学术来往密切(《黄永年与顾颉刚》)。

> • 顾潮：《顾颉刚先生传略》，《文史哲》1993年第2期。
> • 黄永年：《回忆先师顾颉刚先生》，中华书局编辑部编：《学林漫录》第十五集，北京：中华书局，2000年，第64—75页。
> • 曹旅宁：《黄永年与顾颉刚》，王兆成主编：《历史学家茶座》第30辑，济南：山东人民出版社，2012年，第56—59页。

［17］叶绍钧《十三经索引》

叶绍钧（1894—1988），又名叶圣陶，江苏苏州人，著名作家、教育家（《叶圣陶年谱长编》）。叶绍钧著作颇丰，有短篇小说、童话集、杂文散文合集、诗集等文学作品，还有评论文章以及文艺论集等。曾选注《荀子》《礼记》《苏辛词》《周姜词》等古籍，并编制《十三经索引》。

1927 年秋叶绍钧着手编《十三经索引》，历时一年半而成，初刊于《编辑者》第一期。此索引以经文首字笔画数编排，每条先录出经文，句末用小字标注出于何经、何篇。如"学而不思则罔圈为 15"，标注此句是《论语·为政》第 15 句。因此在利用时，如黄永年师所说，必须要"记准语句的第一个字才能查出它出于何经、何篇"。

- 商金林：《叶圣陶年谱长编》，北京：人民教育出版社，2004 年，第 1 页。
- 叶圣陶：《十三经索引》，上海：开明书店，1934 年，第 1、1595 页。
- 胡莲芳：《叶绍钧与〈十三经索引〉》，《图书馆论坛》1995 年第 6 期。

解放以后编制出版的一般都叫"索引"。比较成套的是陆续出版的《二十四史》的人名索引，这不像《二十五史人名索引》那样只给列传和附传的人做索引，而是凡见于各史里的人名都做成索引。新出版的大部头书也常附带做索引，如《四库全书总目》《艺文类聚》《初学记》《太平广记》《夷坚志》《文苑英华》《全上古三代秦汉三国六朝文》等就都有索引，或附书后，或另册单行。《古籍整理出版规划》（1982—1990）里还计划编制《史记》《汉书》《后汉书》《三国志》《资治通鉴》等书的地名索引，以及《资治通鉴制度名物索引》《册府元龟人名索引》《楚辞索引》《文选索引》等索引专册，很多点校的影印的古籍也计划附编索引。

日本汉学家对编制我国古籍索引的工作也很重视，早在 20 年代就开始编，半个多世纪中陆续编制了好几十种古籍索引专册。50 年代京都大学人文科学研究所出版的"堪靠灯"式的《文选索引》颇受学术界欢迎。

二　编　制

古籍索引的类别

索引不仅是给古籍编制,古籍以外也可以编制名目繁多的种种索引。如引得编纂处引得特刊中的《日本期刊三十八种中东方学论文篇目附引得》《一百七十五种日本期刊中东方学论文篇目附引得》就不是给古籍编的索引。而引得中的《三十三种清代传记综合引得》《八十九种明代传记综合引得》之类虽取材于古籍,但已成为专著,不能算作整理古籍本身的一种方法、工序,在《古籍整理概论》里可不必讲。这里只讲作为整理古籍方法、工序的索引应该怎样编制,有哪些类别。

(1)"堪靠灯"式的索引[18]。又可分为两种:一种是一部古籍里的每个字都做索引;再一种是把一部古籍中两个字或两个以上的字构成的词不分割成单字,把这类词和词以外的单字全部合起来做索引。前者如顾颉刚师、童书业师等合编的《尚书通检》[19]、日本的《文选索引》[20],后者如引得特刊中的《杜诗引得》《庄子引得》《墨子引得》等[21]。这些特刊和《尚书通检》还都附有原书全文,以便及时检索查对。这种索引适用于先秦古籍和某些重要的文学性质的别集、总集,因为先秦古籍行文遣词常和后世有差别,不仅文章中的各种词语值得做索引,即所用的动词、虚字等也值得做索引。例如当时"於"字和"于"字的用法是不一样的,一部书里用多少"於"字,用多少"于"字,各自用在什么地方,对研究古代文法以及考订古书时代都很有用处,有了这种"堪靠灯"式的索引,便一查即知。重要的文学性质的别集、总集之需这种索引,其目的也在于此。当然,这样做起来花费功夫太大,做成的索引的分量要大过原书好多倍,如《尚书通检》所附《尚书》原文只有26页,索引字比原文小,竟仍多至247页。因此如无必要,即动词、虚词等不必要做索引时,切勿滥用此法,以免浪费时力。

【旁征】

[18]"堪靠灯"式的索引

1932年洪业在《引得说》中提到一个新词"堪靠灯",是英文 Concordance 的音义双译词。英文 Concordance 来源于拉丁文 Concordantiac,原意为"谐合",又被借用为 Vulgate 的"字词索引"后,便成为索引学的一个专有名词(《"堪靠灯"小识》)。洪业解释道:"引得所注意者,原书中有意义名物而已,堪靠灯则兼顾及文辞训诂也。堪靠灯之卷帙虽然较引得为繁重，而其编纂之方法，实反简易。引得既避太简，复虑太繁，往往一录取舍之间，颇费斟酌。堪靠灯则俱收并蓄，细大不捐，不必所迟疑也。”(《引得说》)

- 黄恩祝：《“堪靠灯”小识》，《图书馆学研究》1985 年第 2 期。
- 洪业：《引得说》，北平：哈佛燕京学社引得编纂处，1932 年，第 2 页。

[19]《尚书通检》

《尚书通检》是顾颉刚、童书业等共同编制的“堪靠灯”式索引。底本依据的是江南书局翻刻相台本《尚书孔传》。一共五部分：《尚书》正文、通检、相台本异体字表、《尚书》孔传蔡传异文异读表、通检目录。该索引是《尚书》单字检索文句的工具书，通过任何一个字都可检得相关文句和篇目。例如“伏”字，可检得《尚书》中的“嘉言罔攸伏”“罪人黜伏”“无或敢伏小人之攸箴”三条。

顾颉刚曾有编辑《尚书学》的志愿：第一是把各种版本集刻成一编，看其文字变迁、文句沿误；第二是辑录唐以前各书引用《尚书》的句子，参校传本的异同，窥见逸《书》的原样；第三是汇合整理历代《尚书》研究文章；第四是研究《尚书》用字造句的文法，并和甲骨文、金文作比较；最后作《尚书》的全部考定。这部《尚书通检》，就是《尚书学》的一部分工作，用来做比较文法的工具(《尚书通检》序)。

- 顾颉刚主编：《尚书通检》序，上海：上海古籍出版社，1990 年，第 1、74 页。
- 刘开军：《洪业对顾颉刚的学术影响》，《史学史研究》2007 年第 4 期。

[20] 斯波六郎主编《文选索引》

斯波六郎(1894—1959)，师承北村泽吉、狩野直喜、铃木虎雄。1930 年任广岛师范学校教授兼广岛文理科大学助教授。1942 年 1 月，其凭借学位论文《文选李善注所引尚书考证》获得京都帝国大学文学博士学位。1945 年开始《文选索引》工作，后得到哈佛燕京学社的资助，于 1957 年出版。其他著作有《文选诸本之研究》《中国文学中的孤独感》《陶渊明诗译注》等。

《文选索引》是以上海扫叶山房《仿宋本胡刻文选》为底本编成的“堪靠灯”式索引。如查《文选》中单一的“徭”字，可检得“蠲其徭役”等包含“徭”字的字句。如查《文选》中“微步”二字连语，可检得“陵波微步”“微步中闺”等。该索引还包含“文选各种版本的研究”“文选篇目索引”“篇目索引”“文体分类表”“文体的说明”“作者索引”等附录，最后还附作者撰写的“旧钞文选集注卷第八校勘记”。不仅适用于查检《文选》

的诗文句子出处,也可供研究汉魏六朝语言参考(《试论日本所编的中国古籍索引》)。

> ·李庆:《日本汉学史·第3部·转折和发展:1945—1971》(修订本),上海:上海人民出版社,2016年,第262—263页。
> ·[日]斯波六郎著,刘幸、李嬮宇译:《中国文学中的孤独感》译者后记,北京:北京师范大学出版社,2019年,第222页。
> ·[日]斯波六郎著,李庆译:《文选索引》,上海:上海古籍出版社,1997年,第1437、1438页。
> ·陈东辉:《试论日本所编的中国古籍索引》,《文献》2005年第4期。

[21]《引得特刊》中的《杜诗引得》

《杜诗引得》,主体为《杜诗》全文和《杜诗》逐字引得。所用《杜诗》底本为清嘉庆间(1796—1820)翻宋刻《九家集注杜诗》本。《补遗》则据民国十年(1921)上海扫叶山房石印仇兆鳌《杜诗详注》本增入。该引得以单字或词汇来索引全诗,如"一见能倾座"句,"一""见""能""倾""座"五字皆予引得。二字或三字组成的词,引得以其第一字立目,并且在该词的其他字下,也注出此词。如"华馆辟秋风"句,见于"华馆""辟"和"秋风"条,也以"馆(见:华馆)""风(见:秋风)"提示所在。诗题中人或地名,皆予以引得,如《有怀台州郑十八司户》一诗,"台州""郑十八司户"予以引得。

> ·洪业主编:《引得特刊》第十四号《杜诗引得》叙例,北平:哈佛燕京学社引得编纂处,1940年,第81、83页。

(2)词语索引。所谓词语,即人名、地名、书名等专门名词以及其他词语都包括在内。以引得编纂处的《白虎通引得》为例[22],所收的"子夏""冉伯牛"等是人名,"九州""会稽"等是地名,"公羊传""元命苞"等是书名,"心""三军""卜筮"等是其他词语。《白虎通引得》和引得编纂处所编其他大多数引得就是把这几类词语综合到一起编成索引。只做人名索引的[23],有《二十五史人名索引》《史记人名索引》之类。只做地名索引的[24],有附在点校本《元和郡县图志》后面的地名索引以及计划编纂的《史记地名索引》《通鉴地名索引》之类。只做人名、地名看来比较容易,但有时某些名词算不算人名、算不算地名仍得斟酌。人名有时称名,有时称字称号,有时称官职,要弄清楚也得花点气力。至于兼做其他词语就更难一些,哪些词语值得做,哪些不算词语不必做,要有主见,要能决定取舍。

【旁征】

[22]《白虎通引得》

该引得为综合性词语索引,既有人名、地名,也有其他类词语。《白虎通引得》序云:"至于今之传本,旧京一隅,搜求所及,仅得十七种。考其渊源,多出元大德重印宋监本。上海商务印书馆既已影印,购置甚便,故即就其本为编引得,更列别本卷篇对照表二,以便检阅。"

> • 洪业主编:《引得》第二号《白虎通引得》序,北平:哈佛燕京学社引得编纂处,1931 年,第 10 页。

[23] 人名索引

《二十五史人名索引》,开明书店编印,新中国成立后中华书局重印。不过这仅是有专传的人名索引,没有专传而在《二十五史》中提到的人名都未收入(《古文献学讲义》)。该索引以人名为目,将人名首字依照"四角号码检字法"编排,下注各史名称及开明版《二十五史》各史卷数、页数和栏数。各史名称,统用符号代表。如"介子推 史 39 0138.4"。

> • 黄永年:《古文献学讲义》,第 253 页。
> • 二十五史刊行委员会编:《二十五史人名索引》,上海:开明书店,1936 年,第 480 页。
> • 王福近:《试论〈二十五史人名索引〉》,《图书馆界》1985 年第 2 期。

《史记人名索引》,钟华编。中华书局 1977 年出版。该索引据 1959 年中华书局出版《史记》点校本编制。以姓名或常用称谓为目,按照四角号码法编排,人名后用数字标出《史记》相应的卷数、页数,如"景差 84/2491"。另外,将散见于全书的同一人名资料,广泛的收罗,集中在一个主目之下,同时对一人异称和数人同名同称等情况做了考证。如"司马相如(司马长卿、犬子)117/2999 * ;30/1420;112/2965;116/2994",则可检出司马相如在《史记》中出现的卷数、页码。

> • 钟华:《史记人名索引》,北京:中华书局,1977 年,第 1 页。
> • 潘树广:《古籍索引概论》,北京:书目文献出版社,1984 年,第 53 页。

[24] 地名索引

《史记地名索引》,嵇超等编。中华书局 1990 年出版。该索引据 1959 年中华书局出版《史记》点校本编制。收取先秦诸侯国名、邑名、地名，秦汉王国、侯国名，以及州、郡、县和县级以下地名。地区、道路、关塞、山川、湖泽、津梁、宫苑、门、台、陵、观、祠、庙等地名，也一概收录。

> ·稽超等编：《史记地名索引》例言，北京：中华书局，1990 年，第 1、2 页。

　　(3) 书名索引和作者索引。某些大部头书常编制这类索引。作者索引如引得编纂处的《全上古三代秦汉三国六朝文作者引得》[25]《唐诗纪事著者引得》、中华书局本《四库全书总目》所附著者姓名索引等，比较简单。书名索引则又有三种情况：一种是给目录书编制书名索引[26]，如中华本《四库全书总目》，除著者姓名索引外还编制有这种书名索引。一种是给类书和古籍旧注所引书的书名做索引[27]，如引得编纂处的《文选注引书引得》《礼记注疏引书引得》及《世说新语引得》所附《刘注引书引得》，都是这种索引。再一种是篇目索引[28]，即将一部古籍里的篇目编制成索引，如中华书局的《太平广记索引》中除引书索引外还有篇目索引，引得编纂处给《太平广记》做的索引也是《太平广记篇目及引书引得》。以上这几种索引做起来都不太难。只是古人引书时往往不用书名全称而用简称，有时同一书用两种甚至三种书名，有时还在一个地方用书名，另一个地方用篇名，体例极不统一，做索引时要善于鉴别判断。

【旁征】

[25] 作者索引

　　《全上古三代秦汉三国六朝文作者引得》，按作者名排列次序次第，在人名下注卷数，如"孙武；上古 7"。1965 年中华书局出版的《全上古三代秦汉三国六朝文篇名目录及作者索引》，更便于今人利用，逐渐取代了《全上古三代秦汉三国六朝文作者引得》。

> ·洪业主编：《引得》第八号《全上古三代秦汉三国六朝文作者引得》序，北平：哈佛燕京学社引得编纂处，1932 年，第 1 页。
> ·张何清：《哈佛燕京学社引得编纂处及其所编引得分析》，《河南图书馆学刊》1991 年第 7 期。

　　《唐诗纪事》，南宋计有功撰，"共八十一卷，以人为纲，以诗为纬。采摭有唐一代之散章佚句，附以著者之世系爵里，嘉言懿行"。《唐诗纪事著者引得》则"取最通行之《四部丛刊》影印明嘉靖间钱塘洪氏刊本，采其著者之姓名字号，分列为之引得，付印问世，以为嗜古诸君子寻检之助焉"。

• 洪业主编:《引得》第十八号《唐诗纪事著者引得》序,北平:哈佛燕京学社引得编纂处,1934 年,第 1 页。

[26] 给目录书编制书名索引

中华书局影印出版《四库全书总目》时"又编制了书名及著者姓名索引,附于书末,以便检寻"。该索引按四角号码编排,分为"书名索引"和"著者索引"。"书名索引"可根据书名首字查询某书在《四库全书总目》中的页码和栏位。

• (清)永瑢等撰:《四库全书总目》出版说明,第 4 页。

[27] 给古籍旧注所引书的书名做索引

《礼记注疏引书引得》,底本为"民国丙寅(1926)上海锦章书局影印阮刻之《十三经注疏》本"。该引得以"礼记注疏"中所引书为目,每条下注卷数与页数。如"道德经 1/6a"。另外,注疏中有时仅举篇名,有时则书名、篇名并举,皆并归书名下。

• 洪业主编:《引得》第三十号《礼记注疏引书引得》序言、叙例,北平:哈佛燕京学社引得编纂处,1937 年,第 1、3、4 页。

[28] 篇目索引

《太平广记索引》,据中华书局 1986 年版《太平广记》编制,分为"引书索引""篇目索引"和"人名索引"三部分。"篇目索引"按《太平广记》原题立目,标明册数、卷数及页码,如"主一州树 9/407/3287"。

• 王秀梅、王泓冰编:《太平广记索引》凡例,北京:中华书局,1996 年,第 1 页。

(4)语句索引。这是指专给古籍中的语句做索引,如叶绍钧编制的《十三经索引》就是这种索引。这种索引只用语句的第一个字来编排,必须记准语句的第一个字才能查出它出于何经、何篇,只记得语句中其他的字或词则无法使用这种索引,这是这种索引的最大缺点,因此一般情况尽可能不要做这种索引。但做这种索引比较容易,只要有个较好的断了句的本子就行。

这里把目前已经出现过的古籍索引分成如上四大类。是不是做古籍索引只能限于这四大类呢?并不见得。因为索引是为使用古籍方便才设法编制的,如有特殊需要,尽可以在这四大类以外另编新型的索引,怎么编使用起来方便,就可以怎么编。

古籍索引的编制方法

下面,就个人所知,并参考王锺翰[29]《洪煨莲先生与引得编纂处》里所记述的引得编纂处的工作环节,讲古籍索引的编制方法。

【旁征】

[29] 王锺翰

王锺翰(1913—2007),字以行,湖南东安人,清史、民族史和满学专家。师从邓之诚、洪业等,1940年获燕京大学历史学硕士学位,留校任教。1946年赴美进修,以研究清史为己志。1948年秋后回国,担任哈佛燕京学社引得编纂处副主任、兼燕京大学历史系副教授,讲授明史、清史等课程。1952年调至中央民族学院,任研究部研究员。1978年以后,先后担任中国民族史学会顾问、北京市历史学会常务理事等职务,并多次赴美、意、法、日访问讲学。

在引得编纂处工作期间,负责编辑出版了《后汉书及注释综合引得》《荀子引得》《孝经引得》等书。其清史、民族史方面的著作有《清史杂考》《清史新考》《清史续考》,参与点校《清史稿》、校注《清史列传》。另外,与翁独健合著《洪煨莲先生传略》《洪业论学集序》。

• 李鸿彬:《满学家王锺翰教授》,北京市社会科学院满学研究所主办:《满学研究》第一辑,长春:吉林文史出版社,1992年,第431—438页。

•《王锺翰先生著作目录(1937—1993)》,庆祝王锺翰先生八十寿辰学术论文集编委会:《庆祝王锺翰先生八十寿辰学术论文集》,沈阳:辽宁大学出版社,1993年,第1—6页。

• 王锺翰:《王锺翰学述》附录《著述目录》,杭州:浙江人民出版社,1999年。

• 王锺翰:《洪煨莲先生与引得编纂处》,中华书局编辑部编:《学林漫录》第八集,北京:中华书局,1983年,第52—68页。

(1)首先决定要不要做索引。做哪一类的索引。并不是任何一种古籍都需要做索引,新整理的古籍也并不需要统统做索引,《古籍整理出版规划》(1982—1990)里要附加做索引的就只是少数。哪种古籍必须做,哪种可以不做,完全决定于使用古籍者的需要,因此应该由有使用经验的人来决定。如果做整理工作的人同时又是有使用经验的人,他们自己就可以决定做哪一类的索引。当然,有时也应考虑到人力和时间,如时间匆促,人力又不足,该做"堪靠灯"式的暂时缓做而先做其他式样的索引也未始不可。

(2)用什么本子作为做索引的底本,或者说根据什么版本来做索引。给新点校本、新影印本古籍做索引,当然就根据新点校本、新影印本来做,一般可不考虑其他版本。但如果是给新点校、新影印本做单行专册的索引,有时也可照顾到其他版本,这就要根据新点校、新影印本的行格(每页几行,每行几字)和其他版本的行格,编制各种版本页数的推算表。引得编纂处编制的引得中常附有这种推算表,编制时可参考。如果各种版本卷数不同,可将新点校、新影印本各卷的页数表列出来,使持有其他版本的人可据此自行推算,这也是引得编纂处想出来的办法。如果不是为新点校、新影印本做索引,则自当选用较通行的校勘精审的善本作为做索引的底本。不用善本不妥,用宋元本之类兼具文物性质的善本也不妥,因为一般人手里不可能有这么贵重的善本,据以做成的索引将无人问津,不起作用。同时,选用通行善本做索引后,还应附加其他版本的页数推算表或表列这个通行善本各卷的页数,以便持有其他版本的人使用。

(3)在做索引的底本上作标识,即把要做索引的字和词标识出来(如果底本是善本则标识要加在复印本上,以免污损原书)。这个工作的难易视索引的类别而定。如果用"堪靠灯"式的第一种,即每个字都做索引,标识起来倒很容易。如果做第二种,要把两个字或两个字以上的词标识出来,就要花点气力。如果做词语索引,那就更不容易,尤其是哪些词语应做、哪些不必做,更不好处理。做书名索引中的引书索引,有时也会遇到麻烦,这些在前面都已讲过。语句索引则最省事,只要断好句,就用不到再加标识。

(4)根据加在底本上的标识,再按照统一规格抄成卡片。抄过后还必须校,校的时候,如发现标识失当或遗漏,还得随时补正,因此校的人也必须具备一定的水平。至于做语句索引,只要把底本按断句剪开贴到卡片上就行,不必别抄卡片。这样既省事,还可避免抄写时发生错误。

(5)在卡片上按检字法编号。字的编号最简单,词和句则先按每一个字编号,第一字相同的词和句则按第二字、第三字依次分出先后。我国用的汉字不是拼音文字,拼音文字只需按字母次序排列,只有一种按字母次序排列的检字法,而汉字则有好几种检字法。当年引得编纂处如前所说是用所谓"中国字庋撷"的检字法,并附有笔划检字和汉字的拼音检字。此外还有用四角号码检字法、用部首检字法的。现在比较通行的是用四角号码检字法,并附加笔划检字。按检字法把全部卡片编好号后,再依编号顺序把卡片排整齐。

（6）把排列整齐的卡片按照统一规格抄成索引的清稿，以便付印。抄写时也得注意编号及排列顺序有无差错，有差错要及时提出让编号者来改正。抄成的清稿也得校对，校对无误才能付印。如果工作人员经过训练，也可以不用抄写清稿，直接根据排整齐的卡片排印。据《洪煨莲先生与引得编纂处》一文说，当时编纂处自设校印所的工人就有直接根据卡片排印的能力。

如何做好古籍索引的编制工作

要做好古籍索引的编制工作，至少应该具备下列三个条件。

（1）能读懂准备做索引的古籍，而且不是一般读懂或勉强读懂，要求能对此古籍有比较深入的理解，否则加标识时就会发生困难，出现差错。如果索引由点校者一手包办，在读懂这点上应该不会发生问题。如果由助手或请别人帮助做，而帮助者的水平又略嫌不够，则点校者必须多作具体指导，最好标识工作由点校者自己动手来做。

（2）对自己的工作要严格要求，尤其能严格遵循统一的规格，不随心所欲，爱怎么办就怎么办。有人主观上倒是想遵循统一规格，但遇到标识大部头书时，标到后面往往会忘掉前面的规格，这就最好自己拟一个条例，标识时随时对看，以免出格。

（3）要细心。无论哪一个工作环节都要细心做，尤其校对时要特别细心，不使有脱漏，出差错。这和标点不同，标点偶尔错一两处，还不致影响全局；索引如果有脱漏差错，则往往会误事，应该有的在索引里却查不到，会使利用此索引作出的科研结论站不住脚。同时，如果人们发现某个索引有错误脱漏，靠不住，也就必然不敢领教，不敢去使用。这样编制索引所花的时力就等于白费，岂不可惜！

三　电　脑

计算机技术的迅速发展

这里讲计算机技术即电脑在编制古籍索引中的应用。

先说近年来计算机技术的迅速发展。

(1) 有极快的运算速度。近年来计算机运算速度迅速提高,仅就个人电脑来说,目前一般可达到每秒 4 亿至 5 亿次运算,而且大约每 18 个月,运算速度会提高一倍。迅速提高的运算速度再加上软件的改进,使对大批量文献的管理和检索也变得极为快速。例如,对容纳 1 亿字中文古籍数据库的全文检索,目前使用时甚至可以降低到 2 秒以下,可以说是能够做到即时反应。

(2) 有极大的存储容量。目前一张 CD 光盘可存储 650 兆(M)字节数据,相当于 3.25 亿个汉字,而正在开始使用的 DVD 光盘,其一张单面存储能力达 4.7 千兆(G)字节数据,如果采用双面或两个记录层,一张光盘就可存储 9.4 千兆(G)字节数据,相当于 47 亿个汉字。而《四库全书》全部字数不过约 7.5 亿字,也就是说一张小小的 DVD 光盘,重不过半两,却可存储 6 套《四库全书》。

(3) 有极广阔的国际互联网络。国际互联网络的迅速发展,使世界真正变成了一个地球村。"无需远行,无需久等",处于世界各地的用户可以跨越空间和时间的限制,几乎可以即时交流信息,使用处于地球另一面的信息资源。

计算机技术的上述进步,给古籍整理研究创造了全新的条件。

使用计算机技术编制古籍索引

使用计算机技术,古籍索引的编制和使用变得极为简单,任何一种类型的关系数据库都可用于索引的编制,甚至像文本编辑软件 WORD,也可在一定程度完成这一任务。其基本程序如下。

(1) 确定准备利用的关系数据库软件种类。需注意,有些关系数据库软件字段长度有限制,最多不得超过 255 个字节(127 个汉字),如果确定建立索引的古籍单元可能超过此数,则或更换软件,或改变单元确定标准。

(2) 将所需编制索引的古籍全文输入计算机,校对无误或控制在某一差错率之下。

（3）确定建立索引的古籍单元，并以某一符号作为其间界限。大致可有如下一些类型：一、非完整句，以任意标点为界。二、完整句，以句号、问号、感叹号为界。三、段，以古籍原段为单位。四、行，以古籍原行作为单位。

（4）根据需要给每一古籍单元加注属性标志，如卷、篇、页、段、书名、作者、时代等标志。

（5）建立该古籍关系数据库，将确定的古籍单元作为一个字段，各种属性也分别作为一个字段。以上第（2）至（4）步可同时交叉进行。

至此，电子性质的古籍索引已经完成，利用所使用软件的检索等功能，即可以实现各种类型的索引功能。如果需要形成印刷本索引书籍，则可从上述数据库自动生成。当然，凡涉及词语索引内容的索引，仍需人工参预，即必须由人工确定哪些汉字组合属于词语，其原因在于目前汉语切分词在理论和技术上尚未解决，还需要语言学界和计算机科学共同努力。

古籍的计算机全文索引

关系数据库对于编制古籍索引非常有用，但并不适合于管理古籍本身。为更好管理包括古籍在内的文献，在关系数据库之外形成了全文检索系统和全文数据库。

全文检索系统和全文数据库的特征主要有：对每个文献单元的长度（或字符数）没有限制（或有应付文献需要的足够大限制）；能处理结构化数据和非结构化数据；具有面向文献全文的检索功能；能保留文献原有的格式；能突出显示被检对象在上下文中的位置；能允许文献的滚动显示以利阅读等等。

在欧美，全文数据库有着比关系数据库更快的发展速度。例如，欧美商用全文数据库在商用数据库中所占比例，1980 年为 5％，到 1989 年上升到 34％。

全文数据库技术形成于西文世界，它以词为基本单位，由于西文本身的特征，这一区别极易实现。当其使用于中文文献时，便遇到一个障碍，即中文文献词的切分很难实现自动化，无论从语言学还是计算机技术上，目前还没有找到可以付诸实践的办法，而且还看不到解决这一问题的明确前景。因此，现有中文全文检索系统都是以中文单字为单位，这一办法在技术上回避了暂时无法解决的障碍，可以极大限度地减少漏检，但同时也带来检索中冗余信息过多的弊病。例如，有人希望研究古代阿拉伯帝国，在《二十五史》查找"大食"，结果礼制中的"王大食则令奏钟鼓"、某地鼠多"大食稻为灾"、某官吏腐败"大食其利"等均被检索出来，必须由使用者再人工剔除，加大了工作量。中文全文检索系统的最后完善，还有待于切分词自动化的充分实现。

目前中文全文检索系统，已可实现在多媒体条件下对历史资料的管理，即凡属文本、图形、影像、声音等历史资料,都在同一个数据库中进行管理,而且其中包含的文字部分都可实现全文检索,实现在全汉字(包含古文字)条件下的全文检索,当然,这一功能尚需全汉字编码集的最后确定。

已有的大型古籍全文数据库

自八十年代中期开始,海内外逐渐展开中文古文献数字化工作,已经取得较多成果。其中较大全文数据库主要有如下一些。

台湾地区"中央研究院""汉籍电子文献",截至 2000 年 2 月,已公开使用的中文古文献近 400 余种,超过 1.9 亿字,已完成输入、正在校对建库或已在内部使用者 400 余种,近 2 亿字。

陕西师范大学历史系、古籍整理研究所有关人员完成的"二十五史全文检索系统",约 4 000 万字,已于 1999 年 11 月正式向社会推出。

香港中文大学的"先秦两汉一切传世文献电脑化资料库""魏晋南北朝一切传世文献电脑化资料库""竹简帛书出土文献电脑资料库",目前输入文献约千余种,超过 2 400 万字,已经公开出版者百余种,大多以光盘形式发行。

香港迪志文化出版公司出资、该公司与上海人民出版社共同出版的"文渊阁四库全书"电子版,将于 2000 年中完成并推向市场,约 7.5 亿字。

以上中文古文献全文数据库在使用上大致类似。以"二十五史全文检索系统"为例,该系统收入《二十五史》纪、志、表、传等全部内容,保留原文大字正文与小字注区别,表格按原形显示。该系统可对《二十五史》全部或其中任意部分中的任意字、词及字词串进行检索,用时不过数秒。例如在《二十五史》全部约 4 000 万字中检索含有"道"字的资料,共检到 3 743 卷,共出现 68 618 次;检索含有"实学"一词的资料,共检到 31 卷,出现 44 次。以上检索用时均不超过 3 秒。也可按"或"运算、"与"运算、"非"运算等等不同条件进行多种组合检索。检索完成后,可以按标题、全文、段落查看检索结果,亦可打印输出或以文本文件方式输出检索结果。也可以浏览《二十五史》全书中的任何一部分内容,并可根据需要把有关内容剪贴到自己的论著中。

除用以检索资料而外,全文数据库已可用于初步的校勘和考证工作。下面,试以一例说明。居延新简中有一简,释文为:"五凤三年十一月甲戌朔庚子左农右丞别田令史居付甲渠令史庆尉史常富候汉□","候汉□"是什么人? 用传统方法考证,用时可能需数月,且十分烦琐。台湾地区学者运用其所建"汉简全文数据库",先查询"候汉"二字,共得 20 条资料,都是关于甲渠候汉彊的记载,其中 3.12A 简背面即署"令史庆"。再查询"汉彊"二字,共得 22 条,也都是"候汉彊""甲渠障候汉彊"或"甲渠候汉疆",由此可知,"候汉□"即"候汉疆",令史庆是汉疆为甲渠候时的令史(详王戎笙《史学研究的新趋势——台湾学者运用电脑研究历史的考察报告》,《中国史研究动态》1993 年第 4 期)[30]。

【旁征】

[30] 古籍数字化

包括古籍在内的纸质书籍数字化,制作发行不限于书籍形式的数据库,都属于智能时代下的知识数字化,改变了使用者寻找、理解和应用知识的方式。知识数字化的优势很多,大体可总结出三种:一是复制传播更为便捷;二是展现形式更为多样,如构建大量图像的汇总和检索时,相较于纸质出版物,数据库更为适合;三是内在关联更易挖掘,尤其有利于古籍等已出版书籍,如要归纳《全唐诗》中重出的诗歌(内容近乎雷同,但收入不同诗人名下),若开发出电子检索中的诗句比对功能,相较于肉眼记忆与识别,显然更为准确高效。同时,保持高频更新内容、提供稳定服务、兼容多种平台、通用学术环境等,都成为每一种数字化成果需要解决的、不同于纸质书籍出版的新问题。

为使读者更快更好地理解、生产和展示文化,和其他书籍相比,古籍的数字化有其特殊的任务与前景。在数字化时代,为了留存和传播古籍的外在形式(纸张、版式、品相等),识别和继承多样的字体风格,完整复原古籍样貌的书影等,数据库不可或缺,且须配以便捷可靠的阅读平台。在古籍目录学与分类法的研究基础上,古籍数据库提供出准确高效的寻书系统与可检索标记,也是读者的一大需求。古籍文字识别(OCR技术)也面临多种难题,如同字异形的录入与统一、版刻与手写的字体字号差异、程序对古籍特殊版式与格式的理解、古籍原件与扫描图像如何解决刻本存在的残泐等,以及自动句读古文所需考虑的时代语言和文体区别,都有待于进一步细分和解决。已出版古籍点校成果的可检索数据库,可以协助古籍整理和论文写作,也受到版权保护、内容重复和选书不佳的影响。此外,与古籍密切相关的背景史事、人物年谱、地理方位等历史信息,都可在数字化整合多种古籍内容后加以提供。值得开发者关注的是,古籍数字化的基础仍是近两百年来古籍整理的理论与实践,古籍数字化也将越发受限于使用者自身接受、择取和理解知识的效率。

如今常见的古籍数字化平台和数据库,多针对以上一两个角度提供方案,但如何满足使用者的多种需求,有待更多从业者的思考与参与。近年来,不断有相关组织和研究者拓展理论思考与交流,如中国古籍保护协会设立了古籍智能开发与利用专业委员会,以促进古籍科研、教学、收藏、出版、开发利用等多方力量的交流与协作。北京大学数字人文中心也组织了"古籍智能信息处理"系列研讨会,普及技术架构,探讨理论发展。

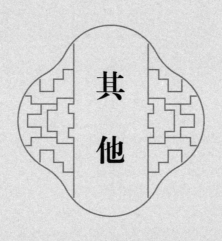

其他

一　序　跋

为什么要有序跋

书常加"序""跋",这本是我国古来传统的习惯。序也作"叙",放在书的前面,跋也作"后序""后叙""后记",放在书的后面。可以有序无跋,可以有序有跋,无序有跋的情况少一些。今天,序也称"序言""叙言""前言",如果只是给古籍作点校,也可称做"点校说明"或"出版说明"。有时作者、点校者、注释者、主持影印工作者已写了序,出版社还可再加个"出版说明",其实和序仍是同样的性质。跋在今天也常称"后记""后序",和古代一样。

序、跋一般由作者、点校注译者、主持影印工作者自己写,也可请别人如自己的朋友、老师以及这门学问的专家权威写,出版说明除由出版社写外,有时也由自己写,或自己代出版社写。不论由谁写,主要目的只是为了方便读者,使读者看了序跋,就可知道这本书撰写、校注或影印的目的,以及内容大略、体例方法等,让读者心里有个底,以便于阅读。如果是备查的工具书,就更需要序跋、出版说明之类来介绍使用办法。

如何撰作序跋

一篇整理或影印古籍的序跋至少得包括哪些内容,应该怎么写,可能各人有各人的习惯。这里谈我个人的看法。

(1) 要告诉读者为什么要整理点校或注译这部古籍,为什么要影印这部古籍。[1]这放在文章一开头讲固然可以,放在文章中间或后面讲也可以。但一定要有,因为这是谈意图、谈目的。如果没有,读者就会问整理、影印它干什么呢?

【旁征】

[1] 序跋要交代古籍整理工作的出发点、动机与目的

古籍整理工作必出于特定目的,因目的乃至读者群体之不同,往往在整理方法上有所区别,故撰写序跋往往首先需要交代整理工作的目的和动机。黄永年师整理古籍时常自为序跋,如《雍录》《类编长安志》等,对自藏古籍、经眼典籍也多撰有序跋题记。以上海古籍出版社影印清道咸间连筠簃刻本桂馥《说文解字义证》(书影8-1-1)为例,该书"出版说明"(黄永年撰)即交代古籍影印之目的:《义证》一书"卷帙繁重,馥生前无力版行。道光时李璋煜获其遗稿，杨尚文出资刻入《连筠簃丛书》，延小学名家许瀚主校雠之事。版成，旋毁于兵燹，印本流传至稀。同治九年(1870)崇文书局有重刻本，日久不易购取"。因此之故，影印该书可保存稀见刊本原貌，为清人"说文四家"存留通行易得之本，以便今人获取使用。所谓"清人说文四家"即段玉裁《说文解字注》、朱骏声《说文通训定声》、桂馥《说文解字义证》、王筠《说文释例》《说文句读》，凡四家五种《说文》研究中华书局、上海古籍出版社皆有影印出版，可参看。

书影 8‐1‐1：《说文解字义证》卷一

清《连筠簃丛书》本(上海：上海古籍出版社《续修四库全书》经部小学类第 209 册，1996 年，第 1 页)

桂馥《说文解字义证》一书在清季得以梓行流传,尤以仰赖李璋煜、杨尚文、许瀚等人,其人或保存遗稿或出资刊刻或精审雠校,可谓"桂氏功臣"。李璋煜,"字方赤,山东诸城人。进士,官部曹。道光十八年(1838)任扬州府,虑事精敏,明察而不迫,慈和而能断,尤以立品立学为亟"(《续纂扬州府志》卷八)。李璋煜为金石学家陈介祺岳父,与其时名士刘文淇、魏源、张穆等人知交(参《刘孟瞻先生年谱》《魏源师友记》等)。杨尚文"字墨林,山西灵石人。性豪迈,喜读书,有气节。居京师,构园林,所与游皆一时名士。文酒过从,缓急不吝推解,有郑庄置驿之风。平定张穆尝馆其家,刊《连筠轩丛书》,当世重之"(《魏源师友记》,"连筠轩"当为"连筠簃"之误)。许瀚,"字印林,日照人。道光十五年举人,官峄山教谕。博综经史及金石文字,训诂尤深。至校勘宋、元、明本书籍,精深不减黄丕烈、顾广圻。晚年为灵石杨氏校刊桂馥《说文义证》于清河,甫成而版毁于捻寇,并所藏经籍金石俱尽,遂抑郁而殁,年七十。著有《韩诗外传勘误》《攀古小庐文》"(《清史稿·许瀚传》)。《续修四库全书总目提要》载王筠《检说文难字》"乃筠就曲阜桂馥所著书之名,而别辑者。……是书之辑,桂馥曾先为之。筠在都时,稔知李璋煜藏桂氏辑本"等说亦足证李璋煜"获其(桂馥)遗稿"事。

- (宋)程大昌撰,黄永年点校:《雍录》,北京:中华书局,2002 年。
- (元)骆天骧撰,黄永年点校:《类编长安志》,北京:中华书局,1990 年。
- 黄永年:《黄永年古籍序跋述论集》,北京:中华书局,2007 年。
- 黄永年:《黄永年文史论文集》第五册《文史杂论》,北京:中华书局,2015 年。
- 赵尔巽等:《清史稿》卷四八一《许瀚传》,第 13231 页。
- [日]小泽文四郎编,郑晓霞、吴平标点:《刘孟瞻先生年谱》,扬州:广陵书社,2008 年,第 624 页。
- (清)李柏荣:《魏源师友记》卷五,长沙:岳麓书社,2010 年,第 79—79、118—119 页。
- 中科院图书馆整理:《续修四库全书总目提要·经部》"检说文难字一卷"条,赵录绰撰,北京:中华书局,1993 年,第 1097 页。

存辑先贤遗作,往往是古籍整理的直接目的,且多在序跋中直接体现。比如《四部丛刊续编》影印"铁琴铜剑楼"藏明刊本《张蜕庵诗集》四卷,末附洪武十年(1377)冬南京天界善世禅寺主持天台释宗泐序(书影 8-1-2)云:"右潞国张公《诗集》若干卷,庐陵沙门大杼北山之所编集也。先是,潞公于元季多故之际薨于燕都。由其无后,北山为之经纪葬事。未几，天兵北伐，燕都不守。北山取其遗稿归江南，凡选得九百首，将刊板以行于世。或有问于余曰：'北山，释之有道者，宜视身为外物，而乃汲汲于故人《诗集》，得非未能遗情乎？'余谓之曰：'至人不遗情，古之高僧犹不能免，如梁慧约以苦行得道，为帝王师，而哭其亡友甚哀，至赋诗曰："我有两行泪，不落三十年。今日为君尽，并洒秋风前(此诗或为陶弘景和慧约悼亡友人之作，首联亦作"我有数行泪"，参《刘禹锡全集编年校注》卷一八陶敏校注，北京：中华书局，2019年，第2005—2006页。)。"北山念潞公无后，平日交友又皆异世沦谢，惧其泯没无传，故仗义而为之。然亦何害于道？其与约之情则一也。当元统甲戌(1334)间，余识潞公于金陵，后会于燕都、于钱塘，盖三十余年，固非一日之好。观北山斯举，岂能无动于中。'谨书卷末如此，若潞公之诗名震耀海内，不俟余之称美，故弗论。"

书影 8 - 1 - 2：(明) 释宗泐《张蜕庵诗集序》

铁琴铜剑楼藏明刊本(《四部丛刊续编》影印)

张羽字仲举，晋宁(今山西临汾)人，长于诗，近体、短句尤工，以翰林学士承旨致仕，卒于元至正二十八年(1368)三月，八月元顺帝退出大都、明军入京，十一月朱元璋改元洪武。由宗泐序可知，世事丧乱且无后嗣，导致张羽遗稿面临散佚危险。幸而与之交厚的大杼禅师在其逝后营护丧事，还将其遗稿携归江南，自发自愿刊行于世。宗泐在序中对世人怀疑大杼此举动机一事进行辩护，赞许张羽、大杼友情，表彰大杼无私之心，足以说明古人典籍聚散之由、作序为跋者身份、与撰著者关系远近以及古籍整理特别是"抢救式"整理的目的与动机。宗泐大受感动之余,回顾自己与张㿟情谊,为传张㿟文名、记录君子之交,才心有所动并抒发于序文之中。

> ·(元)张㿟:《张蜕庵诗集》,《四部丛刊续编》第 450 册,上海:上海书店出版社,2015 年。
> ·(明)宋濂等:《元史》卷一八六《张㿟传》,第 4284—4285 页。

(2)要介绍古籍撰作者的生平事迹,如有原注,还要讲注者的生平事迹。这可以引用纪传史中的列传或地方志里的小传,以及墓碑、墓志等其他史料,也可改引用的方式为直接叙述。[2]知名的人可少讲些,倒是不知名的需要多讲,有些没有碑传的还得在序跋里作点考证。但不论详略,总要和本书紧密结合,例如本书是文学作品,作者又是文学家而不是政治人物,就不必在其官场履历上多费笔墨。

【旁征】

[2]序跋介绍撰著者生平事迹

以上文提及的连筠簃刻本《说文解字义证》为例,"出版说明"记撰者生平事迹曰:"《说文解字义证》五十卷,清桂馥撰。馥字冬卉,又字天香,号未谷,山东曲阜人。乾隆元年(1736)出生,初任北京国子监教习、山东长山县训导,成进士后出任云南永平县、顺宁县知县,嘉庆十年(1805)卒于官。所著尚有《札朴》《历代石经略》《缪篆分韵》《续三十五举》《后四声猿》《晚学集》《未谷诗集》,惟《义证》一书几竭毕生精力,最为巨著。"以上有关桂馥生平事迹为"连筠簃丛书"本《说文解字义证》所不载,如需了解详情,可参《清史稿·桂馥传》。

古籍序跋,多由亲朋故旧所作,故不详述撰者生平。至于名著,其撰者生平经历亦多为正史等所采,因不复详载。集部中如《古逸丛书二编》影印吴县潘氏滂喜斋藏宋刊本《谢幼槃文集》,收录绍兴二十二年(1152)苗昌言(字禹俞,句容人,绍兴十二年进士)序,其介绍撰者曰:"临川谢逸,字无逸,其文

书影 8-1-3:南宋苗昌言《谢幼槃文集序》
吴县潘氏滂喜斋藏宋刊本(《古逸丛书二编》影印)

章学业为缙绅推重,以其所居溪堂称之曰'溪堂先生'。弟邁,幼槃以字行。兄弟以诗鸣江西,有《文集》合三十卷。邦之学士欲刊之,以贻永久,积数十年而未能也"云云(书影8-1-3),为苗昌言在知抚州军州主管学事兼管内劝农营田使赵士鹏倡议下"搜访阙遗,以相参订"溪堂善本,梓行刊刻并概述其中原委,比如谢逸生平资料,应来自"其子敏行"。

• 傅璇琮、张剑主编:《宋才子传笺证(北宋后期卷)·谢逸传》,沈阳:辽海出版社,2011年,第422—436页。

书影8-1-4:《说文解字义证》第十五"今"(局部)

清《连筠簃丛书》本(上海:上海古籍出版社《续修四库全书》经部小学类第209册,1996年,第436页)

(3)要简要地对本书的内容作介绍,如有原注也要介绍。[3]介绍时不要只说优点不提缺点,这样就容易流为庸俗的捧场,要像《四库提要》那样优缺点都讲。当然不能全用《提要》的标准去衡量优缺点,更不能用十年动乱中那套极左的标准去衡量优缺点,例如对《二十四史》中无论哪一史都得把作者的地主阶级立场、历史唯心主义观点以及反对农民起义等提出来斥骂一通。介绍内容优劣要对读者真正有帮助,真正帮助读者区分精华和糟粕,任何形式的套话、空话都务必弃绝。

【旁征】

[3] 序跋介绍本书内容、优缺点

仍以《说文解字义证》为例,序介绍其主要内容"先以大字分列许书原文;然后参取南北朝隋唐人疏解经传旧式,低一格双行小字疏解;若古籍所说与《说文》有歧异,则在疏解之前顶格双行小字列出。自谓'取证于群书,故题曰《义证》'。则徐铉新附字则尽删去,而剌取古籍征引许书而为今本脱略之文字及解说分列各部之后,首一字作楷体以与今本许书原文区别。至许书第十五叙目则小字双行随文为注,不复更作义疏之体"。

以《说文解字义证》第十五"今"字为例,《说文》原文"今"字大字顶格下注"是时也,从亼,从厂。厂,古文及_{居音切}"。次行则以顶格双行小字列引不同古籍释"今"之例:"《(尔雅)释诂》:肆、故,今也。《诗·緜》:肆不殄厥愠。《传》云:'肆,故今也。'即'肆皇天弗尚',《笺》云:'肆,故今也。'"再换行低两格疏解《说文》云:"'是时也'者,孟子'及是时',墨子《经》篇'始当时'。馥谓'始'为'当时',故'今'为'是时','从厂。厂,古文及'者,本书'金'从'今',张有谓

当做'冂'。按本书'会''歠'并作'冂','市'从'及'作'乁'。"（书影8-1-4）

> •（清）桂馥：《说文解字义证》序，《续修四库全书》上海：上海古籍出版社《续修四库全书》经部小学类第 209 册影印《连筠簃丛书》本，1996 年，第 436 页。

另外，《说文解字》第十五"叙目"许慎述"庖牺氏"以来历神农、仓颉、姬周、太史籀、孔子、左丘明乃至秦汉文字创作典籍记载制度等，包括"六书""八体"之法，在此一并申明，故形式上有别于此前单字疏解义证之体。《叙目》作为序跋（书影8-1-5），其后又附许冲为父献书之表，从内容看亦起序跋作用（书影8-1-6）。

书影8-1-5：《说文解字义证》卷四九、《说文解字》第十五"叙目"（局部）

清《连筠簃丛书》本（上海：上海古籍出版社《续修四库全书》经部小学类第 210 册，1996 年，第 689 页）

按黄永年师对"序跋"的定义，就《说文解字义证》与古籍成书、整理关系来看：许慎父子自为《说文解字》序跋献表，后世注疏集解义证者有序跋，今人整理影印亦有序跋，大致形成三重序跋。从这"三重"序跋附录及异同可见今本《说文解字义证》成书之部分过程，起到联络古今变化之作用，此为黄永年师"序跋"一章的题中之义。

說文解字義證　卷四十九

連筠簃叢書　蓋石楊氏采

說文解字義證　卷四十九

連筠簃叢書　蓋石楊氏采

續修四庫全書　經部　小學類

七〇六

书影8-1-6：《说文解字义证》卷四九"右一卷,许公自叙其书也,古者叙在书后",
后附许冲为父献书表

（4）要讲清楚所用底本的版本及其渊源优劣，还要讲其他各种版本的渊源优劣，从而向读者交代选择底本和对校本的理由。[4] 为了讲清楚，多占些篇幅不要紧，不要怕被扣上"繁琐"的帽子。过去这类帽子是曾经乱扣过的，只要一涉及版本，一涉及考证，就很容易被批评为"繁琐"，甚至被说成是资产阶级的无聊玩意。今天情况不同了，在这些问题上不应该再有顾虑。

【旁征】

[4] 序跋要交代选择底本和对校本的理由

黄永年师点校《雍录》时，即在《前言》中对程大昌生平、学术成就及该书所据主要文献予以条理，并交代选择底本之理由：《雍录》宋代已刊刻，南宋陈振孙《直斋书录解题》著录，今可见者有嘉靖十一年（1532）西安知府李经刻本（有康海、李经两序）、吴琯《古今逸史》本。《古今逸史》本稍晚且经 1937 年商务印书馆影印之后较为通行易得。李经本则流传相对稀少，北图收藏三种：余嘉锡题跋本、无题跋钤"周氏惠文珍藏书画印"本及六七卷抄配的铁琴铜剑楼藏本。经比对勘校，后三部李经本皆有缺叶烂版，文字也多不胜《古今逸史》本。因此，决定以吴琯《古今逸史》本作为点校底本，三种李经本作为对校本。此为汇集诸本，辨别源流，选择底本和对校本之理由。由序跋知，李经、康海、吴琯等乃《雍录》一书刊刻流传之关键人物。

李经为明嘉靖间汝南人，"嘉靖十一年（1532）任西安府事期间，刻印过宋宋敏求《长安志》二十卷，李好文《长安志图》三卷，宋程大昌《雍录》十卷"；又据《四库全书总目》卷七〇《史部·地理类三》"（《长安志图》）此本乃明西安府知府李经所镂、列于宋敏求《长安志》之首、合为一编"。

康海，初名澍，字德涵，号对山，又号浒西山人、浒西子、沜东渔父、太白山人。生于明成化十一年（1475），卒于嘉靖十九年（1540），享年六十有六。康海先世为河南固始县人，后徙居武功长宁，因为西安府乾州武功县人。因排行故，又称"康五"，先后于明弘治十五年（1502）殿试擢进士第一，授翰林院修撰。正德五年（1510）以与刘瑾阁党论落职庶民。此后绝意仕宦，悠游山水，屡召不就。康海与李梦阳、何景明、徐祯卿、边贡、朱应登、顾璘、陈沂、郑善夫、王九思号称"十才子"，又与李梦阳、何景明、徐祯卿、边贡、王九思、王廷相号称"七才子"，与李梦阳等大力倡导汉文唐诗，挥斥浮靡文风，蔚为大观。康海在《雍录序》中言因长安地区历史地理考证"所图或有差误，皆按册拟议，而与图、阁产其地而亲见之者不同，予是以伤载记者之难言也"，交代西安府南埠李侯文极（经）"政通民和之余，尽取关中故志，刻之以传"，因嘱其为序的情由。

吴琯，字孟白，歙县人，明万历间徽州坊刻家，与谢陛、陆弼、俞策等校编《古诗纪》《唐诗纪》，吴琯还辑刻丛书《古今逸史》五十五种，二百二十三卷。由于时代接近，后

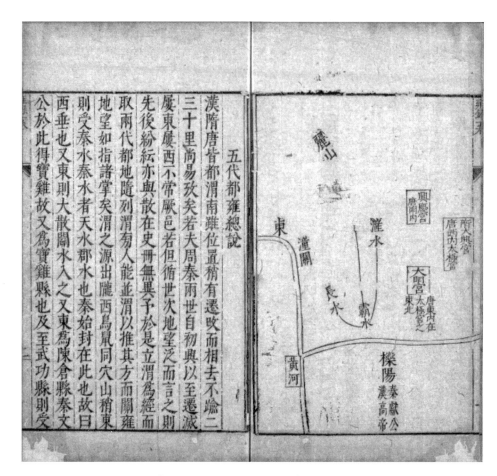

书影 8－1－7：《雍录·五代都雍总说》
明吴琯刻《古今逸史》本，哈佛大学汉和图书馆藏

人多混福建漳浦吴琯及吴仲虚二人字号事迹于琯，韩震军辨之甚详(《〈唐诗纪〉作者吴琯
生平考辨》)。

　　值得注意的是，明版《雍录》存世情况可能还比较复杂。黄永年师以李经本《雍
录》对校吴琯《古今逸史》本时已发现版式差异问题，其中包括卷次行题、文字附图顺
序等："吴琯本每卷次行题'宋新安程大昌著''明新安吴琯校'，李经本则在次行题'新
安程大昌泰之'(卷四卷八卷十'泰之'下还增一'著'字)，而卷三卷四卷七卷八卷十之
开卷便是文字而非地图者，在三行还都题上'锡山安国民泰校刊'"，继之对所谓"锡山
安国民泰"其人还予以进一步解释"安国是嘉靖时南京常州府无锡县(今江苏无锡市)
的图书文物收藏家和刻书家，民泰是他的字"。表明该本源流中的"苏锡常因素"，综
合李经本字体"也像是南京苏州府、常州府一带刊刻的标准嘉靖本而不像陕西刻本，
很可能是李经委托安国代为刊刻，再把书版运到西安府印刷的"。通过对校，黄永年

师推测：此本最终虽于西安府印行，而书版则是在常州府雕刻（校刊）。因而对"《雍录》也有明嘉靖时安国、李经两刻本和万历时吴琯刻《古今逸史》本"的观点（1990年中华书局《类编长安志·附录》）修正为"《雍录》也有明嘉靖时李经刻本和万历时吴琯刻《古今逸史》本"（2006年三秦出版社"长安史迹丛刊"版《类编长安志·前言》）。《雍录》现存除清代抄本两种（文渊阁《四库全书》本和闽东藏书家陈徵芝抄本，后者现藏湖北省图书馆），还有民国宋联奎主编《关中丛书》本，以李经本为底本，保留李经本部分形态和双序，后附宋联奎跋。1996年陕西师范大学出版社出版杨恩成、康万武点校本《雍录》，可一并参看对照。

- （宋）程大昌撰、黄永年点校：《雍录》前言，北京：中华书局，2002年，第1—6页。
- （清）永瑢等：《四库全书总目》卷七〇《史部·地理类三》"《长安志图》"条，第620—621页。
- 瞿冕良：《中国古籍版刻辞典》，济南：齐鲁书社，1999年，第222—223页。
- （清）康海著，贾三强、佘春柯点校：《康对山先生集》点校前言，西安：三秦出版社，2015年，第1页。
- 韩震军：《〈唐诗纪〉作者吴琯生平考辨》，《中国典籍与文化》2013年第1期，第151—156页。
- （清）莫友芝撰、傅增湘订补、傅熹年整理：《藏园订补郘亭知见传本书目》卷五下《史部·地理类》，第393页。
- （元）骆天骧撰、黄永年点校：《类编长安志》附录，北京：中华书局，1990年，第325页。
- （元）骆天骧撰、黄永年点校：《类编长安志》前言，西安：三秦出版社，2006年，第2页。

（5）要讲清楚自己如何给本书作校勘，作注释，作今译，作索引。[5]要讲方法，讲体例，讲清楚为什么要用这种方法，采取这种体例。可以讲得具体些，包括遇到过什么困难、如何克服都可以讲。这对读者阅读本书以及了解校勘注译者的真实水平都有好处。至于如何标点，如无特殊创例，倒可少讲或不讲，因为大家的做法都差不多。此外，有的书除有序、有出版说明外，还冠有凡例，则校勘、注、译以及作索引的具体方法和体例可放在凡例里详细讲，序里只要把工作的情况大体交代一下就可以，否则易于重复。

【旁征】

[5] 序跋要介绍如何给古籍作校勘作索引等

以黄永年师点校《雍录》为例，上文述及《序跋》已介绍各版本优劣，并决定选择错讹较少的吴琯本为底本，三种李经本作对校本，随后说："将李经本异文与缺叶烂版处用按语于正文中注出"，则交代了校记之体裁，即选择以校语直接夹在正文之中的方式出校，而非合放在卷末或篇末。（校记体例可参本书"校勘"篇"校记"章）对于在校勘过程中发现的原书及所引他书的一些错误，还有避讳字如何处理等问题，序跋也分别作了介绍：原书差错"姑仍旧观，不予更正"，"因为点校古籍只能校正后来传写刊刻中产生的错误，没有权力更改原书"；书中所避宋讳"也一律不回改，因为改了又将失去原貌，只能加个案语，说明某字当作某，避宋某帝名讳或嫌名改就行了。"这版《雍录》还作了索引，序跋亦有说明："为检阅便利，儿子黄寿成还根据标目编了个索引。标目本来不够清楚的地方，编索引时略作文字上的增补，俾能醒目。"

> ·（宋）程大昌撰、黄永年点校：《雍录》前言，北京：中华书局，2002年，第5—6页。

（6）工作中得到过谁的帮助，接受过谁的指导，承用了谁的见解，吸取了谁的成果，都必须一一交代清楚。这不是客套，而是对学问忠实、对读者忠实。

此外，序和跋要注意分工。如果序里已把所有的事情都讲得很清楚，就不必再写跋。不论序、跋，都不要说和本书以及整理、影印全无关系的废话。至于序跋的文体，一般多用白话，如有特殊情况当然也可用文言。

二　附　录

为什么可编附录

给古籍编"附录"这件事,可说是古已有之。就常见常用的来说,《四部丛刊》影印的元建阳刻本《增广注释音辩唐柳先生集》就有一卷"附录",收入刘禹锡《天论》、宋祁《唐书》本传、皇甫湜《祭柳柳州文》、刘禹锡《祭柳员外文》及《重祭柳员外文》、《为鄂州李大夫祭柳员外文》、曹辅《祭柳侯文》、黄翰《祭柳侯文》、许尹《祭柳侯文》、汪藻《永州柳先生祠堂记》、穆修《旧本柳文后序》、沈晦《四明新本柳文后序》、李祥《柳州旧本柳文后序》、文安礼《柳文年谱后序》共十四种。[6]《丛刊》影印的嘉靖华云刻本《韦江州集》附有"刻韦刺史诗集附录",收入王钦臣《宋嘉祐校定韦苏州集序》、葛繁《绍兴苏州校刻韦集后序》、姚宽《书葛繁校韦集后》、胡观国《乾道书重刻韦集后》、崔敦礼《乾道平江校韦集十卷并拾遗七篇跋尾》、杨一清《皇明弘治题陇州新刻韦集后》、沈作喆《补韦刺史传》、刘辰翁《评语》共八种。[7]清人刻书所编附录有时更庞大,如咸丰时黄志述校刻其祖父黄景仁《两当轩集》,初印本的附录即多至四卷,卷一序跋,卷二传状志文,卷三年谱,卷四诗话、先友爵里名字考,稍后的印本更增辑唱酬题赠为附录卷之五、六。[8]此外,还有一些是有附录之实而未冠附录之名,如《丛刊》影印元建阳刻本《朱文公校昌黎先生集》附有宋祁《唐书》本传、赵德《文录序》、欧阳修《记旧本韩文后》、苏轼《潮州韩文公庙碑》,《丛刊》影印述古堂抄本《吕和叔文集》附有柳宗元《故衡州刺史东平吕君诔》,都属于附录性质。[9]这些旧有的附录多见于别集,但经、子小部书里偶尔也有。[10]

【旁征】

[6] 附录编制原则与《增广注释音辩唐柳先生集》附录

古籍中的附录既有初印,亦有重辑。既反映书籍撰修之初的编类立意,也展现重辑重编的步骤及延伸。别集类多旧有附录,如黄景仁《两当轩集》即初印有附录。总集类如光绪十年(1884)黎庶昌辑刻《古逸丛书》之九覆元本《楚辞集注》附朱熹辑《楚辞后语》六卷(书影8-2-6)。至于经部,《古逸丛书》之二影宋绍熙本《穀梁传》后附余仁仲万卷堂《穀梁传考异》及澀江全善、森立之《经籍访古志》(书影8-2-7)。子部方面,如《四部丛刊》影印《鬼谷子》于内文三卷后附《说苑》《史记》《意林》《文选》《太平御览》《郡斋读书志》《法言》《论衡》《拾遗记》《金楼子》等书所引《鬼谷子》内容,颇类辑佚。《柳集》附录之作,特别是曹辅以下至文安礼所为序跋者,《韦江州集》王钦臣至刘辰翁者,其人或为宋元时期官僚士大夫文学儒素,或出资辑刻先贤别集或文学酬唱传学,皆以序跋、评语、年谱等形式体现于历代书刻版本之中,是古人别集诗文主体内容之延伸。

《增广注释音辩唐柳先生集》附录中的作者颇多,除刘禹锡、宋祁、皇甫湜等耳熟能详者外,略述其他人生平事迹如下:"曹辅《祭柳侯文》"之曹辅,字载德,南剑州人,政和二年(1112)以通仕郎中词学兼茂科,历秘书省正字(《宋史·曹辅传》);"黄翰《祭柳侯文》"之黄翰,泉州惠安(今福建惠安)人,宗旦孙。有文名,由上舍生登崇宁五年(1106)进士,宣和初充濬州州学教授,历知柳州;(《全宋文·黄翰小传》)"许尹《祭柳侯文》"之许尹,字觉民,饶州乐平(今江西乐平)人,政和二年进士,历知兴化军、永、处、柳、邛州。绍兴中为成都府路转运判官、主管茶马公事兼权制置司公事。后为司农少卿、总领四川财赋,权工部侍郎。隆兴二年(1164)知宣州,诏除敷文阁待诏致仕。著有《龙城集》《遗安集》,已佚;(《全宋文·许尹小传》)《永州柳先生祠堂记》撰者汪藻,字彦章,饶州德兴人,入太学,中进士。调婺州观察推官,改宣州教授,稍迁江西提举学事司干

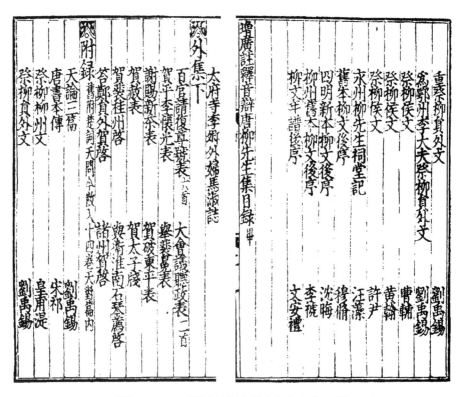

书影 8 - 2 - 1:《增广注释音辩唐柳先生集》附录

元建阳刻本(《四部丛刊初编》影印)

当公事。绍兴元年(1131)除龙图阁直学士,知湖州。博极群书,老不释卷,尤喜《春秋左氏传》及《西汉书》,有《浮溪集》传世;(《宋史·汪藻传》)《旧本柳文后序》作者穆修,字伯长,郓州人,幼嗜学。赐进士出身,调泰州司理参军,贬池州,补颍州文学参军,徙蔡州,明道中卒。以古文称,苏舜钦兄弟从之游,有《文集》传世(《宋史·穆修传》);《四明新本柳文后序》撰者沈晦,字元用,钱塘人,翰林学士沈遘孙。宣和间进士廷对第一,除校书郎,迁著作佐郎。曾质于金斡离不军,还为给事中(《宋史·沈晦传》);《柳州旧本柳文后序》著者李袚,绍兴四年(1134)为右朝奉郎、特差权发遣柳州军州(《全宋文·李袚小传》);《柳文年谱后序》作者文安礼,汾州介休(今山西介休)人,绍兴间知柳州军州事(《全宋文·文安礼小传》)。

- (元)脱脱等:《宋史》卷三五二《曹辅传》,第 11128—11130 页。
- 曾枣庄、刘琳主编:《全宋文》卷三一三八《黄翰小传》(145 册),上海:上海辞书出版社、安徽教育出版社,2006 年,第 395 页。
- 曾枣庄、刘琳主编:《全宋文》卷四〇八四《许尹小传》(186 册),第 50 页。
- (元)脱脱等:《宋史》卷四四五《汪藻传》,第 13130—13132 页。
- (元)脱脱等:《宋史》卷四四二《穆修传》,第 13069—13070 页。
- (元)脱脱等:《宋史》卷三七八《沈晦传》,第 11671—11672 页。
- 曾枣庄、刘琳主编:《全宋文》卷四〇八五《李袚小传》(186 册),第 63 页。
- 曾枣庄、刘琳主编:《全宋文》卷四〇八八《文安礼小传》(186 册),第 114 页。

[7]《韦江州集》附录

《韦江州集》,唐人韦应物诗别集,宋嘉祐中王钦臣编辑。《韦江州集》附录所收《宋嘉祐校定韦苏州集序》撰者王钦臣,字仲至,与欧阳修交厚。以荫入官,文彦博荐试学士院,赐进士及第,历陕西转运副使。元祐初,为工部员外郎,曾奉使高丽。后改集贤殿修撰、知和州,徙饶州。徽宗立,复待制、知成德军。卒年六十七。生平为文至多,所交尽名士,性嗜古,藏书数万卷,手自雠正,世称善本(《宋史·王钦臣传》)。

《绍兴苏州校刻韦集后序》作者葛蘩(繁),号鹤林居士,丹徒(今江苏镇江)人,良嗣长子。治平中为许州临颍县主簿,熙宁末知吴县。元丰初试大理评事、镇江军节度推官。元祐初知广德县,三年(1088)为兵器监主簿。绍圣末,管勾真定府路都总管安抚司机宜文字。官终于镇江府(《全宋文·葛蘩小传》)。

《书葛蘩校韦集后》作者姚宽(1105—1162),字令威,号西溪,嵊县(今浙江嵊州)人,舜明子,宏弟。以父任补官,一时名流争礼致之。以贺允中等荐入监进奏院六部门,权尚书户部员外郎,兼权金、仓、工部、屯田郎,枢密院编修官。博洽工文,绍兴三十二年卒,年五十八。著有《西溪集》十卷、注司马迁《史记》一百三十卷、《补注战国策》三十一卷、《西溪丛语》三卷(存)、《五行秘记》一卷、《玉玺书》一卷(《全宋文·姚宽小传》)。

《乾道书重刻韦集后》撰者胡观国,常州武进县人,绍兴十八年进士,与朱熹同科(《宋代科举资料长编·南宋卷》)。

《乾道平江校韦集十卷并拾遗七篇跋尾》作者崔敦礼,字仲由,通州静海(今江苏南通)人,与弟敦诗同登绍兴三十年进士。爱溧阳山水,买田筑居。历江宁尉、平江府教授、江东抚干、诸王宫大小学教授,官至宣教郎。淳熙八年(1181)卒,著有《刍言》(存)、《宫教集》(《全宋文·崔敦礼小传》)。

书影 8-2-2:《韦江州集》附录

明嘉靖戊申(1548)华云江州刊本(《四部丛刊初编》影印)

《皇明弘治题陇州新刻韦集后》撰者杨一清,字应宁,其先云南安宁人。少能文,以奇童荐为翰林秀才,宪宗命内阁择师教之。年十四举乡试,登成化八年(1472)进士。父葬丹徒,遂家焉。先后授中书舍人,山西按察金事,入南京太常寺卿,博学善权变,尤晓畅边事,曾督理陕西马政,长期治理延绥甘宁等边政。卒后久之,赠太保,谥文襄(《明史·杨一清传》)。

《补韦刺史传》作者沈作喆,字明远,号寓山,湖州归安(今浙江湖州)人,丞相沈该侄。绍兴五年(1135)进士,淳熙间以左奉议郎为江西运司管干。尝作诗忤漕帅魏道弼,夺三官,不得志而卒。著有《寓简》十卷(存)、《寓山集》三十卷(《全宋文·沈作喆小传》)。

《评语》作者刘辰翁(1232—1297),字会孟,号须溪,吉州庐陵(今江西吉安)人。少补太学生,景定三年(1262)第进士。以亲老请为濂溪书院山长,后宋亡不复出。元大德元年(1297)卒,年六十六。好评点诗文,多达数十种。著有《须溪集》(《全宋文·刘辰翁小传》)。

- (元)脱脱等:《宋史》卷二九四《王钦臣传》,第9817页。
- 曾枣庄、刘琳主编:《全宋文》卷一七六二《葛繁小传》(81册),第38页。

- （宋）王安石：《临川先生文集》卷九二《葛兴祖（良嗣）墓志铭》，《四部丛刊》初编第 941 册。
- 曾枣庄、刘琳主编：《全宋文》卷四三八〇《姚宽小传》（198 册），第 198 页。
- 诸葛忆兵编著：《宋代科举资料长编·南宋卷上》，南京：凤凰出版社，2017年，第 192 页。
- 曾枣庄、刘琳主编：《全宋文》卷六〇六六《崔敦礼小传》（269 册），第 1 页。
- （清）张廷玉等：《明史》卷一九八《杨一清传》，北京：中华书局，1974 年，第 5225—5231 页。
- 曾枣庄、刘琳主编：《全宋文》卷四三八〇《沈作喆小传》（198 册），第 177 页。
- 曾枣庄、刘琳主编：《全宋文》卷八二六二《刘辰翁小传》（357 册），第 19 页。

[8]《两当轩集》附录

　　《两当轩集》，清黄景仁撰。黄景仁，字仲则，一字汉镛，自号鹿菲子，江苏武进人。诸生，官候选县丞。黄永年师藏咸丰刻本《两当轩全集》二十二卷，附录六卷，分成第一序跋，第二传状志文，第三、第四唱酬题赠，第五年谱，第六诗话、先友爵里名字考。光绪本附录则为四卷，删去了唱酬题赠（书影 8－2－3）。

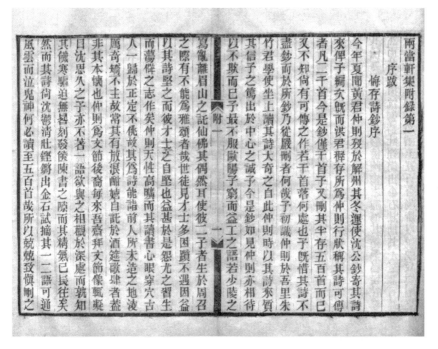

书影 8－2－3：《两当轩集》附录

清光绪二年(1876)刊本，哈佛大学燕京图书馆藏

- 赵尔巽等:《清史稿》卷四八五《黄景仁传》,第 13391—13392 页。
- (清) 佚名撰,王锺翰点校:《清史列传》卷七二《黄景仁传》,第 5941—5942 页。

[9] 赵德与《朱文公校昌黎先生集》附录

赵德,潮州人。元和十四年(819)韩愈为潮州刺史,赵德摄海阳县尉,韩愈请为衙推,专勾当州学,以督生徒。德因从(韩)公学。公去后,编集所得公文凡七十五首,号曰《文录》。韩愈有《潮州请置乡校牒》,专举赵德为师。赵德《文录序》实则为附录,附于朱熹所校《朱文公校昌黎先生集》。

- (唐) 韩愈撰,(宋) 魏仲举集注,郝润华、王东峰整理:《五百家注韩昌黎集》,北京:中华书局,2019 年,第 1637 页。

书影 8－2－4:《朱文公校昌黎先生集》附录

元建阳刻本(《四部丛刊初编》影印)

书影 8－2－5:《吕和叔文集》附《故衡州刺史东平吕君诔》

瞿氏藏述古堂影宋钞本(《四部丛刊初编》影印)

[10] 经部、子部书与附录

集部之外,经部、子部书中亦偶有附录,以《古逸丛书》之覆元本《楚辞集注》附录《楚辞后语》(书影8-2-6),影宋绍熙本《穀梁传》分别附录余仁仲万卷堂《考异》,澁江全善、森立之《经籍访古志》(书影8-2-7),小渌天藏石研斋《鬼谷子》附录《说苑》《史记》引文佚文等(书影8-2-8)。

书影 8-2-6:《楚辞后语》附录

覆元本(《古逸丛书初编》影印之 10)

书影 8-2-7: 影宋绍熙本《穀梁传》附余仁仲万卷堂《穀梁传考异》《经籍访古志》

宋绍熙本《穀梁传》(《古逸丛书初编》影印之 02)

书影 8－2－8：《鬼谷子》附录

无锡孙氏小渌天藏石研斋刊本（《四部丛刊初编》影印）

　　从以上所举几部古籍的附录来看，编附录的目的可说有这样几个：（1）收集有关作者的材料，以便读者对作者有较多的了解，这对读本书往往很有帮助。（2）收集有关本书的材料。（3）收集有关本书刊刻的材料，这对读本书当然更有直接帮助。因此，编附录是件有益的工作，只要有可能，在整理古籍以及影印古籍时应该重视这项工作。

　　今天给古籍编附录，材料有两个来源：一是原书旧有的附录，一是整理者或主持影印工作者自己动手，从有关涉的其他古籍以至墨迹、石刻拓本等各个方面去收集。这里有一个问题，即收集到的和旧有的是分开编还是混编在一起？有人是混编的，如新点校本《两当轩集》，就把咸丰本书后季锡畴跋和光绪本汪昉序增添在原书附录卷一序跋之后，并不作任何说明。[11]这似不甚妥当，因为这样容易把原书的秩序打乱，缺乏经验的读者会把所增添的部分误认为原本所固有。合之两伤，离之双美，不如分别开来为好。至于如何分别，一般可给新增添的加"新增""补遗"等字样。如《丛刊》影印的《白石道人诗集歌曲》，是乾隆八年陆钟辉刻、乾隆三十六年书板归江春后刷印的本子，陆氏刻书时附编有《白石道人集事》《白石诗词评论》《附录诸贤酬赠诗》。江氏更为增补，即分别以《集事补遗》《评论补遗》《投赠诗词补遗》标题。如果遇到原书总称"附录"，如《增广注释音辩唐柳先生集》那样，也不妨把增补部分题为"附录补遗"或"补遗""新增"，《两当轩集》原来的附录分卷，则可分别加在各卷原辑之后，如附录卷一序跋后加"序跋补遗"或"补遗""新增"。

【旁征】

［11］新点校本《两当轩集》附录之失及建议

此处所言"新点校本",即李国章标点的《两当轩集》,上海古籍出版社1983年出版。其《前言》说"这次整理是以光绪本作底本,并补收光绪本中漏刻的诗八首,增收咸丰本所附《酬唱集》二卷。同时又把新发现的黄仲则佚作三篇,附在《补遗》之内,供读者参阅"。该本除了将季锡畴、汪昉两序置于附录卷一序跋最后而未加说明,还将《考异》《考异补》三卷提至附录前,随意增改序跋附录篇目,又不加具体说明,则失去了光绪本原貌,读者亦无法了解各版本之异同、源流及变化。建议再版时增加"附录补遗"或"序跋补遗",并详细加以说明。

・（清）黄景仁著、李国章标点：《两当轩集・前言》,上海：上海古籍出版社,1983年,第9页。

书影8-2-9：《白石道人集》白石诗词评论・评论补遗

江都陆氏刊本（《四部丛刊初编》影印）

再有一点要注意,如果原书本无附录,而新收集来的材料又不甚重要,则可不编附录。因为如前所说,编附录是为读者考虑,编了对读者无用,不如不编。我把这一段的小标题写作"为什么可编附录"而不写"要编附录",也是这个道理。

哪些材料可编入附录

可编入附录的材料,大体有如下几方面。

(1)旧序跋。收集旧序作为附录,前人早已做了,而且做得很认真。如前面所说元本《增广注释音辩唐柳先生集》的附录里就收有穆修《旧本柳文后序》、沈晦《四明新本柳文后序》和李袚《柳州旧本柳文后序》三篇旧序跋,嘉靖本《韦江州集》的附录里收有王钦臣、葛繁、姚宽、胡观国、崔敦礼、杨一清六篇旧序跋,咸丰本《两当轩集》所收旧序跋更多至整整一卷。这些旧序跋绝大多数是刻书序跋,有的就是这个本子的旧刻序跋,有的是收集其他版本的刊刻序跋。今天除影印古籍外,整理古籍也可把原书旧序跋像古人那样移作附录,并广收其他版本的序跋编入附录。[12]但有的旧序跋不是刻书序跋而是给本书或本书注本写的序跋,有的还出于本书作者或注者之手,如杜预《春秋经传集解》的自序、后序,何晏《论语集解》的自序之类,就不宜移入附录。因为这些序已成为著述本身的有机组成部分,唐宋人修"正义"时已把这些序和经注一起作疏解,若移入附录对读者反不方便。此外,还有一种跋是藏书家给古籍旧本写的题跋,还有书目、藏书志给此书所写的提要和所注的版本,这些对研究此书的内容、版本都有用处,也都应收入附录。这些东西的性质和序跋相近,可和序跋编在一起,如篇数多,也可分开编。

【旁征】

[12] 收集旧序作为附录之事例

古人在给古籍做注疏时已将某些序跋与正文视为一体,则不必强行移入附录。而收集旧序作为附录的事例,除正文所举事例,还可以《四部丛刊》影印乌程许氏藏明刊本二十卷《诚意伯文集》为例说明。《诚意伯文集》用整整一卷篇幅收录了谢廷杰《诚意伯刘文成公文集序》、叶蕃《写情集序》、徐一夔《郁离子序》、吴从善《郁离子序》、王景《翊运录序》、罗汝敬《覆瓿集序》、李时勉《犁眉公集序》、杨守陈《重锓诚意伯文集序》、林富《重锓诚意伯刘公文集序》、叶式《题诚意伯刘公集》、李本《重编诚意伯文集序》、何镗《刻诚意伯文集引》十二篇序文,还附有彭韶《诚意伯像赞》及《行状》《神道碑》,又于二十卷后附陈烈《重刻诚意伯刘公文集后序》,属于黄永年师所言"序跋类编而为附录"之情况,不同之处在该"序之附录"位于文集之前。

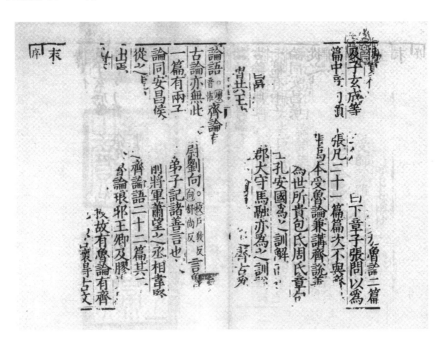

书影 8－2－10：《春秋经传集解·序》

元相台岳氏荆谿家塾刻本（卷一九、二〇配明刻本，北京：北京图书馆出版社《中华再造善本·金元编》影印，2003 年）

书影 8－2－11：《论语集解·序》

元相台岳氏荆谿家塾刻本（北京：北京图书馆出版社《中华再造善本·金元编》影印，2004 年）

（2）传记年谱。这是指古籍作者或注者的传记、年谱。传记包括纪传体正史的传，其他别史、杂史里的传，地方志里的传，以及行状、家传、墓碑、墓志等。如元本《朱文公校昌黎先生集》《增广注释音辩唐柳先生集》里就收有《新唐书》本传，嘉靖本《韦江州集》收有《补韦刺史传》，咸丰《两当轩集》里的传状志文更多成专卷。这些传记除旧本已收集者外，整理古籍者自己再要收集，可到有关的同时人的文集里去找，墓碑、墓志可到著录石刻文字的书里去找，如能找到拓本当然更好，除写出释文外还可摄影制成图版插在全书之前，以备读者观览。有些名气不大，纪传体正史也没为之立传的人，地方志里往往有简略的小传找来收入附录亦可聊胜于无，但如地方志抄自正史，则不必重复。至于年谱，可以用前人撰写的，也可以由整理者自己来撰写，但一般只能摘要收入附录，如毛庆善、季锡畴的《黄仲则先生年谱》只有一卷，可收入咸丰本《两当轩集》作为附录，分量太大的年谱已成为独立的专著，就不宜收入，以免喧宾夺主。有的古籍附录，在年谱、传记外还兼收有关师友渊源的记述，如咸丰本《两当轩集》就收有《先友爵里名字考》，这也是和传记、年谱有密切关系的材料，前人还常把这类材料直接写进年谱里。年谱里还要记述作者除本书以外的其他著作，也可以单独写篇作者的著述考编入附录。[13]

【旁征】

[13] 有关作者著述及门人弟子集结情况的年谱附录

附录中的年谱，有比较详细记叙撰者著述情况的，比如《王文成公全书》附录第三二至三六卷共计五卷皆汇集与年谱相关之内容：第三二至三四卷收录"自成化壬辰始至正德戊寅征赣""自正德己卯在江西至正德辛巳归越""自嘉靖壬午在越至嘉靖己丑丧归越"三卷《年谱》，述至王阳明嘉靖七年（1529）十一月卒、次年十一月葬事毕。第三五、三六两卷《年谱附录》分别为"自嘉靖庚寅建精舍于天真山至隆庆丁卯复伯爵""年谱旧序至论年谱书"，述嘉靖九年至隆庆元年（1567）门人薛侃等兴建杭州天真书院（天真山精舍）及众门人建祠建庙建书院刻书等系列活动，以及钱德洪《阳明先生年谱序》、

书影8-2-12：《韦江州集》附录《补韦刺史传》
明嘉靖戊申华云江州刊本（《四部丛刊初编》影印）

罗洪先《阳明先生年谱考订序》、王畿《刻阳明先生年谱序》(附胡松、王宗沐序)、邹守益《论年谱书》、罗洪先《论年谱书》、钱德洪《答论年谱书》(书影8-2-13)。

书影8-2-13：《王文成公全书》附录《年谱》《年谱附录》

明隆庆刊本(《四部丛刊初编》抽换影印)

书影8-2-14：《两当轩集》附《黄仲则先生年谱》一卷

光绪二年刊本，哈佛大学哈佛燕京图书馆藏

（3）评述研究文字。[14]古人刻书时已重视这类文字,如嘉靖本《韦江州集》就收有刘辰翁的评语,咸丰本《两当轩集》附录中的诗话也就是收集人们对黄景仁诗文的评述。《两当轩集》附录里多至两卷的唱酬题赠,实际上也多半是对黄景仁本人及其诗文的评述,当然同时也是纂辑师友爵里名字以及编撰年谱的有用材料。还有祭文、祠堂记之类,如《增广注释音辩唐柳先生集》所附录的皇甫湜、刘禹锡、曹辅、黄翰、许尹诸家祭文,汪藻所撰祠堂记。《朱文公校昌黎先生集》里苏轼所撰庙碑记事少而评论多,也可以和评述文字放到一起。研究文字则近人写得较多,往往用论文形式,写得好的、在学术界有影响的可以收入附录,泛泛而谈的文字即使出现于整理影印的序跋里都不合适,当然也不宜以专文的形式收入附录。这种研究文字当然也可由整理者自己写,但同样要严格要求,不能随便塞进附录,滥竽充数。

【旁征】

[14] 以评述研究文字为附录

除正文所提及《韦江州集》《两当轩集》《增广注释音辩唐柳先生集》《朱文公校昌黎先生集》附录涉及评论评述评议类文字外,如《白沙子集》中亦收录隆庆三年(1569)惠安人林会春《读白沙先生全集》。《白沙子集》,明陈献章撰。陈献章(1428—1500),

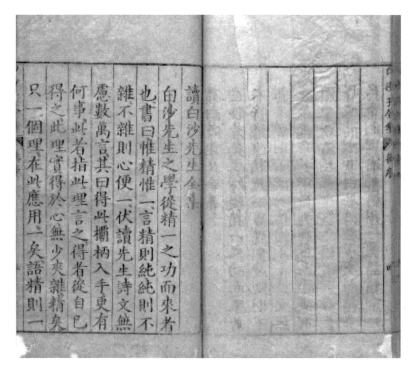

书影 8－2－15:《白沙子全集》附隆庆三年林会春《读白沙先生全集》

明万历四十年(1612)刊,日本内阁文库藏字公甫,别号石斋,广东新会白沙里人,世称"白沙先生",明代知名学者,是理学前后传承转变风气的重要人物。正统十二年(1447)举乡试,终授翰林院检讨以归,后屡荐不起。其人生平不事著述,颇有诗兴。《明史》卷二八三有传。今本《白沙子全集》九卷,嘉靖三十年(1551)九月门人湛若水校定,大巡萧友山始为刊行,万历间何熊祥重刊。另有正德刊本弘治十八年(1505)门人张诩序二十卷本《白沙先生全集》(《善本书室藏书志》)。

- (清) 张廷玉等:《明史》卷二八三《陈献章传》,第 7261—7262 页。
- (明) 陈献章著、孙通海点校:《陈献章集》点校说明,北京:中华书局,1987 年,第 1—2 页。
- (清) 丁丙著、曹海花点校:《善本书室藏书志》,杭州:浙江古籍出版社,2016 年,第 1523—1524 页。
- (明) 陈献章:《白沙子全集》,日本内阁文库藏,第 10 册"后序"第五叶正至第六页背。

三　存　旧

为什么要讲存旧

存旧,即保存事物的本来面目。这对很多事情是不合适的,它经常意味着和革新、创新相对立,但某些地方的旧还得保存。例如博物馆的管理、技术都应该革新、创新,但藏品、展品却要存旧,要保存本来面目,即使修复或仿制也要弄得和本来的一样,否则就无从通过这些展品获得真实的知识,更谈不上根据它做研究工作。古籍整理之所以要讲存旧,也是根据同样的理由,即尽可能把古籍的本来面目提供给读者、研究工作者,而不是出于其他目的。[15]

【旁征】

[15] 存旧与《留真谱》、存旧之"旧"及原则

古器物、古建筑修复讲求"修旧如旧",古籍整理之目标亦当如此,要保存、恢复古籍之本来面目。前人古籍存旧者,如杨守敬随黎庶昌出使日本时受藏书家森立之摹写古抄本启发,以影刻古籍样张方式陆续完成《留真谱》,初集十二卷刊于光绪二十七年(1901),收录宋元明珍本、日本朝鲜旧抄本四百八十三种,1917 年续刻《二编》八卷,收书二百五十二种。《留真谱》收录比较有代表性的如北宋崇文院刻本《齐民要术》(书影 8-3-1),所影刻者为日本京都高山寺十无尽院藏本,该本仅存第五、第八两卷及第一卷一页。影刻时保留了"十无尽院""高山寺"两图记,卷一首页第七至十一行仅保留首尾两字,即"耨""农"、"之""日"、"斫""二"、"尺""也"、"斸""象"间留白二十四字,可说是在版式上最大限度关照宋本原貌。新中国成立后有赵万里的《中国版刻图录》,潘承弼、顾廷龙的《明代版本图录初编》等,以影印影刻方法汇集历代版刻图书,存旧同时兼顾古籍版本知识的普及。古籍在成书梓行重刊重刻过程中,往往增添删削,内容篇目结构有所调整。是以古籍之"本来面目"并非唯一存在,应按研究需要予以界定选择:或梳理古籍流布完整形态,或展示其阶段性特征。

• (清)杨守敬编:《留真谱》,北京:北京图书馆出版社,2004 年。
• (后魏)贾思勰撰,缪启愉校释:《齐民要术校释》附录一《宋以来〈齐民要术〉校勘始末评述》,北京:农业出版社,1982 年。

• 赵万里编：《中国版刻图录》，北京：文物出版社，1990 年；潘承弼、顾廷龙同纂：《明代版本图录初编》，台北：文海出版社有限公司，1971 年。其他同类著作又有黄永年、贾二强撰集：《清代版本图录》，杭州：浙江人民出版社，1997 年；南京国学图书馆编：《盋山书影》，北京：北京图书馆出版社，2003 年；陶湘编：《涉园所见宋版书影》、王文进编：《文禄堂书影》、缪荃孙编：《宋元书式》，收入徐蜀编：《涉园所见宋版书影、文禄堂书影、宋元书式》，北京：北京图书馆出版社，2003 年；[日]和田维四郎编：《访书余录》，北京：书目文献出版社，2005 年；黄寿成编著：《心太平盦古籍书影：黄永年先生收藏精粹》，上海：华东师范大学出版社，2022 年。

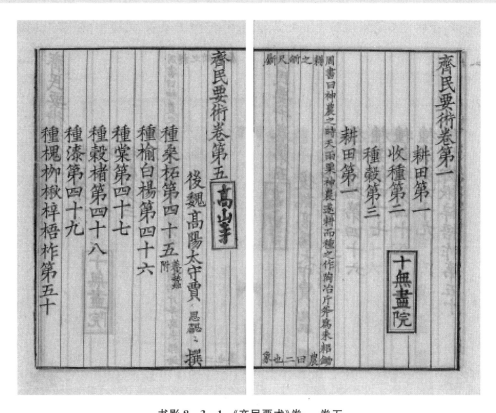

书影 8–3–1：《齐民要术》卷一、卷五
京都高山寺藏北宋崇文院刻残本（《留真谱》影刻），现藏京都国立博物馆

应该承认，我国古代在古籍存旧这件事上，有时做得好，有时做得并不好。就宋刻本来说，浙本，尤其是浙本中的官刻本是注意存旧的。建阳的坊刻本就马虎了，甚至为了翻新花样，可以随便增删内容，分并卷数，点窜书名。这种毛病到明万历时更严重，致使后来做学问的人常发"明人好刻书而书亡"之叹。这里随便举几个例子：班固的《汉书》本来就叫《汉书》，并不冠以"前"字，万历时北监刊刻《二十一史》时却画蛇

添足地把它改为《前汉书》。唐刘肃所撰的杂史本名《大唐新语》,万历时冯梦祯等刊刻时却改为《唐世说新语》。《白虎通》宋元本都是十卷,万历以后刻本多省并成二卷、四卷。《花间集》本是十卷,《四部丛刊》影印的万历时玄览斋刻本却妄分为十二卷。万历天启时闵、凌两家刊刻朱墨套印本书,刻印都讲究,但窜乱特别严重,如凌瀛初所刻《世说新语》,不仅把原书的三卷妄分为八卷,而且删节旧注,因此尽管用四色套印,纸墨精良,真做学问的人仍不敢领教。[16]

【旁征】

[16] 明万历刻书乱删乱改不讲求存旧之弊

正文概括古书刊刻及中国古代书刻行业之弊端,以明人"好刻书"却喜增删点窜古籍为例,说明万历时刻书擅自改动古籍原貌并非"无缘由"而是"不必要"。明人以为存旧而不泥古,既不可师心自用,又要灵活变通,但是其做法显然"灵活过之"。万历年间北京国子监刊《二十一史》之《前汉书》书名,亦为崇祯时毛晋刻"汲古阁十七史"以及官修《四库全书》时所蹈袭(书影8-3-2)。

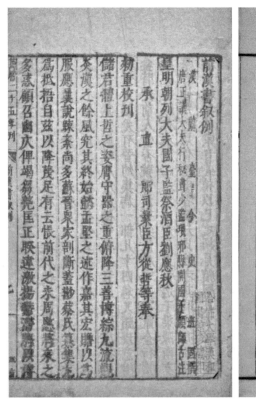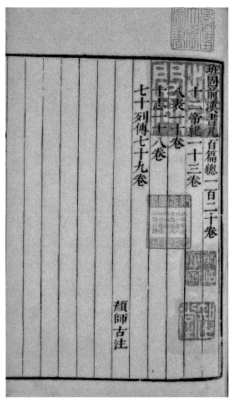

书影8-3-2:左:《前汉书·叙例》;右:汲古阁十七史之《前汉书》

左:明万历二十五年(1597)北京国子监刊;右:明崇祯十七年(1644)毛氏汲古阁刻本

另如万历以后《白虎通》刻本多省并为二卷、四卷,天启郎壁金校《白虎通》东传有江户本,保留了元大德九年(1305)张楷《白虎通德论旧序》、严度《白虎通德论序》,然已并为四卷。从嘉靖以下冷宗元序等,则已难看出元大德本面貌。应注意的是,《白虎通》各本卷数虽有不同,但四十四篇数大致并无变化(书影8-3-3)。

• (清)陈立撰,吴则虞点校:《白虎通疏证》,北京:中华书局,1994年。

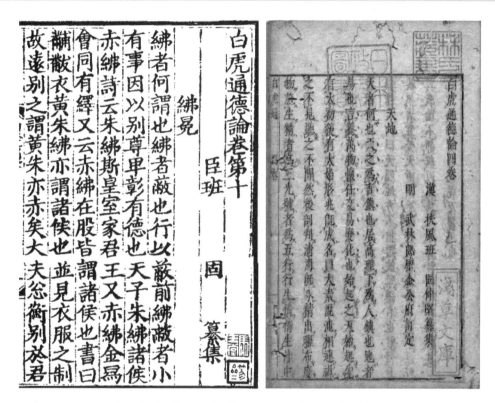

书影8-3-3:左:《白虎通》卷一〇;右:《白虎通》卷四

左:艺风堂旧藏元大德九年(1305)重刊宋监本十卷本(《四部丛刊初编》影印);右:明天启六年(1626)郎壁金校、日本宽文二年(1662)江户刊四卷本,日本内阁文库藏

前人失败的教训,今天整理古籍者应该认真吸取。影印本自不成问题,点校、注释本除原书行格可作变动不必拘泥外,在其他各方面都应力求保存古籍的本来面目,愈多保存愈好,切勿师心自用,重蹈前人的覆辙。

当然,如果是汇集各种旧本并增添新材料编成一个新本子,自无法再讲存旧,包括书名也可以另拟,如不曰《江文通集》而曰《江淹集》,不曰《元氏长庆集》而曰《元稹集》。普及性的选注本或附原文的今译本也可不必考虑存旧问题,因为这本来就不是给研究者使用的东西。[17]

【旁征】

［17］汇集旧本并增添新材料编成新本则可另拟书名

　　将前人总集别集中的多种旧本重编合刊新本，则无法讲求存旧，可以另拟一名。除内容增添篇目调整，书名中字号、别号、斋号、官职、地名等也相应变化。如中华书局1999年版《白居易集》《徐渭集》，整理本分别来自《白氏长庆集》《徐文长集》，"中国古典文学基本丛书"中的整理本亦多有此类改名现象。

古籍存旧在今天应该注意之点

　　为了在整理时保存好古籍的本来面目，今天应该在下列几方面多加注意，因为这几方面或多或少地都出过问题。

　　(1) 保存旧序跋。旧序跋之需保存，在上面"附录"章里已讲过了。可能出于极左思潮的干扰，70年代后期曾经刮过一股砍序风，即重印古籍时把所有的旧序跋统统删掉，让位于所谓符合马克思主义的新序跋。记得起来的，如重印《春秋经传集解》把杜预的序和后序删掉，重印元戈直注本《贞观政要》[18]，把戈直等人的三篇序连带戈直采集的诸儒议论都删掉。是否认为杜序、戈序以及诸儒议论等不符合马克思主义所以非删不可呢？那他们所作的注难道就符合？《春秋经》《左氏传》以及《贞观政要》的本身难道就符合？按照这样的标准，干脆把古籍统统毁掉算了，还重印干什么！

【旁征】

［18］重印元戈直注本《贞观政要》序跋的存废

　　《贞观政要》十卷，唐吴兢撰，明以后刊本多含明宪宗成化八年(1472)御制序、至顺四年(1333)郭思贞集论题辞、戈直序、吴兢序目、《集论诸儒姓氏》戈直集论，如明成化本(戈本)、清扫叶山房本、(书影8-3-4、8-3-5、8-3-6)日本庆长本，均属"戈本系统"。这里的"重印元戈直注本"当指1978年上海古籍出版社出版、上海师范大学古籍整理组校点的排印本《贞观政要》。该本只保留了吴兢原序，删掉其他所有序跋、集论。而且《出版说明》既未提及《贞观政要》各版本系统渊源优劣，不谈底本、校本选择标准，也未比勘各本异同，仅作简单注释，因而"去戈直本甚远"。

　　2021年中华书局整理本《贞观政要集校》则在很大程度上弥补了此前整理的遗憾，首先是保留所有序跋并增附录，收录历代著录题跋、吴兢学行编年、著述目录、诗文辑录。其次详介各版本差异优劣、各版本系统源流，明确底本对校本与集校凡例，且特别留意吸收日本、朝鲜各本之长。

　　• (唐)吴兢编著：《贞观政要》，上海：上海古籍出版社，1978年。
　　• (唐)吴兢撰，谢保成集校：《贞观政要集校(修订本)》，北京：中华书局，2021年。

御製貞觀政要序

朕惟三代而後。治莫盛於
唐。而唐三百年間。尤莫若貞
觀之盛。誠以太宗克己勵精
圖治於其上。而群臣如魏徵
輩。感其知遇之隆。相與獻可
替否以輔治於下。君明臣良。

貞觀政要
戈直集論

書影8-3-4：左：《贞观政要》之《明宪宗御制序》；右：《贞观政要》之《戈直集论》

明成化本（戈本）（《四部丛刊续编》影印）

书影8-3-5：《贞观政要》之《吴澄题辞》

清嘉庆扫叶山房本

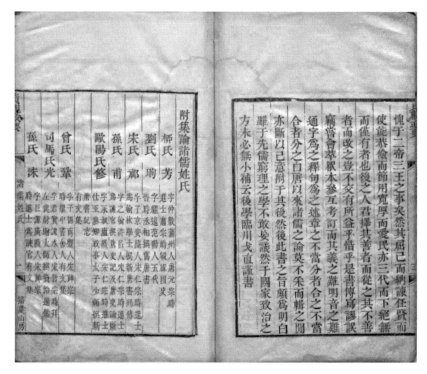

书影 8－3－6：《贞观政要》戈直序、《集论诸儒姓氏》
清嘉庆扫叶山房本

（2）保存旧题衔。这方面也往往注意得不够。以《汉书》为例，百衲本影印的北宋末年监本题"秘书监上护军琅邪县开国子颜师古注"，保存了颜注本的旧式，清殿本改题为"唐正议大夫行秘书少监琅邪县开国子颜师古注"，漏掉了上护军这个勋官，新点校本则什么都不题，只在每册扉页上印了"唐颜师古注"五个字，读者就更无从查考。再如《旧唐书》，百衲本影印源出南宋本的明闻人诠刻本首卷题"监修国史推诚守节保运功臣特进守司空兼门下侍郎同中书门下平章事上柱国谯国公食邑五千户食实封四百户臣刘昫等奉敕修"，这对研究五代时职官制度是有用处的，到殿本却删节成"后晋司空同中书门下平章事刘昫撰"，新点校本更只在扉页上印了"后晋刘昫等撰"。[19] 其实，多排几个铅字把这类有点用处的旧式保存下来，应该说不上是浪费。对某些研究工作来说，凭新本一查即得，也可免于另找百衲本或闻人诠原刻。如果情况特殊，一定要统一款式，不便把这类旧题衔原封不动，那是否可将旧本有关系处摄印几张书影附进书里，像 50 年代、60 年代初版的点校本《资治通鉴》《史记》《汉书》等就都用过这种方法。

【旁征】

[19] 清殿本不当改易宋本题衔

正文提出古籍整理应保留旧式题衔，以利于学者对相关信息的研究利用。而明清重刊重刻《汉书》《旧唐书》等史部典籍时，随意减省删节撰者题衔，从而失去古籍原貌，造成题衔中职官等相关信息流失。整理古籍应尽量保存原貌，最好附以书影以弥补不同时期版本对题衔、书名的改动，留下可循线索。如"点校本二十四史修订本"2019年版《隋书》，即于版权页后附国家图书馆藏宋刻递修本《帝纪》书影，上题"特进臣魏徵上"。又有国家图书馆藏元至顺三年瑞州路儒学刻明修本《刑法志》书影，上题"监修国史赵国公长孙无忌等撰"。除附题衔书页，还可于排印本正文中保留相关信息，如1956年标点本《资治通鉴》，其版权页仅存"宋司马光编著、元胡三省音注"，每卷题首仍保存"朝散大夫右谏议大夫权御史中丞充理检校使上护军赐紫金鱼袋臣司马光奉敕编集，后学天台胡三省音注"等旧式题衔。

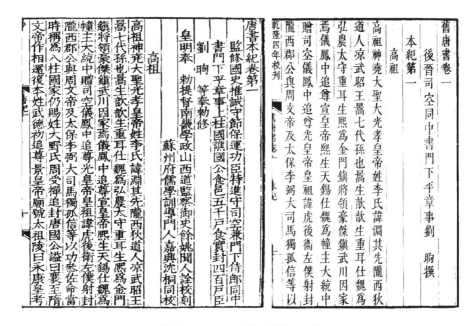

书影 8-3-7：《旧唐书》卷一题衔

左："铁琴铜剑楼"藏宋刊本（上海涵芬楼影印"百衲本二十四史"，阙卷以明嘉靖闻人诠覆宋本配补）；
右：清乾隆武英殿本，中国国家图书馆藏

（3）保存书名。除了上面讲过的重编本外，以一个旧本为底本作校勘、标点、注释的，一律要保存原有的书名，任何人没有权利替古人修改书名。但当年仍间或有改书名的事情发生，如重印《春秋经传集解》时不仅删掉杜预的序和后序，连书名也改成《春秋左传集解》，大概是怕读者不知道此书就是《左传》杜注，或者是不愿尊称《春秋》为"经"吧！其实《春秋》在作传时已成为"经"，它是客观存在，不存在尊不尊的问题。如果怕读者不知道这就是《左传》杜注，在出版前言里说明一下也可以。这种改书名的事情但愿今后不再发生。

主要参考书目

（一）古籍（按经史子集排序）

（唐）孔颖达：《影印南宋官版周易正义》，北京：北京大学出版社影印傅增湘珂璘版影印南宋监本（与日本足利学校藏南宋越刊八行本《周易注疏》合印），2017 年。

（唐）李鼎祚撰，王丰先点校：《周易集解》，北京：中华书局，2016 年。

（清）张惠言著，刘大钧校点：《周易虞氏义》，北京：北京大学出版社，2012 年。

（清）孙星衍撰，陈抗、盛冬铃点校：《尚书今古文注疏》，北京：中华书局，2003 年。

（清）王先谦撰，吴格点校：《诗三家义集疏》，北京：中华书局，1987 年。

（清）孙诒让撰，王文锦、陈玉霞点校：《周礼正义》，北京：中华书局，2013 年。

（清）张尔岐：《仪礼郑注句读》，桂林：广西师范大学出版社影印，2021 年。

（宋）张淳：《仪礼识误》，王云五等编：《丛书集成初编》第 0126 册，上海：商务印书馆，1936 年。

（清）阮元校刻：《礼记正义》，北京：中华书局影印阮元《十三经注疏》本，2009 年。

（唐）陆德明：《礼记释文》，《中华再造善本·唐宋编》影印宋淳熙四年（1177）抚州公使库刻本，北京：北京图书馆出版社，2006 年。

（清）孔广森撰，王丰先点校：《大戴礼记补注》，北京：中华书局，2013 年。

（清）阮元校刻：《春秋左传正义》，影印阮元《十三经注疏》本，北京：中华书局，2009 年。

（清）洪亮吉撰，李解民点校：《春秋左传诂》，北京：中华书局，1987 年。

（清）李贻德：《春秋左传贾服注辑述》，《续修四库全书》经部春秋类第 0125 册影印余姚朱氏本，上海：上海古籍出版社，2002 年。

（清）阮元校刻：《春秋公羊传注疏》，影印阮元《十三经注疏》本，北京：中华书局，2009 年。

（汉）何休解诂，（唐）徐彦疏，刁小龙整理：《春秋公羊传注疏》，上海：上海古籍出版社，2013 年。

（清）邵晋涵撰，李嘉翼、祝鸿杰点校：《尔雅正义》，北京：中华书局，2017 年。

（清）顾炎武撰，徐德明等校点：《九经误字》，上海：上海古籍出版社，2012 年。

（清）王引之：《经义述闻》，影印清道光七年（1827）本，南京：江苏古籍出版社，1985 年。

（清）俞樾：《群经平议》，《续修四库全书》经部群经总义类第 178 册影印清《春在堂全书》本，上海：上海古籍出版社，1996 年。

（清）阮元：《十三经注疏校勘记》，《续修四库全书》经部群经总义类第 180—183 册影印清阮氏文选楼刻本，上海：上海古籍出版社，1996 年。

（清）蔡启盛：《皇清经解检目》，清光绪武林刻本。

（汉）许慎：《说文解字》，北京：中华书局，1963 年。

（清）段玉裁：《汲古阁说文订》，《续修四库全书》经部小学类第 204 册影印嘉庆二年（1797）五砚楼刻本，上海：上海古籍出版社，2002 年。

（清）莫友芝原著，梁光华注评：《唐写本说文解字木部笺异注评》，上海：上海古籍出版社，2016 年。

（汉）许慎撰；（清）段玉裁注：《说文解字注》，上海：上海古籍出版社，1988 年。

（清）钮树玉：《说文新附考》，清嘉庆六年（1801）钮氏非石居自刊本。

（清）毛谟：《说文检字及补遗》，王云五主编：《丛书集成初编》，北京：商务印书馆，1936 年。

（清）张玉书等编纂，张元济节选：《节本康熙字典》，北京：商务印书馆，2001 年。

（汉）史游撰，（清）孙星衍校：《急就章考异》，《续修四库全书》经部小学类第 243 册影印清《岱南阁丛书》本，上海：上海古籍出版社，1996 年。

（清）钟谦钧辑：《古经解汇函》附《小学汇函》，影印同治刊本，扬州：广陵书社，2012 年。

（汉）班固撰；（唐）颜师古注：《汉书》，北京：中华书局，1962 年。

（汉）班固撰，（唐）颜师古注，王先谦补注：《汉书补注》，北京：商务印书馆，1959 年。

（南朝宋）范晔撰；（唐）李贤等注：《后汉书》，北京：中华书局，1965 年。

（唐）房玄龄等：《晋书》，北京：中华书局，1974 年。

（清）丁国钧：《晋书校文》，徐蜀编：《魏晋南北朝正史订补文献汇编》第 2 册，北京：北京图书馆出版社，2004 年。

（南朝梁）沈约：《宋书》，北京：中华书局，1974 年。

（唐）姚思廉：《梁书》，北京：中华书局，1973 年。

（唐）魏徵、令狐德棻：《隋书》，北京：中华书局，1973 年。

（唐）李延寿：《南史》，北京：中华书局，1975 年。

（后晋）刘昫等：《旧唐书》，北京：中华书局，1975 年。

（后晋）刘昫等：《旧唐书》，《百衲本二十四史》影印宋绍兴刻本配补明嘉靖闻人诠刻本，上海：商务印书馆，1936年。

（清）罗士琳等校：《旧唐书校勘记》，徐蜀编：《二十四史订补·隋唐五代正史订补文献汇编》第1册，北京：北京图书馆出版社，2004年。

（宋）欧阳修、宋祁：《新唐书》，北京：中华书局，1975年。

（宋）吴缜：《新唐书纠谬》，张元济等编：《四部丛刊三编》，影印江安傅氏双鉴楼藏明刊本，上海：商务印书馆，1936年。

（宋）薛居正等：《旧五代史》，《百衲本二十四史》影印民国刘承幹嘉业堂本，上海：商务印书馆，1936年。

（元）脱脱等：《宋史》，北京：中华书局，1985年。

（清）汪辉祖撰，姚景安点校：《元史本证》，北京：中华书局，2004年。

（清）张廷玉等：《明史》，北京：中华书局，1974年。

赵尔巽等：《清史稿》，北京：中华书局，1977年。

（汉）宋衷注；（清）秦嘉谟等辑：《世本八种》，上海：商务印书馆，1957年。

（宋）司马光撰，（元）胡三省音注：《元本资治通鉴》，北京：国家图书馆出版社《国学基本典籍丛刊》影印上海图书馆藏元刻初印本，2020年。

（宋）李心传：《建炎以来系年要录》，北京：中华书局，1988年。

（东汉）刘珍等撰，吴树平校注：《东观汉记校注》，北京：中华书局，2008年。

（唐）吴兢编著：《贞观政要》，上海：上海古籍出版社，1978年。

（唐）吴兢撰，谢保成集校：《贞观政要集校（修订本）》，北京：中华书局，2021年。

（元）刘一清撰，王瑞来校笺考原：《钱塘遗事校笺考原》，北京：中华书局，2016年。

（唐）刘知幾著；（清）浦起龙通释；王煦华整理：《史通通释》，上海：上海古籍出版社，2009年。

（清）章学诚撰，叶瑛校注：《文史通义校注》，北京：中华书局，2014年。

（清）钱大昕：《廿二史考异》，上海：上海古籍出版社，2004年。

（清）赵翼撰，曹光甫校点：《廿二史札记》，上海：上海古籍出版社，2011年。

（清）王鸣盛撰，黄曙辉点校：《十七史商榷》，上海：上海古籍出版社，2016年。

（清）江标撰，王大隆补：《黄丕烈年谱》，北京：中华书局，1988年。

（明）焦竑：《国朝献征录》，台北：台湾学生书局，1965年。

（清）黄宗羲：《宋元学案》，北京：中华书局，1986年。

（清）佚名撰，王锺翰点校：《清史列传》，北京：中华书局，1987年。

（清）钱仪吉纂，勒斯标点：《碑传集》，北京：中华书局，1993年。

（清）缪荃孙编，王兴康等整理：《续碑传集》，上海：上海人民出版社，2019 年。

闵尔昌纂录：《碑传集补》，上海：上海书店《清碑传合集》影印本，1988 年。

（魏）杨衒之撰，周祖谟校释：《洛阳伽蓝记校释》，北京：中华书局，2010 年。

（唐）玄奘、辩机撰：《大唐西域记》，影印《嘉兴藏》本，北京：文学古籍刊行社，1955 年。

（宋）程大昌撰，黄永年点校：《雍录》，北京：中华书局，2002 年。

（元）骆天骧撰，黄永年点校：《类编长安志》，北京：中华书局，1990 年。

（清）徐松撰，张穆校补，方严点校：《唐两京城坊考》，北京：中华书局，1985 年。

（清）徐松辑，高敏点校：《河南志》，北京：中华书局，1994 年。

（清）王谟辑：《汉唐地理书钞（影印本）》，北京：中华书局，1961 年。

（宋）程俱撰，张富祥校证：《麟台故事校证》，北京：中华书局，2000 年。

（清）徐松辑：《宋会要辑稿》，北京：中华书局，1957 年。

（宋）赵明诚撰，金文明校证：《金石录校证》，北京：中华书局，2019 年。

（清）孙星衍：《寰宇访碑录》，《石刻史料新编》影印本（第一辑第 26 册），台北：新文丰出版社，1982 年。

（清）王昶：《金石萃编》，《石刻史料新编》影印本（第一辑第 1—5 册），台北：新文丰出版社，1982 年。

（清）陆增祥：《八琼室金石补正》，《石刻史料新编》影印本（第一辑第 6—8 册），台北：新文丰出版社，1982 年。

（清）叶昌炽撰，姚文昌点校：《语石》，2018 年。

（清）方若原著，王壮弘增补：《增补校碑随笔（修订本）》，上海：上海书店出版社，2008 年。

（清）吴大澂编，吴湖帆重编：《愙斋集古录》，北京：中华书局，2021 年。

（宋）晁公武撰，孙猛校证：《郡斋读书志校证》，上海：上海古籍出版社，2011 年。

（宋）陈振孙撰，徐小蛮、顾美华点校：《直斋书录解题》，上海：上海古籍出版社，1987 年。

（清）钱谦益撰，（清）陈景云注：《绛云楼书目》，《粤雅堂丛书》第九集。

（清）钱曾：《钱遵王述古堂藏书目录》，《续修四库全书》史部目录类第 920 册影印清述古堂抄本，上海：上海古籍出版社，2002 年。

（清）钱曾著，管庭芬、章钰校证，佘彦焱标点：《读书敏求记校证》，上海：上海古籍出版社，2007 年。

（清）季振宜：《季沧苇藏书目》，《续修四库全书》史部目录类第 920 册影印《士礼居丛书》本,上海:上海古籍出版社,2002 年。

（清）永瑢等:《四库全书总目》,北京:中华书局,1965 年。

（清）永瑢等:《四库全书简明目录》,上海:上海古籍出版社,1985 年。

（清）孙星衍撰,焦桂美、沙莎标点:《平津馆鉴藏记书籍·廉石居藏书记·孙氏祠堂书目》,上海:上海古籍出版社,2008 年。

（清）黄丕烈著,潘祖荫辑,周少川点校:《士礼居藏书题跋记》,北京:书目文献出版社,1989 年。

（清）黄丕烈著,屠友祥校注:《荛圃藏书题识》,上海:上海远东出版社,1999 年。

（清）黄丕烈撰,余鸣鸿、占旭东点校:《黄丕烈藏书题跋集》,上海:上海古籍出版社,2015 年。

（清）张金吾撰,柳向春整理:《爱日精庐藏书志》,上海:上海古籍出版社,2014 年。

（清）周中孚著,黄曙辉、印晓峰标校:《郑堂读书记》,上海:上海书店出版社,2009 年。

（清）瞿镛编纂,瞿果行标点,瞿凤起覆校:《铁琴铜剑楼藏书目录》,上海:上海古籍出版社,2000 年。

（清）杨绍和:《楹书隅录》,《续修四库全书》史部目录类第 926—927 册影印 1912 年董康补刻本,上海:上海古籍出版社,2002 年。

（清）丁丙:《善本书室藏书志》,《续修四库全书》史部目录类第 927 册影印光绪家刻本,上海:上海古籍出版社,2002 年。

（清）邵懿辰撰,邵章续录:《增订四库简明目录标注》,上海:上海古籍出版社,2000 年。

（清）朱学勤标注:《朱修伯批本四库简明目录》,北京:北京图书馆出版社,2001 年。

（清）莫友芝撰、傅增湘订补、傅熹年整理:《藏园订补郘亭知见传本书目》,北京:中华书局,2009 年。

（清）张之洞:《书目答问》《輶轩语》,光绪五年(1879)贵阳王秉恩合刻本。

范希曾编,瞿凤起校点:《书目答问补正》,上海:上海古籍出版社,1983 年。

（清）张之洞编撰,来新夏等汇补:《书目答问汇补》,北京:中华书局,2011 年。

（清）缪荃孙撰,黄明、杨同甫校点:《艺风藏书记·艺风藏书续记·艺风藏书再续记》,上海:上海古籍出版社,2019 年。

（清）章太炎撰,罗志欢主编:《章太炎藏书题跋批注校录》,济南:齐鲁书社,2007 年。

（清）杨守敬编:《留真谱》初编、二编,《珍稀古籍书影丛刊》影印光绪二十七年(1901)、1917 年印本,北京:北京图书馆出版社,2004 年。

瞿启甲编：《铁琴铜剑楼书影》，《珍稀古籍书影丛刊》影印 1922 年常熟瞿氏石印本，北京：北京图书馆出版社，2003 年。

南京国学图书馆编：《盋山书影》，《珍稀古籍书影丛刊》影印 1928 年印本，北京：北京图书馆出版社，2003 年。

刘承幹编：《嘉业堂善本书影》，《珍稀古籍书影丛刊》影印 1929 年印本，北京：北京图书馆出版社，2003 年。

陶湘编：《涉园所见宋版书影》，《珍稀古籍书影丛刊》影印 1937 年朱墨套印本，北京：北京图书馆出版社，2003 年。

（元）程端礼撰，姜汉椿校注：《程氏家塾读书分年日程》，合肥：黄山书社，1992 年。

（清）毕沅：《老子道德经考异》，王云五等编：《丛书集成初编》第 541 册，上海：商务印书馆，1940 年。

（宋）吕惠卿：《金刻本庄子全解》，北京：国家图书馆出版社影印本，2017 年。

（清）郭庆藩撰，王孝鱼点校：《庄子集释》，北京：中华书局，2012 年。

（清）王先慎撰，钟哲点校：《韩非子集解》，北京：中华书局，1998 年。

佚名：《明活字本墨子》，北京：国家图书馆出版社影印本，2017 年。

（清）孙诒让撰，孙启治点校：《墨子间诂》，北京：中华书局，2001 年。

（北魏）贾思勰撰，缪启愉校释：《齐民要术校释》，北京：农业出版社，1982 年。

连冕等著：《〈天水冰山录·钤山堂书画记〉标校》，西安：三秦出版社，2016 年。

（汉）应劭撰：《风俗通义》，《中华再造善本·金元编》影印元大德刊本，北京：北京图书馆出版社，2005 年。

（宋）叶梦得撰，宇文绍奕考异，侯忠义点校：《石林燕语》，北京：中华书局，1984 年。

（宋）江少虞：《宋朝事实类苑》，上海：上海古籍出版社，1981 年。

（宋）洪迈撰，孔凡礼点校：《容斋随笔》，北京：中华书局，2005 年。

（明）顾炎武著，（清）黄汝成集释，栾保群、吕宗力校注：《日知录集释（校注本）》，杭州：浙江古籍出版社，2013 年。

（清）卢文弨撰，程惠新，陈东辉校点：《群书拾补》，杭州：浙江大学出版社，2019 年。

（清）王鸣盛著，顾美华标校：《蛾术编》，上海：上海书店出版社，2012 年。

（清）王念孙：《读书杂志》，影印清王氏家刻本，南京：江苏古籍出版社，1985 年。

（清）陆以湉撰，崔凡芝点校：《冷庐杂识》，北京：中华书局，1984 年。

（清）劳格著，项念东点校：《读书杂识》，芜湖：安徽师范大学出版社，2017 年。

（清）俞樾：《诸子平议》，《续修四库全书》子部杂家类第 1161 册影印清《春在堂全书》本，上海：上海古籍出版社，1996 年。

（清）俞樾：《古书疑义举例》，《续修四库全书》子部杂家类第 1162 册影印清《春在堂全书》本，上海：上海古籍出版社，1996 年。

（清）李慈铭撰，由云龙辑：《越缦堂读书记》，北京：中华书局，2006 年。

（清）黄奭：《黄氏逸书考》，《续修四库全书》子部杂家类第 1207 册影印清道光黄氏刻民国二十三年江都朱长圻补刻本，上海：上海古籍出版社，2002 年。

（清）马国翰辑：《玉函山房辑佚书（影印本）》，扬州：广陵书社，2004 年。

（隋）虞世南：《北堂书钞》，《续修四库全书》子部类书类第 1212 册影印清光绪十四年（1888）孔氏三十三万卷堂刻本，上海：上海古籍出版社，1996 年。

（唐）欧阳询：《艺文类聚》，影印上海图书馆藏南宋绍兴刻本，上海：上海古籍出版社，2013 年。

（唐）徐坚：《初学记》，北京：中华书局，1962 年。

（唐）白居易：《白氏六帖事类集》，影印宋刻本，北京：文物出版社，1987 年。

（南朝宋）刘义庆撰，（南朝梁）刘孝标注：《世说新语》，影印光绪十七年（1891）长沙思贤讲舍刊本，上海：上海古籍出版社，1982 年。

（南朝宋）刘义庆撰，（南朝梁）刘孝标注，杨勇校笺：《世说新语校笺》，北京：中华书局，2006 年。

（南朝宋）刘义庆著，（南朝梁）刘孝标注，余嘉锡笺疏：《世说新语笺疏》，北京：中华书局，2007 年。

（唐）张鷟撰，赵守俨点校：《朝野佥载》，北京：中华书局，1979 年。

（唐）张鷟撰，郝润华、莫琼辑校：《朝野佥载辑校》，济南：山东人民出版社，2018 年。

（唐）牛僧孺撰，程毅中点校：《玄怪录》；（唐）李复言撰；程毅中点校：《续玄怪录》：北京：中华书局，2006 年。

（五代）孙光宪撰，贾二强点校：《北梦琐言》，北京：中华书局，2002 年。

（宋）洪迈撰，何卓点校：《夷坚志》，北京：中华书局，1981 年。

（宋）朱彧撰，李伟国点校：《萍洲可谈》，北京：中华书局，2007 年。

（清）毛祥麟撰，毕万忱点校：《墨余录》，上海：上海古籍出版社，1985 年。

（清）纪晓岚著，吴波等辑校：《阅微草堂笔记会校会注会评》，南京：凤凰出版社，2012 年。

（清）叶梦珠撰，来新夏点校：《阅世编》，上海：上海古籍出版社，1981 年。

（唐）李白著，（清）王琦注：《李太白全集》，北京：中华书局，1977 年。

（唐）韩愈撰，（宋）魏仲举集注，郝润华、王东峰整理：《五百家注韩昌黎集》，北京：中华书局，2019 年。

（宋）方崧卿原著；刘真伦汇校：《韩集举正汇校》，南京：凤凰出版社，2007 年。

（宋）朱熹：《昌黎先生集考异》，影印山西祁县图书馆藏宋刻本，上海：上海古籍出版社，1985 年。

（唐）刘禹锡：《刘宾客文集》，影印明万历黎民表刊本，西安：陕西人民出版社，1975 年。

（唐）刘禹锡：《刘梦得文集》，《四部丛刊初编》影印 1913 年董康影印崇兰馆藏宋刻本，上海：商务印书馆，1929 年。

（唐）李商隐著，（清）冯浩详注，钱振伦、钱振常笺注：《樊南文集》，上海：上海古籍出版社，1988 年。

（宋）王安石：《临川先生文集》，《四部丛刊初编》第 941 册。

（元）张翥撰：《张蜕庵诗集》，《四部丛刊续编》第 450 册。

（元）虞集撰，王颋点校：《虞集全集》，天津：天津古籍出版社，2007 年。

（清）吴伟业著，（清）程穆衡原笺，（清）杨学沆补注：《吴梅村先生诗集笺注》，上海：上海古籍出版社影印本，1983 年。

（清）黄景仁撰，李国章标点：《两当轩集》，上海：上海古籍出版社，1983 年。

（清）钱大昕撰，陈文和主编：《嘉定钱大昕全集》（增订本），南京：凤凰出版社，2016 年。

（清）阮元：《揅经室集》，北京：中华书局，1993 年。

（清）卢文弨：《抱经堂文集》，北京：中华书局，2006 年。

（清）谢章铤著，陈庆元、陈昌强、陈炜点校：《谢章铤集》，长春：吉林文史出版社，2009 年。

（清）王先谦著，梅季校：《王先谦诗文集》，长沙：岳麓书社，2008 年。

（清）缪荃孙著，张廷银、朱玉麒主编：《缪荃孙全集》，南京：凤凰出版社，2013—2014 年。

（清）杨守敬撰，谢承仁主编：《杨守敬集》，武汉：湖北人民出版社，1988 年。

（南朝梁）萧统编，（唐）李善注：《文选》，影印清胡刻本，北京：中华书局，1977 年。

（清）高步瀛著，曹道衡、沈玉成点校：《文选李注义疏》，北京：中华书局，1985 年。

（宋）彭叔夏：《文苑英华辨证》，王云五等编：《丛书集成初编》第 0171 册，上海：商务印书馆，1936 年。

（宋）杨亿编，（清）周桢、王图炜注：《西崑酬唱集》，上海：上海古籍出版社影印本，1985 年。

（清）严可均校辑：《全上古三代秦汉三国六朝文（影印本）》，北京：中华书局，

1958 年。

（后蜀）赵崇祚编，杨景龙校注：《花间集校注》，北京：中华书局，2014 年。

（宋）吴文英著，吴蓓笺注：《梦窗词汇校笺释集评》，杭州：浙江古籍出版社，2012 年。

（清）万树：《词律》，影印清光绪本，上海：上海古籍出版社，1984 年。

张元济辑：《续古逸丛书》，南京：江苏古籍出版社，2001 年。

（二）今人编著（按作者姓名音序排列，外文汉译著作居后）

北京大学古文献研究所编：《全宋诗》，北京：北京大学出版社，1991 年。

北京图书馆编：《中国版刻图录》（增订本），北京：文物出版社，1990 年。

北京图书馆编：《北京图书馆古籍善本书目》，北京：书目文献出版社，1987 年。

北京图书馆善本部编：《北京图书馆善本书目》，北京：中华书局，1959 年。

曹旅宁：《黄永年先生编年事辑》，北京：中华书局，2013 年。

曹旅宁：《黄永年与心太平盦》，西安：三秦出版社，2015 年。

曹书杰：《中国古籍辑佚学论稿》，长春：东北师范大学出版社，1998 年。

柴德赓：《史籍举要》（修订本），北京：商务印书馆，2015 年。

陈登原：《古今典籍聚散考》，上海：华东师范大学出版社，2009 年。

陈高华、陈智超等：《中国古代史史料学》（第三版），北京：中华书局，2016 年。

陈尚君辑纂：《旧五代史新辑会证》，上海：复旦大学出版社，2005 年。

陈先行等编：《中国古籍稿钞校本图录》，上海：上海书店出版社，2000 年。

陈延嘉：《〈文选〉李善注与五臣注比较研究》，长春：吉林文史出版社，2009 年。

陈寅恪：《陈寅恪全集（纪念版）》，上海：上海古籍出版社，2020 年。

陈垣：《史讳举例》，北京：科学出版社，1958 年。

陈垣：《校勘学释例》，北京：中华书局，2004 年。

陈毓贤：《洪业传》，北京：商务印书馆，2013 年。

陈振文：《闽籍学者与索引运动》，长春：吉林大学出版社，2012 年。

陈正宏、梁颖编：《古籍印本鉴定概说》，上海：上海辞书出版社，2005 年。

陈智超编著：《陈垣往来书信集》，上海：上海古籍出版社，1990 年。

陈智超编：《励耘书屋问学记》，北京：生活·读书·新知三联书店，2006 年。

程金造：《史记索隐引书考实》，北京：中华书局，1998 年。

程千帆、徐有富：《校雠广义·校勘编》，《程千帆全集》第 2 卷，石家庄：河北教育出版社，2000 年。

程千帆、徐有富：《校雠广义·目录编》，《程千帆全集》第 3 卷，石家庄：河北教育出版社,2000 年。

程千帆:《闲堂文薮》,《程千帆全集》第 7 卷,石家庄:河北教育出版社,2000 年。

崇彝:《道咸以来朝野杂记》,北京:北京古籍出版社,1982 年。

邓国光:《挚虞研究》,香港:学衡出版社,1990 年。

丁延峰:《海源阁藏书研究》,北京:商务印书馆,2012 年。

董洪利:《古籍的阐释》,沈阳:辽宁教育出版社,1995 年。

杜泽逊:《四库存目标注》,上海:上海古籍出版社,2007 年。

杜泽逊:《文献学概要(修订本)》,北京:中华书局,2008 年。

杜泽逊主编:《尚书注疏汇校》,北京:中华书局,2018 年。

二十五史刊行委员会编:《二十五史人名索引》,上海:开明书店,1936 年。

范祥雍订补:《古本竹书纪年辑校订补》,上海:上海古籍出版社,2018 年。

傅璇琮:《濡沫集》,长沙:湖南人民出版社,1997 年。

傅璇琮、张剑主编:《宋才子传笺证》,辽宁:辽海出版社,2011 年。

傅增湘撰,傅熹年整理:《藏园群书经眼录》,北京:中华书局,1983 年。

傅增湘:《藏园群书题记》,上海:上海古籍出版社,1989 年。

甘肃省博物馆,中国科学院考古研究所编:《武威汉简》,北京:中华书局,2005 年。

葛夫平:《中法教育合作事业研究 1912—1949》,上海:上海书店出版社,2011 年。

葛永庆主编:《索引的昨天、今天和明天》,上海:中国索引学会,1994 年。

顾颉刚主编:《尚书通检》,上海:上海古籍出版社,1990 年。

顾颉刚:《秦汉的方士与儒生》,上海:上海古籍出版社,2005 年。

顾颉刚、刘起釪:《尚书校释译论》,北京:中华书局,2005 年。

顾力仁:《永乐大典及其辑佚书研究》,台北:文史哲出版社,1985 年。

顾廷龙:《顾廷龙全集·文集卷》,上海:上海辞书出版社,2015 年。

管锡华:《中国古代标点符号发展史》,成都:巴蜀书社,2002 年。

管锡华:《汉语古籍校勘学》,成都:巴蜀书社,2003 年。

郭立暄:《中国古籍原刻翻刻与初印后印研究》,上海:中西书局,2015 年。

国家图书馆、国家古籍保护中心编:《册府撷英:国家珍贵古籍特展图录(二〇〇
　　九)》,北京:国家图书馆出版社,2009 年。

国家图书馆、国家古籍保护中心、中国中医科学院编:《灵兰集萃:中华珍贵医药典籍
　　展图录》,北京:国家图书馆出版社,2011 年。

国务院古籍整理出版规划小组编制:《古籍整理出版规划》(1982—1990),1982 年。

国务院古籍整理出版规划小组:《古籍点校疑误汇录》第 1—6 册,北京:中华书局,

1990 年、2002 年。

海盐县政协文史资料委员会、张元济图书馆编：《出版大家张元济——张元济研究论文集》，上海：学林出版社，2006 年。

何瑞：《宋本〈玉篇〉研究》，北京：中国社会科学出版社，2016 年。

胡海帆、汤燕编：《北京大学图书馆藏徐国卫捐赠石刻拓本选编》，上海：上海人民出版社，2007 年。

湖南省博物馆、中国科学院考古研究所编：《长沙马王堆一号汉墓》，北京：文物出版社，1973 年。

湖南省博物馆、湖南省文物考古研究所编：《长沙马王堆二、三号汉墓》，北京：文物出版社，2004 年。

黄裳：《清代版刻一隅（增订本）》，济南：山东人民出版社，2020 年。

洪业：《引得说》，北平：哈佛燕京学社引得编纂处，1932 年。

洪业主编：《引得》第二号《白虎通引得》，北平：哈佛燕京学社引得编纂处，1931 年。

洪业主编：《引得》第三号《考古质疑引得》，北平：哈佛燕京学社引得编纂处，1931 年。

洪业主编：《引得》第八号《全上古三代秦汉三国六朝文作者引得》，北平：哈佛燕京学社引得编纂处，1932 年。

洪业主编：《引得》第十八号《唐诗纪事著者引得》，北平：哈佛燕京学社引得编纂处，1934 年。

洪业主编：《引得》第三十号《礼记注疏引书引得》，北平：哈佛燕京学社引得编纂处，1937 年。

洪业主编：《引得特刊》第十四号《杜诗引得》，北平：哈佛燕京学社引得编纂处，1940 年。

黄国声主编：《陈澧集》，上海：上海古籍出版社，2008 年。

黄寿成编著：《心太平盦古籍书影：黄永年先生收藏精粹》，上海：华东师范大学出版社，2022 年。

黄永年：《文史存稿》，西安：三秦出版社，2004 年。

黄永年：《学苑与书林》，上海：上海书店出版社，2006 年。

黄永年：《黄永年古籍序跋述论集》，北京：中华书局，2007 年。

黄永年：《史部要籍概述》，南京：江苏教育出版社，2008 年。

黄永年：《子部要籍概述》，南京：江苏教育出版社，2008 年。

黄永年：《古籍版本学》，南京：江苏教育出版社，2009 年。

黄永年译注：《周书选译》，南京：凤凰出版社，2011 年。

黄永年：《古文献学讲义》，上海：中西书局，2014 年。

黄永年：《黄永年文史论文集》，北京：中华书局，2015 年。

黄永年：《唐史史料学》，北京：中华书局，2015 年。

黄永年：《树新义室书话》，西安：未来出版社，2016 年。

黄永年、贾二强撰集：《清代版本图录》，杭州：浙江人民出版社，1997 年。

焦桂美：《孙星衍研究》，上海：上海古籍出版社，2017 年。

江曦：《清代版本学史》，北京：中国社会科学出版社，2013 年。

蒋逸雪：《张溥年谱》，济南：齐鲁书社，1982 年。

嵇超等编：《史记地名索引》，北京：中华书局，1990 年。

李富华、何梅：《汉文佛教大藏经研究》，北京：宗教文化出版社，2003 年。

李庆：《顾千里研究(增补本)》，台北：学生书局，2013 年。

李庆：《日本汉学史·第 3 部·转折和发展：1945—1971(修订本)》，上海：上海人民
　　出版社 2016 年。

李修生主编：《全元文》，南京：江苏古籍出版社，1999 年。

李永圻、张耕华编撰：《吕思勉先生年谱长编》，上海：上海古籍出版社，2012 年。

梁启超：《清代学术概论》，北京：中华书局，2016 年。

梁启超：《中国近三百年学术史(新校本)》，北京：商务印书馆，2017 年。

林申清编：《中国藏书家印鉴》，上海：上海书店出版社，1997 年。

林夕(杨成凯)：《闲闲书室读书记》，桂林：广西师范大学出版社，2011 年。

刘建臻：《清代扬州学派经学研究》，南京：江苏人民出版社，2018 年。

刘节：《中国史学史稿》，北京：商务印书馆，2020 年。

刘乃和、周少川等：《陈垣年谱配图长编》(上下)，沈阳：辽海出版社，2000 年。

刘尚恒：《鲍廷博年谱》，合肥：黄山书社，2010 年。

刘声木撰，徐天祥点校：《桐城文学渊源撰述考》，合肥：黄山书社，1989 年。

刘卫林：《宋刊刘禹锡文集版本研究》，台北：花木兰文化出版社，2008 年。

柳和城：《书里书外：张元济与现代中国出版》，上海：上海交通大学出版社，2017 年。

龙榆生编选：《唐宋名家词选》，上海：上海古典文学出版社，1956 年。

龙榆生：《唐宋词格律》，上海：上海古籍出版社，1978 年。

鲁迅校录：《古小说钩沉》，济南：齐鲁书社，1997 年。

鲁迅校录：《唐宋传奇集》，济南：齐鲁书社，1997 年。

吕思勉述，黄永年记：《吕思勉文史四讲》，北京：中华书局，2008 年。

吕思勉：《吕思勉学术文集》，上海：上海人民出版社，2011 年。

吕思勉：《吕思勉全集》，上海：上海古籍出版社，2016年。

吕叔湘：《标点古书评议》，北京：商务印书馆，1988年。

马衡：《凡将斋金石丛稿》，北京：中华书局，1977年。

马建忠著、章锡琛校注：《马氏文通校注》，北京：中华书局，1954年。

马学良：《哈佛燕京学社汉学引得丛刊研究》，北京：北京联合出版公司，2021年。

马月华：《〈古逸丛书〉研究》，北京：北京大学出版社，2015年。

毛建军：《古籍数字化理论与实践》，北京：航空工业出版社，2009年。

缪钺选注：《杜牧诗选》，石家庄：河北教育出版社，1999年。

缪钺：《杜牧诗选（补改本）杜牧传 杜牧年谱》，北京：北京大学出版社，2021年。

倪其心：《校勘学大纲》，北京：北京大学出版社，2004年。

潘承弼、顾廷龙同纂：《明代版本图录初编》，台北：文海出版社有限公司，1971年。

潘殊闲：《叶梦得研究》，成都：巴蜀书社，2007年。

潘树广：《古籍索引概论》，北京：书目文献出版社，1984年。

启功：《启功丛稿》，北京：中华书局，1981年。

钱伯城、郭群一整理，顾廷龙校阅：《艺风堂友朋书札》，上海：上海人民出版社，2018
　　年。钱伯城、魏同贤、马樟根主编：《全明文》，上海：上海古籍出版社，1992年。

钱玄：《校勘学》，北京：商务印书馆，2019年。

乔秀岩、叶纯芳：《文献学读书记》，北京：生活・读书・新知三联书店，2018年。

董治安编：《经部要籍概述》，南京：江苏教育出版社，2008年。

裘锡圭主编，湖南省博物馆、复旦大学出土文献与古文字研究中心编：《长沙马王堆汉
　　墓简帛集成》，北京：中华书局，2014年。

全国古籍整理出版规划领导小组办公室编：《古籍整理出版十讲》，长沙：岳麓书社，
　　2002年。

全明诗编纂委员会编：《全明诗》，上海：上海古籍出版社，1990年。

瞿冕良：《中国古籍版刻辞典》，济南：齐鲁书社，1999年。

任继愈主编：《中国国家图书馆古籍珍品图录》，北京：北京图书馆出版社，1999年。

任远：《句读学论稿》，杭州：浙江古籍出版社，1998年。

山东博物馆、中国文化遗产研究所编著：《银雀山汉墓简牍集成》，北京：文物出版社，
　　2021年。

商金林：《叶圣陶年谱长编》，北京：人民教育出版社，2004年。

商务印书馆编：《缩本〈四部丛刊初编〉书录》，上海：商务印书馆，1936年。

商衍鎏：《清代科举考试述录》，北京：故宫出版社，2014年。

上海图书馆编：《上海图书馆善本书目》，上海：上海图书馆，1957 年。

上海图书馆编：《善本书影》，上海：上海古籍书店，1978 年。

上海图书馆编：《中国丛书综录》，上海：上海古籍出版社，1983 年。

上海图书馆编：《上海图书馆藏张元济文献及研究》，上海：上海古籍出版社，2017 年。

上海图书馆编，高洪兴、李卉卉整理：《上海图书馆藏张元济古籍题跋真迹》，北京：国
　　家图书馆出版社，2018 年。

沈文泉：《朱彊村年谱》，杭州：浙江古籍出版社，2013 年。

石祥：《八千卷楼书事新考》，上海：中西书局，2021 年。

束景南：《朱熹年谱长编》，上海：华东师范大学出版社，2001 年。

孙殿起：《清代禁书知见录》，上海：商务印书馆，1957 年。

孙殿起：《贩书偶记续编》，上海：上海古籍出版社，1980 年。

孙殿起：《贩书偶记》，上海：上海古籍出版社，1982 年。

孙猛：《日本国见在书目录详考》，上海：上海古籍出版社，2015 年。

孙钦善：《清代考据学》，北京：中华书局，2018 年。

孙毓修：《中国雕板源流考》，上海：商务印书馆，1918 年。

汤华泉辑撰：《全宋诗辑补》，合肥：黄山书社，2016 年。

汪家熔：《张元济》，上海：上海辞书出版社，2012 年。

汪辟疆校录：《唐人小说》，上海：上海古籍出版社，1978 年。

汪耀楠：《注释学》，北京：外语教学与研究出版社，2010 年。

王重民：《敦煌古籍叙录》，北京：中华书局，1979 年。

王重民：《中国善本书提要》，上海：上海古籍出版社，1983 年。

王重民：《中国善本书提要补编》，北京：北京图书馆出版社，1991 年。

王重民：《中国目录学史论丛》，北京：中华书局，1984 年。

王重民：《冷庐文薮》，上海：上海古籍出版社，1992 年。

王国维：《唐写本唐韵残卷校记附唐韵佚文》，载《王国维遗书》第 5 册，上海：上海书店
　　出版社，1983 年。

王国维撰，黄永年校点：《古本竹书纪年辑校》，沈阳：辽宁教育出版社，1997 年。

王蕾：《图书馆、出版与教育：哈佛燕京学社在华中国研究史 1928—1951》，桂林：广西
　　师范大学出版社，2018 年。

王宁：《训诂学》，北京：高等教育出版社，2010 年。

王瑞来：《古籍校勘方法论》，北京：中华书局，2019 年。

王绍曾：《近代出版家张元济（增订本）》，北京：商务印书馆，1995 年。

王树民：《史部要籍解题》，北京：中华书局，2003 年。

王秀梅、王泓冰编：《太平广记索引》，北京：中华书局，1996 年。

王雪玲：《清儒整理唐代文献研究》，北京：中国社会科学出版社，2013 年。

王云五：《王云五全集》，北京：九州出版社，2013 年。

王章涛：《王念孙·王引之年谱》，扬州：广陵书社，2006 年。

王锺翰：《王锺翰学述》，杭州：浙江人民出版社，1999 年。

王壮弘、马成名编著：《六朝墓志检要》，上海：上海书店出版社，2008 年。

翁连溪：《清代内府刻书研究》，北京：故宫出版社，2013 年。

吴斌、刘和文：《文献信息检索理论与实践》，合肥：安徽大学出版社，2010 年。

吴格、眭骏整理：《续修四库全书总目提要·丛书部》，北京：国家图书馆出版社，
　　2010 年。

吴洪泽、张家钧：《计算机在古籍整理中的应用》，成都：四川大学出版社，2009 年。

吴希贤辑汇：《历代珍稀版本经眼图录》，北京：中国书店，2003 年。

武秀成：《〈旧唐书〉辨证》，上海：上海古籍出版社，2003 年。

夏东锋：《叶梦得笔记考证》，太原：山西人民出版社，2015 年。

谢国桢著，谢小彬、杨璐主编：《谢国桢全集》第 5 册，北京：北京出版社，2013 年。

辛德勇：《隋唐两京丛考》，西安：三秦出版社，2006 年。

辛德勇：《中国印刷史研究》，北京：生活·读书·新知三联书店，2016 年。

徐桢基：《潜园遗事：藏书家陆心源生平及其他》，上海：上海三联书店，1996 年。

许静波：《石头记：上海近代石印书业研究（1843—1956）》，苏州：苏州大学出版社，
　　2014 年。

许逸民：《古籍整理释例（增订本）》，北京：中华书局，2014 年。

续修四库全书总目提要编纂委员会编：《续修四库全书总目提要》，上海：上海古籍出
　　版社，2014—2015 年。

阳海清、汤旭岩主编：《湖北官书局版刻图录》，武汉：湖北教育出版社，2014 年。

杨丽莹：《清末民初的石印术与石印本研究：以上海地区为中心》，上海：上海古籍出
　　版社，2018 年。

杨树达：《古书句读释例》，北京：中华书局，2003 年。

姚伯岳：《中国图书版本学》，北京：北京大学出版社，2004 年。

叶德辉著，李庆西标校：《书林清话》，上海：复旦大学出版社，2008 年。

叶德辉：《郋园读书志》，《湖南近现代藏书家题跋选》册 1，长沙：岳麓书社，2011 年。

叶圣陶：《十三经索引（重订本）》，北京：中华书局，1983 年。

银雀山汉墓竹简整理小组：《银雀山汉墓竹简（壹）》，北京：文物出版社，1985 年;《银雀山汉墓竹简（贰）》，北京：文物出版社，2010 年。

应三玉：《〈史记〉三家注研究》，南京：凤凰出版社，2008 年。

袁逸：《书色斑斓》，长沙：岳麓书社，2010 年。

余嘉锡：《四库提要辨证》，北京：中华书局，2007 年。

曾贻芬、崔文印：《中国历史文献学史述要》，北京：商务印书馆，2000 年。

曾贻芬、崔文印：《古籍校勘说略》，成都：巴蜀书社，2011 年。

曾枣庄、刘琳主编：《全宋文》，上海：上海辞书出版社，2006 年。

张波、赵玉敏：《清卢抱经文弨先生年谱》，陈东辉主编：《卢文弨全集》（第 16 册），杭州：浙江大学出版社，2017 年。

张焕君、刁小龙：《武威汉简〈仪礼〉整理与研究》，武汉：武汉大学出版社，2009 年。

张晖：《龙榆生先生年谱》，上海：学林出版社，2001 年。

张晖编：《忍寒庐学记——龙榆生的生平与学术》，北京：生活·读书·新知三联书店，2013 年。

张锦少：《王念孙古籍校本研究》，上海古籍出版社，2014 年。

张丽娟：《宋代经书注疏刊刻研究》，北京：北京大学出版社，2013 年。

张人凤、柳和城编著：《张元济年谱长编》，上海：上海交通大学出版社，2011 年。

张三夕：《中国古典文献学》，武汉：华中师范大学出版社，2003 年。

张素卿：《清代汉学与左传学：从"古义"到"新疏"的脉络》，台北：里仁书局，2007 年。

张文智：《〈周易集解〉导读》，济南：齐鲁书社，2005 年。

张秀民著，韩琦增订：《中国印刷史（插图珍藏增订版）》，杭州：浙江古籍出版社，2006 年。

张玉范、沈乃文主编：《北京大学图书馆藏善本书录》，北京：北京大学出版社，1998 年。

张元济：《张元济全集》，北京：商务印书馆，2007—2010 年。

张元济著，王绍曾、傅根清、赵统整理：《百衲本二十四史校勘记·旧唐书校勘记》，北京：商务印书馆，2004 年。

张元济撰，张人凤整理：《涵芬楼烬余书录》，上海：上海古籍出版社，2022 年。

张振铎编著：《古籍刻工名录》，上海：上海书店出版社，1996 年。

张政烺：《张政烺文史论集》，北京：中华书局，2004 年。

赵万里编：《中国版刻图录》，北京：文物出版社，1990 年。

赵万里著，冀淑英、张志清、刘波主编：《赵万里文集》，北京：国家图书馆出版社，

2011 年。

中国第一历史档案馆编：《纂修四库全书档案》，上海：上海古籍出版社，1997 年。

中国古籍善本书目编辑委员会编：《中国古籍善本书目·经部》，上海：上海古籍出版社，1989 年。

中国古籍善本书目编辑委员会编：《中国古籍善本书目·丛部》，上海：上海古籍出版社，1990 年第 1 版（1998 年第 2 次印刷）。

中国国家图书馆·中国国家古籍保护中心编：《第一批国家珍贵古籍名录图录》，北京：国家图书馆出版社，2008 年。

中国国家图书馆、中国国家古籍保护中心编：《第三批国家珍贵古籍名录图录》，北京：国家图书馆出版社，2012 年。

中国嘉德国际拍卖有限公司编：《嘉德二十年精品录. 古籍善本卷》，北京：故宫出版社，2014 年。

中国科学院图书馆整理：《续修四库全书总目提要·经部》，北京：中华书局，1993 年。

中国科学院图书馆整理：《续修四库全书总目提要（稿本）》，济南：齐鲁书社，1996 年。

钟华：《史记人名索引》，北京：中华书局，1977 年。

中华书局编：《四部备要书目提要》，上海：中华书局，1936 年。

中华书局编辑部编：《丛书集成初编总目索引》，北京：中华书局，2012 年。

中国索引学会编：《中国索引学论文集 1991—2011》，上海：上海辞书出版社，2012 年。

中华再造善本工程编纂出版委员会编著：《中华再造善本总目提要》，北京：国家图书馆出版社，2013 年。

仲伟行等编著：《铁琴铜剑楼研究文献集》，上海：上海古籍出版社，1997 年。

周一良主编，周景良、程有庆副主编：《自庄严堪善本书影》，北京：国家图书馆出版社，2010 年。

周振鹤编：《晚清营业书目》，上海：上海书店出版社，2005 年。

周祖谟：《唐五代韵书集存》，北京：中华书局，1983 年。

诸葛忆兵编著：《宋代科举资料长编·南宋卷上》，南京：凤凰出版社，2017 年。

朱孝臧辑校编撰，夏敬观手批评点：《彊村丛书》，上海：上海古籍出版社，1989 年。

［日］长泽规矩也编著，梅宪华、郭宝林译：《中国版本目录学书籍解题》，北京：书目文献出版社，1990 年。

［日］日本索引家协会编，赖茂生、余惠芳、张国清译：《索引编制工作手册》，北京：北京大学出版社，1988 年。

〔日〕尾崎康著、陈捷译:《以正史为中心的宋元版本研究》,北京:北京大学出版社, 1993 年。

〔日〕尾崎康著,乔秀岩、王铿编译:《正史宋元版之研究》,北京:中华书局,2018 年。

〔日〕斯波六郎著,李庆译:《文选索引》,上海:上海古籍出版社,1997 年。

〔日〕斯波六郎著,刘幸、李墨宇译:《中国文学中的孤独感》,北京:北京师范大学出版社,2019 年。

〔日〕澁江全善、森立之等撰;杜泽逊、班龙门点校:《经籍访古志》,上海:上海古籍出版社,2014 年。

后　记

我读研究生时,聆听了黄永年师亲自讲授的《古籍整理概论》课程。毕业留校后,在先生指导下,做过多部古籍整理与研究工作。尤其是从九十年代起,先生让我给研究生讲授这门课,后来又给古文献学本科生讲授,这一讲就是三十多年。我在教学中深深体会到这本讲义内涵的厚重。这几年,一直有心将书中所涉及的专业内容,通过详细地旁征博引,来发扬黄永年师的古籍整理理论,亦便于读者更深刻地学习和理解书中的内容,更扎实地掌握古籍整理的理论知识体系。去年春天,我的这个想法得到了学院领导与古籍所同仁的支持。当我联络编写小组的人选时,同样也得到了极其热情的回应,这些都给予我极大的信心。

《旁征》编写小组于 2022 年 5 月成立,由七人组成,细致制定了撰写凡例与工作细则,流程规范有序,强调相互间的协作。由于受疫情封控的影响,不便组织线下会议,从 8 月中旬开始,我们定期组织线上会议,每次 3 小时左右,以篇章为单位,集中讨论已撰成的旁征条目,并对出现的新问题提出解决方案。每次会议后,及时修订更新工作细则。撰写者多方沟通、分享相关资料,如关于殿本《二十四史》、戈直本《贞观政要》等涉及多个章节的实例,全书前后减少重复、各有侧重。直至 2023 年 3 月 18 日召开的最后一次会议,共召开讨论会 25 次,撰写工作方如期完成。

在撰写和统稿过程中,我又一次领略了永年师这部著作的厚重,先生这部著作分专题讲述,着眼于对古籍的整理与研究为主要目的,许多方法是他自己进行古籍整理的经验之谈,因此能够层层深入:从古籍善本的含义到底本的选择;从甄别不同版本渊源递嬗到校勘的理论与实践方法;从蒐集辑佚失传古书到编制古籍索引的具体操作;从宋人的句读到新式标点古籍;从经传义疏到"合本子注",以及对校勘记或考异的撰写、对古书序跋的存旧主张、对古籍描润的细节操作,无一不是从概念、术语、到古籍整理实践理论上的循循善诱。而我们做旁征,因为学养与见识的不足,往往会出现认识上的偏差或寻求资料的困厄,以及解决问题中产生的种种疑惑。有些难题虽然最终得到解决,但是囿于水平,当有许多不到之处与谬误,在此,希望各位方家不吝批评指正。

值得提出是:当旁征初稿完成后,我们请王雪玲、吕东超、苏小华、张宗品、翁彪等同仁对稿件进行了审阅,他们认真负责,严格把关,指出了初稿撰写中的不足,纠正了其中的许多问题,使《旁征》避免了许多错误。在此,谨向他们的敬业与付出表示最衷心的感谢!

感谢我们的编写小组:周沫如担任组长,非常认真负责,线上讨论会的定期召开、组织联系组员,修订工作细则等工作,都由她一一协调完成,而她撰写的《旁征》篇章,以严谨细致的学术态度和方法创立了一个好开端。2022年8月底,北京大学陈耕博士的加盟,无疑为编写组增添了新的生力军。每次讨论会上他严肃认真的发言,尤其是他那一丝不苟的治学态度,对每个细小问题的认真考证,以及每一条旁征的撰写都尽力达到精准的求实求证方法,深深影响了组员,也无形中树立了标竿,大家效而仿之,努力在讨论会上讲出有意义的收获、做出高质量的旁征条目。杜镇、董文强、李皓博士在撰写中感悟到原著的精深,积极努力工作,在撰写质量上严格把关,高标准要求,并提出了许多切实可行的建议。博士生李彦颉则在一次次的稿件修订中得到水平的提升。

感谢陕西师范大学给予本书的优秀学术著作出版资助。感谢学院领导的重视支持。感谢冯立君先生热心推荐并联系上海古籍出版社,使得这本书顺利签约。感谢上海古籍出版社责任编辑王赫先生为本书出版做出的辛勤付出!

周晓薇于系日山房

2024年元月

图书在版编目(CIP)数据

《古籍整理概论》旁征 / 黄永年原著；周晓薇等旁
征. —上海：上海古籍出版社，2024.5
ISBN 978-7-5732-1063-0

Ⅰ.①古… Ⅱ.①黄… ②周… Ⅲ.①古籍整理-概
论 Ⅳ.①G256.1

中国国家版本馆 CIP 数据核字(2024)第 065611 号

《古籍整理概论》旁征

黄永年　原著

周晓薇等　旁征

上海古籍出版社出版发行

(上海市闵行区号景路 159 弄 1－5 号 A 座 5F　邮政编码 201101)

(1) 网址：www.guji.com.cn

(2) E-mail：guji1@guji.com.cn

(3) 易文网网址：www.ewen.co

上海中华印刷有限公司印刷

开本 787×1092　1/16　印张 31.75　插页 6　字数 586,000

2024 年 5 月第 1 版　2024 年 5 月第 1 次印刷

ISBN 978-7-5732-1063-0

G·748　定价：138.00 元

如有质量问题,请与承印公司联系